창세기
강해설교
1

빛이
있으라

창세기 강해설교-1

[1-11장]

빛이 있으라

김서택

홍성사

차례

저의 창세기 강해는 제가 처음으로 홍성사에서 출간한 책입니다. 무려 열 권으로 되어 있고 부족한 점이 많은 책이지만 독자들의 사랑을 많이 받았습니다. 그때는 제가 아주 작은 개척 교회를 할 때였습니다. 그러나 이 창세기 강해가 부흥의 불을 붙였고, 교인들로 하여금 삶의 의미와 가치를 깨닫게 했습니다.

처음 창세기 강해를 할 때는 참고할 만한 책이 거의 없을 때였습니다. 그러나 지금은 창세기에 대한 책들이 많이 출판된 것을 보면서 참으로 반가운 마음이 듭니다. 이번에 홍성사에서 열 권의 강해집을 네 권으로 묶어서 출판한다고 합니다. 더 사랑받고 도움되는 창세기 강해가 될 줄 믿습니다.

첫 창세기 강해집 출간을 허락하셨던 정애주 사장님께 감사드리며, 편집부 모든 식구들에게도 감사드립니다.

대구 수성교 옆에서
김서택 목사

일러두기

· 본문에 쓰인 성경은 개역한글판입니다.
· 이 책은 저자의 창세기 강해설교 1권 《하나님의 형상, 사람의 모습》(1997년 6월 초판 발행)과 2권
  《대홍수, 그리고 무지개 언약》(1997년 5월 초판 발행)을 합본한 뒤 어문규정에 맞게 교정하고 새롭게
  다듬은 것입니다.
· 《하나님의 형상, 사람의 모습》은 이 책 1~14장에 해당되며, 1995년 9월부터 12월까지 제자들교회에
  서 설교한 내용을 정리했습니다. 《대홍수, 그리고 무지개 언약》은 이 책 15~28장에 해당되며, 1995
  년 12월부터 1996년 3월까지 제자들교회 주일예배에서 설교한 내용을 정리했습니다.

1
창조의
시작

강원도에 있는 사북 탄광촌에 가보면 세월의 무상함을 느끼지 않을 수 없습니다. 원래 이곳은 번창하던 곳이 아니었습니다. 이곳은 사람이 거의 살지 않는 강원도 산골이었습니다. 그러나 석탄이 생산되면서 사람들이 몰려들기 시작하더니 한때는 제법 사람들로 붐비는 도시가 되었습니다. 하지만 석탄의 인기가 떨어지고 매장량이 바닥을 보임에 따라 사람들이 하나둘 떠나기 시작하더니 이제는 다시 썰렁한 곳으로 변하고 말았습니다.

　　이런 현상은 미국의 휴스턴 같은 여러 유전(油田) 도시에도 해당됩니다. 원래 텍사스는 거의 대부분 황량한 사막이었습니다. 그런데 갑자기 석유가 나오는 바람에 사람들이 몰려들고 도시가 세워졌습니다. 호텔과 술집이 들어서기 시작했습니다. 그러나 이런 곳도 석유값이 폭락하거나 석유가 바닥이 나면 사람들이 하나둘 떠나기 시작해서 다시 황량한 곳으로 변하고 맙니다.

　　오늘 읽은 이 성경을 통해서 우리는 처음에 세상이 어떻게 시작되었는지에 대한 말씀을 듣습니다. 이 세상은 원래부터 이렇게 인구가 많고 짐승이 많은 곳이 아니었습니다. 처음에 이 세상은 아무런 생물도 살지 않는 황량한 곳이었습니다. 그런데 하나님께서 이 황량한 곳을 아름답게 꾸미기 시작하셨습니다.

여러분, 누군가가 사막처럼 황량한 곳을 아름답게 꾸몄다면 거기에는 분명히 목적이 있습니다. 아무런 이유 없이 사막에 도시를 세울 리가 없습니다. 황량한 들판에 호텔이 들어서고 사람들이 모여들기 시작했다면 거기에는 분명히 이유가 있습니다.

창세기는 누구에게 주신 말씀인가?

첫째로 창세기는 출애굽 교회에 주신 말씀이라는 점을 기억할 필요가 있습니다. 오늘 우리가 창세기를 읽으면서 가장 오해하고 있는 것은 이 창세기가 어떤 목적을 위해 기록되었는가 하는 점입니다.

사람들은 과학책이나 역사책을 읽듯이 창세기에서 과학적인 정보나 역사적인 정보를 얻으려 합니다. 예를 들어서 '지구의 역사가 몇천 년, 또는 몇만 년이 되었느냐', 또 '지구가 만들어진 과정이 어떠했느냐' 하는 등의 과학적인 정보를 얻으려고 창세기를 읽고서는, 내가 가진 과학적인 지식과 창세기의 내용이 맞지 않으면 '창세기는 비과학적인 책'이라고 쉽게 단정 지어 버립니다.

그러나 창세기는 처음부터 교회에 주신 하나님의 말씀입니다. 다시 말해서 교인들의 믿음을 붙들어주고 그들이 이 세상에서 올바른 삶을 살아갈 수 있게 하려는 목적으로 주신 선포의 말씀입니다. 최초로 이 창세기의 말씀을 받은 교회는 어느 교회입니까? 그것은 애굽에서 탈출하여 광야를 방황하고 있던 이스라엘 백성들의 교회입니다.

애굽은 우리가 잘 아는 바와 같이 다신교의 나라였습니다. 거기에는 많은 신이 있었고, 주술과 우상숭배가 성행하고 있었습니다. 모세가 지팡이로 뱀을 만들었을 때 주술사들도 뱀을 만들었다는 것을 기억하십시오. 애굽은 주술이 아주 성행하던 곳이었습니다. 그들은 하늘의 태양과 달을 섬겼고 바다와 강을 섬겼으며 심지어는 독사나 가축 같은 짐승들을 섬겼습니다. 이스라엘 백성들은 무려 400년 동안이나 이 애굽에서 살면서 어쩔 수 없이 그들의 영향을 받았고, 하나님이 누구신지 잘 모르는 가운데 있었습니다.

창세기는 바로 이들에게 주신 말씀입니다. 눈에 보이는 이 태양이나 땅은 하나님이 아니라는 것, 말씀하시는 하나님이 하나님이라는 것입니다. 그래서 창세기 1장부터 말씀하시는 하나님, 특별한 하나님, 인간이 의미를 부여한 하나님이 아니고 우리를 찾아와서 말씀하시는 하나님, "빛이 있으라" 하시니 빛이 있었던 이 하나님이 참된 하나님이라는 것을 이스라엘 백성들에게 깨우쳐주고 있습니다.

따라서 창세기는 20세기를 살고 있는 우리들에게 창조에 대해 많은 정보를 주지 않습니다. 오히려 많은 부분이 생략되어 있습니다. 그러나 분명한 것은 이 말씀이 오늘 우리들에게도 하나님을 바로 알게 하며 우리들의 신앙을 붙들어주기 위해서 존재하고 있다는 사실입니다. 이 말씀을 듣는 사람들에게 주시는 축복이 무엇입니까? 여러 가지 창조의 과정을 알게 되거나 노아 홍수의 배경을 알게 되는 것이 축복이 아닙니다. 하나님이 어떤 분이신지 바로 알게 되는 것이 축복입니다.

하나님을 바로 알지 못하면 어떻게 됩니까? 우리는 의문에 싸인 세계에 살게 됩니다. 모든 것이 미스터리입니다. 하나님을 알지 못하면 모든 것을 두려워하게 됩니다. 왜냐하면 우리 주위를 에워싸고 있는 이 모든 세계가 미지의 세계인데, 이 세계가 어떤 초능력을 가지고 있을지 모르기 때문입니다. 미신을 믿고 점을 치는 사람들의 특징은 항상 무엇을 두려워하면서 산다는 것입니다. 점치는 사람은 눈뜨면서부터 잠들 때까지, 아니 자면서도 항상 두려워하며 운명의 신이 자기를 벌줄까 봐 겁을 냅니다. 그 이유가 무엇입니까?

자기 주위에 있는 모든 것이 자기 힘으로는 통제할 수 없는 신의 영역이거나 신이라고 생각하기 때문입니다. 그래서 언제 부지불식간에 자신이 주위의 신들을 노엽게 할지 모르기 때문에 항상 두려워합니다.

소를 섬기는 사람을 보십시오. 언제 내가 소의 기분을 언짢게 할지 모릅니다. 하기야 소는 미련하니까 좀 언짢게 해도 성질을 늦게 내겠지만, 독사라든지 고약한 신들의 성질을 건드렸다가는 언제 우리 밭이 엉망이 되고 우리 자식이 병이 날지 모릅니다. 그렇기 때문에 하나님을 제대로 알지 못하는 사람은 숨 쉬는 것조차 두려워하고 항상 불안해하면서 산다는 것이 특징입니다.

이 창세기는 오늘 우리에게 어떤 의미를 가지고 있습니까? 우리는 하나님을 믿는다고 하면서도 여전히 인간이 만들어 낸 이 거대한 과학 기술 문명의 위력에 자신감을 잃고 있습니다. 이 과학의 발달이 우리의 눈에 너무나도 크게 보인 나머지 무에서 유를 창조하신 하나님을 의지하지 못합니다. 우리는 하나님을 믿는다고 하지만 사실은 반쪽밖에 믿지 않고 있습니다. 무에서 유를 창조하신 하나님, 아무것도 없는 가운데서 생명을 창조하신 이 하나님보다는 움직이는 로봇이나 무선이동통신이나 컴퓨터를 믿고, 하나님의 능력도 우리가 생각할 수 있는 금전의 단위로 환산되지 않으면 쉽게 믿으려 하지 않습니다.

창세기는 우리에게 다음 몇 가지 사실을 보여 줍니다.

첫째로 하나님은 창조의 하나님이라는 것입니다. 하나님은 이 모든 피조물과 구별되는 분이라는 것을 분명히 말씀하고 있습니다. 특히 이 하나님은 인간이 만들어낸 하나님이 아니라 말씀하시는 하나님이십니다. 창세기 처음부터 말씀하신 하나님, 모세를 통해 말씀하신 하나님, 오늘도 설교를 통해서 우리에게 말씀하시는 하나님입니다. '이 말씀을 듣는 것이 사는 것이고, 이 말씀을 거역하는 것이 죽는 것이다', '죄는 다른 것이 아니라 이분의 말씀을 거역하고 제멋대로 사는 것이다' 하는 것을 창세기는 처음부터 우리에게 분명하게 말해 주고 있습니다. 어디에 있을지도 모르는 신이 아니라, 처음부터 우리에게 말씀하셨던 하나님, 지금도 말씀하고 계시는 하나님이 참 하나님이라는 것입니다.

하나님은 십자가에 달려 피를 뚝뚝 흘리는 모습으로 내 꿈에 나오는 분이 아니라 오늘도 설교를 통해서 말씀하시는 하나님, 성경을 통해서 말씀하시는 하나님입니다. 신비의 세계에 감추어진 하나님, 미지의 세계에 있는 하나님, 저 멀리 떨어져 있는 하나님이 아니라 오늘도 말씀하시는 하나님이 참 하나님이라는 것을 창세기는 첫 장부터 분명히 합니다. 곧 하나님을 엉뚱한 곳에서, 자기의 주관적인 확신에서, 신비한 경험에서, 알지 못하는 미지의 세계에서 찾으려고 하지 말라는 겁니다. 하나님은 말씀하시는 하나님입니다. 그러므로 말을 알아듣지 못하는 사람은 하나님을 모르는 것입니다.

둘째로 창세기는 인간이 어떤 상태에 있는지 말해 주고 있습니다. 창세기는 우리에게 죄를 이야기해 주고, 죄의 결과를 이야기해 줍니다. 사람을 해치는 것이 죄가 아니라 하나님의 말씀을 거역하는 것이 죄입니다. 성경은 인간이 아주 사소한 하나님의 말씀을 거역했을 때 얼마나 비참한 결과가 인간에게 나타났는지 말해 주며, 오늘도 우리가 마음속으로 하나님의 말씀을 거역하는 것이 모든 불행의 원인이라는 것을 말해 주고 있습니다. 창세기에는 인간의 불순종이 가져온 두 번의 큰 심판이 나와 있습니다. 하나는 노아 홍수의 심판이고, 다른 하나는 소돔과 고모라의 불 심판입니다.

인간은 들어야 합니다. 듣지 않는 것이 죄입니다. 이사야, 예레미야 선지자가 말하는 것이 무엇입니까? 예배드리지 않고 봉사하지 않는 것이 죄가 아니라 듣지 않는 것이 죄라는 것입니다. 설교 들으면서 졸고 있는 것이 죄예요. 딴 생각 하는 것이 죄입니다. 다른 게 죄가 아닙니다. 말씀을 안 듣는 것이 죄입니다. 창세기는 제멋대로 행하는 것이 죄이고 주관적인 확신에 빠지는 것이 죄라는 것과 그 죄가 얼마나 비참한 결과를 가져오는지를 너무나도 분명하게 보여 주고 있습니다.

셋째로 창세기는 하나님 앞에서 살 수 있는 길이 무엇인지를 보여 주고 있습니다. 그 길은 하나님의 말씀과 함께 사는 것, 곧 믿음입니다. 그래서 창세기 후반부는 믿음으로 산 사람들의 실례를 들면서 어떻게 하는 것이 진짜 사는 것인지를 보여 줍니다. '진짜 사는 길은 애굽과 소돔과 고모라에서 잘 먹고 잘사는 것이 아니다. 풍성한 삶은 그런 것이 아니다. 하나님의 말씀과 함께 갈등하며 하나님의 말씀과 함께 방황하며 끝없이 나그네처럼 지내는 이것이 사는 길이다'라는 것을 창세기는 보여 주고 있습니다.

창세기에 나오는 믿음의 사람들은 모두 말씀과 함께 방황하는 사람들이었습니다. 그들에게 믿음은 삶 그 자체였습니다. 우리는 창세기에서 믿음과 삶이 분리된 사람을 한 명도 찾을 수가 없습니다. 믿음은 곧 삶이었습니다. 믿었기 때문에 그들의 삶의 방식이 달라졌습니다. 삶과 믿음은 분리될 수가 없습니다. 성경은 이렇게 말씀을 가지고 끝없이 헤매며 방황하면서 말씀을 따라 사는 것이 이 세상에서 번창하는 것보다 훨씬 더 복되다는 것을 아주 생생한 언어로 보여 주고 있습니다.

이 세상을 믿고 산 사람들과 이 세상에 있는 땅을 의지한 사람들은 다 멸망했지만 하나님의 말씀을 붙들고 말씀을 따라간 사람들은 오늘도 살아 있다고 성경은 우리에게 말합니다. 예수님께서는 하나님께서 자신을 '아브라함과 이삭과 야곱의 하나님'으로 소개하신 부분을 인용하시면서 하나님은 죽은 자의 하나님이 아니요 산 자의 하나님이시기 때문에 아브라함과 이삭과 야곱은 지금도 살아 있다고 말씀하셨습니다.

창조의 하나님

창세기부터 신명기까지 다섯 권의 율법책을 모세가 기록하였다고 해서 모세오경이라고 부릅니다. 모세오경은 이렇게 시작됩니다.

<u>태초에 하나님이 천지를 창조하시니라</u>

이 말씀은 설명이 아닙니다. '이제부터 이러이러한 사실들을 설명해 주겠다'는 것이 아닙니다. 이것은 선포의 말씀입니다. 수많은 우상과 인간이 만든 신들이 있는 이 세상 한가운데서, '하늘에 있는 것이나 땅에 있는 모든 것들을 하나님께서 만드셨기 때문에 이 모든 것은 하나님의 것이며 하나님이 주인'이라고 선포하는 것입니다.

여기서 '창조했다'는 것은 아무것도 없는 무에서 새로운 것들을 만들어 내셨다는 뜻입니다. 하나님께서는 전에 있던 임자 없는 빈 땅을 차지함으로써 주인이 되신 것이 아닙니다. 우주에는 아무것도 없었습니다. 철저한 무였습니다. 먼지도 없었고 공기도 없었고 산소도 없었습니다. 그런 가운데 하나님께서 하늘에 있는 것들과 땅에 있는 모든 것을 만드셨습니다. 그렇기 때문에 이 모든 것은 하나님의 것이며, 하나님이 주인이고, 하나님의 뜻대로 처분할 수 있는 것입니다. 우리가 믿는 하나님은 바로 이 하나님이십니다. 아무것도 없는 가운데서 이 모든 것을 만들어 내신 창조의 하나님이십니다.

오늘 우리들은 이 하나님께서 지금도 새로운 창조를 하시는가 하는 문제에 의문을 가지고 있습니다. 창조와 창조한 것을 지키고 붙드는 것에는 좀 차이가 있습니다. 처음에 없는 가운데 어떤 것을 생기게 하는 것을 '창조'라고 하고, 창조한 것을 유지하고 지키는 것을 '섭리'라고 합니다. 지금 하나님께서는 새로운 것을 창조하시지는 않습니다. 없던 하늘을 새로 만드시거나 지금까지 존재하지 않았던 새로운 생물체를 만드시지는 않습니다.

그러나 지금도 하나님이 창조하시는 것이 있습니다. 그것이 무엇입니까? 사람의 영혼입니다. 얼마 전에 우리 교회 어린이와 대화를 나누었는데, 대화의 주제는 엄마 아빠가 만나기 전에 자기가 어디에 있었는가 하는 것이었습니다. 그 아이는 자기가 하늘에 있다가 내려왔다고 말했습니다. 그래서 제가 정정해 주었습니다. "하늘에 있다가 내려오신 분은 예수 그리스도밖에 없고, 너는 하늘에서 내려온 것이 아니라 엄마 아빠를 통해서 새로 창조되었단다."

하나님께서는 지금도 수많은 생명들을 창조하고 계십니다. 그러나 그것보다 더 중요한 것은 무에서 유를 만드시던 그 능력으로 우리를 붙들고 계신다는 사실입니다. 그렇기 때문에 우리에게는 내가 가진 가능성이 전부가 아닙니다. 우리는 내가 지금 무엇을 가지고 있느냐를 중요하게 생각합니다. 그러나 하나님께서는 아무것도 없는 가운데서 모든 것을 창조하신 그 능력으로 우리의 삶을 보살피며 지키고 계십니다. 하나님은 죽은 자를 살리시는 분입니다. 그분은 없는 데서 있게 하시는 분이기 때문에 분명히 죽은 자를 살릴 수 있습니다. 자식을 낳지 못하는 사람에게 자식을 주실 수 있습니다. 산에 가서 빌고 바위에 가서 빈다고 자식이 생기는 것이 아닙니다. 하나님이 태를 여십니다.

그러나 중요한 것은 하나님께서 믿음의 사람들에게 그들이 원하는 것을 바로 주시지 않는다는 사실입니다. 왜냐하면 우리가 원하는 것은 근본적인 것이 아니기 때문입니다. 하나님은 우리가 그분을 바로 알기를 원하십니다. 우리는 하나님을 알기보다는 나에게 부족한 것이 채워지기를 바라고 자꾸 무언가를 하려고 합니다. 그러나 하나님께서는 우리가 구하는 것을 주지 않는 기간을 통하여 참으로 중요한 것이 무엇이며 하나님이 어떤 분이신지를 우리에게 소개하기 시작하십니다.

우리가 그토록 열심히 어떤 사람을 살려달라고 기도했는데도 하나님께서 생명을 거두어 가시는 경우가 있습니다. 그러나 우리는 생명을 위해 기도한 것이 하나님 앞에서 결코 헛되지 않음을 알아야 합니다. 우리는 하늘과 땅 중에서 이쪽에서 일어나는 일 외에는 보지 못합니다. 그래서 우리의 소망과 기도가 어떤 결과를 가져왔는지 알지 못합니다. 그러나 하나님 앞에서 진심으로 간구한 것 중에서 헛된 것은 하나도 없습니다. 우리는 모든 것을 창조하신 이 하나님을 통해서 내가 가진 것이 절대적인 것이 아니며, 나에게는 무한히 열려 있는 하나님의 능력이 있고, 나는 이 하나님의 능력을 의지하면서 살아야 한다는 것을 생각해야 할 것입니다.

천지가 창조된 이 말씀을 보면서 왜 하나님께서 천사의 창조에 대해서는 말씀하시지 않는지 궁금히 여기는 사람들이 있습니다. 그러나 하나님 앞에서 중요한 것은 천사가 아닙니다. 하나님께서 중요하게 생각하시는 것은 바로 하나님의 형상을 따라 창조된 우리들입니다. 물론 우리가 천사들보다 훨씬 더 모자라게 창조된 것은 사실입니다. 우리는 천사들에 비하여 능력이나 신성이 부족합니다. 그러나 하나님께서는 자발적으로 하나님의 뜻에 순종하는 이 인간을 천사보다 훨씬 더 중요하게 생각하시며, 천사들에게는 우리를 섬기는 종의 신분을 주셨습니다. 더욱이 애굽에서 탈출하여 다신교의 미신을 떨쳐버리고 유일하신 하나님을 새로 알아가는 이스라엘 백성들에게 천사에 대한 이야기는 전혀 도움이 되지 않았을 것입니다.

하나님은 없는 가운데서 모든 것을 있게 하시는 분입니다. 죽은 자를 살리시는 분이며 새로운 생명을 우리에게 주시는 분입니다. 그러니 두려워하지 말고 하나님을 의지하십시오. 창세기는 '너희에게 힘이 없고 능력이 없고 지혜가 없지만 두려워하지 말고 하나님을 의지하라. 하나님은 이 모든 것을 창조하신 분이다' 하는 것을 애굽에서 탈출하여 먹을 것이 없어서 광야에서 염려하고 있는 이스라엘 백성들에게 가르치고 있습니다.

최초에 땅은 어떤 상태에 있었나?

2절을 보십시오.

<u>땅이 혼돈하고 공허하며 흑암이 깊음 위에 있고</u>

이것은 대단히 어렵고 이해하기 힘든 말씀입니다. 지구의 이런 상태에 대해서는 목격자가 아무도 없을 뿐 아니라 지금의 형편과는 너무나 달라서 비교할 수가 없기 때문입니다.

땅이 '혼돈하다'는 것은 땅에 어떤 형체가 없었다는 뜻입니다. 지금 우리의 땅에는 흙도 있고 바위도 있고 산도 있습니다. 그러나 이때는 아직 명확한 구분이 없이 모든 것이 뒤섞여 있는 상태였습니다. 비슷한 예를 들어봅시다. 홍수가 났을 때 물에 잠겼던 부분이 어떻습니까? 거기에는 무슨 형체가 없습니다. 그전에는 집이나 마당이나 길이 다 구분이 되었는데 홍수가 한번 범람하고 나면 어디가 집이고 어디가 길이며 어디가 논이고 어디가 밭인지 알 수가 없습니다. 집과 화장실이 구별이 되지 않습니다. 모든 것이 혼동된 상태입니다. 처음에 하나님이 창조하실 때 지구의 상태가 그러했습니다.

'공허하다'는 것은 비어 있다는 뜻입니다. 다시 말해서 살아서 움직이는 존재가 하나도 없는 것입니다. 아무 생물이 없습니다. 사람도 없습니다. 바퀴벌레도 없습니다. 살아서 움직이는 존재가 하나도 없는 것이 바로 비어 있는 것입니다.

가끔 보면 오랫동안 사람이 살지 않아서 아주 적막한 집이 있습니다. 이번에 보니까 시골에만 그런 집이 있는 것이 아니라 도시에도 있더라고요. 그 집을 사면 주인이 죽는다고 해서 몇 년째 비어 있는 집이었습니다. 며칠 전에 부산 광안리에서 보았는데, 창문은 깨지고 아주 적막하고 공허했습니다. 그런 집에 들어가면 느낌이 어떻습니까? 사람이 산 흔적이 없는 집은 금방 느껴집니다. 냉기가 뼛속에 스며들면서 무언가 으시시해서 빨리 탈출해야겠다는 생각이 듭니다.

원래 지구의 상태가 그러했습니다. 아주 썰렁하고 을씨년스럽고, 추워서 추운 것이 아니라 무서워서 춥고, 기분이 습하고 찐득해서 추운 상태였습니다. 어떤 사람은 과학적인 아이디어를 동원해서 '공허하다'는 것을 밀도가 낮아서 퍼석퍼석한 상태나 먼지 같은 상태로 생각하는데, 그런 것이 아니라 원어로는 '주민이 없다'는 뜻입니다.

'흑암이 깊음 위에 있다'는 것은 아주 어려운 말씀입니다. '흑암'은 어둠인데, '깊음'이 무엇을 의미하는지가 어렵습니다. '하나님의 신이 수면에 운행하신다'는 말을 보면, 아마도 '깊음'은 끝없는 수면을 의미하는 것이 아닐까 생각합니다. 이것은 지구가 아주 깊은 어둠에 빠져 있고, 미지의 세계이며, 어느 누구의 접근도 허용하지 않는 미스터리에 싸인 세계라는 것입니다.

이와 비슷한 예가 있습니다. 동굴 탐사를 한 형제들의 이야기를 들어보면 동굴 속에 호수가 나오는데 호수 밑바닥이 얼마나 깊은지 알 수가 없다고 합니다. 빛은 전혀 없고 끝없는 깊음만 있습니다. '흑암이 깊음 위에 있다'는 것은 동굴 탐사반들이 잘 아는 상태입니다. 실에 돌을 매달아 물속에 내려 보면 끝없이 내려갑니다. 호수의 깊이가 얼마가 되는지 모릅니다. 혹시 지옥과 연결되는 게 아닌가 싶을 정도입니다. 그리고 완전히 어둡습니다. 그런 끝없는 심연을 대할 때 절망감이 들지요. 이것은 어느 누구의 접근도 허용하지 않는 금지된 나라입니다. 이와 같이 끝없는 깊은 어둠이 지구를 덮고 있었습니다.

우리는 이 말씀을 대하면서 우리가 살고 있는 이 지구가 처음부터 많은 짐승이 뛰어다니던 아름다운 곳이 아니었음을 알 수 있습니다. 이곳은 황량하고 무서우며 어느 누구의 접근도 쉽게 허락하지 않는, 끝없는 어둠에 잠겨 있는, 아직 깨어나지 않은 채 깊은 동면의 상태에 빠져 있는 덩어리였습니다. 우리는 이런 상태가 얼마나 오래 지속되었는지 알 수가 없습니다. 이런 무시무시한 상태가 하루만 있었는지, 아니면 이런 상태가 아주 오래 지속되다가 하나님께서 창조를 시작하셨는지 명확히 말할 수 없습니다. 그러나 중요한 것은 왜 성경이 우리가 살고 있는 이 땅에 대해 이런 식으로 설명하면서 이야기를 시작하고 있느냐는 것입니다.

제가 설교를 시작할 때 썰렁해진 탄광촌, 사람들이 줄어들기 시작한 미국의 유전 도시에 대해 설명한 것을 기억하실 것입니다. 창세기를 설명하면서 무슨 탄광촌과 휴스턴 이야기를 하는가 생각하셨는지도 모르겠습니다. 사막에 어느 도시가 세워졌습니다. 그 도시에는 인구가 아주 많고 필요한 모든 것이 다 갖추어져 있습니다. 집집마다 에어컨이 있고 수영장이 있습니다. 그러나 이 도시가 세워진 곳은 원래 사막이었고, 거기에 도시가 존재하는 이유는 오직 석유에서 나오는 돈 하나 때문이라는 것을 알아야 합니다. 석유값이 폭락하고 저장된 석유가 바닥이 나면 그 도시는 다시 황량한 사막으로 돌아갈 것입니다.

성경이 최초의 우리 지구를 이토록 썰렁하고 살벌한 모습으로 그리고 있는 이유가 있습니다. 성경은 우리가 살고 있는 이 땅이 영구적인 것이 아님을 우리에게 보여 주려는 것입니다. 우리는 아직도 지구가 우주에서 가장 아름다운 별이라는 자부심을 가지고 있습니다. 물론 우리의 이 자부심은 점점 늘어나는 쓰레기 때문에 없어지고 있습니다만, 아직도 태양계에 있는 이 작은 초록빛 별이 우주에서 가장 아름답다고 자랑합니다.

사실 지구는 굉장히 아름다운 별입니다. 제가 태어나서 느낀 게 그거였어요. 태양이 눈부시게 아름답습니다. 푸른 나무들로 덮여 있는 산을 보십시오. 바다를 보십시오. 모든 것이 너무 아름다워서 아파요. 사람들은 아름다운 경치를 보면 "아야, 아야"하면서 구경합니다. 가슴이 저릿저릿할 정도로 너무 아름다워서 신음 소리를 내면서 구경합니다. 또 현대 도시를 보세요. 없는 게 없습니다.

아무도 살지 않고, 흙인지 집인지 밭인지 길인지 구분도 되지 않는, 누구의 접근도 허용하지 않는 깊은 동면에 빠져 있는 이 세상을 하나님께서 이렇게 무언가로 만들기 시작하셨다면, 거기에는 반드시 이유가 있습니다. 곧 하나님께서는 어떤 목적을 위해 임시방편으로 그렇게 하신 것입니다. 사람들은 이 세상이 너무나 좋고 너무나 살기 편하기 때문에 이 세상이 영구적이기를 바라고 있습니다. 그러나 이 세상은 다시 황량한 원래의 상태로 돌아갈 것입니다. 왜냐하면 그것이 세상의 원래 모습이기 때문입니다.

여러분, 우리가 지금 살고 있는 땅에서 불과 몇십 미터만 내려가도 사람이 살 수 없는 것들로 이루어져 있습니다. 지구의 표면만 흙으로 덮여 있는데, 이 흙의 양은 살짝 뿌려놓은 것처럼 얼마 되지 않습니다. 하나님은 이 세상을 일시적으로, 가건물로 아름답게 꾸미셨습니다.

이스라엘 백성들이 떠난 애굽은 참으로 아름다운 곳이었습니다. 그들은 애굽을 떠나고 싶지 않았습니다. 애굽에 비하면 시내산 광야는 정말 썰렁하고 적막한 곳이었습니다. 소돔 들판은 또 어떻습니까? 아브라함이 포기하기에는 너무나 아름다운 곳이었습니다. 그곳은 여호와의 동산만큼이나 비옥한 평지였습니다. 그러나 하나님은 소돔이나 애굽이라고 해서 아끼지 않으셨습니다. 왜냐하면 하나님께서 아름다운 곳을 만드신 것은 어떤 특별한 목적을 위해서이기 때문입니다.

그렇다면 하나님께서 이 세상을 이토록 아름답게 만드신 이유는 무엇입니까? 무엇 때문에 혼동되어 있는 이 세상을 이토록 질서 있게 정돈하시고 아무것도 살지 않던 곳에 이토록 많은 생물이 살게 하셨습니까? 왜 끝없는 어둠에 덮인 동면의 땅을 빛 아래로 끌고 나오셔서 개발하게 하시고 사람들이 출입하게 하셨습니까?

그 목적은 하나밖에 없습니다. 하나님의 뜻대로 사는 백성을 만들기 위해서입니다. 천사와 달리 자기 의지로 하나님의 뜻을 분별하며 자발적으로 하나님의 뜻에 복종하는 복된 백성을 만들기 위해서 하나님께서는 이 세상을 아름답게 꾸미셨습니다. 이것을 위해서 이 세상은 존재합니다. 여러분, 마치 이 세상이 영구적으로 존재할 것처럼 이 세상에 탐닉하고 이 세상의 명예에 욕심을 내는 사람은 결국 아무것도 남지 않는 황량한 들판에 묻히고 말 것입니다.

하나님의 백성들이 훈련을 끝내고 영광스럽게 졸업하는 날 이 세상은 원래의 모습으로 돌아갈 수밖에 없습니다. 그래서 하나님께서는 우리에게 무엇을 더 중요하게 생각해야 하며 어디에 애착을 가지고 살아야 할지 보여 주기 위해서 최초의 황량하고 쓸쓸한 지구의 모습을 우리에게 보여 주신 것입니다.

여러분, 이 세상에 있는 모든 것은 하나님 백성의 영적 성숙을 위한 임시 훈련소와 같습니다. 가건물로 지은 훈련소입니다. 영구적인 건물들이 아닙니다. 훈련의 목적만 달성되면 다시 다 헐어 버리고 황량한 들판으로 내던져버릴 것입니다.

그래서 마치 이 세상이 영원히 지속될 것처럼 이 세상이 주는 달콤한 맛에 집착하고 매달리는 그리스도인은 이 세상과 함께 버려질 수밖에 없다는 것을 하나님은 시작부터 말씀하시고, 그 후에 노아 홍수와 소돔의 역사를 통해서 재차 강조하신 것입니다. 물론 우리는 환경에 신경을 써야 하고 자연이 파괴되지 않도록 지켜야 합니다. 그러나 이것은 어디까지나 우리가 훈련받는 기간 동안만입니다. 우리가 훈련받고 나면 지구는 다시 본래의 모습으로 돌아갈 것입니다.

그래서 그리스도인들은 이 세상이 주는 직책에 연연하지 않습니다. 자기가 살고 있는 집이 몇 평인지에 연연하지 않습니다. 집을 좀 넓히고 거기 여러 가지 가구를 갖추어 놓고 좀더 편하게 사는 것을 목적으로 삼는 사람은 이 황량한 벌판에 다시 버려질 것이기 때문입니다.

중요한 것은 사회적인 직책이 아니라 그 사람이 살고 있는 삶의 질입니다. 얼마나 아름답고 얼마나 가치 있는 삶을 사느냐가 중요한 것입니다. 그런 삶 없이 땅이나 빌딩을 많이 가졌다고 만족하는 사람은 그 만족이 얼마나 어리석은 것인지 알게 될 때가 곧 올 것입니다.

여러분, 우리의 삶은 모두 다 드러나게 되어 있습니다. 숨어서 죄를 지은 것도 다 드러나게 되어 있고 아무도 모르게 선을 행한 것도 백주에 다 드러나게 되어 있습니다. 이것이 중요한 것입니다. 눈에 보이는 건물과 아름다운 산과 바다와 언덕이 중요한 것이 아니라, 눈에 보이지 않게 지은 죄와 눈에 보이지 않게 행한 선한 일이 중요한 것입니다. 그것은 전부 기록으로 남을 것이며 공개될 것입니다. 산이 없어지고 바다가 없어진다 하더라도 주님의 말씀은 일점일획도 없어지지 않을 것이라는 말씀은 바로 이 중요한 교훈을 우리에게 주기 위한 것입니다.

성령의 출현

우리는 본문에서 가장 놀라운 말씀을 대하게 됩니다. 그것은 이처럼 황량하고 무의미한 곳에 '하나님의 성령'이 활동하고 계신다는 사실입니다.

하나님의 신은 수면에 운행하시니라(1:2하).

원래 '영'이라는 말은 히브리어, 헬라어 모두 '바람'이라는 뜻을 가지고 있습니다. 그래서 어떤 사람들은 '하나님의 바람이 수면에 불고 있었다'는 식으로 해석하려고 합니다. 창조의 현장에 성령이 출현하신 일이 아주 돌발적이고 전혀 예상하지 못했던 일이기 때문에 감히 성령으로 번역하지 못하고 '하나님의 바람'이라고 번역한 것입니다.

또 '운행하셨다'는 말도 어려운 말입니다. 어떤 번역들은 '위에 떠 계셨다', 곧 영어로 'hover'라는 단어를 사용하고 있는데, 그것은 독수리나 새가 하늘에 높이 떠 있다는 뜻입니다. 성령이 하늘에 높이 떠 있었다는 것이 무슨 뜻인지 말로는 이해가 되는데 의미가 와 닿지 않습니다. 그래서 어떤 사람들은 'brood', 곧 '알을 품다'라는 뜻으로 번역을 합니다. 어미 닭이 병아리를 품듯이 혼돈 상태에 있는 이 세상을 성령께서 마치 병아리를 부화시키듯이 그 날개로 품고 계셨다는 뜻으로 설명하는 것입니다.

어떤 의미로 해석하든지 이 해석들은 다 자연스럽지 못합니다. 단지 우리가 알 수 있는 사실은 창조의 순간에 하나님의 성령이 출현하신 것이 아주 돌발적이고 갑작스러운 일이라는 것입니다. 특히 창세기를 통하여 과학적인 정보를 얻고자 하는 사람들은 이 2절에서 벌써 정나미가 떨어지면서 창세기를 계속 읽어야 할지 말아야 할지 고민에 빠지게 될 것입니다. 성령의 출현은 우리뿐 아니라 창세기를 처음으로 대하는 출애굽 교회에게도 어려운 문제였을 것입니다.

천지 창조에서 가장 중요한 것은 말씀하시는 하나님께서 말씀으로 이 모든 세계를 창조하셨다는 사실입니다. 이것은 성경이 주장하는 엄청난 진리입니다. '돌에 기분 좋게 웃고 있는 모습을 새겨놓은 신이 하나님이 아니며 나무로 요염하게 조각해놓은 여신이 하나님이 아니다. 말씀하시는 하나님이 참 하나님이며 그 하나님이 말씀으로 온 세상을 창조하셨다. 이 말씀을 듣는 백성은 절대로 멸

망하지 않는다'는 것이 모세오경의 일관된 주장입니다.˙

그러나 모세는 말씀만 강조하지 않습니다. 이스라엘 백성들에게 이해가 되든 이해가 되지 않든 성령을 여기에 출현시킵니다. 말씀과 성령이 함께 역사하는 것, 말씀만 가지고 연구하고 말씀만 가지고 토론하는 것이 아니라 성령이 말씀과 함께하시는 것을 표현하고 있는 것입니다. 말씀과 성령의 사역은 처음부터 함께 시작이 되었습니다. 그래서 성령이 여기에서 돌연 출현하고 있는 것입니다.

특히 여기에서 성령을 등장시킨 이유가 무엇입니까?

하나님께서 창조하신 이 세계는 하나님이 택한 백성들만 누리게 하려고 만드신 것이 아닙니다. 이것은 누구든지 다 누릴 수 있는, 성령의 일반 은총으로 주시는 세계입니다. 하나님은 선한 사람이나 악한 사람 모두에게 햇빛을 주시고 비를 내리십니다. 이것은 모두 성령이 주시는 선물입니다.

건강은 누구나 다 가질 수 있습니다. 지식도 누구든지 노력하면 많이 가질 수 있습니다. 반드시 믿는 자만 대학에 합격하는 것이 아닙니다. 그러면 목사님네 아이들만 대학에 들어가야 하는데 목사님네 아이들도 많이 떨어집니다. 누구든지 열심히 공부하는 사람은 대학에 갈 수 있고, 누구든지 자기 몸을 관리하는 사람은 건강을 가질 수 있습니다. 믿지 않는 사람들 중에서도 아름다운 음악이나 그림을 창작하는 사람들이 있습니다. 이 모든 아름다운 것들은 다 성령이 주시는 일반 은총입니다.

이스라엘 백성들이 보기에 애굽 사람들은 참으로 많은 하나님의 일반 은총을 받은 사람들이었습니다. 특히 기하학의 발달은 다른 어느 나라도 따라오지 못할 정도였습니다. 나일 강이 범람하기 때문에 정기적으로 자기의 논밭을 측량해야 했고, 피라미드에 누워 있는 왕의 눈과 그의 별을 일치시켜야 했기 때문에 기하학과 천문학이 아주 발달했습니다. 삼각함수, 삼각형의 정리 같은 것이

다 이 애굽에서 나온 것입니다. 애굽의 지혜와 에돔의 지혜는 아주 탁월했습니다. 그래서 잠언에서는 애굽의 지혜와 에돔의 지혜를 인용해서 하나님의 지혜가 더 뛰어나다는 것을 이야기합니다. 이 모든 아름다운 것은 성령이 주시는 일반 은총입니다.

그러나 성령이 하나님의 백성에게만 주시는 특별한 은총이 있습니다. 그것이 무엇입니까? 말씀을 통해서 하나님을 알게 하는 것입니다. 죄를 용서해 주시는 것입니다. 마음을 바꾸어서 언제나 새로운 마음으로 살게 하시는 것입니다. 이것이야말로 성령이 하시는 일 중에서 가장 탁월하며 특별한 것입니다.

하나님께서는 창조의 현장에 성령을 갑자기 등장시킴으로써 애굽 사람들과 에돔 사람들이 누리고 있는 기하학과, 다른 여러 가지 지혜는 다 하나님이 주신 일반 은총이며, 그것보다 훨씬 더 탁월한 은총은 바로 출애굽한 백성들이 가지고 있는 하나님을 아는 지식이며, 죄 용서 받는 은혜이며, 날마다 새로워지는 은혜라는 것을 이야기해 주십니다.

인간이 누릴 수 있는 축복이 많습니다. 어떤 사람은 유달리 건강한 몸을 가지고 있습니다. 어떤 사람은 유달리 지혜가 있고 학문적인 능력이 있습니다. 어떤 사람은 유달리 돈을 많이 법니다. 그러나 그것은 누구든지 가질 수 있는 것입니다. 하나님께서 주신 특별한 은혜는 하나님을 깨닫는 것이며 죄 용서 받는 것이며 날마다 새로운 마음을 가지고 사는 것입니다. 그래서 이스라엘 백성들이 애굽 사람이나 에돔 사람들을 부러워하지 않도록 성령의 특별한 사역을 가르치고 계신 것입니다.

여러분, 하나님을 아는 것은 정말 귀한 은혜입니다. 이 세상 어떤 사람들이 누리고 있는 것보다도 더 탁월하고 귀중한 축복입니다. 만약 이것을 잃어버린다면 하나님의 백성들은 가장 소중한 것을 잃게 되며, 자신의 존재 가치를 잃게 될 것입니다. 하나님을 아는 지식을 잃고 건강을 택하며 하나님을 아는 지식을 놓치고 세상의 지식과 물질을 택한다면, 나는 가장 귀중한 것을 놓치는 것입니다. 하나님을 아는 지식을 스테이크에 비교한다면 건강이나 물질은 과자에 불과합니다. 스테이크와 과자에는 큰 차이가 있습니다. 스테이크를 배불리 먹은 사람이 과자를 먹겠습니까?

그리스도인은 자기가 가진 것을 남에게 다 주어버려도 됩니다. 싹 다 주어도 부자입니다. 왜냐하면 너무나도 탁월한 하나님의 은혜를 가지고 있기 때문입니다. 그래서 그리스도인은 세상 사람들이 돈 많이 가진 것을 부러워하면 안돼요. 돈이라도 있어야 살 재미가 있지요. 그 사람들이 돈도 없고 명예도 없으면 무슨 재미로 살겠습니까? 잘 먹고 잘 살게, 자랑하면서 살게 해줘야 합니다. 좋은 차를 몰지 않으면 무슨 낙이 있겠습니까? 그러나 중고 자전거밖에 없더라도 말씀이 있는 사람이 진짜 부자입니다.

우리가 여기에서 참으로 주의해야 할 것은 제2위 되시는 성자의 사역이 창조에서 감추어져 있다는 사실입니다. 요한복음에서는 분명히 제2위 하나님께서 창조에 관계하셨으며 그가 창조의 중심이었음을 밝히고 있습니다. 그러나 창세기에서는 성자의 사역을 감추어놓고 있습니다. 그리스도가 온전히 그의 모습을 드러내시는 것은 창세기 3장에서 인간이 범죄하여 하나님의 저주를 받을 때입니다. 그는 여자의 후손으로 와서 사탄의 머리를 깨고 구원을 이루실 분으로 나타나십니다.

이렇게 그리스도의 창조 사역은 감추면서 구원 사역에 초점을 맞추는 것이 모세오경의 큰 특징입니다. 그래서 모세는 출애굽기에 나오는 제물로서 피를 흘려야 하는 그리스도, 모세가 높이 든 놋뱀의 모습으로 이 세상에 드러나야 하는 속죄양으로서 그리스도의 모습에 초점을 맞추어서 모세오경을 진행하고 있습니다.

아마 다신교의 영향을 깊이 받고 있던 이스라엘 백성들에게 성자의 창조 사역까지 설명하는 것은 너무 많은 지식을 전하는 것으로서, 그들에게 유익이 되기보다는 혼동을 일으키며 약한 믿음마

저 잃어버리게 만들 위험이 있었을 것입니다. 그렇기 때문에 창세기에서는 성자의 창조 사역을 말씀하지 않고 있습니다.

그러나 이스라엘 자손들은 이미 성령의 활동을 체험하고 있었습니다. 모세의 설교가 바로 성령의 사역이었습니다. 그들을 인도했던 구름기둥과 불기둥은 성령의 사역이었습니다. 그들은 이미 성령의 활동을 경험했기 때문에 창조의 현장에서부터 성령을 등장시킴으로써, 그리스도인이 사는 것은 성령과 함께 사는 것이고 그의 특별한 은혜는 애굽의 지혜와 에돔의 지혜를 능가하며 애굽의 물질적인 축복보다 훨씬 더 소중하다는 것을 가르치고 있는 것입니다.

하나님은 어떤 분이십니까? 무에서 유를 창조하신 분이십니다. 능히 우리의 삶을 책임지실 수 있는 분이십니다. 여러분, 이것을 믿으십니까? 하나님은 죽은 자를 살리기도 하시며 태를 열기도 하시며 더 살 수 있는 사람을 죽게도 하시며 능히 내 삶을 책임질 수 있는 분이라는 것을 성경은 최초부터 분명히 말씀하고 있습니다.

오늘 말씀은 하나님을 믿으면서도 이 세상을 의지하려고 하는 우리들에게 이 세상이 하나의 가건물에 불과하다는 것을 분명히 이야기하고 있습니다. 이것은 임시건물이며, 다시 혼돈하고 공허한 모습으로 돌아가게 될 것입니다. 이 세상은 나중에 철거될 건물입니다.

성령이 우리 안에서 하나님을 알게 하시고 우리 속에 있는 죄를 용서하시며 우리의 마음을 바꾸어서 날마다 새롭게 하시는 것이 애굽의 풍요로운 삶과 에돔의 지혜를 능가하는 탁월한 축복이라는 사실을 우리는 오늘 말씀에서 깊이 깨달아야 할 것입니다.

2

빛이
있으라

제가 아주 어렸을 때 처음 자전거를 배웠습니다. 자전거를 타는 것
은 거의 환상적인 일이었습니다. 제가 아는 아이 중에 자전거로 학
교를 통학하는 아이가 있어서 저녁에 집에 갈 때 우리 집 앞을 지나
가 달라고 특별히 부탁을 했습니다. 그런데 그 친구가 그렇게 하겠
다고 약속을 해놓고는 집에 갈 때는 딴 길로 가버렸습니다. 저한테
빌려주기 싫었던 거지요. 저는 오지도 않는 자전거를 오후 내내 기
다렸습니다. 그렇게 하루 종일 기다렸는데 그 아이는 끝내 우리 집
앞을 지나가지 않았습니다.

　　사람의 특징은 말을 한다는 데 있습니다. 그러나 우리가 하
는 말이 다 그대로 성취되는 것은 아닙니다. 우리는 전혀 이루어질
가능성이 없는 말을 할 때가 많습니다. 그렇기에 다른 사람들이 내
게 한 말을 순진하게 다 믿으면 안 됩니다.

　　그러나 우리는 창세기를 읽으면서 아주 충격적인 사실을 보
게 됩니다. 그것은 처음에 세상이 만들어질 때 모든 것이 하나님의
말씀만으로 이루어졌다는 사실입니다. 말씀 하나만으로 없던 것이
존재하게 되기도 하고 새로 만들어지기도 했습니다.

　　오늘 말씀을 보면 "하나님이 가라사대 '빛이 있으라' 하시매

빛이 있었고"라고 되어 있습니다. 하나님께서 빛이 있으라고 말씀하시니까 빛이 있었습니다. 이것뿐만이 아니라 다른 모든 것도 마찬가지였습니다. 이렇게 되라고 말씀하시니까 다 그렇게 되었고, 그 모든 것이 하나님 보시기에 좋았습니다.

우리가 하는 말은 우리 속에 있는 생각을 표현한 것입니다. '그렇게 되었으면 좋겠다'는 희망사항이지요. 내가 말하는 것이 다 그대로 되어야 한다는 뜻이 아닙니다. 그러나 하나님의 말씀은 그렇지 않습니다. 하나님의 말씀은 단순한 희망사항이 아닙니다. 하나님이 말씀하신 것은 꼭 그대로 이루어지게 되어 있습니다. 하나님의 말씀은 단순한 생각의 표현이 아닙니다. 하나님의 말씀은 성취시키는 능력이 있는 말씀입니다.

오늘 읽은 이 짧은 본문에서 우리는 세 가지 사실을 찾아볼 수 있습니다.

첫째는 창조하는 말씀의 능력입니다. 하나님께서 말씀하시니 없던 빛이 생겼습니다. 이것이 바로 하나님의 말씀의 능력이고, 우리들의 말과 다른 점입니다.

둘째는 하나님께서 맨 처음 만드신 것이 빛이었다는 사실입니다. 이것은 태양이 있기 전에 존재했던 빛입니다. 태양은 넷째 날에 만들어졌습니다. 태양이 있기도 전에 존재했던 이 빛이 어떤 빛이며 우리에게 어떤 의미를 주느냐가 중요합니다.

그리고 셋째는 하나님께서 이 빛을 거두어 가심으로써 저녁이 오게 하고 아침이 오게 하셔서 '하루'라는 시간을 시작하신 것입니다.

말씀하시는 하나님의 능력

오늘 우리가 첫째로 생각하고자 하는 것은 말씀하시는 하나님의 능력입니다.

우리가 지금 주고받는 말과 하나님의 말씀은 근본적으로 성격이 다르다는 것을 이해하지 않으면 믿음이 생기지 않습니다. 우리들의 말은 내 속에 있는 생각의 표현입니다. 그러나 하나님의 말씀은 능치 못할 일이 없는, 일을 성취시키는, 창조하는 말씀입니다.

사람들 중에도 신실한 사람은 자기가 한 말을 꼭 지킵니다. 그러나 아무리 신실한 사람이라도 지키지 못하는 말이 있습니다. 단순한 희망 사항이었는데 나중에 사정이 변해서 말한 것을 지키지 못하는 경우가 얼마나 많습니까? 그러나 하나님의 말씀은 그렇지 않습니다. 하나님이 말씀하신 것은 반드시 성취됩니다.

하나님이 가라사대 빛이 있으라 하시매 빛이 있었고(1:3).

하나님이 "빛이 있으라" 하시면 빛이 생겼습니다. 하나님께서 "하늘이 생기라" 하시니 하늘이 생겼고, "물이 한쪽으로 몰려서 육지가 드러나라" 하시니 육지가 드러났습니다. 산은 솟아나고 골짜기는 밑으로 파고들었습니다. 말씀 한 마디로 말입니다.

이스라엘 백성들은 이미 이 말씀의 능력을 경험한 사람들입니다. 하나님께서 모세를 통하여 하신 말씀이 한 마디도 땅에 떨어지지 않고 그대로 성취되는 것을 이스라엘 백성들은 보았습니다. 모세가 나일 강이 피가 될 것이라고 하면 피가 되었습니다. 강에서 개구리가 올라올 것이라고 하면 개구리가 올라왔습니다. 그리고 내일이면 개구리가 집에서 물러가서 다 죽을 것이라고 하니까 개구리가 그 말 그대로 물러가서 죽었습니다. 모세의 말에 하늘에서 우박이 내리기도 하고, 모세의 말에 파리가 몰려들기도 하고, 모세의 말에 애굽의 모든 장자들이 죽기도 하고, 모세의 말에 홍해가 갈라지기도 했습니다. 하나님의 말씀의 능력은 이스라엘 백성들에게 새로운 것이 아니었습니다. 그들은 이미 하나님의 말씀에는 능치 못하심이 없다는 것을 경험한 사람들입니다. 하나님께서는 바로 그 능력의 말씀으로 이 세상이 처음 창조되었다는 것을 그들에게 분명히 밝히고 계십니다.

우리는 신앙생활을 하면서 왜 천지를 창조하셨던 그 능력의 말씀이 오늘 나에게는 영향을 미치지 못하는가 하는 문제를 놓고 많은 고민을 합니다.

"그때는 말씀으로 하늘을 창조하시고 땅도 창조하셨는데, 왜 나는 똑같은 말씀을 열심히 설교로 듣고 공부하고 매일매일 읽고 있는데도 장사가 잘 안 될까? 하나님이 그 능력의 말씀으로 '장사가 잘되어라' 한 마디만 하시면 사람들이 막 구름떼같이 몰려 올 텐데, 왜 이 말씀이 오늘은 안 통할까?"

"왜 직장 구하는 일이 여의치 않을까?"

"하나님이 능력의 말씀으로 '결혼할 사람 많이 생겨라' 하시면 매일 선이 들어오고 집 앞 골목에서 남자들이 진을 치고 있고 귀찮을 정도로 계속 전화랑 편지가 올 텐데, 왜 이렇게 능력의 말씀이 안 나타나고 성경공부를 해도 여전히 소식이 없을까?"

"분명히 하나님의 말씀은 능치 못함이 없다고 했는데, 왜 나에게는 오히려 되는 일이 없을까?"

이것을 어떻게 생각하면 좋겠습니까? 우리는 무엇보다도 창세기와 출애굽기에서 이 능력의 말씀이 어떻게 다르게 나타나고 있는지 이해할 필요가 있습니다.

창세기에 나타난 말씀은 창조하는 말씀입니다. 하나님의 말씀 한 마디로 온 지구를 에워싸고 있던 물이 갈라져서 하늘의 구름이 되기도 하고 땅으로 쏟아지기도 했습니다. 말씀 한 마디로 물이 한 곳에 모여서 육지가 드러나고 산이 높아지고 골짜기가 깊어졌습니다. 말씀 한 마디로 이 모든 것이 이루어졌습니다.

그러나 출애굽기에 나타난 말씀은 그런 창조의 말씀이 아닙니다. 이 말씀은 죄에 빠진 이스라엘 백성들, 하나님을 잊어버리고 노예 생활을 하고 있는 그들을 어린 양의 피로 속죄하시고 그들을 지배하는 세력을 능력으로 깨뜨리셔서 하나님의 백성으로 만드는 구원의 말씀입니다.

여러분, 창조의 능력과 구원의 능력 중에서 어느 것이 더 크다고 생각합니까? 물론 우리의 눈에는 창조의 능력이 더 크게 보입니다. 우리는 거대한 절벽을 보면서 '나는 너무 왜소하다. 창조의 능력이 정말 크구나' 하고 생각합니다. 그러나 하나님께서는 이 거대한 우주와 천지를 창조하시는 일은 6일에 걸쳐서 하셨지만, 우리 죄인을 구원하시는 일은 수백 년, 수천 년에 걸쳐서 하셨습니다. 눈에 보이는 이 세계를 창조하는 일은 말씀 한 마디로 하셨지만, 우리를 구원하기 위해서는 수많은 말과 수많은 사람들의 피와 어린 양의 희생과 설득과 전도와 온갖 노력을 다 기울이셨습니다.

여러분, 그 기간만 생각해 보아도 우리 한 사람이 구원받고 하나님 백성 되는 것이 눈에 보이는 이 거대한 우주의 창조보다 얼마나 더 어렵고 엄청난 일인지를 알 수 있습니다. 우리 눈에 그렇게 크게 보이는 산과 바다는 말씀 한 마디로 창조되었지만, 내 속에 있는 정욕을 자제하고 하나님의 말씀 앞에 내 고집을 꺾는 단 한 사람을 만들기 위해서는 수많은 말씀과 수많은 전도자들과 하나님의 거룩한 아들의 피가 있어야 하며, 성령이 임하셔야 하는 것입니다.

여러분, 하나님을 거역했던 우리의 죄의 본성을 치료하고 하나님께 나아와 무릎 꿇고 기도하며 자발적으로 복종하는 사람을 만드는 것은 이런 지구를 수천 개, 수만 개 만드는 것보다 훨씬 더 어렵고 힘든 일입니다.

오늘 우리들은 하나님의 말씀 한 마디로 빛이 생기고 하늘이 생기고 바다가 생기는 것을 보면서, 수많은 말씀을 들어도 변하지 않는 우리의 완악한 본성을 생각해볼 필요가 있습니다. 이 세상에서 가장 귀한 것이 무엇입니까? 그것은 자기 고집을 꺾고 하나님께 순종하는 것입니다. 그것보다 더 귀한 것이 없습니다. 하나님께서는 그것을 보려고 수백 년, 수천 년을 기다리면서 수많은 사람들을 보내어 우리를 설득하시고, 우리에게 복음을 전하시고, 예수 그리스도를 보내시고, 우리를 하나님의 백성으로 삼으신 것입니다. 그러므로 이 세상에서 가장 귀하고 위대한 것은 하나님을 거부하는 고집을 꺾고 하나님을 믿고 순종하는 사람이 되는 것입니다. 자기 고집대로 나가지 않고 하나님의 말씀을 듣고 설득되어서 자발적으로 복종하는 것보다 귀한 것이 없습니다.

아이들을 키워 본 분들은 다 아시겠지만, 아이들도 여간해서는 자기 고집을 꺾지 않습니다. 그 고집을 꺾으려면 수많은 위협과 타협이 있어야 합니다. 그러나 아이가 자기 생각을 바꾸어서 고집을 꺾고 부모의 뜻에 순종할 때, 정말 아무것도 아까울 것이 없습니다. 애가 말도 안 하고 밥도 안 먹고 뚱 하니 단식투쟁이나 하고 학교도 안 가면, 내 자식이지만 차마 입으로 표현할 수 없는 감정이 올라오지요. 입에 담으면 서로가 상처 받을 말들이 속에서 올라옵니다. 그러나 자기 고집대로 하지 않고 마음을 바꾸어 자발적으로 순종하는 자식에게는 무엇이 아깝겠습니까? 모든 것을 다 주고 싶을 것입니다.

여러분, 사람들은 완전히 망하기로 결심한 존재들 같습니다. 한번 마음먹으면 옳든 그르든 바꾸려고 하질 않아요. 결사적으로 자기 고집대로 나갑니다. 자존심 때문인지 한번 마음먹으면 끝까지, 멸망할 때까지 고집을 부립니다.

하나님의 말씀은 우리의 그런 고집을 꺾어서 자발적으로 하나님의 뜻에 복종하는 사람들로 만듭니다. 이것이 얼마나 귀한 일인지 모릅니다. 이것이야말로 하나님이 바라시는 것입니다. 이 모든 빛과 태양과 지구와 아름다운 자연보다 더 값진 것은 스스로 자기의 고집을 꺾고 기쁨으로 하나님께 복종하는 것입니다. "하나님, 제가 잘못했습니다. 이제 하나님 뜻대로 살겠습니다" 하는 사람 보는 것을 하나님은 참으로 기뻐하십니다. 그것은 히말라야 산 같은 엄청난 산 수십 개와도 바꿀 수 없는 위대한 순종입니다. 하나님께서는 이런 사람들을 만들기 위해서 수많은 선지자를 보내시고 자신의 아들을 보내어 피 흘리게 하셨습니다.

성경의 이 많은 말씀은 또 다른 우주를 창조하기 위한 말씀이 아닙니다. 우리의 마음을 바꾸기 위하여 하나님께서 적어 놓으신 것입니다. 여러분, 내 일이 잘 안 되고 내 뜻대로 잘 안 되는 것을 한탄하기 전에, 하나님의 말씀으로 나의 완악한 기질과 고집이 바뀌어서 이렇게 순한 마음으로 변한 것이 얼마나 큰 기적이며 얼마나 놀라운 은혜인지 생각해 보십시오. 내가 하나님의 뜻에 순종하는 것은 오늘 창세기에 1장에 나오는 위대한 창조보다 더 위대한 일입니다. 내가 하나님의 말씀에 순종함에도 불구하고 왜 나에게는 능력이 나타나지 않는지 의심하지 마십시오. 하나님의 말씀은 능치 못할 일이 없습니다. 내가 하나님 앞에서 내 고집을 꺾기만 하면 절대로 하나님께서 나를 버리지 아니하시고 이 창조의 말씀이 내 속에서 역사해서 내 삶을 만들어 나가기 시작합니다. 삶 자체가 기적이 됩니다. 이 사람이 기적을 경험하는 것이 아니라 이 사람의 삶 전체가 기적이 됩니다.

오늘 하나님께서 말씀하시니 그대로 성취되는 이 기적은 새로운 삶의 가능성, 곧 우리가 사는 자연적인 삶 외에 또 다른 삶이 있다는 가능성을 우리에게 보여 주고 있습니다.

자연적인 삶이라고 하는 것은 일상적으로 하루하루 살다가 늙어서 죽는 것입니다. 이 세상에 태어나서 부모의 도움으로 양육을 받고 또 일정한 나이가 되면 결혼을 하고 직업을 가지고 살다가 죽는 것이 자연적인 삶입니다. 이것은 모든 사람이 경험하는 것이고, 누구나 다 이렇게 살게 되어 있습니다. 그러나 오늘 말씀은 이런 자연적인 삶과 전혀 다른 삶의 가능성을 보여 주고 있습니다. 그것은 바로 구원받은 자의 삶입니다.

구원받은 자는 기계적으로 살지 않습니다. 남들이 결혼하니까 나도 결혼하고 남들이 직장을 가지니까 나도 직장을 가지고 남들이 효도관광 가니까 나도 같이 따라가는 것이 아닙니다. 그는 말씀을 붙들고 살기 시작하며, 이제부터 완전히 새로운 항해가 시작됩니다. 늘 새롭습니다. 그러나 아직 완성된 것은 아닙니다. 그에게 삶은 고정된 운명이 아닙니다. 예측할 수가 없습니다. 다른 사람들의 삶은 예측할 수 있습니다. 어떻게 살다가 어떻게 죽을지 대충 예측할 수가 있습니다. 그러나 말씀을 붙들고 사는 사람들의 삶은 예측이 불가능합니다. 항상 새롭습니다. 항상 능력이 나타나서 매일 새로 출발합니다. 이것이 하나님의 백성의 삶이고 구원받은 자의 삶입니다.

이런 삶은 예측할 수가 없기 때문에 불안하기도 합니다. 그러나 이 삶은 아름답습니다. 가장 순수하고 아름다운 삶입니다. 예측할 수는 없지만 사랑에 넘치는 삶입니다. 하나님께서는 이런 삶을 사는 사람들에게 영원한 영광을 주겠다고 약속하셨습니다. 자연적인 삶을 사는 것이 아니라 능력의 말씀을 붙들고 새로운 항해를 시작하는 자들, 불완전하지만 하나님을 의지하고 아름답게 사는 자들에게 영원한 생명을 주시겠다고 약속하셨습니다. 이것이 복음입니다. 불완전하지만 아름다운 삶입니다. 이들의 삶은 아직 끝나지 않았고, 영원히 끝나지 않을 것입니다.

빛이 있으라

하나님께서는 가장 먼저 말씀으로 빛을 창조하셨습니다.

하나님이 가라사대 빛이 있으라 하시매 빛이 있었고(1:3).

빛이라고 하면 우리는 보통 태양 빛을 생각합니다. 물론 최근에 전기 빛이 생활에 많이 사용되기는 하지만 우리는 근본적으로 이 물리적인 빛 외에 다른 빛은 알지 못합니다.

그러나 출애굽한 이스라엘 백성들은 태양 빛 외에 다른 빛을 경험한 적이 있습니다. 애굽의 바로가 하나님의 명령을 거역했을 때 태양이 며칠 동안 빛을 잃는 것을 그들은 목격했습니다. 그때까지는 태양이 절대적인 존재였습니다. 그러나 모세의 말 한 마디에 태양이 빛을 잃어버렸습니다. 태양은 빛을 잃었지만 또 다른 빛이 이스라엘 백성들을 비추어 주었습니다. 추격하는 애굽인들에게는 어둠이 있었고 이스라엘 백성들에게는 빛이 있었습니다. 이 빛과 어둠은 분명히 구별되어 있었습니다. 그래서 이스라엘 백성들에게는 태양 빛 외에 다른 빛이 있다는 것이 어색한 일이 아니었습니다. 그러나 우리는 태양 빛이나 전기 빛 외에는 아는 빛이 없기 때문에 넷째 날에 가서야 태양이 만들어졌는데 그때까지 도대체 어떤 빛이 이 세상을 비추었다는 것인지 이해할 수 없어서 굉장히 당황하게 됩니다.

이 빛을 무엇이라고 불러야 할지 모르겠습니다. 태양이 있기 전이니까 '하나님의 빛'이라고 불러야 할지도 모르겠습니다. 태양이 전부가 아닙니다. 온 세상 사람들은 태양을 보면서 모든 만물의 근원이라고 부르고, '태양은 우리 아버지'라고 말합니다. 그러나 성경은 태양 빛이 있기 전에 더 근원적인 빛이 있었다고 합니다.

그래서 눈에 보이는 태양이 떨어진다고 하더라도 하나님의 백성은 삽니다. 여러분, 그것을 이해할 수 있습니까? 태양이 떨어지면 애굽인들도 떨어져야지요. 태양의 아들이니까요. 그러나 이스라엘 백성은 태양 말고도 다른 빛을 경험했기 때문에, 혹시 태양이 떨어져도 "또 빛이 있잖아. 그때 우리를 인도하던 그 빛 말이야"라고 말합니다. 그들에게는 태양이 절대적인 것이 아니었습니다. 이스라엘 백성들은 태양이 없어져도 살 수 있다는 확신을 가진 사람들입니다.

이 빛은 넷째 날부터 태양과 달과 별로 대치되었습니다. 그렇다고 해서 이 빛이 없어진 것은 아닙니다. 이 빛은 항상 있으며 이 빛이 있기 때문에 태양도 빛나고 달과 별들도 빛을 내는 것입니다.

예를 들어 보겠습니다. 우리에게는 부모님이 각각 한 분씩 있습니다. 우리는 이 부모님 때문에 존재하게 되었습니다. 그래서 우리는 부모님을 공경해야 합니다. 부모님을 공경하지 않는 사람은 사람이 아닙니다. 부모를 모르는 것은 짐승이지요. 그때부터 '애니멀'(animal)의 분류에 들어가게 됩니다. 그러나 우리는 부모님이 돌아가셨는데도 무덤에 절하지는 않습니다. 예수를 믿지 않는 사람들은 이것을 이해하지 못합니다. "아니, 살아 계신 부모님만 부모님이고 돌아가신 부모님은 부모님이 아닌가? 돌아가신 내 부모님께 인사하는 것이 어째서 우상숭배이고 죄란 말인가?" 하면서 항의를 합니다. 그러나 살아 계신 부모님께 절하는 것과 돌아가신 부모님께 절하는 것에는 차이가 있습니다.

사실 우리를 만든 분은 부모님이 아닙니다. 어떤 경우에는 엄마들이 임신을 한 후 상당한 기간 동안 임신했다는 사실조차 모릅니다. 부모님이 만들었다면 그걸 알아야지요. 그런데 하나님은 다 아십니다. 하나님이 만드셨으니까요. 듣기 거북하실지 모르겠지만 하나님이 우리 부모님입니다. 더 근원적인 부모님입니다. 그러나 우리는 눈에 보이는 부모님을 통해서 태어났습니다. 그래서 우리는 우리를 직접 낳으신 부모를 공경함으로써 인간의 도리를 배움과 동시에 그 뒤에 계시는 더 근원적인 부모님을 공경하는 것입니다. 공부 좀 하고 영어 좀 한다고 해서 "아버지, 영어 좀 해보소" 하는 사람, 아버지가 "나는 '독그'밖에 모른다"고 하니까 "아버지 무식하네" 하는 사람은 인간도 아닙니다. 영어 잘하는 짐승이지요. 부모는 존경해야 합니다. 그래야 그 뒤에 계시는 하나님을 존경하게 되는 것입니다.

그러나 실제로는 하나님이 우리의 부모님입니다. 그래서 예수님은 기도를 가르칠 때 자꾸 '하나님 아버지'라고 부르라고 하시면서 더 근원적인 아버지를 가르쳐 주고 계신 것입니다. 우리는 눈에 보이는 부모님을 공경하는 것 이상으로, 참으로 나의 영혼을 창조하시고 나에게 생명을 주신 하나님을 공경해야 합니다. 부모님께는 추석 때마다 무덤에 가서 소주를 부으면서 "아버지, 왔습니다. 넷째가 왔습니다" 하면서, 더 근원되는 하나님은 무시하고 인정하지 않는 사람은 무엇을 제대로 모르는 사람입니다. 눈에 보이는 부모님은 공경하면서 정말 내 생명을 창조한 하나님을 공경하지 않는 것이 얼마나 불합리한 일이며 옳지 않은 일인지 성경은 우리에게 설명해 주고 있습니다.

하나님께서 무엇보다 먼저 빛을 창조하셨다는 사실은 하나님의 본성을 나타내 줍니다. 성경에서 빛을 이야기할 때는 세 가지 의미가 있습니다.

첫째는 진리를 깨닫는 것입니다. 말씀을 통하여 진리를 깨달을 때 빛이 비춰었다고 말합니다. 둘째는 도덕적인 책임을 지는 사람이 되는 것입니다. 빛의 자녀들처럼 행하라는 것은 도덕적으로 의롭고 정당하게 살 뿐 아니라 책임을 지는 존재로 살라는 뜻입니다. 셋째로 성경에서 빛은 하나님의 영광을 표현할 때 사용됩니다. 하나님이 계신 곳에는 불결한 것이나 추악한 것은 조금도 있을 수 없으며, 오직 기쁨과 감사와 영광만 있을 뿐입니다.

하나님께서 첫날 창조하신 것은 이런 진리의 깨달음이나 도덕적인 책임이나 영광을 의미하는 빛이 아니라 정말 눈에 보이는 빛이었습니다. 그러나 이러한 의미와 전혀 상관이 없는 것은 아닙니다. 왜냐하면 하나님께서 이스라엘 백성들을 빛 가운데 인도하실 때 그들은 이미 진리를 깨달았으며, 죄를 용서받았고, 도덕적인 책임이 있었으며, 하나님의 영광을 경험했기 때문입니다.

이 사실은 4절에서 분명히 드러나고 있습니다.

그 빛이 하나님의 보시기에 좋았더라 하나님이 빛과 어두움을 나누사

창세기 1장에 보면 하나님이 창조하실 때마다 "하나님이 보시기에 좋았더라"는 표현이 계속 나오고 있습니다. 그것은 단순히 아름답다는 뜻이 아니라 하나님의 전체적인 뜻에 잘 일치했고 아름다운 조화를 이루었다는 뜻이며 모순이나 갈등이 전혀 없었다는 뜻입니다.

하나님께서는 빛과 어둠을 나누어 서로 섞이지 못하게 하셨습니다. 빛은 빛이고 어둠은 어둠이었습니다. 빛도 아니고 어둠도 아닌 어중간한 상태는 하나님 보시기에 좋은 것이 아니었습니다. 우리는 이것을 너무나도 당연하게 생각합니다. "빛이 아니면 어둠이지요, 뭐. 빛이 비치지 않으면 어둡지 않습니까? 왜 성경은 자꾸 당연한 소리를 하는지 모르겠네."

그러나 이스라엘 백성들은 이것을 너무나도 분명히 보았습니다. 빛과 어둠이 나뉘어서 빛에서 어둠으로 갈 수 없고 어둠에서 빛으로 올 수 없는 분명한 분리 현상을 그들은 목격했습니다. 이스라엘 백성들이 있는 곳에는 빛이 있었습니다. 그러나 애굽 사람들이 있는 곳은 완전한 어둠이었습니다. 그리고 그 중간에는 불이 있고 하나님의 심판이 있어서 왔다갔다 할 수가 없었습니다. 이스라엘 백성이 있는 곳에는 기쁨과 소망과 승리가 있었습니다. 그러나 애굽인들은 분노와 혈기로 앞을 향하여 달려가다가 모두 물에 빠져 죽는 것을 이스라엘 백성들은 보았습니다. 그들은 빛과 어둠이 분명히 분리된다는 것과 서로 합쳐질 수 없다는 것을 알았습니다.

사람들은 일을 할 때 자신의 기질이나 성품대로 하는 법입니다. 어떤 부인은 음식을 만들 때에 그릇이라는 그릇은 다 꺼내서 요리를 다 만든 후에 나중에 치웁니다. 그런데 어떤 사람은 음식을 만들면서도 계속 그릇을 씻어 정리하면서 합니다. 하나님께서 빛과 어둠을 나누신 것은 하나님의 성품과 기질을 잘 보여 주고 있습니

다. 하나님께서는 빛과 어둠이 섞이는 것을 가장 싫어하십니다. 어둠도 아니고 빛도 아니고 '파리는 안개에 젖어' 있는 것 같은 상태를 하나님은 굉장히 싫어하십니다. 빛이면 빛, 어둠이면 어둠, 명확하게 구별되기를 원하십니다.

그러나 사람들은 빛과 어둠이 나뉘는 것보다는 중간을 좋아합니다. 어느 한쪽에 들어가면 책임을 져야 하고 공격을 받게 되기 때문입니다. 그래서 안개만 끼면 이상하게 마음이 젖어오면서 편안해지는 것이 우리의 속성입니다. 완전한 밤도 아니고 완전한 낮도 아니면서 희끄무레할 때 마음이 야릇해지고 죄짓고 싶은 엄청난 충동이 일어나며, 어디론가 떠나고 싶어집니다.

우리는 어느 한쪽에 속하는 것을 굉장히 두려워합니다. 제일 좋은 것은 어두운 데서 밝은 데를 보는 것이고, 나는 감추어져 있고 남은 드러나 있는 것입니다. 그래서 사람들은 어두운 데서 남의 창문을 들여다본다든지 컴컴한 데서 영화나 텔레비전 보는 것을 좋아합니다.

그러나 하나님은 그렇게 하지 못하게 하셨습니다. 하나님은 빛과 어둠을 완전히 구별해서 빛의 세계에 있으려면 어둠의 일을 완전히 버려야 하고 또 어둠에 속하려면 빛의 일을 완전히 버려야 한다고 말씀하십니다. 이것도 아니고 저것도 아닌 어중간한 상태는 하나님의 기질과 맞지 않습니다.

이것은 진리의 측면에도 적용이 됩니다. 오늘 마귀는 할 수 있는 한 우리의 소속을 불명확하게 만들어서 우리가 하나님의 백성인지 세상에 속한 사람인지 구분이 안 되게 하고, 죽어 보기 전까지는 우리의 구원이 불확실한 것처럼 느끼게 합니다. 그래서 많은 사람들은 "죽어서 가봐야 안다"고 말합니다. 그러나 성경은 그렇게 말하지 않습니다. 하나님의 자녀와 세상의 자녀는 분명히 구분됩니다. 선을 그어 놓은 것처럼 구분됩니다. 절대로 모호하지 않습니다.

하나님의 구원이 은혜로 거저 주어지기 때문에 사람들은 아예 구원마저 모호하게 만들려고 합니다. 구원받은 것도 아니고 구원받지 못한 것도 아닌 것처럼 삽니다. 그래서 교회에 오면 괜찮은 그리스도인이고, 노는 자리나 죄짓는 자리에 가면 결코 빠지지 않는 훌륭한 세상 사람이 됩니다. 이것은 하나님의 기질에 맞지 않습니다.

오늘날 세상 사람들이 제일 싫어하는 것이 흑백논리입니다. 사람들은 변증법을 좋아합니다. 이것과 저것을 섞어서 새로운 것을 만들면 굉장한 것이 나온다는 것입니다. 그런데 도대체 이것은 어디에서 나온 것이며 저것은 어디에 속한 것인지 알 수가 없습니다. 그러나 성경은 변증법을 싫어합니다. 성경은 흑백논리입니다. 흑백논리는 사람을 경직되게 하고 융통성 없게 만들지만 문제의 치료에는 흑백논리밖에 없습니다. 이것은 문제를 아주 명확하게 밝혀 줍니다.

애굽에서 탈출했을 때 이스라엘 백성들은 중간 상태에 머물고 싶어 했는데 하나님이 쪼개 버리셨습니다. 하나님이 그 가운데를 홍해로 나누고 불로 완전히 나눔으로써 계속 애굽을 동경하며 돌아가고 싶어 하는 이스라엘 백성들이 절대로 돌아가지 못하게 막으셨습니다.

여러분, 빛의 자녀가 아니면 어둠의 자녀입니다. 그 중간 상태는 존재하지 않습니다. 우리 안에 있는 죄성 때문에 이 구분이 모호하게 느껴질 때도 있습니다. 추악한 죄의 충동을 느낄 때 과연 내가 구원받은 하나님의 자녀인지 의심될 때도 있습니다. 그러나 그런 주관적인 느낌과 상관없이 나의 소속은 분명히 결정되어 있습니다. 그러므로 지금 내가 어디에 속해 있는가를 확인하는 것보다 더 시급한 일이 없는 것입니다.

빛에 속한다고 하는 것은 도덕적으로 완전하다는 의미가 아닙니다. 오히려 정반대입니다. 나에게는 문제가 많습니다. 내 삶을 내가 더 이상 책임질 수 없습니다. 그래서 내 삶을 예수님께 구체적으로 맡긴 사람이 바로 빛의 사람인 것입니다.

빛과 어둠이 분명히 구별된다는 점이 얼마나 감사한지 모릅니다. 왜냐하면 어둠을 몰아내기 위해서는 다른 어떤 것도 필요 없고 단지 빛만 비추면 되기 때문입니다. 오랫동안 어두웠던 방에 들어가면 어떻습니까? 거기는 빈 방이 아닙니다. 쥐들이 들끓고 바퀴벌레들이 우글거립니다. 그 하나하나를 다 잡아낸다는 것은 대단히 어려운 일입니다. 쥐 한 마리 쫓아내는 것도 쉬운 일이 아닙니다. 우리 교회에도 쥐가 있었는데, 수일에 걸쳐서 수많은 사람들의 노력과 수많은 찍찍이를 동원해서 결국 잡아서 추방했습니다. 그리고 그 잡힌 쥐를 버릴 때에도 전도사님이 하느냐, 목사님이 하느냐 하는 부분에서 갈등이 있었어요. 바퀴벌레는 또 어떻습니까? 그러나 불만 밝히면 이 어둠의 세력은 다 물러가게 되어 있습니다.

하나님의 말씀을 듣지 못했을 때 우리는 단순히 무지한 상태에 있었던 것이 아닙니다. 우리를 두렵게 하고 괴롭히던 수많은 우상과 열등감, 수많은 습관과 선입관과 성경에 대한 곡해가 머릿속을 가득 채운 채 우리의 영적인 자유를 억압하고 있었습니다. 여러분, 빛이 없는 곳은 단순히 어두운 것이 아닙니다. 거기에서는 반드시 어둠의 사자들이 날뛰게 되어 있습니다. 빛 없이 사는 사람들은 인생의 목적을 잃어버리고 삶의 가치를 상실하며 죄책감에 빠지고 마음에 상처를 깊이 받은 상태에서 살게 됩니다.

그러나 하나님의 말씀이 우리 마음속을 비추면 어떻게 됩니까? 모든 어둠의 세력들이 싹 사라져 버립니다. 열등감도, 죄책감도, 운명적인 사고방식도, 징크스도, 악한 습관들도 다 사라집니다. 그래서 빛이 아름다운 것입니다.

우리에게 하나님의 말씀이 임한다는 것은 단순한 지적 깨달음을 의미하지 않습니다. 이것은 나를 얽매고 있는 좋지 못한 생각들과 여러 복잡한 것들의 사슬을 끊어버리고 하나님이 원하시는 빛의 삶으로 담대히 걸어갈 수 있는 용기와 힘과 결단을 주는 것입니다.

여러분, 하나님의 말씀의 빛 아래로 오십시오. 그러면 어둠이 뿌려 놓은 모든 인생의 상처와 고통과 나를 지배하는 사슬들이 끊어질 것입니다. 오늘날 사람들은 무거운 사슬을 몸에 칭칭 감고 살고 있습니다. 교회에 올 때도 잔뜩 사슬을 감고 옵니다. 누구와 관계가 불편하면 그것이 나를 지배해 버립니다. 누가 나에게 좋지 않은 말을 한마디하면 그것이 나를 지배해 버립니다. 과거에 실패했던 경험이 나를 지배해 버립니다. 몸에 수많은 사슬과 무거운 짐을 지고 다닙니다. 그러나 말씀은 그 모든 것을 끊어 버리고, 우리로 하여금 기뻐 뛰며 감사하게 만들고, 내 삶의 가치를 깨닫게 하며, 어느 누구도 짓밟을 수 없는 내 속의 자유와 인격의 소중함을 깨닫게 합니다.

여러분, 말씀은 우리를 굉장히 현실적인 사람으로 만듭니다. 여기에서 현실적이라는 것은 인정할 것은 인정하고 포기할 것은 포기하는 것을 말합니다. 되지도 않을 것을 붙들고 환상과 자기도취에 빠져서 방황하는 삶이 아닙니다. 끊을 것은 끊고 포기할 것은 포기하며 공상을 즐기지 않습니다. 그러나 마음은 그렇게 기쁠 수가 없습니다. 기쁨은 그리스도인의 특징입니다. 예배를 드리고 나서도 그 사슬을 짊어지고 가서는 안 됩니다. 다 끊어 버려야 해요. 기뻐야 합니다.

아직도 우리에게는 더 많은 빛이 필요합니다. 왜냐하면 어둠의 냉기가 아직도 구석구석에 남아 있기 때문입니다. 오늘 우리는 하나님이 더 많은 빛을 우리에게 비추어 주셔서 이 어둠을 완전히 몰아내고, 삶의 두려움과 세상에 대한 두려움과 과거의 실패에 대한 죄책감과 운명적인 사고방식을 전부 끊어 버리고 하나님의 축복을 받으며 참된 자유인의 모습을 되찾도록 기도해야 합니다. 거기에서 찬양이 나오고 헌신이 나오고 봉사가 나오고 모든 것이 나오게 되어 있습니다. 단 하루를 살아도 아름답고 얽매이지 않고 내가 스스로 결정할 수 있는 상태에서 살아야 합니다. 이것이 빛의 삶입니다.

이는 첫째 날이라!

셋째로 하나님께서는 빛을 창조하심으로써 첫째 날을 만드
셨습니다.

> 빛을 낮이라 칭하시고 어두움을 밤이라 칭하시니라 저녁이 되며 아침
> 이 되니 이는 첫째 날이니라(1:5).

하나님께서는 빛을 거두심으로 밤이 오게 하셨습니다. 그래
서 저녁이 되고 아침이 되었을 때 첫째 날이 지나갔습니다. 이스라
엘 백성들의 하루는 해가 지면서부터 그다음 날 해가 질 때까지입
니다. 그래서 복음서를 보면 해가 졌을 때 사람들이 병자들을 예수
님께 많이 데리고 옵니다. 해가 떨어지면 안식일이 지나간 것이기
때문입니다. 저녁부터 다음 날 저녁까지가 하루이든 밤 12시부터
다음날 12시까지가 하루이든, 하루에는 반드시 밤과 낮이 포함되
어 있습니다. 그리고 밤이 되면 사람은 자야 하고 쉬어야 합니다.
　사람이 이 세상을 보게 되면 갑자기 욕심이 생깁니다. 너무
나 할 일이 많고 가질 것이 많아서 잘 생각이 들지 않습니다. 안 자
고 좀더 일하고, 안 자고 좀더 공부하고, 안 자고 좀더 놉니다. 밤을
아까워합니다. 우리가 어렸을 때 해가 떨어지면 엄마가 애 부르는
소리로 온 동네가 시끄러웠습니다. 애들은 원망하지요. "왜 이렇게
빨리 해가 질까? 왜 하나님은 밤을 만드셨을까?" 특히 겨울밤에는
할 일이 없어서 애들이 새벽부터 일어나서 방황을 합니다. 눈을 뜨
면 밤이고 또 눈을 떠도 밤이고, 너무 지겹습니다. 그래서 부인들이
뜨개질도 하고 양말도 깁습니다. 옷에 관련된 일은 다 밤에 이루어

지는 것 같아요. 밤에는 아무런 활동도 할 게 없으니까요.

요즘 사람들의 특징이 무엇입니까? 밤낮의 구별이 없는 것입니다. 밤에도 불을 켜고 무언가 하고 있습니다. 그것은 교만입니다. 사람은 어차피 이 세상에 있는 모든 것을 다 가질 수 없고, 모든 학문을 다 습득할 수 없고, 하고 싶은 것을 다 하지 못합니다. 사람은 낮이 지나면 밤이 온다는 것을 알고, 자기의 한계를 깨달아서 밤이 오면 자야 합니다. 안 자고 공부하고, 안 자고 놀고, 안 자고 일하는 것은 창조 질서에 불순종하는 것입니다.

창조 질서에 불순종하면 그 대가가 아주 심각합니다. 자기도 모르는 사이에 건강을 잃어버리고 뇌세포가 파괴되고 감정이 메말라 갑니다. 아침이 오면 기쁜 마음으로 완전히 새로운 하루를 시작해야 하는데, 아침이 왔는지 낮이 왔는지 구분이 안 됩니다. 여러분, 그리스도인들은 정욕으로 일하고 정욕으로 공부하게 되어 있지 않습니다. 하나님의 백성은 악에 받쳐서 하지 않습니다. 하나님의 은혜로 합니다. 그러므로 잘 때는 꼭 자야 합니다.

네덜란드 사람들은 자는 훈련이 잘되어 있습니다. 애들은 시간 되면 무조건 자야 해요. 이유가 없어요. 그래서 낮에 맑은 정신으로 일합니다. 그러나 한국 사람들은 유달리 안 잡니다. 또 죽을 때 안 죽으려고 애쓰는 사람들도 한국 사람들입니다. 외국 사람들은 죽음의 때가 오면 죽을 준비를 하는데 한국 사람들은 몸을 비틀면서 최후의 순간까지 링겔을 맞아가며 버티다가 죽습니다. 물론 다른 나라에도 그러는 사람들이 있지만, 한국 사람들은 신·불신을 막론하고 유달리 생에 애착이 강합니다. 왜 그렇습니까? 잠자는 훈련을 잘못 시켜서 그렇습니다. 프로이드는 어릴 때 대소변 훈련 때문에 모든 상처가 생긴다고 했지만 그게 아니에요. 잠자는 훈련을 제대로 못 시켰기 때문에 인생 자체를 망치는 것입니다. 사람은 밤에는 무조건 자야 합니다. 그리고 자녀들도 밤이 되면 재워야 합니다.

"시간 됐으니 자."

"내일 시험은 어떻게 하구요?"

"시험보다 자는 게 더 중요해."

우리는 창조의 법칙에 순종해야 합니다. "밤이 오리니 그때는 아무도 일할 수 없느니라." 여러분, 하나님께서 밤과 낮을 주신 것은 '너는 신이 아니고 인간이니까 네 자신을 잘 알아라' 하시는 겁니다. 그래서 서양 사람들은 잠잘 때 "하나님, 오늘 밤에 저의 목숨을 거두어 가시더라도 꼭 천국에 가게 해주십시오"라는 기도를 꼭 합니다. 오늘 밤에 영원히 깨지 못할 수도 있다는 심정으로 자는 거예요. 그때에는 하던 일 다 두고 떠나야 합니다. 내가 어떤 일을 하고 있었더라도 하나님이 종을 치시면 다 두고 가야 하는 겁니다.

사람은 자꾸만 자신을 무한하게 생각합니다. 그러나 우리는 딱 주어진 그 시간만 일하게 되어 있습니다. 거기에서 더 연장시킬 수가 없어요. 젊음을 아까워하는 사람들이 늙으면 추합니다. 그러나 젊음이 짧은 줄 알고 그때 젊은이답게 살 줄 아는 사람은 중년도 멋있게 살고 늙어서도 아름다운 노년을 맞이합니다.

우리는 밤마다 우리의 한계를 깨달아야 합니다. 내가 할 수 없는 일이 너무 많습니다. 우리는 조금 일하다가 죽는 것입니다. 아주 짧습니다. 이 짧은 시간을 낮 동안만 아름답고 가치 있게 살도록 정해 놓은 것이 하나님의 법칙입니다. 그렇다고 해서 밤 12시, 1시까지 공부하는 것이 죄라는 말은 아닙니다. 근본적으로 자신의 한계를 깨닫고 스스로를 절대적으로 생각하지 말며, 내가 할 수 있는 범위 내에서 하다가 안 되면 그만둘 줄 아는 정신을 가지라는 것입니다. 그래서 조지 휘트필드는 그리스도인이 9시가 넘도록 깨어 있으면 죄짓는 것이라고 말했습니다. 그때는 농사짓던 시대니까 9시 넘게 깨어서 할 일은 노름하거나 도둑질하는 것뿐입니다. 그러니 그리스도인이 그때까지 깨어 있을 이유가 없지요.

우리는 밤이 긴 것을 한탄할 것이 아니라, 그래도 나에게 낮이 주어졌고 무엇을 할 수 있는 시간이 주어졌다는 것에 감사해야 합니다. 그러나 곧 밤이 옵니다. 밤이 오면 아무것도 할 수 없습니다. 우리는 이러한 하나님의 창조의 법칙에 복종해야 합니다.

그리스도인들도 계획이 필요합니다. 그러나 그것은 자기훈련을 위한 최소한도의 계획입니다. 하나님의 은혜를 너무 믿은 나머지 나태해지거나 무의미한 생활을 하게 될까 봐 조금 계획을 세우는 것이지, 이 계획이 절체절명의 것이거나 이 계획을 통해 내 인생의 가치를 확인하고 내 가능성을 테스트하려고 세우는 것이 아닙니다.

여러분, 하루가 밤에서 시작한다는 것을 기억하십시오. 이것은 일하는 것도 중요하지만 자는 훈련이 더 중요하고, 자신의 한계를 깨닫는 것이 훨씬 더 중요하다는 것을 보여 주고 있습니다. 그런데 그리스도인들이 더 자기의 한계를 인정하지 않습니다. 그리스도인들이 더 남의 것을 탐내고, 더 남하고 비교하고, 더 자신의 처지에 만족하지 못하는 것을 자주 봅니다. 이 신앙은 바뀌어야 합니다. 자기에게 주어진 작은 것에 만족해야 해요. 고등학생이면 대학도 대학이지만 내가 고등학교에 다닌다는 것 자체에 감사해야 하고, 직장인은 내 직장에서 남보다 돈을 많이 버는 것은 아니지만 하나님이 내게 할 일을 주셨고 이 사회에 기여할 수 있는 작은 것을 주신 것에 감사해야 하며, 주부들은 가정을 지키고 아이들을 키우는 소중한 일이 내게 있다는 것을 감사해야 합니다.

하루가 밤에서 시작한다는 것을 꼭 기억하시고, 어떤 일을 하기 전에 내 한계부터 먼저 생각하며, 내가 할 수 있는 것보다 할 수 없는 것을 먼저 생각하는 것이 하나님의 창조의 법칙에 순응하는 삶이라는 것을 기억하십시오.

오늘 말씀이 우리에게 보여 주고 있는 것이 무엇입니까? 그것은 하나님의 말씀에는 능치 못할 것이 없다는 것입니다. 하나님은 말씀 한 마디로 빛을 창조하시고 말씀으로 하늘을 펴시며 말씀으로 육지가 드러나고 산이 솟아오르며 골짜기가 깊어지게 하셨습니다. 그러나 출애굽기에 나타나는 말씀은 더 이상 이러한 창조의 말씀이 아닙니다. 출애굽기의 말씀은 죄성에 젖어 있는 자들을 설득해서 하나님의 거룩함을 가르치는 수많은 말씀으로 나타나고 있습니다.

여러분, 나에게 어떤 기적이 나타나지 않는다 하더라도 내 마음속에 일어난 이 작은 변화들, 하나님의 뜻에 순종하고 내 기질대로 살지 않으며 하나님께 기꺼이 복종하게 된 변화들은 히말라야 산 수백 개와도 바꿀 수 없는 기적입니다. 우리는 구원의 능력이 창조의 능력보다 훨씬 더 위대하고 크다는 것을 기억할 필요가 있습니다. 하나님께서는 이렇게 순종하는 백성들로 완전히 새로운 우주를 재창조할 계획을 가지고 계십니다.

빛이 모든 것의 근원이 됨을 기억하십시오. 태양이 있기 전에 이 빛이 있었고, 그 근원되는 빛 이전에 하나님이 계셨습니다. 부모님은 우리에게 굉장히 소중한 분입니다. 부모가 신앙을 가졌든지 아니든지 우리는 부모님을 기본적으로 공경해야 합니다. 시어른이나 장인 장모도 마찬가지입니다. 그분들은 내 어른들이며 우리는 그분들께 드려야 할 마땅한 공경을 드려야 합니다. 이것은 하나님의 법칙입니다. 자기 부모는 공경하면서 장인 장모나 시부모는 우습게 알면 안 됩니다. 이것은 마땅히 지켜야 할 우리의 법칙입니다. 그러나 그보다 더 위에 계신 부모님이 있고, 그 부모님이 우리의 공경을 기다리고 있다는 것을 생각해야 합니다. 우리는 마땅히 하나님께 돌려드려야 할 존경과 경배를 드려야 합니다.

빛이 오면 어둠이 물러납니다. 우리가 어둠 가운데 있을 때에는 내 생활에 많은 악한 습관들과 가치관들이 존재합니다. 빛이 어둠을 물리치듯이 말씀은 이 모든 것을 물리칠 것입니다. 말씀은 나를 얽어매고 있는 헛된 생각의 사슬을 끊어 놓을 것입니다. 그러므로 우리에게 더 많은 말씀이 비치도록 기도하십시오.

그리고 밤낮이 교차되고 있는 것은 내가 신이 아니요 하나님의 법칙에 순종해야 할 피조물임을 보여 줍니다. 또 그렇게 하나님의 뜻에 복종할 때 첫째 날이 열립니다. "이는 첫째 날이라!" 얼마나 우리의 기대감을 불러일으키는 말입니까?

내가 하나님의 뜻에 복종하고 감사하는 것으로 끝나는 것이 아닙니다. 이것은 시작에 불과합니다. 하나님은 창조를 계속하신 것처럼 우리의 삶을 계속 만들어 나가실 것입니다. 하나님의 뜻에 자신을 맡기고 편안히 잠들 수 있는 사람들의 삶에는 첫째 날이 열립니다. 이제부터 시작입니다. 이제부터 하나님의 은혜가 계속될 것이며 그의 삶은 예측할 수 없을 것입니다. 창세기에서 시작해서 계시록까지 얼마나 엄청난 역사가 일어날지 예측할 수 없는 것처럼, 이런 사람의 삶에도 예측할 수 없는 엄청난 축복과 계획이 기다리고 있음을 생각하십시오.

3

하늘과
바다와
땅

우리는 사회라고 하는 아주 좁은 울타리 안에서 생활하고 있습니다. 하루하루의 생활이 마치 다람쥐 쳇바퀴 돌듯이 단조롭고 변화가 적습니다. 우리의 하루가 어떻습니까? 아침에 일어나면 우선 세수하고 밥을 먹고, 학교에 가든지 직장에 가든지 집에 남든지 합니다. 거기서 하는 일이라고 해봐야 새로운 것이 별로 없습니다. 늘 하던 일을 계속합니다. 머리가 좋은 사람은 맡은 일을 더 잘할 것이고 똑똑한 사람은 인정을 받을 것입니다.

그래서 어떤 사람은 인생이 너무나도 따분하다고 합니다. 또 어떤 사람은 삶이 너무 시시하다고 합니다. 어떤 사람은 세 사람이 할 일을 혼자서 하기도 합니다. 우리는 사회라고 하는 아주 좁은 울타리 안에서 서로 미워하고 사랑하고 경쟁하면서 살고 있습니다.

그러나 이 울타리를 조금만 벗어나면 무엇이 있습니까? 감히 상대할 수 없는 거대한 세계가 우리를 기다리고 있습니다. 여러분, 고개를 조금만 들어서 하늘을 바라보십시오. 접근할 수 없는 끝없는 하늘이 펼쳐져 있습니다. 특히 요즘 같은 가을 하늘을 바라보십시오. 그렇게 아름답고 빛날 수가 없습니다. 주님이 기도를 가르치시면서 왜 "하늘에 계신 우리 아버지여"라고 기도를 시작하셨는지 가을 하늘을 보면 알 수 있습니다. 이런 하늘을 바라보면서 도저히 '집에 계신 우리 아버지'라고 기도할 수 없습니다. '저 하늘에 계신 우리 아버지'지요.

하늘은 하나님의 영광을 선포하고 있습니다. 하늘은 잠시라도 가만히 있는 법이 없습니다. 그렇게 아름답고 투명하다가도 시커먼 먹구름이 밀려오기도 하고, 어떤 때에는 천둥과 벼락이 치는 바람에 지구의 종말이 왔나 두려워질 때도 있습니다.

기차를 타고 우리가 살고 있는 곳에서 조금만 더 멀리 가보십시오. 거기에는 끝없는 바다가 있습니다. 어렸을 때 제가 자란 산에서는 바다가 내려다보였습니다. 할 일이 없으니까 산에서 바다를 보면서 '도대체 저 바다 끝에는 뭐가 있을까' 하며 콜럼버스 같은 공상을 많이 했습니다. 이 바다는 잠시도 조용히 있는 법이 없습니다. 바다의 색깔은 하루하루가 다르고 시간에 따라 몇 번씩 변합니다. 아주 고요할 때가 있는가 하면 엄청난 파도가 밀려와서 온통 하얀 거품으로 뒤덮일 때도 있습니다.

우리가 살고 있는 곳에서 1시간 정도만 차를 타고 나가 보십시오. 도저히 사람의 접근을 허용하지 않는 빽빽한 숲으로 우거져 있는 산이 있습니다. 그 안에서 분명히 모든 일들이 일어나고 있는데도 우리는 무서워서 들어갈 수가 없습니다.

하늘과 산과 바다, 이 모든 것은 거친 자연이며 인간이 감히 어떻게 할 수 없는 영역입니다. 우리가 살고 있는 사회는 아주 작은 비닐하우스와 같습니다. 우리는 지금 온실에서 큰 소리를 치면서 나는 잘났고 인생은 시시하다고 말합니다. 고시 세 개 붙었다고 "이제 더 할 일이 없네" 하거나 영어 시험 한 번 잘 봤다고 "나는 할 일이 없어. 인생은 따분해"라고 합니다. 그러나 이 비닐하우스에서 한 걸음만 벗어나면 도대체 우리라는 존재가 얼마나 왜소하며 보잘것없는 존재인지 모릅니다. 너무나도 엄청나고 광대한 세계가 거기에서 우리를 기다리고 있습니다.

　　그래서 우리는 자주 산이나 바다에 나가볼 필요가 있습니다. 단순히 고기나 구워 먹고 사진이나 찍기 위해서가 아니라, 우리가 사회라는 온실 안에서 얼마나 삶을 우습게 여기며 자기 자신을 과장되게 생각하면서 살고 있는지 깨닫고 나의 한계를 발견하기 위해서 고기나 사진기 없이 가야 합니다.

　　사회는 우리가 이미 정복한 사회이고 길들인 자연입니다. 이 안에서는 길을 잃을 이유가 별로 없습니다. 도로가 닦여 있지요, 가로등이 있지요, 겁날 게 무엇이 있습니까? 사회는 머리만 좋으면 얼마든지 인정받을 수 있고 부지런하기만 하면 얼마든지 돈을 벌 수 있는 온실입니다. 그러나 이 온실을 조금만 벗어나면 그 좋은 머리나 부지런함이 아무 소용이 없고, 오직 겸손하게 자연에 순응하는 자만이 살아남을 수 있습니다. 거기에서는 자연이 우리를 길들이기 시작합니다. 감히 자연을 건드렸다가는 하루아침에 물거품처럼 사라지는 것이 인생입니다. 자연이 침묵을 지키고 조용히 있을 때에는 행복하지만, 산이나 바다나 하늘이 분노를 품게 되면 이 작은 행복은 단번에 사라진다는 것을 알아야 합니다.

　　오늘 본문은 창조의 이틀째와 사흘째 되는 날에 하나님께서 만드신 내용을 담고 있습니다. 하나님께서는 둘째 날에 하늘을 만드셨습니다. 하늘을 그냥 만드신 것이 아니라 물로 꽉 차 있는 세계를 위쪽의 물과 아래쪽의 물로 나눔으로써 그 중간에 공간이 생기게 하셨습니다. '궁창'이라는 이 어려운 단어는 '공간'이라는 뜻입니다. 하나님께서는 공중에 떠 있는 이 빈 공간을 '하늘'이라고 부르셨습니다. 그리고 밑에 있는 물을 나누어서 육지가 드러나게 하시고, 육지를 '땅'이라고 하셨으며 모인 물을 '바다'라고 부르셨습니다. 그리고 땅에 많은 식물들이 나게 하셨습니다.

　　이 둘째 날과 셋째 날에 만들어진 것이 바로 우리를 에워싸고 있는 대자연, 곧 하늘과 땅과 바다입니다. 우리는 특히 하나님께서 둘째 날과 셋째 날에 창조하신 이것들이 출애굽한 교회와 무슨

상관이 있으며 오늘 우리들에게 주는 의미가 무엇인지 생각해 보고
자 합니다.

하늘

첫째로 하나님께서는 하늘을 만드셨습니다.

하나님이 가라사대 물 가운데 궁창이 있어 물과 물로 나뉘게 하리라
하시고 하나님이 궁창을 만드사 궁창 아래의 물과 궁창 위의 물로 나
뉘게 하시매 그대로 되니라 하나님이 궁창을 하늘이라 칭하시니라 저
녁이 되며 아침이 되니 이는 둘째 날이니라(1:6-8).

우리는 하나님께서 하루 동안 하늘을 창조하셨다고 하면 고
개를 갸우뚱합니다. 하늘에는 아무것도 없기 때문입니다. 복잡한
기계를 만들기 위해서 하루를 사용하셨다면 이해가 되는데 아무것
도 없는 공간을 만드는 데 하루라는 귀중한 시간을 다 사용하신 것
이 잘 납득되지 않습니다.

그러나 하늘을 만드는 것은 그렇게 간단한 일이 아니었습니
다. 하늘은 그냥 빈 공간이 아닙니다. 여기는 아주 많은 물이 위와
아래로 나뉘어서 생긴 공간이었고, 이곳을 통해서 위에 있는 물은
아래로 내려오고 아래 있는 물은 위로 올라갔습니다. 이렇게 이 공
간을 가운데 놓고 물이 끊임없이 순환함으로써 모든 생물체가 살게
된 것입니다.

새로 지은 주택가에 살아보면 우리나라의 도시계획이 제대
로 안 되어 있다는 것을 알 수 있습니다. 상하수도 공사가 제대로
안 되어 있습니다. 제가 살았던 동네의 상수도관은 몇십 년 전 것이
라서 아주 낡고 가는데 집은 새로 많이 지었습니다. 그래서 수도가

잘 나오지 않습니다. 화장실에서는 악취가 나고, 12시가 넘어야 빨래를 할 수 있습니다. 그뿐 아니라 하수도 시설을 제대로 해놓지 않아서 조금만 비가 많이 오면 하수도를 통해서 물이 역류하는 바람에 침수될 리가 없는 집이 침수되는 경우도 많습니다.

사람은 물의 흐름이 없으면 살 수가 없습니다. 그래서 도시는 항상 큰 강을 끼고 발달합니다. 물이 흘러야 거기서 필요한 물을 구할 수 있고 생활에서 생긴 불필요한 찌꺼기를 흘려보낼 수 있는 것입니다.

이 하늘을 출애굽한 이스라엘 백성들의 입장에서 생각해 보십시오. 그 당시에 인간들의 생사를 결정하는 것이 무엇이었습니까? 그것은 비였습니다. 이 당시에 비교적 안정된 생활을 하는 사람들은 농사짓는 사람들이었는데 농사짓는 데 결정적으로 중요한 것은 비입니다. 비가 제때 잘 내려 주면 괜찮지만 몇 년만 내리지 않으면 수많은 사람들과 가축들이 굶어 죽을 수밖에 없습니다. 야곱의 자손들이 가나안 땅을 떠나서 애굽에 오게 된 것도 팔레스타인 전체를 기습한 7년 동안의 대흉년 때문이었습니다. 7년 동안 비가 한 방울도 오지 않는 일이 실제로 있었습니다.

그런데 이스라엘 백성들은 지금 애굽을 떠나서 광야로 들어가고 있습니다. 광야는 어떤 곳입니까? 물이 없는 곳입니다. 이렇게 많은 사람들이 마실 수 있는 물이 광야에는 없습니다. 모세는 무엇이라고 말하고 있습니까? 이 지구 자체가 물로 되어 있고, 또 이 하늘 위에 많은 물이 있기 때문에 두려워하지 말라는 것입니다.

하나님께서는 둘째 날에 하늘을 만드셨는데, 그것을 그냥 만드신 것이 아니라 물로 가득 찬 지구를 위에 있는 물과 아래에 있는 물로 나누어서 그 중간에 만드셨습니다. 그래서 하늘 위에는 많은 물이 있습니다. 다시 말해서 모세는 이 창세기의 말씀을 통해 비를 내리시는 분은 하나님이시며, 하나님께서는 인간을 위해 엄청난 물을 하늘에 저장해 놓으셨다고 말하고 있는 것입니다. 또한 하나님께서 말씀으로 그렇게 만드셨기 때문에 말씀으로 얼마든지 비를 내리실 수 있는 분도 그분입니다.

'하늘 위에 있는 물'이라는 말은 어떤 의미를 가지고 있습니까? 그것은 하나님의 은혜를 뜻합니다. 비가 와야 사람과 식물과 모든 짐승이 살 수 있습니다. 내리는 비는 하나님의 은혜입니다. 그래서 옛날 사람들은 '비가 온다'고 하지 않고, '비가 오시네' 하는 존칭을 사용했습니다. 물론 이것은 우상숭배적인 요소가 있는 말이지만, '비가 오지 않으면 살 수 없다'는 생각을 반영하고 있습니다. 인간은 비가 오지 않으면 죽습니다. 내리는 비는 인간에 대한 하나님의 사랑과 모든 피조물에 대한 은혜를 보여 주며, 우리의 모든 생활은 하나님의 은혜에 매일 수밖에 없다는 것을 보여 주고 있습니다. 비 때문에라도 인간은 자신의 한계를 인정하지 않을 수 없습니다. 아무리 시설을 잘 해놓아도 비가 오지 않으면 인간은 살 수가 없습니다.

그뿐만이 아니라 하늘 위에 있는 엄청난 양의 물은 심판의 수단이기도 합니다. 이스라엘 자손들은 전해 내려오는 이야기를 통해서 노아 때 이 세상에 살던 많은 사람들이 홍수로 모두 죽었다는 사실을 이미 알고 있었습니다. 비는 하나님의 은혜이기도 하지만 범죄한 인간들에 대한 하나님의 심판이기도 했습니다.

자연이 자신의 한계를 잘 지켜 주면 축복이 되지만 자연이 진노하면 재앙이 됩니다. 비가 잘 내려 주면 괜찮지만, 막 쏟아져 내리면 인간은 다 죽습니다. 작년에 우리나라가 가물 때 태풍이 비를 몰고 와서 적당하게 비를 뿌려 주니까 사람들이 그 태풍을 '효자 태풍'이라고 불렀습니다. 이렇게 태풍도 효자 노릇을 할 수가 있습니다. 그러나 태풍이 주책없이 엄청난 비를 내리면 '악질 태풍'이 되는 것이지요.

이것이 하나님의 주권입니다. 하나님께서는 사람의 머리 위에 엄청나게 많은 물을 저장해 놓으셨습니다. 이것이 잘 내릴 때는 은혜가 되지만 그냥 쏟아지면 한꺼번에 죽을 수밖에 없습니다. 하나님께서는 공중에 매달아 놓은 이 엄청난 물을 통해 인간이 하나님 앞에 얼마나 보잘것없는 존재인지 깨닫게 하신 것입니다.

지금도 인공위성 사진을 보면 지구 표면의 일부는 항상 구름이 덮고 있습니다. 제가 생각하기에는 창조 당시에는 위에 있는 물이 훨씬 많았을 것입니다. 노아 홍수 때까지 사람들의 수명을 보면 그렇습니다. 그때에는 수명이 보통 긴 것이 아니어서 900세가 넘게 산 사람들도 있었습니다. 므두셀라의 나이는 969세입니다. 이에 대해서 사람들은 여러 가지 추측을 합니다. 예를 들어서 나이 계산법이 지금과 달랐거나 무언가 착오가 있었을 것이라고 생각하는 사람들도 있습니다.

그러나 제가 생각하기에는 노아 홍수 이전에는 엄청나게 많은 물이 위에 있어서 사람의 몸에 해로운 자외선이나 광선들을 차단했기 때문에 사람의 수명이 그렇게 길지 않았나 합니다. 노아 홍수 이후로 사람들의 수명이 엄청나게 줄어들고 혹한과 혹서가 생기는 것을 볼 때, 처음에 창조되었을 때에는 지금보다 훨씬 많은 수분이 공중에 있었으며 그것이 이불의 효과를 내서 아주 따뜻하고 안전하게 이 지구를 지켜 주었다고 생각합니다. 그러나 이에 대해 어떤 과학적인 증거를 제시할 수는 없습니다.

하늘은 단지 위에 있는 물과 아래에 있는 물을 순환시키는 통로의 역할만 하는 것이 아닙니다. 하늘 자체가 참으로 아름답고 존귀하고 장엄합니다. 하나님께서는 하늘을 만드시되 아주 크고 아름답고 장엄하게 만드셨습니다. 하늘은 끝없이 펼쳐지고 있습니다. 그래서 많은 사람들이 하늘을 보면서 하나님의 영광을 생각했고, 하늘을 '하나님의 옷자락'이라고 노래했습니다. 시편 97편 6절을 보십시오.

하늘이 그 의를 선포하니 모든 백성이 그 영광을 보았도다

하늘을 바라보면 하나님의 의가 생각났습니다. 이 세상을 보면 답답하고 짜증스럽고 신경질이 나다가도 하늘만 보면 하나님의 공의가 생각났습니다. 세상은 사람들의 음모와 술수로 가득 차 있습니다. 거짓이 지배하고 있습니다. 그러나 하늘은 감히 인간의 음모와 술수가 접근할 수 없는 하나님의 영역으로 생각되었던 것입니다.

사람들은 멀리 떨어져 있는 친척과 노예로 팔려간 가족을 생각할 때 같은 하늘 아래 있다는 것으로 위로를 받았습니다. 같은 하늘 아래 있는 이상 같은 하나님의 보호를 받을 것이며, 같은 하늘의 옷자락으로 그들을 지켜 주시며 내 기도에 응답해 주시리라는 믿음을 가지고 있었기 때문입니다.

우리가 기도할 때 '하늘에 계신 우리 아버지'라고 말씀드리는 것은 이 세상의 탐욕과 사람들의 거짓에 구애받지 아니하시며 오로지 영광과 의로 다스리시는 하나님을 찾는 것입니다. 하나님께서는 이 세상에서 일어나고 있는 모든 일을 다 보고 계시며 알고 계십니다. 특히 하나님은 나를 알고 계시고, 내 처지를 알고 계시며, 이 하늘 아래서 내가 어떻게 살고 있는지 다 알고 계십니다.

하나님께서 하늘을 만드신 것은 모든 인간의 삶이 하나님의 손에 달려 있다는 것과, 하나님은 비를 주기도 하시고 주지 않기도 하시며 억수같이 내려서 심판하시기도 하는 분임을 보여줍니다. 당시 사람들은 기껏해야 바알 같은 신이 마술을 부려서 비를 내린다고 생각했습니다. 비가 마술로 와야 하니까 바알은 계속 마술을 부려야 합니다. 그러나 하나님은 그렇게 하실 필요가 없습니다. 하늘에 이미 엄청난 양의 물을 끌어올려 놓았기 때문에 그냥 말씀만 하시면 비가 오게 되어 있습니다. 또 말씀 한 마디면 3년 반 동안 비가 오지 않습니다. 하나님은 비를 내릴 때마다 마술을 부리고 춤을 추

고 재주를 부려야 하는 분이 아닙니다. 이미 엄청난 일을 해놓으셨기 때문에 말씀 한 마디면 비가 오기도 하고 안 오기도 하고 홍수가 나기도 합니다.

하나님께서 속도를 조절해 주셔야 합니다. 많이 틀어 놓아도 안 되고 잠가 놓아도 안 됩니다. 조금만 부족하거나 조금만 지나쳐도 우리는 모두 죽습니다. 하나님께서는 하늘에 끌어올린 이 엄청난 물탱크를 통해서, 인간은 하나님께서 항상 기억하시며 지켜 주시고 사랑해 주셔야 살 수 있는 존재임을 보이시는 것입니다.

우리는 사회를 만들어서 이 온실 같은 세상 안에서 호의호식하면서 하나님을 무시하고 "내가 번 돈 내 멋대로 쓰는데 무슨 상관이냐?"고 하지만, 하나님께서 수도를 조금만 잠가 놓으시면 우리는 다 타 죽습니다. 그리고 조금만 틀어 놓으시면 호의호식하던 것이 전부 물에 잠기게 되어 있습니다. 얼마나 보잘것없는 인간입니까? 얼마나 연약한 인생입니까? 하나님께서는 이 둘째 날의 창조를 통해 이 온실 안에서 일어나는 것들만 보고 내 능력만 믿고 내 머리 좋은 것만 의지하는 것이 얼마나 하나님 앞에 가소롭고 어리석은지를 보여 주고 계십니다.

여러분, 하늘을 바라보십시오. 하늘 위에는 물만 있는 것이 아닙니다. 하늘 위에 물 말고 다른 것도 있다는 것을 이스라엘 백성들은 경험했습니다. 그것이 무엇입니까? 바로 양식이었습니다. 하늘에서 비만 내리는 것이 아니라 양식도 내렸습니다. 이스라엘 백성들은 처음에 광야에서 다 죽을 줄 알았습니다. 그러나 머리 위는 바로 만나 창고였고, 이 만나는 사십 년을 내렸지만 바닥이 나지 않았습니다. 얼마나 놀라운 일입니까!

하나님께서는 우리에게 필요한 엄청난 은혜가 하늘에 예비되어 있다고 말씀하십니다. 우리는 자꾸 땅을 파서 여기에서 생기는 것으로 살려고 하는데, 우리에게 필요한 것은 하늘에 엄청나게 저장되어 있습니다. 그렇기 때문에 사도 바울은 우리를 향해 계속 하늘을 바라보라고 말씀하고 있습니다. 하늘을 바라보면 무언가 생깁니다. 하나님께서는 우리를 위해 많은 것을 저장해 놓고 계십니다.

이 세상이 나를 환멸스럽게 만들 때 하늘을 바라보십시오. 보좌에 앉으신 주님을 생각하십시오. 악인이나 선인 모두를 지켜 주시고 햇빛과 비를 내리시는 하나님의 관대하심을 찬양하십시오. 이것이 하늘을 지으신 하나님을 믿는 우리들이 해야 할 일입니다. 하나님의 은혜는 동이 나는 법이 없습니다. 한없이 준비되어 있습니다. 내가 지금까지 하나님의 은혜를 받았다고 하더라도 그것은 시작에 불과하고 맛보기에 지나지 않습니다.

바다

하나님께서 셋째 날에 하신 것은 지구 표면을 덮고 있는 물이 한 곳으로 쏠리게 해서 뭍이 드러나게 하신 것입니다.

> 하나님이 가라사대 천하의 물이 한 곳으로 모이고 뭍이 드러나라 하시매 그대로 되니라 하나님이 뭍을 땅이라 칭하시고 모인 물을 바다라 칭하시니라 하나님의 보시기에 좋았더라(1:9-10).

우리가 땅에 대하여 근본적으로 알아야 할 것은 바로 땅이 물에서 나왔다는 사실입니다. 하늘이 만들어진 후에도 땅은 물로 덮여 있었습니다. 이 세상은 온통 물이었고 땅은 한 평도 없었습니다. 하나님께서 "천하의 물이 한 곳으로 모이라"고 말씀하셨을 때 어떤 일이 일어났습니까? 땅이 솟아오르고 꺼짐으로써 바다가 생기고 땅이 드러났습니다. 그래서 시편 기자는 이렇게 노래하고 있습니다.

옷으로 덮음같이 땅을 바다로 덮으시매 물들이 산들 위에 섰더니
주의 견책을 인하여 도망하며 주의 우레 소리를 인하여 빨리 가서
주의 정하신 처소에 이르렀고 산은 오르고 골짜기는 내려갔나이다
(시 104:6-8).

"천하의 물이 한 곳으로 모이라"는 견책 한 마디에 산은 오르
고 골짜기는 내려가서 물이 한 곳으로 쏠리고 땅이 드러났습니다.

땅이 물에서 나왔다는 것에는 많은 증거가 있습니다. 베드
로 사도도 "이는 하늘이 옛적부터 있는 것과 땅이 물에서 나와 물로
성립한 것도 하나님의 말씀으로 된 것을 저희가 부러 잊으려 함이
로다"(벧후 3:5)라고 말씀하고 있습니다.

땅은 근본적으로 물에서 나왔습니다. 바다 밑이 아래로 꺼
지지 않고 땅이 솟지 않았더라면 땅은 존재하지 못했을 것입니다.
우리가 살고 있는 땅은 네덜란드와 같습니다. 네덜란드는 땅이 바
다보다 더 낮습니다. 그래서 둑이 터지게 되는 날이면 순식간에 물
바다가 되고 맙니다. 하나님께서는 물이 땅에 넘쳐 들어오지 못하
도록 모래를 한계로 삼아서 바다가 절대로 그 한계를 넘어 들어오
지 못하게 하셨습니다.

땅이 물에서 만들어졌다는 사실이 우리에게 말씀하는 것이
무엇입니까? 그것은 이 땅이 불안정하다는 것입니다. 땅이 다시 평
평해지면 이 땅 전체는 다시 물속으로 가라앉을 수밖에 없습니다.
다행히도 하나님께서 바다의 경계선을 정하시고 바닷물이 땅으로
공격해 들어오지 못하도록 막으셨기 때문에 이 땅은 보존되고 있는
것입니다. 그러나 하나님께서 이 경계선을 풀어 놓으시면 이 땅은
반드시 바다로 덮이게 되어 있습니다.

바다가 땅으로 넘쳐 들어오지 못하게 막고 있는 것이 무엇
입니까? 무엇이 바다를 유리병에 가두듯이 가두어서 땅으로 기어
오지 못하게 막고 있습니까?

하나님의 말씀이 막고 있습니다. 하나님의 말씀이 바다에게 "모래가 한계이니 절대로 모래를 넘어와서는 안 된다"고 명령했습니다. 하나님의 말씀이 바다를 병에 가두어 놓고 있는 것입니다. 베드로 사도는 왜 이것을 굳이 잊으려고 하느냐고 묻고 있습니다. 바다가 왜 바다에 있습니까? 하나님의 말씀이 막고 있기 때문입니다. 하나님께서 "바다야, 네 마음대로 해" 하시면 바다는 땅으로 올라오게 되어 있습니다. 노아 홍수 때처럼 말입니다. 예레미야 5장 22절에 보면 이 부분을 아주 적나라하게 이야기하고 있습니다.

> 여호와께서 말씀하시되 너희가 나를 두려워 아니하느냐 내 앞에서 떨지 아니하겠느냐 내가 모래를 두어 바다의 계한을 삼되 그것으로 영원한 계한을 삼고 지나치지 못하게 하였으므로 파도가 흉용하나 그것을 이기지 못하며 뛰노나 그것을 넘지 못하느니라

우리가 이렇게 살 수 있고 "파도가 넘실거리는 바다로 가자"고 말할 수 있는 것은 하나님께서 말씀으로 바다를 붙들고 계시기 때문입니다. 또한 하나님은 하늘에 있는 물이 다 쏟아지지 못하도록 말씀으로 붙들고 계십니다. 그런데도 이스라엘 백성들은 하나님의 말씀을 두려워하지 않으며 베드로 사도의 편지를 받고 있는 교회는 하나님의 말씀을 두려워하지 않는다고 예레미야 선지자와 베드로 사도는 공히 책망하고 있습니다.

바다를 막고 있으며 하늘의 물을 떠받치고 있는 것은 공기의 힘이나 지구의 중력이 아닙니다. 하나님의 말씀입니다. 제 말을 듣고 "목사님, 오늘 되게 무식하네요. 중력의 법칙도 모르시나요?" 할지도 모르겠습니다. 그러나 중력의 법칙과 모든 것을 만드신 분은 하나님이십니다. 사람의 생명은 코에 있습니다. 코만 틀어막으면 죽습니다. 얼마나 약한 자들입니까?

하나님께서 하늘을 펴시고 물을 한곳에 모아서 땅에 기어

올라오지 못하게 하신 것은 우리가 하나님 앞에 얼마나 왜소한 존재들이며 반대로 하나님은 얼마나 광대하신가 하는 것을 깨닫게 하기 위해서입니다. 사람들은 바다에 수없이 가면서도 왜 바다가 여기까지밖에 안 오는지 그 이유를 잘 모르는데, 성경을 안 읽어서 그렇습니다.

우리가 살고 있는 이 세상은 아주 작은 온실이고 비닐하우스입니다. 이 안에서 서로 비교하고 서로 경쟁하여 좋은 대학을 나왔다고 자랑하고, 다른 사람보다 우월하다고 생각하고, 열등감을 느끼고, 미워하고, 꼬집고, 눈 흘기는 것이 얼마나 어리석은 짓인지 모릅니다.

출애굽한 이스라엘 백성들은 물이 쌓이는 것을 보았습니다. 여러분, 물을 쌓을 수 있습니까? 물은 벽돌이 아닙니다. 물은 흘러가게 되어 있습니다. 그러나 이스라엘 백성들은 물이 벽돌처럼 양쪽에 쌓이는 것을 보았습니다. 무엇이 이 물을 벽돌처럼 쌓아서 벽이 되게 했습니까? 그것은 하나님의 말씀이었습니다. 그리고 하나님이 말씀하시니 물이 허물어지면서 그 중간을 따라오면서 시험하던 애굽인들이 다 빠져 죽었습니다. 말씀은 물을 쌓기도 하고 흐르게도 하고 가두어 놓기도 하고 쏟아지게도 합니다. 또 예수님의 제자들은 예수님의 말씀 한 마디로 그렇게 날뛰던 바람과 풍랑이 잔잔케 되는 것을 보았습니다. 이것이 하나님의 말씀의 능력입니다.

오늘 우리는 이 능력의 말씀을 듣고 있고, 이 말씀이 우리를 새 사람으로 만들고 있습니다. 우리가 듣고 있는 이 말씀은 바다를 붙들고 있고 공중의 물을 잡고 있으며 바다를 벽돌처럼 쌓았던 그 능력의 말씀입니다. 이 말씀은 우리 안에 없는 부분을 만들어 내고, 있는 부분을 바꾸어 놓습니다. 이 말씀은 아무리 타락한 자라도, 아무리 가능성이 없는 자라도 새 사람으로 만들어 놓습니다.

여러분, 복음은 가능성 있는 젊은이만 변화시키는 것이 아닙니다. 착하고 가능성이 있는 사람을 골라서 말씀을 가르쳐 더 유능하고 비전 있는 사람으로 만드는 것이 복음이 아닙니다. 복음은 불가능한 사람을 새로 만들어 냅니다. 나이가 들어서 머리가 굳어질 대로 굳어진 사람도 청년보다 더 신선하게 만들어 놓습니다.

그러나 우리의 문제는 너무나 더디게 변한다는 것입니다. 우리는 계속해서 말씀을 듣고 있음에도 불구하고 너무나 늦게 변하고 있습니다. 그 이유가 무엇입니까? 이 능력의 말씀을 온전히 믿지 못하기 때문입니다. 아직도 자기를 믿고 있으며, 이 온실 안에서 잘 먹고 잘사는 것을 행복으로 여기고, 이 온실에서 한 걸음만 밖으로 나가도 사람의 접근을 허락하지 않는 엄청난 세계가 있다는 것을 일부러 잊고 있기 때문입니다.

지금도 하나님께서는 이 말씀으로 우리를 변화시키고 계십니다. 그래서 저는 하나님의 나라에서 순서가 바뀌는 것이 지극히 당연하다고 생각합니다. 오래 믿었다고 해서 신앙이 더 성숙한 것이 아닙니다. 이 말씀을 더 적극적으로 받아들이는 사람이 더 성숙하게 되어 있고, 더 하나님의 축복을 받게 되어 있습니다. 저는 우리 한국 교회의 제일 큰 문제는 장로와 집사직이 종신직처럼 되어 있는 것이라고 생각합니다. 그러면 안 돼요. 장로라고 해서 신앙이 더 성숙한 것이 아닙니다. 장로 한 번 뽑아 놓으면 죽을 때까지 장로이기 때문에 사람들은 그 사람이 더 성숙한 것처럼 착각합니다. 그러나 변하지 않는 사람은 장로를 그만두어야 합니다. 집사도 바뀌어야 합니다. 담임 목사도 성장하지 않으면 내려가는 것이 당연합니다. 오래 믿었다고 성숙한 것이 아닙니다. 말씀을 붙든 사람, 말씀에 사로잡힌 사람이 하나님 나라의 주인이 되어야 합니다.

오래 믿은 것이나 사회적인 명성으로 하나님 나라에서 중요한 위치를 차지하면 안 됩니다. 그러므로 우리 교회는 말씀에 붙들린 자를 찾을 것입니다. 말씀에 헌신한 자가 하나님 나라의 중심이 되고, 하나님의 모든 축복을 받는 것이 옳기 때문입니다.

땅을 식물로 채우시다

셋째로 하나님께서는 땅을 수많은 식물로 채우셨습니다.

하나님이 가라사대 땅은 풀과 씨 맺는 채소와 각기 종류대로 씨 가진 열매 맺는 과목들을 내라 하시매 그대로 되어 땅이 풀과 각기 종류대로 씨 맺는 채소와 각기 종류대로 씨 가진 열매 맺는 나무를 내니 하나님의 보시기에 좋았더라(1:11-12).

하나님께서는 땅에 먼저 식물이 나게 하셨습니다. 태양이나 달이나 별이 생기기도 전에 식물이 먼저 생겼습니다. 여러분, 태양이 없다고 해서 식물이 없는 것이 아닙니다. 태양이 있기도 전에 하나님의 빛 아래서 식물들이 자라고 있었습니다. 움직이는 것들이 존재하기 전에, 하늘에는 새 한 마리 없고 땅에는 풀벌레 소리 하나 들리기 전에, 사람도 없고 짐승도 없었을 때, 풀이 돋아나고 나무가 생겼습니다.

식물이 번식하는 것을 보면 정말 놀랍습니다. 화산이 폭발해서 섬이 생기면 거기에는 식물이 살 수 없습니다. 그런데 이런 섬이 육지에서 아주 멀리 떨어져 있어도 세월이 지나면 풀이 자라기 시작합니다. 바람에 씨가 날아오기도 하고 물결에 씨가 떠내려 오기도 해서 풀이 생기고 나무가 생기고 숲이 생깁니다. 참 놀랍습니다.

또 계절마다 산이 옷을 갈아입는 것을 보십시오. 아무리 여자들이 맵시가 있어도 산만은 못할 것입니다. 사람이 시킨다고 해서 이렇게 되겠습니까? 식물은 하나님이 주신 명령에 따라서 움직입니다. 새싹이 나는가 하면 울창하게 되고 그 다음에는 낙엽이 떨어져 앙상한 가지가 남습니다.

봄에 가까운 산에 올라가 보십시오. 꽃들이 경쟁하듯이 피어납니다. 들에 핀 들국화를 보십시오. 봐주는 사람이 있는 것도 아니에요. 그런데 그 빈 들판에서 얼마나 자기를 뽐내고 있는지 모릅니다. "꽃밭에는 꽃들이 모여 살고요, 우리들은 유치원에 모여 살아요" 하는 노래가 있으니까 꽃들은 꽃밭에만 피는 줄 알고 있지요? 그러나 꽃은 꽃밭에만 피어 있는 것이 아닙니다. 들판에 훨씬 더 많이 피어 있습니다. 칭찬해 주는 사람이 없어도 온 들판이 꽃입니다. 벼랑에서 자라는 소나무를 보십시오. 어떻게 해서 그 벼랑에 소나무 씨가 떨어지면 그 씨가 바위를 뚫고 큰 나무로 자랍니다.

몇 년 전에 어떤 사람이 "신은 죽었다"고 주장하면서, 정말 신이 있다면 자기 무덤이 갈라질 것이라는 예언을 하고 죽었습니다. 그래서 무덤에 콘크리트를 발라서 막았는데, 그 무덤이 갈라졌습니다. 관을 묻을 때 씨가 하나 떨어졌는데 그 씨가 콘크리트를 뚫고 올라가 무덤을 쪼개어 놓은 것입니다. 작은 씨앗 하나가 그 철학자를 비웃었습니다. 이것이 무엇을 이야기해 줍니까?

우리는 집에 있는 난도 제대로 못 키워서 말려 죽이거나 물을 너무 많이 주어서 썩혀 죽입니다. 그러나 하나님은 온 들판의 꽃을 입히십니다. 그리고 하시는 말씀이 이것입니다. "들에 핀 백합화를 보아라, 이 믿음이 적은 자들아. 내가 들에 핀 들꽃도 입히는데 너희를 입히지 않겠느냐? 도저히 살 수 없는 곳에서도 사는 나무들을 보아라. 왜 너희들은 사는 것을 두려워하며, 내가 너희를 살리지 못하리라고 생각하느냐?"

나무를 보면 생각이 달라집니다. 나무가 있어야 돼요. 나무가 없으니까 공기만 나쁜 것이 아니라 사람들이 주차 문제로 매일 싸웁니다.

나무가 있어야 야생 동물들이 삽니다. 야생 동물들을 누가 먹여 살립니까? 하나님께서는 울창한 숲을 통해서 야생 동물 한 마리까지 품에 품으시고 사랑하시고 멸종되지 않게 하십니다. 전 세계적으로 야생 동물의 천국으로 알려진 곳은 비무장지대입니다. 50년 동안 전쟁이 없었기 때문에 수풀이 울창합니다. 거기에서 수

많은 야생 동물들이 "우리에게 고급 맨션을 주신 하나님을 찬양할 지어다. 인간이 접근하지 못하도록 지뢰를 심으신 하나님을 찬양할 지어다" 하면서 감사드리고 있습니다. 우리는 노루를 보면 "노루 고기를 만두 속에 넣으면 너무 맛이 있다던데" 하면서 쏘아 죽일 생각만 하지요. 그러나 하나님은 그 노루를 보호하십니다. 살쾡이를 울창한 숲에서 품에 안으시고 그 새끼 하나까지도 다 지켜 주십니다. 하나님은 이렇게 하시면서 우리를 향한 그의 사랑이 얼마나 큰지 간접적으로 말씀하고 있습니다.

여러분, 누가 야생 동물에게 관심을 가지며 도둑고양이까지 사랑하겠습니까? 그러나 하나님께서는 쓰레기 하치장을 통해서 도둑고양이를 지켜 주십니다. 모든 피조물을 사랑하십니다. 정말 놀라운 하나님이시지 않습니까?

이름을 지으신 하나님

또한 하나님께서는 하늘과 바다와 땅을 만드신 후에 이름을 지으셨습니다. 하늘에 빈 공간을 그냥 두신 것이 아니라 '하늘'이라고 부르셨습니다. 또 물이 모인 곳을 '바다'라고 부르시고 드러난 뭍을 '땅'이라고 부르셨습니다. 어떤 사람들은 하나님이 히브리어로 이 이름을 지었을 것이라고 하는데, 성경에는 그런 근거가 없습니다.

하나님께서 이름을 지으셨다는 사실은 중요합니다. 왜냐하면 하나님께서 이름을 지으심으로써 그 존재가 규명되었고 실체가 드러났으며 그대로 존속해야 할 책임이 생겼기 때문입니다. 이제부터 하늘은 계속 하늘입니다. 하늘이 되기 싫어서 땅이나 바다가 되겠다고 하면 안 됩니다. 구름이 끼든 황사 현상이 일어나든 하늘은 하늘입니다.

또 바다는 늘 바다입니다. 바다가 "나는 왜 이렇게 출렁거려야 합니까? 이제 멀미가 다 나네요. 나는 다른 게 되고 싶습니다" 하면 안 됩니다. 이 말이 우습게 들릴 수도 있습니다. "아니, 당연히 하늘은 하늘이지 어떻게 다른 것이 됩니까? 도대체 바다가 무슨 귀가 있고 생각이 있다고 하나님이 이름을 지어 주고 바다가 말을 듣는다는 겁니까?"

그러나 하나님께서 이런 이름을 지어 주시지 않으면 하늘은 없어집니다. 바다도 없어지고 땅도 없어집니다. 하나님께서 이름을 지어 주시니까 영원히 하늘은 하늘로, 바다는 바다로, 땅은 땅으로 존속하는 것입니다. 하나님께서 정해 놓으시면 그대로 있어야 합니다. 하나님께서 '각기 그 종류대로' 있으라고 하시면 그 종류대로 있어야 합니다. 그것이 하나님 보시기에 좋습니다.

하나님은 모든 것의 한계를 정하셨습니다. 그 한계 안에 있어야 아름답습니다.

"너는 남자야."

"내 참, 제가 어떻게 남자입니까? 제 호르몬이 어떻게 남자입니까? 저는 여자처럼 살겠습니다."

이것은 아름답지가 않습니다.

"넌 개야."

"전 개가 싫어요. 저도 재산을 상속받고 싶고 하버드 대학에 가고 싶습니다."

이것은 주제를 모르는 개입니다. 개는 개 같은 소리를 해야지요.

우리에게 한계가 있다고 해서 하늘을 날지 말아야 한다는 소리가 아닙니다. 하늘이 우리의 한계이지만 그렇다고 비행기를 타는 것이 죄는 아닙니다. 우리는 하늘을 날았고 바닷속에도 들어갔습니다. 땅도 거의 다 탐험을 했습니다. 그러나 하나님 앞에서 겸손해야 합니다. 결코 우리의 한정된 능력을 믿고 교만해서는 안 됩니다. 우리가 교만하면 자연이 우리를 가만두지 않습니다. 위에 있는 물이 우리를 그냥 두지 않으며 바다가 그냥 바다로 있지 않습니다. 하늘이 진노하고 바다가 성을 낼 때 인간의 생명은 한순간에 물거품처럼 사라지고 만다는 것을 창조의 둘째 날과 셋째 날이 보여 주고 있습니다.

하늘 위에 물이 있고 하늘 아래 물이 있어서 이 물이 순환하고 있는 것은 끝없는 하나님의 은혜를 보여 줌과 동시에, 교만한 자에게 하나님의 심판이 늘 준비되어 있다는 사실을 보여 줍니다.

하나님께서 말씀하시니 산은 솟고 골짜기는 꺼져서 땅이 생겼습니다. 그러나 땅은 근본적으로 불안정합니다. 하나님의 말씀이 붙들고 있기 때문에 땅이 유지되는 것이지, 하나님께서 말씀을 거두시면 마치 홍해가 다시 합쳐져서 애굽인들이 수장된 것처럼 인간은 수장되고 말 것입니다.

또한 이것은 우리에 대한 하나님의 사랑과 관심을 나타내고 있습니다. 하나님이 얼마나 우리를 사랑하시며 섬세한 관심을 가지고 계십니까? 아무 보잘것없는 들풀과 벼랑 끝에 있는 소나무를 하나님께서 살리신다면 우리는 얼마나 더 살리시고 지켜 주시겠습니까? 하나님은 믿음 없는 우리들에게 이것을 깨닫게 하십니다.

4
해와
달과
별

우리는 모두 매일매일 엄청난 기적을 체험하고 있습니다. 하루는 어둠에서부터 시작합니다. 특히 해 뜨기 전에는 모든 것이 어둡습니다. 그러나 드디어 아침 해가 떠오릅니다. 아침에 해 뜨는 모습은 그렇게 찬란할 수가 없습니다. 모든 어둠은 물러가고 영광스러운 햇살이 퍼져오기 시작합니다.

    해 뜨는 모습이 가장 장관을 이루는 곳은 일본의 후지 산이라고 합니다. 수많은 사람들이 해 뜨는 것을 보기 위하여 새벽에 후지 산에 오릅니다. 동편 바다 위로 해가 떠오를 때의 장관이라고 하는 것은 이루 말로 표현할 수 없을 정도입니다. 수많은 사람들이 바다에서 떠오르는 해를 향하여 연방 두 손을 모으고 절을 합니다. 그래서 일본의 국기는 태양을 상징하는 붉은 원으로 되어 있습니다. 아침에 해가 떠오르는 순간은 정말 영광스럽고 찬란합니다.

    그러나 해가 내내 떠 있는 것은 아닙니다. 해가 지면 어떻게 됩니까? 또 어둠이 몰려오기 시작합니다. 그리고 쟁반같이 둥근 달이 아주 조용히 떠오르기 시작합니다. 그동안 보이지 않았던 수많은 별들도 나타나기 시작합니다. 별이 수백 개나 수천 개 정도라면 우리는 하나님을 그저 그 정도로만 생각했을 것입니다. 그러나 수

71

백 개, 수천 개가 아닙니다. 별은 헤아릴 수 없이 많습니다. 그리고 각양각색입니다. 보이지 않는 곳에도 많은 별들이 박혀 있습니다.

우리의 머리 위에서는 날마다 기적이 일어나고 있습니다. 매일 아침 천장을 뜯어 고치거나 지붕을 고치는 것도 보통 일이 아닌데, 우리 머리 위에서는 매일 엄청난 변화와 기적이 일어나고 있는 것입니다.

고대인들이 하늘에서 일어나는 이 놀라운 비밀을 보고서 무엇을 생각했겠습니까? 그들은 태양을 보면서 절대적인 신을 생각했습니다. "태양은 절대적인 신이야. 태양을 건드리면 안 돼." 또 달을 보면서 운명의 여신을 생각했습니다. 커지기도 하고 작아지기도 하고 없어지기도 하는 달의 모습을 보면서 "저건 우리의 운명과 같아. 달은 운명의 여신이야" 합니다. 그리고 별을 보며 "별 하나에 나, 별 하나에 어머니" 하면서, 저 별이 우리 모든 사람을 나타내고 있으며 저 별에 우리의 운명이 새겨져 있기 때문에 '나의 별이 떨어지면 나도 죽는다'고 생각했습니다.

애굽의 왕들은 다 자기 별이 있었습니다. 그래서 왕이 죽으면 피라미드에 구멍을 내서 왕의 눈과 그의 별이 일치하는 위치에 시체를 안치했습니다. 그런데 지금은 일치되지 않습니다. 지구가 기울어져 돌지만 약간 떨면서 돈다는 것을 학창 시절에 배운 사람은 알고 있을 것입니다. 지축이 약간 떨면서 움직이기 때문에 그만큼 각도가 안 맞습니다. 그러나 그 차이를 감안해 보면 위치가 딱 맞습니다. 왕은 죽어서 자기 별을 보며 누워 있고, 그 별로 돌아가게 되어 있었습니다.

바벨론은 별점으로 유명했습니다. 별을 보면서 인간의 운명과 국가의 장래를 점쳤습니다. 사실 예수님을 찾아온 동방박사들은 박사가 아니라 별을 연구하는 점술가였습니다. 오늘날의 천문학자는 물리학자지만 옛날의 천문학자는 점술가들이었습니다. 그들은 예수님의 별을 보고 큰 왕이 탄생했다는 것을 알았고, 그 왕께 경배하기 위해서 지금의 이라크 땅에서 들판을 건너고 물을 건너서 온 것입니다.

우리는 매일매일 엄청난 기적을 체험하고 있습니다. 도대체 어떻게 해서 이런 비밀스러운 변화들이 일어나며 누가 이런 일을 일으키는지 제대로 알기 전에는, 우리는 단 하루도 제대로 된 삶을 살 수 없습니다. 고대인들은 이것을 보면서 태양신을 생각했습니다. 태양보다 더 절대적인 신은 없었습니다. 태양은 인간의 삶에 절대적인 영향을 줍니다. 우리는 하루라도 태양을 보지 않으면 두렵고 춥고 기분이 언짢습니다. 그래서 지금도 날씨가 찌푸린 날은 영 기분이 안 좋은 여자들이 많습니다. 여자들뿐 아니라 남자들도 태양신을 하루라도 보지 못하면 일이 손에 잡히지 않아서 안절부절못하고, 괜히 이 방 저 방 왔다갔다 하면서 죄 없는 커피나 마시며 시간을 보내는 사람이 많습니다.

사람들은 달을 보면서 자신의 운명을 생각했습니다. 하루하루 변하는 달의 모습에 운명의 조화가 있으며 저 별 하나하나에 나의 운명이 결정되어 있다고 믿었습니다. 사람들은 매일매일 일어나는 이 엄청난 밤과 낮의 변화를 보면서 운명을 생각하지 않을 수 없었던 것입니다. 그래서 과학이 발달할 때까지 거의 모든 사람들은 운명론자였습니다.

엄청난 신비가 그들의 머리 위에서 그들을 내리누르고 있었고, 풀 수 없는 비밀이 움직이고 있었습니다. 그러니 어떻게 운명론에 빠지지 않을 수 있었겠습니까?

반대로 현대인들은 철저히 하늘을 무시하면서 살고 있습니다. 그들은 별을 보지 않은 지 오래며 달을 구경하지 않은 지 오랩니다. 태양도 두려워하지 않고 달도 두려워하지 않는 것이 현대인입니다. 그들이 두려워하는 것은 아파트 값이 올라가는 것이지, 해나 달의 변화가 아닙니다. 과학이 발달해서 태양과 달이 신이 아님을 알게 되었기 때문입니다. 그것들은 그냥 빛나는 것입니다. 해나 달이 어떤 자연법칙에 따라 움직인다는 것을 알게 되자 그들은 해나 달을 완전히 잊어버린 채 이 세상에서 돈 버는 일에 열심을 내게 되었습니다. 그래서 술이 얼마나 팔리는지 몰라요. 죽어라고 퍼 마십니다.

우리는 여기에서 두 가지 상반된 인간의 모습을 보게 됩니다. 하늘의 비밀이 풀리지 않았을 때, 사람들은 운명론적인 사고방식에 빠져서 운명에 압도된 채 모든 것을 두려워하며 꼼짝하지 못하고 살았습니다. 그러나 하늘에 있는 것이 신이 아니라는 것을 알았을 때, 사람들은 하늘을 완전히 잊어버리고 땅에 파묻혀서 술이나 마시면서 쾌락을 즐기게 되었습니다.

여러분, 성경이 말씀하는 바가 얼마나 합리적이고 과학적이고 타당한지 모릅니다. 성경은 태양과 달과 별이 운명도 아니고 신도 아니며 절대적인 존재도 아니라고 분명히 말씀했습니다. 그것들은 하나님께서 만드신 피조물에 불과합니다. 그러나 하나님께서는 태양과 달로 하여금 다스리게 하심으로써, 사람은 자연의 법칙에 순응해야 하는 한낱 피조물에 불과하다는 것을 가르쳐 주셨습니다. 그래서 성경 말씀의 지식은 우리가 불필요하게 자연을 두려워하지 않게 할 뿐만 아니라 자연을 잘 이용하고 개발하는 과학적인 마음을 가지게 합니다. 이렇게 불필요한 두려움에도 빠지지 않고, 불필요한 교만에도 빠지지 않게 하는 것이 하나님 말씀이 주는 지혜입니다.

고대인들은 해와 달과 별을 두려워했고, 현대인들은 정반대로 완전히 무시하고 잊어버린 채 태양이 한 개인지 두 개인지도 모르고 철저히 교만하게 삽니다. 그러나 성경은 우리가 불필요하게 운명을 두려워하지 않으면서도 교만하지 않게 막음으로써 먹고 마시고 탐닉하는 생활에 빠지지 않도록 지켜 주는 놀라운 말씀을 우리에게 보여 주고 있습니다.

일반적인 은혜

오늘 첫째로 생각하고자 하는 것은 하나님의 일반적인 은혜입니다. 하나님께서는 넷째 날에 태양과 달과 수많은 별들을 만드셨습니다.

> 하나님이 가라사대 하늘의 궁창에 광명이 있어 주야를 나뉘게 하라
> 또 그 광명으로 하여 징조와 사시와 일자와 연한을 이루라(1:14).

여기에서 우리는 하나님께서 첫째 날에 만드신 빛과는 다른 큰 발광체를 하늘에 만드신 것을 볼 수 있습니다. 하나님은 첫째 날에 빛을 창조하셨습니다. 이것은 물질적인 빛이 아닙니다. 형체가 없는 그냥 빛입니다. 그래서 우리는 그것을 '하나님의 빛'이라고 불렀습니다.

이것은 자연적인 빛이 아닙니다. 태양이 있고 거기에 핵융합 반응 같은 것이 있어서 생긴 빛이 아니라 그냥 빛입니다. 그냥 빛이 있었고 밤과 낮이 있었습니다. 이것은 이스라엘 백성들이 애굽을 나왔을 때 그들을 비추었던 빛과 같습니다. 그때 그들에게는 빛이 있었고 애굽 사람들에게는 어둠이 있었습니다. 왜 빛이 비추었는지 그들은 설명할 수가 없었습니다. 태양이 떴던 것이 아니고, 전기불이 있었던 것도 아니고, 공중에 빛을 낼 만한 발광체가 있었던 것도 아닙니다. 그냥 빛이었습니다. 하나님의 빛이고, 신비의 빛이고, 특별한 빛이고, 기적의 빛이었습니다.

하나님께서 첫날 만드신 것은 하나님의 빛입니다. 그러나 하나님은 언제까지나 이 특별한 빛으로 하여금 이 세상을 비추게 하는 대신에 자연적인 빛을 만드셨습니다. 넷째 날부터는 이 정상적인 빛이 땅을 비추며 밤과 낮을 주관하게 하셨습니다. 즉 특별한 빛이 정상적인 빛으로 바뀌고 있습니다. 좀 어려운 표현을 쓰면 하

나님의 특별한 은혜가 일반적인 은혜로 바뀐 것입니다.

예를 들어서 설명해야 이해가 쉬울 것 같습니다. 이스라엘 백성들이 광야에서 40년 동안 살 때 그들을 먹인 양식은 만나였습니다. 이 만나는 기적의 음식입니다. 하늘에서 비가 내리는 것은 이해가 되지만 하늘에서 양식이 내리는 것은 과학적으로 설명할 길이 없습니다. 이것은 하나님의 특별한 은혜입니다. 그러나 하나님께서 만나로 이스라엘 백성들을 100년, 200년 먹이신 것이 아닙니다. 가나안 땅에 들어간 후에는 정상적인 방법으로 농사를 지어 양식을 구해야 했습니다. 이스라엘 백성들은 가나안 사람들과 똑같이 씨를 뿌리고 농사지어서 추수를 해서 먹었으며 기적의 만나는 더 이상 내리지 않았습니다. 하나님의 은혜가 일반화되고 있습니다. 하나님의 신비는 숨고 자연법칙이 그 자리를 대신하고 있습니다.

사람이 집을 지을 때 처음에는 철근과 콘크리트와 여러 가지 다른 뼈대들을 사용합니다. 그러나 집이 완성되어 갈수록 철근은 모습을 감추고 다른 것이 그 자리를 대신하며, 집을 지으면서 세웠던 뼈대들도 치우는 것을 봅니다. 창조는 하나님의 신비이며 기적입니다. 그러나 하나님께서는 공사가 완료됨에 따라서 그가 사용하신 연장이나 기구들을 하나씩 둘씩 감추면서 그 자리를 정상적인 자연법칙으로 메꾸고 계신 것입니다. 이것은 하나님이 늘 하시는 방식입니다. 하나님께서 이렇게 하시는 이유가 무엇입니까? 왜 하나님께서는 계속 설명할 수 없는 신비의 빛으로 이 세상을 밝히지 않으시고 태양이나 달이나 별빛으로 대신하게 하십니까? 왜 계속 기적을 일으키지 않으십니까? 왜 모든 것을 자연의 법칙에 따라 정상적으로 이루어지게 하십니까?

그것은 하나님의 겸손입니다. 하나님께서는 자신의 작품에 사인(sign)을 남겨 놓지 않으십니다. 그 모든 사인을 다 지우셔서 도대체 누가 어떻게 만들었는지 모르게 하십니다. 하나님은 앞에 나서서 우쭐거리면서 자기를 자랑하는 분이 아니라 뒤에 숨어 계시는 분입니다. 하나님은 태양 뒤에 숨어 계시고 달 뒤에 숨어 계십니다. 아주 작은 별빛들 뒤에 숨어 계십니다. 하나님께서는 무엇을 하실 때 기적과 초자연적인 능력으로 하시지만, 금방 자연법칙을 그 위에 덮어서 하나님의 기적과 능력이 표면에 나타나지 않게 하십니다.

　그뿐만 아니라 하나님께서는 이 모든 은혜를 일반화하심으로 사람의 중심을 시험해 보십니다. 기적이 일어나는 이상 사람들은 하나님을 믿지 않을 수 없습니다. 아무리 미련하고 고집스러운 사람이라도 기적이 일어나면 약간 겸손해지면서 신을 인정하려고 합니다. 그러나 하나님은 그런 기적이나 비정상적인 방법으로가 아니라, 날마다 일어나는 정상적인 자연법칙 가운데에서 하나님을 발견하며 정상적인 이성과 생각에 따라 하나님을 인정하고 찬양하기를 원하시는 분입니다.

　이렇게 은혜를 정상적으로 나타내면 사람의 중심이 드러나게 되어 있습니다. 어떤 사람은 기적으로 도움을 받으면 하나님의 도우심으로 믿지만, 정상적인 도우심은 하나님의 도우심으로 생각하지 않습니다. 그런 사람은 기도해서 병이 나은 것은 하나님이 고치셨다고 믿으면서도, 병원에 가서 수술해서 나은 것은 감사하지 않습니다. 현대 의술이 치료했다고 생각하기 때문입니다. 그런 사람은 교만하고 무지한 사람입니다. 어떤 사람은 직장이 없을 때 하루하루 기적으로 사는 것은 하나님의 은혜로 인정합니다. 그러나 자기가 힘들게 경쟁을 뚫고 취직했을 때는 하나님께 감사하지 않습니다. 거기서 생기는 수입에 대해서는 그렇게 인색할 수가 없습니다. 왜냐하면 그것은 내가 토익 시험을 잘 치르고 면접시험을 잘 보아서 취직해서 번 '내 돈'이기 때문입니다. 공짜로 생긴 돈은 '하나님의 돈', 내가 번 돈은 '내 돈'입니다. 내가 수고했고, 내가 취직했고, 내가 공부했고, 내가 붙은 것입니다. 그래서 자기를 자랑하려고 합니다.

　하나님께서 은혜를 기적으로 주지 않고 일반적인 자연법

칙으로 덮으신 것은 우리에게 은혜임과 동시에 시험입니다. 하나님께서는 이런 정상적인 방법을 통하여 사람 속에 있는 교만과 간사함을 드러내십니다. 이스라엘 백성들이 가나안 땅에 들어갔을 때 한 것이 무엇입니까? 그들은 만나를 먹었을 때는 하나님을 섬겼지만, 가나안 땅에서 추수했을 때에는 하나님을 버리고 바알 신을 택했습니다. 정상적인 방법으로 얻은 것은 하나님의 공급이 아니고 자신들이 노력해서 얻은 것이라고 생각했기 때문에 하나님께 마땅히 드려야 할 감사와 찬양을 드리지 않았습니다. 그들은 하나님은 만나의 신이고, 가나안의 곡식의 신은 바알이라고 생각했습니다.

오늘 우리가 살고 있는 이 시대는 일반적인 은혜가 충만한 시대입니다. 사실 오늘날에는 기적보다는 인간이 만든 것들이 훨씬 더 유익을 줍니다. 그래서 사람들은 어떻게 해서든지 문명의 혜택을 더 받으려고 하고 사회에서 인정받으려고 하지, 하나님의 은혜에 감사하고 하나님께 경배드리려 하지 않습니다. 오늘날 기도해서 병이 낫는 경우가 없는 것은 아니지만, 병원이 많이 들어서 있으며 의술도 많이 발달되어 있습니다. 성경이 주는 은혜도 있지만, 학교에서 많은 것을 배울 수 있습니다. 이것은 시험입니다. 사람의 됨됨이를 하나님께서 테스트해보시는 것입니다.

여러분, 오늘 눈에 보이는 이것을 보고 만족하면 그 사람은 시험에 불합격한 것입니다. 우리는 문명의 혜택이라는 풍성한 은혜를 볼 때 하나님을 더 바라보아야 하며 이것에 마음이 빼앗기지 않도록 더 기도해야 하고 더 겸손해야 합니다. 왜냐하면 이런 일반 은혜들은 금방 우리의 마음을 미련하게 만들고 교만하게 만들기 때문입니다.

이스라엘 백성들은 광야에 있을 때보다 가나안 땅에 들어갔을 때 더 많이 기도해야 했고 더 많이 겸손해야 했습니다. 왜냐하면 가나안 땅에서 정상적으로 얻는 수입이 그들의 눈을 멀게 하고 교만하게 만들며 하나님을 잃게 할 가능성이 더 많았기 때문입니다.

여러분, 가난할 때보다는 생활이 넉넉해졌을 때 더 많이 기도해야 합니다. 집이 없을 때보다 집을 샀을 때 더 기도해야 합니다. 그러나 사람들의 마음은 정반대입니다. 집이 없을 때에는 집주인의 마음을 감동시켜 달라고 매일 울부짖으면서, 집을 사고 나서는 소파를 갈고 인테리어를 바꾸고 텔레비전을 바꾸는 데에만 신경을 씁니다. 대학 들어가기 전에는 그렇게 기도하면서도 대학 가고 나면 다 잊어버립니다. 직장이 없을 때는 기도해요. 그러나 직장이 생기면 굉장히 교만해집니다. 이것은 그 사람의 중심을 드러냅니다. 승진하면 말단에 있을 때보다 더 기도해야 합니다. 왜냐하면 자기의 사회적인 신분이 장애가 되어 하나님을 잃게 할 가능성이 있기 때문입니다.

여러분, 조심하십시오. 조심하지 않으면 태양이나 달이 하나님을 가려서 하나님을 놓치게 되고 더 큰 것을 잃어버리게 됩니다. 인간이 한 짓이 무엇입니까? 태양을 얻고 하나님을 잃어버린 것입니다. 달을 얻고 하나님을 잃어버린 것입니다. 직장과 집을 얻고 하나님을 잃어버린 것입니다. 자식이 없을 때는 그렇게 기도하더니 자식이 생기고 나서는 그 똥 색깔 하나하나에 너무 신경을 쓴 나머지 하나님을 잃어버리고, 아이가 기침만 한 번 해도 신앙이 흔들립니다. 이것이 그 신앙의 본색입니다.

하나님은 숨어 계시는 분입니다. 불타오르는 태양 뒤에 조용히 숨어 계시고 쟁반같이 둥근 달 뒤에 숨어 계시며 별 사이에 조용히 숨어서 우리의 모습을 지켜보는 분이십니다. 이렇게 하나님께서 기적과 신비로 만드신 모든 흔적을 제거하시고 마치 이 자연이 자연법칙에 따라 저절로 돌아가는 것처럼 한 걸음 뒤에 물러서 계신 것은, 인간의 중심을 시험하시고 그들의 겸손과 진실함을 확인해 보기 위한 것입니다.

여러분, 두려워할 게 무엇이 있습니까? 집이 있든 없든 하나님은 그 하나님이십니다. 태양이 있든 없든 하나님은 그 하나님이십니다. 월급으로 채워지든, 누가 준 쌀로 채워지든 하나님은 그 하나님이십니다. 그러나 사람은 너무 간사하고 깊이가 없어서 조금만 편해지면 하나님을 잊어버립니다. 돈이 생기면 잊어버리고, 직장이 생기면 잊어버리고, 정상적인 방법으로 벌어들이는 것에 대해 겸손하지 않습니다. 얼마나 거만하고 교만한지 몰라요. 하나님께서는 태양과 달 뒤에서 이러한 인간의 간사함과 미련함을 비웃고 계십니다.

하나님은 기적을 늘 일반적인 법칙으로 바꾸어 놓으십니다. 매일매일 만나로 공급하시다가 월급으로 나의 필요를 채워 주실 때, 그때 주의해야 하고 겸손해야 하며 더 정신을 차려서 그 월급봉투가 하나님의 얼굴을 가리지 않게 해야 합니다. 대학과 직장과 집이 하나님을 가리지 않도록 이것들을 치워 버리고 어렸을 때보다 더 겸손해질 때, 집이 없어서 수없이 쫓겨 다니고 이사 다니던 시절보다 더 긴장할 때 하나님께서는 변함없이 은혜를 내려 주실 것입니다.

바른 깨달음이 주는 유익

둘째로 성경의 지식이 우리에게 얼마나 큰 유익을 주는지 살펴봅시다.

하나님께서는 이 발광체를 통해서 "징조와 사시와 일자와 연한을 이루라"고 말씀하셨습니다. 여기에서 가장 문제가 되는 것은 '징조'라는 단어입니다. 이 '징조'라는 말을 두고서 하나님을 아는 사람과 하나님을 모르는 사람의 해석이 정반대로 갈라집니다.

하나님을 모르는 사람들은 이 '징조'를 정해진 운명의 사인으로 생각합니다. 다시 말해서 태양과 달과 별의 변화를 통해 이미 정해진 신의 뜻이 드러난다고 생각하는 것입니다. 고대의 많은 사람들은 몇 년 동안 흉년이 드는 것을 지금 통치하고 있는 왕에 대한 신의 불신임으로 생각했습니다. 그래서 흉년이 들 때 반역과 혁명을 일으켰습니다. 그래서 통치자들이 제일 두려워하는 것이 바로 이 태양의 변화, 일기의 변화입니다. 지금도 그래요. 지금도 홍수가 나고 흉년이 들면 신이 지금의 통치자를 좋아하지 않는다고 해석하는 사람이 많습니다. 또 하늘에서 별똥이 떨어지는 것을 보면 큰 인물이 죽었다고 합니다. 다시 말해서 모든 운명은 정해져 있는데, 우리가 알지 못하는 이런 운명의 사인이 별과 태양과 달의 변화를 통해 나타난다는 것입니다. 이렇게 사람들은 하늘의 뜻이 정해져 있다고 생각하고, 천체의 변화를 통하여 그 징조를 읽으려고 합니다.

어느 경우에 사람들이 이런 것을 믿습니까? 인간의 판단이 미치지 않는 부분에서 그렇게 합니다. 도저히 내가 예측할 수 없는 일에서는 운명을 믿습니다. 그래서 높은 곳에서 공사하는 사람들은 아침에 일진을 살핍니다. 오늘 혹시 실수해서 떨어져 죽을지 모르기 때문에 꼭 아침에 큐티하듯이 화투를 쳐봅니다. 그렇게 하지 않으면 나가서 일을 할 수가 없어요. 너무나도 작은 변수에 의해서 모든 것이 뒤바뀌기 때문에 사람들은 이런 것을 믿지 않을 수 없습니다. 미국 대통령 레이건에게 가장 큰 영향을 미쳤던 사람은 점술가였습니다. 사람들은 자신의 이성이 미치지 못하는 부분에서는 포기를 해버립니다. 더 이상 생각을 하지 않고 우연에 맡겨 버립니다.

거기에 비하여 하나님을 아는 사람에게 '징조'라고 하는 것은 일기의 변화에 대한 규칙을 발견하는 것입니다. 예를 들어서 저녁 때 노을이 붉게 물드는 것은 날씨가 더워질 표시라든지, 태양이 뜨는 위치가 조금씩 달라지면 밤낮의 길이가 변한다든지, 앞으로 태풍이 불어오거나 큰 비가 내릴 것 같은 조짐들이 바로 징조인 것입니다.

부지런한 사람은 어떻게 합니까? 날씨의 변화나 태양이 뜨는 시간이나 위치의 변화, 날씨와 비 또는 바람과의 관계 등을 부지런히 관찰해서 어떤 규칙을 찾습니다. 그래서 큰 비가 올 것 같으면 그것을 대비하고, 가뭄이 올 것 같으면 우물을 파든지 가축을 물 있는 곳으로 이동시키지요.

사실 우리나라는 전 세계에서 일기를 예보하기가 가장 까다로운 나라 중 하나일 것입니다. 왜냐하면 북쪽에 큰 대륙성 기후를 가지고 있고 남쪽에 해양성 기후를 끼고 있어서 그 사이에서 많은 변화가 일어나기 때문입니다. 그래서 우리가 어렸을 때는 "일기예보는 믿지 말라"고 했습니다. 요즘 일기예보에서 예보가 맞을 확률이 60퍼센트다, 80퍼센트다 얘기하는데, 다른 나라에서는 100퍼센트입니다. 다른 나라에서는 일기의 변화가 그렇게 심하지 않아서 "소나기 올 거야" 하면 비가 쫙 오고, "갤 거야" 하면 갭니다.

그러나 우리나라에도 규칙적인 부분이 많습니다. '입춘'이 되면 날씨는 아직 춥지만 봄이 옵니다. '경칩'이 되면 개구리가 땅에서 나올 때니까 본격적인 농사 준비를 해야 합니다. 6월 말에는 장마가 시작됩니다. 그러니까 7월 초순에 캠핑 날짜를 정하는 사람은 징조를 잘 못 보는 사람이지요. 8월 둘째 주에 날짜를 잡으면 거의 비가 오지 않습니다. 그러나 태풍은 몇 차례 남아 있습니다. 그래서 슬기로운 사람은 당장은 햇볕이 내리쬔다고 해도 태풍을 생각하고 사과나 배가 떨어지지 않게 주의를 합니다. '소한'이면 아직 '대한'이 남았습니다. 그러니까 아직 오리털 잠바를 벗으면 안 됩니다.

이것이 하나님을 아는 사람들의 '징조'입니다. 하나님을 모르는 사람은 별의 움직임, 별똥의 떨어짐, 달의 색깔, 태양이 이글거리는 정도 같은 것을 통해서 나라의 운명과 개인의 운명을 찾아보려고 몸부림을 치지만, 하나님을 믿는 사람들은 자연을 자세히 관찰해서 반복적으로 일어나는 일을 대비하고 남을 지도해서 위험에 대비하게 하는 슬기롭고 과학적인 사고방식을 가지게 됩니다.

여러분, 미신적인 생각을 하는 사람과 과학적인 관찰을 하는 사람의 차이가 여기에 있습니다. 고대에 과학적인 사고를 할 수 있는 사람은 하나님의 백성밖에 없었습니다. 다른 사람들은 감히 자연을 관찰하고 연구할 엄두를 내지 못했어요. 자연은 신인데 어떻게 신의 발가락을 헤아리며 신의 털을 세고 신의 심기를 건드릴 수 있습니까? 그냥 운명대로 살다가 운명대로 죽어야지요. 낙엽처럼 왔다가 낙엽처럼 가야지요. 그러나 하나님의 백성은 자연이 하나님의 피조물이고 탐구의 대상이며 규칙을 가지고 있기 때문에, 그것을 세밀하게 연구해서 징조를 찾아내고 씨 뿌릴 때 씨 뿌리고 추수할 때 추수해서 대비를 합니다.

미신적인 생각을 하는 사람은 모든 것이 우연이기 때문에 어떤 일을 당해도 깨닫지 못합니다. 계속 같은 일을 당해도 깨닫지 못하는 사람이 미신적인 사람들입니다. 그러나 과학적인 생각을 하는 사람은 한 번 당하지, 두 번은 당하지 않습니다. 한 번 당하면서 모든 것을 알아버렸기 때문입니다. 그는 연구합니다. 왜 이런 일이 일어나는지 관찰하고 다음에는 어떤 일이 일어날지 예측합니다. 아주 과학적으로, 논리적으로 결론을 내리기 때문에 두 번 당하지 않습니다. 그래서 홍수가 날 때마다 떠내려가거나 가뭄이 날 때마다 말라 죽지 않습니다.

오늘날 같은 짓을 몇 번 당해도 깨닫지 못하는 것을 보면 우리 사회가 얼마나 우연에 지배당하고 있는지를 알 수 있습니다. 사람들은 대단히 비과학적인 사고방식을 가지고 있고 우연에 의지하고 있으며 '재수가 좋으면 한탕 한다'는 생각을 하고 있습니다. 컴퓨터를 두들기면 뭐합니까? 그걸로 점을 치는데요.

그러나 하나님의 백성은 그렇지 않습니다. 한 번 당하면 같은 실수를 두 번 반복하지 않습니다. 왜냐하면 벌써 거기에서 징조를 읽어 내고 앞으로 어떻게 될 것이라는 것을 과학적으로 예측하며 거기에 대해서 전문가가 되어 버리기 때문입니다. 그리스도인은 한 번 어려운 일을 당하면 그 어려움에 전문가가 되어 버립니다.

여러분은 어떤 부류에 속하는 사람입니까? 단순히 직감과 육감을 믿는 사람입니까? 아니면 어떤 일이 한 번 일어났을 때 자세히 관찰하고 검토해서 어떤 법칙을 발견하여 다시는 그런 일이 일어나지 않도록 대비하는 지혜를 가진 사람입니까? 놀랍게도 신앙을 가진 사람들 대부분이 모든 것을 직감과 육감으로 결정합니다. "왜 이런 결정을 했습니까?" 하고 물어 보면 "하고 싶어서요" 하고 대답합니다. "하고 나니 어떻습니까?" 하면 "속이 편한데요" 합니다. 그것이 그런 결정을 내린 이유의 전부인 것입니다.

여러분, 반복적으로 일이 일어난다는 것에는 부지런히 사물을 연구하고 검토해서 누구든지 공유할 수 있는 공통분모를 마련해 냄으로써 다른 사람을 돕고 섬기며 리더십을 발휘하라는 의미가 담겨 있습니다. 안 믿는 사람들에게 내 속에 있는 기적과 체험을 아무리 설명해도 알아듣지 못합니다. 납득할 수 있는 방법으로 설명을 해주어야 합니다. 그것이 자연법칙입니다. 어떤 사람은 하늘의 색깔이 이상해지는 것을 보면 세상의 종말이 왔다고 부들부들 떨면서 이불을 뒤집어씁니다. 그때 그리스도인은 "저건 비가 올 조짐이니, 헛간을 고치고 수로를 내자"고 합니다. 그런데 보니까 정말 인류의 종말이 온 것이 아니라 큰 비가 왔습니다. 그때 사람들은 '하나님을 믿는 사람들은 굉장히 합리적이고 믿음직하고 위기 때 리더십을 발휘하는 사람이구나' 생각하고 그런 사람을 신뢰하게 될 것입니다.

그런데 믿는 사람들이 무슨 소리를 하느냐 하면, 집회를 하는데 하늘에 십자가가 보였다는 겁니다. 그리고 눈에 예수님의 얼굴이 찍혔다는 거예요. 그래서 그 그림이 엄청나게 팔립니다. 이렇게 신비를 갈망하는 마음이 더욱 더 기독교를 이해할 수 없는 종교로 만들고 있습니다. 믿지 않는 사람들 입장에서 기독교인들 하는 짓을 보면 이해가 안 돼요. 물론 이해가 안 되는 부분이 많겠지요. 그 이해가 안 되는 부분을 이해되도록 설명하는 것이 우리의 책임이고 우리의 사명입니다. 내가 교회에서 은혜 받은 것을 직장에 가서 납득할 수 있는 방법으로 다른 사람에게 표현하고 다른 사람을 돕는 것이 신앙이지요. 그런데 세상 사람들이 보기에 갈수록 이해가 안 되는 것이 기독교인입니다. 재림이 온다고 해서 흰 옷을 맞추고 춤을 추고 하는데, 왜 그러는지 이해가 안 되는 거예요. 그래서 '사람이 미치면 저럴 수도 있다'고 결론짓는 겁니다. 이렇게 기독교가 점점 사회에서 동떨어져 가는 것은 너무 기적을 갈망해서 생긴 잘못된 결과입니다.

하나님의 백성들이 징조를 읽을 수 있어야 한다는 것은 내가 맡은 일의 전문가가 되어야 한다는 것을 의미합니다. 여러분, 중요한 것은 정체를 드러내지 않습니다. 그렇기 때문에 아주 작은 흔적을 읽을 수 있어야 합니다. 여우가 나타날 때 제 모습을 드러냅니까? 문제는 꼬리입니다. 꼬리를 봐야 합니다. 다른 사람은 다 양이라고 이야기합니다. "저 눈을 봐, 얼마나 슬프게 생겼는지. 그러니까 저건 틀림없이 양이야." 그러나 뒤에 달린 꼬리를 보는 사람은 말합니다. "양 치고는 너무 꼬리가 길잖아. 그러니까 저건 여우야." 호랑이는 절대로 처음부터 자기를 호랑이라고 하지 않습니다. 그러나 발톱이 피로 물든 것을 보면 호랑이라는 것을 알 수 있습니다. 전문가는 아주 작은 데서부터 큰 덩치를 유추해 냅니다. 달이 핏빛으로 변하면 가뭄이 온다는 것을 알아서, 사람들이 농사지은 것을 저축하게 하고, 쌀막걸리를 만드는 사람은 징계하는 것이 하나님 믿는 백성들이 해야 할 일입니다.

우리는 자기가 맡은 일에 아주 전문가가 되어야 합니다. 자동차 전문가는 엔진 소리만 들어도 어디가 고장 났는지 다 안다고 합니다. 그러나 몇 번 분해했다가 조립하면서도 어디가 고장 났는지 모르는 사람은 다른 사람을 불안하게 만들 것입니다. 전문가는 소리만 들어도, 냄새만 맡아도 무엇이 문제인지 압니다. 오늘 아침에 저는 성경을 읽으면서 특히 냄새에 민감하신 하나님을 생각해 보았습니다. 제사 지낼 때 불꽃을 보면서 감동을 받는 것이 아니고 기도 소리를 들으면서 감동을 받는 것도 아니고 짐승이 타는 냄새를 맡으면서 감동받으시는 하나님을 보면서, '하나님은 듣는 것만 잘 들으시는 줄 알고 보는 것만 잘 꿰뚫어 보시는 줄 알았는데, 냄새에서도 참 예민한 분이시구나. 하나님은 제사를 냄새로 받으시는구나. 코로 제사를 받으시는 하나님을 찬양해야겠다'고 생각했습니다.

그리스도인들은 자기가 맡은 일에 전문가가 되어야 합니다. 그 사람을 찾아가면 뭐가 문제인지 알 수 있고 큰 어려움과 불필요한 두려움이 해결될 수 있는 사람이 되어야 합니다. 그리스도인들은 징조를 읽을 수 있는 사람들이기 때문입니다.

오늘날 과학이 발달해서 하나님을 모르는 사람들이 그 과학의 힘을 믿고 교만해졌지만, 실제로 20세기가 오기 전까지 과학적인 사고방식을 가졌던 대부분의 사람들은 전부 성경을 읽은 사람들이었습니다. 20세기에 들어와서 실존적인 경향이나 자꾸 비합리적인 생각을 하려고 하는 경향이 강해지면서 그리스도인들은 이 세상에서 주도적인 역할, 봉사하는 역할을 잃어버렸습니다. 그러나 우리는 하나를 보면 열을 알아야 하고 위에 조금 솟은 것을 보면 밑에 있는 빙산이 얼마나 큰지 읽을 수 있어야 합니다. 그래야 다른 사람들을 도울 수 있습니다. 문제가 터지고 나서야 허겁지겁하면서 "어떻게 하지?" 하는 것은 그리스도인으로서 바른 자세가 아닙니다.

두 개의 발광체

셋째로 하나님께서는 두 개의 발광체를 만드셨습니다. 하나는 큰 것이고 다른 하나는 작은 것입니다.

하나님이 두 큰 광명을 만드사 큰 광명으로 낮을 주관하게 하시고 작은 광명으로 밤을 주관하게 하시며 또 별들을 만드시고(1:16).

하나님께서는 두 발광체를 만드실 때 똑같은 것을 두 개 만들지 않으셨습니다. 똑같은 것을 두 개 만들면 사람들에게 혼동이 생깁니다. 어느 것이 더 중요하고 덜 중요한지 모릅니다. 태양이 두 개가 돈다면 사람들의 가치관에는 금방 혼동이 생길 것입니다. 그래서 하나님은 두 광채를 차이 나게 하셔서 하나는 크게 만드시고 다른 하나는 작게 만드셨으며, 작은 것은 큰 것의 빛을 받아서 비추게 만드셨습니다.

여기에서 하나님께서는 '주관한다'는 표현을 쓰고 계십니다. 여기서 '주관한다'는 것은 '다스린다'는 뜻인데, 이것은 정치적인 표현입니다. 여기에서 처음으로 '다스린다', '주관한다'는 표현이 나오고 있습니다. 이것은 낮에 일어나는 모든 일이 태양의 지배를 받으며 밤에 일어나는 모든 일이 달의 지배를 받는다는 뜻입니까? 왜 하나님은 여기에서 '주관한다'는 표현을 쓰고 계십니까? '비추게 한다'고 하면 좋지 않습니까? 왜 그보다 훨씬 더 강한 표현을 사용하십니까?

'다스린다'는 것은 지배한다는 뜻이 아닙니다. 만약 해와 달이 지배한다면, 이것은 하나님께서 해와 달을 직접 창조하신 의도와 맞지 않는 것입니다. 여기서 '다스린다'는 것은 '모든 것의 실체를 명확하게 규명한다'는 뜻을 가지고 있습니다. 생물을 전공하는 사람에게 중요한 것은 새로운 생물체가 발견되었을 때 그것을 수많은 계통수 중에서 생물 분류학의 어떤 범위 안에 집어넣고 그 이름을 짓는 것입니다. 그것이 바로 밝히고 주관하고 다스리는 것입니다. "너는 원숭이니까 원숭이과에 들어가고, 코가 개처럼 생겼으니까 개코원숭이다"라고 이름을 붙였을 때, 이 개코원숭이는 더 이상 미확인물체가 아니며 언제든지 개코원숭이입니다.

태양이 낮을 주관하고 달이 밤을 주관한다는 것은 밤이나 낮이나 이 세상에 있는 모든 것이 자기가 분류된 그 안에서 명확한 실체로 존재하게 된다는 의미입니다. 예를 들어 낮에는 이것이었는데 밤에는 저것인 존재는 있을 수 없습니다. 낮에는 개였는데 밤에는 사람이고, 낮에는 늑대였는데 밤에는 예쁜 여자가 되는 것은 달을 거역하는 것입니다. 달이 그렇게 하지 못하게 합니다. 이것도 아니고 저것도 아닌 채 밤낮에 따라 바뀌는 것은 하나님이 허락하지 않으십니다. 낮에 개면 밤에도 개입니다. 개는 영원히 개입니다. 하나님께서는 밤낮을 통해 어떤 것이 항상 동일한 물체로 규명될 수 있도록 정하셨습니다.

무슨 말을 이렇게 빙빙 돌리면서 하는지 의아심이 들지 모르겠습니다. 밤에 우리에게 가장 익숙한 존재가 무엇입니까? 유령이지요. 유령이야말로 유에프오(UFO)입니다. 우리는 비행접시를 유에프오라고 부르는데, 이것은 규명할 수 없는 물체라는 뜻입니다. 도대체 어떻게 생겨먹었는지, 살았는지 죽었는지 규명되지 않는 것이 유에프오입니다. 그런데 그런 것은 존재하지 못하게 한다는 겁니다. 낮에는 사람이 사는 도시인데 밤에는 유령이 돌아다니는 일은 달빛 아래에서 있을 수가 없습니다. 사람들은 이상하게 달만 비치면 늑대 소리가 들리면서 유령들이 모여서 회의도 하고 잔치도 벌이고 마녀들이 빗자루를 타고 돌아다닌다고 생각하는데, 그렇게 하지 못한다는 겁니다. 낮과 밤이 다를 수가 없습니다. 하나님은 낮에도 지켜 주시고 밤에도 지켜 주십니다. 특히 밤에는 수많은 별들을 만드셔서 밤을 아름답고 두렵지 않게 만드셨습니다.

어떤 원주민들은 자는 사람을 옮기지 않습니다. 사람이 잠을 자는 동안에 영혼이 그 몸을 떠난다고 믿기 때문입니다. 옮겨 놓으면 영혼이 몸을 못 찾습니다. 내가 누웠던 자리가 어디인지, 누구에게 들어가야 하는지 찾지 못합니다. 그렇기 때문에 자는 사람을 움직이는 것을 굉장한 금기로 삼습니다.

요새 웃기는 영화들이 많이 나오고 있습니다. 어떤 사람이 죽었는데 영혼이 개한테 들어가서 여자 옷 냄새를 맡고, 죽기 전에는 남자였는데 죽고 나서는 여자의 속에 들어가서 활동합니다. 굉장히 웃기는 짓입니다. 태양을 우습게 아는 사람들입니다. 여러분,

성 전환 같은 것은 하면 안 돼요. 남자는 남자로 죽어야 하고, 여자는 여자로 죽어야 합니다.

하나님께서 태양을 통해 낮을 주관하시고 달을 통해 밤을 주관하신다는 것은 밤낮이 뒤바뀌지 않도록, 밤에 혼동이 되지 않도록, 밤이 편안한 안식이 될 수 있도록 하기 위함입니다. 밤이 겁나서 잠을 못 이루거나 영혼이 빠져나가거나 유령이 설치는 혼란 상태가 되지 않도록 하십니다. 낮에는 해를 통해서, 밤에는 달과 수많은 별들을 통해서 우리를 지켜 주시고 우리의 잠자리를 아름답게 하십니다. 아이들이 잘 때 엄마가 위에 나비와 고추잠자리를 달아 주어서, 아이가 꽃밭에서 자는 것처럼 느끼는 것과 마찬가지로 하나님께서는 밤이 공포의 밤이 되지 않도록, 또 낮에 너무 충격을 받지 않도록 지켜 주십니다. 어떤 물건이나 짐승이나 사람은 밤이나 낮이나 그대로 존재합니다. 그 정체성을 잃지 않습니다. 밤이 된다고 해서 그 사람이나 물건이 없어지지 않습니다. 왜냐하면 하나님께서 모든 것을 지켜 주시기 때문입니다.

이것은 나중에 사람이 죽어서도 마찬가지입니다. 죽는다고 해서 내가 다른 사람이 되는 것이 아닙니다. 나는 분명히 나입니다. 그때는 해와 달이 주관하는 것이 아니라 하나님의 말씀이 주관합니다. 동일한 말씀이 있기 때문에 죄인이 의인으로 바뀌지 않습니다. 이 세상에서 죄인으로 산 사람은 죽어서도 죄인입니다. 이 세상에서 하나님의 뜻대로 산 사람은 죽어서도 의인입니다. 바뀔 수가 없습니다. 이 사람 영혼 속에 들어갔다가 저 사람 영혼 속에 들어갔다가 할 수 없습니다.

하나님께서는 밤낮을 통해서 우리를 지켜 주시고, 밤을 포근하게 하시며, 혼란이 일어나지 않게 하십니다. 여러분, 밤에 뜨는 별을 보십시오. 별이 얼마나 아름답습니까? 밤을 더 아름답게 하신 하나님, 밤을 더 찬란하게 하신 하나님이십니다. 밤에 별이 없고 달이 없다면 사람들은 밤마다 정신병에 걸릴 것입니다. 밤이 오는 것이 너무나 두려워서 견디지 못할 것입니다.《잠 못 이루는 밤을 위하여》라는 책 제목도 있지만, 왜 잠을 못 잡니까? 별만 헤아려도 잠이 옵니다. 성경책 읽으면 바로 잠이 옵니다. 왜 잠을 못 잡니까?

여기에는 영적인 교훈이 있습니다. 우리에게 밤은 무엇입니까? 깨닫지 못하고 무지한 가운데 방황할 때 우리는 '영혼의 밤'이라고 이야기합니다. 무서운 시련의 때도 밤이 될 수 있습니다. 그러나 문제는 깨닫지 못하고 방황하고, 깨닫지 못하고 당하고, 깨닫지 못하고 고난받는 밤입니다. 그러나 이 무서운 밤에도 하나님은 별이 빛나게 하셔서 우리에게 소망을 주십니다. '무언지는 모르겠지만 하나님이 날 도와주실 거다. 누군지는 모르겠지만 무지한 가운데 방황하는 나를 지켜주고 있다'는 느낌이 없으면 사람들은 어려움이 오고 환란이 올 때 견디지 못합니다.

하나님께서는 어려울 때에도 우리를 완전히 절망 가운데 몰아넣지 않으십니다. 그 가운데서도 희미하지만 소망을 주시고 희망을 주십니다. 아침이 오기까지 우리를 희미한 별빛으로 지키시고 인도해 주십니다.

유대인들의 율법은 희미한 달빛이라고 말할 수 있습니다. 태양이 떠오르기까지 유대인들은 달빛을 의지해서 걸어왔습니다. 거기에 비하여 인간의 이성은 더 희미한 별빛이라고 말할 수 있습니다. 진리를 듣지 못했던 기간에도 인간이 완전히 짐승 같은 상태에 빠졌던 것은 아닙니다. 아주 희미한 이성이 사람들을 비추었고 깨닫게 했고 어느 정도 인간으로서의 도리를 지키게 했습니다.

그러나 오늘 우리에게 주어진 이 복음은 영광스러운 태양입니다. 그리스도를 통해 우리에게 주신 복음보다 더 환한 깨달음이 없습니다. 복음은 다른 어떤 수단보다 우리를 명확히 깨닫게 합니다. 다시는 미신과 죄의 사슬에 얽매여 방황하지 않게 합니다. 그런데 우리는 일부러 눈을 감고, 일부러 이 복음을 희미하게 만들어서 어둠 가운데서 살던 방식 그대로 미련하게 살려고 하고 있습니다.

여러분, 하나님의 말씀이 나의 마음 구석구석을 밝히셔서 내 속에 어둡고 거짓되고 죄스러운 부분을 전부 쫓아내게 하십시오.

오늘 넷째 날을 통해서 하나님께서 우리에게 보여 주시는 것이 무엇입니까? 대단히 과학적이면서 합리적인 하나님의 모습을 우리에게 보여 주십니다. 하나님은 신비의 하나님이며 기적의 하나님이시지만 그 모든 도구와 흔적을 지워 버리시고 자연법칙 안에 맡겨 놓으심으로써 숨어 계십니다. 그래서 그냥 보기에는 자연법칙이 이 세상을 지배하는 것 같습니다. 그러나 여러분, 자연법칙 자체가 기적입니다.

하나님께서 자연법칙으로 이 세상을 지켜 주시는 것은 은혜임과 동시에 시험입니다. 월급을 제대로 받고 내가 벌어들인다고 해서 교만하지 마십시오. 사람들은 직장을 아주 절대적으로 생각합니다. 신앙도, 교회도 통하지가 않아요. '직장을 위해서 한다'고 하면 교회에 빠져도 되고, 죄를 지어도 됩니다. '사장이 시켰다'고 하면 술자리에서 이상한 짓을 해도 됩니다. '학교에서 한다'고 하면 신앙도, 법도 필요 없습니다. 얼마나 미련하고 가증스러운 모습인지 모릅니다. 여러분은 속고 있는 것입니다. 만나와 가나안의 곡식이 다를 이유가 뭐가 있으며, 전셋집을 전전할 때와 내 집이 있을 때가 다를 이유가 뭐가 있으며, 대학 들어가기 전과 들어간 후의 태도가 달라질 이유가 뭐가 있습니까? 그러나 사람은 조금만 안정되면 그때부터 교만이 싹이 나서 눈 뜨고 볼 수 없을 정도로 하나님을 인정하지 않고 신앙을 짓밟습니다.

하나님께서는 일반 은혜를 통해 시험하고 계십니다. 좋은 직장을 얻었으면 더 겸손해야 합니다. 더 정신 차려야 하고 더 기도해야 하고 예배에 빠지면 안 됩니다. 공부 좀 잘하는 것을 절대적으로 생각한다면 우리는 속고 있는 것이며, 그때 신앙의 밑천이 드러납니다. 여러분, 하나님이 자연 질서 뒤에서 보고 계십니다. 조용히 보고 계십니다. 이 인간의 간사함과 가소로움을 보고 탄식하고 계십니다.

하늘을 바라보십시오. 매일매일 기적이 일어나고 있습니다. 하나님은 태양과 달과 별들을 만드셨고, 그것들은 매일매일 변화하고 있습니다. 이것은 비밀도 아니고 신비도 아니고 하나님이 정해 놓으신 말씀의 능력입니다. 오늘 우리들은 하늘의 해와 달과 별들을 보면서 운명에 빠지지 않습니다. 또 과학의 발달로 그것이 신이 아니라는 것을 알고 나서 하늘을 완전히 잊어버린 채 술이나 마시면서 돈 버는 재미로 살지도 않습니다. 우리는 하나님이 만드신 이 자연을 관찰하고 연구하며 내게 맡겨진 일에 최선을 다합니다. 하나님의 백성들은 과학자들이요 전문가들입니다. 그들은 운명을 두려워하지 않습니다. 토정비결을 믿지 않습니다. 징크스를 믿지 않습니다. 매번 자신에게 주어진 일에서 최선을 다합니다. 위기가 와도 절망하지 않습니다. 사고를 포기하지 않습니다. 끝까지 생각해서 자신의 논리적인 확신에 따라 행동합니다. 그런 사람들이 다른 사람을 도와줄 수 있습니다.

하나님께서는 밤이나 낮이나 동일한 하나님의 법칙으로 통제되게 하셨습니다. 그리고 이것을 '다스린다'는 말로 표현하고 있습니다. 우리는 밤이 두렵지 않습니다. 밤에도 하나님이 달을 통해서 나를 지켜 주시고, 수많은 별들을 통해서 나를 위로하시기 때문입니다. 그리스도인들은 고난이 와도 절망하지 않습니다. 고난 가운데서도 하나님의 은혜는 빛나고 있기 때문입니다.

여러분, 우리는 다스림을 받아야 합니다. 밤이나 낮이나 어느 범위 안에 들어가야 하고 나의 정체가 분명해야 합니다. 소속이 있어야 하고 권위의 지배를 받아야 합니다. 밤과 낮이 다른 사람, 교회 안에 있을 때와 교회 밖에 있을 때 얼굴이 다른 사람, 이 사람을 만났을 때와 저 사람을 만났을 때 말이 틀린 사람은 미확인물체입니다. 미확인물체는 어떻게 해야 합니까? 덮어쓰고 있는 껍질을 벗겨서 이 사람이 어떻다는 것을 명확히 해야 합니다. 그래야 혼동이 없고 다른 사람이 두려워하지 않습니다. 유령은 전부 다 잡아서 덮어쓰고 있는 이불보를 벗겨야 합니다. 그럼 그 안에 여우가 있는지, 지팡이가 있는지 드러날 것입니다.

그리스도인은 언제나 자신의 한계를 인정하고 탐구하는 정신을 가져야 합니다. 이 세계가 얼마나 신비에 차 있습니까? 모든 것들이 규칙적으로 일어나고 있습니다. 한 번 실패하면 되었지, 왜 두 번 세 번 실패하며 똑같은 짓을 반복합니까? 그것은 진정한 신앙이 아닙니다. 고난을 몇 번씩 받아도 깨닫지 못하는 것은 우연을 믿는 것이고, 연구하는 자세로 자신의 진정한 잘못을 인정하지 않는 것입니다. 그는 자기도취에 빠져 있는 사람이고, 신비에 빠져 있는 사람이고, 하나님의 과학성을 믿지 않는 사람입니다. 하나님이 주신 정당한 이성을 사용하지 않는 사람입니다.

오늘 우리를 비추는 말씀의 빛은 어떤 빛보다 강한 빛이며, 우리 속에 있는 죄의 찌꺼기와 불필요한 두려움과 운명적인 사고방식을 내쫓는 빛입니다. 이 말씀이 내 마음속을 비추어서 성실하게 탐구하는 자세로, 하나님께 감사하는 모습으로 하루를 살도록 돕고 결단하게 하십니다. 이 바른 깨달음이 중단된다면 미신과 우상과 강박관념이 다시 우리를 주장하게 될 것입니다.

5

물고기와
새와
짐승

아이들이 있는 집에 가면 어디든지 동물들의 사진이나 그림이 있습니다. 동물 그림책은 물론이고 카드나 〈동물의 왕국〉 같은 비디오테이프도 있습니다. 아이들은 수많은 동물들의 생김새나 이름이나 특징에 가장 큰 흥미를 느낍니다. 동물들은 하나하나가 너무나 개성 있게 생겼기 때문에 아무리 보아도 싫증이 나지 않습니다. 아이를 돌볼 때 가장 어려운 점은 아이들이 쉽게 싫증을 낸다는 것입니다. 그래서 아이들을 돌보거나 가르치는 사람들은 늘 새로운 아이디어를 짜내야 합니다. 머리가 굳어 있는 어른들, 특히 남자 어른에게 아이를 봐달라고 하면 울려버리는 일이 예사입니다. 새로운 생각을 해내지 못하거든요.

그러나 아이들을 데리고 동물원에 가거나, 자기 집에 직접 동물들을 키우면 싫증을 내는 법이 없습니다. 동물들을 보면 얼마나 재미있는지 모릅니다. 한 마리만 있어도 너무나 재미있습니다. 동물의 종류가 보통 많은 것이 아니지만 그 하나하나가 다 개성이 있고 특징이 있기 때문에 절대로 싫증이 나지 않습니다.

역사 소설 중에서 최고의 소설은 역시 《삼국지》입니다. 삼국지가 그렇게 수백 년 동안 읽히고 수십 가지로 번역된 이유는 여기 나오는 인물 하나하나가 개성이 넘치기 때문이고, 다루는 주제가 충성이나 의리 같은 진지한 내용이기 때문입니다. 동물의 세계가 바로 그렇습니다. 동물 하나하나가 그렇게 개성이 있을 수 없습니다. 사자는 용감합니다. 사자가 비겁하게 뒷걸음치는 일은 자고로 없습니다. 죽기 아니면 까무러치기지요. 거기에 비해서 표범은 아주 날쌥니다. 기린은 목이 아주 깁니다. 하마는 엉덩이가 굉장히 큽니다. 미련하고 둔하면서도 물속에서는 자유롭습니다. 또 악어도 있고 코끼리도 있습니다. 말도 있고 사슴도 있습니다.

그리고 이 동물 하나하나는 생존이라는 엄숙한 하나의 과제를 두고 아주 진지하게 반응하고 있습니다. 사슴이 뛰는 이유가 무엇입니까? 뒤에서 표범이 쫓아오니까 목숨 걸고 뛰는 겁니다. 또 표범은 사슴을 잡아먹고 살려고 뜁니다. 생존과 종족 보존이라는 이 엄숙한 문제를 놓고 동물들이 너무나 진지하게 살아가고 있기 때문에 동물의 세계는 아주 흥미진진하고 재미있습니다.

물고기의 종류가 얼마나 많은지 아십니까? 물속에는 작은 물고기만 있는 것이 아니라 길이가 수십 미터에 이르는 큰 물고기도 있습니다. 우리가 이름을 모르는 새들도 많습니다. 다리가 긴 새, 턱 밑에 뭐가 난 새, 소리가 아름다운 새, 음침한 새 등 아주 다양한 새들이 있습니다. 어떤 새는 계절마다 아주 먼 거리를 이동하기도 합니다.

사람이 만든 것 중에서 이렇게 다양하면서도 특징 있는 것은 아무것도 없습니다. 사람의 머리에서 나온 것은 무엇인가 흉측하고 괴기한 것들 아니면 아주 단조로운 것들입니다. 그러나 하나님께서 만드신 동물의 세계는 개성이 넘치면서도 다양합니다. 그래서 동물의 세계는 우리 주위에 있는 세계에 흥미와 관심을 갖게 만듭니다.

말씀으로 창조하셨다

가장 원시적인 종교의 형태는 토테미즘입니다. 토테미즘은 특정 동물을 숭배하는 종교 형식입니다. 우리나라에도 아주 옛날에 곰이 변하여 사람이 되었다는 전설이 있습니다. 그리고 시골에서는 불과 얼마 전까지만 해도 집에 있는 구렁이 뱀을 '지킴이'라고 해서 신성하게 여겼습니다. 그래서 구렁이가 나가거나 죽으면 그 집에 반드시 불길한 일이 생긴다는 미신을 가지고 있었습니다. 또 인도에서는 아직도 소를 숭배하고 있습니다.

아마도 이런 동물숭배 의식이 생기게 된 것은 인간이 너무 나약했기 때문일 것입니다. 어떤 짐승은 너무 사나워서 마음대로 다룰 수가 없고 어떤 짐승들은 너무 귀해서 마음대로 다룰 수 없었습니다. 예를 들어서 곰 같은 사나운 짐승이 습격할 때 막아낼 수 있으면 다행이지만, 막아낼 힘이 없으면 곰을 숭배하면서 제발 성질을 자제해 주기를 바랄 수밖에 없습니다. 그러면 짐승도 굳이 사람들을 해칠 필요가 없습니다. 때가 되면 처녀나 맛있는 음식을 바치니 사납게 설칠 필요가 없지요.

마빈 해리스라는 인류학자가 인도의 소를 연구한 책을 보았는데, 인도 사람들은 소가 없으면 도저히 살 수가 없다고 합니다. 인도에서 가장 중요한 연료는 소똥입니다. 나무로는 연료를 공급받을 수 없고, 소똥을 잘 말려서 때면 아주 귀한 연료가 되기 때문에 석유 같은 것은 필요가 없습니다. 그리고 벽에 바르는 것도 시멘트가 아니라 소똥입니다. 소똥을 물에 개어서 쓰면 위생적일 뿐 아니라 아주 향토적이고 좋은 냄새가 납니다. 좌우간 인도에서는 소가 없으면 안 됩니다. 소와 인간은 협력을 해야만 하는 관계였습니다. 그래서 소를 숭배하게 된 것입니다.

그런 의미에서 이스라엘 백성들이 살던 애굽은 토테미즘의 왕국이었습니다. 많은 동물들이 숭배의 대상이었는데 그중에서도 가장 큰 숭배의 대상은 독사였습니다. 특히 물리면 몇 분 안에 죽게 되는 코브라는 가장 두려운 대상이었습니다. 사람들은 독사가 설치지 못하도록 계속 숭배하면서 두려워했습니다. 개구리도 신이었습니다. 아마 그들에게는 나일 강에서 올라오는 이 배 나온 동물이 아주 신기해 보였던 모양입니다. 그래서 개구리를 신으로 등록해 놓고 숭배했습니다. 소는 너무 귀했기 때문에 신의 대접을 받았습니다. 옛날 우리 시골에서도 소가 없으면 농사를 지을 수가 없었습니다. 그렇기 때문에 촌에서 가장 큰 경사는 소가 쌍둥이를 낳는 것입니다.

성경은 모세를 통하여 무엇이라고 말씀하고 있습니까? 하나님께서 말씀으로 이 모든 동물들을 창조하셨다는 것입니다. 하나님이 창조하셨다는 사실은 아주 중요합니다. 하나님이 동물을 창조하심으로써 인간이 이유 없이 두려워하던 그 모든 것을 완전히 끝장내셨기 때문입니다. 해와 달과 별을 두려워하거나 숭배하면 안 되는 이유가 무엇입니까? 하나님께서 말씀으로 이 모든 것들을 만드셨기 때문입니다. 뱀이나 소나 다른 동물들을 숭배하면 안 되는 이유가 무엇입니까? 창세기는 어떤 동물이든지 사람보다 훨씬 열등하고 약한 존재라고 우리에게 말씀하고 있습니다. 자기보다 약한 존재를 의지하고 숭배하는 것은 어리석은 짓입니다. 자기보다 못한 것은 어떻게 대해야 합니까? 잘 지도하고 돌보아 주어야 합니다.

사실 동물들은 미련하기 때문에 사람의 도움이 필요할 때가 많습니다. 호주 북부에 노던 테러토리라는 데가 있습니다. 이곳은 세 개의 악어 강이 합치는 곳으로서 악어가 우글거리는 곳입니다. 그런데 2차 세계대전 후에 수십만 마리의 악어가 여자들의 핸드백으로, 또 남자들의 허리띠로 팔려 나갔습니다. 그래서 호주에서는 악어를 보호하기 위해서 법을 만들어 절대로 악어를 잡지 못하게 했습니다. 그럼에도 불구하고 악어의 숫자가 계속 줄어들자 조사를 했는데, 그 조사 결과 큰 악어들이 새끼 악어들을 다 먹어치운다는 사실을 알았습니다. 그래서 호주 당국에서는 악어 농장을 만들어서 악어가 충분히 클 때까지 보호했습니다. 그래서 지금은 악어의 수가 5퍼센트 정도 성장률을 보이고 있다고 합니다.

우리는 악어를 도와주어야 합니다. 우리는 악어를 너무나 흉측하게 생각하고 있습니다. 욥기에 보면 욥도 "악어를 누가 잡겠느냐" 하면서 두려워하고 있습니다. 그러나 우리는 악어를 불쌍히 여겨야 합니다. 동물은 두려워할 대상이 아니라 잘 보호해 주고 도와주어야 할 대상인 것입니다.

하나님께서 동물을 창조하시는 데에는 특징이 있습니다. 20절과 21절을 보십시오.

> 하나님이 가라사대 물들은 생물로 번성케 하라 땅위 하늘의 궁창에는 새가 날으라 하시고 하나님이 큰 물고기와 물에서 번성하여 움직이는 모든 생물을 그 종류대로 날개 있는 모든 새를 그 종류대로 창조하시니 하나님의 보시기에 좋았더라

이 말씀을 자세히 보십시오. 하나님께서 물에게 명령을 내리고 계십니다. "물들은 생물로 번성케 하라"고 명령하십니다. 마치 바다에 무슨 귀가 있고 의식이 있어서 하나님의 명령을 들을 수 있는 것처럼 말입니다. 이것이 바로 하나님이 하시는 말씀과 우리들이 하는 말의 차이입니다. 우리가 하는 말은 어떻습니까? 사람의 지각에만 영향을 주기 때문에 상대방에게 의식이 있어야만 전달이 됩니다. 그러나 하나님의 말씀은 바다와 땅에 바로 명령할 수 있는 말씀입니다. 하나님은 바다에 "생물들이 있게 하라"고 하면 그대로 되고, 땅에 "짐승들이 있게 하라"고 하면 그대로 되는 그런 말씀을 하십니다. 땅과 바다는 하나님의 종입니다. 늘 두 손을 모으고 하나님의 말씀을 경청할 자세가 되어 있습니다. 이 땅은 임자 없는 땅이 아닙니다. 하나님께서 "이렇게 하라" 하면 이렇게 하고 "이렇게 하

지 마라”하면 죽어도 안 합니다.

하나님께서는 먼저 바다에 “물들은 생물로 번성케 하라”고 하시고 땅에게 “생물을 그 종류대로 내라”고 하십니다. 물이 여러 가지 물고기를 내고 땅이 여러 가지 가축을 낸다는 것이 무슨 뜻일까요? 물에 창조의 능력이 있어서 수많은 물고기들을 만들었다거나 땅에 창조의 능력이 있어서 수많은 짐승과 가축을 만든다는 뜻이 아닙니다. 모든 새와 물고기와 짐승을 만드신 분은 하나님이십니다. 만약 물이나 땅에 그런 것들을 만들 능력이 있다면 사람들은 물과 땅을 숭배하게 될 것입니다.

여기에서 “물들은 생물로 번성케 하라”고 하시는 것은 하나님께서 물에게 이런 생물들이 계속 살 수 있도록 책임지고 지켜주며 보호해 주라는 것입니다. 물에게는 많은 물고기들을 번식시킬 책임이 있습니다. 물이 “난 싫어! 왜 물고기들이 여기 있는 거야? 내 물에서 다 나가!”하면 물고기들은 살 수가 없습니다. 다시 말해서 물에 이상이 생기면 물고기는 더 이상 물속에서 살지 못하고 멸종할 수밖에 없습니다. 예를 들어 물이 너무 차가워지면 물고기들은 물에서 살 수 없지요. 다 죽습니다. 또 물은 적당한 염도를 유지해야 할 책임이 있습니다. 하나님께서는 매일 염도를 체크하시면서 너무 짜면 “왜 짜냐?”고 물으시고, 너무 싱거우면 “왜 이리 싱거워?” 하십니다. 그래서 물이 항상 일정한 염도를 유지하게 하십니다. 가물어서 바닷물이 짜지면 비가 내리고 강이 흘러 들어갑니다.

또 요즘처럼 오염 물질이 물에 너무 많이 들어오면 물고기들은 다 죽습니다. 그래서 물은 가만히 있는 것이 아니라 자기 정화 능력을 발휘합니다. 냇물을 보십시오. 그냥 흘러 내려오는 것이 아니라 맑은 물로 변해서 내려옵니다. 그래서 위에서 누가 비누로 머리를 감았더라도 밑으로 내려오면서 정화가 되면서 물고기들이 살 수 있는 것입니다. 이렇게 바다나 물은 물고기들이 살 수 있게 도와주고 보호하는 기능을 게을리 해서는 안 됩니다.

마찬가지로 땅은 물과 여러 가지 푸른 채소를 공급해서 짐승들이 살 수 있게 해주어야 합니다. 가장 비극적인 일은 몇 년 동안 비가 오지 않는 것입니다. 거기에 들불까지 겹쳐서 모든 것을 다 태워 버리면 수많은 야생 동물이나 가축들은 물이나 풀을 구하지 못해서 죽고 맙니다.

공중의 새는 날아다닐 수 있으니까 비교적 먹이를 구하기가 나은 것 같습니다. 그러나 새들도 하늘이 허용하지 않으면 날아다니지 못합니다. 하늘이 새들에게 "왜 여기를 날아다니고 난리야?" 하면서 못 날게 하면 못 나는 겁니다. 매일 비가 내려 보십시오. 새가 좀 날려고 하면 천둥 번개가 친다고 해보십시오. 그렇게 일주일만 지나면 새들은 다 죽어 버리고 말 것입니다.

하나님께서 이런 명령을 바다나 땅이나 하늘에 주신 것은, 자연이 너무 변덕을 부려서 하나님이 만드신 모든 생물들을 죽이지 못하도록 보호하시기 위해서입니다. 자연은 너무 변덕을 부리면 안 됩니다. 바다는 물고기가 살 수 있도록 늘 일정해야 합니다. 때때로 비가 오고 번개나 천둥이 칠 때도 있지만 새들이 다 죽을 정도로 그렇게 한다면 하늘은 명령에 불복종하는 것입니다. 또 기근이 들어서 땅이 갈라지거나 흉년이 들 수도 있지만, 모든 들짐승들이 죽을 정도까지 해서는 안 되는 것입니다. 하나님께서는 공중의 새나 들짐승 한 마리, 물고기 한 마리까지 사랑하시고 지키십니다.

이 수많은 생물들은 우리 인간들의 이웃입니다. 그러나 약한 이웃들입니다. 강한 것은 사자나 코끼리가 아니고 사람입니다. 사자나 코끼리는 죄를 지을 수가 없기 때문입니다. 죄라고 지어봐야 다른 동물보다 더 물어 죽였다거나 하는 죄밖에 더 있겠습니까? 그런데 사람은 죄를 지음으로써 물과 땅과 하늘이 제 기능을 못하게 만들 수 있습니다.

물고기는 물의 지배를 받아야 하고 짐승은 땅의 보호를 받아야 합니다. 그런데 물이 물고기를 지켜 주지 못하고 땅이 짐승들을 지켜 주지 못할 때가 있습니다. 그때가 언제입니까? 우리 인간들이 죄를 지을 때입니다. 창세기를 보면 인간이 죄를 짓자 땅이 현저하게 그 능력을 잃어버리는 것을 볼 수 있습니다. 본래 땅은 굉장히 힘이 있습니다. 그래서 정상적인 땅에 씨를 뿌리면 백 배, 천 배를 수확하게 되어 있습니다. 그러나 인간이 죄를 짓고 나서는 불필요한 잡초들이 많이 나오게 되었고 씨를 뿌려도 농사가 잘되지 않는 현상이 나타났습니다.

죄의 영향력이 실제로 나타난 것이 언제입니까? 노아 홍수 때입니다. 노아 홍수 때 노아의 네모난 배 안에 들어가지 않은 들짐승이나 가축과 새들은 다 죽었습니다. 하나님께서는 인간이 죄를 지을 때 하늘과 땅과 물로부터 동물을 지켜 주고 보호해 주는 능력을 빼앗아 가십니다. 다시 말해서 인간의 죄가 이 땅과 하늘과 바다에서 자신의 이웃을 몰아내는 것입니다.

이것은 인간의 책임입니다. 이 세상에 있는 많은 물고기나 땅의 짐승들로 하여금 아름다운 삶을 살게 할 수 있는 방법은 인간이 하나님의 말씀에 따라서 자신의 정욕을 억제하는 것밖에 없습니다. 우리가 하나님의 말씀에 순종할 때 바다나 땅이나 하늘도 그 말씀에 순종하여 이 수많은 이웃들이 편안하게 살 수 있습니다. 우리가 말씀에 불순종하면 어떻게 됩니까? 바다가 가만히 있지 않습니다. 하늘도 가만히 있지 않습니다. 땅도 황폐하게 되어 우리들의 이 아름다운 이웃들이 다 없어지고 맙니다. 그러면 얼마나 썰렁해지겠습니까? 오직 눈에 보이는 것이 자기 자신밖에 없다면 사람은 고독해서 미쳐 죽을 것입니다.

하나님께서 모든 동물들을 말씀으로 창조하신 것은, 하나님의 말씀이 얼마나 중요하며 그 말씀에 얼마나 큰 능력이 있는지를 이스라엘 백성들로 하여금 깨닫게 하기 위한 것입니다. 특히 그들은 목축을 하는 사람들입니다. 그들에게 중요한 것은 가축들이 낙태하지 않고 새끼를 잘 낳는 것이며, 맹수들의 공격으로부터 안

전하게 보호받는 것입니다. 하나님은 그것이 모두 하나님의 말씀에 달려 있다는 것을 가르쳐 주십니다. 짐승을 숭배하고 섬긴다고 해서 그 짐승들이 그들을 지켜 주거나 복을 주는 것이 아니라는 뜻입니다. 하나님은 하나님의 말씀을 지키는 것이 곧 양 떼와 소 떼를 돌보는 것이며 짐승들이 평안한 삶을 살게 만드는 길이라고 말씀하십니다.

우리에게는 수많은 이웃이 있습니다. 이 이웃들을 보면 우리 자신의 문제에 빠질 수가 없습니다. 악어를 보십시오. 얼마나 못생겼습니까? 다리는 짧지요, 얼굴은 우툴두툴하지요, 또 입은 왜 그렇게 큽니까? 그런데도 열등감에 빠졌다는 악어는 한 마리도 없습니다. 또 하마를 보십시오. 얼마나 미련해 보입니까? 그래도 몸무게가 너무 많이 나간다고 다이어트를 심하게 하거나 열등감에 빠지는 하마는 없습니다. 무거우면 무거울수록 당당하지요. 기린은 목이 길다고 해서 "나는 왜 이렇게 목이 길지" 하고 불평하지 않습니다. 유독 인간만 말이 많아요. 목이 좀 길면 길다고, 다리가 좀 짧으면 '숏다리'라고, 엉덩이가 좀 크면 크다고, 얼굴이 좀 우툴두툴 하면 "이것도 피부냐?" 하면서 불평합니다.

이런 열등감을 고치려면 동물들을 가까이 하는 것이 좋습니다. 동물을 키우면 우울증에 걸릴 시간이 없습니다. 동물들을 다 몰아내고 빈 방에 혼자 앉아서 십 년 전에 실수했던 것이나 어제 누가 한 마디 한 것을 생각하고 또 생각하니까 정신병에 걸리는 것입니다. 집에서 가축을 키우면 그렇게 앉아 있을 시간이 없습니다. 밥 줄 때가 되었는데도 먹이를 주지 않으면 시끄러워서 견딜 수가 없습니다. 동물들이 밥 달라고 반란을 일으킵니다. 시끄러워서라도 밥을 주지 않을 수 없지요.

하나님이 만든 자연에는 썰렁한 구석이 없습니다. 자연은 잠시도 가만히 있지 않습니다. 모든 것이 살아 있고 약동하고 있습니다. 하나님께서 이 많은 생물들을 만드신 데에는 이 지구에 나 혼자만 살고 있다는 생각을 버리라는 뜻이 담겨 있습니다. 우리는 수많은 이웃과 함께 살도록 만들어졌습니다. 자기만 생각하고 자기 문제에만 빠지는 것이 죄입니다. 특히 오늘날 우리는 도시화 현상 때문에 이웃을 다 잃고 말았습니다. 옆집에 사는 사람도 이웃이 아닙니다. 우리는 진정한 이웃이 없는 아주 살벌하고 썰렁한 세상에서 살고 있습니다. 이웃을 되찾아야 합니다. 일단 교회에서부터 이웃을 찾아야 합니다. 교회에서 다른 사람을 사귀고 이웃을 위해서 자신의 욕망을 자제하는 법을 배워야 합니다. 그래야 인간이 될 수 있습니다. 이웃 하나 없이 문이라는 문은 다 잠가 놓고, 밤 12시에 들어와서 밥 먹고 새벽에 나가고, 자기가 주차할 자리에 누가 차라도 대놓으면 연탄재 올려놓고 멱살 잡고 싸우고……. 이런 사람은 인간이 아닙니다. 짐승도 못 됩니다. 이런 사람은 하루 빨리 이웃을 되찾아야 합니다.

하나님께서 바다와 땅에 "생물들을 살게 하라"고 명령하셨지만, 실제로 그것은 우리들에게 하신 말씀입니다. 왜냐하면 바다나 땅이나 하늘은 하나님의 말씀에 따라 움직일 뿐이기 때문입니다. 우리가 하나님의 말씀에 순종하면 우리의 이웃들은 잘 지낼 수 있습니다. 그러나 우리가 하나님의 말씀을 거역하고 자기를 최고의 위치에 놓고 교만하게 살면 이 이웃들이 절대로 가만히 있지 않습니다. 하늘은 더 이상 잠잠하지 않을 것이며 바다도 힘들게 정화 노력을 하지 않을 것이고 땅은 황폐해짐으로써 우리는 이웃이 전혀 없는 썰렁하고 삭막한 곳에서 살게 될 것입니다. 바로 거기가 하나님의 심판의 장소입니다. 하나님의 은혜가 있는 곳은 결코 그렇게 썰렁하지 않습니다. 그래서 교회는 썰렁하면 안 됩니다. 가정은 썰렁하면 안 됩니다. 언제나 웃음이 있고 무언가 활동하는 것이 있어야 합니다.

우리는 이웃을 되찾아야 합니다. 그렇다고 해서 지금 바로 야생 동물을 사육하자는 말이 아닙니다. 나 혼자 행복하면 된다는 생각을 버리자는 것입니다. 우리 모두는 행복할 권한이 있으며 그렇게 하기 위해서는 다른 사람의 삶도 소중하게 생각할 줄 알아야 합니다. 교만한 사람은 자기만의 행복을 위해 다른 사람의 행복을 빼앗습니다. 이런 일은 절대로 용납하면 안 됩니다. 하나님이 만드신 많은 생물은 우리의 이웃으로서 모두 행복할 권한이 있다는 생각을 가지고 있어야 합니다.

저는 성경을 읽으면서 노아의 방주에서 큰 은혜를 받았습니다. 무엇보다 노아의 방주가 비좁다는 것에 은혜를 받았습니다. 그걸 보면서 "우리 교회는 더 비좁아도 되겠구나" 생각했습니다. 또 노아의 방주를 생각해 보니까 노아 부인이 보기에 코끼리가 너무나 미울 것 같아요. 방주 안에 있는 모든 짐승에게 먹을 것을 주어야 하는데 코끼리가 얼마나 많이 퍼먹었겠습니까? 자꾸만 먹겠다고 코로 치마를 막 잡아당길 때 "이놈의 코끼리, 죽어 버리지 왜 살아가지고 이렇게 애를 먹이냐?" 했을지도 모릅니다. 그런데 이 여덟 식구가 한 것이 무엇인가 하면 물 위에 떠 있는 동안 끊임없이 이 동물 이웃들을 퍼 먹이는 일이었습니다. 미우나 고우나 무조건 퍼 먹이는 거예요.

그걸 보면 우리의 삶이 얼마나 이기적이고 신경질적인지 알 수 있습니다. 누가 좀 건드리기라도 하면 확 신경질을 내고, 집에서 텔레비전 채널을 옮기기라도 하면 '간 큰 남자'라고 하면서 죽을래 살래 하는 걸 보면 '야, 이건 정신병 천국이구나' 하는 생각이 듭니다. 우리는 빨리 이웃을 되찾아야 하며 좀 비좁게 살아야 하고 기회가 되는 대로 남을 퍼 먹여야 합니다.

모든 생물을 그 종류대로

하나님께서 주신 둘째 명령은 모든 생물에게 자기의 종(種)

을 지키라고 하신 것입니다. 그래서 "그 종류대로"라는 말이 계속 나오고 있습니다. 물에서 번성하여 움직이는 생물들도 그 종류대로 살아야 하고, 날개 있는 새도 그 종류대로 살아야 하고, 땅에 있는 육축이나 기는 것이나 짐승도 전부 그 종류대로 종족을 보존해야 합니다.

하나님께서는 수만 가지 생물들을 만드셨습니다. 새의 종류도 수만 가지이고 물고기의 종류도 수만 가지입니다. 그리고 땅에 있는 짐승들의 종류도 수만 가지입니다. 하나님께서는 이 수많은 생물의 종류마다 자기 종의 한계를 벗어나지 못하게 하셨습니다. 여기에는 두 가지 의미가 있습니다. 하나는 아무리 역사가 흘러도 이 짐승들끼리 섞이면 안 된다는 것입니다. 만약 짐승들이 자기의 특성을 잃어버린다면, 역사가 흐른 후에 남는 것은 코끼리처럼 코가 크고 기린처럼 목이 길고 하마처럼 엉덩이가 큰, 즉 모든 것이 강한 쪽으로만 발달한 괴물일 것입니다.

하나님께서는 처음부터 모든 것을 아주 아기자기하게 만드셨습니다. 그러고 나서는 이것들이 끔찍한 괴물로 바뀌지 못하도록, 각자의 아름다운 특색이 보존됨으로써 나중에 하나로 뭉뚱그려진 괴물만 남는 세상이 되지 않도록 하셨습니다. 가끔 다리가 다섯 개 달린 송아지가 나옵니다. 그러나 이상한 것들은 전부 환경에 적응하지 못하고 살아남지 못합니다. 워낙 환경이 거칠기 때문에 하나님께서 만들어 놓으신 모습으로만 살아남게 되어 있습니다. 그 모습 그대로가 가장 안전하며 가장 강한 생존력을 지닙니다. 변종은 살아남지 못합니다.

그뿐만 아니라 하나님께서 종의 유지를 명령하신 것에는 우리가 생각하기에 아무리 보잘것없고 약한 동물이라고 하더라도 모두 이 세상에서 생존할 권리가 있다는 뜻이 담겨 있습니다. 하나님께서 종족 보존의 명령을 내리지 않으셨다면 이 세상에는 강한 동물만 남을 것입니다. 하늘에는 독수리, 땅에는 사자, 물속에는 상어

만 남을 것입니다. 그러나 하나님께서 종족 보존의 명령을 내리셨기 때문에 아무리 약한 생물이라 하더라도 이 세상에서 살 권리가 있고 살 능력이 있는 것입니다.

이 세상은 강한 동물의 것이 아닙니다. 하나님의 것입니다. 그래서 강한 자가 약한 자를 이 땅에서 몰아낼 권리가 없으며 약한 자도 살 권리가 있습니다. 때때로 직장을 잃거나 이 세상에서 약자의 위치에 서게 될 때 '나는 이 세상에서 살아갈 자격이나 권리가 없구나' 하는 절망에 빠질 때가 있습니다. 그럴 때는 반드시 자연으로 가야 합니다. 그러면 거기에서 아주 약한 동물들도 분명히 생존해 있는 것을 보게 될 것입니다. 어느 누구도 그들을 이 땅에서 쫓아낼 권리가 없습니다. 피라미라고 해서 "물속에서 다 나가"라고 말할 권리를 가진 것은 아무것도 없습니다. 피라미에게는 피라미의 권리가 있는 것입니다.

주님은 제자들에게 "공중에 나는 새를 보라"고 명령하셨습니다. 이것은 주님의 명령입니다. 공중 나는 새를 보라고 하면 봐야 합니다. 왜 새를 안 보고 다닙니까? 우리는 명령에 순종해야 됩니다. 새를 보는데 언제 보라고 하셨습니까? 직장을 잃었을 때, 먹을 것이 없고 살 길이 막연할 때, 염려와 근심이 내 마음을 짓누를 때입니다. 공중에 나는 새를 보라고 하시면 정말 보십시오!

저는 이 말씀에 순종했습니다. 수년 동안 정해 놓은 수입 없이 청소년 전도와 가정 교회 목회를 했던 적이 있었는데, 먹을 것이 없었습니다. 그런데 먹을 것이 없는 것보다 더 힘든 것은 바로 자격지심이었습니다. 그래서 굉장한 좌절감에 시달렸고, 힘들었습니다. 그때 한강에 갔습니다. 꼭 죽으려고 나간 것은 아니지만 그다지 살고 싶은 기분도 아니었습니다. 그런데 한강에서 수천 마리의 오리를 보았습니다. 그때 제 귀에 들리는 소리가 있었습니다. "물 위에 떠 있는 오리를 보라!" 너무나 생생한 하나님의 말씀이었습니다. 그때 저는 새를 먹이시는 하나님의 손길을 보았습니다. 오리들이 너무 배가 불러서 못 날더라고요. 물고기를 얼마나 잡아먹었던지 한 번 떠오르려면 몇 번씩이나 퍼덕여야 했습니다. 제가 그걸 보면서 "야! 하나님은 정말 하나님이시구나!" 했습니다. 아무리 약한 오리라도 배가 터지게 먹을 권리가 있는 것입니다.

하나님은 강한 자가 이 세상의 모든 것을 차지하게 하지 않으셨습니다. 아무리 약한 자라도 하나님 앞에서는 귀한 존재이며 하나님 앞에서 살 권리가 있습니다. 못 생긴 사람도 살 권리가 있고 공부를 못하는 학생들도 아름다운 삶을 살 자격이 있습니다. 공부 못한다고 좌절하면 안 됩니다. 중간고사 성적이 떨어졌을 때 새를 보아야 합니다. 새를 보기 힘들면 개미라도 보아야 합니다. 그러면 절대로 자기의 가치를 성적이나 외모와 바꾸지 않습니다. 키 작은 사람도 살 권리가 있습니다. 직장이 없는 사람도 살 권리가 있어요. 절대로 두려워할 필요가 없습니다. 하나님을 믿으십시오.

사람들 관계에서는 자꾸 강한 쪽이 약한 쪽을 넘겨다봅니다. 강한 나라는 약한 나라를 합병하려고 하고 큰 기업은 작은 기업을 인수하려고 합니다. 그러나 '작은 것이 아름답다'는 말이 있지 않습니까? 이것은 큰 것이라고 해서 반드시 좋은 것이 아니며 작은 것도 얼마든지 생존할 가치가 있고 오히려 더 소중하다는 뜻입니다. 건강이 약한 자매도 행복하게 오래오래 살 권리가 있습니다. 못 생긴 사람을 자꾸 무시하면 안 돼요. 이것은 하나님의 법칙을 위반하는 행위입니다.

하나님이 지키십니다. 절대로 염려하지 마십시오. 하나님이 지키십니다. 절대로 망하지 않습니다. 하나님은 종족 보존의 원리를 통하여 이것을 보여 주셨습니다.

동물들이 주는 교훈

이제 동물을 창조하신 일의 영적인 의미를 생각해 볼 필요가 있습니다. 하나님께서 동물을 창조하시면서 주신 영적 교훈은 두 가지입니다.

하나는 하나님께서 만드신 모든 것들을 보셨을 때 "보시기에 좋았더라"는 것입니다. 바다에 있는 물고기도, 하늘을 나는 새도, 땅에 있는 모든 짐승도 처음 창조되었을 때에는 하나님 보시기에 다 좋았습니다.

그러나 출애굽한 이스라엘 백성들은 레위기에서 새로운 사실을 배우고 있습니다. 그것은 이 세상에 있는 모든 동물들이 다 깨끗한 것은 아니라는 것입니다. 정결한 짐승이 있고 부정한 짐승이 있습니다. 창세기는 분명히 하나님이 만드신 모든 것이 보시기에 좋았다고 말하지만, 이스라엘 백성들은 율법을 통해서 짐승들 중에도 정결한 것이 있고 부정한 것이 있으며, 악한 것이 있고 선한 것이 있다는 것을 배웠습니다. 공중의 새 중에도 정결한 새가 있고 부정한 새가 있습니다. 바다에 있는 물고기 중에도 깨끗한 것이 있고 부정한 것이 있습니다. 땅에 있는 짐승 중에도 정결한 것이 있고 부정한 것이 있습니다.

이러한 구분은 노아 홍수 때부터 나타납니다. 하나님께서는 노아에게 깨끗하고 정결한 동물은 일곱 쌍씩 방주에 태우게 하시고, 부정하고 정결하지 못한 동물들은 두 쌍씩만 태우게 하십니다. 정결한 것은 하나님께서 바치는 제물로 여분을 두어서 배에 태운 거지요.

이것이 모세의 율법에 와서는 제사 문제뿐 아니라 먹는 문제로까지 확대됩니다. 이스라엘 백성들에게는 먹을 수 있는 것과 먹을 수 없는 것이 분명히 구별되어 있었습니다. 아무거나 먹지 못했어요. 주로 육식은 할 수 없었습니다. 새들 중에서도 육식은 부정한 것이어서 독수리나 따오기나 부엉이나 갈매기는 먹을 수 없었습니다. 바다의 물고기 중에서도 비늘이 있고 지느러미가 있는 것은 먹을 수 있었지만 비늘이나 지느러미가 없는 성게나 해삼, 멍게 같은 것은 부정한 것이기 때문에 먹지 못했습니다. 조개류도 마찬가지입니다. 짐승들 중에서는 되새김질을 하고 발굽이 갈라진 것은 먹을 수 있었지만 그렇지 않은 것은 먹을 수 없었습니다. 돼지는 발굽이 갈라졌지만 되새김질을 하지 않기 때문에 부정한 짐승입니다. 사실 동물 중에서 맛이 있는 것은 주로 초식성입니다. 새나 들짐승이나 물고기나 육식성은 고기가 질기고 맛이 없습니다. 예를 들어 상어 고기는 대단히 질깁니다.

처음에 하나님께서 창조하셨을 때에는 모든 것이 아름답고 하나님 보시기에 선했습니다. 즉 생물 자체는 선하거나 악하게 창조되지 않았다는 뜻입니다. 심지어는 뱀도 선하게 창조되었습니다. 그러나 죄가 들어오자 동물들도 악해졌습니다. 뱀은 독을 가지게 되었습니다. 짐승이 짐승을 잡아먹습니다. 물고기가 물고기를 잡아먹습니다. 그래서 하나님께서는 이스라엘 백성들에게 먹는 것을 통하여 죄가 무엇인지 가르쳐 주시기 위하여, 주로 육식성 동물이거나 육식성은 아니라 하더라도 그 특성 자체가 사납고 더러운 동물은 먹지 못하게 하심으로써 모든 것이 다 선한 것은 아니라는 사실을 가르쳐 주셨습니다.

사실 죄는 사람들의 마음속에 있습니다. 죄는 눈에 보이지 않습니다. 나타나는 행동은 보이지 않는 생각을 행동에 옮기는 것입니다. 사실은 생각이 더 죄스럽습니다. 하나님께서는 먼저 먹는 것을 통하여 이스라엘 백성들에게 죄라는 개념을 가르쳐 주십니다. 왜냐하면 사람들이 너무나도 죄를 모르고 있었기 때문입니다. 그래서 짐승이라고 하더라도 다른 짐승을 해치고 잡아먹으면 죄가 되는 것처럼 사람들도 마음속으로 남을 해치고 자기의 유익을 챙기면 죄라는 것, 또 짐승이라도 그런 종류는 먹지 않는 것이 옳다는 것을 가르쳐 주신 것입니다. 하나님께서는 이스라엘 백성들이 죄와 철저히 구별되기를 원하셨습니다.

신약 시대에 와서는 '부정한 짐승'의 개념이 없어졌습니다. 사도행전에 보면 하늘에서 부정한 짐승을 싼 보자기가 내려오고 그것을 "잡아먹으라"는 명령이 세 번 들리는데, 베드로는 그것을 거부했습니다. 그 후 하나님은 베드로를 이방인인 고넬료에게 보내서 전도하게 하셨습니다. 베드로는 자신이 말씀을 증거할 때 성령이 역사하시는 것을 보면서 '이방인은 이제 더 이상 부정한 짐승이 아니구나. 하나님께서 깨끗하게 하셨구나. 하나님께서 깨끗하게 하신 것을 내가 부정하다고 할 수 없구나' 하는 것을 알았습니다. 이렇게 사도행전은 부정한 음식과 부정한 동물은 하나님의 말씀이 임하지 않은 사람, 성령이 없는 사람을 의미한다는 것을 보여 주고 있습니다. 그러므로 이제는 부정한 짐승들을 먹게 함으로써 누구에게나 구원의 문이 열렸고 누구나 구하는 자에게 성령을 주신다는 것을 보여 줍니다.

그러므로 우리는 성령을 구해야 합니다. 오늘도 예배를 드리면서 "주님의 성령이여, 이곳에 임하소서" 하고 기도해야 합니다. 주님의 성령이 계속 우리에게 오셔서 우리의 마음을 정결케 하시고 바꾸시게 해야 합니다. 왜냐하면 이제는 부정한 짐승이 없기 때문입니다. 그 사실은 누구든지 예수 그리스도를 믿고 성령을 구하기만 하면 완전히 변하여 새 사람이 된다는 것을 보여 줍니다.

그러나 지금도 그리스도인들이 혐오식품을 좋아하면 안 됩니다. 이제는 좋고 나쁜 음식이 없지만 너무 자기의 건강을 염려한 나머지, 또 너무 정욕을 채우려고 한 나머지 모든 사람이 혐오하는 노루피, 지렁이탕 같은 것을 먹는 것은 덕이 되지 않지요. 뱀이나 짐승의 피를 먹는 것은 사실 몸에도 좋지 않고 정신적으로도 좋지 않습니다.

오늘날 우리에게 중요한 것은 정신적인 의미에서 정결한 것과 부정한 것을 구별하는 일입니다. 음식은 아무것이나 먹어도 됩니다. 이제는 먹는 것을 가지고 죄라고 말하지 않습니다. 사도 바울은 고린도전서와 로마서에서 우상에게 바친 고기의 문제를 꺼내면서 음식 자체는 죄가 아니라는 아주 획기적인 결론을 내리고 있습니다. 그러나 우리의 정신은 그렇지 않습니다. 생각해야 할 것과 생각하지 말아야 할 것이 있습니다. 보아야 할 것이 있고, 보지 말아야 할 것이 있습니다. 생각하지 말아야 할 것을 생각하고 보지 말아야 할 것을 보는 것은 구약 시대에 부정한 음식을 먹는 것보다 훨씬 더 악한 영향을 끼쳐서 우리의 인격 전체를 더럽고 악하게 만듭니다. 그러므로 이제는 음식을 가지고는 죄다 아니다 하지 않더라도 우리의 정신은 지켜야 합니다. 아무 생각이나 하면 안 됩니다. 멍청하게 앉아서 온갖 잡념, 온갖 더러운 생각, 악한 생각을 하는 그것이 사람 전체를 더럽힙니다.

처음에 모든 것을 선하게 만드셨고, 택한 백성과 성령이 없는 백성을 구분하기 위해 일시적으로 먹을 수 있는 것과 없는 것을 구별하셨던 하나님은 이제 그 구별을 없애셨지만, 우리는 적어도 생각하는 것에서는 바른 생각과 바르지 못한 생각을 분명히 구분해야 합니다. 우리는 예배 시간에 내 생각이 흐트러지지 않게 해야 합니다. 하나님께서 예배를 통해 받고자 하시는 것은 내 몸뚱이가 아니라 내 마음과 정신입니다. 그러므로 어떻게 하든지 내 정신을 모아서 하나님 가운데 있게 하고 기도 가운데 있게 해야 하며, 설교를 들을 때에도 마음을 모아 하나님께 바치도록 온갖 노력을 기울여야 하는 것입니다.

둘째로 생각할 것은 물고기와 짐승과 하늘을 나는 새의 유추를 통하여 사도 바울이 우리의 부활할 몸에 대한 교훈을 끌어내고 있다는 점입니다. 고린도전서 15장 39-40절을 보십시오.

육체는 다 같은 육체가 아니니 하나는 사람의 육체요 하나는 짐승의

육체요 하나는 새의 육체요 하나는 물고기의 육체라 하늘에 속한 형
체도 있고 땅에 속한 형체도 있으나 하늘에 속한 자의 영광이 따로 있
고 땅에 속한 자의 영광이 따로 있으니

분명히 몸은 몸이지만 물고기의 몸과 짐승의 몸과 새의 몸
은 분명히 다릅니다. 재질부터 다릅니다. 물고기는 물속에서 살 수
있도록 지느러미와 아가미가 있습니다. 물 밖에서는 살 수 없습니
다. 짐승들은 추위에 견디도록 털이 온몸을 덮고 있습니다. 그리고
몸이 무겁습니다. 거기에 비해서 새들은 몸이 가볍고 온몸이 깃털
로 덮여 있으며 날개가 있습니다. 진화론자들이 동물의 진화를 생
각하지 않을 수 없을 정도로 모든 것이 규칙적으로 되어 있습니다.
그러나 진화론자들을 당황하게 하는 것은 그 하나하나의 간격이 너
무나도 크다는 것입니다. 물고기가 새가 되었다고 하기에는 재질부
터가 너무나 다릅니다. 짐승들이 물 안에 들어가서 물고기가 되었
다고 말하기에는 재질부터가 너무나 다릅니다.

사도 바울이 이 서로 다른 몸의 유추를 통하여 우리에게 말
하려고 하는 것이 무엇입니까? 물고기와 짐승과 새의 몸이 완전히
다른 것처럼 우리가 부활할 때 입을 몸도 지금의 몸과 완전히 다르
다는 것입니다. 지금 우리 몸도 아름답습니다. 그러나 부활했을 때
의 몸은 지금과 그 재질 자체가 완전히 다릅니다. 벌써 느낌이 다릅
니다. 너무너무 영광스러워질 것입니다. 지금 우리는 늙어 가지 않
습니까? "같이 늙어 가는 처지에……"라는 말은 우리가 다 같은 재
질로 만들어졌다는 생각을 담고 있습니다. 우리는 조금 무리하면
병들고 누가 때리면 아픈 몸을 가지고 있습니다. 또 우리의 몸은 장
소의 구애를 받습니다. 그러나 천국에 가면 우리 몸의 재질이 달
라집니다. 불구자가 없습니다. 그리고 남녀의 성관계가 필요 없습
니다. 그래서 어떤 청소년들은 실망해서 천국에 안 가겠다고 합니
다. "남자도 없고 여자도 없다니! 내가 무엇 때문에 교회에 오는데

……." 그러나 성관계가 없어도 남녀 이상의 사랑을 느끼고 더 친밀한 애정을 느낍니다.

어떤 사람은 천사와 같이 될 것이라고 하지만 천사와는 다릅니다. 천사는 몸이 없지만 우리는 분명히 몸이 있을 것입니다. 그때에도 우리는 먹을 수 있습니다. 부활하신 주님께서 생선을 잡수셨듯이 우리도 먹습니다. 또 감정으로 사랑을 느낄 것입니다. 무엇을 만질 수도 있습니다. 그러나 지금과 다른 몸입니다. 아주 자유롭습니다. 아픈 곳이 없습니다. 강합니다. 그러므로 천국에는 피로회복제가 필요 없습니다. 늙어 가는 것, 머리털이 빠지는 것, 소화불량, 장염, 이런 것들이 있을 수가 없습니다. 아주 강하고 온전하며 장소에 구애받지 않는 몸입니다. 재질이 다른 몸입니다.

그 몸이 너무 아름다워서 우리 자신도 놀랄 것입니다. 자기 모습을 보면서 "이게 정말 나야?" 할 거예요. 그래서 지금 이 몸을 가지고 '미스코리아 선발대회' 같은 데 나가면 안 됩니다. 지금 이 몸은 변화된 몸 앞에 놓고 보면 누더기 같고 추한 쓰레기와 같기 때문입니다. 여러분, 성형수술 같은 것 너무 하지 마세요. 웬만하면 그대로 사십시오. 그때 변화될 것을 생각하고 만족하면서, 감사하면서 사십시오. 우리는 완전히 변화될 것입니다. 완전히 다른 재질로 변화될 것입니다. 영광스러워질 것입니다. 몸에서 빛이 날 것입니다.

하나님께서는 많은 새와 짐승과 물고기를 개성 있게 만드셨습니다. 동물을 보면 너무 재미있지 않습니까? 그것은 하나님 자신이 그렇게 재미있고 흥미 있는 분이라는 것을 보여 줍니다. 아이들이 고양이나 개와 놀다가 발견하는 것이 무엇인지 아십니까? "하나님은 너무나 재미있는 분이시구나!", "하나님은 동화작가보다 더 재미있구나!" 하는 것입니다. 하나님은 상상력이 무궁무진하십니다. 다양하면서도 아름답고 독특한 동물들을 보면 그분의 상상력을 잘 알 수 있습니다. 하나님이 동물 하나하나를 얼마나 개성 있게 만드셨는지요!

사람도 개성이 있습니다. 성화된 후에도 다 다릅니다. 똑같이 성숙해도 어떤 사람은 기도를 좀더 잘하고 어떤 사람은 말씀을 더 깨닫는가 하면, 어떤 사람은 위로와 상담을 좀더 잘하고 어떤 사람은 밥하고 설거지하는 데 놀라운 은사가 있습니다. 사람은 서로 같지 않아요. 그래서 하나님은 이스라엘 백성을 열두 지파로 표현함으로써 지파 하나하나에 특징이 있으며, 우리가 완전히 성숙했다고 해서 개성이 없어지는 것이 아니라 고유한 아름다움을 유지한다는 것을 보여 주셨습니다. 그러므로 우리는 다른 사람의 은사를 부러워하거나 시기할 필요가 없습니다. 오늘날은 개성의 시대입니다. 그러나 성령의 은사에도 개성이 있습니다. 그것을 보면 정말 재미있습니다. 교회 안에서 이 다양한 보석들이 빛나는 것을 볼 때 교회가 정말 재미있고 좋은 곳이라는 생각이 듭니다.

여러분, 짐승들이 가진 삶에 대한 진지한 자세를 보십시오. 그들은 살기 위해서 달리고, 살기 위해서 이 나무에서 저 나무로 뛰어다닙니다. 그들이 번식하고 새끼를 지키는 것을 보십시오. 우리는 얼마나 진지하지 못합니까? 그저 농담 따먹기나 하면서 머리나 굴리며 쓸데없는 공상이나 하면서 지낼 때가 얼마나 많습니까? 그것은 죄입니다. 우리는 진지해야 합니다.

하나님은 아무리 작은 짐승들도 다 살게 하셨습니다. 하나님이 "공중 나는 새를 보라"고 하시면 보세요! 절대로 "나는 죽어야 해, 난 살 가치가 없어"라고 말하지 마십시오. 우리는 주위에 있는 수많은 이웃들을 보면서 자기중심적인 생각에서 벗어나야 합니다. 말씀대로 사는 것이 얼마나 중요한지 모릅니다. 말씀대로 사는 것이 곧 다른 이웃들을 지켜 주는 것이며 수많은 개성 있는 동물들을 지키는 길입니다.

정결한 동물과 부정한 동물이 있는 것을 보고 내 생각에도 악한 생각과 선한 생각이 있음을 기억하십시오. '이것은 주님이 주신 마음이다' 싶으면 계속 그 마음을 품으십시오. 그 마음으로 충만해지며 그 마음에 압도되십시오. 그 마음을 지키십시오. 그러나 '주님이 주신 마음이 아니다' 싶으면 그 마음을 빨리 버리십시오. 아무리 생각해도 이것은 마귀가 준 마음이고 악한 마음이고 다른 사람을 해치려는 마음일 때, 마치 부정한 음식을 먹을 때처럼 내 인격을 더럽히고 내 신앙을 갉아먹고 혼란스럽게 할 때는 빨리 그 마음을 잘라 버리십시오.

또한 우리의 몸은 완전히 새로운 재질로 변화될 것입니다. 병약한 형제자매가 있습니까? 몸 때문에 콤플렉스를 느끼는 분이 있습니까? 그 콤플렉스가 끝날 때가 있습니다. 완전한 영광 가운데 여기서 누리지 못했던 축복과 모든 자유를 맛볼 때가 올 것입니다. 물고기와 새와 짐승은 이것을 우리에게 말해 주고 있습니다.

6

하나님의 형상대로
창조된 인간

교향곡을 들으면 그 음악에 절정이 있다는 것을 알 수 있습니다. 작곡가나 연주자는 그 절정에서 자신의 온 힘과 정열을 다 쏟아서 가장 아름답고 위대한 음악을 만들어 냅니다.

하나님께서 온 천지를 창조하시는 데에도 절정이 있었습니다. 하나님의 온갖 지혜와 능력과 신성을 다 쏟아서 만들어 낸, 창조의 극치를 이루는 부분이 있었습니다. 그것은 바로 인간의 창조입니다. 우리 인간은 하나님의 창조의 극치요 절정입니다.

우리가 성경으로 돌아가야 할 이유가 여기에 있습니다. 성경 외에는 그 어느 곳에서도 인간의 가치를 이 정도로 소중하게 표현하고 있는 데가 없습니다. 우리 인간은 단순히 직장 생활을 성실하게 하고 공부나 열심히 하면 되는 존재가 아닙니다.

어느 왕자가 있었다고 합시다. 이 왕자는 자신의 신분을 잊어버렸습니다. 너무 어려서 왕궁을 떠났기 때문입니다. 그래서 자기가 누구인지 모르고 열심히 동네 아이들과 함께 어울려 놀면서 만족하고 있습니다. 딱지를 더 많이 딴 것으로 만족하며 오늘 나무를 더 많이 해온 것으로 만족하고 있습니다. 그러다가 나중에는 결혼해서 가정을 잘 꾸려 나가는 것으로 만족합니다. 그것은 결코 잘

하는 것이 아닙니다. 왕자는 그런 것으로 만족해서는 안 됩니다. 그는 자신의 신분을 되찾아야 합니다. 지금 정당하지 못한 자들이 나라를 지배하고 있고 많은 백성들이 어려움을 겪고 있는데 자신은 노는 일이나 나무하는 일에 만족하면서 지낸다면 그것은 절대로 바른 만족일 수 없습니다. 그것은 죄짓는 것과 같습니다.

전에 만난 어떤 분은 자신에게 전혀 문제가 없다고 했습니다. 직장 생활도 성실하게 하고 있고 가정에도 문제가 없으며 자식도 공부를 잘 하기 때문에 전혀 문제의식을 느끼지 못할 뿐 아니라 새로운 종교를 가질 필요를 못 느낀다는 것입니다.

그러나 성경은 그렇게 말씀하고 있지 않습니다. 우리 한 사람 한 사람은 하나님이 만드신 피조물 중에서도 극치요 절정입니다. 하나님께서 혼신의 힘과 능력과 지혜를 쏟아서 만드신 작품이 바로 우리입니다. 그러므로 우리는 하루하루 밥이나 먹고 돈이나 버는 데 만족하기에는 너무나도 아까운 사람들입니다. 우리는 원래의 존귀한 모습을 되찾아야만 합니다.

성경은 하나님께서 사람을 만드시는 데에서 특별한 점을 세 가지로 말씀하고 있습니다. 첫째는 다른 것을 만드실 때와 달리 하나님 안에 의논이 있었다는 것입니다. 인간을 창조하는 문제를 두고서 하나님 안에서 의논하시는 모습이 본문에 기록되어 있습니다. 하나님께서는 "우리의 형상을 따라 우리의 모양대로 사람을 만들자"고 하시면서 의논하셨습니다. 다른 것들을 만드실 때에는 이런 말씀 없이 그냥 만드셨는데 유독 사람들 만드실 때에만, 이들을 어떻게 만들며 어떤 지위를 줄 것인지를 특별히 의논하십니다.

둘째는 사람을 하나님의 형상에 따라 만드셨다는 것입니다. 하나님은 "우리의 형상을 따라 우리의 모양대로"라고 말씀하고 계십니다. 사람은 특별히 하나님의 모습대로, 하나님의 형상대로 창조되었습니다. 이것이 바로 창조의 절정이고 인간의 가치입니다. 이것은 하나님의 형상을 되찾아야 할 책임이 우리에게 있음을 알려

줍니다.

셋째는 하나님께서 사람으로 하여금 이 세상에 있는 모든 것을 다스리게 하신 것입니다. 그야말로 '모든 것'입니다. 하나님께서는 바다의 고기나 공중의 새나 땅에 있는 모든 육축이나 기는 것들을 사람이 다스리고 지배하게 하셨습니다. 이것이 바로 우리의 모습이요 우리의 지위입니다.

하나님의 의논

하나님께서 사람을 창조하실 때 가장 먼저 특이한 점은 우리 인간을 창조하는 문제를 두고 하나님 안에서 의논이 있었다는 사실입니다. 26절 말씀을 보십시오.

> 하나님이 가라사대 우리의 형상을 따라 우리의 모양대로 우리가 사람을 만들고 그로 바다의 고기와 공중의 새와 육축과 온 땅과 땅에 기는 모든 것을 다스리게 하자 하시고

하나님께서 '이러저러한 식으로 사람을 만들어서 이러저러한 일을 하게 하자'라고 하면서 의논을 하십니다. 도대체 누구와 의논하십니까? 여기에 대하여 많은 주장이 있었습니다. 어떤 사람은 하나님께서 천사와 의논하신 것이라고 합니다. 그러나 하나님께서는 사람을 창조하실 때 천사와 의논하지 않으셨습니다. 우리의 형상은 천사의 형상이 아닙니다. 천사들은 사람을 창조하는 일에 끼어들지도 못했습니다.

이것은 오직 성부와 성자와 성령, 삼위 하나님 안에서의 의논입니다. 사실 유대인들이 보기에 창세기 처음에 하나님이 '우리'라고 표현된 것보다 더 곤욕스러운 표현은 없었을 것입니다. 왜냐

하면 그들은 모세를 통하여 하나님은 오직 한 분이심을 귀가 따갑게 들어 왔기 때문입니다. 하나님은 오직 한 분이어야 합니다. 그런데 창세기 처음부터 하나님은 자신을 '우리'라고 부르고 계십니다. 이스라엘 백성의 놀라운 점은 설사 하나님의 말씀이 자기들이 알고 있는 것과 다르다 할지라도 감히 하나님의 말씀을 바꾸거나 수정하려고 하지 않았다는 것입니다. 창세기 처음에 나오는 '우리'라는 표현은 그들이 가지고 있는 하나님의 개념과 정면으로 충돌했습니다. 그러나 그들은 '우리'를 '나'로 바꾸지 않고, 더 밝은 진리의 빛이 비출 때까지 그대로 두었습니다.

요한복음에서 예수님께서 말씀하시는 것이 무엇입니까? 인간을 창조하기 전에 삼위 하나님의 의논이 있었다는 것입니다. 사람을 왜 창조하시며 그들이 죄를 지었을 때 누가 어떻게 책임질 것인지에 이르기까지 성 삼위 하나님 사이에 미리 의논이 있었던 것입니다.

하나님께서 인간을 창조하신 목적이 무엇입니까? 하나님의 영원한 영광 가운데 우리를 초청하여 영원히 함께 그 가운데 있게 하시기 위해서입니다. 단순히 밥이나 먹고 자식이나 키우고 직장 생활 잘하라고 우리 인간을 창조하신 것이 아니라 하나님의 거룩한 영광에 우리를 초청하여 그 영광을 맛보고 나누고 그 안에 거하도록 우리를 만드신 것입니다.

하나님은 삼위 하나님으로 충분하십니다. 천사나 다른 피조물이 하나도 없어도 하나님은 외롭지 않습니다. 아무것도 부족한 것이 없습니다. 그러나 하나님께서 모든 피조물들을 만드시고 특히 그 가운데서도 인간을 창조하신 이유는 하나님의 그 엄청난 영광의 교제에, 그 기쁨의 만남에 우리 인간을 동참시키시고 그 영광을 함께 나누기 위해서입니다.

하나님께서는 인간을 만들기 전에 인간이 범죄할 것을 아셨습니다. 그리고 인간의 죄에 대해서는 성자께서 책임지기로 약속하셨습니다. 그리고 하나님의 아들을 믿는 자는 누구든지 하나님께서 그 모든 죄를 용서하시고 성령을 주시기로 결정하셨습니다. 그 결정이 있었기 때문에 그리스도께서 이 세상에 오셔서 십자가 위에서 죽으신 것입니다.

그러나 오늘 본문에서는 거기까지 말씀하지 않으십니다. 오직 하나님께서 인간을 특별하게 창조하셨고 또 그들에게 특별한 지위를 주셨다는 것만 밝히고 있습니다. 사실 성경은 하늘의 모든 결정들을 우리 인간들에게 미주알고주알 밝히지 않습니다. 오직 필요한 부분만 말씀하십니다. 창세기는 하나님 사이에서 의논된 모든 것을 우리에게 전해주지 않습니다. 그러나 성경 전체로 미루어 볼 때 이 하나님의 의논이 단순히 우리를 어떻게 만들고 우리에게 어떤 지위를 주느냐 하는 것에 그치지 않고 우리의 범죄에 대한 책임과 궁극적으로 어떤 영광 가운데 우리를 초청해서 어떤 기쁨으로 교제할지에 대한 이야기까지 나아갔음을 알 수 있습니다.

그러므로 우리는 다른 사람을 생각할 때 그 사람에게 하나님의 크신 계획과 뜻이 있다는 것을 알아야 합니다. 그는 그냥 만들어진 것이 아닙니다. 하나님의 계획과 의논이 있은 후에 만들어진 존재입니다. 우연히 생긴 사람은 한 명도 없습니다. "그러면 시험관 아기는요?" 하고 묻는 사람이 있을지도 모르겠습니다. 시험관으로 태어났더라도 사람인 이상 그에게는 하나님의 특별한 계획과 뜻이 분명히 있습니다. 사람은 누구나 특별합니다. 어떤 사람에게든지 되찾아야 할 영광이 있고 이루어져야 할 하나님의 뜻이 있습니다.

하나님의 형상대로 창조된 인간

인간의 창조에서 가장 특별한 점은 사람이 하나님의 형상과 하나님의 모양에 따라 창조되었다는 사실입니다.

하나님이 가라사대 우리의 형상을 따라 우리의 모양대로 우리가 사람을 만들고(1:26).

하나님이 자기 형상 곧 하나님의 형상대로 사람을 창조하시되 남자와 여자를 창조하시고(1:27).

여기서 우리가 어렵게 느끼는 문제는 '하나님은 형상이 없다'는 것입니다. 만일 하나님께도 우리처럼 얼굴이 있고 몸이 있다면 문제될 것이 없습니다. 그러나 하나님은 영이시기 때문에 우리 같은 몸을 가지고 있지 않습니다. 그럼에도 불구하고 하나님의 형상에 따라 우리를 만들었다고 하니 어렵지 않을 수 없습니다.

하나님이 영이신데도 우리가 하나님의 형상과 모양대로 만들어졌다는 말에는 영이신 하나님과 몸을 가진 우리 사이에 특별하고도 깊은 유사성과 연관성이 있다는 의미가 담겨 있습니다. '형상'이 무엇입니까? 형상은 원래 본체와 아주 비슷하게 만든 어떤 것입니다. 형상은 본체가 아닙니다. 그러나 본체를 모방해서 거의 똑같이 만든 것입니다.

가장 대표적인 형상은 초상화입니다. 제가 지난주에 어떤 가정에 갔는데 그 집에 부부의 초상화가 있었습니다. 그런데 정말 똑같이 그렸더라고요. 특히 한국 사람은 초상화 그리기가 얼마나 힘듭니까? 얼굴 윤곽의 높낮이가 비슷비슷해서 동양 사람 그리기가 참 힘든 법인데 아주 잘 그려 놓았습니다. 그러나 아무리 똑같아도 초상화는 형상입니다. 원래의 모습을 보고 그대로 옮겨 그린 것입니다. 본인을 쏙 빼닮았지만 본인은 아닙니다.

옛날 로마 시대 때 사용하던 동전을 보면 왕의 얼굴이 새겨져 있습니다. 거기에 새겨진 것이 곧 황제의 형상입니다. 물론 그 동전의 그림 자체가 황제는 아닙니다. 그러나 그것은 황제를 닮은 그림입니다.

공원에 가면 위인의 동상을 볼 수 있습니다. 물론 동상 자체가 그 위인은 아닙니다. 그러나 그 동상은 아무렇게나 만든 것이 아닙니다. 본인의 얼굴이나 모습을 모델로 해서 아주 닮게 만든 것으로서, 모델이 된 사람을 생각나게 하고 그 사람의 업적이나 위대한 성품을 기억하게 합니다.

우리는 이런 유추에 따라 하나님의 형상을 찾아낼 수 있습니다. 하나님께서는 그렇게 유추해 보라는 뜻으로 '하나님의 형상' 이라는 말을 사용하고 계시기 때문입니다.

우선 첫째로 우리가 하나님의 형상을 따라 창조되었다고 하는 것은 하나님이 우리를 만드실 때 하나님을 모델로 해서, 즉 하나님을 원판으로 삼아서 우리를 찍어 내셨다는 것입니다. 왕의 초상화를 그리거나 왕의 흉상을 만들려면 왕이 모델이 되어 주어야 합니다. 지금 그리는 그림이나 흉상은 바로 왕 자신을 나타내기 때문입니다. 마찬가지로 우리가 하나님의 형상으로 만들어졌다는 것은 우리의 원판과 원형이 바로 하나님 자신이라는 뜻입니다.

우리 인간에게는 특별한 점들이 많습니다. 예를 들어서 인간에게는 아주 아름다운 도덕적인 성품들이 있습니다. 정의감이나 사랑의 원판은 바로 하나님입니다. 또한 인간은 언어를 사용합니다. 이 언어가 어디에서 나왔습니까? 바로 하나님에게서 나왔습니다. 하나님의 별명이 무엇인지 아십니까? 바로 '말씀하시는 하나님'입니다.

또 인간은 특별한 인간관계를 형성하며, 인간관계를 통하여 사람이 만들어집니다. 그래서 아이들이 혼자서 노는 것은 좋지 않습니다. 장난감만 잔뜩 사 주어서 혼자서 조립하고 부수고 울고 악쓰게 하는 것은 절대로 좋은 것이 아니에요. 그렇게 하면 사람이 안 됩니다. 옛날에는 한번 애를 낳았다 하면 6명, 7명, 넘치면 12명까지 낳으니까 그 사이에서 저절로 사람이 되어 버립니다. 장난감 하나 없이 흙 주워 먹고 풀잎 따먹고 놀아도 인간이 되는 것입니다.

형제들 사이에 군기가 있고 질서가 있거든요. 넷째나 다섯째가 성질을 부렸다 하면 그날 밤은 완전히 비상이 걸립니다. 형이 "엄마한테 맞아 죽더라도 이놈 버릇은 고쳐 놓는다" 하면서 엄마가 시장 갔을 때 완전히 손을 봅니다. 이렇게 사람이 사람을 만듭니다. 컴퓨터는 사람을 버려 놓습니다. 사람은 어울려야 만들어집니다. 혼자 벽 보면서 피아노만 치면 인간이 안 됩니다. 컴퓨터나 피아노가 나쁘다는 것이 아니라 혼자 벽 보고 있는 것이 안 좋다는 것입니다.

하나님 자신은 사회를 이루고 계십니다. 성부, 성자, 성령이라는 사회를 이루고 있기 때문에 하나님께서 하시는 모든 것은 사회성을 띠고 있습니다. 하나님이 가진 지식은 사회성을 가지고 있습니다. 기독교 신학은 절대로 도서관에서 만들어지지 않습니다. 다른 사람들을 가르치면서, 전도하면서, 아이들을 지도하면서 깨닫고 배우는 것이 성경적인 지식입니다. 성경에 있는 모든 진리는 교회에 선포된 것이며, 거룩은 혼자 되는 것이 아닙니다. 수도원에 혼자 가 있는 것이 거룩이 아니에요. 오히려 남을 도와주면 거룩해집니다. 남의 필요를 채워 주면 죄가 떨어져 나가게 되어 있어요. 마귀는 사람을 고립시킵니다. 모든 거룩함과 모든 지식은 사회성을 가지고 있습니다. 마귀는 사람을 고립시킵니다. 그러나 하나님의 성령은 사람을 모아 놓습니다.

사람의 외모는 어떻습니까? 하나님께서는 사람의 외모에도 하나님의 형상이 나타나게 하셨습니다. 지금 우리의 몸에는 영광이 없습니다. 그러나 최초의 사람들은 몸에도 영광이 있었습니다. 그 모습만 보아도 하나님이 생각날 정도로 아주 아름답고 빛났습니다. 이렇게 하나님의 영광으로 옷을 입었기 때문에 벌거벗었으면서도 부끄러운 줄 몰랐던 것입니다.

인간에게 하나님의 형상이 덧입혀졌던 것이 아닙니다. 원래는 다르게 만들어졌는데 나중에 영광을 색칠한 것이 아닙니다. 처음에 만들 때부터 하나님을 원형으로 삼아서 찍어 냈고, 하나님의 설계대로 만들었습니다. 그래서 타락한 이후에도 우리에게는 하나님의 형상이 남아 있는 것입니다. 타락하고 난 후에도 우리의 원형은 하나님 자신입니다.

우리 인간은 하나님을 만나기 전까지는 절대로 자기 자신을 알 수 없게 되어 있습니다. 왜냐하면 원형을 알지 못하면 그 정체를 알 수 없고 고장 난 부분을 고칠 수 없기 때문입니다. 우리는 하나님 앞에 가기 전까지는 절대로 우리 자신을 고칠 수 없습니다. 우리의 모델이 하나님이시고, 우리의 설계 도면을 하나님이 가지고 계시기 때문입니다.

우리는 고장이 나도 하나님의 형상입니다. 그래서 아무리 고장 난 사람이라도 하나님 앞에 데리고 가서 고치기만 하면 천사와 비교할 수 없을 정도로 뛰어난 존재가 됩니다. 그렇게 술 마시고 토하고 마누라 두들겨 패고 아기를 발로 차던 사람이 천사보다 더 뛰어나게 변해 버립니다. 이렇게 하나님의 공장에 데려가서 수리만 하면 천사가 못 따라옵니다. 그런데 어떻게 개나 돼지나 원숭이에 비교하겠습니까? 사람이 고장이 나니까 원숭이랑 맞먹게 해서 진화가 되었다느니 하는 소리가 나오는 겁니다. 원숭이가 병들면 수의사한테 가야 합니다. 그러나 사람은 수의사한테 데려가도 못 고쳐요. 하나님한테 데리고 가야지요.

저희 집 주위에는 가끔 "고장 난 텔레비나 전축!" 하면서 돌아다니는 사람이 있습니다. '참, 저런 걸 고쳐서 어디다 쓰나' 싶은데 고치기만 하면 어디에 싸게 팔 길이 있는 모양입니다. 그러나 여러분, 그것보다 더 수지맞는 일이 있습니다. 그것은 바로 고장 난 사람을 사서 고치는 것입니다. 요즘 고장 난 텔레비전은 보기 힘들지만 고장 난 사람은 찾기 쉽습니다. 주위에 있는 사람들이 전부 고장 나 있습니다. 그리고 이 일은 돈도 들지 않습니다. 그런데도 한번 수리하기만 하면 아주 달라집니다. 천사가 흠모할 정도로 뛰어난 존재가 되어서 나옵니다.

그래서 우리는 인간을 볼 때 다음과 같은 관점에서 보아야 합니다. 우선 인간은 참으로 하나님의 형상대로 만들어진 고귀한 존재라는 사실입니다. 그래서 사람은 살려야 합니다. 할 수 있는 한 살려야 합니다. 왜냐하면 하나님의 형상이 그 안에 있기 때문입니다. 사람이 살아 있는 한 그에게는 가능성이 있습니다. 우리는 어떤 사람에게도 "저 사람은 안 돼" 하면 안 됩니다. 아무리 무서운 죄에 빠져 있고 짐승 같은 짓을 하면서 살고 있다 하더라도 아직 죽지 않았으면 가능성이 있습니다. 고치면 됩니다. 고칠 수 있습니다. 그러나 고장 난 그대로 머물러 있으면 아무리 비싼 옷을 입었고 좋은 학위를 가졌어도, 아무리 전직 대통령이라고 해도 안 됩니다. 고치지 않으면 고철도 못 되고 쓰레기 같은 존재에 불과합니다.

둘째로 하나님의 형상을 닮은 사람은 하나님의 존재를 입증해 줍니다. 왕의 초상화가 있다는 것은 어디엔가 왕이 있다는 사실을 보여 주는 것입니다. 어느 집에 왕의 초상화가 걸려 있다면 실제로 그 집에 왕이 와 있는 것은 아니지만, 그 나라에 이런 왕이 있다는 사실을 알려 주는 것입니다. 이와 같이 하나님의 형상을 닮은 사람이 존재한다는 사실 자체가 하나님이 분명히 살아 계심을 보여 줍니다. 우리는 하나님의 사진이고 초상화이기 때문입니다. 하나님을 닮은 사람이 존재한다는 것은 이 세상이 주인 없는 무주공산이 아니라는 뜻입니다.

물에 있는 물고기나 공중의 새나 땅의 짐승, 사람, 이 모든 것이 전부가 아닙니다. 하나님께서는 이 사람들에게 하나님의 형상을 부여하셔서 하나님의 사진이 되게 하시고 하나님의 초상화가 되게 하셨습니다. 사람들이 하는 행동이나 하는 말을 보면 하나님이 어디엔가 살아 계시다는 것을 알 수 있습니다. 어떻게 실제적인 인물 없이 초상화가 생길 수 있겠습니까? 어떻게 본인 없이 그 사람의 동상이 만들어질 수 있겠습니까?

오늘도 하나님이 살아 계시다는 것을 가장 잘 보여 주는 사실이 무엇입니까? 하나님의 말씀대로 사는 사람이 있다는 것입니다. 그러므로 하나님의 성품대로 행하는 사람이 있는 것을 보면 그 사람의 뒤를 두려워해야 합니다. 자기 기질이나 정욕대로 살지 않고 하나님이 주신 온유한 성품대로 사는 사람을 무시하는 사람은 정말 어리석은 사람입니다. 왜냐하면 그 사람 뒤에 진짜 하나님이 계시기 때문입니다. 하나님이 안 계시다면 그렇게 겸손하고 온유한 사람이 존재할 수가 없습니다. 그 사람은 하나님의 사진이고 초상화입니다. 우리는 그런 사람을 볼 때 하나님을 두려워해야 합니다. 하나님이 눈에 보이지 않는다고 해서 제멋대로 살면 반드시 찾아오셔서 책망하십니다.

"너는 왜 네 멋대로 사느냐! 너, 내 사진한테 어떻게 했어?"

"그 사람 보니까 우습던데요, 뭘."

"네 눈에는 내가 그렇게 우습게 보이더냐!"

제일 미련한 사람은 겸손한 사람 앞에서 거만 떠는 사람입니다. 겸손한 사람은 하나님이 살아 계심을 보여 주는 사진입니다. 그 앞에서 교만을 떠는 것은 자기 스스로 멸망을 준비하는 것입니다.

믿는 사람이 몇 명이 있느냐가 중요한 것이 아닙니다. 단 한 명이라도 하나님을 닮고 하나님 말씀대로 행하는 사람이 돌아다니고 있으면, 하나님이 살아 계신 것입니다. 사진이 한 장이 있든지 백 장이 있든지 사진의 주인공은 존재합니다. 한 사람이 중요합니다. 단 한 사람만 있어도 하나님은 살아 계십니다!

셋째로 하나님의 형상을 닮은 사람은 하나님의 통치를 보여 줍니다. 왕의 사진이 걸려 있는 집은 자기 집이 바로 그 왕의 통치를 받고 있음을 보여 주는 것입니다. 우리가 집에 김일성 사진을 걸어 놓았다면 문제가 심각해집니다. 김일성의 초상화가 있다는 것은 그의 통치를 받고 있다는 뜻이기 때문입니다. 왕의 얼굴을 새긴 동전이 유통되고 있는 곳은 바로 그 왕이 다스리고 있는 영역입니다. 로마 시대에 로마 황제가 다스리는 곳에서는 모두 로마 황제의 얼굴이 새겨진 돈을 사용했습니다.

하나님의 모습을 닮은 사람이 아무도 없던 곳에 하나님의 모습을 닮은 사람이 한 명 입사하거나 이사 왔다고 합시다. 그러면 그곳에 하나님의 나라가 쳐들어온 것입니다. 여리고 성에 하나님을 섬기는 두 정탐꾼이 나타나자, 여리고 성은 발칵 뒤집혔습니다. 하나님의 나라가 쳐들어왔음을 알았기 때문입니다.

하나님의 모습을 닮은 사람은 하나님의 깃발입니다. 그가 가는 곳에 하나님의 나라가 임하고 하나님의 나라가 쳐들어갑니다. 하나님은 그 한 사람을 통하여 그곳을 점령해 나가실 것입니다. 어둠의 세계를 몰아내며 불필요한 두려움을 쫓아내고 정의를 세우실 것입니다. 한 사람만 있어도 어둠을 밝힐 수 있습니다.

여러분, 나 한 사람이 있는 곳에서 어둠과의 싸움이 시작됩니다. 거기에는 갈등이 있을 수가 없습니다. 엉터리 거짓말로 속일 수가 없습니다. 왜냐하면 그곳에 빛이 임했기 때문입니다. 그곳에는 확신과 기쁨이 찾아옵니다.

모든 것을 다스리라

하나님께서는 인간을 창조하신 후 이 세상에 있는 모든 것들을 다스리고 지배하는 특권을 주셨습니다.

> 하나님이 가라사대 우리의 형상을 따라 우리의 모양대로 우리가 사람을 만들고 그로 바다의 고기와 공중의 새와 육축과 온 땅과 땅에 기는 모든 것을 다스리게 하자 하시고(1:26).

오늘 우리는 '다스린다'는 말에 아주 좋지 않은 인상을 가지고 있습니다. '통치'라는 말 속에는 억압과 강제의 의미가 들어 있기 때문입니다. 그래서 어떤 사람들은 자연이 이토록 황폐하게 된 것이 바로 창세기의 이 명령 때문이라고 비난합니다. 바다의 고기와 공중의 새를 다스리라고 했기 때문에 고기라는 고기는 다 잡아 먹었고 공중의 새라는 새는 다 잡아서 멸종시켰다는 것입니다. 그러나 이것은 잘못된 의미의 다스림입니다.

'다스린다'고 할 때 우리는 두 가지 의미로 생각해야 합니다. 하나는 소극적인 의미의 다스림입니다. 이것은 역으로 생각하면 '지배를 받지 않는다'는 뜻입니다. 다시 말해서 환경이나 다른 어떤 영향에도 굴복하지 않는 것입니다. 우리는 이것을 예수님의 삶을 통해서 분명히 볼 수 있습니다. 예수님의 삶은 한마디로 그 어느 것에도 정복되지 않는 삶이었습니다. 성난 물결과 바람도 예수님을 굴복시키지 못했습니다. 가난도 예수님을 굴복시키지 못했습니다. 많은 사람들이 예수님을 등지고 떠났지만 예수님은 무릎 꿇지 않으셨습니다. 귀신들도 예수님께 굴복했고, 질병도 예수님 앞에 무릎을 꿇었습니다. 가난도, 외로움도, 궁핍도, 굶주림도 예수님을 굴복시킬 수 없었습니다. 심지어는 죽음의 공포마저도 예수님을 이길 수 없었습니다. 이것이 바로 다스리는 것입니다.

여러분, 하나님의 백성에게 '다스린다'는 것은 그 어떤 것에도 굴복당하지 않는 당당한 자존감을 의미합니다. 이것은 나쁜 의미의 자존심이 아닙니다. 나쁜 의미의 자존심은 어떤 것입니까? 없으면서도 있는 것처럼 하는 것, 가난한 사람이 부자처럼 행세하며 돈을 뿌리고 다니는 것입니다. 나쁜 자존심은 경비가 많이 듭니다. 다른 사람에게 업신여김을 받지 않으려고 죽자고 비싼 것을 먹습니다. 또 카드로 긁더라도 일단은 비싼 옷을 사고 봐야 합니다. 꿀리면 안 되니까요. 가난한 사람이 가난하게 사는 것이 뭐가 부끄럽습니까? 그런데 자존심 때문에 부자처럼 행세하려니까 결국 무리가 오는 것입니다.

성경에서 말하는 자존감은 그런 자존심이 아닙니다. 이것은

자신의 가치를 잘 알기 때문에 하나님의 말씀 외에는 그 어느 것에
도 무릎을 꿇거나 머리를 숙이지 않는 당당함을 말하는 것입니다.
그 어떤 것도 참된 하나님의 백성들을 굴복시킬 수 없습니다. 가난
도, 질병도, 외로움도, 사람들의 비난도 그를 굴복시킬 수 없습니다.
그러므로 모든 것을 다스리고 지배하라는 것은 이렇게 그 어떤 것
에도 지배당하지 말라는 뜻입니다.

하나님 외에는 그를 굴복시킬 수 없습니다. 오직 하나님만
이 그를 움직일 수 있습니다. 그는 어떤 일을 할 때, 그 일이 옳고 하
나님을 기쁘게 하기 때문에 합니다. 그것이 유일한 이유입니다. 하
나님의 백성은 어떤 것에도 무릎 꿇지 않습니다. 여러분, 외로움 때
문에 양심을 팔면 안 됩니다. 예수 그리스도를 굴복시킬 수 있었던
것은 하나도 없었습니다. 그는 40일을 굶주리면서도 마귀에게 부
탁하지 않으셨습니다. 외로웠지만 이겨 내셨습니다. 이것이 바로
모든 것을 다스리고 지배하는 것입니다.

둘째로는 적극적인 의미의 다스림입니다. 적극적인 의미에
서 다스린다는 것은 모든 것을 장악해서 바른 위치에 있게 하는 것
입니다. 자연계를 보면 모든 것들이 하나님의 뜻대로 움직이지 않
을 때가 있습니다. 예를 들어서 최초에는 짐승들끼리도 서로 해치
지 못하게 되어 있었습니다. 그럼에도 불구하고 짐승 중에 교만한
것이 있어서 약한 동물을 해치고 물어 죽일 때 "아이구, 사자는 너
무 무섭고 곰은 내 힘으로 처리가 안 되니까 가만히 있자"하는 것
이 아니라, 사자와 곰을 직접 찾아가서 "곰, 너 이리 나와 봐. 임마,
이빨은 풀 뜯어 먹으라고 준 거지 다른 동물 해치라고 준 줄 알아?"
하면서 곰을 잡아다가 구속하는 것이 다스리는 것입니다. 혼자 힘
으로 안 되면 특공대라도 조직해서 그 사나운 동물을 체포하여 다
시는 다른 동물들을 해치지 못하게 가두어야 합니다. 이것이 다스
리는 것입니다.

돼지는 새끼를 낳을 때 누군가가 돌보아 주어야 합니다. 그

렇지 않으면 미련해서 새끼를 깔아 죽이거나 잡아먹어 버립니다. 토끼는 더 그렇습니다. 분명히 많이 낳았는데 몇 마리가 없어요. 그럴 때 그렇게 하지 못하도록 잘 지켜 주는 것, 돼지는 돼지의 사명을 잘 감당하고 토끼는 토끼의 사명을 잘 감당하게 하는 것이 다스리는 것입니다.

또 강은 일정하게 흘러야 합니다. 강이 범람하면 많은 짐승들이 물에 빠져 죽을 것입니다. 그러면 강에 둑을 쌓든지 다른 방법을 강구해서 강이 범람하지 못하게 하는 것이 바로 '치수'(治水)입니다. 산불이 나면 불을 꺼서 생물들을 지키고 보호해 주어야 합니다. 그것이 다스리는 것입니다.

그런데 세상이 창조된 지 얼마 지나지 않았을 때 뱀이 말을 하면서 여자를 유혹합니다. 뱀은 짐승이기 때문에 말을 해서는 안 됩니다. 그리고 어떻게 감히 뱀이 하나님의 말씀을 가지고 여자에게 이러니저러니 할 수 있습니까? 뱀은 자신의 위치를 이탈해서 신들렸습니다. 뱀이 신들려서 떠드는 헛소리를 받아 준 것이 여자의 잘못입니다. 여자는 뱀을 야단쳐야 했습니다. 야단쳐도 안 되면 밟아 버려야 했습니다. 그렇게 했더라면 이 작은 하나님의 나라는 지켜졌을 것입니다.

예수님은 귀신 들린 사람이 이야기하는 것을 절대로 허락하지 않으셨습니다. 여러분, 귀신 들린 사람이 하는 말은 절대로 듣지 마십시오. 맞는 말이라 하더라도 듣지 마세요. 귀신에게 정보를 얻으려고 하는 사람은 미친 사람입니다. 그 정보가 설사 맞는다 해도 그 사람은 자신의 영혼을 판 것입니다. 절대로 접치지 마십시오. 왜 귀신 들린 사람이 이러쿵저러쿵 이야기하게 합니까? 새가 점을 치고 물방개가 점을 치는 경우도 있습니다. 그런 새나 물방개를 정의의 이름으로 심판하는 것이 바로 다스리는 것입니다.

어떻게 감히 뱀이 말을 합니까? 여자가 "혀가 두 개나 있다고 어디서 감히 쓸데없는 소리를 하고 있어!" 하면서 혀를 뽑아 버렸어야 하나님의 나라를 지키는 것인데, 그 말에서 무엇인가를 얻으려고 했기 때문에 하나님의 나라가 무참히 파괴된 것입니다.

우리는 주위에서 질서를 어기고 자신의 영역을 이탈하는 것들을 많이 보게 됩니다. 그것들은 분명히 나의 책임 아래 있는 것인데 교만하게 월권을 하고 있습니다. 그런 것은 그냥 두어서는 안 됩니다. 반드시 죄를 책망하고 지적해서 원상복구시켜야 합니다.

예를 들어서 자식이 자신의 위치를 이탈해서 하나님이 원하지 않는 삶을 살고 있다고 합시다. 그것은 내 책임입니다. 그러므로 그 잘못을 지적하기를 겁내면 안 됩니다. "내가 야단치면 이 자식이 기물을 부수고 외박할 텐데……" 하면서 두려워하지 마세요. 외박하려면 하라고 하세요. 나가라고 하세요. 부모는 "내 밑에 있는 동안에는 이건 안 돼! 내 눈에 흙이 들어가기 전에는 안 돼!" 하면서 자식을 굴복시켜야 합니다. 이것은 정당한 것입니다. 그래서 자식이 교만을 뉘우치고 바른 자세로 살게 하는 것이 다스리는 것입니다.

학문이 사람을 지배하면 안 됩니다. 학문은 사람을 돕기 위해 필요한 것입니다. 그러므로 학문이 나를 지배할 때 원래의 자리로 복귀시켜야 합니다. 컴퓨터가 나를 지배하거나 텔레비전이 나를 지배할 때 그것을 용서하면 안 됩니다. 텔레비전을 때리든지 벌을 주든지 해야 합니다. 텔레비전은 정보를 주는 것이지 사람을 지배하는 것이 아닙니다.

아내가 아내의 위치를 벗어나 버리고 교만하게 다른 길을 갈 때 남편은 아내에게 "본래 위치로 돌아오라"고 이야기해야 합니다. 남편이 교만하게 자기 위치를 떠나서 가장의 책임을 버리고 방탕하게 살 때 아내는 경고해야 합니다. 빨리 제자리로 돌아오라고, 그렇지 않으면 당신과 나 사이에 피눈물 나는 전쟁이 시작될 줄 알라고, 나는 자식 모두와 함께 당신을 대항해서 싸우겠노라고, 그래서 반드시 정의의 깃발을 우리 집에 꽂고야 말겠다는 것을 남편에게 밝혀 주어야 합니다.

우리는 내 소관 안에 있는 것에 관한 한 확실하게 알고 있어야 합니다. 직장에서 내 부하들이 무슨 일을 하는지, 어떤 음모를 꾸미고 있는지, 돈을 어떻게 빼내고 있는지 다 알아야 합니다. 이것이 책임입니다. "내 밑에서 불의는 절대로 안 통해!" 하면서 모든 것이 바른 목표를 향하게 하는 것이 바로 다스리는 것입니다.

절대로 타협하면 안 됩니다. 자식이 잘못 행할 때 부모가 자식과 타협하면 안 돼요. "네 부모를 공경하라. 이것이 옳으니라." 옳기 때문에 그렇게 해야 합니다. 여기에는 어떤 이유도 통하지 않습니다. 무조건 그렇게 해야 합니다. 공부 잘했다고 돈 주고 그러면 안 돼요. 학생이 공부하다보면 잘할 수도 있는 것이지 왜 거기에 돈이 따라가야 합니까? 왜 1등 했다고 돈 내놓으라고 합니까? 그럴 때 엄마는 "그러면 안 되는 거야!" 하고 말해 주어야 합니다.

그래서 하나님의 백성들은 자기가 맡은 일이 무엇이며 그 한계가 무엇인지 분명히 알아야 합니다. 한계를 넘으면 안 됩니다. 남의 사람은 쳐다만 보는 것도 안 됩니다. 내 여자, 남의 여자를 알아야 하고, 내 여자가 아닌 사람은 쳐다보지도 말아야 해요. 지나가다가 어쩌다 보게 된 것을 죄라고 하는 것이 아닙니다. 그러나 뚫어지게 쳐다보면서 마치 소유할 것처럼, 금방이라도 덤벼들 것처럼 보는 것은 죄를 짓는 것입니다. 그 눈을 뽑아 버리든지 때려 주든지 해야 합니다.

자기 물건이 아니면 손대면 안 돼요. 우리는 공공건물을 아주 함부로 씁니다. 부모가 먼저 그런 모습을 보여 주었기 때문입니다. 집에 있는 것은 아끼면서 공공건물에는 침 뱉고 함부로 가져오고 공공시설 안에 있는 장미를 뽑아다가 집에 심습니다. 그걸 본 아이들이 공공건물을 중요하게 여기지 않습니다. 그러나 내 것이 아니면 손대지 말아야 합니다. 종이 한 장이라도 함부로 가져오면 안 됩니다. 왜 공금을 함부로 씁니까?

내 밑에서 교만한 사람이 약한 사람을 괴롭힐 때 가만히 있으면 안 됩니다. 밤에 웃통 벗고 만나서 "너 죽고 나 살자" 해야 합니다. 그러나 사람을 징계하고 야단칠 때에는 항상 사랑으로 바로 세우려는 의도로 해야지, 멸망시키려는 의도로 하면 안 됩니다. '내가 정말 이 사람을 세우려고 이러는가?'를 미리 생각한 후에 정말 그렇다고 생각하면 타협하지 말고 죽기 일보 직전까지 밀어붙이십시오. 두려워하지 마십시오.

더 생각해야 할 것

몇 가지 더 생각해야 할 것이 있습니다.

첫째로는 하나님께서 자신의 형상을 남자와 여자에게 주셨다는 것입니다. 이것은 남녀가 하나님 앞에서 평등할 뿐 아니라 남녀의 바른 관계를 통해서 하나님의 아름다운 성품이 드러나게 되어 있다는 것을 의미합니다. 남자는 하나님의 형상을 따라 남자가 되었습니다. 여자는 하나님이 여자로 만드셨기 때문에 여자가 되었습니다. 그렇기 때문에 태어난 아이가 딸이라고 "또 딸이야!" 하면 안 됩니다. 하나님이 그렇게 하신 것입니다. 또 여자가 남자 옷 입고, 남자가 여자 옷 입고 립스틱 바르고 그러면 안 됩니다. '여자는 여자로, 남자는 남자로.' 이것은 하나님이 정하신 것입니다.

남녀의 성에는 하나님의 형상이 새겨져 있습니다. 그러므로 성은 수치스러운 것이 아니라 굉장히 아름다운 것입니다. 남녀의 바른 관계를 통해서 하나님의 아름다운 모습이 나타나게 되어 있습니다. 남편이 아내를 사랑할 때 그곳에 하나님의 사랑이 드러납니다. 친구끼리는 그렇게 못합니다. 부부가 영원히 사랑하며 사는 것을 보십시오. 늙은 부부가 설악산에 가서 사진 찍으면서 "임자, 우리 좋았지? 우린 참 괜찮은 부부야" 하는 것을 보면 거기에 하나님의 사랑이 보입니다. 아내가 남편에게 헌신할 때 그곳에는 하나님의 형상이 있습니다.

그래서 인간의 죄 중에서 가장 무서운 죄는 성을 남용하고 파괴하는 것입니다. 우리는 결혼 이외의 방법으로 성을 사용해서는 안 됩니다. 예수님께서는 그런 생각을 하는 것 자체가 죄악이라고 말씀하셨습니다. 히브리서는 우리가 혼인을 소중하게 생각해야 하고 침상을 더럽히지 말아야 한다고 말씀합니다. 결혼은 단지 서로에게 품는 감정이 아닙니다. 결혼은 성의 결합에 대한 사회의 승인입니다. 이 승인을 받아야 성을 사용할 수 있는 것입니다.

성폭행은 사회적인 죄입니다. 그것은 개인이 개인에게 행사한 폭력이 아닙니다. 그러므로 성과 관계된 문제에는 사회 전체가 덤벼들어야 합니다. 성이 문란해지면 그 사회는 존재할 수 없습니다. 반드시 멸망하게 되어 있습니다.

둘째로 하나님께서는 사람들에게 생육하고 번성하라고 축복하셨습니다.

> 하나님이 그들에게 복을 주시며 그들에게 이르시되 생육하고 번성하여 땅에 충만하라(1:28).

얼핏 이 말씀을 들으면 노아 홍수 사건과 잘 맞지 않는 것 같습니다. 왜 하나님께서는 생육하고 번성하라고 하시고서 그 많은 인간들을 홍수로 멸망시켰는지 잘 이해되지 않습니다. 그러나 이 말씀의 의미는 하나님의 형상을 닮은 사람들이 많아지는 것이 하나님의 뜻이라는 것입니다. 하나님이 원하신 것은 죄의 형상을 가진 사람들이 땅을 가득 채우는 것이 아니었습니다. 하나님은 의롭고 사랑에 충만한 사람들이 이 세상을 가득 채우고 온 땅을 뒤덮기를 바라십니다.

그러므로 단순히 사람만 많아지는 것이 중요한 것이 아니라 어떤 사람들이 많아지느냐 하는 것이 중요합니다. 의로운 사람들이 많아지는 것은 하나님의 기뻐하시는 뜻입니다. 그런 사람들이 땅을 차지하고, 그런 사람들이 이 세상에 가득 차게 되기를 하나님은 바라십니다.

셋째로 하나님께서는 이 세상에 있는 모든 것들에게 채소와 풀을 양식으로 주셨습니다. 29절과 30절 말씀을 보십시오.

하나님이 가라사대 내가 온 지면의 씨 맺는 모든 채소와 씨 가진 열매 맺는 모든 나무를 너희에게 주노니 너희 식물이 되리라 또 땅의 모든 짐승과 공중의 모든 새와 생명이 있어 땅에 기는 모든 것에게는 내가 모든 푸른 풀을 식물로 주노라 하시니 그대로 되니라

채식주의자들이 가장 좋아할 구절인지 모르겠습니다만, 성경의 어느 한 구절에서 자기가 원하는 주장을 끌어오는 것은 거짓 선생들이 하는 짓입니다. 성경은 사람이 먹을 것과 동물이 먹을 것을 처음부터 구별함으로써 먹이를 가지고 다투지 않게 했습니다. 만약 사람들이 먹는 것을 동물들이 먹었다면 사람들은 동물을 다 잡아서 죽였을 것입니다. 그러나 하나님께서는 동물들이 아무리 많아져도 두려워할 필요가 없게 만드셨습니다. 왜냐하면 서로 먹는 것이 다르기 때문입니다. 같은 밥그릇을 놓고 다투니까 싸움이 일어나는 것입니다.

이 세상에서 우리의 영역과 지위는 믿지 않는 사람들의 영역이나 지위와 구분되어 있다는 것을 기억할 필요가 있습니다. 이 세상이 아무리 경쟁적이라고 하더라도 하나님의 백성은 이 세상에서 할 일이 있습니다. 나의 기업, 나의 가나안 땅이 있습니다. 하나님이 그것을 지켜 주십니다. 여러분, 두려워하지 마십시오. 밥그릇을 가지고 믿지 않는 사람들과 싸우지 마십시오. 내가 먹을 것이 따로 있고 그들이 먹을 것이 따로 있습니다. 같은 직장에 있더라도 하나님이 나의 것을 지키시고 보호하십니다.

오늘 하나님께서 말씀하시는 것이 무엇입니까? 인간의 창조가 창조의 절정이며 극치라는 것입니다. 하나님이 온갖 지혜와 능력과 신성을 동원해서 최고의 걸작품으로 만드신 것이 우리 인간입니다. 그렇기 때문에 그저 밥이나 먹고 하루하루 세상에서 즐기는 것에 만족하는 것은 너무나 어리석은 짓입니다. 우리에게는 되찾아야 할 모습이 있고 영광이 있습니다.

또한 우리는 고장 난 사람을 구해서 고쳐야 합니다. 동네방네 다니면서 고장 난 사람 있으면 팔라고 하십시오. 고장 난 텔레비전을 사는 것보다 수지맞는 장사입니다. 사람을 고치는 것은 정말 귀한 일입니다. 사람은 성령만이 고치실 수 있고 교회 밖에서는 고칠 수가 없습니다. 하나님의 성령이 임하는 교회, 바른 예배를 드리는 공동체가 아니고서는 고장 난 사람을 고칠 수 없습니다.

또한 하나님은 우리에게 다스리라고 하셨습니다. 그런데 우리는 너무나 주눅이 들어 있습니다. 여러분, 일주일 동안 직장 생활하면서 두렵고 자신감을 잃었습니까? 시험을 여러 번 치렀는데도 결과가 좋지 않아서 자신감을 잃었습니까? 두려워하지 마십시오. 당당한 모습을 되찾으십시오. 사람을 두려워하지 말고 먹고사는 것을 두려워하지 마십시오. 우리는 극복할 수 있습니다. 외로움이나 굶주림이나 다른 사람의 말을 두려워하지 마십시오. 하나님은 우리에게 모든 것을 다스리라고 말씀하지 않으셨습니까?

여러분, 오늘 내 주변에서 잘못된 용도로 사용되고 있는 것이 있는지 찾아보십시오. 텔레비전이 잘못 사용되고 있으면 텔레비전을 굴복시키십시오. 우리 집 개가 개 이상의 행동을 하고 있다면 분명히 응징해서 개집으로 돌려보내십시오. 내 자녀가 자기의 범위를 벗어나서 잘못된 길로 나가고 있으면 분명히 이야기를 해주십시오. 교만한 자가 가난한 자를 해치지 못하게 하십시오.

부모를 공경하십시오. 무조건 공경하십시오. 이것이 옳은 일입니다. 자식에게 맛있는 것만 주지 마십시오. 자식이 부모를 공경하게 하십시오. 심부름도 시키고 마늘도 까라고 하고 식사 준비도 하게 하십시오. 이것은 자식이 해야 할 일입니다. 자식이 "엄마, 나 공부해야 하는데" 하기만 하면 "그래, 그래. 내가 다 할게. 넌 공부해" 하면서 떠먹여 주고 받드는 것은 죄짓는 것입니다. 어디에서 자녀가 부모에게 이래라저래라 하면서 눈을 부릅뜨고 이야기합니까? 절대로 그렇게 하지 못하게 해야 합니다. 청소년 여러분, 어른들에게 인사하십시오. 모두 우리의 부모님들입니다.

　　또한 내가 지배하고 있는 부분에서는 절대로 하나님께 반역하는 일이 없도록, 잘못 사용되는 것이 없도록, 강한 자가 이유 없이 약한 자를 괴롭히는 일이 없도록 하는 것이 다스리는 것임을 기억하십시오.

7

최초의
안식일

이사하는 것은 보통 어려운 일이 아닙니다. 지금 살고 있는 집에서 짐을 챙겨야 하고 차를 불러서 실었다가 내려야 하며, 이사 갈 집을 도배하고 수리해야 합니다. 어떤 때는 그 일이 하루이틀에 끝나지 않습니다. 어떤 분은 이사하면서 "해도 해도 끝이 없다"고 하소연을 합니다. 처음에 짐을 내려놓으면 어디서부터 손을 써야 할지 엄두가 나지 않습니다. 그러나 하나씩 하나씩 치우고 닦고 정리하다 보면 어느새 일이 다 끝나는 순간이 있습니다. 그때부터 식구들은 편안하게 잠을 잘 수 있고 정상적인 생활을 할 수 있습니다. 모든 것이 원하는 대로 끝났을 때 비로소 쉴 수 있는 것입니다.

하나님께서 처음 이 세상을 창조하실 때 이 세상은 혼돈하고 공허하며 흑암이 깊음 위에 있었습니다. 홍수가 휩쓸고 간 후의 모습과 같아서 도대체 어디서부터 손을 대야 할지 모를 정도로 엉망진창이었습니다. 마치 아무도 살지 않던 집에 이사 온 것 같았습니다. 쓸 만한 것도 없고 제자리에 놓여 있는 것도 없습니다. 그나마 있는 전구까지 빼 가는 바람에 온 방이 캄캄합니다. 한마디로 서글프지요. 그러나 닦고 고치고 정리를 하다 보면 결국 모든 것이 정돈될 때가 있습니다.

하나님께서는 말씀으로 하나씩 하나씩 창조해 나가셨습니다. 하늘을 만드시고 '하늘'이라고 이름을 지었습니다. 그때부터 하늘은 하나님께서 정하신 자연법칙의 지배를 받기 시작했습니다. 그 전에는 하늘이 하늘이 아니었습니다. 혼란의 공간이었습니다. 또 하나님께서는 바다를 만드시고 '바다'라고 이름을 지어 주셨습니다. 그때부터 바다는 자연의 일반 법칙에 복종하기 시작했습니다. 일정한 간만의 차이가 생겼으며, 아무리 땅으로 기어 올라오고 싶어도 모래를 넘어오지 못했습니다. 하나님께서는 해와 달과 별들을 만드셨습니다. 그때부터 해와 달과 별은 자연법칙에 복종하기 시작했습니다. 또한 하나님께서는 수많은 생물들을 만드시고, 그것들이 자연법칙에 따라 생존하며 번식하게 하셨습니다.

그리고 최종적으로 하나님의 형상을 닮은 사람을 만드시고, 그들의 지위를 정하시고, 그들이 해야 할 일을 명확하게 규정하셨습니다. 그럼으로써 하나님의 모든 창조는 완성되었습니다. 뒤죽박죽이던 이 세상이 완전한 조화를 이루는, 무질서하거나 제멋대로 날뛰는 부분이 하나도 없는 완전한 작품이 되었습니다.

이때 하나님께서는 안식을 선포하셨습니다. 모든 것이 다 끝났다는 뜻입니다. "이제 작업이 끝났다. 이제는 안식이다"라고 선포하신 이것이 바로 최초의 안식일입니다.

이스라엘 백성들이 애굽에서 노예 생활을 할 때에는 안식일이 없었습니다. 왜냐하면 그들은 바로의 노예였기 때문입니다. 노예에게는 안식일이 없습니다. 끝없는 일만 있습니다. 여기 있는 흙을 저기 갖다 놓고, 저기 있는 흙을 여기 갖다 놓고, 끝없이 왔다갔다합니다. 노예는 일하는 짐승이기 때문에 할 일이 없는 노예는 죽였습니다. 무슨 목적이 있어서 일을 하는 것이 아니라 일 자체를 위해 일하는 것이 노예입니다.

이스라엘 백성들은 노예였습니다. 그들은 늘 무언가 일을 해야 합니다. 일하지 않으면 불안합니다. 하나님께서는 이스라엘 백성들을 애굽에서 이끌어 내신 후 그들에게 안식일을 주셨습니다. 여러분, 이 최초의 안식일이 이스라엘 백성들에게 얼마나 부담스럽고 어색했을지 생각해 보십시오. 무슨 일을 하지 않으면 불안한 그들이 아무 일도 하지 않고 하루를 꼬박 지낸다는 것은 정말 어려운 일입니다. 그래서 어떤 사람은 안식일에 너무나 불안해서 나무하러 갔다가 돌에 맞아 죽기도 했습니다.

입시생들을 보십시오. 하루라도 공부하지 않으면 불안합니다. 진도가 나가서 공부하는 것이 아니라 불안하기 때문에 공부합니다. "친척집에 갔다 와라" 해도《수학의 정석》을 꼭 가지고 갑니다. 가서 공부해서가 아니에요. 가지고 가지 않으면 불안하기 때문입니다.

하나님께서 이스라엘 백성들에게 안식일을 강하게 명령하신 것은 그들이 더 이상 노예가 아니기 때문입니다. "안식일을 지켜라. 너희들은 이제 노예가 아니야!" 다시 말해서 그들은 더 이상 생존하기 위한 몸부림으로 일하는 것이 아니라 하나님의 창조의 동역자로서 일하는 것이기 때문에 안식일에는 무조건 쉬라고 하시는 겁니다.

오늘 우리들은 이 안식일을 되찾아야 합니다. 그것은 단순히 일요일 하루 일하지 않고 집에서 쉰다는 뜻이 아닙니다. 노동의 의미가 무엇이냐, 왜 직장을 가지려 하고 일을 하느냐, 먹고 살기 위한 몸부림이냐, 구원받은 자로서 하나님의 구원 사역에 동참하는 것이냐 하는 것을 확인해야 한다는 것입니다. 내가 하는 공부가 하나님을 기쁘시게 하는 것이냐, 먹고살기 위한 발버둥이냐 하는 것을 확인해야 합니다.

완전한 세상

오늘 첫째로 본문은 하나님께서 완전한 세상을 창조하셨다고 말씀하고 있습니다. 하나님께서 안식일을 선포하신 것은 하나님께서 만드신 모든 일이 완성되었기 때문입니다.

> 천지와 만물이 다 이루니라 하나님의 지으시던 일이 일곱째 날이 이를 때에 마치니 그 지으시던 일이 다하므로 일곱째 날에 안식하시니라(2:1-2).

하나님의 창조는 완전하게 이루어졌습니다. 더 이상 손을 볼 필요가 없었습니다. 말씀하신 그대로 다 만들어졌고 하나님이 정하신 그 위치에서 작동하고 있습니다. 부족한 것이 없습니다. 그래서 하나님께서는 안식하셨습니다.

하나님께서 안식하셨다고 하는 것은 정말 쉬셨다는 뜻이 아닙니다. 하나님이 안식하셨다는 말은 하나님을 사람처럼 의인화시켜서 표현한 것입니다. 이렇게 표현하는 것을 '신인동형적' 표현이라고 합니다. 이것은 하나님께서 일주일 동안 열심히 일을 했기 때문에 피곤하기도 하고 열도 좀 나서 안식하셨다는 말이 아닙니다. 하나님은 피곤하셔서 쉬신 것도 아니고 실제로 이날 아무 일도 하시지 않은 것도 아닙니다. 하나님께서 창조가 완성된 것을 스스로 기뻐하시고 선포하시고 이날에 특별한 의미를 부여하셨다는 것입니다.

1장 31절에 보면 "하나님이 그 지으신 모든 것을 보시니 보시기에 심히 좋았더라"고 말씀하고 있습니다. 하나님께서 만드신 것은 완전했습니다. 그 안에 부족한 것이나 모순된 것이 없었습니다. 이것이 하나님의 성품입니다. 하나님이 일하실 때에는 모순이나 갈등이 일어나게 하지 않으십니다. 앞에서 어떤 일을 해놓고 나중에 취소하거나 물리지 않으십니다. 처음에 만드신 것이 뒤에 만드신 것과 충돌을 일으킨다거나 나중에 불필요하게 되는 일이 없습니다. 모든 것이 완전한 조화를 이룹니다. 여기에서 "보시기에 좋았더라"는 것은 경치가 좋았다는 뜻이 아닙니다. 모든 것이 완전한 조화와 일치를 이루고 있었기 때문에 모순이나 갈등이 없었고, 이 모든 것이 정상적으로 움직임으로써 하나님을 매우 기쁘게 했다는 뜻입니다.

우리는 세상에 있는 추악하고 더러운 것들의 책임을 하나님께 돌릴 수 없습니다. 이것은 하나님이 만든 것이 아니고 사람이 만든 것입니다. 우리는 죄와 타락의 원인을 하나님께 돌려서는 안 되며 우리가 경험하고 있는 여러 가지 어려움의 책임을 하나님께 돌려서는 안 됩니다. 하나님께서는 그런 것을 만드시지 않았기 때문입니다. 그러므로 우리에게 악한 일이 일어날 때 하나님께서 의도적으로 그것을 주신다고 생각하지 마십시오. 그것은 다 인간들이 만들어낸 것입니다. 그러나 하나님께서는 이 악까지 사용하셔서 합력하여 선을 이루십니다. 하나님은 선하고 아름다우십니다. 하나님 안에는 모순된 부분이 없습니다.

이 모든 것이 아름다울 수 있었던 것은 말씀의 다스림을 받았기 때문입니다. 지금도 하나님 말씀의 다스림을 받기만 하면 모든 것이 아름다움을 회복할 수 있습니다. 모든 것이 하나님을 기쁘게 할 수 있습니다. 물질 자체가 나쁜 것이 아닙니다. "모든 것이 보시기에 좋았더라"는 것은 물질 자체는 악하거나 나쁘지 않다는 것입니다. 말씀에 지배당하지 않기 때문에 나쁜 것이고 악하게 사용되는 것입니다. 내가 가지고 있는 재산이나 내가 공부한 지식이나 그 어떤 것도 말씀의 다스림을 받기만 하면 하나님을 기쁘시게 할 수 있고 보시기에 좋은 것으로 사용될 수 있습니다.

안식일의 의미

둘째로 하나님께서는 안식일을 선포하신 후에 이날을 특별히 구별하셔서 의미를 주셨습니다.

> 하나님께서 일곱째 날을 복 주사 거룩하게 하셨으니 이는 하나님이
> 그 창조하시며 만드시던 모든 일을 마치시고 이 날에 안식하셨음이
> 니라(2:3).

'거룩하게 하셨다'는 것은 용도를 특별히 구별하셨다는 뜻
입니다. 성경은 특별한 용도로 구별하는 것을 '거룩하게 했다'고 말
합니다. 하나님께서 거룩하게 하신 것은 절대로 다른 용도로 써서
는 안 됩니다. 다른 용도로 쓰면 저주가 임하게 되어 있습니다. 성전
안에 있는 물건들은 전부 거룩한 것입니다. 그 안에 있는 것들은 다
른 용도로 사용해서는 안 됩니다. 제사장이 자기 집에 불집게가 없
어졌다고 해서 성전에 좇아가서 거기에 있는 불집게로 자기 집에
있는 불을 집는다면, 그것은 거룩함을 깨뜨리는 것입니다. 또 성전
에 있는 제사장들은 거룩하게 구별된 사람들인데 지금 밭에서 일할
사람이 없다고 해서 제사장을 불러내 일을 시킨다면 용도를 잘못
사용하는 것입니다. 바벨론 왕 벨사살은 아주 교만한 사람이었습니
다. 그 아버지 느부갓네살이 성전에 있는 모든 기구들을 바벨론으
로 옮겨갔는데, 벨사살은 그 성전에 있던 잔으로 술을 마셨습니다.
그는 그날 밤에 죽었습니다.

오늘 하나님께서는 하루를 거룩하게 구별하셨다고 말씀하
고 있습니다. 이 하루는 하나님의 용도를 위해서만 사용해야지 다른
목적으로 쓰면 안 된다는 뜻입니다. 하나님께서는 창조를 완성하시
고 안식의 상태에 들어가셨습니다. 안식은 계속되었습니다. 모순이
없고 갈등이 없는 상태에서 모든 생활이 아름답게 유지되었습니다.
모든 날이 안식일이었습니다. 그럼에도 불구하고 하나님은 하루를
특별하게 구별하셔서 "이날만큼은 다른 용도로 써서는 안 된다. 이
날은 내 날이다. 내 목적만을 위해 써라" 하고 선포하셨습니다.

하나님께서는 안식일에 두 가지 일을 하셨습니다. 첫째로 이 하루가 '하나님의 날'임을 분명히 하셨습니다. 이미 하나님께서는 창조의 순간부터 인간이 노동해야 한다는 것을 아셨습니다. 사람들은 타락하기 전에도 일을 했습니다. 그러나 아무리 일이 중요하고 바쁘다 하더라도 이날만큼은 일해서는 안 된다는 것입니다.

하나님께서는 하루를 구별하셔서 하나님께 바치게 하심으로써 이 모든 것의 주인이 하나님이심을 스스로 선포하셨습니다. 아무리 일을 좋아하고 그 일이 바쁘고 중요하다고 하더라도 하나님이 만드신 이 세상에서 우리는 주인이 아니고 사용자이기 때문에 하나님께서는 하루를 구별하여 일하지 못하게 하셨습니다.

이스라엘 백성들이 애굽에서 나왔을 때 하나님께서는 안식일을 지키라는 것을 계명으로 주셨습니다.

> 안식일을 기억하여 거룩히 지키라 엿새 동안은 힘써 네 모든 일을 행할 것이나 제 칠일은 너의 하나님 여호와의 안식일인즉 너나 네 아들이나 네 딸이나 네 남종이나 네 여종이나 네 문안에 유하는 객이라도 아무 일도 하지 말라 이는 엿새 동안에 나 여호와가 하늘과 땅과 바다와 그 가운데 모든 것을 만들고 제 칠일에 쉬었음이니라 그러므로 나 여호와가 안식일을 복되게 하여 그 날을 거룩하게 하였느니라 (출 20:8-11).

안식일이 왜 중요합니까? 하나님께서 모든 것을 창조하셨기 때문입니다. 하나님은 창조의 주인이십니다. 안식일은 하나님의 주권을 선포하는 날입니다. 안식일이 없으면 우리는 누가 이 모든 것을 만드셨는지 잊어버린 채 일의 노예가 되고 맙니다.

이스라엘 백성들이 애굽에 있을 때에는 일의 노예였습니다. 그들은 바로의 종이었기 때문에 안식일이 없었고 한평생 쉬는 날이 없었습니다. 그러나 출애굽함으로써 하나님이 주인이 되셨기 때문에 그들은 새로운 원리에 따라서 살도록 명령을 받았습니다. 그 새로운 원리가 무엇입니까? 살기 위해서 일하는 것이 아니라 하나님의 창조의 동참자로 일하는 것이며 하나님의 동역자로서 사는 것입니다.

이스라엘 백성들이 창조해야 하는 삶이 무엇입니까? 그것은 문화나 기술이 아닙니다. 하나님의 말씀으로 사는 새로운 윤리의 삶이요 새로운 가치관의 삶입니다. 이스라엘 백성들이 애굽에 있을 때에는 맞아 죽지 않기 위해서 일을 했습니다. 병이 나면 죽습니다. 일 못하는 노예는 바로 죽입니다. 옛날 노예 상인들은 노예를 거래할 때 상품 가치가 없는 노예들은 바로 바다에 빠뜨려 죽였습니다.

그러나 이제는 노예가 아닙니다. 이제는 하나님의 자녀입니다. 하나님의 자녀는 일의 노예가 되어서는 안 됩니다. 중요한 것은 그 일을 통해 얻은 열매로 사랑하는 것이고, 그 일을 통해 남을 섬기는 것입니다. 일 자체가 목적이 아닙니다. 우리는 일을 다 못하고 죽을 것입니다. 하나님께서는 이스라엘 백성들에게 안식일을 강하게 명령하셔서 더 이상 일의 노예가 되지 말고 하나님이 원하시는 사랑의 일꾼이 되라고 명령하셨습니다.

여러분, 안식일은 하나님의 주권을 선포하는 날입니다. 내가 주인이 아닙니다. 사장이 주인이 아닙니다. 하나님이 주인이라는 것을 고백하고 선포하는 것이 그리스도인의 안식일입니다. 그러나 오늘날 사람들은 하루를 그냥 보내는 것을 그렇게 배 아파합니다. "24시간 동안 예배만 본다니, 도저히 있을 수 없는 일이야. 이런 날 어떻게 그냥 있을 수 있어?" 왜 그렇습니까? 하나님의 주권을 인정하지 않기 때문입니다. 그래서 어떻게 해서든지 이날을 자기를 위해서 씁니다.

그러나 우리는 단 하루라도 우리의 욕망에서 풀려나야 합니다. 그렇지 않으면 내가 누구며 무엇을 위해서 사는지 잊어버립니다. 사람의 약점이 무엇입니까? 작은 일에 집착하는 것입니다. 아주 작은 일에 집착해서 큰 것을 놓쳐 버리는 것이 우리의 약점입니다. 그렇기 때문에 그 일에서 풀려나와야 해요. 하루만이라도 하던 일을 중단해야 합니다. 그렇지 않으면 큰 것을 놓쳐 버립니다.

우리는 하나님이 다 만들어 놓으신 아파트에 들어가서 그냥 쓰고 있는 것입니다. "내게는 컵이 있다!" 컵을 자기가 만든 것처럼 생각하지 마세요. 컵은 그전부터 있었습니다. "레인지도 있다!" 레인지는 전부터 있었어요. 주인이 다 사다 놓은 겁니다. 큰소리 칠 이유가 없어요. 뉴턴의 만유인력의 법칙이 나오기 전에도 사과는 떨어졌고, 그 뒤에도 떨어졌고, 앞으로도 영원히 떨어질 겁니다.

누가 참된 자유인입니까? 자기가 하고 있던 일을 중단할 수 있는 사람이 자유인입니다. 텔레비전이 세냐, 그 사람이 세냐 하는 것은 그 사람이 텔레비전을 끌 수 있느냐 없느냐에 달려 있습니다. 텔레비전을 끌 수 있을 때 그 사람은 텔레비전을 지배하는 겁니다. 끌 수 없다면 텔레비전의 노예입니다. 끄는 게 힘든 게 아니에요. 몇천 마력이나 필요한 게 아닙니다. 발가락 끝으로 눌러도 텔레비전은 꺼집니다. 그런데도 그걸 못 꺼요. 텔레비전이 나를 지배하기 때문입니다. 그래서 동해 물과 백두산이 마르고 닳도록 텔레비전 앞에 앉아 있습니다.

일을 중단할 수 있어야 자유인입니다. 내가 생각하기에 아무리 중요해 보여도 하나님 보시기에 중단해야 할 때는 중단해야 합니다. 왜냐하면 하나님이 주인이시기 때문입니다. 하나님은 그의 영광을 가로채지 말고 제 멋대로 살지 말며 온전한 영광을 하나님께 돌려드리게 하시려고 하나님의 창조를 선포하는 안식일을 주셨습니다. 이날을 되찾지 않으면 노예입니다. 자유인이 아닙니다. 자기가 하고 있는 일을 중단하지 못하는 사람, 계속 일을 해야 직성이 풀리는 사람은 그 일을 내가 하고 있는 것이 아니라 일이 나를 이용하고 있는 것입니다. 사람이 술을 마십니까? 술이 사람을 마십니까? 처음에는 사람이 술을 마시지만, 그것을 끊을 수 없을 때 술이 사람을 마십니다. 그 사람은 술의 노예입니다.

둘째로 하나님께서는 안식일에 복을 주셨습니다. 복을 주셨다는 것은 이 하루를 쉬는 것이 결코 우리에게 손해가 되지 않고 축복이 된다는 뜻입니다. 고대 사람들에게 하루를 쉰다는 것은 쉬운 일이 아니었습니다. 하루를 쉬어 버리면 엄청나게 손해를 봅니다. 하루라도 일을 해야 먹고살 수 있는데 하루를 쉬어 버리면 대책이 없습니다.

그러나 하나님께서는 이 하루를 복된 날로 만드시겠다고 약속하셨습니다. 하나님께서는 6일만으로 살게 하셨습니다. 다른 사람들은 7일을 일해도 모자라는데 하나님의 백성들은 6일만 일해도 충분하게 하셨습니다. 하루를 쉬는 것을 통해서 6일 동안 믿음으로 살도록 힘을 주시고 능력을 주시고 창조력을 주시기 때문입니다.

하나님께서는 안식일을 통하여 우리의 믿음을 시험해 보십니다. 가을에 열심히 사과를 딸 때 하루를 쉬면 왕창 손해를 봅니다. 기계가 돌아가고 있는데 하루 쉬었다가 다시 돌리면 몇백만 원이 듭니다. 하나님께서는 그 하루를 통해 믿음을 시험하십니다. 하루의 손해가 아까워서 이 하루를 쉬지 못하면 6일 내내 믿음으로 살지 못합니다.

우리 믿는 사람들에게 안식일은 아예 '없는 날'입니다. 안식일에 약속을 해서는 안 됩니다. 안식일은 완전히 비워 놓으십시오. 내 달력에서 안식일을 공백으로 만들어 놓으십시오. 왜냐하면 이날은 하나님의 날이기 때문입니다. 안식일은 그냥 쉬는 날이 아닙니다. 하나님께 바쳐서 하나님이 원하시는 대로, 하나님 마음대로 쓰시게 하는 날이 안식일입니다.

그날이 더 피곤할 수 있습니다. 다른 사람을 위해서, 하나님을 위해서 그날을 바치기 때문입니다. 안식일은 남을 위하여 나의 쾌락을 포기하는 날입니다. 이날에는 아들도 쉬고 딸도 쉬고 종들도 쉬고 짐승들도 다 쉬기 때문에 무엇을 하려면 내가 직접 해야 합니다.

우리는 안식일에 더 많이 수고해야 합니다. 예수님은 안식일에 더 많은 일을 하셨습니다. 안식일을 통하여 약한 자를 돕고 안식일을 통하여 사람들을 기쁘게 했습니다. 유대인들은 이 안식일을 통하여 사람들을 억압하고 사람들을 노예로 만들었지만, 예수님은 이 안식일을 기쁨의 날로 회복시켜 주셨습니다.

불완전한 안식일

셋째로 하나님께서 만드신 이 안식일은 불완전한 안식일이었습니다. 이 안식일은 얼마 동안 지속되었습니다. 몇 달이 지속되었는지, 몇 년이 지속되었는지는 알 길이 없습니다. 그러나 죄가 들어오자 안식일은 끝장이 나고 말았습니다.

이 세상은 하나님 보시기에 더 이상 좋지 않았습니다. 세상은 하나님의 말씀의 다스림을 받지 않게 되었습니다. 끝장나 버렸습니다. 하나님께서 이렇게 거창하게 안식일을 선포하셨는데, 죄가 들어옴으로써 깨져 버리고 만 것입니다.

여기에서 궁금한 것은 왜 하나님께서 이렇게 불완전한 안식일을 주셨느냐는 것입니다. 그리고 하나님께서 이 불완전한 안식일을 통해서 우리에게 깨우치시려고 하는 것이 도대체 무엇이냐 하는 것입니다.

우리가 알아야 할 첫 번째 사실은 하나님께서 안식일의 파괴를 허용하셨다는 것입니다. 하나님이 만드신 것이 불완전했기 때문에 안식일이 깨진 것이 아닙니다. 이것은 대단히 어려운 문제인데, 하나님은 사람을 더 완전하게 하시려고 안식일이 깨지는 것을 허락하셨습니다.

최초의 사람들은 죄는 없었지만 죄를 지을 수 있는 가능성마저 없는 것은 아니었습니다. 그들은 유혹을 받을 수 있고 죄에 빠질 수 있는 가능성이 있는 사람들이었습니다. 하나님께서는 이 세상을 하나님의 성품대로 완전하게 만드셨습니다. 그러나 하나님은 더 큰 것을 원하셨습니다. 그것은 우리 인간이 더 성숙한 상태에서 하나님을 섬기는 것입니다.

하나님께서는 우리들로 하여금 얼마든지 기계적으로 하나님을 섬기게 하실 수 있습니다. 그렇게 찍어 내기만 하면 되니까요. 우리 머릿속에 하나님만 섬기도록 입력하기만 하면 우리는 로봇이나 노예처럼 하나님을 섬길 것입니다. 하나님 주위에는 사람 수만큼이나 많은 천사들이 있습니다. 천사들은 무조건 순종하게 되어 있습니다. 천사는 자유의지가 없습니다. 사탄은 자유의지로 타락한 것이 아닙니다. 하나님이 그냥 타락시켜 버렸습니다. 하나님이 버리시니까 그냥 사탄이 되어 버렸어요. 사탄에게 선택권을 주어서 "너 천사가 될래, 마귀가 될래?" 하신 것이 아닙니다. 하나님이 버리면 그냥 사탄이 됩니다.

그러나 사람은 자발적으로 하나님께 순종하는 마음을 가지기 원하셨습니다. 하나님께서는 우리에게 자유를 주시고 죄가 창조 세계에 들어오는 것을 허용하셨습니다. 죄가 들어옴으로써 안식이 깨진다는 것을 알고 계시면서도 그것을 허락하셨습니다. 그 이유가 무엇입니까? 인간이 무조건 하나님을 섬기는 것이 아니라, 죄가 무엇인지 알고 죄를 거부하며 하나님께 자신을 온전히 드리게 하기 위해 이 아름다운 세계가 엉망이 되도록 허락하신 것입니다.

오늘 우리에게 가장 중요한 것이 무엇입니까? 그것은 억지로 신앙생활하는 것이 아닙니다. 억지로 신앙생활하게 하려면 이 창조 세계를 파괴할 이유가 없습니다. 그냥 입력만 시키면 됩니다. 처음부터 무조건 섬기게 만들면 무조건 섬기게 되어 있습니다. 하나님을 섬기는 일은 천사들로도 충분합니다. 하나님께서는 억지로 하나님을 섬기는 것이 아니라, 죄가 무엇인지 알고 있으며 죄를 지을 수 있음에도 불구하고 스스로 죄를 거부하고 하나님의 뜻에 순종하는 몇몇 사람들을 얻기 위해서 이 아까운 세계가 파괴되도록 내버려 두신 것입니다.

우리는 지금도 얼마든지 죄짓는 생활을 계속할 수 있습니다. 죄짓는다고 해서 당장 벼락이 떨어지는 것도 아닙니다. 그러나 그것은 너무나도 우스운 말입니다. 하나님께서는 내 속에 하나님을 거역하는 본성이 가득 차 있음에도 불구하고 이것을 누르고 스스로 죄를 거부하고 자발적으로 하나님을 섬기는 사람을 얻기 위해 이 아름다운 창조 세계가 깨지고 안식이 갈등으로 변하도록 내버려 두셨기 때문입니다.

처음에 하나님께서 아담을 만드셨을 때 이 최초의 인간은 죄가 없었습니다. 죄가 주는 양심의 고통이나 가책이나 열등감이나 피해의식이 없었습니다. 우리는 가끔 아주 순수한 사람들을 볼 때 "저 사람은 지리산에서 내려온 모양이야. 무공해 인간이네", "저 여자는 산소 같은 여자야" 하는 이야기를 합니다. 최초의 인간은 정말 무공해 인간이었고 산소 같은 부부였습니다. 악한 감정, 분노, 신경질, 부부 싸움, 짜증 같은 것이 하나도 없었습니다.

그러나 그들은 죄에 빠질 수 있는 가능성을 가지고 있었습니다. 죄에 감염되지 않았을 뿐이지 죄를 짓는지 안 짓는지 여부는 시험해 보아야 하는 단계에 있었습니다. 그들은 선하기는 했지만 죄를 이길 능력이 없었고, 죄가 무엇인지 몰랐습니다. 하나님이 죄를 얼마나 싫어하시는지 몰랐습니다. 그리하여 그들이 죄를 짓게 되자 하나님의 안식은 깨지고 말았습니다.

그러나 하나님께서는 우리를 완전히 버리지 않으셨습니다. 하나님께서는 우리로 하여금 죄가 무엇인지 알게 하셨고, 죄를 혐오하게 하셨고, 죄의 추악성에 치를 떨게 하셨고, 하나님의 은혜를 사모하게 하셨고, 예수 그리스도께서 십자가에 못 박히실 때 믿게 하셨고, 정말 자원해서 하나님께 순종하는 마음을 갖게 하셨습니다.

하나님께서는 이런 사람 몇 명을 얻기 위해서 그 아름다운 하늘과 땅과 모든 자연계가 파괴되고 안식이 깨지는 것을 조용히 내버려 두셨습니다. 하나님께서 원하신 것이 무엇입니까? 하나님의 작품이 깨지는 것을 보면서도 참으신 이유가 무엇입니까? 스스로 자기 자신을 쳐 복종시켜서, 죄를 지을 수 있음에도 불구하고 죄 짓지 않고 하나님을 섬기는 이런 사람을 몇 명이라도 얻기 위해서입니다.

여러분, 오늘날 억지로 신앙생활하는 것이 얼마나 답답한 노릇인지 모릅니다. 정말이지 억지로 신앙생활하지 말아야 합니다. 억지로 신앙생활하게 하려면 창세기와 이 모든 기록이 필요 없습니다. 내 안에 욕심도 있고 죄성도 있습니다. 그러나 이것을 버리고 하나님 앞에 나와 무릎 꿇고 "하나님, 저는 하나님을 섬기겠습니다" 하는 사람을 얻으시려고 하나님은 이 모든 고통과 깨지는 아픔을 감수하셨습니다.

사랑하는 형제자매 여러분, 내 속에 있는 죄성을 이기는 것이 곧 하나님을 기쁘시게 하는 것입니다. 그러므로 의미 없는 신앙생활은 이제 그만해야 합니다. 세상의 유혹이 너무나 두렵습니까? 하나님의 말씀에 순종하면 너무 많은 것을 손해 보는 것 같습니까? 돈 손해 보고 명예 손해 보고 친구 잃어버리고 세상 재미 잃어버린 게 그렇게 아깝습니까? 그런 사람은 왜 이 최초의 안식이 깨졌는지, 하나님이 왜 이런 아름다운 세상이 깨지도록 내버려 두셨는지 영원히 이해하지 못할 것입니다. 강에서 물고기들이 죽어서 떠오르는 것을 보면서도 왜 물고기들이 떠오르는지, 왜 하나님께서 바다에 적조 현상이 일어나게 하셔서 그 많은 바다의 생물이 죽게 하시는지 절대로 이해하지 못할 것입니다. 멍게와 해삼은 회쳐서 초장 찍어 먹으면서도 왜 이번 여름에는 회를 먹지 못했는지, 왜 바다가 핏빛으로 변했는지 영원히 이해하지 못할 것입니다. 이런 사람은 하나님이 자발적으로 순종하는 몇 사람을 얻기 위해서 이 아름다운 우주 전체를 대가로 치르셨음을 모르는 사람입니다.

또한 우리가 기억해야 할 것은 참된 안식이 남아 있다는 것입니다. 하나님께서 최초의 안식을 깨뜨리신 것은 더 온전한 안식을 만드실 자신이 있었기 때문입니다. 하나님은 어떤 일을 시작하시면 절대로 그만두는 법이 없습니다. 아무리 어려워도 한번 시작한 일은 끝장을 보십니다. 그래서 사도 바울은 빌립보 교인들에게 편지를 보내면서 "너희 속에 착한 일을 시작하신 이가 그리스도 예수의 날까지 이루실 줄을 우리가 확신하노라"고 말하고 있습니다. 그들은 조금씩 조금씩 헌금을 모아서 바울의 선교 사역을 도왔습니다. 바울은 이것을 하나님께서 시작하셨고, 예수 그리스도의 날까지 분명히 이루실 것을 확신한다고 말합니다.

하나님께서 일단 나를 다루기 시작하시고 변화시키기 시작하셨으면 끝까지 변화시킵니다. 중간에 포기하시는 법이 없습니다. 하나님께서 나에게 고난을 주시고 환난을 주셔서 새 사람을 만들기 시작했다면 완전히 새 사람이 되기까지 절대로 포기하지 않으십니다. 그렇기 때문에 하나님께서 자꾸 손을 대시기 전에 빨리 바뀌어야 해요. 나중에는 치십니다. 하나님은 어떻게 해서든지 하나님이 원하시는 모습으로 만들어 놓으십니다. 미련한 사람들은 그것을 믿지 않습니다. "내가 너무 변한 거 아니야? 신앙 진도가 너무 나간 거 같아." 그래서 두 주 열심히 교회 나오면, 네 주를 내리 빠져서 균형을 맞추려고 합니다. 그러나 하나님은 절대로 그렇게 봐주시지 않습니다. "이만하면 되었겠지"가 안 됩니다. 완전히 하나님의 형상을 만들 때까지 절대로 중간에 포기하는 법이 없으십니다.

하나님께서 이 최초의 안식을 포기하신 것은 새로워진 우리 그리스도인들과 더불어 완전한 안식을 만드실 자신이 있었기 때문입니다. 여러분, 우주 전체가 새로워집니다. 그것에 대한 성경의 증거는 너무나도 풍부해서 인용할 수 없을 정도입니다. 새로 회복되는 세상은 처음 세상보다 훨씬 더 성숙한 세상이 될 것입니다.

이번에 사과 농사 짓는 분의 이야기를 간접적으로 들어보니까, 작년에 사과가 굉장히 많이 열렸는데 이번에는 얼마 안 열렸대요. 이유를 물어보니 사과는 매년 그렇게 많이 열리는 게 아니랍니다. 한 해 많이 열리면 다음 해는 조금 열립니다. 사과가 성숙하지 못해서 그렇습니다. 앞으로 올 세상에서는 매년 가지가 찢어지도록 사과가 열릴 것입니다. 농약을 칠 필요도 없고 봉지로 쌀 필요도 없습니다. 씻을 필요도 없고 껍질을 까서 먹을 필요도 없어요. 사과가 더 성숙해질 것이기 때문입니다. 소를 몰면서도 이리 가라 저리 가라 할 필요가 없습니다. 소가 다 알아서 할 겁니다. 사실 우리는 구체적으로 이 모든 피조물들이 어떻게, 또 얼마나 성숙할는지 잘 모릅니다. 그러나 우주가 훨씬 더 성숙한 모습으로 회복된다는 것만큼은 분명한 사실입니다.

그중에 우리 인간이 최고로 영광스러운 자리에 앉게 될 것입니다. 그때 우리를 '무공해 인간'이라고 부를 사람은 아무도 없습니다. 무공해라니요! 우리는 죄를 이긴 승리자로서, 정복자로서, 영광의 아들로서 그 자리에 앉게 될 것입니다. 우리는 '산소 같은 여자'가 아닙니다. 우리는 죄를 이긴 사람들입니다.

그때는 죄가 없을 것입니다. 죄가 없어서 없는 것이 아니라 죄를 넣어 주어도 아무도 죄를 짓지 않아서 없습니다. 마귀를 몇 마리를 풀어놓아도 아무도 죄를 짓지 않습니다. 죄가 어떤 것인지 그 정체를 다 알았고 하나님이 죄를 얼마나 싫어하시는지 다 알았기 때문에 아무도 죄를 짓지 않습니다. 그들은 죄를 발로 차버릴 것입니다.

우리는 주일에 그 영광을 미리 맛보고 있습니다. 주일에 참으로 은혜 받은 증거는 집에 돌아가지 않으려는 것입니다. 하나님의 성령이 부어지면 집에 안 가려고 해요. 왜냐하면 영광을 미리 맛보았기 때문입니다. "아! 내 욕심은 중요하지 않구나!" 하는 것을 알았기 때문입니다. 이렇게 아주 새로운 은혜를 맛본 사람은 교회에서 하루 종일 노래 부르고 이야기하고 성경 봅니다.

여러분, 우리는 주일만이라도 내 속에 있는 갈등과 분노를 끝내야 합니다. 여기 앉아 있는 시간이 편해야 합니다. 여기 있는 시간이 조급하고 아깝다면 천국에는 진짜 앉아 있지 못합니다. 천국에는 뛰는 사람도 없을 겁니다. 급할 일이 뭐가 있겠습니까? '천국은 느리다'는 말이 아닙니다. 우리가 너무 급하고 바쁘다는 말입니다.

여러분, 우리는 말씀으로 싸우는 사람들입니다. 무엇을 하든지 말씀으로 싸우십시오. 말씀의 다스림을 받는 곳에는 안식이 옵니다. 그것이 하나님을 기쁘게 합니다. 안식일을 넓혀 갑시다. 내 안에 용서받지 못한 부분이 무엇인지 찾아보십시오. 내 속에 있는 분노가 없어져야 합니다. 용서를 누려야 합니다. 가정이 말씀의 다스림을 받을 때 부부가 싸울 이유가 없고 언성을 높여야 할 이유가 없습니다. 말씀이 없기 때문에 싸우는 것입니다. 말씀이 없기 때문에 서로에게 책임을 전가하는 것입니다.

성령이 우리에게 임하시게 하십시오. 그러면 자기 욕심을 위하여 달려가지 않습니다. 우리는 믿기는 믿는데, 너무나 안식이 없는 상태에서 믿고 있습니다. 여러분, 어디를 향하여 그렇게 급히 달려가고 있습니까? 거기에는 안식이 없습니다.

참된 안식은 하나님의 용서가 있는 곳에 있습니다. 영원한 기쁨이 거기에 있습니다. 내 속에서 갈등이 그친 거기에 안식이 있습니다. 하나님의 용서를 받은 자는 더 큰 안식으로 나아갈 수 있습니다. 그는 더 큰 평화를 맛보게 될 것이며, 고난 중에 주님이 얼마나 큰 안식과 평화로 지켜 주시는지 체험하게 될 것입니다.

사랑하는 성도 여러분, 주님은 우리가 죄를 자발적으로 물리치고 하나님을 섬기는 자가 되게 하시려고 최초의 안식이 깨지는 것을 허락하셨습니다. 억지로 믿지 마십시오. 억지로 믿는 사람은 아무것도 모르는 사람이고 성경을 믿지 않는 사람입니다. 하나님의 창조를 믿지 않는 사람입니다.

우리에게는 참된 안식이 남아 있습니다. 우리는 이 안식을 성령 충만한 가운데서 미리 맛보고 있으며 또 맛보아야 합니다. 여기서 성령이 부어져서 우리 속에 있는 갈등과 분노가 끝나야 합니다. 이 안식을 위하여 말씀으로 싸우십시오.

8
생명의
언약

요즘 전직 대통령의 비자금 문제로 온 나라가 시끄럽습니다. 나라를 다스리라고 대통령 자리를 맡겼더니 나라 전체를 도둑질했다고 해서 국민들이 아주 분노를 느끼고 있습니다. 만약 하나님께서 우리 한 사람 한 사람에게 마음대로 다스릴 수 있는 나라를 맡겨 주신다면 어떻게 하겠습니까? 요즘 문제가 되고 있는 전직 대통령처럼 한번 실컷 돈을 끌어모아 보겠습니까? 아니면 정말 깨끗한 마음으로 의롭고 정직하게 나라를 다스려 보겠습니까?

　　오늘 본문은 하나님께서 만드신 한 작은 나라를 우리에게 소개해 주고 있습니다. 이 나라는 아주 작은 초미니 국가였습니다. 영토라고 해봐야 작은 동산 하나밖에 없었습니다. 그러나 이 작은 나라는 이 세상의 모든 운명을 결정하는 아주 중요한 나라였습니다. 4절을 보십시오.

> 여호와 하나님이 천지를 창조하신 때에 천지를 창조하신 대략이 이러하니라

여기에서 '대략'이라고 하는 것은 '좀더 상세한 설명'이라

는 뜻입니다. 지금까지 설명된 것이 무엇입니까? 그것은 천지 창조에 대한 설명이었습니다. 하나님께서는 아무것도 없는 혼돈과 무에서 이렇게 아름다운 천지와 그 가운데 있는 모든 것을 창조하셨습니다. 하나님의 능력과 지혜를 가장 잘 볼 수 있는 것이 창조입니다. 아무리 무지하고 자기 밖에 모르는 미련한 사람이라 하더라도 하나님이 만드신 이 모든 자연이나 생물들을 보면 감히 하나님의 능력을 부정할 수가 없습니다.

지금까지 설명된 것은 이 모든 것을 만드신 하나님이 분명히 존재하신다는 것입니다. 성경은 살아 계실 뿐 아니라 능력이 있으며 지금도 우리에게 말씀하시는 그 하나님이 이 모든 것을 만드셨다고 소개하고 있습니다. 하나님의 창조와 능력으로 모든 것이 끝난다면 얼마나 간단하겠습니까? 그러나 이 세상은 그렇게 간단한 것이 아닙니다.

창조의 능력은 서론에 불과합니다. 이제 모세는 좀더 본격적으로 우리의 본질적인 문제에 접근해 가고 있습니다. '하나님이 누구신가', '하나님께서 어떻게 이 세상을 만드셨는가'는 서론에 지나지 않습니다. 모세는 이제 본론으로 들어가서 '그 능력의 하나님과 우리가 지금 어떤 상관이 있는가' 하는 것으로 문제를 좁혀 들어가고 있습니다.

여기에 나오는 '대략'이라고 하는 것은 지금까지 설명한 창조의 내용을 다시 반복해서 상세하게 설명하겠다는 뜻이 아닙니다. 모세는 이제 본론으로 들어가서 이 모든 것을 창조하신 능력의 하나님과 우리가 무슨 상관이 있는가, 그 하나님 앞에서 우리는 어떤 존재인가 하는 본론으로 들어가겠다는 의미로서 '대략'이라는 말로 이야기를 시작하고 있습니다.

최초의 하나님 나라

첫째로 본문이 말씀하고 있는 것은 최초의 하나님 나라에 대한 것입니다. 성경은 하나님께서 이 세상의 모든 것을 창조하셨을 뿐만 아니라 그 가운데 아주 작은 하나님의 나라를 만드셨다고 밝히고 있습니다.

이 하나님의 나라는 아주 작은 나라였습니다. 그래서 오늘 본문은 '동산'이라고 표현하고 있습니다. 그것은 영토가 아주 작다는 뜻입니다. 사람이라고 해봐야 두 명밖에 없었습니다. 그것도 한 사람은 남자고 다른 한 사람은 여자였습니다. 이 나라에는 동물들이 아주 많지만, 그렇다고 해도 한 종류에 한 쌍뿐이었습니다. 에덴은 아주 작은 초미니 왕국이었습니다. 이것이 바로 이 땅에 최초로 시작하신 하나님의 나라였습니다.

> 여호와 하나님이 천지를 창조하신 때에 천지의 창조된 대략이 이러하니라 여호와 하나님이 땅에 비를 내리지 아니하셨고 경작할 사람도 없었으므로 들에는 초목이 아직 없었고 밭에는 채소가 나지 아니하였으며 안개만 땅에서 올라와 온 지면을 적셨더라(2:4-6).

참으로 이상한 일입니다. 하나님께서 천지를 창조하시고 이 땅에 많은 초목이 나게 하셨는데 아직 비가 내리지 않아서 땅에는 초목도 없었고 밭에는 채소가 없었다고 합니다. 하나님께서 하늘을 만드셨을 때 이미 하늘은 궁창 위에 있는 물과 궁창 아래 있는 물로 나뉘어서 수증기는 올라가고 비는 내려서 순환하는 구조로 설계되었다는 것을 우리는 살펴보았습니다. 그런데 실제로 비는 아직 내리지 않고 있었습니다.

공장에 기계를 설치해 놓았다고 해서 기계가 저절로 돌아가는 것이 아닙니다. 기계가 돌아가려면 동력이 연결되어서 에너지가 공급되어야만 합니다. 마찬가지로 하나님께서 하늘을 만드셨을 때 수증기가 증발하고 비가 내리도록 설계를 하셨지만, 아직까지 하나님의 허락이 없었기 때문에 비는 내리지 않고 수증기는 순환하지 않았습니다. 모세는 비가 오는 문제 역시 하나님이 구체적으로 간섭하신다고 말하고 있습니다.

땅에 흙이 덮였다는 것은 이미 경작이 전제되어 있다는 것입니다. 땅의 대부분은 반석과 용암으로 되어 있습니다. 그러나 그 표피를 하나님께서 흙으로 덮으셨을 때에는 이미 경작할 의도가 있었다는 것입니다. 그러나 경작할 사람이 없었기 때문에 밭에는 아무것도 나지 않았습니다.

무슨 말입니까? 하나님이 이 세상의 자연 법칙만 만드셨고, 나머지는 모두 자동적으로 돌아가도록 하신 것이 아니라는 것입니다. 비가 내리고 식물이 자라는 이 모든 과정은 저절로 돌아가지 않습니다. 이 하나하나에 하나님의 에너지가 공급되어야 하며, 하나님이 허락하시고 축복하셔야 합니다.

여러분, 하나님을 우리에게서 멀리 떨어져 계신 방관자로 생각하지 마십시오. 하나님께서 모든 것을 다 있게 하셨다 하더라도 하나님의 에너지가 공급되지 않으면 돌아가지 않습니다. 하나님이 우리에게 축복을 예비하셨고 모든 일이 이루어지도록 계획을 세우셨다 하더라도 하나님이 스위치를 누르지 않으시면 돌아가지가 않습니다. 큰 기적만 하나님이 일으키시고 비가 오는 것이나 채소가 자라는 것은 저절로 된다고 생각해서는 안 됩니다. 오늘 성경이 이야기하는 것은 모든 것이 다 갖추어졌다 하더라도 하나님이 허락하지 않으면 비도 내리지 않고 채소도 생기지 않는다는 것입니다.

또한 하나님께서는 아주 작은 동산을 하나 창설하셨습니다.

여호와 하나님이 동방의 에덴에 동산을 창설하시고 그 지으신 사람을 거기 두시고 여호와 하나님이 그 땅에 보기에 아름답고 먹기에 좋

은 나무가 나게 하시니 동산 가운데에는 생명나무와 선악을 알게 하
는 나무도 있더라 강이 에덴에서 발원하여 동산을 적시고 거기서부터
갈라져 네 근원이 되었으니 첫째의 이름은 비손이라 금이 있는 하윌
라 온 땅에 둘렸으며 그 땅의 금은 정금이며 그곳에는 베델리엄과 호
마노도 있으며 둘째 강의 이름은 기혼이라 구스 온 땅에 둘렸고 셋째
강의 이름은 힛데겔이라 앗수르 동편으로 흐르며 넷째 강은 유브라데
더라(2:8-14).

동산이라고 하는 것은 아주 작은 지역을 말합니다. 하나님
께서는 이 작은 땅에 필요한 모든 것을 갖추어 주시면서 사람과 다
른 짐승들이 살게 하셨습니다. 이 동산의 이름은 '에덴'인데, '기쁨'
이라는 뜻입니다. 즉 에덴은 기쁨의 동산, 'Garden of Joy'였습니
다. 이 동산은 과일 나무가 아주 많고, 먹음직스러운 열매가 많다는
것이 특징이었습니다. 다시 말해서 먹을 것으로는 걱정할 필요가
없는 나라가 바로 이 기쁨의 나라였습니다.

그뿐만 아니라 물이 아주 풍부해서 물 걱정을 할 필요도 없
었습니다. 비가 오지 않았는데 무슨 강이 흘렀느냐고 생각할지 모
르지만, 아마 사람이 생긴 후에 바로 비가 내렸든지 지하수에서 흘
러나왔을 것입니다. 에덴을 감고 흐르는 물이 얼마나 풍부했던지,
네 개의 강이 되어서 흘러 내려갔습니다.

그 첫째 강 이름은 비손인데, 지금의 어느 강인지 알 수 없습
니다. 하윌라라는 곳에 흘렀다고 하는데 구체적으로 하윌라가 어딘
지 알려져 있지 않습니다. 하윌라에는 금이 있었는데, 그 금은 아주
순수한 정금이었습니다. 그리고 베델리엄과 호마노라는 보석도 있
었습니다.

성경에는 보석이 여러 곳에 많이 나타나고 있습니다. 나중
에 모세가 성전을 지을 때 성전 안을 모두 금으로 입혔습니다. 벽도
금이고, 안에 있는 기물도 전부 금이었습니다. 그리고 제사장이 입

는 옷에는 12개의 보석이 달려 있었습니다. 계시록에 보면 천국의 문이 열두 보석으로 되어 있다고 말씀하고 있습니다. 성경에서 보석은 변하지 않는 아름다움, 불변하는 가치를 상징합니다.

이 최초의 남녀는 하윌라 땅에 가본 적이 있는 것 같습니다. 그들은 거기에서 정말 아름다운 것을 보았습니다. 그들은 금을 보았고 베델리엄과 호마노 같은 보석을 보았습니다. 아마 절벽이 너무너무 빛나서 긁어 보니 금이었을지도 모릅니다. 아마 이 두 남녀의 마음속에 영원히 남는 아름다운 곳은 바로 이 하윌라 땅이었을 것입니다. 여러분 마음속에도 아마 그런 곳이 있을 것입니다. 어렸을 때 부모님이나 오빠와 함께 놀러 갔는데 너무 아름다워서 내 마음의 고향처럼 남아 있는 곳 말입니다. 그러나 나중에 가 보면 개발이 되어 있거나, 옛날에 빠져 죽을 것 같았던 시냇물은 어떻게 목욕을 했나 싶게 너무 작고, 커다랗던 운동장은 손바닥만 해서 실망하는 경우가 많습니다. 에덴도 좋았습니다. 그러나 하윌라에는 정금이 있고 절벽에 보석들이 박혀 있어서 너무나 아름다웠습니다. 그들은 에덴에 있으면서도 하윌라 땅에 다시 한 번 가보기를 소망했을 것입니다.

둘째 강은 기혼인데 구스 땅에 둘렸다고 말씀하고 있습니다. 원래 구스 땅은 이집트입니다. 그러나 여기 나오는 구스는 이집트가 아닌 것 같습니다. 이집트를 흐르는 강은 나일 강인데, 이스라엘 백성들이 흔히 알고 있는 이름으로 표현하지 않고 기혼 강이라는 다른 이름을 썼기 때문입니다. 이 강이 어느 강인지 우리는 알길이 없습니다.

그러나 셋째와 넷째 강은 아직도 그 이름이 남아 있습니다. 셋째 강은 힛데겔인데 이것은 티그리스 강입니다. 넷째 강은 유브라데스 강입니다. 티그리스 강과 유브라데스 강은 우리나라의 압록강과 두만강처럼 아주 가까운 곳에서 발원하여 서로 다른 쪽으로 흘러가고 있습니다. 아마 비손과 기혼도 티그리스와 유브라데스 강

옆에 있던 강인데 없어진 것이 아닐까 생각합니다.

하나님은 에덴동산에 사람이 그냥 살게 하시지 않았습니다.

여호와 하나님이 그 사람을 이끌어 에덴에 두사 그것을 다스리며 지
키게 하시고(2:15).

하나님께서는 사람에게 책임을 주셨습니다. 그 책임은 그
곳을 잘 다스리고 지키는 것입니다. 여기서 '다스린다'고 하는 것은
거기에 있는 동물들을 잘 돌보아 주고 거기에 있는 땅을 경작해서
농사짓는 것을 말합니다. 물론 자기들만 먹으려고 농사짓는 것이
아닙니다. 때로는 동물들에게 주어야 합니다.

'지킨다'고 하는 것은 함부로 그곳을 떠나지 않는 것입니다.
짐을 지키듯이 이 기쁨의 동산을 잘 지키는 것이 그들에게 주어진
책임이었습니다. 사람이 사는 집과 사람이 살지 않는 집은 금방 차
이가 납니다. 사람이 살고 있는 곳은 활기가 있고 생명력이 있지만
사람이 없는 곳은 썰렁하고 무언가가 죽어 있습니다.

그러나 우리가 알아야 할 것은 이 작은 동산이 그냥 동산이
아니라는 것입니다. 이 동산은 하나님의 나라였습니다. 거기에 하
나님의 법이 있었기 때문입니다. 법이 있는 곳은 나라입니다. 법에
대해서는 잠시 후에 다시 설명하겠습니다. 이 나라의 주인은 하나
님이셨고 여기에 가면 언제든지 하나님을 만날 수 있었습니다. 그
래서 하나님 나라입니다. 사람은 거기서 하나님의 대신하는 위치에
있었습니다. 마치 부인들이 집에서 식구들을 돌보아 주듯이 하나님
을 대신해서 다른 동물들과 식물들을 돌보아 주고 먹여 주고 치워
주는 일을 열심히 했습니다. 그들의 지위는 하나님 다음이었습니
다. 그들은 하나님의 형상을 가지고 있었으며, 하나님께서는 그 작
은 나라를 이 두 사람에게 완전히 맡기셨습니다.

이 최초의 나라는 하나님이 계신 나라였습니다. 하나님이

다스리는 나라입니다. 하나님의 영광이 있는 나라입니다. 의와 정의가 통치하는 나라입니다. 사람은 그곳에서 하나님을 대신하는 가장 높은 자리에서 청지기로서 그 나라를 맡아서 열심히 다스리고 있었습니다. 이것이 최초의 하나님 나라의 모습입니다.

그러나 죄가 들어오고 나서 이 세상은 하나님의 통치를 떠났습니다. 사람들은 자기 마음대로 왕을 세워서 다스렸습니다. 힘이 센 사람이 왕이 되었습니다. 그러나 하나님께서는 이 하나님의 나라를 완전히 포기하지 않으셨습니다. 애굽에서 노예 생활하고 있는 이스라엘 백성들을 이끌어 내셔서 그들로 하나님의 백성을 삼으시고 그들을 다시 하나님 나라로 만드셨습니다. 지금 그 백성들이 모세의 설교를 듣고 있습니다.

그들의 나라는 바로 이 작은 나라에서 시작한 것입니다. 에덴동산에 하나님이 계셨듯이 지금 이스라엘 백성들 가운데도 하나님이 계십니다. 그러므로 이스라엘 백성들은 이 작은 나라를 통해서 무엇을 해야 하고 무엇을 하지 말아야 하는지 배워야 합니다.

오늘날 교회는 하나님의 나라입니다. 우리는 사람을 만나기 위해서 여기 온 것이 아니고 사람의 설교를 듣기 위해서 여기 온 것도 아니며, 하나님의 백성으로서 하나님을 만나고 하나님의 다스림을 받으며 하나님의 은혜를 받고 하나님의 영광의 얼굴을 뵙기 위해 여기에 온 것입니다. 우리도 이 작은 나라에 관심을 가져야 합니다. 우리가 하나님의 백성으로서 해야 할 것은 무엇이고 하지 말아야 할 것은 무엇인지 이 작은 나라를 통해 배워야 합니다.

하나님은 흙으로 사람을 만드셨다

둘째로 하나님께서 우리에게 말씀하시고 있는 것은 사람을 흙으로 만드셨다는 것입니다. 오늘 본문은 하나님께서 사람을 어떻게 만드셨는지 비교적 상세하게 설명하고 있습니다. 이것은 우리와 하나님의 관계를 본격적으로 설명하기 위한 것입니다. 이것이 본론입니다. 여기서부터 성경의 본론이 시작되고 있습니다.

> 여호와 하나님이 흙으로 사람을 지으시고 생기를 그 코에 불어 넣으시니 사람이 생령이 된지라(2:7).

이것은 우리가 아주 잘 아는 내용입니다. 하나님께서 사람을 흙으로 빚으시고 그 코에 생기를 불어 넣으시니 움직이며 돌아다니는 사람이 되었습니다. 우리는 이 장면을 읽으면서 하나님께서 흙을 잘 뭉쳐서 인형 모양을 만들고 코에 '훅' 하고 숨을 불어넣는 장면을 연상합니다. 그러나 하나님께서 진짜 그렇게 하신 것이 아닙니다. 이것은 하나님의 활동을 잘 이해할 수 있도록 마치 하나님이 사람인 것처럼 우리에게 설명해 놓은 말일 뿐입니다.

사람을 '흙'으로 만드셨다고 하는 것은 사람의 본질이 흙이라는 뜻입니다. 물론 하나님께서 흙을 재료로 사용하셨다는 것을 부정하지 않습니다. 그러나 중요한 것은 하나님이 어떻게 흙을 빚어서 사람을 만들었느냐 하는 것이 아니라 사람의 본질입니다. 사람의 본질은 흙입니다. 다시 말해서 사람은 하나님 앞에 참으로 보잘것없는 존재라는 뜻입니다.

사람에게 하나님의 형상이 있고 하나님의 지혜가 있고 하나님이 주신 여러 가지 성품들이 있다고 해서 우리 자신을 하나님이라고 생각해서는 안 됩니다. 우리는 흙입니다. 티끌입니다. 땅에 속한 자들입니다. 사람이 죽으면 흙으로 돌아갈 수밖에 없는 것은 흙이 우리의 본질이기 때문입니다. 우리의 본질은 우리가 밟고 다니는 흙입니다. 그 이상 아무것도 아닙니다. 우리가 아무리 지혜가 있고 능력이 있고 권세가 있다고 하더라도 우리의 본질은 우리가 밟고 다니는 흙과 다를 것이 아무것도 없습니다. 우리는 하나님 앞에서 보잘것없는 티끌입니다. 불면 날아갈 수밖에 없는 연약한 존재입니다.

사람이 흙으로 만들어졌다는 이 사실은 우리의 생명을 하나님께 의존할 수밖에 없으며, 우리는 하나님을 떠나면 언제든지 티끌처럼 날아가 버리는 존재임을 암시하고 있습니다. 우리가 살 수 있는 것은 하나님의 은혜와 사랑이 있기 때문입니다. 그것이 없어지는 날 우리는 한 줌의 흙으로 돌아갈 수밖에 없습니다. 이것이 우리의 본질입니다.

'하나님이 그 코에 생기를 불어 넣으셨다'고 하는 것은 하나님이 직접 우리에게 생명을 주셨다는 뜻입니다. 우리는 부모님을 통해서 태어나지만 우리에게 생명을 주신 분은 하나님이십니다. 그래서 우리는 하나님을 '아버지'라고 부를 수 있습니다. 하나님께서 일일이 한 명 한 명의 코에 바람을 불어넣으신 것이 아닙니다.

여기에서 '생령'이라는 말이 아주 중요합니다. 생령이라고 하는 것은 살아서 움직이는 사람을 말합니다. 하나님이 사람에게 생명을 주심으로써 살아 움직이게 하셨다는 것입니다. 혼자 숨을 쉬고 생각도 하고 활동도 하는 존재가 되었습니다.

그러나 생령은 자기 혼자만 살아 있는 존재입니다. 생령은 자기 혼자 살아 있을 뿐이지 다른 사람에게 생명을 나누어 줄 수 없습니다. 우리 인간들은 모두 자기 혼자만 살 수 있습니다. 우리는 서로 어울려서 살고 부부로서 함께 삽니다. 그러나 남편의 생명을 아내에게 나누어 줄 수 없고, 아내의 생명을 남편에게 나누어 줄 수 없습니다. 다른 사람을 아무리 죽지 않게 하려고 해도 죽는 사람을 말릴 수가 없습니다. 왜냐하면 생명을 주시는 분은 하나님 한 분밖에 없기 때문입니다. 그래서 고린도전서 15장 45절은 이렇게 말씀하고 있습니다.

기록된 바 첫 사람 아담은 산 영이 되었다 함과 같이 마지막 아담은 살

<u>려 주는 영이 되었나니</u>

첫 사람 아담은 자기 혼자만 살아 있었습니다. 그러나 그리스도는 다른 사람을 살려 주는 영이었습니다. '생령'이 아니고 '생명을 주는 영'이십니다. 모든 사람은 자기에게 주어진 생명을 가지고 살다가 죽습니다. 그러나 그리스도는 특히 십자가에서 죽으셨다가 부활하신 후에 모든 사람들에게 생명을 주는 영이 되셨습니다.

여러분, 육체를 자랑하지 마십시오. 인물을 자랑하지 마십시오. 직업을 자랑하지 마십시오. 돈이 많은 것을 자랑하지 마십시오. 우리는 하나님 앞에서 다 티끌 같은 존재들입니다. 우리를 살리는 것은 하나님의 사랑과 은혜입니다. 내가 가지고 있는 돈이나 지식이나 직업은 내 생명을 1초도 연장시키지 못합니다.

하나님은 우리가 하나님 앞에서 티끌과 같은 존재이며 하나님의 은혜 없이는 한 순간도 살 수 없다는 이 사실을 인정하기를 원하고 계십니다. 그러는 사람에게 하나님은 생명을 주십니다. 아무것도 의지하지 마십시오. 나에게 있는 것을 자랑하지 마십시오. 그것은 우리가 밟고 다니는 흙과 다를 것이 없습니다. 성경은 우리가 코로 숨만 쉬지 못해도 죽는 존재라고 말씀하고 있습니다.

하나님의 언약

셋째로 하나님 나라에는 법이 있었고 언약이 있었습니다. 하나님께서는 아주 좋은 낙원을 만드셔서 사람이 아무 걱정 없이 살게 하신 것이 아닙니다. 그렇게만 하셨다면 문제될 것이 없습니다. 그러나 그 작은 동산은 하나님의 나라였고, 그렇기 때문에 하나님의 법이 있었습니다. 하나님께서는 이 법을 두 그루의 나무로 표현하셨습니다.

> 여호와 하나님이 그 땅에서 보기에 아름답고 좋은 나무가 나게 하시
> 니 동산 가운데에는 생명나무와 선악을 알게 하는 나무도 있더라(2:9).

대단히 이해하기 어려운 부분입니다. 이것 때문에 인간의
운명이 결정되었습니다. 또한 믿지 않는 사람들이 기독교에 가장
불만을 표시하는 부분도 바로 이 부분입니다. 그들은 "왜 하나님은
선악을 알게 하는 나무를 만들어서 우리를 타락시켰느냐?" 하고 불
평하면서 기독교를 공격합니다. 선악과가 없었으면 인간의 타락도
없었을 것이 아니냐는 것입니다. 물론입니다. 선악을 알게 하는 나
무가 없었더라면 타락도 없었을 것입니다.

본문에 먼저 나타나는 것은 '생명나무'입니다. 우리는 이 생
명나무가 구체적으로 어떤 나무인지 알지 못합니다. 그러나 분명한
것은 하나님께서 이 나무를 통하여 흙에 불과한 우리 인간들에게
영원한 생명을 약속하셨다는 사실입니다. 이 나무의 이름이 생명나
무인 것은, 인간들이 하나님의 말씀에 순종할 때 영원한 생명을 주
시겠다고 하나님이 약속하셨기 때문입니다. 사람의 본질은 흙입니
다. 그러나 하나님께서는 흙 이상의 영광스러운 특권을 주시기 위
해 약속을 주셨습니다.

이 생명나무 자체를 무슨 효력을 가진 나무로 생각하면 안
됩니다. 이 나무 자체에 무슨 신비한 힘이 있어서 그 열매를 먹기만
하면 천년만년 죽지 않고 살게 되는 것이 아닙니다. 영원한 생명은
이 나무의 열매에서 나오는 것이 아니고 하나님의 말씀에서 나옵니
다. 그러나 그때에는 문자가 없었기 때문에 이 나무를 표시로 해서
약속하신 것입니다. 이 나무가 법입니다. 이 나무는 하나님이 약속
을 새겨 놓으신 법입니다.

이것이 바로 인간이 하나님과 맺은 최초의 언약입니다. 하
나님은 만약 우리가 하나님이 우리를 만드신 선한 뜻에 충실하게
살기만 한다면, 온 마음과 뜻과 정성을 다해 그대로 살기만 한다면,

우리가 흙임에도 불구하고 흙이 아닌 영원한 영광의 본질을 주시겠다고 약속하신 것입니다.

　하나님께서 우리를 만드실 때 원하신 것은 예수님처럼 우리의 생각과 몸과 의지와 모든 것이 하나님의 뜻대로 자발적으로 움직여지는 것입니다. 하나님은 우리가 예수님처럼 내 생각, 내 고집, 내 욕심을 버리고 온 삶을 하나님의 뜻에 쳐 복종시키면 영원한 생명을 주시겠다고 약속하셨습니다. 어떤 것도 하나님과 나 사이를 뗄 수 없도록 철저하게 하나님을 의존한다면, 고난이 오고 어려움이 오고 유혹이 오고 가난이 오고 질병이 온다고 하더라도 하나님께 철저히 붙어있기만 한다면, 하나님은 우리에게 영원한 생명을 주실 것입니다. 하나님은 그 약속을 이 나무에 새겨 놓으신 것입니다.

　하나님께서 우리를 만드신 목적이 무엇입니까? 완전히 하나님께 매달리게 하는 것입니다. 내 생각과 의지와 감정이 하나님과 따로 놀지 않는 것입니다. 하나님께서는 이 몸을 가지고 호의호식하면서 제멋대로 기분 좋게 살라고 사람을 만드신 것이 아닙니다. 이 몸은 잠깐입니다. 흙의 인생은 정말 짧습니다. 800년, 900년 산다 해도 하나님께서 주시려는 영원한 생명에 비하면 너무나 짧은 것이고 보잘것없는 것입니다. 에덴동산에서 천년만년 살아도 흙은 흙입니다. 하나님의 목적은 에덴동산을 영원히 연장시키는 것이 아닙니다. 하나님께서는 전혀 다른 새로운 생명, 새로운 삶을 우리에게 주시기 위해서 이 영원한 언약을 나무에 새겨 놓으셨습니다.

　여러분, 이 짧은 인생에서 어떤 지위를 가지고 어떻게 살았느냐가 중요한 것이 아닙니다. 인간에게 중요한 것은 이 흙의 인생 다음의 인생입니다. 이것은 예비 인생에 불과합니다. 여기에 모든 의미를 부여하면 안 됩니다. 흙은 흙이에요. 에덴에 살아도 흙입니다. 미국에 살아도 흙이고 고급 아파트에 살아도 흙입니다.

　하나님께서는 우리와 행위 언약을 맺으셨습니다. 은혜 언약이 아닙니다. 우리가 자발적으로 내 복잡한 생각과 의지와 감정을 하나님께 복종시키고 유혹과 시험이 와도 하나님을 철저히 따른다면 하나님께서는 흙 이상의 영광된 몸을 우리에게 주실 것이며, 성삼위 하나님의 영원한 영광으로 우리를 초청하겠다고 약속하셨습니다.

시험이 옵니다. 유혹이 옵니다. 과일 열매가 맺히지 않는 날도 올 것입니다. 그래도 그것을 이기고 하나님께 복종하기를 하나님은 원하셨습니다. 그렇게 하기만 하면 우리는 이 흙의 인생이 아니라 하늘의 영광의 인생을 살게 될 것입니다.

또 다른 나무가 하나 있었습니다. 이것은 생명의 언약의 또 다른 한 측면을 보여 주는 나무입니다. 같은 약속인데 다른 측면에서 다시 한 번 보여 주는 것입니다. 하나님께서는 이 나무의 이름을 '선악을 알게 하는 나무'라고 지으시고, 이 나무와 이 나무의 열매를 따 먹는 행위를 통하여 인간의 마음속에 있는 의도를 드러내고자 하셨습니다. 16절과 17절 말씀을 보십시오.

여호와 하나님이 그 사람에게 명하여 가라사대 동산 각종 나무의 실과는 네가 임의로 먹되 선악을 알게 하는 나무의 실과는 먹지 말라 네가 먹는 날에는 정녕 죽으리라 하시니라

여러분, 선악을 알게 하는 나무 자체에 무슨 힘이 있다고 생각하지 마십시오. 생명나무처럼 이것도 평범한 나무였습니다. 그냥 보기에 좋고 먹음직한 열매를 맺는 나무였을 뿐입니다. 중요한 것은 하나님의 언약입니다. 하나님께서는 이 나무를 통하여 우리 인간 마음속에 있는 의도를 드러내기를 원하셨습니다. 생각하는 것이 선한 것이냐 악한 것이냐, 하나님께 순종하기를 원하느냐 거역하기를 원하느냐 하는 그 의도를 나무 열매를 따 먹는 행위를 통해서 드러내시겠다는 것입니다.

최초의 인간은 처음에 이 작은 나라의 청지기로 만족했습니

다. 모든 것이 기쁨이었습니다. 그러나 그들의 마음속에 교만과 욕심이 찾아왔습니다. 하나님을 이 나라에서 몰아내고, 이 나라를 아담과 하와의 나라로 만들고자 하는 욕심이 들어왔습니다. 이제는 청지기로 사는 것이 불만족스럽습니다. 완전히 내 것으로 만들고 싶습니다.

하나님께 대한 반역이 머리를 들기 시작했을 때, 그들은 어떻게 하면 하나님을 이 나라에서 몰아낼 것인가를 생각하기 시작했습니다. 하나님을 몰아내려면 하나님이 싫어하는 짓을 하면 됩니다. 그것이 무엇입니까? 선악을 알게 하는 나무 열매를 따 먹는 것입니다. 그러면 하나님께서 그들을 싫어해서 자동적으로 이 나라를 떠나실 것이고, 그러면 이 나라는 그들의 나라가 될 것입니다. 그래서 그들은 마귀의 유혹을 받아들여서 하나님이 가장 싫어하시는 행동을 한 것입니다.

선악을 알게 하는 나무의 열매를 따 먹은 것은 의도적인 반역이었습니다. 먹을 것이 없어서 할 수 없이 따 먹은 것이 아닙니다. 호기심으로 따 먹은 것도 아닙니다. 하나님을 그 나라에서 몰아내기 위해서, 그 나라를 차지하기 위해서, 의도적으로 속에 있는 악한 생각을 드러냈던 것입니다.

하나님께서 말씀하신 것이 무엇입니까? 우리가 하나님의 뜻에 불순종하면 반드시 죽는다는 것입니다. 히브리 성경에서는 '정녕 죽으리라'는 말을 '죽고 또 죽으리라'는 표현으로 기록하고 있습니다. 반드시 죽는다는 것입니다. 육체적인 목숨을 잃는 것만이 아니라 하나님과의 생명력 있는 교제가 영원히 끊어진다는 뜻입니다.

하나님께서 우리에게 계속 힘을 주시고 생명력을 주시지 않으면 우리는 티끌로 돌아갈 수밖에 없습니다. 여러분, 요즘 티끌같이 살고 있지 않습니까? 움직일 때마다 먼지가 풀썩거리고, 저녁에 집에 들어오면 흙덩어리처럼 쓰러져 잡니다. 왜 그렇습니까? 신앙생활을 안 하기 때문입니다. 하나님이 생명을 주시지 않으면 우리는 비참한 흙에 불과합니다.

그러나 하나님 앞에서 겸손하면 절대로 망하지 않습니다. 하나님 앞에서 자기 자신을 낮추는 자, "하나님, 도와주십시오. 오늘도 하나님 힘으로 살겠습니다" 하는 자는 절대로 망하지 않습니다. 망할 수가 없습니다. 이것이 하나님의 영원한 언약입니다. 그러나 교만하게 자기를 믿고 하나님 없이 사는 사람은 자기도 모르는 사이에 티끌로 변해서 먼지가 되는 것을 경험하게 될 것입니다.

하나님의 진리가 가지는 모순이 무엇입니까? 죽으면 산다는 것입니다. 자신을 하나님의 뜻에 쳐 복종시키며 살길이 없어 보일 때에도 하나님만 붙들면 삽니다. 반드시 살게 되어 있습니다. 사면초가라도 삽니다. 그러나 하나님 말고도 의지할 것이 많은 사람, 하나님 외에 자기 힘과 머리를 의지하고 사는 사람은 분명히 비참하게 망하게 되어 있습니다.

여러분, 오늘 우리들은 어떻게 살아가고 있습니까? 우리의 작은 영역 안에서 스스로 왕으로 살고 있지 않습니까? 내가 왕이 되어서 내 방식과 조금이라도 다르면 다 몰아냅니다. 엄마도 귀찮으니 나가라고 합니다. "엄마, 내 방에 들어오지 마세요! 여긴 내 나라예요." 무슨 나라입니까? 'Garden of Joy', 나의 기쁨의 동산입니다.

사람들은 자기 혼자 열심히 살려고 몸부림을 칩니다. 자기 자신이 하나님 앞에서 보잘것없는 티끌이라는 것을 인정하지 않습니다. 내 감정에 충실하고 자기 생각대로 삽니다. 그것은 내 영역에서 하나님을 몰아내는 것과 같으며 금지된 열매를 따 먹는 것과 같습니다. 그 결과가 무엇입니까? 무의미하고 비참한 모습으로 전락하는 것입니다. 열심히 살았지만 남는 것이 없습니다. 밤을 새워 가면서 몸부림쳤지만 그 결과는 비참합니다.

우리가 살 수 있는 유일한 길이 무엇입니까? 내 생각과 느낌을 의지하지 않고, 참으로 내가 하나님 앞에 티끌 같으며 하나님의 도움이 없이는 살 수 없는 존재임을 오늘 고백하는 것입니다. 하나님께서 우리에게 기대하시는 것이 무엇입니까? 내 힘으로 사는 것이 아닙니다. 이 세상은 내 힘으로 살기에는 너무나 벅찹니다. 하나님은 아예 처음부터 우리 힘으로 이 세상을 살라고 우리를 여기 두시지 않았습니다. 매일매일 하나님 주시는 힘으로, 하나님 주시는 은혜로 살라고 이 세상에 살게 하셨습니다.

여러분, 오늘 문제가 되는 것은 우리의 생각입니다. 우리는 생각은 죄가 아니라고 여깁니다. 그러나 모든 죄는 생각에서 시작됩니다. 생각을 지키지 못하기 때문에 죄가 파고들어 오는 것입니다. 그러므로 하나님을 내 영역에서 몰아내지 않으려면 내 생각을 지켜야 합니다. 내 생각에 하나님이 들어오셔야 하고 허망한 생각은 사라져야 합니다. 허망하고 헛된 생각을 하는 것은 하나님을 몰아내는 것이고, 금단의 열매를 따 먹는 것입니다. 왜 가치 없는 짐승처럼 아무거나 생각나는 대로 다 생각합니까? 머리는 생각나는 대로 다 생각하라고 있는 것이 아닙니다.

생각을 지켜야 합니다. 에덴동산을 지키듯이 내 머리를 지켜야 합니다. 인간의 책임은 다른 것이 아닙니다. "내 머릿속에 하나님이 기뻐하시지 않는 생각은 절대 못 들어온다!" 하는 것이 에덴동산을 지키는 것이고, 하나님께 나 자신을 드리는 첫 번째 일입니다. 미치는 게 무엇입니까? 생각을 못 지키는 것이 미치는 것입니다. 하나님께서는 무엇보다도 우리가 생각을 지키기를 원하십니다.

그리고 나서 감정을 하나님께 바쳐야 합니다. 하나님이 원하시는 감정, 기뻐하시는 감정으로 만들어야 합니다. 오늘날 사람들의 머리는 절간과 같습니다. 누구든지 들어올 수 있는, 주지 스님 없는 빈 절간 같습니다. 아무나 다 들어와요. 여우도 들어오고 개도 들어오고 귀신도 들어옵니다.

여러분, 참된 생명을 얻기 위해서 생각을 지키십시오. 아무리 내 눈앞에 위기가 왔다고 해도 생각을 지키십시오. "나는 이것에

지지 않는다. 나는 하나님을 의지하게 만들어졌다. 그러니 너는 내 생각에 못 들어온다! 절대 못 들어와!"

또한 자기감정을 지키십시오. 화가 난다고 해서 마구 화를 내고, 또 화내다가 울고 뒹굴지 마십시오. 정욕이 나를 지배하지 못하게 해야 합니다. 이것보다 더 치열한 싸움이 없습니다.

중요한 것은 다 마음에서 결정됩니다. 마음속에 하나님의 사랑이 임한 사람은 하지 못할 것이 없습니다. 사랑이 없기 때문에 견디지 못하는 것이지, 사랑만 충만하면 못할 것이 없습니다. 모든 어려움을 다 이겨 냅니다. 제가 결혼하는 형제자매들에게 꼭 부탁하는 것은 서로 사랑하는 사람과 결혼하라는 것입니다. 누가 결혼하라고 해서 하거나 어쩔 수 없어서 결혼하지 말고 정말 사랑하는 사람과 하라는 것입니다. 결혼 생활을 하다보면 직장을 잃는다든지 사업이 어렵게 된다든지 하는 위기가 서너 번 옵니다. 그러나 사랑하는 사람은 분명히 이것을 이겨 냅니다. 어떤 일이 있어도 이겨 냅니다. 그러나 사랑하지 않는 사람은 서로 욕을 합니다. "그러길래 내가 뭐라 그랬어!" "뭐라 그러긴 뭐라 그랬는데!" 하면서 싸웁니다. 그래서 그 어려움보다도 부부간의 내분(內紛) 때문에 잠을 못 이룹니다.

하나님의 사랑이 내 마음속에 있으면 어떤 어려움이 와도, 죽음 이상의 어려움이 와도 이깁니다. 반드시 이깁니다. 내 마음속에 하나님의 마음이 임하고 예수님의 마음이 임하고 성령 충만하면 어떤 곤경도 다 이기게 되어 있습니다.

우리가 우리 힘으로 하나님께 복종할 수 없기 때문에, 예수님께서는 자기 자신을 쳐서 죽기까지 복종하시고 우리의 죄를 다 속하시고 성령을 주셔서 두 번째 인생을 살게 하셨습니다. 그리스도인들은 모두 두 번째 인생을 살고 있는 사람들입니다. 우리의 첫 번째 인생은 실패했습니다. 우리가 그렇게 기뻐하면서 예수님께 감사드리는 이유가 무엇입니까? 나에게 새로운 생명, 두 번째 인생을 주셨기 때문입니다. 그런데 이 두 번째 인생을 또 첫 번째 인생처럼 허망한 생각과 정욕에 빠져서 낭비하겠습니까?

미련한 사람들은 교회에 나가고 적당하게 신앙생활하면 구원을 받는다고 생각합니다. 그러나 하나님을 그렇게 호락호락한 분으로 생각했다면 정말 오해한 것입니다. 하나님은 적당히 교회 나간다고 다 구원해 주는 그런 분이 아닙니다. 그는 우리로 하여금 생명나무의 약속을 지키게 하십니다. 그러므로 우리는 행해야 합니다. 내 생각과 감정을 완전히 하나님께 복종시키는 사람, 성령께 철저히 복종해서 그의 힘으로 사는 사람, 그 사람이 그리스도인입니다. 그 사람이 이 생명나무의 실과를 따 먹을 것입니다. 두 번째 인생에서 하나님이 우리에게 원하시는 것은 우리의 생각과 감정부터 완전히 하나님께 드리는 생활, 아담이 하지 못했던 그 생활을 하는 것입니다.

생명나무 실과를 먹기 위해서는 교회만 다녀서는 안 됩니다. 저에게 율법주의자라고 하지 마십시오. 율법과 복음은 껍질 하나 차이입니다. 하나님께서 원하시는 것은 행위입니다. 살아야 합니다! 행위가 우리를 구원하지 못합니다. 그러나 구원받은 사람은 행해야 합니다. 행함이 없는 사람은 그리스도인이 아닙니다.

우리는 성령의 능력으로 하나님이 원하시는 대로 살아야 합니다. 업적을 이야기하는 것이 아닙니다. 업적이라고 말하면 율법주의입니다. 그러나 이제는 정말 하나님의 뜻대로 살아야 합니다. 그래서 베드로 사도는 "이제는 그만! 육체의 정욕대로 사는 것은 지금까지로도 충분하다. 이 두 번째 인생은 그렇게 살지 말자"고 교인들에게 권면하고 있습니다.

'선데이 크리스천'은 영적인 문둥병자입니다. 고치기가 어려운 치명적인 문둥병자들입니다. 일주일 내내 크리스천이 아니다가 일요일에만 반짝 성경 들고 오는 사람은 가장 무서운 병에 걸린 줄 아십시오.

여러분, 주님이 주신 이 두 번째 인생을 그렇게 허망하게 살지 마십시오. 이제는 절대로 내 정욕, 내 생각대로 살아서는 안 됩니다. 철저히 내가 하나님 앞에서 티끌인 것을 생각하고 순간순간을 하나님이 주시는 힘으로 사십시오. 무엇을 하든지 예수님의 마음으로 하십시오. 예수님의 마음이 생기지 않으면 아무것도 하지 마세요. 선교나 봉사도 하지 마세요. 오직 모든 일을 예수님의 마음으로 하십시오. 그러면 엄청난 열매가 맺히는 것을 목격하게 될 것입니다. 그 열매는 하나님의 일이고 하나님의 능력이며 하나님의 손가락입니다.

오늘 본문이 우리에게 말씀하는 바가 무엇입니까?

하나님은 창조의 하나님이십니다. 그러나 더 중요한 것은 창조의 하나님과 나의 관계입니다. 하나님은 우리를 흙으로 만들었고 티끌로 만들었다고 말씀하셨습니다. 그것이 우리의 본질입니다. 뚱뚱한 사람은 티끌이 좀 많이 모인 것이고, 마른 사람은 좀 적게 모인 것입니다. 그러나 다 티끌입니다. 자기 머리를 자랑하지 마십시오. 인물을 자랑하지 마십시오. 롱다리를 자랑하지 마십시오. 다 티끌입니다. 하나님은 "나는 하나님의 도움 없이는 한 순간도 살 수 없다" 하는 사람을 천사보다 더 존귀하게 이끌어 올리십니다.

생명나무가 우리에게 보여 주는 것이 무엇입니까? 코로 호흡하는 것이 인생의 전부가 아니라는 것입니다. 먹고살기 위해서 분주하게 쫓아다니는 인생이 제일 불쌍한 인생입니다. 그렇게 사는 것은 군대 생활을 인생의 전부라고 생각해서 나머지 인생을 포기하는 것과 같습니다. 군대에서 상관이 야단쳐도 참는 이유가 무엇입니까? "제대하고 보자"는 거지요. 고참이 괴롭혀도 "제대하면 나도 차 몰고 다닌다" 하면서, 매일 날짜 지우면서 참는 겁니다. 여기에서의 삶은 너무 짧습니다. 무엇을 해도 중요하지 않습니다. 여기에서 내가 얼마나 똑똑하든, 인물이 잘났든 중요하지 않습니다. 이 인생은 너무 짧습니다. 여러분, 이 짧은 인생에 하나님이 원하시는 것은 이 인생을 하나님께 드리는 것입니다.

생각을 지키십시오. 아무거나 생각하는 사람이 제일 어리석은 사람입니다. 생각나는 대로 말하는 사람, 기분 나는 대로 떠드는 사람이 제일 어리석습니다. 하나님은 어떤 유혹이 오고 어려움이 와도 내 마음을 지키게 하셨습니다. 하나님은 "하나님을 사랑합니다. 하나님을 믿습니다. 저는 지금 굉장히 힘들어요. 그러나 하나님을 사랑합니다" 하는 사람을 너무나 사랑하셔서, 그 중심에 사랑을 퍼부어 주십니다. 그 속에 성령을 부어 주셔서 이 세상의 모든 어려움을 이기고도 남는 영광된 기쁨을 여기서 목격하고 맛보게 하십니다.

여러분, 어려움이 온다고 해서 원망하지 마십시오. 이길 수 있습니다. 취직을 겁내지 마세요. 공부를 겁내지 마세요. 결혼을 겁내지 마세요. 다 이길 수 있습니다. 하나님은 우리에게 정복하고 다스리라고 하셨습니다. 다 이길 수 있습니다. 아무것도 두려워하지 마세요. 힘센 사람 겁내지 마세요. 그도 인간이고 약점이 있습니다. 먹을 것이 없어도 두려워하지 마세요. 눈앞에 위험이 와도 두려워하지 마세요. 우리는 이길 수 있습니다. 어려움이 올 때 하나님을 사랑한다고 말씀드리십시오. "하나님, 저는 이 어려움을 이기고 하나님께 영광을 돌려드리겠습니다. 저는 분명히 이길 수 있습니다. 저에게 힘을 주세요!" 하고 기도하십시오. 우리에게는 하나님의 약속이 있지 않습니까?

이 제2의 인생만큼은 가장 멋지고 아름답게 살아야 합니다. 이제 다시 쓸데없이 방황하고 탕진하고 하나님이 싫어하시는 짓을 해서는 안 됩니다.

"우리에게 제2의 인생을 주신 주님, 감사합니다. 이제는 1분 1초라도 하나님 앞에 아름다운 삶을 살겠습니다. 염려하지 않겠습니다. 방황하지 않겠습니다. 두려워하지 않겠습니다. 이 삶을 가장 아름답게, 영광스럽게 살다가 죽게 해주십시오. 두 번째 삶을 하나님께 드리게 해주십시오. 무엇을 해야 할지는 모르겠지만 두려워하지 않습니다. 이 삶을 받아주십시오. 저에게 힘과 능력을 주십시오. 성령의 은혜로 살게 해주십시오!"

이것이야말로 우리가 드려야 할 기도입니다.

9

흙의 삶,
영광의 삶,
사망의 삶

저는 지난주에 아주 상반된 두 세계를 볼 수 있는 기회를 가졌습니다. 하나는 책을 통해서 본 세계이고 다른 하나는 제가 직접 경험하면서 본 세계였습니다.

저는 지난주에 오랜 지병을 수술했습니다. 상당히 간단한 수술일 줄 알았는데 꼭 그렇지는 않더군요. 마취가 풀리면서 고통이 시작되는데 한 순간 한 순간을 어떻게 보내야 할지 대책이 서지 않을 정도였습니다. 처음에 병원에 들어갔을 때 방마다 텔레비전이 있고 사람들이 그것을 크게 틀어 놓은 것을 보고는 아주 한심스럽게 생각했습니다. 그러나 제 자신에게 이 고통이 찾아왔을 때 처음에는 엎드려서 찬송도 몇 곡 부르고 영어 성경도 읽었는데, 고통이 더 심해지니까 저도 텔레비전을 틀어 놓게 되더라고요. 보려고 틀어 놓는 게 아닙니다. 그냥 틀어 놓고 있는 거지요. 고통 때문에 아무 생각도 나지 않았습니다.

그러던 중에 제가 읽은 책이 한 권 있습니다. 로이드 존스 목사님의 《내가 부끄러워하지 않는 복음》(I'm Not Ashamed)이라는 설교집이었습니다. 그 설교집은 '복음이 무엇인가? 복음은 바울처럼 감옥 안에서도 기뻐하는 것'이라고 말하고 있었습니다. 복음은 단순히 고통 중에 참고 인내하는 것이 아니라 기뻐하고 즐거워하는 것이라고 했습니다.

사실 그 책은 제게 은혜가 되기보다는 굉장한 거리감을 주었습니다. 저에게 필요한 것은 진통제였지, 그렇게 좋은 설교가 아니었습니다. 저에게 필요한 것은 텔레비전을 있는 대로 켜놓고 고통을 잊어버리는 것이었지, '복음은 고통 중에 기뻐하는 것'이라는 설교가 아니었습니다.

그때 저는 매주일 우리 교회에 오는 성도들의 심정을 생각했습니다. 우리 중에 평안한 상태에서 교회에 오는 사람은 아무도 없습니다. 에덴동산에서 이 과일 저 과일 따 먹다가 주일이 되니까 교회에 오는 사람은 아무도 없습니다. 많은 어려움과 번민과 고통 가운데 살다 보니 주일이 되고, 그래서 예배드리러 오는 겁니다. 그런데 귀에 들리는 말씀은 나의 현실과 너무나 거리가 있습니다. 당장 눈앞에 닥친 어려움을 도와주는 말씀이 아니고, 너무나 원론적이고 원칙적인 말씀만 듣습니다. 여러분은 아마 설교를 들으면서 저와 똑같은 심정이 되었을 것입니다. "다 옳은 말씀이야. 그러나 저 말씀이 현재 나와 무슨 상관이 있단 말인가?"

그러나 여러분, 우리는 어느 누구도 자기가 겪는 고통이 재발되는 것을 원치 않습니다. 고통은 한 번으로 끝나야지, 두 번 세 번 겪으면 도저히 견디지 못합니다. 성경이 말씀하고 있는 것이 무엇입니까? 우리가 몸을 가지고 있는 이상 한 번도 아프지 않고 한 번도 고민하지 않고 한 번도 염려하지 않고 살 수는 없다는 것입니다. 그러나 이런 일이 일어났을 때 텔레비전이나 켜놓고 진통제나 맞으면서 그 문제를 외면한 채 시간만 보낸다면 그 어려움은 계속해서 우리에게 닥쳐올 것입니다. 오히려 그 어려움에 직면해서 근본적인 치료를 받을 때, 우리는 고통을 뛰어넘는 기쁨을 누릴 수 있습니다. 성경은 이것을 우리에게 말씀하고 있습니다.

항상 우리에게 문제가 되는 것은 이 육체입니다. 이 육체는 먹여 주어야 하고 입혀 주어야 하고 편안하게 해주어야 하고 사람을 만나게 해주어야 하고 욕구를 채워 주어야 합니다. 우리들의 모든 문제는 바로 이 몸에서 생깁니다. 그러나 성경이 오늘 말씀하고 있는 것은 육체가 전부가 아니라는 것입니다.

세 종류의 삶

첫째로 본문은 세 종류의 삶이 있다고 우리에게 말씀하고 있습니다.

그중의 하나가 바로 우리가 살고 있는 이 육체의 삶입니다. 우리 육체의 삶은 하나님께서 우리 몸을 '흙'으로 지으셨다는 것을 통해서 표현되고 있습니다. 이것은 우리가 지난주에 이미 살펴본 것처럼 마치 토기장이가 그릇을 만들듯이 하나님께서 진흙으로 몸의 형상을 빚고 거기에 생기를 불어 넣었다는 뜻이 아닙니다. 하나님이 흙으로 우리를 만드셨다는 것은 우리의 본질이 흙이고, 우리는 흙을 벗어날 수 없으며, 결국 우리는 한평생 사는 동안 이 몸의 제약을 받아야 한다는 사실을 보여 주는 것입니다.

우리는 하루 세 끼 밥을 먹어야 하고 몸이 아프면 자리에 드러누워야 합니다. 우리는 살 집을 구해야 하고 살던 집에서 나가라고 하면 또 다른 살 곳을 찾아서 어디론가 정처 없이 떠나야 합니다. 복음을 오해하는 사람들은 복음이 이런 기본적인 필요와 기본적인 욕구를 무시하고 영혼과 천국 생활만 강조한다고 생각합니다. 그러나 절대로 그렇지 않습니다. 우리에게 몸을 주신 분은 하나님이십니다. 흙으로 사람으로 지으시고 우리가 몸의 제약을 받도록 만드신 분은 하나님이십니다. 아마 하나님보다 더 우리의 먹고사는 문제나 육체적인 고통에 관심을 가지고 계신 분은 없을 것입니다.

그러나 성경은 분명히 그 이상을 우리에게 말씀하고 있습니다. 우리는 몸을 가지고 있고 몸의 제한을 받아야 하며 몸이 아프면 드러누워야 하지만 몸이 전부가 아닙니다. '하나님께서는 우리에게 생기를 불어 넣어 주시고 영혼을 주셨는데, 사람의 가치는 육체에 있는 것이 아니라 바로 이 영혼에 있다'는 것을 성경은 우리에게 가르쳐 주고 있습니다.

　여러분, 사람의 가치는 몸으로 결정되는 것이 아니라, 영혼의 상태로 결정되는 것입니다. 덩치가 크고 몸무게가 많이 나간다고 해서 그 사람을 참으로 가치 있다고 말하는 사람은 없습니다. 우리는 몸집이 엄청나게 큰 일본의 스모 선수를 볼 때 "저 사람이 몸집이 크고 온 살이 처졌기 때문에 참으로 존귀하구나" 하고 생각하지 않습니다. 오히려 "이리 와서 저 불쌍한 사람 좀 봐. 285킬로그램이래" 합니다. 성경이 말씀하고 있는 것은 신체적인 조건이 사람의 가치를 결정하는 것이 아니고, 영혼의 상태가 그 가치를 결정한다는 것입니다.

　우리의 몸은 출발점입니다. 우리는 흙으로 만들어졌습니다. 우리 본질은 흙입니다. 그러나 흙이 전부가 아닙니다. 흙으로 지어진 우리 인간에게는 두 종류의 삶이 기다리고 있습니다.

　하나는 영원한 생명의 삶입니다. 하나님께서는 이 복된 삶의 가능성을 에덴동산에 있는 생명나무를 통해서 보여 주셨습니다. 여기서 '생명'이라고 하는 것은 단순히 늙지 않고 오래 사는 것을 말하지 않습니다. 이것은 하나님과 함께 삶으로써 경험하는 풍성한 기쁨입니다. 하나님과 깊이 사귈 때 누리는 말할 수 없는 감동과 기쁨과 힘, 이것이 바로 여기서 말하는 생명입니다. 하나님께서는 우리가 육체의 제약을 받으면서도 하나님의 뜻에 일치하는 삶을 살 때 영원히 영광된 삶을 주시겠다고 처음부터 약속하셨습니다.

　그러나 이 생명은 그냥 주어지는 것이 아닙니다. 시험을 통과해야만 합니다. 연약한 몸의 한계를 가지고 있음에도 불구하고, 먹어야 하고 입어야 하고 욕구를 채워 주어야 함에도 불구하고 이 몸으로 하나님께 영광을 돌리는 삶을 살 때 하나님께서는 기쁨의 삶, 영광의 삶을 주시겠다고 약속하셨습니다.

그러나 또 다른 하나의 삶이 우리를 기다리고 있습니다. 이 몸을 가지고 하나님의 뜻에 불순종하고 거역하며 이 몸을 위해서만 살 때 하나님께서는 하나님의 축복을 모두 거두어 가시는 사망의 삶을 주시겠다고 말씀하셨습니다. 여기서 '사망'이라는 것은 단순한 육체의 죽음만을 의미하지 않습니다. 그것은 하나님께서 모든 은혜를 거두어 가시는 것입니다. 하나님이 더 이상 우리를 가까이 하시지 않습니다. 우리에게 자신을 나타내시지 않습니다. 우리에게 기쁨을 주시지 않습니다. 모든 것을 다 거두어 가십니다. 이것이 바로 사망의 삶입니다.

우리의 가장 큰 기쁨이 무엇입니까? 우리의 기쁨은 사랑하는 사람을 만나는 데 있습니다. 연애할 때 보십시오. 우리 교회의 몇몇 형제들은 지방에 내려가느라고 꼭 한 달에 두세 번씩 없어집니다. 내려가지 말고 편지를 주고받으라고 그렇게 얘기해도 안 돼요. 왜냐하면 사랑하는 사람이 거기 있기 때문입니다. 그래서 한없는 기쁨으로 내려갔다가 한없는 지겨움으로 올라옵니다. 내려갈 때는 서울하고 부산이 너무 짧은데 올 때는 부산에서 신의주까지 오는 것 같아요. 청년들이 왜 이렇게 자꾸 내려갑니까? 만나는 기쁨 때문이지요. 사실은 만나서 기쁠 것도 별로 없고 잘 싸우면서도 죽으나 사나 내려갑니다. 사랑은 말릴 사람이 없습니다.

여러분, 사랑하는 사람을 만나는 데서 오는 이 기쁨은 말로 표현할 수가 없습니다. 사람에게 가장 기쁜 때는 하나님이 우리에게 다가오실 때입니다. 하나님께서 우리에게 다가오실 때에는 먼저 열부터 납니다. 하나님이 조용히 오시는데도 뜨거워지고 흥분되고 모든 것이 황홀합니다. 하나님께서 우리에게 말씀하실 때에는 귀로만 듣지 않습니다. 영으로 듣습니다. 정말 황홀합니다. 황홀한 기쁨입니다.

그러나 우리가 몸을 가졌다고 해서 이 핑계 저 핑계 대면서 이 몸으로 하나님께 영광 돌리기를 거부할 때 하나님께서는 더 이상 우리를 찾아오시지 않고 우리를 만나시지 않고 영원히 버리겠다고 말씀하셨습니다. 그것이 사망의 몸입니다. 이 두 가지 삶은 육체의 죽음으로 끝나지 않고, 육체의 죽음 이후에도 영원히 연장됩니다.

최초의 인간에게서 보는 것은 단순히 먹을 것을 걱정할 필요 없이 행복하게 사는 것이 전부가 아니라는 것입니다. 그들에게는 이 주어진 몸으로 과연 어떻게 살아야 하며 이 몸을 어떻게 사용해야 하는가 하는 숙제가 처음부터 주어져 있었습니다. 에덴동산은 숙제가 있는 천국이었습니다. 그들 앞에는 생명의 삶과 죽음의 삶, 영광의 삶과 사망의 삶이 기다리고 있었습니다.

이것은 우리 모든 사람의 숙제이기도 합니다. 우리의 몸이 중요한 이유가 무엇입니까? 이 몸을 어떻게 사용하느냐에 따라서 영원한 생명과 영원한 죽음이 나누어지기 때문입니다. 사람들은 기독교가 지나치게 영혼에 관심을 가진다고 합니다. 물론 영혼은 중요합니다. 영혼이 몸을 바르게 사용하게 하기 때문입니다. 그러나 몸과 분리된 영혼, 삶이 따르지 않는 신앙은 죽은 것입니다. 우리가 이 몸으로 하나님께 영광을 돌리고 이 몸으로 하나님을 기뻐하고 이 몸으로 하나님을 사랑할 때 하나님은 지금도 영광스러운 삶을 주시겠다고 약속하셨습니다. 그러나 이 몸으로 하나님을 대적하고 죄를 짓고 악한 수단으로 사용할 때에는 영원한 죽음이 옵니다.

우리가 정신을 차리고 알아두어야 할 사실은 이 최초의 인간은 아직 영광의 삶도, 사망의 삶도 경험하지 못한 흙의 상태에 있었다는 것입니다. 그들은 자신의 결단에 따라서, 자신의 몸을 어떻게 사용하느냐에 따라서 영광의 삶을 가질 수도 있었고 사망의 삶에 빠질 수도 있었습니다. 그러나 우리에게는 이런 선택의 기회가 더 이상 없습니다. 왜냐하면 사망이 먼저 찾아 와버렸기 때문입니다.

하나님께서 아담에게 하신 말씀은 우리 전체에게 하신 말씀입니다.

선악을 알게 하는 나무의 실과는 먹지 말라 네가 먹는 날에는 정녕 죽으리라 하시니라(2:17).

이 말씀은 우리가 이 몸으로 하나님의 뜻에 불순종하고 자기 욕심대로 살면 죽음의 삶이 온다는 선언입니다. 그러나 아담이 타락한 이후로 우리에게는 이 죽음이 먼저 찾아와 버렸습니다. 영광은 오지 않고 죽음이 우리를 덮쳤습니다. 그래서 히브리서 2장 15절에는 "또 죽기를 무서워하므로 일생에 매여 종노릇하는 하는 모든 자들을 놓아주려 하심이니"라고 나와 있습니다.

사망의 고통이 먼저 우리를 찾아왔습니다. 한평생 죽는 것이 무서워서 벌벌 떨면서 살려만 준다면 무슨 짓이든지 다 하려 드는 것이 우리 인간의 모습입니다. 사망의 삶은 시작되었습니다. 그러나 완전한 사망은 아닙니다. 왜냐하면 하나님이 주신 일반적인 은혜가 남아 있기 때문입니다. 아직도 해는 떠오르고 비는 내립니다. 우리는 한번 태어나면 죽을 때까지 생명을 보존하고 있습니다. 그러나 우리 인간들은 점점 죽어 가고 있습니다. 죽지 않으려고 몸부림치고 있지만 우리는 죽어 가고 있습니다.

우리는 이 몸으로 하나님께 영광을 돌릴 수가 없습니다. 이 몸으로 하나님께 영광을 돌리면 살 수 있는데 그렇게 할 수가 없습니다. 왜냐하면 우리 마음이 이미 하나님을 싫어하고 미워하기 때문입니다. 로마서 8장 7절과 8절을 보십시오. "육신의 생각은 하나님과 원수가 되나니 이는 하나님의 법에 굴복치 아니할 뿐 아니라 할 수도 없음이라 육신에 있는 자들은 하나님을 기쁘시게 할 수 없느니라."

지금이라도 이 몸으로 자기 정욕을 구하는 대신에, 이 몸으로 하나님께 영광을 돌리고 하나님을 사랑하고 마음과 뜻과 정성을 다하여 하나님을 기쁘시게 한다면 우리는 살 수가 있습니다. 그러나 그것이 불가능한 이유는 우리 마음이 이미 하나님을 싫어하고 우리 마음이 하나님을 거부하고 있기 때문입니다. 우리는 하나님을 미워하고 있습니다. 그러니까 이 몸으로 하나님을 기쁘시게 할 가능성이 없습니다. 영원히 죽을 수밖에 없는 운명, 이것이 우리 모든 사람들의 형편입니다.

구원이 필요하다!

둘째로 성경이 우리에게 말씀하고 있는 것은 우리에게 구원이 필요하다는 것입니다. 우리는 우리 자신의 문제를 바로 이 관점에서 보아야 합니다.

우리 신체가 병들고 집이 가난하고 내 사업에 어려움이 있는 그것만 보아서는 안 됩니다. 이것들은 모두 증세에 불과합니다. 더 큰 문제를 보여 주는 작은 증세일 따름입니다. 더 큰 문제가 무엇입니까? 우리가 죽어 가고 있다는 사실입니다. 우리 가정이 힘들고 사업이 어려운 것은 우리가 죽어 가고 있다는 것을 보여줍니다. 우리는 모두 죽어 가고 있습니다. 살 수 있는 가능성이 없습니다. 우리 마음이 하나님을 싫어하고 미워하고 거부하기 때문입니다.

최초의 인간 아담에게도 구원이 필요했겠습니까? 아담에게도 구원이 필요했습니다. 왜냐하면 흙의 인생이 전부가 아니었기 때문입니다. 감기 한 번 걸리지 않고 한 끼도 굶은 적 없이 아무리 행복하게 살았다 하더라도 에덴동산의 삶은 전부가 아니었습니다. 그들은 반드시 영광의 삶으로 나아가야만 했습니다. 그들은 흙의 인생에서 영광의 인생으로 나아가야만 했고, 그런 의미에서 그들에게는 구원이 필요했습니다.

그러나 오늘 우리들에게는 더욱더 구원이 필요합니다. 그 이유는 우리가 이미 사망의 몸에 빠져 있고 우리의 삶은 죽음의 삶이기 때문입니다. 그러나 이 부분을 너무나 소홀히 하고 있는 것을 많이 봅니다.

제가 해군에 근무할 때 진해에서 삼랑진으로 가려고 표를 끊었는데, 5분 차이로 반대편으로 가는 기차를 타서 하동까지 간 적이 있습니다. 한참 갔는데 진주였습니다. 저는 진주 다음에 삼랑진이 있는 줄 알았는데, 보니까 하동이고 그다음은 전라도였습니다.

마찬가지로 우리는 지금 천국에 가고 있다고 생각하는데 어쩌면 반대로 가는 기차를 타고 있을지도 모릅니다. 이 부분에서 오늘날 그리스도인들은 대단히 현명하지 못하고 철저하지 못합니다. 그러나 내가 어디로 가고 있는지 확인할 길이 있습니다. 내가 삼랑진 가는 기차를 타고 있는지, 아니면 전라도 순천 가는 기차를 타고 있는지 확인해 볼 수 있는 길이 있습니다. 그것이 무엇입니까?

우리가 지금 이 몸을 어떻게 사용하고 있느냐를 보십시오. 이 몸이 하나님께 영광 돌리는 수단으로 사용된다면 나는 분명히 이 영광의 삶을 얻었고, 그 삶을 향해 가고 있는 것입니다. 그러나 내 머리로는 기독교의 모든 진리를 이해하고 받아들이고 있음에도 불구하고 몸이 제멋대로 놀고 있고 죄의 수단으로 사용되고 있다면 유감스럽게도 나는 사망의 삶을 계속 살고 있는 것입니다.

나에게 하나님의 영광이 왔느냐, 아니면 사망이 시작되었느냐 하는 것은 지금 내가 이 몸을 어떻게 사용하고 있느냐, 몸을 어떤 수단으로 사용하고 있느냐를 보면 분명히 드러납니다. 교회 다니는 것으로는 충분치 않습니다. 남을 위하여 봉사하는 것으로도 충분치 않습니다. 지금 내 몸이 누구의 것이며 무엇을 위하여 사용되고 있느냐 하는 것을 확인해야 합니다. 교회는 다니지만 단지 먹고살기 위해서 이 몸을 사용하고 있다면, 유감스럽지만 여러분은 조금도 변한 것이 없습니다. 영원한 지옥을 향하여 달려가고 있습니다. 남을 위하여 이 몸으로 봉사하고 이 몸을 내어 주고 있다고 하더라도, 이 몸이 내 정욕을 위해 사용되고 내 마음이 전심으로 하나님을 기뻐하지 않을 때, 마음과 뜻과 정성을 다하여 하나님을 사랑하지 못할 때, 이웃을 내 몸처럼 사랑하지 못할 때 유감스럽게도 나는 영원한 저주와 멸망을 향해 달려가고 있는 것입니다.

여러분, 근본적인 방향 전환이 필요합니다. 교회 와서 설교 듣고 은혜받는 것으로 충분치 않습니다. 이 몸을 바꾸어야 합니다. 내 생각을 바꾸어야 합니다. 내 마음속에 하나님 외에 다른 것이 들어올 틈이 없어야 합니다. 내 마음속에 하나님이 전부여야 합니다. 내 마음속에 이웃의 행복이 가득 차야 합니다. 이 몸을 철저히 복종시켜야 합니다. 그렇지 않으면 사망을 향해 달려가는 이 돌진을 멈추지 못할 것입니다.

오늘 우리에게 필요한 것이 무엇입니까? 자기를 사랑하는 마음이 하나님을 사랑하는 마음으로, 그리고 자기를 미워하는 마음으로 바뀌는 것입니다. 자기를 미워한다는 것은 자기를 학대하는 것이 아닙니다. 그토록 잘난 체하는 자신, 아무것도 아니면서 자기 마음에 들지 않으면 끝까지 고집을 부리는 자신을 미워하고 혐오하고 부정하는 것입니다. 그렇게 하지 않는다면, 그 마음을 근본적으로 뜯어고쳐서 하나님을 사랑하는 마음으로 바꾸지 않는다면, 이 교만한 자아를 미워하고 부정하지 않는다면! 그렇습니다. 교회에서 충성하고 있어도, 오래 믿었어도 근본적으로 아무것도 변하지 않습니다. 그는 여전히 사망을 향하여 달려가고 있습니다.

왜 기독교가 영혼만 중요하다고 생각하는지 모르겠습니다. 왜 성경공부만 강조하는지 모르겠어요. 이 몸이 중요합니다. 내 삶이 증거입니다. 기독교는 단지 듣고 배우는 종교가 아닙니다. 실제로 하나님이 기뻐하시는 삶을 사는 것이 기독교입니다. 내가 어떤 역할을 하고 있는지, 목사인지 선교사인지 평신도인지, 내 직책이 높은지 낮은지는 중요하지 않습니다. 내 마음이 하나님을 사랑하고 있으며 내가 기꺼이 이 몸을 하나님을 위하여 사용하고 있느냐가 중요한 것입니다.

범죄하기 전의 아담에게도 구원이 필요했습니다. 그러나 지금 우리에게는 더욱더 구원이 필요합니다. 왜냐하면 이미 사망의 삶이 우리를 지배하고 있기 때문입니다. 아담의 타락은 우리의 구원을 더욱 절실한 것으로 만들었고, 구원이 더 구원 되도록 만들었습니다.

오늘 우리에게 닥치고 있는 크고 작은 일들은 우리가 이 사망의 삶을 살고 있음을 보여 주는 표징들입니다. 그래서 이 문제만 가지고 씨름해서는 안 됩니다. 우리는 이 문제들을 통해서 사망의 표시들을 찾아야 하고 근본적인 구원의 필요성을 깨닫고 내 삶을 바꾸어야 합니다. 하나님께서 "정녕 죽으리라" 하시면 우리는 정녕 죽게 되어 있습니다. 사도 바울이 자신의 모습을 발견하고 절망 중에 소리친 것이 무엇입니까? "오호라 나는 곤고한 자로다. 누가 이 사망의 몸에서 나를 건져내랴?"

그는 자신의 몸을 사망의 몸이라고 부르고 있습니다. '사망의 몸'이라는 것이 무슨 말입니까? '시체'라는 말입니다. 바울의 몸에는 여러 가지 훈장이 붙어 있었습니다. 그는 그 당시 가장 지성적인 사람이었습니다. 그는 율법의 실천 면에서 가장 인정받는 사람이었습니다. 그러나 그가 자신의 몸을 보니 죽어 있는 시체였습니다. 썩어 들어가고 있었습니다. 냄새가 나고 파리가 날아다니고 있었습니다. 그의 몸에서 기대할 수 있는 것이라고는 아무것도 없었습니다. 오호라, 누가 이 사망의 몸에서 나를 건져내랴!

하나님을 기쁘게 할 수 없는 몸은 죽은 몸입니다. 하나님의 뜻을 알고도 이루어드릴 수 없는 몸은 죽은 몸이고 썩은 몸이고 냄새 나는 몸입니다. 그리고 이것이 그리스도를 만나기 전, 우리 모두의 모습입니다.

영광의 삶

오늘 셋째로 성경이 우리에게 말씀하고 있는 것은 우리에게 이 영광의 삶이 주어졌다는 것입니다. 복되신 하나님께서는 우리의 구원을 포기하지 않으셨습니다. 하나님은 우리가 원하지도 않고 요구하지도 않았음에도 불구하고 아들을 우리에게 주셨습니다.

하나님께 아들이 있다는 사실은 비밀 중의 비밀입니다. 왜냐하면 이것은 우리가 참으로 받아들이기 어려운 진리이기 때문입니다. 아들의 존재는 기독교의 신비입니다. 이 아들은 엄마가 있어서 출생한 아들이 아니기 때문입니다. 이 아들은 영원 전에 아버지로부터 그냥 나셨습니다. 아버지로부터 나셨다는 것이 무엇을 의미하는지 우리는 설명할 길이 없습니다. 그냥 아버지로부터 직접 나신 아들입니다.

중요한 것은 이 아들이 우리의 모든 연약함을 감당하기 위하여 몸을 입고 우리에게 오신 것입니다. 기독교의 신비가 여기에 있습니다. 신비 중의 신비입니다. 하나님의 아들이 우리와 똑같은 연약한 몸이 되셨습니다. 그의 몸은 범죄하기 전 인간의 몸이 아닙니다. 에덴동산에 있을 때 아담의 몸이 아닙니다. 범죄한 후 인간의 몸입니다. 그는 가난하셨고 때때로 주리셨습니다. 어떤 때에는 자신을 따르려는 사람에게 "여우는 굴이 있지만 인자는 머리 둘 곳이 없다"고 말씀하시기도 했습니다. 예수님은 집이 없었습니다. 그는 자주 피곤해하셨고 그래서 누워야만 했습니다. 또한 그는 주위 사람들에게 무시당하고 불신받았습니다. 많은 오해를 받기도 하셨습니다.

그러나 주님의 삶의 특징이 무엇입니까? 그는 철저하게 이 몸으로 하나님께 영광을 돌리셨습니다. 자기의 뜻, 자기의 욕심, 자기의 야망이라고는 찾아볼 수가 없었습니다. 이 약한 몸, 무시당하고 괄시당하고 업신여김 받고 집 하나 없는 이 몸을 온전히 하나님께 제물로 바치셨습니다.

이 아들의 별명이 무엇입니까? '지혜'입니다. 하나님의 모든 지혜가 이 아들 안에 다 들어 있었습니다. 그러나 그는 감히 자신의 지혜를 꺼내지도 않았습니다. 왜냐하면 아버지를 믿었고 아버지를 존경했으며 아버지의 뜻이 자신의 뜻보다 더 크고 더 완전하다는 것을 믿었기 때문입니다. "아버지가 나보다 크심이라!"

아들은 이 약한 몸으로 아버지께 완전히 순종했고, 순종함으로써 이러한 순종이 가능하다는 것과 이 순종이 얼마나 아름다운가를 보여 주셨습니다. 그리고 죽기까지 순종하심으로 우리에 대한 하나님의 진노를 없애시고 그 핏값으로 우리를 사셨습니다. 그리고 우리에게 성령을 부으셔서 우리의 마음을 바꾸셨습니다. 이것은 신비 중의 신비입니다. 말로 형언할 수 없는 신비입니다. 예수님은 하나님을 미워하는 우리의 마음을 하나님을 사랑하는 마음으로 바꾸셨습니다.

예수님은 하나님을 무엇이라고 부르게 하십니까? '아빠 아버지'라고 부르게 하십니다. 우리 번역에는 '아바 아버지'라고 되어 있는데 이것은 맞는 말이 아닙니다. 글자 밑에 점이 하나 붙어 있는데 이것은 '빠'라고 읽어야 합니다. 그러니까 '아빠 아버지'입니다. 이 부분에서 히브리말과 우리말이 똑같습니다.

우리 집 딸아이가 아주 어렸을 때 아이의 학교에 버스를 타고 갔습니다. 딸아이는 제 옆에서 아주 깊이 잠이 들었습니다. 아빠가 자기를 두고 내리면 어떻게 합니까? 그런데도 아이는 깊이 자는 거예요. 왜냐하면 '아빠 아버지'이기 때문입니다. 의붓아버지가 아니고 '아빠 아버지'이기 때문에 자는 거예요. 그때 제가 깊은 생각을 했습니다. '아! 아빠 아버지는 도망도 못 가는구나.' 아빠 아버지, 엄마 어머니는 도망을 못 갑니다.

예수님은 우리에게 제2의 인생을 주셨습니다. 첫 번째 인생은 사망의 인생이었습니다. 우리는 이 사망의 몸을 끌어안고 닦아

주고 씻어 주고 입혀 주면서 약간의 행복을 찾았지만, 사망의 몸에는 썩는 냄새밖에 나지 않았습니다. 우리 마음이 하나님을 싫어했기 때문에 몸으로 바르게 살 수가 없었습니다. 냄새가 조금 더 나느냐 덜 나느냐 하는 그 차이이지 몸으로는 하나님을 기쁘게 할 수가 없었습니다.

우리가 예수님께 그렇게 감사드리는 이유가 무엇입니까? 왜 예수님이 좋습니까? 예수님이 우리에게 제2의 인생, 새로운 삶을 주셨기 때문입니다. 예수님은 우리에게 새로 시작할 수 있는 기회를 주셨습니다. 옛날에 우리가 하나님을 거역하고 살았던 것을 다 없애 버리고 제2의 인생을 주셨습니다. 얼마나 고맙습니까? 얼마나 기쁩니까? 예수님은 우리에게 하나님을 알게 하셨습니다. 그 하나님은 어떤 하나님입니까? 너무너무 아름다운 하나님이십니다. 사랑과 은혜가 충만한 하나님이십니다. 그분이 입만 벌리시면 사랑과 은혜가 우리에게 흘러넘칩니다. 우리를 바라보는 하나님의 눈에서는 사랑과 기쁨의 눈물이 흐릅니다. 은혜와 진리가 충만합니다. 하나님은 우리보다 더 크십니다. 주님은 세상보다 더 크십니다.

하나님께서 우리에게 원하시는 것이 무엇입니까? 이 세상은 우리의 힘만으로는 감당할 수 없습니다. 여러분, 우리는 이 세상을 못 이깁니다. 세상 사람들은 세상에서 살아도 우리는 못 살아요. 이 세상은 너무 강합니다. 우리는 오직 주님이 주시는 힘으로만 이 세상에서 이길 수 있습니다. 직장에 잘 적응이 되지도 않고 사업이 뜻대로 되지 않는 것을 이상하게 생각하지 마십시오. 아주 정상적인 것입니다. 그러나 문제는 내 힘으로 해내려고 계속 하나님을 의지하지 않는 것입니다. 함정에 빠졌을 때 살아나오려고 몸부림치면 안 됩니다. 몸부림치면 칠수록 더 빨리 죽습니다. 함정에 빠졌을 때는 가만히 있어야 합니다. 그리고 내가 함정에 빠졌으며 도움이 필요하다는 것을 빨리 알리고, 할 수 있는 대로 에너지를 아껴야 합니다. 웃어도 안 되고 성내도 안 됩니다. 성내는 것이 얼마나 에너지를 소비시키는지 몰라요. 함정에 빠졌는데 성내면 다른 사람보다 열 배는 빨리 죽습니다. 울어도 안 돼요. 울면 급격한 탈수 현상이 일어납니다. 그렇기 때문에 누가 도우러 올 때까지 그냥 가만히 있어야 합니다. 그런데 함정에 빠졌을 때 자꾸 몸부림을 치기 때문에 계속 탈진 현상이 일어나는 것입니다.

그러나 여러분, 하나님이 해결하십니다. 하나님은 자기 이름을 부르는 자를 반드시 찾아오십니다. "주여, 도우소서!" 하면 반드시 찾아오십니다. 그러나 하나님은 그냥 돕지 않으십니다. 우리의 잘못된 습관과 가치관을 다 뜯어 고칩니다. 하나님께는 '적당하게'가 통하지 않습니다. 조금이라도 남아 있는 인간적인 수단과 방법을 고치기 전에는 절대로 건져 내지 않으십니다. 오히려 구덩이에 빠진 사람을 밟아서 더 깊이 처넣어 버리고 고통 중에 있는 사람을 더 아프게 합니다. 기도 안 하는 것이 낫겠다 싶을 정도로 기도하면 더 힘들어집니다. 그렇게 해서 자기를 믿는 교만이 완전히 빠지고 난 후에야 비로소 영광스러운 해가 떠오르듯이 우리를 끌어올리십니다. 찬란하게 우리를 회복시키십니다. 그래서 하나님의 구원은 반드시 큰 구원입니다.

하나님은 살짝 구원하시는 법이 없습니다. 내가 경찰서에 잡혔으면 경찰서를 부수고 꺼냅니다. 뒷구멍으로 꺼내는 법은 절대로 없습니다. 하나님은 우리를 적군에게 잡혀가게 하실 때, "너희 하고 싶은 대로 다 하라"고 하십니다. 죽이는 것만 빼놓고 다 하라고 해요. 그렇게 해놓고 적군을 다 죽인 후에 건집니다. 그래서 하나님의 구원은 반드시 큰 구원입니다.

그렇기 때문에 하나님의 손에 붙잡혔다고 생각되는 사람은 아예 잔꾀를 부릴 생각을 하지 말아야 합니다. 잔꾀를 부려야 통하질 않아요. 빨리 교만을 버려야 합니다. 하나님은 우리를 깨닫게 하시되 철저히 깨닫게 하십니다. 그리고 우리를 도우시되 철저히 도우십니다. 하나님은 이 세상보다 더 크십니다. 하나님께는 자신이 있습니다. 그러니까 마음껏 어려움에 빠뜨리시고 아예 반쯤 죽게 하시는 거예요. 하나님은 우리가 완전히 폐인이 되어도 회복시킬 자신이 있으십니다. 하나님은 굉장히 큰 손을 가지고 계십니다.

신앙은 언약입니다. 무슨 언약입니까? 내가 하나님의 말씀에 충성할 때 나의 다른 모든 삶을 책임져 주신다는 언약입니다. 그것을 책임지지 못하는 하나님은 하나님이 아닙니다. 나의 먹는 문제, 사는 문제, 입는 문제, 결혼하는 문제, 자식 문제, 다 책임져 주겠다는 약속이 이 언약 속에 들어 있습니다.

이것과 가장 비슷한 것이 양과 목자의 비유입니다. 양은 세상이 어떻게 돌아가는지 모릅니다. 오직 목자의 음성만 듣습니다. 때로는 이 목자의 음성이 아주 위험한 죽음의 골짜기로 인도해갈 때도 있습니다. 그러나 양은 죽지 않습니다. 왜냐하면 목자가 양을 지켜 주기 때문입니다. 양이 목자의 음성에 민감한 이상, 절대로 양은 죽지 않습니다. 오히려 풍성한 삶을 누립니다.

하나님의 말씀에 헌신하지 않고, 하나님의 말씀과 세상 사이에서 양다리를 걸친 채 늘 적당하게 살려고 하기 때문에 하나님의 은혜를 제대로 누리지 못하는 것입니다. 여러분, 내 귀에 하나님의 말씀이 들리면 더 이상 방황하지 마십시오. 목자가 내 삶에 찾아오신 것입니다. 내 귀에 하나님의 말씀이 들리고 있는데 무엇을 두려워합니까? 무엇을 의심합니까? 무슨 계획이 필요하고 방황이 필요합니까? 내 귀에 하나님의 말씀이 들리면 모든 고민과 번민과 갈등은 끝입니다. 이제는 말씀이 나를 끌고 나가기 시작합니다. 말씀이 내 삶을 전부 책임져 주기 시작합니다.

여러분, 망하게 되면 쫄딱 망해 버리세요. 야곱이 한 말이 무엇입니까? "내가 자식을 잃으면 잃으리로다." 그랬더니 자식이 다 돌아왔어요. "죽으면 죽으리로다. 그래, 말씀 붙들고 죽자!" 그러면 잘 안 죽습니다. 나의 어려움을 붙들고 몸부림쳐 보았자 소용이 없습니다. 내 어려움을 남의 어려움처럼 생각하고 사십시오. 그리고 말씀으로 돌아오십시오. 말씀 듣는 이 자리가 여러분의 자리입니다. 여기에 계십시오. 그리고 다른 문제는 주님이 책임지시게 하고, 주님이 염려하시게 하십시오. 이것이 기본 언약입니다.

이 언약을 지키는 자들을 하나님께서 얼마나 축복하시는지 여러분들은 보아야 합니다. 반드시 보아야 합니다. 아직 멀었습니다. 지금은 진행형입니다. 어린 양처럼 하나님의 말씀에 충실한 자들, 다른 사람에게 손가락질당하고 업신여김 당하던 자들을 주님이 얼마나 존귀하게 하시는지 이 세상에서 보아야 합니다. 우리는 성경에서 그것을 보지만, 이 땅에서도 보게 될 것입니다.

하나님께서 우리에게 원하시는 것은 나의 지식이 아닙니다. 나의 체험이 아닙니다. 하나님은 나의 삶 자체를 원하고 계십니다. 주님은 우리에게 얼마나 영광스러운 체험을 했는지 묻지 않으십니다. 성경을 얼마나 많이 배우고 공부했는지 묻지 않으십니다. 하나님께서 우리에게 질문하시는 것은 내 삶을 어떻게 살고 있으며 내 몸을 어떻게 사용하고 있느냐는 것입니다. 하나님께서는 내 몸이 하나님께 영광 돌리는 수단으로 사용되기를 원하십니다. 내가 얼마나 건강하며 얼마나 좋은 조건에서 사는지에는 관심이 없으십니다. 어떤 형편에 있든지 거기서 하나님을 기뻐하며 하나님께 영광 돌리고 하나님을 사랑하는 수단으로 몸을 사용하기를 원하고 계십니다.

여러분, 이 세상에서 두려움 없이 사는 사람이 누구인지 아십니까? 죽음을 각오한 사람입니다. 죽음을 각오한 사람은 사는 것을 두려워하지 않습니다. 그는 거래하는 것이나 사업하는 것을 두려워하지 않습니다. 죽음을 각오했기 때문입니다. 주님은 죽음을 이기시고 우리의 삶의 지평선을 죽음 너머로 연장시키셨습니다. 그리스도인들에게는 죽음이 끝이 아닙니다. 죽음은 이 방에서 저 방으로 건너가는 것과 같으며 커튼을 잠깐 젖히는 것에 지나지 않습니다.

주님이 우리에게 주신 선물이 무엇입니까? 죽음을 두려워하지 않는 것입니다. 여러분, 내가 진정한 그리스도인인지 아닌지 질문해 보십시오. 지금 당장 죽어도 "아, 좋습니다! 고맙습니다!" 할 수 있어야 합니다. 주님이 주신 선물이 이것입니다. 이런 사람은 삶을 두려워하지 않습니다. 이 세상에서 사는 것을 두려워하지 않고 장사를 두려워하지 않고 공부하는 것을 두려워하지 않습니다. 왜냐하면 이미 죽음이 극복되었기 때문입니다. 왜 성경이 우리에게 죽음부터 이야기합니까? 죽음이 해결된 사람이 삶을 해결할 수 있기 때문입니다.

우리의 몸은 그렇게 호락호락 죽지 않습니다. 하나님께서 허락하시지 않으면 내 머리털 하나도 누가 뽑아 가지 못합니다. 내 머리털까지 다 헤아린바 되어 있고 하나님의 컴퓨터에 입력되어 있습니다. 누가 이 머리털을 뽑았다가는 하나님이 절대로 그냥 두시지 않습니다. 이 세상은 내 영혼의 가치를 파괴할 수가 없습니다. 좀 가난해질 수는 있습니다. 좀 낡은 옷을 입을 수는 있습니다. 그러나 내 영혼은 든든합니다. 이렇게 죽음이 극복된 자들은 이 세상을 제대로 삽니다.

여러분, 하나님께서 원래 몸을 만드신 그 목적대로 우리 몸이 사용되게 합시다. 우리의 남은 삶을 최대한으로 하나님을 기쁘시게 하는 기회로 삼읍시다. 때로는 슬픔의 순간이 옵니다. 때로는 말할 수 없는 고통의 순간도 옵니다. 감당할 수 없는 두려움으로 잠 못 이루는 밤도 찾아올 것입니다. 그러나 그것이 무슨 상관이 있습니까? 우리에게 주어진 시간은 너무나도 짧습니다. 이제는 그런 문제에 사로잡힐 시간이 없습니다.

우리가 지금 세계적인 음악회에서 바이올린 연주를 한다고 합시다. 그런데 좋지 않은 소식이 들려 왔습니다. 부모님이 입원하셨다고 합니다. 또 집세 독촉장이 나왔다고 합니다. 애인이 변심했다고 합니다. 여러분, 그런 것 때문에 이 멋진 연주회를 망치겠습니까? 연주 중에 바이올린 줄이 끊어졌습니다. 그러면 머리나 긁으면서 내려오겠습니까? 그렇게 할 시간이 없습니다. 빨리 다른 바이올

린을 가지고 와야지요. 줄이 끊어진 것은 끊어진 것이고 입원한 사람은 입원한 것이고 변심한 사람은 변심한 것이고, 나는 연주를 마쳐야 합니다. 세계적인 무대에서 피겨 스케이팅을 하다가 넘어졌다고 해서 엉덩이나 만지고 머리나 긁으면서 주저앉아 있겠습니까? 빨리 일어나서 스케이팅을 마쳐야 합니다.

우리에게는 시간이 없습니다. 우리가 하고 있는 행동 하나하나가 점수에 가산되고 있습니다. 하나님과 온 천사들과 모든 피조물들이 도대체 내가 이 몸으로 어떤 연주를 하는지, 어떤 삶을 사는지, 어떻게 이 어려움을 이기는지 전부 숨을 죽이고 구경하고 있습니다. 여러분, 시간이 없습니다. 먹는 문제, 사는 문제, 이 염려, 저 걱정에 사로잡힐 여유가 없습니다. 주위 사람들의 불신이 내 마음을 아프게 해도, 사랑하는 사람이 내 곁을 떠나도, 나에게는 더 중요한 것이 있습니다. 나에게는 악기가 있고, 이 악기의 연주를 들을 수많은 천사들과 수많은 성도들이 있습니다.

여러분, 우리에게는 이제 마지막으로 온 마음과 뜻과 정성을 다하여 하나님께 나의 음악을 들려드릴 수 있는 유일한 기회, 제2의 인생이 주어져 있습니다. 우리는 지금 사는 것이 아닙니다. 연주하고 있는 것입니다. 그냥 살면 안 됩니다. 음악을 연주하듯이 살아야 합니다. 이 몸을 쳐 복종시키십시오. 여러분의 이성을 최대로 깨끗하게 하십시오. 여러분의 감정에 죄의 감정이 섞이지 못하게 하십시오. 이 이성과 감정에서 최고의 음악이 나오게 하십시오. 남이 뭐라고 한들 무슨 상관이 있습니까?

나의 감정이 회복될 때까지, 내 몸이 말을 들을 때까지 자리에 누워 있는 사람은 미련한 사람입니다. 빨리 일어나야 합니다. 생각하고 싶은 대로 다 생각하고 감정이 생기는 대로 다 느끼는 사람은 미련한 사람입니다. 그렇게 해서 어떻게 연주하겠습니까? 우리 몸을 쳐 복종시켜야 하고, 무릎 꿇게 해야 하고, 이 목에서 소리가 나게 해야 합니다. 몸이 엄살을 부리려고 할 때 날카롭게 채찍질하십시오. 마음을 강하게 하고 담대히 하십시오. 이 세상을 두려워하지 마십시오. 나의 남은 삶이 하나님 앞에서 최고의 음악이 되게 할 때 하나님의 능력과 신성에 합당한 찬양이 울려날 것입니다.

하나님은 그런 사람에게 영원한 영광, 영원한 기쁨을 상급으로 주시겠다고 약속하셨습니다. 이 육체로는 감당할 수 없는 기쁨을 흙이 아닌 새로운 몸으로 충만히 누리게 하실 것입니다.

사랑하는 성도 여러분, 내 학벌이 시원치 않다고 사람들이 조롱한다고 해서 주저앉지 마십시오. 이제 그럴 시간이 없습니다. 내가 가난하거나 신체적으로 남보다 뒤떨어져서 조롱받는다고 주저앉아 있을 시간이 없습니다. 여러분, 아무것도 두려워하지 마십시오. 먹는 것, 마시는 것에 매이지 마십시오. 그것 때문에 죽지 않습니다. 어떤 형편, 어떤 처지에 있든지 나의 삶이 하나님께 영광 돌리는 악기가 되게 하십시오.

지금 우리는 범죄하기 전의 아담보다 나은 사람들입니다. 주님을 만났을 때 이 영광의 삶이 나를 찾아왔습니다. 이 영광이 내 안을 충만히 비추게 하십시오. 모든 어둠과 두려움을 내쫓으십시오. 폭풍이 오면 폭풍을 피하려고 하지 마십시오. 폭풍 가운데로 들어가십시오. 그 안에 주님이 마련하신 안전한 보금자리가 있습니다.

10

사람은
어디에 있어야
하는가?

어렸을 때 기억 중에서 참 좋은 기억이 하나 있습니다. 그것은 우리
식구들이 다 모여서 가족회의를 했던 기억입니다. 아버지와 어머니
가 가운데 앉으시고 아들딸들이 다 둘러앉아서 회의를 합니다. 한
명이 사회자로 정해지고 다른 한 명은 서기로 임명이 됩니다. 그 회
의에는 가족이 다 참석해야 합니다. 거기에서 여러 가지 건의 사항
이 나옵니다. 어떤 식구는 손을 들고 "요즘은 쓰레기통을 잘 비우
지 않는 것 같습니다. 쓰레기통을 잘 비웁시다" 합니다. 또 다른 식
구는 "식구들이 너무 늦게 와서 엄마가 상을 여러 번 차려야 하니까
집에 일찍 들어옵시다" 합니다. 물론 그렇게 결정해서 제대로 지킨
적은 한 번도 없지만 식구들이 다 모여서 얼굴을 맞대고 여러 가지
를 의논했던 일은 참 좋은 기억으로 남아 있습니다.

오늘날 사람들은 가정을 하숙집이라고 합니다. 전부 밖에서
뛰기에 바쁘고, 밖에서 무언가 배우려고 하고, 밖에서 돈 벌려고 하
기 때문에 가정 안에서 둘러앉아 식사를 하거나 회의를 할 시간의
여유나 마음의 여유가 없는 탓입니다. 아마 여러분도 가정에서 어떤
문제를 두고 진지하게 이야기를 나눈 경험이 거의 없을 것입니다.
가정이 하숙집으로 변하면서 생긴 현상이 무엇입니까? 사람들이 자

기가 서야 할 위치를 잃어버린 것입니다. 특히 가정 안에서 내가 누구이며 어디에 앉아야 하는지 그 자리를 잃어버리고 말았습니다.

사람은 자기가 있을 곳에 있어야 인간 구실을 할 수 있습니다. 좀 모자라는 사람을 보면 항상 있어야 할 곳에 있지 않고 엉뚱한 곳을 돌아다닙니다. 그런 사람은 한 학년 올라갈 때도 꼭 다른 반에 가 있습니다. 사람에게 중요한 것은 내가 누구이며 어디에 있어야 하는지, 내 역할은 무엇이며 다른 사람이 나에게 기대하고 요구하는 것은 무엇인지 제대로 깨닫는 것입니다. 아버지는 아버지 자리에 있어야 하고 아내는 아내 자리에 있어야 합니다. 어떤 사람은 필요해서 찾으면 없어서 찾는 데 더 시간이 걸립니다. 그런 사람은 자기가 어디에 있어야 하는지를 모르는 사람이고 있으나 마나 한 사람입니다. 사람은 마땅히 자기가 있어야 할 곳에 있어야 합니다.

오늘 본문 말씀은 하나님께서 사람을 자리매김하시는 것을 보여 줍니다. 하나님께서는 여기에서 '사람이 있어야 할 곳은 어디며, 남자와 여자가 서야 할 자리는 어떤 것인가' 하는 아주 중요한 내용을 우리에게 말씀하고 계십니다.

동물의 이름을 지으라

첫째로 하나님께서는 사람에게 동물의 이름을 짓게 하셨습니다. 하나님께서는 이 작은 하나님의 나라, 사람은 두 명밖에 없고 동물은 많은 이 하나님의 나라에서 모든 동물들을 다스리는 위치에 사람을 임명하셨습니다. 하나님께서는 사람에게 그런 위치만 주신 것이 아니라 실제로 그 일을 감당할 수 있도록 어떤 일을 하셨습니다. 그것은 바로 모든 짐승들의 이름을 짓는 일이었습니다.

여호와 하나님이 흙으로 각종 들짐승과 공중의 각종 새를 지으시고 아담이 어떻게 이름을 짓나 보시려고 그것들을 그에게로 이끌어 이르시니 아담이 각 생물을 일컫는 바가 곧 그 이름이라 아담이 모든 육축과 공중의 새와 들의 모든 짐승에게 이름을 주니라(2:19).

여러분, 이름을 짓는다는 것이 무슨 의미가 있습니까? 이름을 짓는다는 것은 그것의 정체를 분명하게 규정하는 것입니다. 이름을 짓기 전에는 정체불명의 사물입니다. 정체가 분명치 않은 것은 어떻게 상대해야 할지, 어떻게 만나야 할지 알 수가 없습니다. 털이 복실복실하고 이상하게 생긴 것이 있는데 이름이 없어요. 그러면 이것이 성질이 좋은지 나쁜지 알 수가 없습니다. 그러나 한번 이름이 정해지면 항상 정체성이 분명하기 때문에 스컹크는 귀엽지만 냄새가 지독하다는 것을 알고 멀리서 사랑할 수 있으며, 개는 개답게, 돼지는 돼지답게 대할 수 있습니다. 한번 이름을 정해 놓으면 그 사람은 항상 그 사람입니다. 그래서 우리는 안심하고 똑같은 방식으로 그 사람을 대할 수가 있는 것입니다.

그래서 항상 어떤 것을 만든 사람이 그것의 이름을 짓습니다. 하나님께서는 하늘을 만드시고 '하늘'이라고 이름을 지으셨습니다. 그러면 그때부터 하늘은 영원히 하늘입니다. 정체불명의 유리 공간이 아닙니다. 하나님께서 '하늘'이라고 부르셨기 때문에 우리는 하늘을 두려워하지 않습니다.

하나님께서는 사람에게 엄청난 특권을 주셨습니다. 즉 우리가 새와 짐승들을 만들지 않았는데도 마치 만든 것과 같은 위치에서 이름을 짓게 하셨습니다. 이름을 지으려면 어떻게 해야 합니까? 그것을 잘 알아야 합니다. 그것이 다른 것과 어떻게 다른지, 그것의 특징이 무엇인지 알아야 하며 다른 것과 구별할 수 있어야 합니다. 만일 이름을 지어 주고도 잊어버려서 "네 이름이 뭐였지? 돼지였나, 곰이었나?" 한다면, 그것은 이름을 짓는 것이 아닙니다. 이름을 정해 놓으면 그 특징을 기억해야 하고 항상 그 정체성을 파악하고 있어야 합니다.

하나님께서는 처음에 사람에게 동물들과 뛰놀거나, 약한 동물들을 돌봐주는 일을 시키지 않으셨습니다. 그런 일은 나중에도 얼마든지 할 수 있습니다. 토끼와 숨바꼭질하거나 토끼와 거북이를 경주시키는 일은 나중에도 얼마든지 할 수가 있습니다. 하나님은 그런 일을 하라고 하지 않으셨습니다.

그들이 가장 먼저 해야 할 일은 관찰하는 것이었습니다. 그리고 그것을 분류하고 나서, 그 정체를 하나씩 하나씩 밝히고 정복해 나가는 것이었습니다. 하나님은 사람으로 하여금 "너는 돼지야. 너는 곰이야. 너는 사슴이야" 하고 하나씩 하나씩 명확하게 규명해 나가는 작업을 하게 하셨습니다.

전체를 유심히 관찰하고 그것을 분류해서 하나씩 이름을 붙여 나가지 않으면 이름을 붙여 놓고도 기억하지 못합니다. 한 번은 거북이 이름을 짓고, 다음에는 개구리 이름을 짓고, 다음에는 토끼 이름을 짓고……. 이러면 거북이인지, 개구리인지, 토끼인지, 악어인지 뒤섞여서 구분이 안 됩니다. 그런데 자세히 관찰해 보면 무언가 특징이 있어요. 물에서도 놀고 땅에서도 노는 것들이 있습니다. "아, 이것은 파충류 족이다. 털 있는 것들은 이쪽 집합! 물속에서 노는 것들은 저쪽 집합! 털 있는 것들도 순서대로! 곰, 너는 왜 거기서 얼쩡대고 있어? 넌 이쪽이고 뿔 달린 것들은 저쪽이야. 주머니 달린 것들은 여기 모여!" 그러고 나서 하나씩 하나씩 이름을 짓는 겁니다. 그렇게 하지 않으면 이름을 지을 수가 없어요. 몇만 종 되는 것의 정체를 어떻게 명확하게 밝히겠습니까?

하나님께서 사람에게 시키신 것은 그냥 덤벼들어서 곰하고 놀고 약한 동물들을 도와주라는 것이 아닙니다. 하나님은 무엇보다 관찰하게 하시고 그것을 분류하게 하시고 하나씩 규명해 나가도록 이름 짓는 일을 시키셨습니다. 이것이 바로 우리들에게 시키시는 일입니다.

오늘날에는 정말 엄청난 정보가 쏟아지고 있습니다. 할 일이 너무너무 많습니다. 대학교 3, 4학년이 되면 컴퓨터도 해야지요, 운전도 해야지요, 영어도 해야지요, 할 일이 많습니다. 그런데 가장 미련한 사람이 누구인가 하면 닥치는 대로 책 읽고 손에 잡히는 대로 일하는 사람입니다. 그런 사람은 미련한 사람입니다. 그 사람은 사람이 있는 데 서 있으면 안 되고 곰이 있는 자리에 가서 서 있어야 합니다. 이 세상에 얼마나 지식이 많고 할 일이 많은데 닥치는 대로 배우고 닥치는 대로 일을 합니까? 닥치는 대로 일하는 사람은 욕은 욕대로 먹으면서도 제대로 되는 일은 하나도 없어요. 몸이 부서져라 일해도 나오는 결과가 없습니다.

하나님께서 우리에게 시키시는 것은 무조건 배우고 무조건 일하고 무조건 덤벼드는 것이 아닙니다. 먼저 우리는 관찰해야 합니다. 함부로 손을 대면 안 돼요. 화가가 그림 그리는 것을 보십시오. 캔버스에 손을 안 댑니다. 몇날 며칠을 가만히 보고만 있습니다. 그러다가 구상이 잡히면 덤벼드는 겁니다. 현명한 사람은 처음에 가만히 보고만 있습니다. 손끝 하나 움직이지 않습니다. 옆에서 욕을 하든, 춤을 추든, 나팔을 불든 가만히 있습니다. 그러고 나면 머릿속에 캐비닛이 생깁니다. 커다란 프레임(frame)이 생깁니다. '이것은 여기 넣고, 이것은 저기 넣고…….' 이렇게 하면 아무리 많은 정보가 오더라도, 아무리 많은 일이 있더라도 다 집어넣을 수 있습니다. 이 정신적인 프레임이 크면 클수록 많은 정보와 일을 감당할 수 있습니다. 힘만 세다고 많은 일을 하는 것이 아닙니다.

아무리 이 세상에 정보가 많아도 당황할 필요가 없습니다. 왜냐하면 내 속에 있는 정신적인 틀 속에 집어넣으면 되기 때문입니다. 가만히 보면 비슷비슷한 것들이 많습니다. 컴퓨터 놔두고 뭐 합니까? 정보가 너무 많으면 컴퓨터 한 번 돌리면 되는 거예요. 그리고 정보가 적은 것은 사례로 연구하면 됩니다. 정보가 많으냐 적으냐는 중요하지 않습니다. 이것이 어떤 성질을 가진 것이며 내가 이것에 어떻게 덤벼들어서 소화하고 지배할 것인가가 문제지요. 누가 무슨 주장을 했다고 해서 거기에 목숨 걸고 따라가는 사람은 미련한 사람입니다. 아무나 왜 목숨 걸고 따라갑니까? "아, 이 사람은 이 입장에서 이런 이야기를 하는구나. 하지만 저런 문제도 있을 수 있겠다. 아, 저 사람은 또 저런 입장에서 이야기를 하는구나……." 이렇게 머릿속에 있는 캐비닛 안에 다 집어넣어 버리면, 여기에 쏠렸다 저기에 쏠렸다 하거나 이 사람 따라갔다 저 사람 따라갔다 할 필요가 없습니다.

오늘 우리는 어떤 위치에 있습니까? 단순히 일을 열심히 한다고 잘하는 것이 아닙니다. 공부를 많이 한다고 똑똑한 것이 아닙니다. 그 속에 중심이 있어야 합니다. 사물을 보는 눈이 있어야 해요. 그래서 자기의 눈으로 모든 것을 관찰하고 분류하고 하나씩 규명하는 작업이 우리의 직장 일이고 공부입니다. 왜 학생들이 공부에 그냥 덤벼드는지 모르겠습니다. 왜 사람들이 일을 할 때 무조건 일에 덤벼드는지 모르겠습니다. 전체적인 문제가 무엇이며 나는 이것을 어떤 시각으로 보는지, 나는 어떤 위치에 있으며 이 일의 의미가 무엇인지 규명하기 전에 왜 덤벼듭니까?

그래서 선생을 잘 만나야 합니다. 선생(先生)이 어떤 사람입니까? 말 그대로 먼저 태어난 사람이지요. 선생은 머릿속에 틀이 있는 사람이에요. 그래서 선생을 잘못 만나면 고생만 죽도록 하고 얻는 것이 없는데, 그렇게 고생한 것은 아무도 칭찬해 주지 않습니다. 아담이 동산에서 그 동물들을 감당할 수 있었던 것은 하나님께서 선생이 되어 주셨기 때문입니다.

오늘날에는 성경이 우리의 선생이 되어 주십니다. 성경을 읽을 때 답답한 문제가 무엇인가 하면, 이 좋은 말씀을 실생활과 연결시킬 수가 없다는 것입니다. 성경 읽는다고 돈이 생기는 것도 아니고 일이 풀리는 것도 아닙니다. 그래서 성경을 잘 읽지 않습니다.

그러나 여러분, 성경을 선생으로 삼아서 계속 읽어 보십시오. 성경에 질문해 보십시오. "분명히 하나님께서는 이 말씀을 통해서 저를 가르치고 계시는데, 제가 지켜야 할 법도가 무엇입니까? 저는 어떻게 살아야 합니까?" 그러면 하나님께서는 떡이나 돈을 주시는 대신에 큰 틀을 하나 주십니다. 거기에 다 집어넣으면 되는 거예요. 아무리 물건이 많아도 다 들어갑니다. 아무리 지식이 많아도 다 들어갑니다. 쓸데없는 것은 과감하게 버리면 됩니다. 현명한 설교자는 자기가 연구한 것을 다 설교하지 않습니다. "이 예화는 너무 아깝고, 이것은 놀라운 발견이니까 집어넣고⋯⋯." 이러다가 설교를 망치는 거예요. 한 가지 목적을 향해 나가면서 다른 것은 과감하게 버려야 합니다. 그렇지 않으면 그 설교에서 예언적인 소리가 나오지 않습니다. 하나님께서 우리에게 하시는 말씀이 들리지가 않아요. 그리스도인의 삶도 마찬가지입니다. 뼈대를 가지고 완전히 추려야 합니다. 확 추려 내고 나머지는 버리는 거예요. "동창회도 아깝고, 이 친구는 어릴 때부터 친구이고⋯⋯." 그러니까 죽을 쑤는 겁니다.

저는 신학적으로 특별한 사람의 영향을 받은 적이 없습니다. 그래서 제일 곤욕스러운 질문이 "누구의 영향으로 목사가 되었습니까?" 하는 것입니다. 그런데 저는 청소년 때부터 성경을 굉장히 많이 읽었습니다. 자랑하려고 하는 말이 아닙니다. 정말 엄청나게 읽었어요. 그랬더니 무언가 프레임이 생겼습니다. 그래서 어떤 것을 보면 분명하게 이야기할 수는 없어도 '이건 무언가 아닌 것 같다, 이건 맞는 것 같다'는 감이 옵니다. 속에 틀이 있기 때문이지요. 그리고 아무리 많은 강의를 들어도, 아무리 많은 책을 읽어도 별로 두려울 것이 없습니다.

오늘 우리의 문제는 이 거대한 정보의 세계에서 욕심 때문에 자신의 방향과 위치를 잃는 것입니다. 할 일이 너무 많고 정보가 너무 쏟아져요. 그래서 아무것이나 붙들고 힘을 씁니다. 그러나 여러분, 전체적인 관점을 가지고 있지 못한 사람은 약간만 상황이 바

뛰어도 해결을 못합니다.

하나님께서는 우리를 단순히 이 세상에서 돈이나 벌고 일이나 죽도록 하라고 만드신 것이 아닙니다. 하나님은 우리를 창조의 동역자로 부르셨습니다. 아무리 동물이 많아도, 그리고 그 동물들 중에 비슷비슷한 것들이 많아도, 아무리 할 일이 많아도, 모두 우리의 지각으로 하나씩 하나씩 규명해 나갈 수 있도록 능력을 주셨습니다. 그런데 욕심으로 덤벼드니까 세상 살기가 힘든 겁니다.

오늘 우리들의 문제는 전체적인 흐름을 읽지 못하는 것입니다. 무엇이 중요한지, 내가 사활을 걸고 붙들어야 할 것이 무엇인지, 과감하게 청산하고 붙들어야 할 것이 무엇인지 구별이 되지 않으니까 삶이 그렇게 힘들고 혼동스러운 것입니다. 가장 귀중한 일은 팽개쳐 놓고 단편적인 일을 붙들고 씨름할 때 열매가 없습니다. 똑똑한 사람은 절대로 그렇게 하지 않습니다. 무엇이 주요하냐, 내 사활이 걸린 문제가 무엇이냐에 따라 우선순위를 정하고 일을 합니다. 그러면 분명히 열매가 있습니다. 불가능할 것 같은데 역사가 나타납니다.

여러분, 현실을 분석하는 것은 믿지 않는 사람이 더 잘합니다. 그러나 이 현실을 어떤 눈으로 보느냐 하는 것은 그 사람의 신앙이고 신학입니다. 신학이 그 사람을 지배할 때 그의 믿음대로 반드시 이루어집니다. 현실대로 이루어지는 것이 아닙니다. 그 사람의 신학대로, 보는 눈대로 이루어지게 되어 있습니다.

오늘날의 어려움은 사람들에게 기준이 없다는 것입니다. 그냥 덤벼들어요. 되는 대로 이력서 내고 되는 대로 선을 봅니다. 결혼은 한 사람과 하는데, 왜 선을 백 번씩 봅니까? "주가가 오를 때 해야죠." 주가가 오르는 게 무슨 상관이 있습니까? 그런 쓸데없는 소리를 하니까 결혼을 제대로 못하는 겁니다.

여러분, 무엇보다도 선악의 기준이 명확해야 합니다. 하나님께서 부모에게 자녀를 맡기신 이유가 무엇입니까? 한글 쓰는 법

같은 것은 누구나 다 배울 수 있어요. 그러나 부모가 아니면 가르쳐 줄 수 없는 것이 있습니다. 그것이 바로 선악의 기준입니다. "이건 나쁜 짓이야. 이것은 하면 안 돼. 이것은 해." 이 기준을 부모가 가르쳐 주어야 합니다. 이것은 큰 틀입니다. 악한 동기로 일한 것들, 하나님의 백성이면서도 악한 자와 협력한 것은 나중에 보면 반드시 비싼 대가를 지불하게 되어 있습니다. 그러므로 자녀가 비싼 대가를 지불하지 않게 하려면 선악의 기준을 가르쳐야 합니다.

요즘 부모들이 정신이 없어요. 가르쳐 줄 것을 가르쳐 주지 않습니다. 그러면서 너도 나도 아이들을 속셈학원에 보내는 속셈을 모르겠어요. 속셈학원에 보내지 말라는 뜻이 아닙니다. 선악의 기준을 가르쳐 주지 않는 것이 문제라는 말입니다. "악한 자와 가까이 하지 마라. 교만한 자에게 무엇을 얻을 생각을 하지 마라. 당장은 좋을지 몰라도 끝이 좋지 않다. 하나님이 절대로 너를 축복해 주시지 않는다"는 것을 어려서부터 이야기해 주어야 합니다.

부모가 가르쳐야 할 것이 무엇입니까? 우리가 하나님과 언약 관계에 있다는 것입니다. 언약 관계라고 하는 것은 나는 말씀을 붙들고 하나님은 나의 삶을 책임져 주시는 관계입니다. 우리는 말씀만 붙들면 됩니다. 그러면 하나님이 모든 것을 책임지시게 되어 있어요. 책임지지 않으시면 하나님이 언약을 어기신 것입니다.

우리 교회가 처음부터 붙들었던 것은 '어떻게 하면 교회를 넓히느냐, 어떻게 하면 사람을 늘리느냐'가 아니었습니다. 우리가 몸부림치며 붙든 것은 '어떻게 하면 말씀이 더 말씀 되게 하느냐'는 것이었습니다. 그리고 이것만큼은 절대로 양보하지 않았습니다. 나머지는 하나님이 간섭하실 문제입니다. "하나님이 안 해주시면 어떻게 합니까?" 그러면 갈 데까지 가보는 겁니다.

하나님은 굉장히 신실하신 분입니다. 우리는 이미 그것을 보았습니다. 그래서 약삭빠르게 생활하지 않습니다. "하나님, 우리는 돌대가리 어린 양이어서 어디로 가야 할지 모릅니다. 우리는 어디로 가야 합니까?" 하고 매순간 기도합니다. 그러면 갈 길을 분명히 이야기해 주십니다. 육성으로 들릴 정도로 명확하게 이야기해 주십니다. 그러니까 오늘까지 살아온 것이지요. 우리 교회는 앞으로도 그렇게 살아갈 것입니다.

우리는 언약 관계에 있기 때문에 말씀을 저버리면 다른 많은 물질적인 축복이 온다고 해도, 그것은 축복이 아니라 버림받는 것입니다. 하나님이 사람을 버리는 순서가 무엇이냐 하면, 그가 물질에 만족하게 하는 것입니다. 하나님이 택하신 백성은 다른 것을 쳐서 말씀으로 돌아오게 하십니다. 돌아오는 것만으로도 안 돼요. 돌아와서 오직 말씀만 붙들게 합니다. 그러고 나서 크게 구원하십니다. 그래서 항상 하나님의 구원은 큰 구원입니다. 그러므로 여러분, 말씀보다 다른 것이 앞설 때 굉장히 비싼 대가를 지불해야 한다는 것을 자녀들에게 꼭 가르쳐 주십시오.

하나님의 백성은 자기 개인보다 공동체를 중요하게 생각합니다. 교회가 살아야 합니다. 교회가 산다는 것은 '빅 처치'(big church)가 되는 것이 아니라 성경적인 교회가 되기 위해 온 힘을 다하는 것입니다. 그러면 그 자손은 분명히 중요한 사람이 됩니다. 아버지의 가치관을 물려받았기 때문에 이기적인 사람이 되지 않습니다. 부모가 성경적인 교회를 세우기 위해 갈등하고 아파하고 눈물 흘리고 잠 못 이루면서 괴로워하는 모습을 본 자녀들은 제대로 삽니다. 교회는 어떻게 되든지 말든지 자기만 잘살려고 하는 것은 신앙이 아닙니다. 안 믿는 사람보다 분명히 못합니다. 이런 사람들이 교회를 망칩니다. 이미 한국 교회가 여기까지 온 것은 이런 교인들 때문입니다.

주의하십시오. 성경적인 교회를 세우기 위해 내 온 힘을 쏟을 때 자녀가 제대로 큽니다. 그걸 본 자녀들이 기도하고 위기의 순간이 오면 무릎을 꿇습니다. 그러나 교회만 왔다 갔다 하고 예배 시간에 줄기나 하고 집에 가면 교회 욕이나 하면, 그 자녀들은 위기의 순간에 기도하는 것이 아니라 욕을 합니다. 그것은 자기 자식을 죽이는 것과 같고, 자녀의 신앙을 박탈하는 것과 같습니다. 결국 그 자녀들은 자기 문제에 빠져서 자기밖에 모르는 사람이 되고 맙니다.

또한 부모는 자녀들에게 혈기로 일을 해결하지 않도록 이야기해 주어야 합니다. 혈기로 하면 반드시 손해 보게 되어 있습니다. 주님의 마음이 되기 전까지는 아무 일도 하지 못하게 해야 합니다. 기도부터 해야 합니다. 왜냐하면 우리는 어떤 문제의 전체를 모르고 있기 때문입니다. 우리는 한 부분만 가지고 흥분하며 화를 내고 있을 뿐이며, 전체적인 윤곽을 알고 있는 분은 주님밖에 없습니다. 그래서 혈기와 분노를 다스리고 계속 기도함으로써 기다리도록 가르치는 것이 중요한 것입니다.

성경을 읽는다고 해서 성경이 바로 돈을 주지 않고 시험 문제의 답을 주지 않습니다. 그러나 성경은 방대한 정보와 일을 처리할 수 있는 사고의 틀과 우선순위를 정할 수 있는 지혜를 주며 선악을 분별하게 합니다. 그런 사람은 절대로 망하지 않습니다. 그런 사람이 악한 사람과 교제하면 몸에 신호가 옵니다. 비상경보가 울리기 시작합니다. '이 교제는 나를 굉장히 위험하게 만드는구나. 나를 구렁텅이로 몰아가는구나' 하는 것을 자기가 느낍니다. 왜냐하면 성경에서 그렇게 배웠기 때문입니다. 직감으로 느끼는 거예요. 그러므로 '나는 언약 관계에 있다. 하나님의 말씀을 붙들면 나는 절대로 망하지 않는다. 그러나 말씀을 버리면 망한다'는 것을 자녀들에게 분명히 가르쳐 주어야 하고 공동체를 생각하게 해야 합니다. 어려운 일이 있을 때 혈기가 아니라 기도로, 주님이 주시는 성령의 능력으로 해결하도록 가르쳐야 합니다.

남자가 독처하는 것이 좋지 못하니

둘째로 하나님께서는 남자가 독처하는 것이 좋지 못하다고 하시면서 남자와 여자의 위치를 정해 주고 계십니다. 오늘 말씀에서 특이한 것은 하나님께서 여자를 대단히 특별하게 부각시키시고 인도하시고 남자를 만나게 하셨다는 사실입니다. 오늘 말씀은 남자가 혼자 존재하는 데서 시작됩니다.

> 사람의 독처하는 것이 좋지 못하니 내가 그를 위하여 돕는 배필을 지으리라 하시니라(2:18).

하나님께서는 동물을 만드실 때 다 쌍쌍으로 만드셨습니다. 즉 암컷과 수컷을 동시에 만드셨습니다. 그러나 사람을 만드실 때는 그렇게 하시지 않고, 남자만 만드셨습니다. 그리고 남자를 계속 혼자 있게 하셨습니다. 왜 하나님께서는 사람을 만드실 때 여자와 남자를 동시에 만드시지 않고 남자만 덜렁 먼저 만드셨을까요? 사람을 만드는 것이 너무나도 급했기 때문에 '일단 하나라도 만들고 보자' 하고 남자를 먼저 만드신 것입니까? 결코 그렇지 않습니다.

하나님께서는 먼저 남자가 독처하게 하심으로써 여자가 얼마나 필요하며 여자가 없는 자기 자신이 얼마나 부족하고 허전한지 철저히 깨닫게 하기 위하여 여자 없이 남자만 만드신 것입니다. 가끔 부인들이 이런 불평을 합니다. "내가 없어져 봐야 이 식구들이 내 소중함을 알아." 이것은 굉장히 성경적인 불평입니다. 그런데 없어지려고 해도 갈 데가 있어야지요. 그래서 계속 집에 있습니다. 그러나 하나님께서는 여자를 없어지게 하신 것이 아니라 아예 늦게 등장시키셨습니다.

얼마나 긴 시간인지 모르지만 남자는 여자 없이 동산에서 혼자 지냈습니다. 물론 불편한 것을 몰랐지요. 처음부터 혼자였으니까요. 그러나 동물의 이름을 짓는 과정에서 남자는 심각한 문제를 깨닫기 시작했습니다. 동물들을 보니까 전부 둘씩입니다. 하나를 불렀는데 둘이 오고 하나를 보냈는데 둘이 갑니다. "왜 너희 둘은 같이 가냐?" "우리는 한 쌍이거든요." 그렇게 다 둘씩인데 아담만 혼자였습니다.

참 이상했습니다. 동물들을 보니 다른 짐승이 있든 없든 상관없이 아주 깊은 사랑을 나누고 있습니다. 그런데 아담만 혼자였어요. 아무리 하나님이 창조하신 세계라 하더라도 무언가 이상합니다. 하나님이 하시는 일이 빈틈이 있겠습니까마는 무언가 허전합니다. 그리고 하나님을 뵈어도 좀 이상합니다. '남자가 저렇게 혼자 있으면 안 되는데……' 하는 말씀을 자꾸 하십니다. 자신도 그렇게 느끼고 있는데, 하나님도 그 말씀을 하시는 겁니다.

남자는 좀 혼자 있어 봐야 합니다. 그래서 노총각으로 있다가 결혼하는 것이 좋습니다. 아내를 못 만나서 애쓰다가 드디어 결혼한 남자는 결혼과 동시에 정신을 잃어버립니다. 너무 아내를 사랑해서 하루에 열 번씩 전화합니다. 노총각으로 지내면서 여자의 존재가 하나님의 큰 축복이라는 것을 알았기 때문에 그 사람을 절대로 놓치지 않습니다. 어떻게 감히 키가 크네 작네 하는 이야기가 나옵니까? 요리 솜씨 우운 하는 이야기가 어디서 나와요? 너무 일찍 결혼하면 부인이 소중한 줄 모릅니다. 아담이 혼자 있을 때 어느 정도로 외로웠느냐 하면 뼈에 사무칠 정도였습니다. 그 사무친 뼈로 여자를 만든 것입니다.

또한 우리가 생각해야 할 것은 여자를 '돕는 배필'이라고 말씀하신 점입니다. '돕는 배필'은 약한 부분을 채워서 완전한 존재로 만드는 협력자라는 뜻입니다. 아마 여자분들은 이 부분에서 불만을 느낄지 모르겠습니다. "하나님도 결국은 남성 위주구나. 왜 여자를 겨우 '돕는 배필'이라고 하시지?"

여기서 '돕는 배필'은 일방적으로 여자가 남자를 돕는 것이 아닙니다. 서로가 서로를 돕는 배필이라는 뜻입니다. 남자가 여자를 돕고 여자가 남자를 도와서 서로가 완성된 인격체를 만든다는 의미에서 '돕는 배필'이지, 여자만 헌신적으로 빨래하고 다리미질하고 밥하라는 뜻이 절대 아닙니다. 부부에게는 서로가 서로를 돕는 이 정신이 있어야 합니다. 어떤 남자들한테 "왜 결혼하려고 합니까?" 물으면 "빨래하기 싫어서"라고 합니다. 그 사람은 세탁소에 보내야 해요. 어디에서 그런 소리가 나옵니까? 그런 남자와 결혼하는 여자는 불행합니다.

에베소서 5장 28절과 29절에 보면 이렇게 말씀하고 있습니다. "이와 같이 남편들도 자기 아내 사랑하기를 제 몸같이 할지니 자기 아내를 사랑하는 자는 자기를 사랑하는 것이라. 누구든지 언제든지 제 육체를 미워하지 아니하고 오직 양육하여 보호하기를 그리스도께서 교회를 보양함과 같이 하나니."

남자의 가장 큰 사명은 사업을 잘하는 것이 아니라 자기 아내를 양육하고 보호하는 것입니다. 아내를 양육하고 보호해서 참 풍성한 삶을 살게 하는 사람에게는 회장, 사장보다 훨씬 더 큰 상급이 있습니다. 그 사람은 위대한 남자입니다.

참으로 감사하게도 하나님께서는 남자와 여자를 서로 모자라게 만드셨습니다. 그래서 서로가 돕고 보완함으로써 완전한 인격체가 되게 하셨습니다. 서로가 서로를 필요로 하게 만드셨습니다. 그러므로 "나는 여자가 필요 없다"고 주장하는 남자나 "하나님이 왜 남자를 만드셨는지 모르겠다"고 말하는 여자는 무식한 사람입니다.

'보완한다'는 말을 몇 가지 점에서 생각해 봅시다.

그중 하나는 성격적인 보완입니다. 완전한 성격을 가진 사람은 없습니다. 남자나 여자나 다 성격적으로 조금씩 부족합니다. 한쪽이 발달한 사람은 다른 쪽이 모자라게 되어 있습니다. 꼼꼼한 사람은 대인관계가 부족하고 사람 만나기를 좋아하는 사람은 일을 대충대충 합니다. 이렇게 부부는 서로 성격적으로 보완하게 되어 있습니다. 그래서 대상을 찾을 때 보면 자신과 성격이 다른 사람을 사랑합니다. 꼼꼼한 사람은 덜렁덜렁한 사람을 원하고 덜렁덜렁한 사람은 꼼꼼한 사람을 원합니다. 이렇게 꼼꼼하기도 하고, 덜렁대기도 하고, 사람을 좋아하기도 하고, 일을 챙기기도 하니까 빈틈이 없습니다. 물론 같은 성격끼리 만나는 경우도 있지요. 그런 경우가 나쁘다는 말이 아닙니다. 그러나 같은 성격일 때는 사실 자신들의 문제를 잘 모릅니다. 똑같으니까요. 그리고 서로 싸우다가 지칩니다. 좋을 때는 굉장히 좋아서 다른 집보다 몇 배 큰 능력을 발휘하지만 안 좋을 때는 훨씬 못합니다.

남편의 훈련은 아내가 시킵니다. 어머니가 못 바꾼 것을 아내는 매일 잔소리해서 바꿉니다. 또 아내의 훈련은 남편이 시킵니다. 그래서 부부는 상대방의 충고를 들을 생각을 해야 합니다. "그래, 나는 부족해. 반쪽이야. 그러니까 한 10년은 잔소리를 듣자" 하면서 결혼 생활을 시작해야 합니다. 그렇지 않으면 전쟁이 그칠 날이 없습니다.

또 다른 하나는 성적인 의미에서의 보완입니다. 양성을 가진 사람은 없습니다. 하나님께서는 성을 하나씩만 주셔서 서로가 결합해야 성적으로 하나가 되게 하셨습니다. 부부가 성적으로 결합해야 자녀가 생기고 가정이 이루어집니다. 부부의 몸에서 중요한 사실은 자기 몸은 자기의 것이 아니라는 것입니다. 이 몸은 상대방의 것입니다. 남편의 몸은 아내의 것이고, 아내의 몸은 남편의 것입니다. 그래서 서로가 서로의 몸을 주장하게 되어 있습니다.

아내는 남편에게 성적으로 요구할 수 있고, 실제로 요구해야 합니다. 그리고 남편도 아내에게 이렇게 요구할 수 있습니다. 아내가 매일 피곤하게 돌아오는 남편에게 "오늘은 좀 싱싱하게 들어와 봐요" 하는 것은 주님의 권위로 내리는 명령입니다. 그날은 무조건 싱싱하게 들어와야 해요. 이것은 성령의 명령입니다. 자기 몸이라고 해서 마구 상하게 하면 결국 다른 한쪽이 책임을 져야 합니다. 남편이 병들면 누가 책임집니까? 아내가 책임지고 다 감당해야 합니다. 아내가 병들어도 마찬가지입니다. 그러니까 병들면 안 되는 거예요. 부부의 몸은 각각 자기 몸이 아닙니다. 한쪽 배우자가 죽었을 때 다른 한쪽이 얼마나 고통스럽습니까? 사별의 고통은 남이 이해하지 못합니다. 가장 큰 충격입니다.

신입 사원들은 자기 몸을 사장의 소유라고 생각합니다. 그래서 부인의 말을 안 듣고 사장이 시키는 대로 쫓아다닙니다. 그런 사람은 사장과 결혼시켜 버려야 합니다. 집에 못 들어오게 해야 돼요. 칫솔, 치약 다 싸들고 회사 가서 살라고 하세요. 이 몸이 누구 몸인데 그렇게 합니까? 이것은 정말 어리석은 짓입니다. 나중에 부장이 되고 나서 건강을 다쳐 보면 '아, 내가 속았구나' 하고 아내 말 듣지 않은 것을 후회할 것입니다.

아내는 악처여야 좋습니다. 악처가 되어야 남편의 건강과 도덕성이 보존됩니다. 그래서 남편에게 화장품 냄새가 난다, 살롱의 성냥갑이 나왔다 하면 그냥 결단을 내야 합니다. 그래야 남편이 오래 갑니다. 남편이 건강 관리를 안 하면 사생결단을 내버려야 해요. 그래야 백년해로 하지요. 오늘부터 악처가 되세요. 늦게 들어오고, 립스틱을 묻혀 오고, 밥도 안 먹고 밤샘하면서 돌아다닐 때 절대로 그냥 넘어가면 안 돼요. 악처가 남편을 지킵니다. 어영부영하면서 이 여자 저 여자 만나고 커피나 마시는 것을 절대로 용납하면 안 됩니다.

아주 훌륭한 목사님이 계셨습니다. 그분은 나이가 들도록 건강이나 도덕성에서 정말 성공한 목사님이었습니다. 그런데 그 부인은 유명한 악처 사모님이었습니다. 그러다가 그 악처가 먼저 돌아가셨어요. 그때 그 목사님이 이런 말씀을 했습니다. "내가 도덕적으로, 신앙적으로, 또 건강으로도 구십이 넘도록 이렇게 봉사할 수 있는 것은 아내 덕이었다."

또 부부는 사회적으로 서로를 보완하게 되어 있습니다. 사회적으로 보완한다는 것은 부부가 독자적으로 의사결정을 할 수 있다는 것입니다. 부부는 자신의 문제를 스스로 결정해야 합니다. 물론 다른 사람의 의견과 조언을 듣기도 합니다. 특히 어른들의 조언은 굉장히 중요합니다. 그럼에도 불구하고 최종적인 결정은 부부가 내려야 하고, 특히 남자가 내려야 합니다. 거기에 시부모의 의견이 개입되거나 친정의 의견이 개입되면 이미 그 가정은 사회적인 단위로서 역할을 잃은 것입니다. 남자가 해야 할 일은 자기와 아내가 의사결정을 할 때 자신의 어머니나 다른 사람이 개입하지 못하게 막는 것입니다. 이것을 못 막고 가정의 의사결정을 자신의 아버지나 장인이 내릴 때 그 남자는 '병신' 소리를 듣습니다. 저는 주례할 때 부모님들께 이 이야기를 꼭 합니다. "이제부터는 이들에게 문제를 맡기십시오." 자녀들이 좀 굶고 헤매더라도 내버려 두세요. 끼어들면 안 됩니다. 다른 사람이 아내와 남편 사이에 끼어들면 안 됩니다. 결정은 부부가 내리는 것입니다.

부부가 하나가 되면 어떤 어려움도 이깁니다. 아내가 남편을 믿고 남편이 아내를 책임지는 가정은 어떤 어려움도 이길 수 있도록 하나님이 만들어 놓으셨어요. 고난이 오고 시련이 와도 이깁니다. 그런데 이 사이에 뱀이 파고들면서 가정이 엉망이 된 겁니다. 그러므로 여러분, 이 질서를 깨뜨리면 안 됩니다.

또 부부는 영적으로 보완하게 되어 있습니다. 부부가 다 신앙이 좋으면 정말 좋지만 그런 가정은 많지 않습니다. 요즘은 유아세례받는 것이 흔한 일이지만, 어른들 말씀을 들어보면 유아세례받는 것은 축복 중에 축복입니다. 부모님이 두 분 다 신앙적으로 큰 경우가 없습니다. 그래서 한쪽이 시험에 들면 다른 쪽이 돕고, 한쪽이 약해지면 다른 쪽이 기도로 지켜 줌으로써 영적으로 보완해서 사탄의 역사를 이기도록 하나님께서 만드셨습니다. 그래서 '돕는 배필'입니다.

이 세상의 지위나 재산은 놀이터에 있는 그네와 같습니다. 누구든지 타고 놀다가 때가 되면 가야 합니다. 직책을 영구적으로 가질 수 없고 재산을 영구적으로 가질 수 없습니다. 그것은 다 남의 것입니다. 누구든지 거기에 한번 앉았다가 다른 사람에게 물려주어야 합니다. 그러나 남편은 확실히 아내의 것이고 아내는 남편의 것입니다. 자식도 자기의 것이 아닙니다. 크면 다 떠납니다. 그러나 남편과 아내만큼은 나의 것입니다. 그러니까 서로를 확실히 세워 주어야 해요. 남편한테는 '병신 같은 게……' 하면서 무시하고, 자식한테는 먹을 것 챙겨 주고 과외 시키다가 나중에 자식이 떠나면 결국 그 병신하고 둘이 남는 거예요. 너무 심한 말 같습니까? 노골적으로 이야기를 해야 알아듣기 때문에 하는 말입니다.

돈이나 직책은 내 것이 아닙니다. 그러나 '돕는 배필'이 되면 이미 이 세상을 이긴 것입니다. 어떤 어려움이 와도 이기게 되어 있어요. 어려움이 겹쳐 올 때 아내가 말합니다. "난 당신을 믿어요. 당신을 사랑해요." 남편은 말합니다. "내가 당신을 책임지겠소." 그러면 이깁니다. 분명히 이기게 되어 있습니다.

부부는 나중에 하나님의 심판대에 같이 서게 됩니다. 그때 하나님께서는 세상적으로 얼마나 성공했는가, 얼마나 업적을 남겼는가를 묻지 않으십니다. 남편에게는 "너는 아내를 얼만큼 채워 주었는가?" 물으십니다. 아내에게는 "너는 남편을 얼만큼 채워 주었는가?" 물으십니다. 결혼은 인륜대사입니다. 여러분, 어릴 때부터 결혼을 놓고 기도하세요. 결혼을 잘한 사람은 이 세상을 이긴 겁니다. 사회적인 직책이나 돈이 뭐 그리 대단하다고 눈을 부릅뜨고 덤벼듭니까? 결혼만 잘하면 됩니다. 서로를 얼마나 완성시켜 주었느냐, 나의 가장 가까운 이웃을 얼마나 사랑했느냐가 중요합니다. 모자라는 이웃을 많이 채워 주었을 때 하나님이 큰 상을 주십니다. 신앙이 좀 떨어지는 남편을 많이 보완해서 신앙이 생기게 했을 때 더 큰 상을 주십니다. 그러니 청년들도 자꾸 공부만 하려고 하지 말고 내가 채워 줄 대상을 찾으세요. 결혼은 하나님이 세우신 대사(大事)입니다.

하나님이 세우신 결혼

셋째로 하나님이 결혼을 축복하시는 모습이 나옵니다. 하나님께서는 남자로 하여금 여자가 없는 외로움과 아픔을 뼈저리게 느끼게 하신 후에, 가장 아플 때 그를 수술하셔서 갈비뼈로 여자를 만드셨습니다. 여러분, 속이 쓰리고 아플 때 어느 뼈가 아픕니까? 갈비뼈지요.

> 여호와 하나님이 아담을 깊이 잠들게 하시니 잠들매 그가 그 갈빗대 하나를 취하고 살로 대신 채우시고 여호와 하나님이 아담에게서 취하신 그 갈빗대로 여자를 만드시고 그를 아담에게로 이끌어 오시니 (2:21-22).

여자를 남자의 갈빗대로 만들었다는 것에는 굉장히 중요한 의미가 있습니다. 남자를 깊이 잠들게 하시고 뼈 하나를 꺼내는 것이 무엇입니까? 수술입니다. 수술할 때는 꼭 깊이 잠들게 하고 어디 하나를 잘라 내더라고요. 하나님이 여기에서 최초의 수술을 하셨습니다. 여자를 만들려면 남자는 거의 죽었다가 살아나야 합니다. 그만큼 여자는 중요한 존재입니다.

하나님께서 왜 이 수술을 하셨습니까? 앞으로 올 세대의 모든 남자들에게 이 교훈을 주시기 위해서입니다. '여자를 제대로 만들려면 네가 한 번 크게 죽어 보아야 한다'는 것을 교훈으로 주기 위해서 하나님께서 아담을 수술하셔서 가장 아픈 뼈를 빼서 여자를 만드신 것입니다. 남자가 아무 희생도 하지 않고 자기 일에만 빠져 있으면서 "당신 왜 훌륭한 아내가 되지 않느냐"고 하는 것은 말이 안 되는 소리입니다. 훌륭한 아내를 요구하기 전에 먼저 자기의 중요한 부분에 칼을 대서 수술을 해야 합니다. 야망을 포기해야 해요. 자신의 취미를 포기해야 합니다. 삶의 목적을 바꾸고 인생관을 뜯어고쳐야 아내가 만들어지는 것입니다.

여러분, 갈빗대가 어떤 뼈인지 한번 생각해 보십시오. 갈빗대는 속에 있는 중요한 기관을 다 싸고 있습니다. 그 안에 심장도 있고 허파도 있고 콩팥도 있고 다 있습니다. 갈빗대가 부러져 버리면 안에 있는 것이 다 터집니다. 아내를 두들겨 패는 사람은 자기 갈빗대를 부수는 것과 같아요. 여자를 남자의 갈빗대로 만드셨다는 것은 아내는 남자의 심장과 같고, 간과 같고, 콩팥과 같고, 그 모든 내장과 같다는 것을 보여 주는 것입니다. 그렇기 때문에 여자가 상처를 입으면 안 돼요. 자랄 때에도 상처 입지 않도록 돌보아 주는 것이 아버지가 해야 할 일입니다. 여자가 상처 받으면 남자의 내장이 썩습니다.

하나님께서는 이 결혼에서 남자에게 우선권을 주고 계십니다. 하나님은 여자를 남자에게 이끌어 오셨습니다. 여자가 자기 발로 "내 짝이 어디 있느뇨?" 하면서 남자를 찾아온 것이 아닙니다. 여자는 자기 발로 못 찾아 갑니다. 반드시 누군가가 이끌어 주어야 합니다. 왜냐하면 남자가 여자의 머리이기 때문입니다. 남자가 여자의 머리라고 해서 기분 나쁘게 생각하지 마십시오. 이것은 인격적인 차이가 있다는 뜻이 아니라 순서에서 남자가 우선한다는 뜻입니다.

하나님께서 남자를 여자의 머리로 두신 이유가 있습니다. 하나님께서는 여자에게 너무 많은 것을 주셨습니다. 여자는 남자가 가지고 있지 않은 것을 많이 받았습니다. 우선 여자는 아름답습니다. 아름답지 않은 여자는 없습니다. 성낼 때 말고는 다 아름다워요. 그리고 여자는 감정이 풍부합니다. 행복은 감정으로 느끼게 되어 있습니다. 그래서 남자는 여자를 통해서 행복을 체험합니다. 여자가 행복해하는데 남자가 행복해하지 않을 도리가 없지요. 하나님께서 남자에게는 힘과 다스리는 권세를 주셨지만 여자에게는 아름다움과 풍부한 감정을 주셨습니다. 여자는 따뜻합니다. 차가운 여자가 없는 것은 아니지만 여자는 원래 따뜻합니다. 또한 여자는 섬세합니다. 그리고 여자는 오래 참습니다. 여자만큼 오래 참는 남자가 없어요. 그래서 저는 여자가 간호사를 하는 것이 참 타당하다고 생각합니다. 남자한테 간호사를 시키면 주사도 아무 데나 놓고, 환자가 아프다고 소리 지르면 발로 차면서 "좀 참아라, 이놈아"할 겁니다. 그런데 여자는 얼마나 오래 참는지 몰라요. 섬세해요. 부드럽고 따뜻합니다. 감정이 풍부합니다.

이렇게 여자는 워낙 뛰어나기 때문에 남자를 머리로 삼아서 눌러놓지 않으면 잘못 나갈 가능성이 많습니다. 워낙 뛰어나기 때문에 엉뚱한 데에도 뛰어납니다. 그래서 하나님은 남자를 머리로 눌러서 여자가 감정과 따뜻함과 상상력을 함부로 사용하지 못하도록 하신 것입니다.

아담은 여자를 보았을 때 이 여자가 자기의 짝이라는 것을 알 수 있었습니다.

> 아담이 가로되 이는 내 뼈 중의 뼈요 내 살 중의 살이라 이것을 남자에게서 취하였은즉 여자라 칭하리라 하니라(2:23).

이것은 남자가 여자에게 바치는 인류 최초의 사랑 고백입니다. "내 뼈 중의 뼈요, 살 중의 살이라!" 이것을 보면 심장에서 나온 시라는 것이 느껴집니다. 이 말은 '나의 가장 소중한 당신'이라는 뜻입니다. 히브리어로 여자를 '이솨'라고 하는데, 이것은 남자를 뜻하는 '이쉬'에서 모음 하나만 다른 단어입니다. 그러니까 똑같다는 뜻입니다. 남녀는 대등합니다. 끝에 있는 어미만 다를 뿐입니다.

모세는 여기에서 결혼의 대원칙을 선포합니다.

이러므로 남자가 부모를 떠나 그 아내와 연합하여 둘이 한 몸을 이룰 지로다(2:24).

여기서 중요한 것이 무엇입니까? 결혼은 하나님이 세우신 가장 중요한 제도라는 것입니다. 결혼은 하나님의 법도입니다. 예수님께서는 여기에 덧붙여서 하나님께서 짝 지워 주신 것을 사람이 나누지 못한다고 말씀하셨습니다.

결혼은 감정의 문제나 애정의 표현이 아닙니다. 이것은 하나님이 정하신 법도입니다. 믿지 않는 사람들끼리 결혼했다 하더라도 그것은 하나님이 짝 지워 주신 것입니다. 신·불신을 막론하고 결혼은 하나님의 법으로서 인위적으로 나누지 못합니다.

사람의 성관계에는 책임이 뒤따릅니다. 그래서 한번 성으로 결합하면 인격적으로 결합한 것이며, 뗄 수 없는 책임이 생깁니다. 그래서 예수님께서는 이혼은 간음이라고 분명히 말씀하셨습니다. 최근에 이혼이 많이 생기는 것은 결혼 자체를 너무나 가볍게 생각한 탓입니다.

남녀가 결합하는 것은 하나님의 법칙입니다. 한번 결혼한 것은 성격적인 이유이든 다른 이유이든 뗄 수가 없습니다. 떼면 안 됩니다. 그래서 때가 되어 부모를 떠나기 전까지 남녀는 엄격한 부모의 통제 아래 있어야 합니다. 성 개방이라고 해서 개방해 주면 안 됩니다. 절대로 개방해 주면 안 됩니다. 물론 본인들은 싫지요. 좀더 많은 자유를 누리고 싶고, 좀더 늦게 들어오고 싶지요. 그러나 성은 폭탄과 같습니다. 이것이 한번 터지면 가정이 다 날아가 버려요. 얼마나 많은 사람에게 피눈물이 맺히는지 모릅니다.

대표적인 예가 야곱의 딸 디나 사건입니다. 디나가 멋모르고 나갔다가 추장 아들한테 겁탈당하는 바람에 그 마을 전체가 몰살을 당했습니다. 그러므로 자녀가 나이가 되어서 떠나기까지 부모는 감독해야 할 책임이 있습니다. 몇 시에 어디에서 누구를 만났는지 다 확인해야 합니다. 남자라고 해서 풀어 주면 안 돼요. 남자라고 풀어 주면 남의 딸에게 그런 아픔을 줍니다. 부모는 아들이 남에게 절대로 그런 아픔을 주지 못하게 해야 합니다. 그러나 결혼하면 그때부터는 간섭하지 말고 "이제는 죽든지 살든지 너희들이 알아서 하라"고 해야 합니다.

또한 남자는 부모를 떠나야 합니다. 남자가 정신적으로 부모를 떠나야 결혼이 성립됩니다. 어떤 남자는 결혼하고 나서도 모든 것을 '엄마'에게 물어봅니다. 서른이 되었든, 마흔이 되었든 그 사람은 결혼할 자격이 없는 사람입니다.

그리고 어머니는 청소년 때부터 "네가 알아서 해라" 하면서 분리시키는 훈련을 시켜야 합니다. 그런데 내 자식이라고 매일 문 앞에 쭈그리고 앉아서 시간 재고 감독해 버릇하면 한평생 책임을 져야 합니다. 나중에 얼마나 큰 고통이 돌아오는지 모릅니다. 그것은 자식의 아내를 죽이는 것과 같습니다.

그러므로 청소년이 되면 "중요한 문제는 네가 결정해라. 공부도 네가 알아서 해. 대학 떨어지면 재수를 하든지 삼수를 하든지 네가 알아서 해. 성 문제를 제외하고는 다 네가 결정해라" 하면서 자꾸자꾸 떠나보내야 합니다.

결혼에 대하여 이야기할 때는 항상 균형을 잡아야 합니다. 우리는 주 안에서 독신의 기회도 있다는 것을 반드시 언급해야 합니다. 주 안에서 독신으로 사는 경우에는 다음의 몇 가지가 있습니다. 일단 자신이 주님의 일을 위하여 스스로 결혼을 포기하는 경우입니다. 또는 결혼의 의사를 분명히 가지고 있는데도 주님이 짝을 주시지 않는 경우입니다. 혹은 결혼을 했는데 배우자와 일찍 사별해서 재혼할 기회가 없었거나, 배우자가 부정을 저질러서 이혼하고 떠난 경우입니다. 대개 여성들이 이 경우에 해당되는 경우가 많습니다.

중요한 것은 주 안에서 독신으로 지내는 형제자매들에게 하나님의 특별한 은혜가 있다는 사실입니다. 그 형제자매들에게 하나님의 큰 긍휼이 있으며, 하나님이 친히 부모가 되어 주셔서 그 기도를 절대적으로 들어주신다는 것을 기억할 필요가 있습니다. 그뿐만 아니라 독신의 자매들에게는 주님이나 남을 섬기는 일에서 대단히 탁월한 자유로움이 있습니다. 아무리 신앙이 좋은 자매라고 해도 일단 결혼하면 남편과 자식에게 매이게 되어 있습니다. 하지만 독신으로 지내는 형제나 자매에게는 남을 섬기는 일에서 특별한 자유가 있습니다.

그러나 조심해야 할 부분이 있습니다. 즉 독신자들 역시 인간이기 때문에 약한 부분에 유혹을 받을 수 있고 그 약한 부분은 항상 약점으로 남는다는 사실입니다. 고집이 생길 수 있고 아집과 편견이 생길 수 있으며 자기를 지키기 위하여 지나치게 비판적이 될 가능성이 있습니다. 이런 경우에는 공동체 안에서 뜨거운 사랑으로 이 약한 부분을 보완해야 합니다.

그리스도 안에서 독신은 귀한 은사입니다. 그러나 어떻게 해서든지 이 불 같은 정욕을 잘 다스려야 합니다. 그렇지 않으면 넘어집니다. 정욕이 없는 사람은 없습니다. 정욕을 느끼지 않는다고 말하는 사람은 거짓말쟁이입니다. 우리는 하나님을 두려워해야 이 불 같은 정욕에 사로잡히지 않습니다.

오늘 말씀이 우리에게 보여 주는 것이 무엇입니까?

우리에게는 수많은 일과 지식과 정보가 있습니다. 여기에 무조건 덤벼들지 마십시오. 하나님이 주신 신앙의 눈으로 이 모든 것을 관찰하고 분류하고 정리해서 하나씩 하나씩 장악해 나가고, 필요 없는 것은 과감하게 버려야 합니다. 필요 없는 교제, 필요 없는 정보, 필요 없는 물건은 다 버리라는 겁니다. 그렇게 해서 아주 균형을 잘 잡는 삶이 우리 그리스도인들에게 필요합니다. 여러분, 덤벼들지 마세요. 기도하세요. 성경을 보세요. 그러면 큰 틀이 생깁니다. 이 세상이 아무리 바뀌어도, 서기 3000년이 와도 두려워할 것이 없습니다. 그 어떤 것이라도 이 틀 안에 다 들어오게 되어 있습니다.

또한 하나님께서는 우리를 서로 돕는 배필로 세우셨습니다. 우리는 전부 부족하기 때문에 서로의 도움을 요청해야 합니다. 내 몸이라고 해서 내 것이 아니라는 것을 기억하십시오. 결혼하기 전에도 내 몸은 내 것이 아닙니다. 몸을 잘 간직하십시오. 결혼하고 나서도 사업상의 이유나 다른 이유로 몸을 함부로 하지 마십시오. 그렇게 하지 않으면 나중에 배우자에게 굉장한 아픔을 주게 됩니다. 하나님께서는 부부가 서로 신뢰하고 책임질 때 이 세상의 어떤 어려움도 이길 수 있게 만들어 놓으셨습니다. 우리는 이길 수 있습니다. 서로 믿고 신뢰하고 도와주십시오.

여러분, 결혼에는 하나님의 큰 비밀이 있습니다. 특히 남자를 수술해서 가장 아픈 뼈를 꺼내서 여자를 만들었다는 여기에 얼마나 큰 결혼의 비밀이 있는지 모릅니다. 남자의 아픔과 희생이 없이는 바람직한 아내상을 요구할 권리가 없습니다. 남자는 자신의 사고방식과 습관을 수술해야 합니다. 세상에 마음을 빼앗겨서 직장 생활에 매달려 부인에게 희생을 강요하는 것은 하나님이 세우신 결혼의 큰 원칙을 어기는 것이라는 점을 기억하십시오.

11

최초의
범죄

우리는 살아가면서 끔찍한 일들을 많이 경험합니다. 한번 집안에 좋지 않은 일이 생기면 그때부터는 전화벨 소리만 들려도 깜짝깜짝 놀랍니다. 또 가족 중에서 누군가가 병에 걸려서 심한 고통을 겪거나 죽어갈 때 도대체 왜 이런 일이 우리들에게 일어나야 하는지 의문이 생깁니다. 인간들은 참으로 경치가 아름다운 곳에서 서로를 죽이는 전쟁을 벌이기도 합니다. 나무 밑에 시체가 쌓이고 시냇물이 피가 되어 흘러갈 때 우리는 '왜 우리들에게 이런 끔찍한 일들이 일어나는가'를 생각하지 않을 수 없습니다. 평소에는 그런 생각을 하지 못합니다. 그러나 불안에 쫓기거나 사람들에게 시달리거나 무서운 질병으로 죽어갈 때, 또는 전쟁이 일어날 때 '우리 인간에게 왜 이런 고통이 일어나는가' 하는 의문이 일어나는 것입니다.

　　오늘 본문은 바로 그 문제의 답을 우리에게 주고 있습니다. 그 해답은 바로 하나님과 우리의 관계에 있습니다. 하나님과 우리의 관계가 깨질 때 우리는 상상하지도 못할 모든 끔찍한 고통에 버려지게 되어 있습니다. 성경은 하나님을 떠난 인간은 절대로 행복할 수 없다고 말씀합니다.

최초의 유혹

오늘 말씀은 최초에 있었던 한 유혹의 이야기로 시작됩니다. 어린아이들에게 마귀를 그려 보라고 하면 거의 틀림없이 머리에 뿔이 달리고 눈은 사나우며 온몸에는 털이 덮여 있는 징그러운 모습의 괴물을 그립니다. 우리는 마귀라고 하면 생각만 해도 등골이 오싹한 모습을 상상합니다. 마귀를 아주 멋지고 아름다운 소년으로 생각할 사람은 거의 없을 것입니다. 그러나 마귀는 털 나고 뿔 달린 흉측한 모습으로 인간을 유혹하러 온 것이 아니라 가장 멋지고 우아한 모습으로 찾아왔습니다.

하나님께서는 에덴동산을 창설하시고, 인간에게 모든 동물들을 돌보아주는 일과 밭을 경작하는 일을 맡기셨습니다. 거기에는 사람들이 돌보아 주어야 할 짐승들이 많았습니다. 부부가 해내기에는 벅찬 일이었습니다. 그런데 그 많은 짐승 중에 아주 똑똑하고 슬기로운 짐승이 하나 있었는데 그것은 바로 뱀이었습니다. 1절을 보십시오.

여호와 하나님의 지으신 들짐승 중에 뱀이 가장 간교하더라

'간교하다'는 말은 반드시 나쁜 뜻으로만 쓰이는 단어가 아닙니다. 성경 다른 곳을 찾아보면 '간교하다'는 말이 좋은 뜻으로 사용되는 경우가 더 많다는 것을 알 수 있습니다. '간교하다'는 것은 아주 지혜롭고 슬기로우며 남의 마음을 아주 잘 알아준다는 뜻입니다.

사실 두 사람의 힘으로 에덴동산의 모든 동물들을 다 돌아본다는 것은 결코 쉬운 일이 아니었을 것입니다. 아무리 타락하기 전이라 하더라도 미련한 짐승은 그때나 지금이나 변함없이 미련했을 것입니다. 몇 번씩 말을 해도 전혀 알아듣지 못하는 짐승들도 있

었을 것입니다.

그런데 그중에서 사람의 마음에 아주 쏙 들게 행동하는 한 짐승이 있었습니다. 그것은 바로 뱀이었습니다. 우리는 구체적으로 뱀이 어떻게 여자의 마음에 들게 행동했을지 알지 못합니다. 일일이 따라다니면서 지켜보고 도와주었는지도 모르겠습니다. 그러나 적어도 이 에덴동산의 뱀이 현재 우리가 보는 것처럼 징그럽고 기분 나쁜 모습은 아니었던 것이 분명합니다. 마귀는 이 뱀을 통하여 여자를 유혹했고 끝없는 낭떠러지에 떨어지게 만들었습니다.

우리가 알아야 할 것은 여기에 나오는 뱀이 그냥 뱀이었다는 사실입니다. 그러나 문제는 이 뱀이 말을 하는 데서 시작되었습니다. 우리는 성경에서 동물이 말하는 것을 딱 두 번 보게 됩니다. 한 번은 여자를 유혹하기 위하여 뱀이 말을 하는 것이고, 또 다른 한 번은 당나귀가 입을 열어서 모압 왕에게 매수되어 이스라엘 백성을 저주하러 가는 미련한 선지자 발람을 책망한 경우입니다.

짐승이 말을 한다는 것은 예삿일이 아닙니다. 그것은 분명히 특별한 일입니다. 사실 짐승들도 얼마나 할 말이 많겠습니까? 만약 하나님이 짐승들에게 하고 싶은 말을 다 하라고 하신다면, 이 짐승 저 짐승 할 것 없이 떠들어 댈 것입니다. 돼지는 불평합니다. "왜 우리를 이렇게 뚱뚱하게 만드셨나요?" 소는 소대로 불평입니다. "왜 우리는 죽도록 일만 하게 하시지요?" 토끼는 말합니다. "왜 우리는 이렇게 약하게 만드셨나요?" 그러나 하나님께서는 짐승들에게 말할 수 있는 권리를 주시지 않으셨습니다. 이 말하는 뱀은 이미 보통 뱀이 아닙니다. 이것은 이미 짐승이 자연 법칙을 뛰어넘고 있는 것이며 어떤 능력을 행하고 있는 것입니다. 사실 껍데기는 짐승이었지만 그 안에 들어있는 것은 마귀였습니다.

마귀가 어떻게 뱀 안에 들어가서 사람을 유혹할 수 있었는가에 대하여 성경은 더 이상 자세하게 이야기하지 않습니다. 단지 마귀가 여자의 가장 슬기롭고 믿음직스러운 친구인 뱀 안에 들어가서 인간을 유혹했고, 인간은 그 유혹에 넘어감으로써 그들이 가지고 있던 모든 축복을 한순간에 다 잃어버리고 끝없는 나락으로 떨어졌다는 것만 말씀하고 있습니다. 뱀이 말을 하게 된 것은 분명히 마귀의 힘이었습니다. 이것은 정상적인 일이 아니었습니다. 이 비정상적인 일을 여자는 경계했어야만 합니다.

마귀는 인간이 타락하기 전에도 있었고 이미 그 운명이 결정되어 있었습니다. 마귀는 인간이 만들어질 때부터 멸망당하기로 결정되어 있는 존재입니다. 그래서 마귀는 하나님의 형상을 가지고 있으며 영원한 영광이 약속되어 있는 인간에게 시기심과 질투심을 참을 수가 없었던 것입니다.

물론 마귀가 뱀 안에 들어 갈 수 있었던 것은 하나님의 허락이 있었기 때문입니다. 하나님의 허락이 없었다면 뱀은 말을 할 수가 없었을 것입니다. 그러나 그것은 분명히 옳은 일은 아니었습니다. 놀라운 사실은 하나님께서는 인간이 가장 무서운 사탄에게 시험당하는 것을 허락하셨다는 것입니다. 이것은 하나님께서 우리에게 주실 영원한 생명이 없다면 설명할 수 없는 부분입니다. 하나님께서는 우리 인간에게 주실 영원한 생명이 참으로 귀한 것이 되게 하시려고 우리를 무서운 시험에 넘기셨습니다. 다시 말해서 믿음으로 이 무서운 시험을 이기고 영생에 들어오라는 것입니다.

하나님께서는 인간이 에덴동산에서 평안하게 과일이나 따 먹다가 영원한 생명으로 옮겨지기를 원하지 않으셨습니다. 그 영광에 들어가기 위해서는 무서운 시험을 통과해야 하는 것입니다. 그것도 보통 시험이 아니라 친한 친구인 뱀 속에 마귀가 들어가서 마음속에 있는 약한 부분을 공격하는 시험입니다. 하나님께서는 믿음 없이 이길 수 없는 이 무서운 사탄의 시험을 통과하지 않고서는 영생에 들어올 수 없게 하셨습니다.

우리는 이 세상에서 절대로 아무 어려움 없이 편안하게 살다가 죽을 수가 없습니다. 한평생 병도 걸리지 않고 어려운 일도 없이 편안하게만 살다가 죽는다는 것은 있을 수 없는 일입니다. 하나님께서는 우리가 영광에 들어가기 전, 이 영원한 생명을 얻기 전에 반드시 무서운 사탄의 시험을 통과하게 하시고, 반드시 우리 믿음을 달아 보심으로써 우리가 가진 믿음이 참 믿음인지 엉터리 믿음인지를 시험해 보십니다.

우리는 하나님을 믿는 사람들입니다. 그러나 하나님은 우리가 하나님을 믿는다는 한 가지 사실만으로 "다 되었다"고 말씀하시지 않습니다. 우리가 정말 하나님을 알고 믿는 것이며 정말 하나님을 죽도록 사랑하기 때문에 믿는 것인지, 아니면 안 믿는 것보다 믿는 것이 낫고 교회에 안 다니는 것보다 다니는 것이 좀 덜 심심하기 때문에 믿는 것인지를 반드시 시험해 보십니다. 남편이 아내를 사랑한다고 말할 때는 정말 아내가 좋아서 사랑하는지, 아니면 여자가 없는 것보다는 하나쯤 있는 게 낫다 싶어서 어쩔 수 없이 데리고 사는지 시험해 보아야 합니다. 정말 나를 사랑하는지 확인해 보아야 합니다.

하나님께서는 우리에게 영생을 공짜로 주시지 않습니다. 그러므로 여러분, 이 세상에서 편안하게 살 생각은 아예 버리는 게 좋습니다. 하나님은 무서운 사탄의 시험에 우리를 넘기셔서 그 가운데서도 정말 하나님을 사랑하는지, 하나님을 알고 믿는지 모르고 믿는지, 정말 하나님이 믿을 만하기 때문에 믿는지 어렸을 때부터 믿어 왔고 안 믿는 것보다 믿는 것이 재미있기 때문에 믿는지 반드시 시험해 보십니다.

이 세상에서 절대로 편안하게 살려고 하지 마십시오. 편안하게, 걱정 없이, 남 노는 것 다 놀면서, 남 하자는 것 다 하면서 영생을 얻는다는 것은 거짓말입니다. 그러므로 하나님이 택한 백성에게 여러 가지 어려운 일이 닥치는 것은 이상한 일이 아닙니다. 어려운 일이 왔을 때 마치 이상한 일이 온 것처럼 '왜 나에게 이런 어려움이 닥치는 거지?' 하고 생각하는 사람은 정말 잘못 생각하는 것입니다.

에덴동산의 대화는 아주 부드럽게 진행되고 있습니다. 마치 뱀이 정말 몰라서 여자에게 와서 신앙 상담 하는 것처럼, 종교적인 관심을 가지고 있기 때문에 이야기하는 것처럼 대화가 진행되고 있습니다. 목소리도 아주 부드럽고 감미롭게 들립니다. 그러나 그 안에는 독이 들어 있었습니다. 무서운 절벽, 영원한 멸망으로 떨어뜨리는 유혹이 그 속에 들어 있었습니다.

뱀은 무엇으로 여자를 시험했나?

마귀가 여자를 시험한 내용은 단 하나, 곧 하나님의 말씀에 헌신하고 있는가 아닌가 하는 것이었습니다. 뱀은 여자에게 물었습니다.

하나님이 참으로 너희더러 동산 모든 나무의 실과를 먹지 말라 하시더냐(3:1).

바로 이것이 시험이었습니다. 이것이 핵심이었습니다. 마귀는 하나님께서 사람에게 어떤 과일을 먹지 말라고 했다는 사실을 알고 있었고, 그것을 전제로 삼아 옆에서부터 접근했습니다. 마귀는 여자를 타락시킬 때 곰이나 멧돼지 같은 무서운 짐승 속에 들어가서 여자를 절벽으로 끌고 가 "당장 하나님을 부인해! 안 그러면 물어 죽일 테야!" 하지 않았습니다. 마귀는 이런 식으로 무식하게 유혹하지 않았습니다. 사람이 멧돼지한테 물린다고 해서 멸망하지 않는다는 것을 알고 있었기 때문입니다. 마귀는 그런 엉터리가 아닙니다. 마귀는 굉장히 뛰어난 존재입니다.

중요한 것이 무엇입니까? 우리의 외적인 어려움이나 고난이 아닙니다. 중심 자세입니다. 마귀는 그 중심 자세에 있는 불신과, '뭔가 하나님이 요즘 나를 부당하게 대우하고 있다'고 생각하는 불평을 잡아내는 것입니다. 마귀는 하나님과 우리 사이에 있는 바늘구멍만 한 틈을 노리고 있습니다. 하나님과 우리 사이에 조그만 틈만 생기면 우리를 요리하는 것은 쉬운 일이기 때문입니다.

"하나님이 참으로 너희더러 동산에 있는 모든 나무의 실과를 먹지 말라고 하시더냐?"라는 말 속에는 '나는 하나님께서 너희에게 어떤 나무의 열매를 먹지 말라고 하신 것을 알고 있어. 그런데 하나님께서 너희에게 감히 그런 명령을 내릴 수 있다고 생각해? 너희가 이 동산에서 다른 짐승들을 돌보기 위하여 얼마나 수고하는데 말이야. 내가 늘 따라다녀서 잘 알지. 미련한 짐승도 한두 마리가 아니고 또 큰 짐승은 얼마나 커? 그런데도 하나님은 그런 수고를 알아주기는커녕 그 정도 과실도 먹지 못하게 하다니, 너무 지나치잖아?' 하는 도전이 담겨 있습니다.

사실 마귀는 인간의 문제를 정확하게 알고 있습니다. 하나님께서 우리를 만들 때 너무 뛰어나게 만드신 게 문제였습니다. 우리를 돌대가리나 백치로 만들었더라면 시험이 될 것도 없었을 것입니다. 그러나 하나님께서는 우리를 만들 때 완전한 걸작품, 창조의 극치로 만드셨습니다. 사람의 지혜는 굉장히 뛰어납니다. 사람들은 "컴퓨터, 컴퓨터" 하지만 컴퓨터는 연산 작업만 뛰어난 것이지 사실 가치 판단은 사람이 합니다. 컴퓨터는 사람을 못 따라옵니다. 그렇기 때문에 컴퓨터로 점치고 '나의 컨디션'을 체크하는 사람은 어리석은 사람이에요. 사람의 지혜는 무한합니다. 사람 안에는 하나님의 신성이 들어 있기 때문에 무한한 가능성이 있습니다.

그런데 하나님께서 사람에게 말씀하신 것은 그런 지혜나 능력을 무한히 쓰면 안 된다는 것입니다. 하나님의 뜻에 따라 제한해야 하고, 하나님께 영광 돌리는 데 사용해야 합니다. 이것이 바로 "이 나무 열매를 먹지 말라"는 말씀에 표현된 것입니다. 하나님은 이

나무의 열매를 먹지 말라고 하심으로써 무한한 능력을 발휘하여 스스로 신이 되려고 해서는 안 된다는 명령을 처음부터 우리에게 주셨습니다. '내가 너희를 뛰어나게 만들었지만 너희는 어디까지나 흙이며 내가 매순간 주는 은혜 없이는 살 수 없는 존재'라는 것입니다.

그런데 사탄이 하는 말이 무엇입니까? '너희들의 그런 무한한 능력을 묶어 두고 제대로 발휘하지 못하게 하시는 하나님이 너무 지나치다고 생각하지 않느냐'는 것입니다. 사실 문제는 선악을 알게 하는 나무의 열매를 먹느냐 못 먹느냐가 아닙니다. 사람은 자기의 생명이 한정되어 있다는 것을 압니다. 그래서 생명이 있는 동안 뭐든지 다 하고 싶어 합니다. 배우고 싶은 것도 다 배우고, 하고 싶은 공부도 다 하고 싶어 합니다. 요즘은 박사 학위로도 부족해서 '포스트닥'을 합니다. 이것은 박사학위 받고 나서 더 공부하는 것인데, 이 포스트닥을 좋은 데서 해야 합니다. 닥터만 가지고는 안 되거든요. 박사 학위도 하나 가지고는 안 됩니다. 그래서 죽을 때까지 공부합니다. 그리고 그렇게 공부하다가 죽습니다.

어른들이 중학생들에게 하는 말이 무엇입니까? 사람이 한평생 쓰는 뇌세포는 5퍼센트밖에 안 되고 나머지는 썩고 있다는 거예요. 사람은 자기 속에 무한한 능력이 있다는 걸 압니다. 그래서 이것을 최대한 쓰고 싶어 합니다. 사람은 하고 싶은 게 너무 많아요. 그런데 하나님이 걸림돌이 됩니다. 나는 무한히 나 자신을 추구하고 싶은데, 알고 싶은 것도 많고 하고 싶은 일도 많은데, 하나님은 어떤 것은 하라고 하고 어떤 것은 하지 말라는 겁니다. 그러다 보니까 되는 게 하나도 없어요.

하나님께서 사람을 시시하게 만들었다면 사탄의 시험은 시험될 것이 없습니다. 사람을 완전히 백치나 짐승처럼 만들었다면 시험될 것이 없습니다. 문제는 하나님께서 사람을 너무 지혜롭게 만드시고 무한한 신적인 가능성까지 주셨다는 것입니다. 하나님께서는 처음부터 사람과 언약을 맺으셨습니다. 인간이 그 무한한 가능성과 능력을 가지고 있음에도 불구하고 자신을 쳐 복종시켜서 하나님의 말씀에 절대적으로 순종하고 자신의 능력을 오직 하나님께 영광 돌리는 데만 사용하며 그것을 남용하지 않으면, 하나님은 흙이 아닌 영원한 생명을 주실 것입니다. 그러나 그렇지 않고 교만하며 하나님의 말씀에 불순종하면 영원한 죽음의 삶이 주어질 것입니다.

사실 하나님께서 사람에게 요구하신 것은 하나밖에 없습니다. 그것은 하나님 앞에서 겸손하라는 것입니다. 겸손하기만 하면 어떤 시험도 그를 넘어뜨릴 수 없습니다. 사탄이 아니라 사탄보다 더 강한 자가 온다 하더라도 절대로 그 시험에 넘어지지 않습니다. '나는 하나님 앞에서 흙이다. 내 것은 아무것도 없다. 나는 온전히 하나님 은혜로 산다'고 하는데 누가 넘어뜨리겠습니까? 그러나 자기의 머리를 믿고 자기의 가능성을 하나님의 말씀보다 더 중요하게 믿는다면 끝없는 절벽에 떨어지는 결과를 맞이할 뿐입니다.

뱀의 말에 여자가 무엇이라고 대답합니까? 2절과 3절을 보십시오.

여자가 뱀에게 말하되 동산 나무의 실과를 우리가 먹을 수 있으나 동산 중앙에 있는 나무의 실과는 하나님의 말씀에 너희는 먹지도 말고 만지지도 말라 너희가 죽을까 하노라 하셨느니라

여자의 대답의 핵심이 무엇입니까? 여자는 하나님의 말씀을 알고 있습니다. 모르는 것이 아닙니다. 그러나 그 말씀을 정확하게 그대로 붙들고 있지 않습니다. 하나님의 말씀을 자기 욕심에 따라, 자기 기대에 따라, 자기 생각에 따라 해석하고 있습니다. 하나님의 말씀에 철저히 헌신하는 것이 아니라 어떤 부분은 추가하고 어떤 부분은 빼버립니다.

여자의 말 속에는 이미 무언가 하나님을 원망하는 어투가 들어 있습니다. 여기에서 우리는 두 가지 부분을 놓쳐서는 안 됩니

233

다. 하나는 여자가 없는 내용을 추가하고 있다는 사실입니다. 여자
는 "하나님이 동산 중앙에 있는 나무의 실과는 먹지도 말고 만지지
도 말라고 했다"고 말하고 있습니다.

사실 하나님은 만지지 말라는 말씀은 하지 않으셨습니다.
어쩌면 그 만지지도 말라는 말은 자기 부부 사이의 약속일지도 모
르겠습니다. "하나님께서 저걸 먹지 말라고 하셨는데 혹시 우리가
그 열매를 만지다가 순간적인 충동으로 따 먹어 버릴지도 모르니까
아예 만지지도 맙시다" 하고 부부 사이에 내규로 정했는지도 모릅
니다. 그러나 하나님께서는 만지지 말라는 말씀을 하지 않으셨습니
다. '만지지도 말라고 했다'는 말 속에는 하나님께서 우리를 너무나
도 부당하게 대하고 있고, 우리를 무시하고 있으며, 우리의 자유를
제한하고 있다는 불평이 분명히 배어 나오고 있습니다.

그뿐만 아니라 여자는 하나님의 말씀에서 심판의 조항을 대
단히 약화시키고 있습니다. 하나님께서는 '너희가 먹는 날에는 반
드시 죽는다'는 심판의 부분을 분명히 말씀하고 계십니다. 히브리
말로는 '죽고 죽으리라'고 표현되어 있습니다. 이것은 결정적으로
죽을 것이라는 말씀이었습니다. 그런데 여자는 '혹시 죽을지도 모
른다'는 식으로 그 말씀을 약화시키고 있습니다. 그 말에는 '설마
죽이기까지 하겠어? 그냥 위협적인 조항이지. 설마 창조의 꽃인 나
같이 뛰어난 여자를 하나님이 죽이실 수 있겠어?' 하는 뜻이 담겨
있습니다. 여자는 전적으로 하나님의 말씀에 헌신하지 않았습니다.
그는 하나님의 말씀을 희석하고 약화시켰습니다. 하나님의 말씀이
여자의 상상력에 의하여 흔들리고 있는 것입니다.

이 말씀이 기록된 이유

여러분, 사실 우리에게는 하나님 말씀의 작은 한 부분이 그

렇게 중요하게 느껴지지 않을지 모릅니다. 하나님의 말씀을 거역하면서 살아가기를 밥 먹듯이 하고 있기 때문에 '죽으리라'나 '죽을까 하노라'나 그게 그것인 것 같습니다. 멸망에 빠져 있는 자들에게는 하나님 말씀의 한 부분이나 어떤 이미지가 약화되는 것이 별로 중요하지 않습니다. 이미 멸망 가운데 있기 때문에 이렇든 저렇든 상관이 없는 것입니다. 이미 죽을 몸인데 맞아 죽든 굶어 죽든 무슨 차이가 있겠습니까?

그러나 하나님의 말씀은 그렇지 않습니다. 하나님의 말씀은 한 마디 한 마디, 일점일획까지 하나님이 원하시는 의도에 맞게 해석되어야 하고 적용되어야 합니다. 내가 좋아하는 부분은 확대 해석하고 내가 싫어하는 말씀은 은폐해 버리면 바로 그것이 죽음이고 멸망입니다.

지금 이 말씀을 듣는 사람들이 누구입니까? 구원받은 이스라엘 백성들입니다. 하나님의 구원을 체험한 자들입니다. 모세는 '이제 너희의 사활을 결정하는 것은 너희 삶을 하나님의 말씀에 정확하게 일치시키는 것이다. 이 여자가 했던 것처럼 자기 맘에 드는 부분은 확대해서 강조하고 자기 생각에 재미없는 부분은 숨겨 버리면 멸망이 온다. 너희들은 구원받았지만 망한다'는 것을 출애굽한 이스라엘 백성에게 분명히 말씀하고 있습니다. 하나님의 말씀을 있는 그대로 받아들이고 그 말씀이 의도하는 그대로 사는 것이 바로 생명입니다.

오늘 이 말씀이 우리에게 들려주고 있는 것은 무엇입니까? 첫째로 인간은 하나님의 말씀을 저버림으로써 이미 멸망에 빠졌다는 것입니다. 오늘 우리가 이토록 불행하고 어려움을 겪으며 고통을 당하는 이유는 우리가 철저히 하나님의 말씀에 헌신하지 않았기 때문입니다. 철저하게 하나님의 말씀에 헌신하지 않았기 때문에 죄가 들어왔고 그 죄의 결과로 우리는 모든 고통과 어려움을 겪고 있는 것입니다.

이미 구원받은 자들에게 필요한 것은 다른 것이 아닙니다. 하나님의 말씀의 의도를 정확하게 알아서 그것을 그대로 실천하며 사는 것입니다. 그런데 오늘날 교회 안에 하와의 사고방식이 만연되어 있는 것을 볼 수 있습니다. 교인들이 하나님의 말씀을 그렇게 중요하게 생각하지 않습니다. 여러분, 설교를 듣는 것은 하나님 보좌에서 하나님을 만나는 것입니다. 설교 시간에 하나님을 대면하는 겁니다. 하나님은 설교 말씀을 통해서 자신의 얼굴을 우리에게 비춰 주십니다. 그런데 하나님의 말씀에 집중하는 것을 '지나친 집착'이라고 표현하고, 하나님의 말씀보다는 나의 종교적인 감정, 곧 내가 은혜받고 위로받고 기쁨을 누리는 것을 더 중요시하는 풍조가 만연되어 있습니다.

안 믿는 것이 아닙니다. 믿긴 믿지만 정확하게 믿지를 않습니다. 자기가 좋아하는 부분에서는 열심을 내고 자기가 싫어하는 부분은 팽개쳐 버립니다. 이것이 바로 하와의 사고방식입니다. 신앙을 종교적인 감정으로 생각합니다. 강조점이 옮겨져 버렸습니다. 어떻게 하면 내가 위로받고 어떻게 하면 내가 좀 기분 좋게 살 수 있을까 하는 것이 신앙생활하는 목적이 되어 버렸습니다.

그리고 교회는 하나님의 심판 사상을 좋아하지 않습니다. '하나님은 진노하신다', '하나님은 심판하신다', '하나님은 죄를 싫어하신다' 하는 말을 좋아하지 않습니다. "'죽는다'고 하신 것은 '죽을지도 모르겠다'는 거겠지. 하지만 설마 죽이시려고? 하나님은 사랑이신데……" 해버립니다.

여러분, 성경에 전적으로 헌신되어 있지 않은 사람, 말씀에 완전히 목숨 걸지 않은 사람은 시험을 이기지 못합니다. 오늘날 우리 주위에서는 끔찍한 일들이 계속 일어나고 있습니다. 그리스도인들에게 어려움이 생기고 가정에 고난이 닥칩니다. 이 세상에서는 폭력과 싸움이 그치지 않는데, 그 폭력과 싸움이 그리스도인을 덮치기도 합니다. 이 끔찍한 일들이 우리에게 말해 주고 있는 것이 무엇입니까? 세상은 지금 절벽으로 떨어지고 있다는 것입니다. 이 세상 사람들에게 필요한 것은 구원입니다. 이 세상은 구원을 받아야 합니다. 그런데도 그리스도인들은 이 세상 사람들에게서 무언가 얻어 보려고 눈에 불을 켜고 있습니다.

믿는 사람들에게 고통이 닥치는 것은 그도 한번 이 고통을 당해 보라는 것입니다. 신문이나 텔레비전을 보는 것 가지고는 충분하지 않습니다. 내가 길을 가다가 폭행을 한번 당해 보고 그 끔찍한 일을 경험해 보아야 "정말 이 세상은 죄에 빠져 있구나!" "이 세상은 정말 소망이 없구나!" 합니다. 한번 당해 봐야 압니다. 당해 보지 않으면 죄를 심각하게 생각하지 않습니다. 기도할 때 "이 세상은 죄에 전염되어 있고 더럽지만 나는 괜찮고……"라고 하는데 괜찮은 게 어디 있습니까? 한번 당하고 나면 '이 세상 전체가 썩어 있고, 이 세상이 정말 하나님 은혜를 필요로 하며, 이 은혜가 교회로부터 흘러나가야 하는데 내가 이 은혜를 막고 있구나' 하는 것을 깨닫게 됩니다.

구원받은 자들도 자기에게 일어나는 여러 가지 어려움을 통해서 자기의 위치를 확인해 보아야 합니다. 만약 이 세상이 월남처럼 멸망하게 되었는데 나에게 마지막 비행기 표가 있으면 어떻게 하겠습니까? 미련한 사람은 비행기 티켓을 믿고 "마지막 춤을 사이공에서!" 하면서 이 술집 저 술집 돌아다니겠지요. 그러다가 그 비행기 표가 가짜면 어쩌겠습니까? 그 비행기가 취소되면 어쩌겠습니까? 이 마지막 티켓은 몇 번씩 확인해 보아야 합니다. 정말 내가 타고 갈 수 있는 표인지, 혹시 비행기에 무슨 사정이 생긴 것은 아닌지 확인해 보아야 합니다.

오늘날 그리스도인들은 싸구려 장사들에게 속고 있습니다. 이것은 영원한 운명이 결정되는 일입니다. 아무리 여러 번 확인해도 지나치지 않습니다. 그런데 확인하지 않습니다. 그냥 교회 한번 와서 대충 예배드리고, 그것도 엉뚱한 생각을 하면서 예배드리고 나면 끝입니다. 그러면서도 '어떻게 되겠지' 합니다. 어떻게 안 되면 어쩌려고 그럽니까? 우리가 심판대에 섰는데 예수님이 "넌 아니야. 뒤로 가!" 하시면 어쩌려고 그럽니까? "저는 티켓을 가지고 있는데요" 하겠습니까? 예수님께서 "티켓 좋아하네. 그건 가짜야" 하시면 어쩌려고 그럽니까?

오늘날 그리스도인들은 구원을 심각하게 생각하지 않습니다. 자기에게 한번 온 이 구원을 사생결단하고 붙들지 않습니다. 믿는다고 해서 보면 말 많고, 변명 많고, 세상 사람들과 다를 것이 없는 경우가 많습니다. 그것은 가짜 티켓입니다. 진짜 티켓을 가진 사람은 그렇게 하지 않습니다.

구원받은 자의 표시가 무엇입니까? "진짜 내가 구원받는 겁니까? 이 불타는 세상에서 제가 멸망하지 않고 영생을 얻는 겁니까? 그럼 영생을 얻은 사람의 표시가 뭡니까? 나에게 그런 흔적이 있습니까?" 하고 질문하는 것입니다. 그런데 이런 질문을 하는 사람을 본 적이 없어요. 완전히 싸구려 장사들에게 속아서 순 엉터리로 교회 생활 합니다.

여러분, 하나님의 백성이 할 일은 말씀 하나 붙들고 죽는 겁니다. 말씀 하나 붙들고 망하는 겁니다. "무엇을 먹을지, 무엇을 입을지 염려하지 마라" 하시면 염려 안 하는 거예요. 오늘 양식이 없어도, 옷이 다 떨어지고 러닝셔츠만 입고 있어도 염려 안 하는 거예요. "그런데 진짜로 옷이 없으면 어떡하죠? 진짜 굶으면 어떡하죠?" 그것이 바로 시험입니다.

어린아이가 아니면 천국에 들어갈 수 없다고 했습니다. 구원받은 백성의 특징은 어린아이와 같다는 겁니다. 말씀 안에서 어린아이입니다. 세상에 있을 때는 세련된 사람이었어요. 아는 것도 많고 재주도 많았습니다. 그러나 말씀 안에 들어오면 아는 게 하나도 없습니다. 새로 태어난 아이가 뭘 알겠습니까? 아무것도 모릅니다. 한 가지 배우면 그것 하나 가지고 놉니다. 그게 어린아이들이 하는 짓입니다.

진리 안에서 어린아이가 되지 않으면, 오늘 새로 태어나지 않으면, 오늘 새로 출발하지 않으면 지금까지 잘 믿어온 것과 잘 봉사해 온 것을 다 물리치고 오늘 이 자리에서 새로 태어나지 않으면, 여러분들은 진짜 위험합니다. 저는 목사지만 그리스도 안에서 날마다 새로 태어납니다. "예수님, 저는 아무것도 모릅니다. 뭐가 뭔지 모르겠습니다. 저의 길을 인도해 주십시오. 제 할 일을 가르쳐 주세요. 오늘 어떻게 하면 좋겠습니까? 세상에 있을 때는 똑똑했는데 예수 안에 들어오니까 완전히 멍청이가 되어 버렸습니다" 하고 기도합니다. 그렇게 할 때 하나님이 역사하시기 시작합니다. 여러분, 어린아이들과 같이 되지 아니하면 결단코 천국에 들어가지 못합니다.

세상에서 똑똑했던 것을 교회까지 가져와서 똑똑하고, 세상에서 수완 좋았던 것을 교회에 와서도 수완 좋고, 밖에서 어른이었다고 교회에 와서도 어른 행세하면 안 됩니다. 어른이라도 교회 안에서는 완전히 아기 노릇을 해야 됩니다. '응애 응애' 하면서 주는 밥 먹고 가르쳐 주는 것 배우고 모르는 것은 모른다고 해야 합니다. 그렇게 할 때 성령의 역사가 나타나고 하나님의 능력이 나타나게 되어 있습니다.

오늘 내가 그리스도 안에서 어린아이가 되지 않는다면, 날마다 어린 양이 되지 않는다면 나는 위험한 것입니다. 나는 진리를 구경만 하고 있는 것입니다.

제일 답답한 것이 무언가 하면 교회에서 세련되게 믿으려고 하는 것입니다. 그런 사람은 신앙의 제비족 같습니다. 그런 사람은 진리의 구경꾼입니다. 오늘 얼마나 많은 사람들이 구원 밖에 있으면서 구원 안에 있는 것으로 착각하고 있는지 모릅니다. 이 엉터리 티켓을 가지고는 비행장에 들어가지도 못합니다. 제가 행위 구원을 강조한다고 생각하십니까? 그런 이야기는 하지 마십시오. 성경이 그렇게 말씀하고 있습니다.

저는 알고 싶은 것이 많았고 공부하고 싶은 것도 많았지만 전부 다 버렸습니다. 제가 진도도 나가지 않는 성경 말씀을 붙들고 그 말씀에 죽으려고 했던 이유는, 이것이 바로 하나님의 능력이기 때문입니다. 구원받았다고 하면서도 여러 가지 다른 방법을 찾고 능력을 발휘하려고 할 때 그는 세상에서 분명히 성공합니다. 그러나 중요한 영생은 잃어버립니다. 인간에게는 무한한 지혜와 가능성이 있습니다. 그러나 그 지혜를 다 쓰고 그 무한한 가능성을 다 발휘하면 영생이 없습니다. 하나님께 버림받음으로써 나타나는 수많은 고통들이 그의 삶에 찾아올 것입니다.

똑똑하지 않은 사람이 누가 있습니까? 자기 가능성을 다 발휘하고 싶지 않은 사람이 누가 있습니까? 다만 영생이 있기 때문에, 하나님과 함께 할 삶이 있기 때문에 그것을 쓰지 않는 것입니다. 똑똑한 머리 굴리지 않고, 재주 부리지 않는 것입니다. 그래야 하나님의 능력이 나의 능력이 되고 구원이 구원됩니다. 말씀 안에서 어린아이가 되지 않으면, 말씀을 붙들고 망할 생각을 하지 않으면, 말씀을 붙들고 굶어 죽을 생각을 하지 않으면, 이 세상에서 소외되고 손가락질당하고 죽을 생각을 하지 않으면 구원의 능력은 절대로 나의 능력이 되지 않습니다.

마귀의 공격

마귀는 여자가 하나님의 말씀에 전적으로 헌신되어 있지 않다는 것을 금방 알아차렸습니다. 마귀가 확인하려고 하는 것은 바로 이것입니다. 사탄은 이 사람이 얼마나 똑똑하고 능력이 있는가를 보지 않습니다. 말씀에 헌신되어 있는가, 아니면 말씀을 느슨하게 붙들고 있느냐, 파고들 틈이 있느냐를 확인합니다. 4절과 5절을 보십시오.

뱀이 여자에게 이르되 너희가 결코 죽지 아니하리라 너희가 그것을 먹
는 날에는 너희 눈이 밝아 하나님과 같이 되어 선악을 알 줄을 하나님
이 아심이니라

마귀가 강하게 불어넣어 준 것이 무엇입니까? 거짓 확신입
니다. 거짓 확신은 아무 확신이 없는 것보다 몇 배 더 위험합니다.
거짓 믿음을 가진 자는 불신자보다 더 위험합니다. 그는 자신의 상
태를 긴급하게 생각하지 않으며 가장 위험한 데 있으면서도 안전하
다고 생각하기 때문입니다. 거짓된 것을 믿고 있는 사람, 신앙이 아
닌 것을 신앙으로 붙들고 있는 사람은 불신자보다 더 위험합니다.

마귀가 불어넣어 준 거짓 확신이 무엇입니까? 하나는 '죽지
않는다'는 것입니다. 마귀는 '정녕 죽으리라'를 '결코 죽지 않는다'
로 바꿔 놓았습니다. "하나님이 너희같이 멋있는 피조물을 어떻게
감히 죽이겠냐? 따 먹는 것이 잘못일 수도 있지. 하지만 그렇다고
해서 죽이기까지 하겠어? 하나님은 너희를 못 죽여. 그냥 위협하는
거지." 이것은 아주 무서운 말입니다.

사탄이 말한 다른 하나는 하나님과 같아진다는 것입니다.
사탄은 사람의 눈이 밝아져 하나님과 같이 된다고 주장했습니다.
눈이 밝아진다는 것이 무슨 뜻입니까? 이것은 시력이 좋아진다는
뜻이 아니라, 새로운 사실을 깨닫게 된다는 뜻입니다. 어린아이들
을 키워 보면 어느 순간에 아이들의 눈이 뜨이는 것을 압니다. 눈을
뜬다는 것은 약아진다는 뜻입니다. 아이들이 한번 아프고 난 다음
에 갑자기 약아지는 것을 발견할 때가 있지요. 아프기 전에는 울면
엄마가 안아 준다는 것을 몰랐습니다. 그래서 찝찝해도 누워서 참
았는데 한번 아파 보니까 울기만 하면 엄마가 안아 준다는 새로운
사실에 눈이 뜨입니다. 그래서 안 아파도 울고 슬픈 척합니다. 또 어
떤 부인은 남편이 하늘인 줄 알고 살았습니다. 그런데 어느 날 남편
이 하늘이 아니라는 사실을 알게 되었어요. 남편 몰래 딴짓을 해도

얼마든지 잘 살 수 있다는 사실에 눈이 뜨였습니다. 이렇게 눈이 밝아진다는 것은 좋은 것이 아닙니다.

아담과 하와는 하나님을 의지하지 않으면 무조건 죽는 줄 알았습니다. 그러나 한번 불순종해도 죽지는 않더라는 새로운 사실에 이제 눈을 뜨게 되었습니다. 하나님으로부터 독립해도 망하는 것이 아니라 오히려 더 편하다는 사실을 깨닫는 것이 바로 눈이 밝아지는 것입니다.

마귀가 노리는 것이 무엇입니까? 하나님과 나 사이에 틈이 생기는 것입니다. 어떤 일이 생겼을 때 '이번 일은 하나님이 너무 지나치셔. 나를 너무 심하게 다루시잖아' 하고 불평하면서 하나님의 말씀을 전적으로 신뢰하지 못하는 그 틈을 노리고 있는 것입니다. 그렇게 틈만 생기면 그다음에 요리하는 것은 문제가 안 됩니다. 예수님은 40일을 굶으셨지만, 하나님 말씀에 헌신하고 하나님을 신뢰하며 "나는 굶어 죽어도 너의 말을 듣지 않는다"고 하시니 마귀가 손을 쓸 수 없었습니다.

우리의 능력이 어디에 있습니까? 하나님과 함께 있는 데 있습니다. 하나님이 우리의 힘입니다. "여호와를 가까이 하는 것이 내게 복이라!" 여러분, 하나님께 가장 악한 것이 무엇입니까? 하나님의 말씀을 무시하고 하나님을 업신여기는 것입니다. 하나님과 나 사이에 원망과 불평의 틈이 벌어지게 하는 것입니다. 그렇게 되면 하나님의 은혜가 끊어집니다. 그때 마귀가 우리를 지배하는 것은 아무것도 아닙니다. 마귀는 우리를 완전히 파멸시킬 수 있고, 얼마든지 인간을 지배할 수 있습니다.

그러므로 우리에게 가장 무서운 것은 하나님과 나 사이에 틈이 생기는 것입니다. 원망과 불평이 들어오는 것입니다. 나를 대단한 존재로 생각하는 것입니다. 흙과 티끌에 불과한 나를 대단하게 생각하고 높여서 '하나님이 어떻게 감히 나를 이렇게 대할 수 있는가'라고 생각할 때부터 마귀의 공격은 본격화합니다. 그러나 자신을 낮추면 이깁니다. '그래, 나는 흙이야. 티끌이야. 하나님의 은혜 없이는 한 순간도 살 수 없어. 내가 가지고 있는 것은 다 하나님이 맡겨 주신 것이고 다 하나님의 것이야.' 이렇게 하는 사람은 마귀가 어떻게 할 도리가 없습니다.

오늘 우리에게 가장 무서운 병은 교만입니다. 이 모든 비참한 일들이 일어나게 된 원인은 바로 우리의 교만입니다. 교만이 우리를 하나님의 은혜에서 멀어지게 하였고, 교만 때문에 우리는 알지 못하는 가운데 마귀의 노예가 되어 멸망으로 끌려가고 있는 것입니다. 자기를 똑똑하다고 생각하는 사람, 자기는 정말 괜찮다고 생각하는 사람, 그 사람이 바로 마귀의 노예입니다.

하나님은 어떻게 하십니까? 마귀로 하여금 우리를 마음껏 괴롭히고 낮추며 고통을 주게 하십니다. 그리고 우리가 그 고통 가운데서 자기 자신의 참된 모습을 깨닫고 하나님께 돌아오게 만듭니다. 이것이 하나님의 지혜입니다. 바닥까지 내려간 사람은 다시 올라옵니다. 왜냐하면 하나님을 바라보기 때문입니다. 어중간하게 맞으면 그렇게 하지 않습니다. 고통을 받아도 어중간하게 받으면 겸손해지지 않습니다. 하나님께서는 낭패와 실망을 다 당한 후에 하나님께 돌아오게 하십니다. 하나님의 아들이 되게 하십니다. 조건 없이 예수를 '나의 주, 나의 하나님'으로 고백하게 만드십니다. 이것이 하나님의 지혜입니다.

하나님께서 우리를 구원하신 것은 그냥 편하게 믿게 하시기 위해서가 아닙니다. 구원받은 자의 특징은 하나님의 말씀에 사생결단을 내는 것입니다. 그렇게 하지 않는 사람, 하나님을 믿는다고 하면서도 하나님 말씀을 중요하게 여기지 않는 사람은 아직도 문에서 얼쩡거리고 있는 것입니다. 얼마나 믿었든지, 직책이 무엇이든지, 집사든지 장로든지 간에 그는 아직 이 구원 안에 들어오지 못한 것입니다. 이 구원 안에 들어온 자에게는 말씀이 전부입니다. 말씀만 붙들면 다른 것을 다 잃어버려도 괜찮습니다.

하나님을 믿는다고 하면서도 말씀대로 살지 못하는 이유가 뭡니까? 욕심 때문입니다. 교만 때문입니다. 여자가 자기 마음을 지키지 않았을 때 어떻게 되었습니까? 6절을 보십시오.

여자가 그 나무를 본즉 먹음직도 하고 보암직도 하고 지혜롭게 할 만큼 탐스럽기도 한 나무인지라 여자가 그 실과를 따먹고 자기와 함께한 남편에게도 주매 그도 먹은지라

아담과 하와는 드디어 무서운 죄를 범하고 말았습니다. 어려움이 온다고 해서 다 시험이 되는 것이 아닙니다. 중요한 것은 어려움을 대하는 태도입니다. 어려움이 왔을 때 '나에게는 정말 어려움이 필요해. 이런 어려움이 오지 않으면 나는 깨닫지 못해. 나에게는 정말 어려움이 와야 해'라고 생각하는 사람에게는 어려움이 와도 시험이 되지 않습니다. 그는 이 어려움을 이깁니다. 그러나 어려움에 대해 준비되어 있지 않고 '나는 어려움이 필요 없는 사람이야. 이 정도면 신앙생활을 꽤 잘하는 거지. 그런데 하나님은 왜 어려움을 주실까? 왜 하나님은 나를 괴롭히면서 좋아하실까? 하나님은 정말 나를 부당하게 대하셔' 하는 사람에게는 그 어려움이 정말 시험이 됩니다.

여자가 좋지 않은 마음으로 그 열매를 보았을 때 그것은 이미 보통 나무 열매가 아니었습니다. 원래는 그냥 나무 열매에 불과했지만, 욕심을 가지고 보니 그 열매가 하나님의 말씀보다 더 능력이 있는 것 같고 더 지혜를 줄 것 같고 더 축복을 줄 것만 같았습니다. 그러자 더 이상 참을 수가 없었습니다. 진짜 시험이 되어 버린 것입니다.

왜 여자가 먼저 범죄했는지 모르겠습니다. 그렇다고 해서 남자가 더 신실했다고 볼 수도 없는데 말입니다. 아마 여자의 상상력과 능력이 더 뛰어났기 때문이 아닌가 합니다. 무엇인가 그럴 만

했기 때문에 먼저 넘어진 것입니다.

그들이 하나님의 말씀을 거역한 결과 곧바로 몸과 마음에 변화가 왔습니다. 마음에는 두려움이 찾아오고 몸에서는 하나님의 영광의 옷이 벗겨짐으로써 그들은 자신의 수치를 보게 되었습니다. 두려움과 불안과 수치심이 몰려오면서 그들은 끝없는 절벽으로 떨어지고 있었습니다.

하나님께서 우리를 너무 뛰어나게 만드셨기 때문에 우리는 겸손하지 못합니다. 뛰어나면 뛰어날수록 더 감사해야 되고 더 하나님을 사랑해야 될 텐데, 뛰어나기 때문에 하나님께 복종하지 못하는 것이 인간의 문제입니다. 사탄은 그것을 정확하게 알고 있었고 인간의 교만을 충동질해서 인간을 멸망의 자리에 빠뜨리고 말았습니다. 가장 무서운 것은 가난이나 질병이나 무지가 아닙니다. 사람 간의 능력 차이는 그렇게 심각한 것이 아닙니다. 문제는 교만입니다. 교만과 겸손의 차이는 영원한 생명과 영원한 멸망의 차이입니다.

방법은 하나밖에 없습니다. 하나님께서 우리를 옥상으로 데려가서 떨어뜨려서 완전히 깨버리는 것입니다. 그래서 "나는 하나님 앞에 티끌입니다. 하나님의 은혜 없이는 살 수 없습니다"라는 고백이 나오는 그 사람만이 영생을 얻을 수 있습니다.

고난 가운데 계신 분이 있습니까? 기뻐하십시오. 그것은 하나님의 지혜입니다. 모든 것이 합력해서 선을 이룰 것입니다. 그러나 아직도 젊음을 믿고 자기의 능력을 무한대로 실현하려고 하는 사람은 무서운 시험에 빠질 것입니다. 그는 영생을 놓치게 될 것이고 하나님을 떠난 그 모든 고통을 맛보게 될 것입니다. 여러분, 고난을 통해서 겸손을 배우십시오. 겸손하기만 하면 이 세상에서 누리지 못할 축복이 없습니다. 교만하기 때문에 다 잃어버리는 것입니다. 그러나 두들겨 맞더라도 겸손하기만 하면 이 세상과 오는 세상에서 모든 축복을 다 누릴 수 있습니다.

12

죄의 결과

1

얼마 전에 한 교인을 만났더니, 직장에서 감사를 받느라고 정신을 차릴 수 없이 바쁘다고 했습니다. 감사는 자기가 맡은 직무를 어떻게 행했는지에 대해 상부 부서의 조사를 받는 것입니다. 감사하는 사람들이 와서 "왜 당신은 일을 이렇게 처리했습니까? 돈은 왜 이런 식으로 지출했습니까? 그 영수증은 다 어디 있습니까?" 하고 질문하면, 감사받는 사람은 그 질문에 적절한 대답을 해야 합니다. 만약 그 질문에 적절하게 대답하지 못하면 그는 자기 일을 제대로 하지 못한 책임을 져야 합니다.

　　오늘 본문을 보면 하나님께서 사람을 찾아오셔서 질문을 하십니다. 하나님께서 질문하시는 것은 다른 것이 아닙니다. 하나님은 "요즘 에덴동산이 더러워진 것 같군. 동물들 중에서도 좀 마른 동물들이 있는 것 같은데, 왜 이렇게 되었지?" 하고 질문하지 않으셨습니다. 하나님께서 질문하신 것은 단 한 가지였습니다. 곧 왜 하나님의 말씀을 거역했고 왜 하나님의 말씀을 소홀히 여겼느냐 하는 것입니다. 왜냐하면 이것이 가장 중요한 문제이기 때문입니다.

　　하나님께서 사람을 만드신 목적은 이 세상에서 많은 일을 하는 것이 아닙니다. 하나님께서 중요하게 생각하시는 것은 한 가지 일을 하더라도 하나님과의 바른 관계에서, 하나님의 말씀을 붙들고 하는 것입니다. 하나님은 어떤 일이든지 하나님의 말씀에 헌신하며 하나님을 가장 중요한 분으로 모시고 하기를 원하고 계십니다. 하나님과 그의 말씀을 제쳐 놓은 채 자기 기분과 생각에 따라 많은 일을 벌여 놓는 것을 하나님은 기뻐하지 않으십니다. 그래서 우리의 삶은 하나님과의 관계가 표현되는 장(場)이 되고 그 관계의 연장이 되어야 합니다. 그 관계 없이 벌이는 많은 일들은 하나님 앞에 무의미할 뿐 아니라 하나님을 업신여기는 죄가 된다는 것을 오늘 본문은 우리에게 말씀해 주고 있습니다.

오늘 이 말씀은 인류의 조상이 하나님의 말씀을 무시함으로써 하나님 앞에 소환되었고, 그 앞에서 책임을 지게 되었다는 것만을 말하고 있는 것이 아닙니다. 만약 오늘 말씀이 과거에 있었던 역사적인 사실만 이야기하는 것이라면 그 중요성은 이 정도로 크지 않을 것입니다. 그러나 오늘 하나님께서 말씀하고 계시는 것은 그들의 잘못에 대한 최종적인 심판이 아닙니다.

하나님께서는 인간의 죄를 드러내시고 그 죄에 대한 모든 책임을 미래에 있을 한 사건에 귀결시켜 놓으셨습니다. 최초에 인간이 범한 죄가 중요하지 않다는 것이 아닙니다. 하나님께서는 그 죄를 아주 중요하게 생각하셨습니다. 그리고 그것 때문에 모든 불행이 찾아왔습니다. 그럼에도 불구하고 하나님께서 여기에서 말씀하신 것은 최종적인 심판이 아닙니다.

우리는 본문을 통해서 인간이 죄를 범함으로써 죄가 인간의 마음속에서 활동하게 된 것을 분명히 볼 수 있습니다. 이제 공은 사람의 손을 떠나서 하나님의 손에 들어갔습니다. 인간이 할 수 있는 것은 아무것도 없습니다. 하나님께서는 인간을 살리기도 하고 죽이기도 할 일이 미래에 있을 한 사건에 의해서 이루어지게 될 것이며, 죄를 지은 인간은 그 사건을 바라보아야 한다는 것을 보여 주고 계십니다.

죄를 지은 인간들을 하나님이 찾아오셔서 심문하신 것은 지금 그들이 어떤 상태에 있으며 하나님이 그들을 어떻게 생각하고 있고, 그들이 살 수 있는 소망은 어디에 있는지를 분명히 보여 주기 위한 것입니다. 그래서 오늘 말씀은 우리들에게도 아주 중요한 말씀입니다.

하나님의 방문

오늘 첫째로 본문이 말씀하고 있는 것은 죄를 지은 인간을 하나님께서 찾아오셨다는 것입니다.

우리는 하나님의 은혜를 특별한 은혜와 일반적인 은혜로 구분해서 이해하는데, 이러한 구분이 유익할 때가 많습니다. 특별 은혜라고 하는 것은 하나님께서 직접 주시는 은혜를 말합니다. 하나님이 가지고 계신 성품을 직접 우리에게 나누어 주시는 것, 하나님이 가지고 계신 기쁨을 나에게 주시고, 나에게 말씀하시며, 나를 택하셔서 아들로 삼으시고 변화시키시는 것을 특별 은혜라고 합니다. 반면에 이미 만들어 놓은 것을 누구든지 사용하도록 허락하는 것을 일반 은혜라고 말합니다. 공공시설 같은 것은 누구나 사용할 수 있습니다. 그런 것이 일반 은혜에 속합니다.

그런데 사람이 하나님의 말씀을 거역하자 하나님이 나누어 주시는 특별한 은혜가 금방 소멸되고 말았습니다. 7절을 보십시오.

이에 그들의 눈이 밝아 자기들의 몸이 벗은 줄을 알고 무화과나무 잎을 엮어 치마를 하였더라

지금까지 인간은 하나님의 영광을 옷 입고 있었습니다. 하나님의 영광을 직접 받아서 그것을 옷처럼 몸에 두르고 살았습니

다. 그러나 죄를 짓자 금방 그 영광이 사라져 버리고 알몸이 드러나게 되었습니다. "그들의 눈이 밝아"라는 것은 실제로 눈이 밝아졌다는 것이 아니라, 몸에서 하나님의 영광이 떠나 버렸다는 것입니다. 환한 빛 속에 있다가 어두운 곳에 들어가면 앞이 잘 안 보입니다. 그러나 시간이 지나면 물건이 눈에 들어오기 시작합니다. 그때 우리는 '눈이 밝아졌다'고 말하는데, 사실은 눈이 적응한 것입니다. 처음에 사람은 몸에 하나님의 영광을 옷처럼 두르고 있었기 때문에 자기가 벌거벗은 줄 몰랐습니다. 자기 몸이 수치스러운 줄 몰랐습니다. 그런데 죄를 짓고 나니까 그 영광이 금방 사라져 버리고 알몸이 드러났습니다.

물론 처음부터 이런 알몸으로 돌아다녔다면 이상할 것이 하나도 없습니다. 사람들은 목욕탕에 들어가면 잘 돌아다닙니다. 다 알몸이기 때문에 별로 부끄러워하지 않습니다. 물론 부끄러워하는 사람도 있지만, 차츰 적응이 되면 냉탕, 온탕 잘 돌아다닙니다. 그러나 최초의 두 사람은 죄를 짓기 전과 지은 후의 신체의 변화를 누구보다 분명하게 체험했습니다. 몸이 너무 달라져 버렸어요. 몸이 형편없게 되었습니다. 도대체 돌아다닐 수가 없을 정도입니다. 거기에 부부하고 동물들만 있는데 좀 벗고 다니면 어떻습니까? 그런데 문제는 그것이 아닙니다. 몸이 형편없이 변해 버린 것이 문제였습니다. 그들은 자신의 몸을 볼 때 견딜 수 없는 수치와 부끄러움을 느끼지 않을 수 없었습니다.

죄를 짓고 난 후의 인간들에게도 하나님의 은혜는 남아 있었습니다. 그러나 그것은 이미 만들어진 자연 법칙대로 사는 은혜이지, 하나님이 직접 떼어 주시고 나누어 주시는 은혜는 아니었습니다. 인간은 마치 살던 집에서 쫓겨나서 동네 놀이터에서 살고 있는 아이들과 같습니다. 놀이터도 살 만합니다. 괜찮은 놀이터에는 화장실도 붙어 있습니다. 힘센 아이들은 그네를 세 개씩 차지하고 있습니다. 자기가 쓰지 않을 때는 그네를 아예 말아서 올려 놓는 아이도 있습니다. 그러나 그것은 자기의 것이 아닙니다. 더 힘센 아이가 오면 내주어야 합니다. 그리고 거기에는 부모의 따뜻한 사랑 같은 것이 없습니다.

밤에 지하철에 가보면 신문지를 깔고 자는 사람들이 간혹 있습니다. 그곳은 시설도 좋고 더운 물도 나올지 모릅니다. 그러나 그곳은 공공시설이지 자기 집이 아닙니다. 공부 잘하는 것은 자기 것이 아닙니다. 공공시설입니다. 공부를 잘해서 좋은 학교 가고 좋은 성적이 나오면 자기가 머리가 좋아서 잘하는 것으로 생각하는데, 이것은 공공시설입니다. 돈은 철저히 공공시설입니다. 그래서 자기만 쓰려고 돈을 챙기는 사람은 도둑이고 정직하지 못한 사람입니다. 돈은 돌게 되어 있고 지식은 남에게 가르쳐 주게 되어 있습니다. 이 세상에 있는 것 중에서 자기 것은 아무것도 없습니다. 전부 공공시설입니다.

정말 나의 것은 하나님이 직접 떼어 주시는 것, 직접 나에게 주시는 그것입니다. 그 나머지는 전부 내 것이 아닙니다. 언젠가는 다 반납하고 떠나야 합니다. 죽을 때에는 건강이나 학벌이나 재산이나 자식을 못 가져갑니다. 전부 공공시설이고 남의 것입니다. 일시적으로 누리고 있는 것입니다.

인간이 죄를 지었을 때 하나님이 주신 존귀한 것들이 다 사라져 버렸습니다. 그 몸의 변화가 너무 급격했기 때문에 아담과 그 아내는 두려웠고 수치감에 떨었습니다. 나뭇잎으로 대충 가리긴 했지만 몸의 아름다움은 다시 돌아오지 않았습니다.

하나님께서는 죄를 지은 인간들을 찾아오셨습니다.

그들이 날이 서늘할 때에 동산에 거니시는 여호와 하나님의 음성을 듣고 아담과 그 아내가 여호와 하나님의 낯을 피하여 동산 나무 사이에 숨은지라(3:8).

이 말씀이 너무나도 하나님을 사람처럼 표현하고 있기 때문에, 즉 신인동형론적으로 표현하고 있기 때문에 우리는 마치 정말 하나님께서 날이 서늘할 때 동산에서 산책하면서 아담을 부르고 계신 것처럼 생각하기 쉽습니다. 그래서 어떤 사람은 이 표현을 보고 뜨거운 낮에 인간이 죄를 지었는데, 하나님께서 서늘할 때 찾아오셨다고 해석하기도 합니다.

그러나 여기에서 "날이 서늘할 때에"는 좀 다르게 번역할 필요가 있습니다. 이 말은 '날의 바람' 또는 '낮의 바람'이라고 번역할 수 있습니다. 즉 낮에 바람이 불 때 하나님이 찾아오셨다는 것입니다. 아담과 그 아내는 하나님께서 이 동산을 방문하시는 때를 알았습니다. 하나님이 이 동산을 방문하실 때 나타나는 특별한 현상을 그들을 알고 있었습니다. 그것은 동산에 부는 어떤 바람이었습니다. 물론 그 동산에는 다른 바람도 불었을 것입니다. 시원한 산들바람도 불고 강한 바람도 불었을 것입니다. 그러나 그들은 하나님이 임재하실 때 일어나는 특별한 현상으로서의 바람을 알고 있었습니다. 그것은 하나님이 임재하시는 소리였습니다. 평소에 하나님이 임재하시는 소리를 듣고, 또 그 현상을 보고 달려 나가면 틀림없이 하나님께서 이들을 만나 주셨습니다. 그리고 말할 수 없는 은혜와 기쁨을 주셨습니다.

성경에서는 성령을 바람으로 표현하고 있습니다. 히브리어나 헬라어는 성령 또는 영을 다 같은 '바람'으로 표현하고 있습니다. 오늘 본문이 하나님을 사람처럼 표현하고 있다고 해서 저녁 서늘할 때 하나님께서 마치 사람인 것처럼 동산을 산책하시면서 아담을 찾았다고 생각하면 안 됩니다. 이 두 사람은 하나님이 특별하게 임재하시고 방문하시는 것을 알고 있었습니다. 꼭 바람이 불었다고 하지 않아도 됩니다. '낮의 바람'이라는 것은 특별한 하나님의 임재에 대해 이들이 붙인 명칭일 수도 있습니다. 무언가 특별한 표시가 있었고 그들은 하나님께서 임재하시는 것을 알았고 또 느꼈습니다.

그것이 여기에 나오는 '낮의 바람'입니다.

우리도 예배드리는 가운데, 또 기도하는 가운데 하나님의 특별한 임재하심을 알 수 있습니다. 물론 하나님은 늘 우리와 함께 계십니다. 그러나 특별하게 하나님께서 찾아오시는 것을 경험할 때가 있습니다. 예배를 드리는 가운데 우리의 자세가 말할 수 없이 진지해지고 내 마음이 감동과 기쁨으로 충만해질 때가 있습니다. '참으로 내 영혼이 예배드리는 이 장소가 아니라 하나님의 거룩한 존전에 서 있구나. 내가 하나님을 만나고 있구나. 오늘 하시는 말씀은 하나님께서 나에게 특별히 하시는 말씀이구나' 하고 느낄 때가 있습니다. 나 혼자만이 아니라 모여 있는 사람들이 다 그렇게 느끼고 체험할 때, 그것이 바로 하나님의 특별한 방문입니다. 내 옆에 누가 있는지, 내가 지금 어디서 예배를 드리고 있는지, 지하인지 지상인지 구분할 수 없을 정도로 내가 하나님 앞에 서서 그분을 만나며 그가 나를 특별하게 찾아오셨다는 것을 느끼는 예배, 이것이 바로 여기에서 말하고 있는 '낮의 바람'입니다.

아담과 그의 아내는 그것을 알고 있었습니다. 그리고 그 시간이 그들에게는 가장 복된 시간이었습니다. 동산에서는 모든 것이 좋았습니다. 다른 동물들을 보살펴주고 같이 놀기도 했습니다. 농사지으며 땀 흘리는 것도 적은 기쁨이 아니었습니다. 그러나 아담과 그의 아내에게는 이 모든 것보다 더 기쁜 시간이 있었습니다. 그것은 바로 '낮의 바람', 즉 하나님이 특별한 방식으로 찾아와 주셔서 만나시는 그때였습니다.

그러나 죄를 짓고 난 후에 그 시간은 가장 두려운 시간이 되어 버렸습니다. 지금까지는 그 시간이 가장 기뻤는데 이제는 가장 낯선 시간이 되어 버렸습니다. 가장 어색한 시간, 가장 두려운 시간, 가장 가기 싫은 시간이 되고 말았습니다. 이미 마음에 변화가 생겼기 때문입니다. 더욱이 너무나 흉측하게 변해 버린 이 모습으로 하나님 앞에 설 수가 없었습니다. 그러나 중요한 것은 흉측하게 변해

버린 이 몸이 아닙니다. 마음이 하나님을 싫어하고, 마음이 하나님을 거부하며, 마음이 하나님 만나는 것을 낯설고 어색하고 거북하게 여기는 것이 문제입니다. 그래서 그들은 하나님이 찾아오시는 소리를 들었고 특별한 임재를 알았으면서도 마음 문을 닫고 숨어 버렸습니다.

하나님의 질문

오늘 둘째로 나타나는 것은 아담을 만나서 질문하시는 하나님의 모습입니다. 시편 139편은 이렇게 노래하고 있습니다.

> 내가 주의 신을 떠나 어디로 가며 주의 앞에서 어디로 피하리이까 내가 하늘에 올라갈지라도 거기 계시며 음부에 내 자리를 펼지라도 거기 계시니이다(시 139:7-8).

인간은 하나님을 피하여 어디에도 숨을 수가 없습니다. 하나님은 어디에나 계시기 때문입니다. 심지어 음부에 내려가서 거기에 자리를 편다 하더라도 하나님이 나를 부르시는 소리를 피할 수는 없습니다. 어디를 가도 하나님은 우리를 찾아오십니다.

> 여호와 하나님이 아담을 부르시며 그에게 이르시되 네가 어디 있느냐(3:9).

하나님께서는 아담을 부르셨습니다. 아담은 하나님의 존전을 피하여 숨었습니다. 하나님을 만나고 싶지가 않았습니다. 마음에 거부감과 어색함이 있었습니다. 마음 문을 닫았습니다. 그래서 그는 하나님이 임재하시는 현상을 알고 하나님이 찾아오신 것을 알면서도 숨어 버렸습니다. 그러나 언제까지나 하나님의 소리를 못 들은 체할 수는 없었습니다. 왜냐하면 하나님께서 계속 아담을 찾으셨기 때문입니다. 하나님은 아담이 그 숨은 자리에서 나오기까지 "아담, 너는 지금 어디에 있느냐?" 하고 계속 찾으셨습니다.

왜 그렇게 찾으셨습니까? 아담은 하나님을 피해서 숨어 있습니다. 하나님을 만나고 싶지 않습니다. 그냥 이 모양 그대로 내버려 두었으면 좋겠습니다. 제발 오늘은 날 건드리지 말았으면 좋겠습니다. 그러나 하나님께서는 아담을 내버려 두지 않고 찾아오셨습니다.

하나님께서 아담을 그대로 내버려 두시면 아담은 거기서 영원히 멸망할 수밖에 없습니다. 아담뿐만이 아니라 모든 아담의 후손들이 그대로 죽을 수밖에 없습니다. 하나님과의 영광스러운 교제는 영원히 단절될 수밖에 없습니다. 하나님께서는 숨어 있는 아담을 찾으셔서 그들의 죄가 무엇인지 드러내시고, 앞으로 어떻게 하면 살 수 있는지 소망을 보여 주기 위해 아담을 불러내신 것입니다. 하나님께서 아담을 부르신 것은 그를 책망하고 심판하기 위해서가 아닙니다. 만약 멸망시키는 것이 목적이라면 하나님은 아담을 부르실 필요가 없습니다. 그대로 숨어 있게 내버려 두면 아담은 자동적으로 망하게 되어 있습니다. 아담은 영원히 죽습니다. 모든 인간들은 영원히 멸망할 수밖에 없습니다. 그러나 하나님께서는 인간이 그대로 멸망하는 것을 원하지 않으셨습니다. 그렇기 때문에 그들을 찾아오시고 그들의 이름을 부르시고 숨어 있는 곳에서 나올 때까지 계속 그들의 마음 문을 두드리셨습니다.

하나님께서 우리를 부르실 때, 말씀으로 내 마음을 두드리실 때에는 반드시 내 문제에 대한 답을 가지고 계시다는 것을 알아야 합니다. 하나님은 아무 대책도 없이 "너 어디 있어? 정말 신경질 나는데 좀 나와 봐!" 하면서 화풀이 하시는 분이 절대 아닙니다. 사람들은 그렇게 하지요. 어떤 아버지는 화가 나면 막 자식들 이름을 불러댑니다. "큰 애 어딨어? 작은 애는? 다 집합해!" 그리고 한 시간이고 두 시간이고 화풀이를 합니다. 자식들은 죽을 노릇이지요. 그래서 후회를 합니다. "내가 왜 빨리 집에 왔던고? 치명적인 실수다. 그냥 밤새고 오는 건데 괜히 집에 와가지고……."

그러나 하나님은 절대 그렇게 하시지 않습니다. 하나님께서는 화풀이를 하거나 우리를 부끄럽게 하기 위해서, 우리를 멸망시키기 위해서 우리를 부르시는 것이 아닙니다. 하나님께서 우리에게 질문을 던지실 때에는 분명히 나의 문제에 대한 답을 가지고 계십니다. 그리스도인도 그렇습니다. 그리스도인이 무슨 문제를 제기할 때에는 분명히 그 문제를 완전히 파악하고 있고 그에 대한 대책이 있기 때문에 질문하는 것입니다. 대책 없이 여기저기 쑤시는 것은 교만입니다. 내가 이만큼 잘났다, 이만큼 똑똑하다는 것이지요. 그것은 그리스도인의 질문이 아닙니다. 그리스도인이 문제를 제기할 때에는 분명히 답이 있고 확신이 있습니다.

하나님께서 아담을 부르셨을 때 아담이 무엇이라고 대답했습니까?

> 내가 동산에서 하나님의 소리를 듣고 내가 벗었으므로 두려워하여 숨었나이다(3:10).

아담의 대답은 핵심적인 대답입니까, 주변적인 대답입니까? 이것은 본질적인 대답이 아닙니다. 왜 아담이 핵심을 이야기하지 못했을까요? 어쩌면 아담은 핵심보다는 나타난 현상이 더 두려웠는지도 모릅니다. 우리는 하나님 앞에 서서 기도할 때, 나의 가장 중요한 문제, 핵심적인 문제로 기도하는 경우가 거의 없습니다. 우리는 가장 중요한 것이 무엇인지 모르고 있습니다. 오히려 나타나는 현상을 더 두려워합니다. "하나님, 저는 이번 시험을 망쳤습니다", "이번 사업이 너무나도 힘듭니다", "선을 봤는데, 또 깨지고 말았습니다", "저는 지금 먹을 것이 없습니다", "빚을 갚아야 하는데 돈이 없습니다". 항상 이런 주변부의 문제를 가지고 이야기를 합니다.

사실 아담에게는 하나님의 말씀을 어긴 것보다는 그 뒤에 나타난 신체의 변화, 곧 벌거벗었다는 사실, 영광의 옷이 사라졌다는 사실이 훨씬 더 무섭고 두려운 현실이었을 것입니다. 몸이 너무 이상해졌어요. 갑자기 춥고 오그라들면서, 빛나던 모습은 없어져 버리고 알몸이 드러났습니다. 지금 우리가 보기에는 알몸도 괜찮지요. 그러나 아담이 볼 때 이 몸은 몸이 아닙니다. 이런 몸을 가지고 도대체 어떻게 살아야 합니까? 아담에게는 이것이 중요한 문제였습니다.

우리에게는 몸에 병이 든 것이 중요한 문제이고 사업이 어렵게 된 것이 중요한 문제이고 먹고사는 것이 훨씬 중요한 문제입니다. 이사를 해야 하는데 돈이 없는 게 더 중요한 문제입니다. 그러나 하나님 앞에는 그것보다 더 본질적인 문제가 있었습니다. 그것은 바로 죄였습니다. 하나님과 같아지려고 하는 교만이 더 큰 문제였습니다. 그래서 하나님께서는 다시 질문을 던집니다.

> 누가 너의 벗었음을 네게 고하였느냐 내가 너더러 먹지 말라 명한 그 나무 실과를 네가 먹었느냐(3:11).

하나님께서는 "혹시 누가 네가 벗었다는 것을 이야기해 주었느냐? 입이 가벼운 동물이나 천사가 일러 주었느냐? 내가 너더러 먹지 말라고 한 실과를 먹은 것은 아니겠지?" 하고 물으시면서 전혀 상황을 모르는 것처럼 접근해 들어가십니다.

그것이 바로 핵심적인 문제였습니다. 몸에 생긴 변화는 부수적인 현상이었습니다. 핵심적인 문제는 바로 하나님의 말씀을 거역한 죄였습니다. 마음속에 하나님과 같아지려고 하고 내 영역에서 하나님을 몰아내고 내 멋대로 하려고 한 교만이 문제였고, 몸이 이렇게 변해 버린 것은 거기에 따라오는 결과에 불과했습니다.

아내가 하나님의 말씀을 어기자고 했을 때 그것을 제지하지 않은 것은 남편의 책임입니다. 아내가 하는 말이라고 해서 다 들어서는 안 됩니다. 아내가 범죄하려고 할 때 막지 못한 책임이 아담에게 있었고, 아담도 동일한 마음으로 죄를 지었습니다.

하나님께서는 바로 이 죄 문제를 두고 말씀하시고 싶은 것입니다. 우리가 남의 물건을 빼앗을 때 그것은 그 사람에게만 상처를 주는 것이 아니라, 사실은 하나님을 대적하는 것입니다. 우리가 남의 아내를 탐낼 때 우리는 그 남편에게만 상처를 주는 것이 아니라 한 남자와 한 여자를 결합시키신 하나님께 상처를 드리는 것이며, 하나님께 범죄하는 것입니다. 그래서 레위기에 보면 속건제라고 하는 것이 있어서 다른 사람에게 죄를 범했어도 반드시 하나님께 제물을 드리게 했습니다. 하나님께서 나에게 한계를 주시고 아주 작은 영역에서 만족하고 감사하면서 살게 하셨는데, 내가 남에게 죄를 짓는 것은 바로 그 영역을 뛰어넘음으로써 하나님께 죄를 짓는 것입니다.

우리는 언제나 나타난 증세만 가지고 이야기를 합니다. 그러나 하나님께서는 본질적인 문제를 가지고 이야기하고 싶어 하십니다. "지금 너의 마음속에서 내가 어떤 위치를 차지하고 있느냐? 너의 마음속에서 가장 중요한 위치를 차지하고 있는 자가 누구냐? 나 하나님이냐, 아니면 그 일이냐? 나는 명목상의 하나님으로 생각하고 일은 네 멋대로 하고 있지 않느냐?"

명목상으로는 좋은 교인입니다. 흠잡을 데가 없어요. 그러나 그 마음속에 하나님이 없습니다. 제멋대로 살고 있어요. 그러다가 병들거나 일이 뜻대로 되지 않으면 하나님 앞에 나와서 "벌거벗었으므로 숨었나이다" 합니다. 그러나 벌거벗은 것은 결과입니다. 그들은 이미 오래전부터 하나님을 마음속에서 몰아내고 있었어요. 하나님의 말씀을 버리고 있었습니다. 하나님께서 우리에게 원하시는 것은 하나님의 말씀에 철저히 헌신하는 것입니다. 철저히 헌신하고 그다음에 일이 있는 거예요. 그러나 우리는 일을 먼저 생각하고, 말씀은 적당하게, 점치듯이, 필요할 때, 고전을 읽듯이 합니다. 하나님께서는 이것을 따지고 싶으신 것입니다. "내가 너에게 말씀을 줄 때 이런 식으로 네 멋대로 대하라고 주었는지 아느냐? 나의 뜻과 말은 무시하고 네 아내와는 의견이 맞는 모양인데, 아내하고 의견이 일치한다고 해서 그것을 나의 뜻으로 생각하지 말아라."

그러면 왜 하나님께서는 범죄한 아담을 윽박지르면서 몰아붙이지 않으셨을까요? "아담, 이놈아! 네가 정말 정신이 있는 놈이냐, 없는 놈이냐? 도대체 어떻게 하려고 내가 따 먹지 말라고 한 그 실과를 따 먹었느냐? 그러고서도 나를 피할 수 있을 줄 알았느냐?" 하나님은 이렇게 하지 않으셨습니다. 오히려 하나님은 아무것도 모르시는 것처럼 점점 다가오셨습니다.

이것이 하나님께서 우리를 찾아오시는 방식입니다. 마치 내 사정을 전혀 모르시는 것처럼 "왜 그렇게 안색이 안 좋으냐? 오늘 피곤해 보이는데 집에 무슨 일이 생긴 것은 아니냐? 오늘 예배드리는 네 얼굴이 아주 굳어 있구나. 아침을 거른 모양이지?" 하면서 점점 접근해 오십니다. 그러나 하나님은 다 알고 계십니다. 하나님이 우리에게 진노하시는 방식은 이렇습니다.

성경은 여러 곳에서 하나님이 우리의 죄에 진노하신다고 말씀하고 있습니다. 그 진노는 우리에게 감정적으로 화를 내고 공격하는 진노가 아닙니다. 하나님의 진노는 죄를 드러내시고 분명히 거부하시며 그 책임을 밝히시는 것입니다. 감정적으로 화를 내는 것이 아니라 죄지은 자에게서 그 은혜를 분명히 빼앗아 가시는 것이 하나님이 진노하시는 방식입니다.

마침내 아담은 본질적인 부분을 대답했습니다. 그러나 완전한 대답은 아니었습니다.

하나님이 주셔서 나와 함께하게 하신 여자 그가 그 나무 실과를 내게
주므로 내가 먹었나이다(3:12).

아담은 드디어 본질적인 부분을 시인합니다. "제가 그 나무
실과를 먹었고 하나님의 말씀을 어겼습니다." 하나님이 듣고 싶어
하시는 말이 바로 이것입니다. 아담은 하나님의 말씀을 어겼습니
다. 말씀을 무시했습니다. 하나님을 그 마음속에서 깎아내렸습니
다. 이것이 문제입니다. 그러나 그는 그 책임을 여자를 만드신 하나
님께 전가하고 있습니다. "하나님께서 주셔서 나와 함께하게 하신
여자 그가 나를 충동질하지 않았다면 나는 절대 죄를 지을 사람이
아닙니다. 여자 그가 먹으라고 유혹하는 바람에 제가 먹었지요. 하
나님이 여자를 만들지 않으셨더라면 저는 절대 범죄할 사람이 아닙
니다."

사실 꼭 이런 뜻은 아니었을 것입니다. 그러나 아담은 죄를
책임질 자신이 없었습니다. 왜냐하면 너무나도 두려웠기 때문입니
다. 무언가 자신이 있으면 "뭐, 그거 제가 책임지지요" 하지만 너무
큰일은 책임을 못 집니다. "그건 내 책임이 아닙니다. 그건 여자 책
임이고 여자를 만든 하나님 책임입니다." 너무 겁이 나서 그렇게 한
것입니다. 몸도 이상해져 버렸는데 앞으로 무슨 일이 더 일어날지
모릅니다. 아담은 하나님 앞에서 정직하기가 너무나도 두려웠습니
다.

죄는 그 몸만 변화시킨 것이 아니라 이미 양심을 갉아먹고
있고 마음속에서 활동하고 있습니다. 죄는 한번 들어오면 가만히
있지 않고 계속 공격해 들어옵니다. 그래서 가장 정직해야 할 그 순
간에 정직하지 못하게 만들고 가장 신뢰할 수 있는 하나님 앞에서
의심하게 만들고 있습니다. 죄는 이미 아담의 마음속에서 활동하고
있었습니다. 그래서 "저는 여자와 똑같은 이유로 먹었습니다" 하는
이 대답을 못하는 거예요. "하나님과 같이 되고 싶어서, 하나님을

이 동산에서 몰아내고 싶어서 그 열매를 따 먹었습니다" 하는 이 말을 못합니다.

이번에는 하나님께서 여자에게 물으셨습니다. 왜냐하면 하나님은 죄인들을 도매급으로 취급하시는 법이 없기 때문입니다. 한 사람 한 사람 전부 개인적으로 질문하십니다.

여호와 하나님이 여자에게 이르시되 네가 어찌하여 이렇게 하였느냐 여자가 가로되 뱀이 나를 꾀므로 내가 먹었나이다(1:13).

"어찌하여 이렇게 하였느냐?"는 말은 '나는 너를 남자의 돕는 배필로 주었는데 어떻게 해서 남자를 죄에 빠뜨리는 데 돕는 자가 되었느냐?'는 뜻입니다. 여자는 자신의 책임을 정직하게 인정할 수 없었습니다. 그래서 뱀에게 책임을 돌렸습니다. 이미 여자의 양심 안에도 죄의 독소가 퍼져 가고 있습니다. 아닌 것을 아니라고 할 수가 없고 옳은 것을 옳다고 할 수가 없습니다. 너무나 부끄럽고 너무나 자신이 없기 때문입니다.

하나님께서는 오늘 우리와 본질적인 문제를 두고 말씀을 나누고 싶어 하십니다. 무엇이 우리를 이렇게 만들었습니까? 하나님은 우리 마음속에서 가장 높은 곳에 계셔야 합니다. 하나님의 말씀은 우리의 생명이 되어야 합니다. 하나님은 우리가 하나님을 어떻게 대하고 있으며 하나님의 말씀을 어떻게 받아들이고 있는지 확인하고자 하십니다.

우리는 사실 하나님의 말씀에 별 관심이 없이 다른 이야기들만 잔뜩 하고 있습니다. "하나님, 먹고살기 힘들어서 교회에 올 시간이 없습니다. 이 바쁜 세상에 성경 읽을 시간이 어디 있습니까?" "이 세상이 너무 경쟁적이어서 하나님을 오래 생각할 수가 없습니다." "너무 형편이 어려워서 부득이 거짓말을 하고 죄를 지으며 살고 있습니다." 이 모든 말은 정직한 변명이 아닙니다.

그런데 하나님은 그 안에서 하나의 진실을 확인하고 계십니다. 그것은 바로 우리가 하나님을 떠나 있으며 하나님의 말씀을 저버린 채 살고 있다는 사실입니다. 하나님께서 오늘 확인하려고 하시는 것은 다른 것이 아닙니다. 하나님은 우리의 신세타령을 듣고자 하시는 것이 아닙니다. 우리의 핑계를 듣고 싶어 하시는 것이 아닙니다. 지금 내가 어디에 있으며, 하나님과 나는 어떤 관계에 있으며, 말씀이 나에게 어떻게 받아들여지고 있는지 그 하나만을 확인하고 싶어 하십니다. 그리고 이것은 충분히 확인되었습니다. 아담과 하와는 열매를 따 먹었습니다. 그들은 하나님의 말씀을 무시했고 하나님을 그들의 영역에서 쫓아내려고 했습니다. 그 한 가지 사실은 분명히 확인되었습니다.

하나님의 조치

하나님께서는 죄에 빠진 인간들에게 어떤 조치를 취하셨습니다. 제일 먼저 하신 것은 뱀을 저주하신 것입니다. 하나님은 뱀에게 "왜 이렇게 했느냐?"고 질문하지 않으셨습니다. 바로 그 자리에서 저주하셨습니다. 이것이 특별합니다.

> 여호와 하나님이 뱀에게 이르시되 네가 이렇게 하였으니 네가 모든 육축과 들의 모든 짐승보다 더욱 저주를 받아 배로 다니고 종신토록 흙을 먹을지니라(3:14).

여기서 뱀은 두 가지 의미가 있습니다. 하나는 실제의 뱀입니다. 하나님께서는 마귀의 도구로 사용된 뱀을 저주하셨습니다. 그래서 뱀은 다른 짐승들보다 훨씬 더 낮아져서 배로 기어 다니게 되었고 흙을 먹게 되었습니다. 흙을 먹는다고 하는 것은 실제로 뱀이 흙을 집어먹는다는 뜻이 아닙니다. 기어 다니다 보니까 티끌에 뒹굴게 되고, 그러니까 입에 먼지가 들어갈 수밖에 없다는 뜻입니다. 그만큼 뱀의 지위가 낮아졌습니다. 타락하기 전에는 파충류가 그렇게 낮은 짐승이 아니었던 것 같아요. 뱀도 고개를 꼿꼿이 들고 걸어 다녔던 것 같습니다. 그러나 타락하고 나서 뱀은 다른 짐승들보다 훨씬 더 낮아지게 되었습니다.

그러나 다른 한편으로 하나님께서는 뱀을 통해서 사람을 유혹한 사탄을 영원히 저주하고 계십니다. 하나님께서는 사탄을 영원히 멸망할 대상으로 규정하시고, 사탄은 절대로 존귀해질 수 없고 회개할 수 없으며 절대로 하나님께 돌아올 수 없다는 사실을 분명히 하고 계십니다. 인간을 유혹하기 전에도 사탄은 멸망이 정해진 존재였습니다. 그러나 인간을 유혹하고 난 후에 하나님은 사탄이 영원히 멸망할 수밖에 없는 존재라는 것과 어느 누구도 사탄에게 기대를 걸거나 희망을 가지거나 사탄의 도움을 받거나 의지해서는 안 된다는 것을 온 세상에 분명히 보여 주셨습니다.

여러분, 사탄은 영원히 저주받은 영입니다. 사탄에게서는 절대로 선한 것이 나올 수 없습니다. 하나님은 이것을 분명히 하셨습니다. 우리가 사는 길은 사탄을 저주하고 사탄을 멀리 하고 죄를 정죄하는 것입니다. 아무리 협박하고 달콤한 것으로 유혹한다 하더라도 사탄의 일에 빠져들면 안 됩니다. 그 결과는 영원한 저주요 영원한 멸망입니다.

사탄은 책임질 수 없는 것을 책임지게 만듭니다. 사탄은 다 책임지겠다고 해놓고도 책임을 지지 않습니다. 그래서 남의 말을 함부로 들어서는 안 됩니다. 인간이 가장 구별해야 할 것이 무엇이냐 하면 이 사상이 사탄에게서 나왔는지의 여부입니다. 사탄에게 나온 말을 들으면 반드시 망하게 되어 있고 저주받는 위치에 놓이게 되어 있습니다. 점쟁이를 찾아가면 분명히 저주받게 되어 있습니다. 점쟁이가 아무리 옳은 말을 하고 족집게 같다 하더라도 무당이나 점쟁이가 하는 일은 사탄의 일입니다. 또 남을 해치고 죄짓는 일에 참가하거나 그런 집단에 가입하는 것은 사탄의 일입니다. 나중에 그 결과가 비참해질 것입니다. 우리는 이런 일을 저주해야 합니다. 절대로 용납해서는 안 됩니다. 아무리 협박당하고 손해를 보더라도 사탄의 머리에서 나온 것은 저주해야 합니다. 사탄은 영원히 흙을 뒤집어쓰고 배로 기어 다니도록 하나님께서 선언하셨기 때문에 사탄은 영원히 성공하지 못하며, 영원히 회개하지 못하고, 거기에서는 절대로 선한 것이 나올 수가 없습니다. 사탄을 따라가면 반드시 망하게 되어 있습니다.

두 번째로 하나님께서 말씀하신 내용은 오늘 본문의 핵심이며 가장 중요한 부분입니다.

> 내가 너로 여자와 원수가 되게 하고 너의 후손도 여자의 후손과 원수가 되게 하리니 여자의 후손은 네 머리를 상하게 할 것이요 너는 그의 발꿈치를 상하게 할 것이니라(3:15).

여기에서 하나님은 놀라운 사실을 말씀하십니다. 앞으로 여자에게서 나올 모든 후손은 뱀이나 그 후손과 영원히 원수 관계가 된다는 것입니다. 이것은 우리 인간이 역사 대대로 뱀을 싫어해서 뱀을 볼 때마다 저주하고 미워하고 눈에 보이는 대로 뱀탕을 만들어 먹는다는 말이 아닙니다.

구약 성경의 인간은 두 부류로 나누어졌습니다. 하나는 뱀의 후손이고 하나는 여인의 후손입니다. 거의 대부분은 뱀의 후손입니다. 아담과 하와 이후에는 사람이면서도 행동과 태도는 비틀려 있는, 속이고 거짓말하고 남을 해치고 빼앗는, 철저하게 사탄을 닮은 뱀의 후손이 이 세상에 가득하게 될 것입니다. 그러나 하나님은 그 가운데 실낱같이 가늘지만 하나님의 구원을 위해 예비된 특별한 후손이 있을 것을 약속하고 계십니다.

이 두 후손은 연합해서는 안 됩니다. 뱀의 후손과 여인의 후손은 연합해서는 안 됩니다. 그런데 이 두 후손이 연합했던 때가 있습니다. 그들은 노아 때 결혼으로 연합했습니다. 하나님의 아들과 사람의 딸이 결혼했다고 하는 것은 이 저주받은 뱀의 후손과 하나님의 구원을 위해 예비된 후손들이 연합했다는 말입니다. 그들이 결혼으로 연합하고 사상적으로 연합했을 때 하나님께서는 홍수로 끝장을 내버리셨습니다.

연합하면 안 됩니다. 구분되어야 합니다. 에녹이나 노아 같은 의인들은 다 이 거룩한 후손들입니다. 이 실낱같이 가는 여인의 후손은 '아브라함의 자손'으로 구체화되었고, 아브라함의 자손이 타락했을 때에는 '남은 자'로 표현되었으며, 신약에서는 교회로 연결되었고, 계시록의 14만 4천 명으로 계속 이어지고 있습니다. 이 둘 사이는 영원한 적대 관계입니다. 합쳐질 수가 없습니다. 뱀의 후손과 여인의 후손은 같아질 수가 없습니다. 이들은 영원한 갈등 관계에 있게 될 것이고, 세상 끝까지 싸울 것입니다.

그러나 더 중요한 것은 모든 인류의 운명이 한 사건에 의해 결정된다는 것입니다. 바로 단수로 지칭되고 있는 여인의 후손이 와야 합니다. 여인의 후손은 단수로 표현되고 있지만 그 안에 집합적인 개념이 있습니다. 또 집합적인 개념이 있지만 단수로 표현되기도 합니다. 바로 '한 사람'이 올 것입니다. 사탄은 그의 발꿈치를 물어서 독소를 퍼뜨려서 죽게 할 것입니다. 그러나 그 여인의 후손은 죽음 가운데서 일어나서 사탄의 머리를 깸으로써 아담이 끌어들인 이 모든 죄의 후유증을 하나님의 은혜로 치유할 것입니다.

이 여인의 후손이 누구입니까? 이 당시의 사람들로서는 도저히 알 수가 없었습니다. 그러나 앞으로 누군가가 여자의 아들로서 이 세상에 와서 사탄의 머리를 깨기 전에는 인간이 구원을 얻을 수 없다는 것은 알았습니다. 누군가가 와야 합니다. 그는 여자의 아들로서, 분명한 인간의 몸으로 이 세상에 와서 사탄의 독소를 맞아 죽을 것입니다. 그러나 그가 영원히 죽을 수 없는 것은 영원한 하나님의 아들이시기 때문입니다. 그는 죽음의 자리에서 일어나 사탄의 머리를 깸으로써 죄의 모든 결과와 죄책을 청산하고 새로운 인류의 역사를 이룰 것입니다.

그래서 여자들은 자식을 낳아야 합니다. 그 후손 가운데서 구원자가 올 것이기 때문입니다. 그래서 구약성경은 놀랍게도 전부 모계로 연결되어 있습니다. "아브라함이 이삭을 낳고 이삭은 야곱을 낳고……"라고 되어 있지만 진짜 중요한 핵심은 하와의 아들들에게, 특히 자식을 낳을 수 없지만 믿음으로 아들을 낳았던 사라나 마노아의 부인이나 한나 같은 여인의 아들들에게 있습니다. 그리고 급기야는 자식을 낳을 수 없는 처녀지만 성령의 능력이 임했던 마리아의 아들을 통해 구원의 역사가 이루어지게 되었습니다. 구약 전체를 관통하는 흐름은 "자식을 낳지 못하는 여자에게 복이 있도다" 하는 말씀으로 압축될 수가 있습니다.

우리는 아담이 이해할 수 없었던 이 진리를 알고 있습니다. 이 여인의 후손이 누구인지 알고 있으며, 그가 어떻게 발꿈치를 독사에게 물렸고 어떻게 살아났는지 신약성경을 통해 알고 있습니다. 그래서 창세기는 복음입니다. 율법이지만 복음입니다. 하나님께서는 범죄한 인간에게 죄에 대한 하나님의 진노를 보여 주셨고 그들이 살 수 있는 유일한 길은 이 사탄의 역사를 영원히 저주하고 사탄과 분리되며 그리스도와 하나가 되는 것임을 보여 주셨습니다.

여러분, 우리는 많은 어려움을 가지고 하나님 앞에 나아왔습니다. 그러나 하나님께서는 그 여러 핑계와 신세타령 가운데서 분명한 한 가지 사실을 확인하고자 하십니다. 그것은 우리가 하나님을 몰아냈고, 무시했으며, 하나님의 말씀을 업신여겼고, 내 교만과 방종한 삶을 통해 사람뿐 아니라 하나님께 상처를 드렸으며, 하나님 앞에 회복해야 할 죄를 지었다는 것입니다.

우리의 진정한 고통의 원인은 눈에 보이는 현상이 아닙니다. 몸이 이상하게 변해버린 것이 아닙니다. 병든 것이 아닙니다. 먹고 살 것이 없는 것이 아닙니다. 중요한 것은 우리가 우리의 삶에서 하나님을 몰아낸 것입니다. 우리는 모두 가장 중요한 하나님은 놓치고 주변적인 것들만 붙들고 있습니다.

하나님께서 나누어 주셨던 존귀한 선물들은 다 단절되어 버렸습니다. 사람들은 공공시설이 마치 영원히 자기 것인 것처럼 공공시설에 신문지 깔아놓고 거기서 왕 노릇 하면서 영원히 즐길 수 있는 것처럼 지내지만, 그것은 어리석은 짓입니다. 돈이나 학식은 나의 것이 아닙니다. 이것은 공공기물입니다. 나누어 가져야 할 것입니다. 하나님께서 나에게 직접 나누어 주시는 그의 존귀한 성품, 그것만이 진정한 나의 것이며 특별한 은혜입니다.

오늘 하나님께서 낮의 바람처럼 특별히 임하시기를 바랍니다. 그리하여 우리가 형식적으로 예배드리는 것이 아니라 하나님의 거룩한 존전에 서게 하시고, 말할 수 없는 감동과 역사와 능력으로 임하셔서 우리를 깨우쳐 주시고, 우리가 본질적인 문제를 하나님 앞에 내어놓고 그리스도를 더욱더 의지하고 붙들게 하시기를 간절히 바랍니다.

13

죄의 결과
2

어느 부부가 모처럼 부부 싸움을 했습니다. 그런데 얼마나 심하게 다투었는지 평소에는 할 수 없었던 말까지 다 해버렸습니다. 부부는 하고 싶은 말을 다 하면서 서로 마음에 깊은 상처를 받았습니다. 그래서 다시는 서로 얼굴도 보지 않을 줄로 생각하고 있었는데 그날 저녁 남편은 아내에게 줄 아주 멋진 털 코트를 사가지고 들어왔습니다.

중요한 것은 이 털 코트에 무슨 뜻이 담겨 있느냐 하는 것입니다. 이 부부는 서로 싸울 만한 이유가 충분히 있었습니다. 그동안 말은 하지 않았지만 서로에게 쌓인 감정이 많았고, 해결하지 않고는 넘어갈 수 없는 문제도 있었습니다. 그래서 죽어라고 싸우기는 했지만, 근본적으로는 서로 사랑하고 있었으며 말로 표현할 수 없는 깊은 애정이 마음속에 있었습니다. 이 털 코트는 그것을 보여 주는 것입니다.

인간이 하나님의 말씀을 거역했을 때 그것은 하나님의 마음에 아주 깊은 상처를 주었습니다. 인간은 자기의 욕심으로 하나님의 말씀을 무시함으로써 하나님의 영광과 거룩하심에 아주 심한 상처와 손상을 끼쳤습니다. 그래서 하나님께서는 남자와 여자를 불러서 하고 싶은 말씀을 다 하셨습니다. 하나님께서 인간의 죄에 대해서 어떻게 생각하고 있는지, 무엇을 생각하고 있는지 전부 말씀하셨습니다. 그 말씀은 아주 무섭고 끔찍한 것이었습니다.

그런데 그렇게 하시고 나서 하나님께서는 아주 멋진 가죽옷을 하나 만들어 남자와 여자에게 선물로 주셨습니다. 이 가죽옷이 의미하는 바가 무엇입니까? 이 옷은 '나는 죄는 분명히 미워하고 진노하지만, 그럼에도 불구하고 너희를 사랑하고 있다. 나는 너희에게 말로 표현할 수 없는 애정과 변함없는 동정심을 가지고 있다'는 하나님의 마음을 보여줍니다.

진노 중의 은혜

이 말씀을 보면서 오늘 우리는 하나님께서 진노 가운데서 어떤 은혜를 보여 주시는지 살펴볼 필요가 있습니다.

죄를 지은 인간들은 당장 죽을 것이라고 생각했습니다. 하나님께서는 인간이 죄를 지으면 "죽고 또 죽으리라"고 말씀하셨기 때문입니다. 그래서 죄를 지은 인간은 하나님 앞에 불려 나와서 머리를 숙인 채 언제 사망 선고가 내려질까 기다리고 있었습니다. 그러나 하나님께서 선고하신 내용은 즉각적인 죽음이 아니었습니다. 그렇게 "죽으리라"고 말씀하셨음에도 불구하고 죽음이 아니었습니다. 그 대신에 하나님은 "인간이 살기는 살겠지만 그 삶에 고통이 따를 것"이라고 말씀하셨습니다.

인간의 죄에 대해 하나님이 선고하신 내용은 아주 구체적인 것이었고 피부에 와 닿는 것이었습니다. 인간은 흙에서 출발해서 결국은 흙으로 돌아갈 것이며 언젠가는 그들에게 죽음이 찾아올 것입니다. 그들은 더 이상 이 동산에서 하나님과 교제할 수 없습니다. 하나님의 심판의 말씀은 그들을 에덴동산에서 내쫓는 것으로 마무리되고 있습니다.

우리는 죄가 가져온 결과를 보통 세 가지로 생각합니다.

첫째로 죄는 무엇보다 하나님과의 영광된 교제를 빼앗아 갔습니다. 이것이 바로 영적인 사망입니다. 사실 하나님께서 '정녕 죽으리라'고 하셨을 때 그것은 하나님과 인간의 살아 있는 교제가 단절된다는 것을 의미했습니다. 죄에 빠진 우리 인간들은 하나님과의 만남이 어떤 것인지 잘 알지 못합니다. 하나님께서 주시는 기쁨이 어떤 것인지도 모릅니다. 그저 시간만 나면 자려고 하고 놀러가려고 하지, 하나님이 주시는 기쁨과 은혜는 알지 못합니다. 그것이 바로 영적인 사망이며, 죄가 가져온 가장 무서운 결과입니다.

그뿐만 아니라 죄는 실제적으로 육체의 죽음을 가져왔습니다. 사람은 다 죽습니다. 죽음은 아름다운 것도 아니요 단순한 이별도 아닙니다. 죽음은 인간의 죄에 대한 하나님의 심판입니다.

셋째로 인간이 죄를 지은 결과, 이 세상에는 너무나 많은 고통이 생기게 되었습니다. 질병과 사고와 재앙과 가난이 생겼습니다. 삶이 그렇게 고달플 수가 없습니다. 죽기 전에도 사람들은 많은 고통을 당합니다. 그 모든 이유가 어디에 있습니까? 성경은 이 모든 고통이 죄에서 왔다고 말하고 있습니다.

우리는 이렇게 죄가 가져온 결과를 하나님과의 교제의 단절, 육체적인 죽음, 그리고 살면서 겪는 여러 가지 고통으로 생각하고 있습니다. 그러나 오늘 말씀을 자세히 살펴보면 이 순서가 뒤바뀌어 있는 것을 알 수 있습니다. 하나님께서는 아담과 그 아내를 불러놓고 "너희는 이제부터 나와의 영광스런 교제에서 쫓겨날 것"이라는 말씀부터 하시지 않습니다. 이 말은 마지막에 나옵니다. 그 대신 하나님은 인간들이 이 세상에서 당해야 할 육체적인 고통부터 말씀하십니다.

하와는 자식을 낳을 때 엄청난 고통을 당할 것입니다. 여자에게 제일 중대한 문제는 바로 이 해산하는 고통입니다. 하나님께서는 그들을 당장 죽게 하지 않으셨습니다. 그 대신에 그들이 살기는 살겠지만 여자는 자식을 낳을 때 굉장한 고통을 당할 것이라고 말씀하셨습니다. 남자들에게는 현실이 아닐지도 모르겠지만 여자들에게는 현실에 확 와 닿는 이야기입니다. 자식을 낳는 아픔과 잉태하고 해산하는 아픔과 키울 때의 아픔은 여자의 피부에 생생하게 와 닿는 고통입니다.

또한 하나님은 여자에게 "너는 남편의 다스림을 받을 것"이라고 말씀하십니다. 여자는 남자에게 속하고 남자의 다스림을 받습니다. 이것 또한 피부에 와 닿는 현실입니다. 남자를 다스리고 싶은데 그렇게 만만한 남자가 한 명도 없습니다. 만만할 줄 알고 결혼했는데 전부 '남자값'을 합니다. 큰 고통이지요.

그리고 하나님께서는 남자에게 "너는 죽도록 일해야 입에 먹을 것이 들어갈 것"이라고 말씀하십니다. 이것은 아주 현실적인 고통입니다.

그러고 난 후에야 하나님은 그들에게 "너는 흙이니 흙으로 돌아갈 것이니라"고 말씀하셨습니다. 결국은 죽음이 인간을 찾아올 것입니다. 이것은 두 번째 죄의 결과로 살펴보았던 육체의 죽음입니다.

그리고 하나님은 맨 나중에 "너희는 이곳에서 나와 교제하지 못할 것이며 이 생명나무 열매를 먹을 수 없다"고 하시면서 인간을 하나님의 존전에서 쫓아내고 그룹과 화염검으로 에덴을 지키십니다. 이렇듯 하나님이 말씀하시는 순서는 우리가 배워서 알고 있는 것과는 정반대로 전개되고 있습니다.

오늘 우리가 주의를 기울여야 할 부분은 바로 여기입니다. 하나님께서 인간을 에덴동산에서 쫓아내시는 일부터 시작하시지 않고, 구체적으로 그들이 살아갈 때 육체적으로 당하게 될 고통부터 말씀하시는 이유가 무엇입니까?

그뿐만 아니라 오늘 말씀을 자세히 살펴보면 중간에 두 개의 이야기가 끼어 있는 것을 찾아볼 수 있습니다. 그런데 이 두 개의 이야기는 이런 심판의 말씀과 전혀 어울리지 않는 아주 아름다운 이야기입니다. 하나는 이런 심판 중에서도, 하나님께 야단맞고 책망받는 중에도 아담이 아내의 이름을 지어주는 이야기입니다. 지금까지는 하와에게는 이름이 없었던 것 같습니다. 그런데 이런 심판 가운데서 아담이 '하와'라는 이름을 지어줍니다. 아주 아름다운 이름입니다. 그리고 하나님께서 두 사람을 위하여 가죽옷을 만들어주는 이야기가 나옵니다. 가죽옷, 얼마나 좋습니까? 가죽옷과 무스탕은 요즘도 여자들의 소원이 아닙니까? 이것은 벌거벗은 몸을 가리기에 아주 간편하고 좋은 옷이었습니다. 심판의 말씀 한가운데 이 아름다운 두 개의 이야기가 나온 이후에 에덴에서의 추방이 선고됩니다.

이 이야기 속에 포함되어 있는 깊은 의미를 우리는 다 알 수 없습니다. 이 이야기에 어떤 깊고 심오한 의미가 있는지, 왜 하나님은 이런 순서대로 말씀하셨는지, 왜 이런 무서운 말씀 속에 이 이야기들이 포함되어 있는지 우리는 알지 못합니다. 그러나 이 두 개의 이야기 때문에 심판을 그토록 두려워하지 않을 수 있으며, 소망을 가질 수 있다는 것은 분명합니다. 또 심판의 순서가 이렇게 진행됨으로써 우리는 죄를 추상적으로 생각하는 대신, 구체적이며 피부에 와 닿는 것으로 실감할 수 있습니다.

하나님께서는 죄가 가져온 실제적인 효과부터 말씀하십니다. 죄가 가져온 결과 중에 가장 중요한 것은 하나님의 존전에서 쫓겨나는 것입니다. 그러나 사람은 하나님의 존전에서 쫓겨나는 것이 얼마나 엄청난 일인지 모릅니다. 물론 아담과 그의 아내는 하나님의 존전에서 살았고, 하나님께서 찾아오실 때의 특별한 분위기를 알고 있었으며, 하나님이 부르시는 소리를 알았고, 하나님이 한 번 방문하실 때 얼마나 기쁘고 영광스러운지 알았기 때문에 하나님의 존전에서 쫓겨나는 비극이 어떤 것인지 압니다. 그러나 그 후손들은 알 수가 없습니다. 늘 쫓겨나 있는 상태에서 살았기 때문에 쫓겨난다는 것이 무언지 알 도리가 없지요.

늘 함께 있던 사람들에게 이별이 닥치면 칼로 도려내는 것 같이 아픕니다. 늘 별거하고 있던 부부에게 별거는 별거 아니에요. 그러나 늘 같이 있고, 같이 이야기하고, 같이 음식을 먹던 사람들에게 별거는 굉장한 충격입니다. 마찬가지로 하나님의 존전에 있던 사람에게 그 앞에서 쫓겨난다는 것은 정말 큰일입니다. 죽는 것이나 다름없습니다.

우리에게 가장 중요한 문제는 하나님과의 관계입니다. 그러나 우리는 그것을 문제라고 생각하지 않습니다. 당장 병드는 것이 문제지요. 식구가 병드는 것이 문제고, 집안에 어려움이 생기는 것이 문제이고, 아기를 낳아야 하는 것이 문제입니다. 이런 일이 생기면 초비상이 걸립니다. 그러나 하나님과의 관계가 좀 악화되었다고 해서 직장에서 쫓겨납니까? 무엇이 달라집니까? 그러니 '하나님과 나의 관계가 무슨 상관이 있는가' 하는 것입니다. '지금 나와 하나님과의 관계에 문제가 있구나. 정말 심각하다' 하는 사람은 이미 신앙이 대단한 사람입니다.

우리들이 중요하게 생각하는 것은 먹고사는 문제입니다. 우리는 먹을 것이 없으면 두려워합니다. 몸에 병이 나면 두려워합니다. 그래서 하나님께서는 죄의 결과를 우리의 실생활과 연결시켜서 말씀하시는 것입니다. 죄가 가져온 결과의 하나는 여자가 아이를 낳을 때 엄청난 고통이 동반된다는 것입니다. 그래서 아이를 낳을 때마다 죄가 생각납니다. 배가 불러오면서부터 두려워지기 시작하다가 아기를 낳을 때는 정말 죄의 무서움을 생각하게 됩니다. "이건 죄 때문이야. 하와 때문이야!"

또 남자는 죽도록 일을 해야 합니다. 땀을 흘려야 입에 먹을 것이 들어갑니다. 먹을 것이 계속 입에 들어오면 죄가 생각나지 않습니다. 그런데 땀을 흘려야 먹을 것이 생길 때 비로소 사람들은

"죄가 굉장히 심각하구나. 죄 때문에 밥줄이 끊어지게 됐네"하면서 죄를 심각하게 생각하기 시작합니다. 하나님의 존전에서 쫓겨나는 거야 심각할 게 뭐가 있습니까? 흙으로 돌아간다는 게 뭐가 심각합니까? "언젠가는 흙으로 돌아가겠지" 하면 되지요. 그렇기 때문에 인간은 당장 몸이 아프고, 당장 입에 들어갈 것이 없어야 죄 문제를 실제적이고 구체적으로 생각하게 되는 것입니다.

하나님께서는 결국 죄를 지은 이들을 하나님의 존전에서 쫓아내시며 생명나무 열매를 먹지 못하게 하십니다. 사실은 이것이 가장 두려운 것입니다. 그러나 우리는 얼마나 미련한지 내 몸에 고통이 오지 않으면 죄를 심각하게 생각하지 않습니다.

우리는 영혼과 육체를 분리해서 생각하면 안 됩니다. 오늘날 종교의 특징은 영혼과 육체를 분리하고 신앙과 생활을 분리하는 것입니다. 그러나 정통 기독교의 가장 큰 특징은 신앙과 생활을 분리하지 않는 것입니다. 믿는 것과 생활하는 것이 다르다고 해서 다 이단은 아니지만, 정통 기독교의 특징은 믿는 대로 사는 것입니다. 그런데 오늘날 기독교는 영혼과 육체를 분리해서 생각하고 은혜 받는 것과 생활하는 것을 분리해서 생각합니다.

오늘날 우리들은 항상 육체적인 조건에서부터 문제를 생각합니다. 내 영혼이 하나님의 말씀으로 풍성한 은혜를 받는 것보다는 육체적으로 모든 일이 뜻대로 잘되는 것을 훨씬 더 행복하게 생각합니다. 그러나 하나님께서는 죄를 몸의 고통에 연결시킴으로써 결국 영혼과 육체는 분리될 수 없는 것이며 신앙과 생활은 별개의 것이 아니라는 것과, 우리 생활에 이 많은 문제를 가져온 것은 바로 죄라는 것을 보여 주시는 것입니다. 그러므로 삶을 풍성하게 하려면 죄를 해결해야 합니다.

그렇다면 죄 문제만 해결되면 당장 잘살게 됩니까? 그렇지는 않습니다. 그러나 이것은 근본적인 해결의 시작입니다. 죄 문제가 해결되지 않은 행복은 행복이 아닙니다. 일시적인 처방에 불과

하지요. 죄가 해결되고 하나님과의 관계가 회복되는 것이 근본적인 문제의 해결입니다. 죄 문제가 해결되면 결국 삶이 달라지고 풍성해지게 되어 있습니다.

예수를 믿으면 아기를 낳을 때 무통분만합니까? 만일 그렇다면 이 세상에 예수 믿지 않을 여자가 없을 것입니다. 적어도 임신했을 때부터 아기 낳을 때까지는 예수를 믿을 것입니다. 그러나 예수 믿는 여자들도 무통분만하지 않습니다. 심한 해산의 고통을 겪기도 하고 유산하기도 합니다. 예수 믿는 사람은 땀 흘리지 않고 가만히 기도만 해도 먹을 게 다 생깁니까? 그렇다면 모든 남자들이 다 예수를 믿을 겁니다. 남자들이 얼마나 직장에 가기 싫어하는지 아십니까? 할 수만 있으면 안 가려고 합니다. 그래서 어떤 남편들은 부인에게 노골적으로 이야기합니다. "네가 벌어라." 하지만 예수를 믿어도 우리는 땀을 흘려야 밥을 먹고 때로는 원치 않는 직장에서 힘들게 일해야 합니다.

그러나 예수를 믿으면 고통의 의미가 달라집니다. 같은 고통이 아닙니다. 내 영혼이 하나님의 은혜를 받는다고 해서 당장 해산의 고통이 없어지고 직장 문제가 해결되지는 않을지 몰라도, 이것은 근본적인 문제의 해결이 됩니다. 하나님의 은혜 없이 땀 흘릴 때는 그냥 죽도록 땀만 흘렸을 뿐 얻는 유익이 없습니다. 가장 중요한 것은 우리 영혼의 문제입니다.

그래서 우리로 하여금 육체적인 고통에서 거슬러 올라가서 죽음의 문제를 심각하게 생각하게 하시려고, '결국 이것은 하나님의 존전에서 쫓겨난 이 문제와 연결되는구나. 우리가 이 문제를 해결하려면 하나님의 존전으로 돌아가야 하겠구나. 그러면 죽음의 의미가 달라지고 땀 흘리며 고통받는 모든 의미가 달라지겠구나" 하면서 징검다리를 밟아 근본적인 문제로 돌아오게 하시려고 하나님은 피부에 와 닿는 고통에서부터 이 심판의 말씀을 하고 계신 것입니다.

하나님께서는 죄에 대하여 분명히 진노하셨지만, 그것이 끝은 아니었습니다. 하나님께서는 여자를 참으로 아름답게 만드셨습니다. 여자는 창조의 꽃이었습니다. 그러나 하나님은 이 교만한 여자를 사정없이 내리치셨습니다. 그렇게 당당하던 여자를 남자의 노예가 되게 하셨습니다. 그리고 남자는 일의 노예가 되게 하셨습니다. 그들을 하나님의 거룩한 존전에서 쫓아내셨습니다. 그러나 하나님의 마음속 깊은 곳에는 그들에 대한 애정과 동정과 사랑이 있었습니다. 하나님은 싸울 때는 싸우더라도, 쫓아낼 때는 쫓아내더라도 마음속으로는 그들을 깊이 사랑하신다는 것을 가죽옷을 통해 나타내셨습니다.

하나님은 벌거벗은 채 떨고 있는 이 인간들을 위해 한 짐승을 죽이셨고 그것으로 손수 옷을 만들어 주셨습니다. 여기에 하나님의 진심이 들어 있습니다. 하나님은 우리들을 사랑하십니다. 진노 가운데 하나님의 사랑과 애정이 포함되어 있습니다. 우리의 죄와 교만에 대해서는 사정없이 진노하고 사정없이 내리치셨지만, 어떻게 해서든지 돕고자 하시며 어떤 희생을 치러서라도 우리를 보호하고 지키고자 하시는 마음이 이 가죽옷에 나타나 있습니다. 하나님은 사람들을 에덴에서 쫓아내셨지만, 벌거벗은 채로 쫓아내지 않으시고 가죽옷을 입혀서 쫓아 내셨습니다. 여기에는 죄에 대해서는 진노하시지만 우리 한 사람 한 사람은 사랑하시며 어떻게 해서라도 우리를 다시 만나시려는 하나님의 결단이 담겨 있는 것입니다.

생활 속의 고통

둘째로 이들이 받은 고통이 무엇인지 봅시다. 이들이 받은 심판은 생활 속의 고통이었습니다. 범죄한 인간들을 찾아온 것은 즉각적인 죽음이 아니었습니다. 놀랍게도 하나님은 인간에게 계속 살 수 있는 여지를 주셨습니다. 하나님께서 여자에게 무어라고 말씀하셨습니까?

> 내가 네게 잉태하는 고통을 크게 더하리니 네가 수고하고 자식을 낳을 것이며 너는 남편을 사모하고 남편은 너를 다스릴 것이니라(3:16).

하나님은 여자에게 "너는 내 말을 어겼기 때문에 당장 죽어야 한다"고 말씀하지 않으셨습니다. 놀랍게도 여자는 계속 살게 되리라고 말씀하셨습니다. 그러므로 여자는 계속 살면서 아기를 낳을 것입니다. 여자의 후손을 통해서 인류를 구원하시겠다고 약속하셨기 때문입니다. 그러나 하나님께서는 여자에게 잉태하는 고통을 크게 더하겠다고 말씀하셨습니다.

그러면 아기를 낳지 않을 때는 평안합니까? 그렇지 않습니다. 여자는 남자를 사모할 것이며 남자는 여자를 다스릴 것입니다. 여기에서 '사모한다'는 말은 좋은 뜻이 아닙니다. 그것은 '욕망을 갖는다, 갈망한다'는 뜻입니다. 무엇을 갈망한다는 것일까요? 화란의 어떤 학자는 여자가 남자를 성적으로 갈망한다는 뜻으로 이 말을 해석했습니다. 그러나 제가 보기에는 성적으로 갈망하는 쪽은 여자보다는 남자인 것 같습니다. 따라서 여기에서 '갈망한다'는 것은 여자가 남자를 소유하기 위해서 남자를 지배하고자 하는 강한 욕구가 그 속에 있다는 것입니다. 여자에게는 질투심을 느낄 정도로 강하게 남자를 지배하고 싶은 욕망이 있습니다. 그러나 여자는 결국 남자에게 의존해야 하고 남자의 다스림을 받아야 합니다. 그것이 고통입니다.

처음에 하나님께서는 여자를 남자와 대등하게 만드셨습니다. 제 생각에는 대등하기보다는 오히려 여자를 남자보다 훨씬 더 뛰어나게 만드신 것 같습니다. 그러나 하나님은 그 여자의 모든 것을 한 남자에 대한 욕망에 가두어놓고 남자의 지배를 받게 하심으로써 여자의 뜻대로 모든 것을 행하지 못하게 하셨습니다.

이것은 무슨 뜻입니까? 죄는 인간에게 죽음을 가져와야 합니다. 그러나 하나님께서는 이들을 당장 죽게 하지 않으셨습니다. 이것은 죽음의 유예입니다. 당장 죽을 수밖에 없는 그들에게 살 수 있는 기간을 연장하여 주신 것입니다. 그러므로 인간이 살고 있는 삶은 사망의 유예입니다. 사형은 확정되었지만 집행을 연기해 주는 것과 같습니다. 우리의 삶은 사형집행의 연기입니다. 하나님께서는 유예의 시간으로 상당한 기간을 우리에게 주셨습니다.

이 기간 동안 여자는 후손을 낳아야 합니다. 후손을 통해서 인류를 구원하실 것이라고 약속하셨기 때문입니다. 여자에게 이 남은 기간은 남녀가 사랑하는 기간이 아닙니다. 물론 남녀의 사랑이 중요하지만 지금은 집행의 유예에 불과하기 때문에 여자는 후손을 낳아야 합니다. 이 기간은 그렇게 행복한 기간이 아닙니다. 이렇게 하나님께서는 출산하는 데 큰 고통을 주시고 또 여자로 남자의 다스림을 받게 하심으로써 그들이 죄의 지배 아래 있다는 것을 간접적으로 보여 주셨습니다.

여자에게 가장 큰 문제는 해산하는 고통입니다. 아마 인간이 당하는 고통 중에서 죽는 것 외에 가장 심한, 어쩌면 죽는 것보다 더 심한 고통일 것입니다. 아이를 낳는 것이 죄라는 뜻이 아닙니다. 아이를 낳는 것은 귀하고 복된 일입니다. 그러나 하나님께서는 아이를 잉태하고 낳는 이 과정에 엄청난 고통을 얹어 주심으로써 인간이 죄에서 태어난다는 것과 인간의 본성이 오염되어 있다는 것을 보여 주십니다. 다윗은 무엇이라고 고백했습니까? "내가 죄악 중에 출생하였음이여, 모친이 죄 중에 나를 잉태하였나이다!" 이렇게 인간은 태어나면서부터 죄의 영향력 아래 있습니다.

여자는 감정의 측면에서 아주 뛰어납니다. 여자의 상상력은 놀랍습니다. 그러나 여자는 더 이상 감정과 상상력의 풍부함과 아름다움을 발휘할 수가 없습니다. 그 감정과 상상력 속에 죄가 파고

들어왔기 때문입니다. 여자가 감정을 표현하고 상상력을 발휘하면 유혹밖에 되지 않습니다. 그래서 여자들은 가끔 상상의 나래를 펴고 아무 데나 날아가고 싶어 합니다. 그러나 그렇게 할 수가 없습니다. 여자는 타락 전처럼 그 아름다움과 감정과 상상력을 마음껏 펼칠 수가 없어요. 그렇게 하면 온 전신에 유혹이 임하고 죄가 더 퍼집니다.

하나님께서는 남자에게도 고통을 주셨습니다. 17절에서 19절을 보십시오.

> 네가 네 아내의 말을 듣고 내가 너더러 먹지 말라 한 나무실과를 먹었은즉 땅은 너로 인하여 저주를 받고 너는 종신토록 수고하여야 그 소산을 먹으리라 땅이 네게 가시덤불과 엉겅퀴를 낼 것이라 네가 얼굴에 땀이 흘러야 식물을 먹고

하나님께서는 아담도 계속 살 수 있게 하셨습니다. 그러나 그의 삶도 사형집행의 유예였습니다. 그에게 주어진 기간은 단지 사형을 연기해 주는 것에 불과했습니다. 그것을 깨닫게 하기 위하여 하나님께서는 남자가 죽도록 땀을 흘려서 먹고 살게 만드셨습니다. 하나님은 이 삶이 자유롭게 주어진 삶이 아니라 죄의 지배 아래 있는 삶이며 인간은 죄인이라는 사실을 깨닫게 하기 위해서 남자의 이마에 쉴 새 없이 땀이 흐르게 하셨습니다.

지금까지는 땅이 사람들에게 우호적이어서 씨만 뿌리면 몇십 배, 몇백 배의 결실을 맺었습니다. 그러나 한번 죄를 짓자 땅은 현저하게 그 힘을 잃어버렸습니다. 땅이 예전 같지가 않습니다. 아무리 갈고 거름을 주어도 겨우 먹고살 수 있을 정도만 열매가 맺힙니다. 그냥 놀고먹으면 가시와 엉겅퀴가 생겨서, 그것을 파내려면 몇 배 더 수고를 해야 합니다. 그래서 놀면 안 됩니다. 그러나 열심히 일을 해도 옛날같이 열매가 맺히지 않았습니다.

하나님께서 인간에게 이런 고통을 주신 이유가 어디에 있습니까? 하나님께서 인간을 버리고 쫓아내시면 하나님 대신 인간을 지배할 영이 있습니다. 바로 마귀입니다. 하나님께서 인간을 쫓아내시면 마귀가 덤벼들어서 그들을 지배하고 그들 위에 군림하고 그들의 왕이 됩니다. 마귀는 어떤 방법으로 인간을 지배합니까? 아첨하고 속이고 추켜세움으로써 인간을 지배합니다. "너는 잘났다. 너는 무엇인가 할 수 있다. 너는 똑똑하다" 하면서 교만을 부채질해서 영원히 하나님께 돌아오지 못하게 합니다.

그러나 하나님께서는 한 번씩 고통을 주심으로써 마귀의 속임수에서 벗어나게 하셨습니다. 남자는 일 때문에 낮아지고 자기 능력을 의심하게 되고 자기가 아무것도 아니라는 사실을 발견합니다. 여자들은 언제 기도합니까? 제가 볼 때 아이를 낳을 때는 믿든지 안 믿든지 다 기도하는 것 같아요. 누구든지 와서 도와달라고 합니다. 또 남편에게 온갖 괄시와 욕을 다 당할 때, 시집가서 구박받을 때 새벽에 어디에 갑니까? 교회에 갑니다. 너무 고통스러워서 교회에 가서 울려고 갑니다. 그렇게 교회에 가서 울다가, 코 풀다가, 설교 듣다가, "천부여 의지 없어서 손들고 옵니다" 하다가 신앙이 생기는 것입니다.

고통 없이 자식 잘 낳고 남편이 잘해 주는 여자는 절대로 신앙을 가지지 않습니다. 화장만 하고 돌아다니지 하나님을 찾지 않습니다. 또 남편이 우상이 되어서 하루 종일 남편이 돌아오기만을 기다립니다. 남자는 어떻습니까? 일이 잘 풀리고 한번 씨를 뿌렸다 하면 10년은 놀아도 될 정도로 농사가 잘되면 그 사람은 한량이 되지 절대로 하나님을 찾지 않습니다. 일이 재미있는 사람, 실험실에서 식음을 전폐하고 연구하는 사람은 절대로 예수 안 찾습니다. 전폐하고 연구하다가 그냥 죽어 버리지요. 공부가 너무 재미있는 사람은 신앙이 안 생겨요. 그래서 정말 신앙이 좋은 사람은 실업자 출신들입니다. 이처럼 고통이 없으면 하나님을 찾지 않습니다. 하나님 존전에 나올 리가 없습니다.

여러분, 하나님께 진심으로 기도해 본 적이 있습니까? 언제 그렇게 기도했습니까? 낮아질 대로 낮아지고 비참해질 대로 비참해졌을 때가 아닙니까? 그럴 때 꼭 하나님을 찾게 하시려고, 마귀의 속임수와 환상을 깨뜨리고 '정말 내가 흙이고 아무것도 아니구나' 하는 것을 깨닫게 하시려고 하나님께서는 인간의 몸에 죄의 흔적을 심어 놓으신 것입니다.

요즘 산부인과 의술이 많이 발달했지만 그래도 아직 여자들은 출산의 고통을 겪어야 합니다. 무통분만이라고 해도 완전한 무통이 어디 있습니까? 또 남자들 중에서 자기가 정말 원하는 직장에 다니는 사람이 어디 있습니까? 한 명도 없습니다. 청년들 중에 착각하는 사람이 있어요. '내가 신학을 해서 전도사님이나 목사님이 되면 천국이겠지…….' 그러나 결코 천국이 아닙니다. 목회자의 세계는 더 힘들어요. 어느 직장이든지 다 문제가 있고 괴롭히는 상관이 있습니다. 남자들이 하는 말이 무엇입니까? "이렇게 밥 먹고 사는 것이 힘든 줄 예전엔 미처 몰랐다"는 것입니다.

이 모든 것의 목적이 어디에 있습니까? 이 고통을 통해서 하나님을 찾게 하기 위함입니다. 이 계기를 통해서, 낮아지는 경험을 통해서 하나님의 존전에 진심으로 돌아오게 하기 위함입니다.

이 모든 고통의 결국은 무엇입니까?

> 필경은 흙으로 돌아가리니 그 속에서 네가 취함을 입었음이라 너는 흙이니 흙으로 돌아갈 것이니라(3:19).

인간이 당하는 고통은 죽음의 전주곡입니다. 남자와 여자는 모두 다 죽어야 합니다. 죽음이 찾아오고 있습니다. 죽음의 그림자가 드리워져 있습니다. 그래도 사람은 자기가 죽을 수도 있다는 것을 모릅니다. 죽음이 현실인데도 현실로 생각하지 않습니다. 그러나 죽음은 현실입니다. 반드시 찾아옵니다. 23절을 보십시오.

> 여호와 하나님이 에덴동산에서 그 사람을 내어 보내어 그의 근본된 토지를 갈게 하시니라

'근본된 토지'라는 것은 인간의 근본이 땅이고 흙에서 나왔다는 것입니다. 자기가 취함을 받은 그 흙이나 갈아먹고 사는 것이지요.

하나님께서 인류를 이런 고통 속에 가두어 두신 이유가 어디 있습니까? 이 고통 가운데서 여인의 후손을 기다리게 하기 위해서입니다. 인생의 모든 문제는 여인이 낳는 후손을 통해 해결될 것입니다. 그리스도가 오셔야 합니다. 그리스도가 오셔야 우리의 고통에 종지부가 찍히고, 우리의 노예 생활이 끝나며, 사망이 생명으로 변할 것입니다. 그리스도는 우리 모든 문제의 해답이십니다.

그래서 인류 역사는 오직 한 사람, 여인의 후손을 기다리고 있었습니다. 마치 감옥에 갇힌 자들이 고통 중에 한 사람의 구원자를 기다리는 것처럼 온 인류는 그리스도 한 분을 기다리게 된 것입니다.

지금도 하나님께서는 고통 중에 그리스도를 바라보게 하십니다. 이스라엘 백성들이 광야에서 불뱀에게 물려 죽어가고 있을 때, 모세는 "눈을 들어 놋뱀을 바라보라"고 했습니다. 그 말을 듣고 놋뱀을 바라본 자마다 고통에서 놓여났습니다. "광야에서 모세가 뱀을 든 것 같이 인자도 들려야 하리니 이는 모든 믿는 자로 하여금 구원을 얻게 하려 함이라."

아들딸이 걱정 없이 잘 크고 남편이 사랑해 주고 공장이 잘 돌아가면 무엇 때문에 십자가를 바라보겠습니까? 직장에 환멸을 느끼고 자식이라고 하는 것들이 다 재미가 없고 남편도 소망이 없을 때, 그때 십자가를 바라보는 것입니다.

유대 사회에서 가장 희망이 없는 사람은 세리와 창녀들이었습니다. 예수님은 그들이 먼저 천국에 들어갈 것이라고 말씀하셨습니다. 자기 안에 만족할 것이 있고 자랑할 만한 것이 있는 자는 십자가를 바라볼 이유가 없습니다. 전적으로 그리스도를 의지하지 않습니다. 어려우면 전화를 걸려고 하지 기도하려고 하지 않습니다. 그러므로 전화가 없을 정도로 가난할 그때 기도가 시작됩니다.

하나님이 주신 희망

그러나 이런 무서운 진노의 심판 가운데 아주 희망찬 이야기가 들어 있습니다. 아담이 자기 아내의 이름을 하와라고 지어 준 이야기가 그 하나입니다.

> 아담이 그 아내를 하와라 이름하였으니 그는 모든 산 자의 어미가 됨이더라(3:20).

히브리 동사 중에서 가장 중요한 동사가 '하야' 동사입니다. 이 동사는 영어의 'be' 동사와 같습니다. 여호와라는 이름도 하야 동사에서 나왔습니다. 이 동사는 '존재하다, 생명이 있다'는 뜻을 가지고 있습니다. 아담은 자기 아내의 이름을 이 하야 동사에서 끄집어 와서 '하와'라고 지었습니다. 하와는 '생명'이라는 뜻입니다. 이것은 대단히 중요한 말입니다. 아담은 하와에게 생명이 있다는 것을 알았습니다. '우리는 하나님의 존전에서 쫓겨났고 땀을 흘려야 입에 먹을 것이 들어가지만 이 여자 안에는 생명이 있고 생명의 약속이 있으며, 우리는 이 여자가 낳을 후손을 통해서 구원받을 것이다' 하는 믿음을 아담은 가지게 된 것입니다.

아담이 믿음이 있느냐 없느냐 하는 문제는 두고두고 의문거리이지만, 제가 생각하기에는 아담이 늦게 믿음을 가진 것 같습니다. 아담은 하나님께서 하신 말씀, 곧 여인의 후손이 뱀의 머리를 깰 것이라는 말씀을 믿고 아내의 이름을 '생명을 가진 자의 어미'라고 불렀습니다.

아담이 믿음이 없었다면 어떻게 했겠습니까? 그때부터 새로운 싸움이 시작되었겠지요. "하와, 너 때문이야!"하면서 하와를 때리고 학대하고 별거했을 것입니다. 그러나 아담은 그렇게 쏟아지는 하나님의 진노 가운데서도 '이 여자에게는 약속이 있다. 이 여자의 후손이 우리를 구원한다. 이 여자 안에 생명이 있다'는 것을 믿고, 여자를 사랑하며 보호하고 좋은 이름을 지어 주었습니다. 그는 여자를 학대하지 않았습니다. 오히려 여자를 부를 때마다 '생명'이라고 불렀습니다. "나의 생명 그대여. 모든 생명을 가진 어미인 그대여" 하고 불렀습니다. 그리고 정말 이 여인을 통해 그리스도가 오셨습니다. 예수님은 스스로를 '여인의 후손'이라고 부르지 않으셨습니까?

그러면 이제 이미 그리스도가 오셨기 때문에 우리 그리스도인들은 더 이상 자식을 낳을 필요가 없습니까? 그렇지 않습니다. 그리스도 안에서 생육하고 번성하라는 축복은 그대로 유효합니다. 우리는 믿음의 자녀들을 많이 출산할 필요가 있습니다. 가장 귀중한 전도입니다. 다 큰 어른들에게 전도하려면 얼마나 힘든지 몰라요. 마음이 잘 맞지 않습니다. 기독교적인 분위기가 잘 맞지 않아서 적어도 2, 3년간은 예배드릴 때 식은땀이 다 납니다. 그렇기 때문에 어릴 때부터 말씀을 가까이 하고 신앙생활하게 하는 것이 얼마나 좋은 전도인지 모릅니다.

여러분, 굳이 자식을 가지려고 하는 이유가 무엇입니까? 내 가문을 빛내기 위해서입니까? 자식을 많이 낳아서 자기 세력을 구축하려고 합니까? 자식을 잘 키워서 자랑하려고 합니까? 가만히 보면 자랑하려는 의도가 많은 것 같아요. 그러면 안 됩니다. 하나님의 복된 백성을 키우는 것이 자식을 낳는 목적이 되어야 합니다. 하나님을 두려워하고 하나님의 말씀에 순종하는 사람들이 많아져야 합니다. 자식은 전도의 대상입니다. 유아세례는 책임지고 말씀을 가르치고 전도하라고 주는 것이지 신자가 다 되었기 때문에 주는 것이 아닙니다. 부모님들을 보면 애들이 구구단 외우는 데는 관심을 많이 기울이는데, 예수님의 제자가 누구냐고 묻는 경우는 별로 없는 것 같아요. 요새 우리 교회 유년부 아이들은 요절을 외웁니다. 아이가 못 외우면 엄마가 외우게 하더군요. 참 좋은 일입니다.

하나님께서는 죄지은 인간들에게 아주 소중한 선물을 하나씩 주셨습니다.

> 여호와 하나님이 아담과 그 아내를 위하여 가죽옷을 지어 입히니라
> (3:21).

옷을 선물로 준다는 것에는 어떤 의미가 있습니까? 선물을 받은 사람은 옷을 입을 때마다 이 옷을 준 사람의 사랑을 생각하고 그의 보호를 느낄 수 있습니다. 그래서 선물 중에서 가장 좋은 선물은 옷을 주는 것입니다. 특히 이들은 두려움과 추위에 떨고 있었습니다. 죄를 지으면 이상하게도 자꾸 추워집니다. 군대에서도 피교육자의 신분에 있으면 자꾸 춥습니다. 다른 사람들은 별로 추워하지 않는데 피교육자나 죄수들은 추위를 탑니다. 하나님께서는 추워하는 그들을 위해서 가죽옷을 지어 주셨습니다.

가죽옷은 짐승이 죽었다는 것을 의미합니다. 짐승이 죽지 않고 가죽이 나올 수 있습니까? 살아 있는 채로 가죽만 벗기는 것은 불가능한 일입니다. 이들을 보호하고 지켜주기 위해서 이미 한 짐승이 죽었습니다. 성경은 모세 때가 되기까지 제사 제도가 어떠했는지 분명히 말하고 있지 않습니다. 그러나 모세 때 이스라엘 백성들은 1년씩만 살았습니다. 대속죄일에 하나님 앞에서 염소를 잡

고 그 피를 지성소를 뿌리면 1년을 살 수 있었습니다. 그것도 대제 사장이 살아서 나와야만 1년을 살 수 있었습니다. 이렇게 이스라엘 백성들은 1년씩만 생명을 연장받았습니다.

이 짐승의 죽음은 앞으로 계속 죽을 짐승의 예고편이었고 시작에 불과했습니다. 그러나 그리스도는 십자가 위에서 자기 자신을 제물로 드리고 나서 살아서 돌아오셨습니다. 그는 영원히 죽지 않으십니다. 그렇기 때문에 우리의 생명은 1년씩 연장되는 것이 아니라 영원히 연장되었습니다. 우리의 삶은 죽음을 통과합니다. 그리스도인의 죽음은 죽음이 아닙니다. 이것은 상태의 변화이고 주님께 더 나아가는 것이며 더 큰 영광 가운데 나아가는 것입니다.

여러분, 그리스도 없는 삶은 삶이 아니고 죽음의 연장에 불과합니다. 그리스도가 죽으시고 그가 주시는 의의 옷을 입을 때 비로소 우리는 살게 되는 것입니다. 그리스도 없이 편안한 것은 절대로 복이 아닙니다. 그것은 죽음의 연장에 불과합니다. 교도소 안에서야 이 옷을 입든지 저 옷을 입든지 무슨 상관이 있습니까? 교도소에서 나와 환한 빛 아래 살아야 복이지요.

오늘 우리에게 가장 두려운 것은 하나님의 존전에서 쫓겨나는 것입니다. 그 존귀를 되찾기까지 우리는 잠시도 쉬어서는 안 됩니다. 우리는 이 세상일에 만족해서는 안 됩니다. 그리스도께서는 아담이 잃었던 생명나무 열매를 우리에게 돌려주셨습니다. 주님은 우리에게 '나는 생명의 떡'이라고 말씀하셨습니다. 우리는 그것으로 삽니다. 주님은 또한 썩는 양식을 위해 일하지 말고 영생하는 양식을 위해 일하라고 하셨습니다. 우리는 이 세상의 떡으로 살지 않습니다. 하나님이 주시는 말씀으로 살게 되어 있습니다. 말씀으로 사는 자는 절대로 멸망하지 않습니다. 어떤 위기가 와도 절대로 죽지 않습니다.

오늘 말씀을 기억하십시오. 하나님께서는 죄를 몸에 새겨 놓으심으로써 고통을 통해 우리가 죄 가운데 있다는 것을 깨닫게 하셨습니다. 신앙과 생활을 분리하지 마십시오. 신앙이 곧 생활입니다. 나의 믿음이 바로 내 생활을 지배할 것입니다.

잉태하는 고통은 우리 인간이 태어날 때부터 죄에 오염되어 있으며 우리 본성이 죄로 더럽혀져 있다는 것을 보여줍니다. 학생들이 학교에서 심한 부담을 느끼면서 공부하는 것이나 남자들이 직장에서 이런저런 소리를 들어가면서 돈을 벌어야 하는 것은 모두 우리가 정상적이지 못한 상태에 있다는 것을 보여 주는 증거입니다.

하와는 '생명'이라는 뜻입니다. 그것은 여인의 후손을 통해 우리가 살게 된다는 뜻입니다. 아담은 이것을 믿었습니다. 그리스도 안에 모든 답이 있습니다. 그리스도를 의지하고 그리스도를 바라보십시오.

하나님의 가죽옷의 사랑을 기억하십시오. 하나님은 우리를 내쫓으셨지만 우리를 사랑하시고 어떤 희생을 치러서라도 다시 회복시킨다는 것을 이 가죽옷을 통해 약속하고 계십니다.

사랑하는 형제자매 여러분, 이 세상에서 사는 것은 사망의 연장에 불과합니다. 내가 그리스도를 만날 때, 그리스도 안에 있을 때 비로소 사망은 영원히 끝나고 가치 있는 삶이 새롭게 시작됩니다. 그리스도 안에서 새로 시작하십시오. 이것이 참으로 사는 것입니다.

14

하나님의 지혜와
사람의 지혜

대학을 졸업하고 새로운 직장에 취업한 신입 사원들이 공통적으로 느끼는 문제가 무엇인가 하면, 학교에서 배운 전공 지식들을 실무에서는 전혀 써먹을 수 없다는 점입니다. 전공이라고 해서 많이 배우기는 배운 것 같은데 실제로 써먹을 수 있는 것이 아무것도 없습니다. 무언가 일을 하려면 직장에 가서 새로 배워야 합니다.

이것은 단지 대학 교육이 가지는 문제만이 아닙니다. 인간이 가지고 있는 지식의 문제가 바로 여기에 있습니다. 어떤 사람이 무엇을 안다고 해서 그 아는 것이 바로 힘이 되는 것이 아닙니다. "아는 것은 힘이다"는 말이 있는데, 아는 것은 힘이 아닙니다. 내가 아는 것을 써먹기 위해서는 그 일을 해낼 수 있는 실제적인 여건과 힘이 있어야 합니다.

오늘 말씀은 죄가 사람의 지성에 어떤 변화를 주었는지에 대해 말하고 있습니다. 그러나 본문 말씀만 가지고서는 죄가 우리의 지성에 가져온 변화를 제대로 이해하기 어렵습니다. 22절을 보십시오.

여호와 하나님이 가라사대 보라 이 사람이 선악을 아는 일에 우리 중

하나같이 되었으니 그가 그 손을 들어 생명나무 실과도 따먹고 영생할까 하노라 하시고

　여기서 도저히 이해할 수 없는 표현이 '선악을 아는 일에 우리 중 하나같이 되었다'는 말입니다. 이 말씀을 보면 인간이 죄를 지음으로써 그 지식이 더 좋아져서 하나님과 거의 대등하게 된 것 같습니다. 여기서 '우리 중 하나'는 분명히 하나님을 의미합니다. "사람이 죄를 지음으로써 선악을 아는 일에 우리와 영 딴판이 되었으며 형편없이 되었다"고 하면 이해가 되는데, 하나님은 "우리 중 하나같이 되었기 때문에 그 사람들이 손을 들어서 생명나무 열매를 따먹지 못하게 저지하자"고 말씀하고 있는 것입니다.

　오늘 이 짧은 본문만 보면 인간이 죄를 지음으로써 지식이 너무 뛰어나게 되고 지능이 아주 발달하게 되었기 때문에 하나님께서 당황해하시면서 어떻게 해서든지 생명나무 열매를 따먹지 못하도록 저지하고자 하시는 것처럼 느껴집니다. 오늘 우리는 이 부분에 깊은 의문을 제기해볼 필요가 있습니다. 도대체 죄가 인간의 지성에 가져온 변화는 무엇이며 우리는 지금 어떤 상태에 있습니까?

사람의 지혜

　첫째로 살펴볼 것은 사람의 지혜가 가지는 특징입니다. 인간이 타락하기 전 지능의 상태에 대해 우리가 알 수 있는 사실은 한 가지밖에 없습니다. 아담은 하나님이 지으신 모든 동물의 이름을 지어 주는 일을 했습니다. 이 일을 하려면 대단한 분별력이 필요합니다. 우선 동물의 이름을 지으려면 특징에 따라 동물들을 분류할 수 있어야 합니다. 닥치는 대로 이름을 지어버리면 자기 자신이 무어라고 이름을 지었는지 도무지 기억하지 못합니다. 이름을 짓는다

는 것은 파충류는 이쪽으로, 새는 저쪽으로, 젖 먹는 것은 이쪽으로, 알 낳는 것은 저쪽으로 순서대로 나열해놓고 나서 "너는 악어야. 포유류 있는 데 가서 얼쩡거리면 안 돼" 하면서 하나씩 하나씩 그 정체를 밝혀나가는 것입니다. 이름이 없는 존재는 미확인물체로서 어떻게 대해야 할지 알 수 없는 대상입니다. 어떤 것을 그냥 '거시기'라고 부르면 우리가 이 '거시기'를 어떻게 만나고 상대해야 하는지 도저히 알 길이 없습니다. 그래서 이름을 붙여야 합니다. 따라서 타락하기 전의 인간의 지혜는 하나님의 창조를 이해하고 그 안에 들어 있는 질서나 논리를 깨닫고 거기에 모든 것을 일치시키는 지혜였습니다.

그러나 우리에게는 또 다른 지혜가 있습니다. 오늘 우리들이 가지고 있는 지혜의 특징은 세 가지로 살펴볼 수 있습니다.

첫째로 우리는 우리가 경험한 것을 축적하고 또 다른 사람에게 전수할 수 있는 능력을 가지고 있습니다. 이것이 인간이 가지고 있는 지혜의 굉장히 큰 장점입니다. 우리는 모든 것을 처음부터 다시 시작하지 않습니다. 어떤 사람이 차를 만들기 위해서 많은 씨름을 했습니다. 나무도 태워 보고 종이도 태워보고 기름도 태워보고 하다가 차를 만들었습니다. 그 후에 우리는 또 차를 만들려고 이것저것 태워 보는 노력을 반복하지 않습니다. 그냥 만들어 놓은 차를 타고 다니면 됩니다. 지금 운전하고 다니는 사람들 대부분은 차의 기관이 어떻게 되어 있는지 잘 모를 것입니다. 그러나 우리는 무식해도 얼마든지 차를 몰고 다닐 수 있습니다. 왜냐하면 사람은 자기의 경험을 축적할 수 있고 그것을 남에게 그대로 줄 수 있기 때문입니다. 또 우리는 전기의 원리를 발견하기 위하여 폭풍우 치는 날에 연을 날리지 않습니다. 전기의 원리를 전혀 모르는 사람도 새끼손가락만 있으면 전기를 쓸 수 있습니다. 스위치만 올리면 불은 들어오니까요.

우리 인간은 방대한 경험과 지식을 축적할 수 있습니다. 이것 때문에 문명이 발달한 것이고, 이렇게 잘 먹고 잘 살 수 있는 것입니다. 우리는 밑바닥에서부터 시작하지 않습니다. 나무에 돌멩이를 달아서 사냥하는 법부터 다시 배우지 않습니다. 우리는 자동차 기관의 원리를 몰라도 차를 몰고 다닙니다. 이것이 인간이 가진 지식의 큰 특징입니다.

또한 우리는 이 지성으로 논리적인 추론을 할 수 있습니다. 요즘 입시에서 논술 고사의 비중이 커지니까《논리야, 놀자》같은 책이 인기가 있는 것 같습니다. 사람은 눈에 보이지 않는 것도 이성적인 사고를 통하여 예측할 수가 있습니다. 내일 비가 올지 안 올지 어떻게 압니까? 구름의 분포와 기압골의 이동 등을 통해 어느 정도 추정할 수 있습니다. 또 우리는 어떤 사람이 말하는 것을 듣고 그 속에 있는 의도를 간파해 냅니다. 우리는 말로만 이야기하는 게 아닙니다. 그 말에 일관성이 있는지 살펴본 후에, 그것이 정말 믿을 수 있는 말인지 아닌지를 알아냅니다. 이같이 논리적인 유추는 눈에 보이지 않는 것을 미리 보게 합니다.

원숭이는 논리적인 유추를 하지 못해서 뜨거운 걸 자꾸 만집니다. 그러나 아이들은 뜨거운 걸 한 번 만지면 벌써 논리적인 유추를 하기 시작해서 '저것은 뜨겁다. 만지면 고통스럽다. 고로 나는 만지지 않는다'라고 추론합니다. 또한 말을 논리정연하게 하면 많은 이들의 공감을 얻을 수 있습니다. 지금은 여러 가지 박사가 있지만 예전에는 전부 철학박사였습니다. 철학이라는 것은 '말이 된다'는 겁니다. 옳다, 그르다를 따지는 것이 아니라 말이 되는가를 보아서 학위를 주는 거예요. '내가 지금 이 속도로 달리면 큰 사고가 난다'는 것을 아는 것은 논리적인 유추지요. 꼭 어디에 들이받고 나서야 '왜 나는 들이받았을까?' 하는 사람은 바보입니다.

셋째로 사람은 가치 판단을 할 수 있습니다. 사람과 컴퓨터가 다른 점이 무엇입니까? 컴퓨터는 옳고 그른 것을 결정하지 못합니다. 그것을 분별할 수 있는 존재는 사람밖에 없습니다. 또 사람이라면 마땅히 그것을 분별해야 합니다. 컴퓨터는 연산법을 사용해서 일을 빨리 처리하는 기계일 뿐, 가치 판단을 내리지 못합니다. 그러나 사람은 전부 가치 판단을 하게 되어 있습니다. 그리고 자신이 판단한 것에 책임을 져야 합니다.

그러면 오늘 본문에서 사람이 범죄한 후에 선악을 아는 지식이 하나님 중 하나같이 되었다는 말의 의미가 무엇이겠습니까? 지식을 축적하고 논리적인 추론을 하고 선악의 가치 판단을 하는 능력은 죄를 짓고 나서 생긴 것이 아닙니다. 이것은 원래 하나님께서 우리를 만들 때부터 주신 잠재능력이었습니다. 그러나 하나님 앞에서 생활할 때에는 이런 능력들을 사용할 필요가 없었습니다. 전적으로 하나님께 의존하며 살았기 때문에 경험을 축적할 필요가 없었습니다. 미리 논리적으로 유추할 필요도 없었습니다. 그냥 선악을 판단하는 능력만 있으면 충분했습니다. 에덴동산에서 아담은 "아, 나는 정말 무식해! 에덴 유니버시티에 가서 더 배워야겠어" 하지 않았습니다. 그런 걸 배울 필요가 없었기 때문이지요.

그러나 사람이 죄를 지은 후에 하나님의 은혜가 떠나자, 그들은 자신의 머리를 믿고 살 수밖에 없게 되었습니다. 사람의 힘은 머리에 있었습니다. 그래서 잠재되어 있던 능력을 발휘해서 사는 겁니다. 생존하기 위해 자신의 지능을 사용하는 것이지요. 사람은 힘이 센 것도 아니고 이빨이 튼튼한 것도 아니고 발톱이 강한 것도 아닙니다. 사람이 살 수 있는 길은 오직 머리를 굴려서 경험을 축적하고, 어떻게 해서든지 무언가를 알아내는 것입니다.

하나님께서는 범죄한 사람들이 자신의 두뇌로 살리라는 것을 아셨습니다. 그러면 '사람은 이제부터 머리를 굴려서 먹고살 것이다'라고 하면 될 텐데, 왜 이것을 '선악을 아는 일에 우리 중 하나같이 되었다'라고 표현했는지 모르겠습니다.

하나님의 성품 중에서 가장 탁월한 부분이 지혜입니다. 하나님은 이 세상을 지혜로 창조하셨습니다. 그래서 창조된 어느 부분을 뜯어보아도 지혜가 들어 있지 않은 부분이 없습니다. 특히 하나님은 이 세상 모든 것에 대하여 선한 계획을 가지고 계십니다. 하나님은 어떤 일이든지 아무렇게나 하시는 법이 없습니다. 하나님은 모든 일에 선한 계획을 세워서 하시고, 그 계획을 반드시 이루십니다. 그래서 하나님은 지혜의 하나님이십니다. 하나님은 사탄을 허용하시지만 사탄을 통해서 선한 계획을 이루십니다. 이 세상에 악의 세력이 있지만, 하나님은 이것을 통해 성도를 연단하시고 하나님이 이루시고자 하는 뜻을 다 성취시킨 후에 그 세력을 폐기하십니다. 하나님께는 쓰지 못하는 것이 없습니다. 하나님은 모든 것을 다 사용해서 선한 뜻을 이루십니다. 그것이 하나님의 지혜입니다.

그런데 사람의 특징도 지혜에 있습니다. 그러나 사람의 지혜는 하나님과 같은 지혜가 아닙니다. 이것은 먹고살기 위해서 머리를 굴릴 때 사용하는 지혜입니다. 하나님의 지혜는 먼 미래를 계획하고 그 선한 목적을 위해 모든 것을 사용하는 지혜라면, 사람의 지혜는 살아남기 위해, 미래의 불확실성을 극복하기 위해 과거에 있는 모든 지식과 경험을 다 동원해서 오늘을 편하게 살고 미래를 대비하는 과거지향적인 지혜입니다.

이제까지 지혜는 오직 하나, 하나님의 지혜밖에 없었습니다. 그러나 사람이 타락함으로써 두 종류의 지혜가 생기게 되었습니다. 그것은 하나님의 지혜와 사람의 지혜입니다. 하나님도 지혜의 하나님이고 사람도 지혜의 사람입니다. 그러나 질적인 면에서는 엄청난 차이가 있습니다. 하나님의 지혜는 미래의 지혜입니다. 선한 뜻을 이루는 지혜입니다. 그러나 사람의 지혜는 과거의 지혜입니다. 지금 살아야 하기 때문에 어떻게 해서든지 과거의 잡동사니들을 다 긁어모아서, 오늘을 좀더 윤택하게 살고 미래의 불안을 줄여나가는 과거중심적인 지혜입니다.

사람의 지혜로는 미래를 대비할 수 없습니다. 사람의 지혜로는 하나님의 생명에 이를 수가 없습니다. 하나님께서는 그들을 생명나무에 접근하지 못하게 하심으로써 "너희가 과거의 경험을 쌓아놓고 그것으로 오늘 윤택하게 살고 미래의 불확실성을 대비하겠지만, 그러나 나에게는 절대로 오지 못한다. 너희의 머리로는 나의 선한 뜻을 이루지 못하고 철저하게 실패할 것이다. 어림없다! 너희는 이 나무 근처에도 오지 못한다. 너희의 머리로는 나를 추론하지 못할 것이다"라고 말씀하시는 것입니다. 중세의 스콜라 학자들은 유명론, 실재론 하면서 하나님이 어떤 식으로 존재하는지 논리적으로 추론했는데, 그런 것으로 알 수 있는 것은 아무것도 없습니다.

오늘날 우리는 모두 사람의 지혜로 살아가고 있습니다. 우리 중에 스스로 가죽을 벗겨서 옷을 해 입는 사람은 없습니다. 그냥 백화점에 가면 다 삽니다. 우리가 이만큼 잘살게 된 것은 전부 인간의 지혜 덕분입니다. 그래서 우리는 할 수 있는 한 이 지혜를 배우려고 합니다. 사람의 지혜는 이 세상을 살아가는 데 바로 밑천이 됩니다.

그러나 이 지혜로는 우리의 미래를 대비할 수 없고 우리의 본질적인 문제를 해결하는 데 전혀 도움을 받을 수 없습니다. 좋은 옷을 입고, 좋은 집에 살고, 좋은 학교를 나왔다고 해서 그 사람의 본질에서 달라지는 것은 아무것도 없습니다. 그들은 생명에 한 발자국도 접근하지 못합니다. "이들이 생명나무에 절대로 접근하지 못하게 하라! 여기서는 잘 먹고 잘 살 수 있겠지만 본질적인 문제에는 한 걸음도 접근할 수 없다!" 이것이 인간이 가지고 있는 지혜의 한계입니다.

우리는 내일 어떤 일이 닥칠지 알지 못합니다. 그래서 할 수 있는 한 오늘 돈을 긁어모으고 양식을 쌓아놓고 보험을 들어놓아야 합니다. 그러나 그렇게 한다고 해서 위기가 없어지는 것이 아닙니다. 위기는 우리에게 찾아오게 되어 있습니다.

우리의 미래는 오직 하나님의 선하신 뜻에 달려 있다는 것을 하나님은 분명히 하고 계십니다. 오늘날 우리는 사람의 지혜 덕분에 이렇게 잘 살게 되었고 똑똑하게 되었고 많은 시행착오를 거듭하지 않고서도 높은 수준에서 살고 있습니다. 그렇다고 해서 내가 누구며 어떻게 살아야 하는가, 영원한 생명이 무엇인가 하는 본질에는 한 걸음도 접근하지 못하고 있음을 알아야 합니다.

생명나무

둘째로 살펴볼 것은 하나님께서 접근하지 못하게 한 이 생명나무가 무엇인가 하는 것입니다. 하나님께서는 타락한 인간들이 생명나무에 다가가 열매를 따먹지 못하도록 동산에서 내쫓으셨습니다. 22절과 23절을 보십시오.

> 여호와 하나님이 가라사대 보라 이 사람이 선악을 아는 일에 우리 중 하나같이 되었으니 그가 손을 들어 생명나무 실과도 따먹고 영생할까 하노라 하시고 여호와 하나님이 에덴동산에서 그 사람을 내어 보내어 그의 근본된 토지를 갈게 하시니라

여기서 우리는 '생명나무'의 정체를 똑바로 알 필요가 있습니다. 생명나무는 '선악을 알게 하는 나무'와 마찬가지로 하나의 나무에 불과합니다. 이 나무에 어떤 신통력이 있어서 생명을 주고 젊음을 주는 것이 아닙니다. 그러나 이 나무가 중요한 것은 그 열매에 하나님의 언약이 있기 때문입니다.

옛날 타잔 영화를 보면 '젊어지는 샘물'이라는 것이 있습니다. 그 샘물만 마시면 노인도 청년이 됩니다. 너무 많이 마셔서 아기가 되어버린 사람도 있습니다. 그러나 생명나무는 그런 나무가 아닙니다. 이것은 그냥 평범한 나무일 뿐입니다. 생명은 이 나무의 열매를 따먹는 데에 있지 않습니다. 생명은 하나님의 말씀에 순종하는 데 있습니다. 사람이 하나님의 말씀에 순종하면 늙지 않습니다.

그 속사람이 날마다 새로워집니다. 시험이 오고 유혹이 와도 끝까지 하나님 말씀에 순종할 때 하나님께서는 사람을 영화롭게 하십니다. 하나님은 마치 에녹을 죽음 없이 곧바로 부활의 영광으로 데려가신 것처럼 아담과 하와에게도 그렇게 하시겠다고 약속하셨습니다. 죽음을 통과하지 않고 바로 영생에 들어갈 약속이 이 생명나무에 있었습니다.

그러나 하나님께서는 눈에 보이지 않는 이 약속을 눈에 보이는 나무를 통해 구체적으로 표현하심으로써 이 열매를 먹을 때마다 하나님의 약속을 다시 한 번 체험하며 확신할 수 있게 하신 것입니다. 그러므로 이 생명나무는 최초의 성례였습니다.

성례가 무엇입니까? 성례는 처음 예수 믿는 자에게 물로 세례를 주어서 그리스도인이 된 것을 인치는 것입니다. 물로 세례를 준다고 해서 그 사람에게 바로 성령이 임하는 것은 아닙니다. 물은 그냥 물입니다. 그러나 믿음으로 세례식에 참여할 때 성령이 하나님의 자녀된 것을 강하게 인쳐 주십니다. 이것이 성례지요.

우리가 성찬 때 먹는 떡과 포도주는 정말 떡과 포도주입니다. 그 떡에 무슨 능력이 있는 것이 아닙니다. 그냥 떡이에요. 그 포도주에 주님의 신성이 섞여 있는 것이 아닙니다. 그래서 우리는 성찬식을 할 때 갑자기 무릎을 꿇거나 엎드리지 않습니다. 그렇게 하는 것은 우상 숭배입니다. 또 그 떡과 포도주가 내 속에 들어가서 주님의 살과 피로 변하는 것도 아닙니다.

그러나 믿음으로 성찬에 참예할 때 어떤 일이 일어납니까? "내 죄가 정말 결단났구나. 예수의 피로 내가 죄에서 해방되었구나. 내가 그리스도와 연합했구나. 나의 모든 힘은 그리스도로부터 오는구나. 나는 그리스도처럼 부활하겠구나" 하는 것이 뜨겁게 다가오고, 성령의 강한 역사가 나타납니다.

생명나무 자체에 무슨 신통한 능력이 있는 것이 아니라는 것을 기억하십시오. 그러나 아담과 하와가 하나님의 말씀에 순종하면서 그 나무의 열매를 따먹을 때 하나님의 생명이 끊임없이 그들에게 공급되며, 그 사실이 큰 은혜로 그들의 마음에 와 닿는다는 의미에서 생명나무는 최초의 성례였습니다. 그들은 이 나무를 통해 자기 힘이 아니라 하나님이 주시는 힘으로 살며, 자신의 힘이 끝없이 공급되고 피곤치 아니하며 날마다 영혼이 소생하는 체험을 하게 되는 것입니다.

이제 하나님께서는 죄를 지은 그들에게서 이 거룩한 성례를 빼앗아 가심으로써 그들이 더 이상 하나님의 능력으로 살 수 없다는 것을 분명히 보여 주셨습니다. 이제 그들에게 남아 있는 일은 하나님이 주신 자연력으로 살다가 흙으로 돌아가는 것입니다. "그 근본된 토지를 갈게 하시니라." 아담의 근본이 무엇입니까? 흙입니다. 흙을 갈아먹고 살다가 흙으로 돌아가는 것입니다. "너는 흙이니 흙으로 돌아갈 것이니라."

그들은 하나님의 능력을 빼앗겼습니다. 하나님의 거룩한 은혜는 상실되었습니다. 이제 사람은 그냥 주어진 자연력으로 밥 먹고 살다가 죽는 거예요. 그래서 묘비에 "밥 먹고 살다가 죽었다", "흙이니 흙으로 돌아갔다"고 쓰는 것이 가장 정확합니다. 인디언들은 흙을 '어머니'라고 부르는데, 그래서 묘비에 "어머니에게 돌아갔다"고 씁니다.

하나님께서는 거룩한 성례를 빼앗아 가심으로써 인간에게는 더 이상 하나님의 생명이 없으며, 인간은 자기 머리를 죽도록 짜내어서 자기 힘으로 살다가 죽는다는 것을 보여 주셨습니다.

오늘 우리가 감사드리는 것은 이 거룩한 성례가 예수 그리스도를 통하여 회복되었다는 사실입니다. 예수님은 오병이어의 기적을 보고 예수님을 줄기차게 찾는 유대인들을 이렇게 책망하셨습니다.

예수께서 대답하여 가라사대 내가 진실로 진실로 너희에게 이르노니 너희가 나를 찾는 것은 표적을 본 까닭이 아니요 떡을 먹고 배부른 까닭이로다 썩는 양식을 위하여 일하지 말고 영생하도록 있는 양식을 위하여 하라 이 양식은 인자가 너희를 위하여 주리니 인자는 아버지 하나님의 인치신 자니라(요 6:26-27).

"너희가 나를 찾는 것은 하나님의 능력이 회복되었고 하나님의 은혜가 회복된 표적 때문이 아니라 먹고 배불렀기 때문이다!" 이 당시 갈릴리의 유대인들에게 가장 심각한 문제는 먹는 문제였습니다. 먹지 못해서 주린 배를 안고 잠자리에 드는 유대인들이 아주 많았습니다. 그들은 예수님의 능력을 보았을 때 "하나님의 말씀이 다시 나를 찾아왔구나! 내가 하나님의 백성으로 받아들여졌구나! 거룩한 생명이 다시 회복되었구나!" 하는 것으로 기뻐한 것이 아니라, "야, 이제 먹는 문제 하나는 해결되겠구나" 하면서 덤벼들었습니다.

직장이 안정되어 있을 때에는 먹는 문제가 별로 심각하지 않습니다. 그러나 수입원이 없어지면 제일 먼저 걱정되는 것이 당장 먹고사는 문제입니다. 그럴 때 자신이 그렇게 초라해질 수가 없어요. 직장 생활을 할 때는 먹고사는 것이 당장 위협받지 않으니까 자신감이 있습니다. 하지만 먹고사는 문제에 대책이 없으면 사람이 비참해집니다.

그러나 예수님은 그들을 책망하셨습니다. "왜 썩지 않는 양식을 구하지 않고 썩는 양식을 찾아서 그렇게 동분서주하느냐"는 것입니다. 오늘 우리에게 중요한 것은 무엇입니까? 당장 먹고사는 것입니까? 아니면 하나님의 은혜와 능력이 회복되는 것입니까? 내 힘으로 계속 살기 위해 쌀독에 쌀이 필요하고 은행에 돈이 필요합니까? 아니면 그것이 없어도 하나님의 능력으로 살기 위해 하나님의 생명이 내게 회복되는 것이 필요합니까?

우리에게는 단순히 육체적인 생명만 있는 것이 아닙니다.

사회적인 생명도 있고 정치적인 생명도 있습니다. 일단 사회에서 쓸모없는 사람이라는 낙인이 찍히면 그 사람은 있으나마나 한 존재가 됩니다. 그런 사람은 와도 인사하지 않고 가도 잘 가라는 소리를 안 합니다. 그냥 괄호 안에 넣어서 아예 없는 사람 취급을 합니다. 그 사람은 사회적으로 죽은 것입니다. 우리는 그것을 굉장히 두려워합니다. 우리는 내 가족에게 꼭 필요한 사람이 되고 싶고 이 사회에서 꼭 필요한 사람이 되고 싶습니다. 그렇게 되려면 무엇이 필요합니까? 돈이 필요합니다. 힘이 있어야 합니다.

그러나 예수님께서 말씀하시는 것이 무엇입니까? 우리에게는 사회적인 생명, 정치적인 생명 이상으로 하나님 앞에서의 생명이 있다는 것입니다. 우리를 살리는 것은 다른 사람이 아니고, 내 속에 있는 자연적인 힘도 아니고, 하나님이 주시는 은혜요 생명이라는 것입니다. 우리를 하루하루 살게 하는 것은 하나님의 은혜입니다. 그러므로 이 은혜를 회복하기 위해 줄기차게 예수님을 찾아야 하는데, 왜 먹는 떡을 위해 예수님을 찾느냐는 것입니다.

우리 한번 생각해 봅시다. 먹는 양식이 중요합니까? 하나님의 은혜가 중요합니까? 먹을 양식이 있으면 일단은 안심이 되지요. 굶는 것은 얼마나 고통스러운지 모릅니다. 정말 슬픕니다. 그래서 이 썩는 양식을 좀 모아 놓으면 걱정이 안돼요. 예전에 부인들은 겨울에 연탄과 김장만 마련해 놓으면 걱정이 없었습니다. 그런데 김장도 못해 놓고 연탄도 없는 겨울에는 얼마나 걱정이 되는지 모릅니다. 이렇게 썩는 양식이 없으면 미래가 불안합니다.

썩지 않는 양식이 있으면 어떻게 됩니까? 기쁨이 회복됩니다. 하나님의 은혜가 회복됩니다. 그러나 배는 여전히 고픕니다. 은혜가 회복된다고 해서 살 길이 열리는 것이 아닙니다. 그냥 기쁠 뿐이지요. 먹는 문제나 미래에 대한 불안은 그대로 남아 있습니다. 은혜로는 현실이 해결되지 않는 것처럼 보입니다. 그러나 하나님께서는 무엇이라고 말씀하십니까? 미래를 책임져 주겠다고 하십니다.

한꺼번에 쌓아 놓고 먹거나 조금씩 공급받아 먹거나 무슨 차이가 있습니까?

"하지만 하나님, 불안하잖아요!"

"내가 책임져 주겠다니까."

"뭘로 그걸 믿습니까?"

이것이 문제입니다. 지금은 기쁜데 미래가 대책이 없는 거예요. 그래서 하나님께서 계속 이야기하십니다.

"너희는 양 떼다. 내가 인도해 주겠다."

"부모도 못 믿는 세상에 그걸 뭘로 믿습니까?"

"십자가에 달린 어린 양으로 약속한다. 너를 영원히 버리지 않겠다. 내가 너희를 고아처럼 버려두지 않고 다시 너희에게로 와서 인도해 주겠다."

성경이 우리에게 말씀하는 것이 무엇입니까? 이 영원한 생명을 되찾기 위해서는 우리가 쌓아놓고 개발해 놓은 사람의 지혜를 버려야 한다는 것입니다. 지혜는 다시 하나로 합쳐져야 합니다. 하나님 없이 딴 살림 차린 지혜를 포기하고 하나님의 지혜로 돌아올 때 하나님께서는 우리에게 생명을 주시겠다고 약속하셨습니다.

정말 지혜가 없어서 지혜 없는 사람처럼 사는 것이 아닙니다. 정말 머리가 나빠서 머리 나쁜 사람처럼 사는 것이 아닙니다. 하나님의 뜻이 내게 온전히 이루어지게 하기 위해서 그렇게 하는 것입니다. 나를 향해 가지고 계시는 하나님의 선한 뜻이 이루어질 것을 믿으며, 나의 잔재주와 염려와 불안을 버리고, 인간적인 지혜를 포기하고 하나님께 나를 맡기는 믿음이 있을 때 하나님은 우리에게 생명을 주십니다.

예수님께서는 자신을 '생명의 떡'이라고 말씀하셨습니다.

나는 하늘로서 내려온 산 떡이니 사람이 이 떡을 먹으면 영생하리라 나의 줄 떡은 곧 세상의 생명을 위한 내 살이로라(요 6:51).

예수님이 바로 생명나무 열매입니다. 우리는 그 살을 먹고 피를 마심으로써 영원히 살 것입니다. 그리스도를 먹는다는 것이 무엇을 의미합니까? 그리스도의 죽음을 나의 죽음과 일치시키는 것입니다. 그리고 그가 사셨던 것처럼 사는 것입니다. 믿지 않는 자들의 삶은 죽음의 연장이지만, 우리에게는 새로운 삶이 시작될 것입니다. 죽음이 그 삶을 막지 못합니다. 죽음이 우리의 행진을 중단시키지 못합니다.

하나님께서는 우리에게 이 영원한 생명을 회복시키기 위해 예수 그리스도를 십자가에 못 박으셨습니다. 예수 그리스도의 십자가는 하나님의 지혜입니다. 이것은 사람의 머리에서 나온 것이 아닙니다. 사실 사람의 머리로 보면 말도 안 되는 짓이지요. 그러나 나의 인간적인 지혜를 포기하고 예수를 나의 목자로, 왕으로, 내 삶의 주관자로 믿을 때, 오늘 이 순간부터 하나님의 생명이 나에게 새로 회복되기 시작합니다. 그리고 그 생명은 영원히 중단되지 않습니다.

여러분, 내 힘으로 쌓아놓고 살겠습니까? 아니면 하나님이 오늘 나에게 주시는 새로운 생명으로 살겠습니까?

이것은 믿음의 문제이고 선택의 문제입니다.

하나님의 진노

셋째로 하나님께서는 인간을 에덴동산에서 내쫓으시면서 하나님께 나아오지 못하도록 그룹과 화염검으로 길을 막으심으로써 우리에 대한 진노를 나타내셨습니다.

> 이같이 하나님이 그 사람을 쫓아내시고 에덴동산 동편에 그룹들과 두루 도는 화염검을 두어 생명나무의 길을 지키게 하시니라(3:24).

'그룹'은 천사 중에서도 하나님을 바로 옆에서 섬기는 천사입니다. 특히 죄인들이 접근하지 못하게 막는 천사가 그룹입니다. 나중에 이스라엘 백성들은 성막의 법궤 뚜껑 위에 두 그룹이 날개를 마주 대하게 만들었고, 하나님은 그 가운데서 말씀하셨습니다. 그리고 성소 안에는 수많은 그룹들을 수놓아서 여기에 하나님이 계시며 죄인은 접근할 수 없다는 것을 나타냈습니다. 왜냐하면 하나님은 소멸하시는 불이시기 때문입니다. 추호라도 죄가 있는 자는 불로 소멸하십니다. 완전히 정결하지 않은 자는 거기에 나아갈 수가 없습니다.

'두루 도는 화염검'이라고 하는 것이 구체적으로 무엇을 말하는지 알 수 없습니다. 저는 거기에 날아다니는 불칼이 있었다고 생각하지는 않습니다. 어쩌면 에덴동산 주위에서 계속 쳐대는 번개와 뇌성을 '두루 도는 화염검'으로 표현했는지도 모르겠습니다. 불칼의 모습이 번개와 비슷하지 않습니까?

이것은 죄인에 대한 하나님의 진노를 나타냅니다. 죄는 인간의 마음을 하나님으로부터 멀어지게 했을 뿐 아니라 하나님도 우리로부터 멀어지시게 했습니다. 이 진노의 화염검이 없어지지 않는 이상, 하나님 앞에 서 있는 이 그룹들이 없어지지 않는 이상 인간은 하나님의 존전에 나아갈 수 없었습니다.

죄는 양쪽 모두를 멀어지게 했습니다. 인간은 하나님을 미워하고 원망하며, 할 수 있는 한 하나님을 잊어버리고, 마음에서 하나님을 몰아내고 인정치 않는 삶을 살아 왔습니다. 하나님과 우리 인간은 영원한 평행선을 달리고 있습니다. 서로에게 조금도 가까워질 수가 없습니다. 중간에 화염검과 그룹이 있어서 하나님은 우리에게 오실 수 없으며, 우리도 하나님을 생각하지 않고 먹고사는 문제에 집착하며 살았습니다.

그 평행선을 깨뜨린 것이 그리스도께서 몸을 입고 우리에게 오셔서 우리에 대한 하나님의 사랑을 설명하신 사건입니다. 하나님은 자신이 우리를 사랑하신다는 사실을 육성으로 밝혀 주셨습니다. 하나님은 우리에 대한 영원한 계획을 가지고 계시며 우리가 그의 말씀에 순종할 때 다시 영광의 교제로 초청한다는 이 계획을 절대 포기하지 않고 계시다는 사실을 육성으로 밝혀 주셨습니다.

하나님은 우리 모두를 사랑하십니다. 하나님은 죄인들을 사랑하십니다. 우리는 하나님을 미워하지만 하나님은 우리를 사랑하십니다. 이 세상은 그것을 알아야 합니다. 그들은 하나님을 미워하고 증오하지만 하나님은 여전히 그들을 귀하게 생각하시고 사랑하시며 선한 뜻과 계획을 포기하지 않으신다는 것을 알아야 합니다.

예수님께서 십자가 위에서 못 박히셨을 때, 그룹들이 수놓여 있던 성전 휘장이 위에서부터 아래로 찢어져 버렸습니다. 그리스도께서 하나님의 진노의 잔을 혼자 다 마셨기 때문에, 하나님은 더 이상 우리에게 진노하지 않으십니다. 하나님은 만족하셨습니다. 그리고 지성소는 우리 마음으로, 또 우리 회중 가운데로 옮겨졌습니다.

우리의 모임이 중요한 이유가 무엇입니까? 하나님이 여기를 바로 지성소로 삼고 있기 때문입니다. 이 주위에 그룹들이 날아다니며, 이 주위에 하나님의 화염검이 돌고 있으며, 우리를 지키고 보호하고 계십니다. 다시는 하나님을 거역하는 자들이 이 가운데 거하지 못하도록 이곳을 지성소로 삼으시고, 이 속에 있는 우리의 마음을 지성소로 삼으시겠다는 것이 하나님의 약속입니다.

오늘 우리들이 우리 마음을 정결하게 하기 위해서 애써야 할 이유가 무엇입니까? 하나님의 거룩하신 영이 내 마음에 임하기를 원하시기 때문입니다. 이곳을 그룹들이 에워싸고 있으며 이곳에 하나님의 영광이 있고 하나님의 축복이 있습니다. 우리는 영의 눈으로 하나님의 영광을 보고 하나님께 찬양을 드립니다.

하나님께서 오늘 우리에게 원하시는 것은 그가 직접 내 마음에 임하시는 것입니다. 우리 가운데 찾아오시는 것입니다. 그래서 우리의 모든 눈물을 씻어 주시며, 우리 속에 있는 한을 풀어 주시며, 우리가 드리는 찬양과 영광을 받으시는 것입니다. 세상이 무슨 상관이 있으며 세상의 조건이 우리에게 무슨 의미가 있습니까? 하나님이 우리와 함께 하십니다! 임마누엘 하나님이 우리와 함께 계시고 천사들이 여기에서 영원히 날개를 펴고 있습니다!

그리스도 외에는 다른 길이 없습니다. 사람의 지혜로는 이 화염검을 물리칠 수 없지만 오늘 우리는 하나님의 보좌 앞으로 직행할 수가 있습니다. 우리가 하나님의 보좌 앞에 나아갈 때 모든 천사들이 물러섭니다. 지옥에서 천국까지 올라갈 때 중간에 있는 모든 성도와 천사들이 길을 열면서 담대히 보좌 바로 앞까지 나아가게 합니다. 우리와 하나님 사이를 가로막고 있는 것은 아무것도 없습니다. 사탄도, 과거에 지은 죄도, 천사도, 성도들도, 어느 누구도 우리가 하나님의 보좌 앞에 나아가는 것을 막을 수 없습니다. 우리는 하나님을 '아바 아버지'라고 부르고 있습니다. 자식이 친아버지를 부를 때처럼 친밀하고 간절하게, 내 속에 있는 모든 것을 있는 그대로 내놓고 '아바 아버지'라고 부르며 나아가고 있습니다.

자, 보십시오! 지금 우리들이 행진하고 있는 그 앞에서 수많은 천사들이 물러서면서 길을 열고 있으며, 하나님께서 "하나님의 아들들이 나아가는 것을 막지 말라! 내 백성이 가는 길을 막지 말라! 내 백성을 가게 하라!"고 명하고 계십니다. 하나님이 바로에게 계속 말씀하신 것이 무엇입니까? "내 백성이 가는 길을 막지 말라! 막으면 너희는 죽는다! 망한다!"

바로의 권세도, 홍해도, 불타는 사막도 그 백성의 행진을 막을 수 없었던 것처럼, 오늘 우리가 하나님을 향해 나아갈 때 어느 것도 막을 수가 없습니다. 하나님 보좌 바로 앞에 나아가서 우리 속에 있는 아픔을 말씀드리고, 내 마음의 상처를 이야기하며, 하나님의 은혜를 간구하고, 이 세상에 살게 하신 기간 동안 이길 수 있도록 힘과 능력을 간구하는 것을 어느 누구도 막거나 방해할 수 없습니다. 우리는 거기에서 방패를 가져와야 하며 다윗의 물맷돌을 가져와야 합니다. 이 세상에서 능히 승리할 수 있도록 우리가 사용할 수 있는 모든 힘과 능력과 무기를 가져와야 합니다.

사람의 지혜의 한계가 무엇입니까? 무엇을 안다고 해서 바로 그대로 할 수 없다는 점입니다. 학교에서 배운 것을 실무에 써먹을 수 없는 것처럼, 내가 무엇을 안다는 것 자체가 바로 나에게 힘이 되고 능력이 되는 것이 아니라는 사실입니다. 우리가 가지고 있는 지식으로는 우리의 욕망을 통제할 수 없습니다. 사람 안에는 죽음보다 더 강한 욕망이 있습니다. 이 욕망을 이길 수 있는 것은 아무것도 없습니다. 하나님께서 오늘 나에게 주시는 은혜 외에는, 이 욕망을 누를 수 있는 성령의 능력 외에는 어느 것으로도 우리 속에 있는 죄성을 이길 수가 없습니다. 날마다 새로운 힘이 공급되지 않는 이상 우리는 패배하고 넘어질 것입니다. 날마다 새롭게 하나님의 은혜가 나에게 임하지 않는 이상, 우리는 이 세상에서 아무것도 할 수 없습니다.

아담이 몇 번이나 이 생명나무 열매를 따먹었는지 모르겠습니다. 많은 주석가들은 한 번도 따먹지 않고 쫓겨났을 것이라고 합니다. 그러나 우리는 매일 매순간 이 생명의 떡을 먹어야 하고 열매를 따 먹어야 합니다. 그렇게 함으로써 하나님의 능력으로 이겨야 합니다. 일이 안 되면 기도하세요. 막히면 기도하세요. 나에게 힘을 달라고, 이 세상을 살도록 나에게 생명과 몸을 주셨으니까 이길 수 있는 힘과 능력을 달라고 기도하십시오. 우리는 모든 것을 다 할 수 있습니다. "믿는 자에게는 능치 못할 일이 없느니라!" 야고보 사도는 말씀합니다. "너희가 얻지 못함은 구하지 아니함이요, 구하여도 얻지 못함은 정욕으로 쓰려고 잘못 구함이니라."

그러므로 보좌 앞에 담대히 나아가 기도하십시오. "우리로 이 세상에 살게 하셨으니 힘을 주십시오! 이 어려움을 이기게 해주십시오! 이 세상의 정체를 보게 해주십시오!"

나에게 재능이 있고 남보다 좋은 학교를 나왔기 때문에 내 힘으로 살 수 있다고 생각하면, 그 사람은 며칠 안에 사막에 쓰러져 죽습니다. 틀림없습니다. 여러분, 세상은 그렇게 만만하지가 않습니다. 불타는 사막 길은 아무리 체력이 뛰어난 사람이라고 하더라도 일주일을 견디지 못합니다. 그런데 어떻게 40년을 견딥니까? 우리 힘으로는 아무것도 못합니다. 기질이 강한 사람이 할 수 있는 것은 미치고 팔짝 뛰는 것뿐입니다. 자신을 믿지 마십시오.

하나님의 지혜는 어떤 지혜입니까? 하나님의 지혜는 우리 한 사람 한 사람에 대하여 선하신 뜻을 가지고 있는 지혜입니다. 그리고 이 세상에 어떤 일이 있다 하더라도 그 선하신 뜻을 반드시 이루는 지혜입니다. 하나님께는 고난을 통하여 우리를 만들어 가시는 지혜가 있습니다. 그래서 모든 것이 합력하여 선을 이루는 것입니다. 욥과 그 친구들이 계속 토론하면서 끝에 가서 밝히는 것이 뭐냐 하면 '성도의 고난에는 깊은 비밀이 있다'는 것입니다. 그것이 욥기의 결론입니다.

하나님은 우리를 지키려고 애를 쓰고 애를 써도 안 되니까 결국 포기함으로써 우리를 어려움과 미궁에 빠뜨리는 분이 아닙니다. 우리에 오는 고난은 정확한 시간에 시작하고 정확한 시간에 끝나게 되어 있습니다. 예정된 과업입니다. 고난을 통하여 우리를 만들어가는 하나님의 지혜가 우리에게 있습니다. 모든 것이 합력하여 선을 이룰 것입니다. 그러므로 성도들은 고난을 준비하고 있어야 합니다.

여러분, 고난을 준비하고 계십시오. 여러분이 성도라면, 하나님의 아들이라면 반드시 고난이 옵니다. 고난을 준비해야 합니다. "왜 이런 일이 나에게 일어나야 합니까?" 이런 이야기는 이제 그만하세요. '올 게 왔구먼'하고 생각하십시오.

고난을 통과한 성도들을 보면 고난이 아니고서는 도저히 만들어질 수 없는 작품이 되어 있습니다. 그러나 아무리 열심히 있고 마음이 착하고 헌신적인 성도라고 하더라도 고난의 용광로를 통과하지 않으면 절대로 작품이 되지 않습니다.

사랑하는 성도 여러분, 하나님께서 여러분을 정말 자녀로 삼으셨다면 이 불 용광로를 통과하게 하실 것입니다. 그러므로 불 용광로를 통과하는 형제자매들을 불쌍하다고 생각하지 마십시오. 오히려 '저 사람은 전공과목을 나보다 빨리 이수하는구나. 나는 지금 선택과목에서 헤매고 있는데. 나도 빨리 전공으로 가자'고 생각하십시오. 그렇다고 "하나님, 고난을 빨리 주십시오" 할 필요는 없습니다. 그런 기도를 하지 않아도 고난은 오게 되어 있습니다.

고난을 이상하게 생각하지 마십시오. 고난이 왔을 때 반가이 맞이하십시오. 고난을 '오빠', '누님'이라고 부르세요. 왜 고난이 오면 낯선 손님이 찾아온 것처럼 이상한 눈으로 보면서 밖에 세워두고 받아들이기를 망설입니까? 고난은 반드시 옵니다. 그리고 고난이 안 오면 작품이 만들어지지가 않아요. 이 걸작품은 불을 때지 않으면 만들어지지 않습니다.

그래서 현명한 성도들은 항상 고난에 준비되어 있습니다. 고난 없이 생애를 마친다면 '아, 나는 3등급이구나. 내신 성적이 안 좋네' 하면서 부끄럽게 주님 품에 안길 것입니다. 오늘 조금 편하게 살려고 하고, 어떻게 하든지 세상 사람과 비교해 보아서 뒤떨어지기 싫어하는 사람은 이 고난을 통과하지 못합니다. 오늘날 교회가 잘못 가르쳐서 그래요. 그냥 복만 이야기합니다. 그러나 그 복은 세상적인 복입니다. 자연력으로 사는 거예요. 머리 좋은 사람이 합격한 것을 하나님의 축복이라고 이야기합니다. 그럼 불교 신자는 무슨 축복으로 붙은 겁니까? 산신령한테 빌어서 붙은 사람도 많습니다.

미래가 불안하기 때문에 지금 하나라도 더 붙들고 확보하려고 하는 사람을 하나님은 '어리석은 자'라고 부르십니다. "어리석은 자여, 내일 네 생명을 취하리니 네가 곳간에 쌓아둔 것이 다 누구의 것이 되겠느냐?" 여기서 남을 위해 팍팍 쓰는 사람이 하나님 앞에서 부요한 자가 되고, 여기서 모든 것을 다 누린 사람은 분명히 알 거지로 나타날 것입니다. 머리 좋은 분들, 그 머리를 자기를 위해서 쓰지 마세요. 자기를 위해서만 쓰면 나중에 '골빈당'으로 법정에 서게 됩니다. 남을 위해 머리를 쓰지 않고 어떻게 하든지 남보다 유리한 위치에 서려고 하면 골이 완전히 비어 버립니다.

사람의 지혜로는 화염검을 뚫고 하나님 보좌 앞에 나아갈 수 없습니다. 두 가지 지혜를 다 택할 수는 없습니다. 지혜는 하나입니다. 그러므로 내가 딴살림으로 차려 놓은 사람의 지혜를 포기하고 예수 그리스도의 막대기와 지팡이 아래 나 자신을 맡겨 드릴 때, 그때 하나님의 선한 뜻이 이루어지는 것입니다. 하나님의 뜻이 이루어지지 않는 경우가 많습니다. 내 지혜를 포기하지 않는 이상 하나님의 뜻은 이루어지지 않습니다. 그러나 사람의 지혜를 반납하고 하나님의 지혜에 자신을 맡긴 자들은 하나님의 아들의 신분을 얻습니다.

여러분, 어차피 우리는 한 번밖에 살지 못합니다. 이제 결단을 내려야 합니다. 계속 도망자로 쫓겨 다니면서 인간의 지혜로 살 것인지, 아니면 인간의 지혜를 포기하고 하나님께서 나를 만드시는 대로 맡길 것인지 한 가지를 선택해야 합니다.

신앙은 모험입니다. 다른 사람은 해변가에서 비키니 입고 돌아다니고 수박 뜯어먹고 발리볼 할 때 나는 끝없는 길을 떠나는 겁니다. 어느 누구의 경험도 나의 경험과는 다릅니다. 부모와 자식의 경험이 다르고 언니와 동생의 경험이 다릅니다. 각자가 자기의 여행을 떠나는 것입니다.

우리는 저 끝없는 바다를 향해 출발해야 합니다! 이것은 모험입니다. 자기 자신을 한번 맡겨보는 거예요. 위기의 끝까지 가보는 겁니다. 사드락, 메삭, 아벳느고처럼 용광로까지 들어가는 겁니다. "그리 아니하실지라도!" 죽게 되면 죽을 각오로 가는 겁니다.

인생 밑바닥까지 내려가십시오. 내려가다가 자꾸 퍼덕거리
니까 하나님의 뜻이 이루어지지 않는 것입니다. 그냥 바닥까지 내
려가 보십시오. 한 번 죽지 두 번 죽겠습니까? 인생의 바닥까지 내
려갔을 때 제게는 아무런 소망이 없었습니다. 그때 이런 마음을 먹
었습니다. '나는 예수와 함께 망했다. 예수가 아니었다면 이 정도까
지는 되지 않았을 것이다. 그래도 예수를 안 것으로 충분하다. 내가
하나님을 알았다는 이것 하나로 만족하자! 그게 전부다. 내가 인생
바닥까지 내려왔지만 하나님을 알았으니 충분하지 않은가!' 이것
으로 제 인생의 결론을 삼았습니다. 그런데 그게 끝이 아니었어요.
다시 회복되기 시작했습니다.

우리는 바닥까지 내려가 봐야 합니다. 중간에서 퍼덕거리면
이걸 모릅니다. 끝없는 미궁이 계속되고, 신앙이 신앙되지 않습니
다. 자꾸 두려워하게 됩니다. 누가 조금만 아파도 겁이 나고 조금만
일이 안 풀려도 공포에 사로잡힙니다. 그것은 신앙이 아닙니다. 신
앙은 바닥까지 내려가는 겁니다. "정상도 아름답지만 바닥도 괜찮
네" 하는 겁니다. 어느 회사 표어가 '정상은 아름답다'인데, 우리 교
회 표어는 '바닥도 괜찮네'입니다.

여러분, 바닥에서 삶이 끝난 것이 아닙니다. 좀더 살아봐야
합니다. 60살, 70살이 되었어도 끝난 것이 아닙니다. 좀더 살아보고
좀더 지켜보아야 합니다. 눈으로 똑똑히 봐야 합니다. 끝난 게 아니
에요. 바닥에 내려간 그때부터 시작입니다. 그전의 것은 시작이 아
닙니다. 그냥 헤매고 있는 거지요. 이 방황은 이제 끝나야 합니다.
우리는 바닥으로 내려가야 하고, 사람의 지혜를 포기해야 합니다.
내일 죽을 생각을 해야 합니다.

오늘도 우리는 하나님의 은혜로 살면서도 자기의 것처럼 생
각합니다. 그러면 하나님의 선한 계획이 시작되지 않습니다. 하나
님께서는 우리에게 좋은 것을 주시기 전에 우리의 믿음을 반드시
달아 보십니다. 우리를 올리시기 전에 바닥까지 낮추십니다. 거기

에 합격해야 합니다. 무서운 고난이 닥쳤을 때 나는 지금 하나님 앞에서 시험을 치르고 있는 것입니다. 진지한 자세로 시험을 치러야합니다. 내가 고백하고 내가 붙들고 있고 내가 오늘까지 믿어온 예수를 진짜 믿는지 안 믿는지 하나님이 달아 보십니다. 욕심이 있는 자들은 절대로 하나님의 지혜를 얻지 못할 것이며, 하나님의 생명에서 거부당한 채 불칼 밖에서 서성거리다가 끝날 것입니다.

사랑하는 성도 여러분, 오늘 이 생명의 떡을 잡수십시오. 그래서 주님의 능력으로 살며 내일을 두려워하지 말고 사십시오. 내일에 대한 모든 불안을 몰아내십시오. 그리스도의 막대기와 지팡이 아래에서 평안한 안식을 누리십시오.

15

신앙과 범죄

우리는 지난 수년 동안 신문에서 수많은 사고와 범죄를 보아 왔습니다. 여기에서 특히 우리의 관심을 끄는 것은 이 많은 사고와 범죄에 유독 기독교인들이 많이 연루되어 있다는 사실입니다. 우리는 그런 이야기를 들을 때마다 '워낙 기독교인들이 많다 보니 진실하지 못한 사람들도 많다'는 식으로 쉽게 넘어가려고 합니다. 그러나 오늘 본문 말씀을 보면 이것이 그렇게 간단한 문제가 아니라는 것을 알 수 있습니다.

신앙이 없는 사람들은 신앙을 가진 사람들에게는 자기들과 무언가 다른 데가 있으리라고 생각합니다. 그러나 실제로 생활하면서 알게 되는 것은 신앙을 가진 사람이라고 해서 나을 것이 별로 없다는 사실입니다. 일주일에 한두 번 예배를 드린다는 것 외에는 다를 바가 전혀 없는 경우도 많습니다. 사람들은 이상하게 생각합니다. '왜 예배가 그들을 바꾸지 못하는가? 왜 예배가 그들을 돕지 못하는가?' 하고 의심합니다. 그러나 오늘 성경은 사람이 예배를 드린다고 해서 삶이 달라지기는커녕 오히려 더 악해질 수 있다는 사실을 우리들에게 말씀해 주고 있습니다.

오늘 말씀에 따르면 아담은 하나님의 존전에서 범죄하고 쫓겨난 후 아들을 두 명 낳았습니다. 두 아들 중에 한 명은 농사를 지었고 다른 한 명은 양 치는 자가 되었습니다. 감사하게도 이 두 아들은 얼마 있지 않아서 각각 자신의 믿음에 따라 하나님께 감사의 제사를 드렸습니다. 이것은 외형적으로는 두 사람 모두에게 하나님을 믿는 믿음과 감사의 마음이 있었다는 뜻입니다.

그러나 그 예배 후에 나타난 결과는 너무나도 엄청난 것이었습니다. 형은 예배를 드린 후에 동생을 죽여 버렸습니다. 인류 최초의 가장 무서운 범죄가 예배 후에 일어난 것입니다. 형 가인은 예배를 드리고 나서 오히려 더 기쁨을 잃어버렸고 더 분노로 가득 차게 되었습니다. 그리고 이 분노는 곧바로 살인으로 연결되었습니다. 성경은 그의 이런 상태가 예배와 관계 있다고 말씀합니다.

바로 이것입니다. 오늘 이 사건은 '그토록 교회가 많고 그토록 예배가 많음에도 불구하고, 또 자기 나름대로 잘 믿는다고 생각하는 사람들이 그렇게 많음에도 불구하고 왜 이 세상의 죄는 없어지지 않으며 종교는 실제로 삶에 영향을 주지 못하는가' 하는 문제에 놀라운 답을 제시하고 있습니다.

두 사람의 제사

오늘 첫째로 나오는 것은 이 두 사람이 드린 제사의 내용입니다.

아담과 하와는 하나님의 존전에서 쫓겨난 후 자식을 낳게 되었습니다. 1절을 보십시오.

아담이 그 아내 하와와 동침하매 하와가 잉태하여 가인을 낳고 이르되 내가 여호와로 말미암아 득남하였다 하니라 여기에서 우리는 하와가 첫 아들 가인을 낳은 후에 큰 소망을 품었음을 알 수 있습니다. 우리가 이 구절에서 좀 생각해야 할 부분은 '여호와로 말미암아'라는 말씀입니다. 이 말씀은 두 가지 해석이 가능한데, 하나는 '여호와로부터'라는 뜻으로 해석하는 것이고 다른 하나는 '여호와의 도움으로'라고 해석하는 것입니다.

'여호와로부터 아들을 얻었다'고 해석할 때 '이 아이는 하나님이 보내신 아들'이라는 뜻이 됩니다. 하와는 아이를 낳으면서 하나님이 말씀하신 '여인의 후손'을 생각했습니다. 하나님께서는 여인의 후손이 뱀의 머리를 깰 것이며 이 여인의 후손을 통하여 인간의 구원이 이루어지리라고 말씀하셨습니다. 아마도 하와는 첫 아들을 낳고 나서 '이 아들이야말로 하나님이 약속하신 그 여인의 후손이 아닐까? 이 아이야말로 뱀을 찾아내서 그 머리를 깨고 우리를 다시 낙원으로 돌아가게 할 그 아들이 아닐까?' 하는 믿음을 가졌던 것으로 보입니다.

그러나 또 하나, '여호와의 도움으로 아들을 얻었다'는 뜻으로 보았을 때 짐작할 수 있는 것은 하와가 가인을 낳으면서 생전 처음으로 무시무시한 해산의 고통을 경험했으리라는 것입니다. 지금껏 이보다 큰 고통은 없었습니다. 죄를 지었을 때 하나님께서 해산하는 고통을 주시겠다고 하셨으니 어느 정도 각오는 하고 있었지만 막상 겪고 보니 세상에 이런 아픔이 없습니다. 아마 하와는 진통하는 내내 회개했을 것입니다. "하나님! 도와주십시오. 하나님이 도와주시기만 하면 앞으로는 절대 교만하지 않겠습니다. 제가 남편에게 이래라저래라 해서 남편을 범죄하게 했는데 이번 아이만 성공적으로 낳게 해주신다면 앞으로는 절대 그러지 않고 입 다물고 조용히 살겠습니다. 하나님, 제발 도와주십시오." 하와는 이런 기도를 드렸을지도 모르겠습니다. 그리고 마침내 성공적으로 아이를 낳게 되자 '하나님의 도움으로 아이를 낳았다'고 생각해서 아이의 이름을 '가인'이라고 지었는지도 모릅니다. 사실 '가인'과 '아벨'을 꼭 히브리어로 생각할 수는 없습니다. 아담과 하와가 히브리어를 사용했다는 근거를 제시할 수 없기 때문입니다. 그러므로 '가인'이나 '아벨'이라는 이름의 뜻을 히브리어의 뜻에서 찾는 것은 적합하지 않은 일입니다.

저는 '여호와로 말미암아 득남하였다'는 말에 두 가지 의미가 다 들어 있다고 생각합니다. 하와는 첫 아이를 낳으면서 정말 해산하는 고통을 맛보았습니다. 세상에 아파도 이렇게 아픈 것이 또 있겠습니까? 아마 부인들은 지금 이 설교를 들으면서 "아멘, 아멘" 할 겁니다. 아이 낳으면서 기도하지 않는 사람이 없습니다. 무조건 기도합니다. 하나님한테 도와 달라고도 하다가 간호원한테 도와 달라고도 합니다. 그런데 간호원이 안 도와주고 "좀 참으세요" 하면 "니는 애기도 안 낳나!" 하고 욕도 하면서, 어쨌든 아무나 붙들고 도와 달라고 애원합니다. 하와의 말 속에는 분명히 그런 경험이 담겨 있었을 것입니다. 그러나 다른 한편으로 자신이 낳은 아들을 보면서 '혹시 이 아들이 그 약속한 여자의 후손이 아닐까' 하는 소망도 분명히 품었을 것입니다.

그러나 아담과 하와는 자신들이 끌어들인 이 죄가 얼마나 무시무시한 것이며 얼마나 인간을 비참하게 만드는 것인지 아직 잘 모르고 있었습니다. 이 죄는 먼저 형이 아우를 미워하게 함으로써 무서운 살인을 가져왔습니다. 그리고 살인은 가인이 아벨을 죽인 후에 급격하게 퍼져나가서 노아 시대에 이르러서는 사람들이 피 흘리는 것을 예삿일로 여기며 온 땅을 피로 물들일 정도로 수없는 살인이 일어나게 되었습니다. 또한 이 죄는 결혼 제도를 파괴했습니다. 노아 시대에는 인류 전체가 음란하게 될 정도로 엄청난 성적 타락이 일어났습니다. 그리하여 인간은 여인의 후손이 오기도 전에 무서운 홍수 심판을 겪어야만 했습니다.

아담과 하와는 죄를 너무 쉽게 생각했습니다. 그들은 한번 야단맞고 좀 쫓겨나 있다가 몇 년쯤 지나면 아들을 앞세우고 다시 낙원으로 돌아갈 수 있으리라고 생각한 것 같습니다. 그러나 그렇게 기대하고 소망을 가졌던 이 아들이 살인자와 범죄자로 드러났을 때 그들은 비로소 자신들이 불러들인 이 죄가 얼마나 무서운지 깨닫게 되었을 것입니다. 2절부터 5절을 봅시다.

> 그가 또 가인의 아우 아벨을 낳았는데 아벨은 양 치는 자이었고 가인은 농사하는 자이었더라 세월이 지난 후에 가인은 땅의 소산으로 제물을 삼아 여호와께 드렸고 아벨은 자기도 양의 첫 새끼와 그 기름으로 드렸더니, 여호와께서 아벨과 그 제물은 열납하셨으나 가인과 그 제물은 열납하지 아니하신지라 가인이 심히 분하여 안색이 변하니

놀라운 사실은 아담의 두 아들이 각각 하나님께 제사를 드리게 되었다는 사실입니다. 성경은 이 두 사람이 어떻게 해서 하나님께 제사를 드리게 되었는지에 대해서는 전혀 설명하지 않지만, 그 제사의 결과는 알려 주고 있습니다. 하나님은 가인과 그의 제사는 거절하시고 아벨과 그의 제사만 받으셨습니다. 그러나 이야기는 여기에서 그치지 않습니다. 형은 자기가 하나님 앞에서 거절당한 것을 알고 분노했으며, 그 분노로 동생을 죽여 버렸습니다.

모세가 이 사실을 기록하면서 무엇을 의도했는지는 아주 분명합니다. 그는 두 가지를 의도하고 있습니다. 한 가지는 제사라고 해서 모두 다 하나님을 기쁘게 하는 못한다는 사실입니다. 지금 이 창세기를 처음 받아서 읽고 있는 교인들이 누구입니까? 그들은 출애굽한 이스라엘 백성들입니다. 그들은 모두 제사를 드리는 자들입니다. 그러나 제사라고 해서, 예배라고 해서 모두 다 하나님을 기쁘게 하는 것은 아니라는 사실을 모세는 이스라엘 백성에게 말하고 싶은 것입니다. 하나님께서 기뻐 받으시는 제사가 있는가 하면 받지 아니하시고 물리치는 거짓된 제사가 있습니다.

이스라엘 백성들이 오해하고 있는 것이 무엇입니까? 그들

은 '하나님은 제사를 광적으로 좋아하는 분'이라고 생각했습니다. 사람들은 하나님이 제사를 너무 좋아하시기 때문에 제사 드리는 사람이 어떤 상태에 있으며 어떤 마음을 가지고 있든지 간에 일단 제사만 드리면 만족하며 좋아하는 분으로 오해할 가능성이 많습니다. 마치 우유만 주면 아이들이 울음을 그치는 것처럼 사람이 어떤 자세와 마음가짐을 가지고 제사를 드리든지 간에, 멍청한 생각을 하면서 졸든지 마음속에 죄를 품고 있든지 간에 그저 몸만 가서 앉아 있기만 하면 만족하는, 제사에 걸신들린 신으로 생각할 가능성이 있었던 것입니다. 그리고 나중에는 실제로 그런 식으로 제사를 드렸습니다.

이사야서에 처음부터 나오는 내용은 이스라엘 백성들이 하나님을 우습게 여기고서 손에 피 묻은 채로 제사를 드렸다는 것입니다. 하나님께서는 그것을 보시고 "누가 너희에게 여기 와서 제사를 드리라고 했느냐? 누가 너희에게 여기 와서 땅을 밟게 했느냐? 이런 제사는 절대 드리지 말라"고 말씀하셨습니다.

가인과 아벨의 제사를 통하여 하나님은 무엇보다 중심을 보는 분이심을 나타내십니다. 그래서 모세는 의도적으로 '가인과 그 제물'은 하나님께서 받지 않으시고 '아벨과 그 제물'은 받으셨다고 표현함으로써, 하나님은 사람의 중심을 보시며 제물은 그 다음 문제임을 의도적으로 밝히고 있는 것입니다.

이 사건을 통하여 모세가 이스라엘 백성들에게 보여 주려고 하는 또 다른 교훈이 있습니다. 참으로 하나님을 섬기려고 하는 사람, 믿음으로 살려고 하는 사람은 그렇게 살지 않는 사람에게 미움과 박해를 당할 수밖에 없다는 사실이 그것입니다. 결국 인간은 뱀의 후손과 여인의 후손으로 갈라집니다. 그런데 이 뱀의 후손은 끊임없이 여인의 후손을 공격할 것입니다. 마치 이삭이 이스르엘에게 핍박받았던 것처럼, 야곱이 에서에게 핍박받았던 것처럼, 또 이스라엘 백성이 에돔이나 모압 사람에게 박해와 고통을 받았던 것처럼, 참으로 믿음으로 살고자 하는 사람들은 믿음 없이 사는 사람들에게 끊임없이 박해와 시련을 겪게 된다는 것을 모세는 여기에서 보여 주고 있습니다.

우리는 가인과 아벨이 어떻게 해서 이 최초의 제사를 하나님께 드리게 되었는지 알 수 없지만, 대략 세 가지의 가능성이 있습니다. 우선 첫째는 하나님께서 이 두 사람에게 제사를 지내라고 직접 명령하신 경우입니다. 둘째는 아담이 하나님의 말씀을 가지고 이들에게 제사를 드리라고 권면한 경우입니다. 셋째는 하나님의 명령이나 아담의 가르침 없이 순전히 자신들의 의식(意識)으로 예배에 대한 욕구를 느껴서 예배를 드렸을 것이라는 추측입니다. 세 가지 모두 가능성이 있는 설명입니다.

그러나 중요한 것은 이 두 사람의 예배가 달랐다는 것입니다. 단순히 제물이 다른 것이 아니고 제사의 성격과 의미가 달랐습니다. 히브리서 11장 4절은 "믿음으로 아벨은 가인보다 더 나은 제사를 하나님께 드림으로 '의로운 자라' 하시는 증거를 얻었으니 하나님이 그 예물에 대하여 증거하심이라"고 말씀하고 있습니다.

성경 전체의 정신에 비추어 볼 때 적어도 하나님께서 말씀하신 제사라면, 하나님이 직접 말씀하셨든지 아담을 통해서 말씀하셨든지, 아니면 아벨의 마음속에 하나님께서 말씀하셨든지 간에 빼놓을 수 없는 하나의 요소가 있습니다. 그것이 무엇입니까?

그것은 바로 하나님께 나아가기 위해서는 반드시 무언가로 인간의 죄를 덮어야 한다는 사실입니다. 인간이 범죄하기 전에는 하나님 앞에 바로 나아갈 수 있었습니다. 벌거벗었지만 전혀 문제가 되지 않았습니다. 하나님의 영광이 그들과 함께 있었기 때문입니다. 그러나 죄를 짓고 난 후에 하나님 앞에 나아갈 때에는 반드시 그들의 수치를 가릴 수 있는 어떤 것이 필요했습니다. 그래서 하나님께서는 인간이 범죄하고 난 후에 가죽옷을 만들어 주셨습니다. 그들의 수치를 가리기 위해 한 짐승이 죽어야 했던 것입니다. 이렇게 하나님이 말씀하신 제사라면 그 안에는 반드시 죄를 가리는 요소가 있어야 합니다. 피를 흘리든지 가죽으로 덮든지 간에 반드시 인간의 죄를 덮는 요소가 들어 있어야 합니다. 그래서 참된 예배는 전적으로 하나님의 말씀에 믿음으로 반응하는 것입니다.

물론 모든 인간의 마음속에는 종교성이라는 것이 있습니다. 신을 찾고 싶고 신께 나아가고 싶은 본능이 모든 사람들의 마음속에 있습니다. 공부하고 돈 벌 때에는 자주 잊어버리지만 진지하게 자신의 모습으로 돌아올 때에는 절대자에게 기도하고 싶은 마음이 일어납니다. 이것이 종교성입니다. 그러나 이 종교성으로는 절대로 하나님을 기쁘시게 할 수 없습니다. 종교성은 하나님께 나아가라고 주신 것이 아닙니다. 종교성은 하나님의 말씀이 비추었을 때 그 말씀을 받아들이고 그 말씀에 반응하라고 주신 것입니다. 그러므로 종교성만을 가지고서는 하나님 앞에 나아갈 수가 없습니다.

가인이 드린 제사와 아벨이 드린 제사의 차이점이 무엇입니까? 추론이지만 가인은 분명히 자신의 종교성을 가지고 예배를 드렸을 것입니다. 곧 하나님께서 곡식을 많이 추수할 수 있게 해주신 것에 감사하는 종교적인 본성에 따라서 예배드린 것입니다. 그러나 아벨의 제사에는 분명히 죄를 가리는 요소가 들어 있었습니다. 짐승을 잡아서 그 짐승의 기름을 하나님 앞에 태운 아벨의 제사에는 자신이 말할 수 없는 죄인이며 하나님의 긍휼 없이는 도저히 살 수 없는 버림받은 죄인이라는 고백이 분명히 들어 있었습니다.

아벨이 드린 제사는 나중에 모세에 의해 정착된 제사 제도와 똑같습니다. 아벨의 제사에는 분명히 말씀의 요소가 있었습니다. 그는 "아! 좀 진지해지고 보니 기도하고 싶은걸. 연말이 되니까 예배하고 싶어서 몸이 다 근지럽네. 그러니까 예배드리자"하는 식으로 자신의 종교성에 따라 예배드리지 않았습니다. 그의 제사에는 '하나님의 은혜 없이는 살 수 없으며 나의 죄를 무언가로 덮어야 하나님께로 나아갈 수 있다'는 분명한 말씀의 요소가 있었습니다. 그는 이렇게 말씀을 붙들고 예배드렸습니다.

하나님께서는 그들의 중심을 보신 후에 하나는 받으시고 다른 하나는 거절하셨습니다. 적어도 예배를 드리면서 '나는 하나님 앞에 죄인이요 하나님의 은혜 없이는 살 수 없다'는 의식이 조금도 없는 예배는 거짓된 예배입니다. 예배를 드리고 나면 더 교만해지고 더 마음속에 분노가 차며 더 죄를 깨닫지 못하고 더 뻔뻔스러워지고 더 두려움 없이 죄짓는 것을 우리는 너무나도 많이 볼 수 있습니다.

하나님께서는 제사 드리는 사람의 중심을 보시고 하나는 받으시고 하나는 거절하셨습니다. 하나님께서 아벨의 제사는 받으시고 가인의 제사는 거절하셨다는 것을 어떻게 알 수 있습니까? 어떤 사람은 연기를 보면 알 수 있다고 합니다. 연기가 올라가면 받은 것이고 연기가 땅에 깔리면 안 받았다는 것입니다. 여러분, 이것은 무당들의 해석입니다. 성경을 이렇게 해석하면 안 돼요. 연기가 위로 올라가지 땅으로 가라앉습니까?

하나님께서 받으시는 예배는 본인들이 알 수 있습니다. 예배드리는 곳에 하나님이 임재하십니다. 화염검과 그룹 너머에 계시는 하나님이 찾아오십니다. 예배를 드리는 순간에 예배드리는 자를 찾아와서 만나십니다. 말할 수 없는 감동과 기쁨으로 다가오십니다. 그것을 자기가 압니다. 예배드릴 때 자기 자신 외에 어떤 다른 요소가 개입하고 있다는 것을 자기가 알아요. 그렇게 진지할 수가 없고 그렇게 두려울 수가 없습니다. 예배를 드릴 때 마음속에 있는 분노와 여러 가지 악한 생각들이 깨끗하게 씻기면서 자기가 완전히 새 사람이 되는 것을 경험합니다. 이것이 바로 하나님이 받으시는 예배입니다. 예배드리면서 연기를 피워 보고 그게 올라가나 내려가나 보면서 하나님의 응답 여부를 확인하겠습니까? 그것은 굿할 때나 하는 짓입니다.

하나님이 임재하시는 예배는 자기가 압니다. 자기 마음이 바뀌어 버립니다. 예배드리기 전에는 그렇게 답답하고 밉고 짜증스러워서 예배드리기 싫은 마음으로 왔는데, 예배드리고 난 후에는 완전히 바뀝니다. 그리고 '내가 완전히 새로워졌구나' 하는 것을 본인이 압니다.

아담은 에덴동산에 있을 때 하나님이 방문하시는 것을 느꼈고, 그것을 '낮의 바람', 또는 '하나님의 바람'이라고 불렀습니다. 그는 하나님이 찾아오시는 때를 알았습니다. 에덴동산에는 하루에도 몇 번씩 바람이 불었지만 그것과는 달랐습니다. '낮의 바람'은 하나님이 나타나셔서 그들을 만나주시는 특별하고 영광스러운 시간이었던 것입니다.

하나님이 받으시는 예배는 하나님이 찾아오시는 예배입니다. 하나님이 받으시는 예배를 드릴 때 화염검 너머 계시며 그룹 사이에 계신 하나님께서 직접 우리를 찾아오셔서 우리의 마음을 바꾸어 놓으십니다. 예배드리는 나의 자세가 그렇게 진지할 수가 없습니다. 과거에 대한 두려움이 완전히 사라집니다. 마음속에 있는 분노가 없어집니다. 완전히 새로운 마음이 되어 버립니다. "내가 화내나 안 내나 한번 때려 봐" 할 정도로 분노가 싹 없어져 버립니다. 예배를 시작할 때는 "죽일 놈 살릴 놈" 하며 씩씩거렸는데, 하나님이 찾아오시면 그 감정이 싹 없어집니다. 완전히 변해 새 사람이 됩니다. 그것을 자기가 알아요. 무언가 눈에는 보이지 않지만 영의 눈으로 환한 빛이 느껴집니다. 어떤 영광이 있습니다. 그리고 그렇게 기쁠 수가 없습니다. 어깨를 내리누르던 짐이 다 없어져 버립니다. 염려와 근심이 다 없어져 버립니다. 내 옆에 누가 앉아 있는지 모릅니다.

예배드리면서 아이하고 눈 맞추면서 노는 것은 좋은 일이 아닙니다. 내가 누구를 안고 있는지조차 잊어버리는 그때가 영광스러운 순간입니다. 엄마뿐 아니라 아이도 내가 엄마한테 안겨 있는지 이모한테 안겨 있는지 잊어버립니다. 누가 내 옆에서 무엇을 하든지 상관이 없습니다. 아주 영광스럽습니다. 하나님과 내가 독대해서 하나님이 나를 만나 주시고, 내 문제를 풀어 주시며, 내 속에 있는 죄를 씻어 주시고, 새 사람으로 만들어 주시는 것을 경험합니다. 이것이 바로 하나님이 받으시는 예배입니다.

아벨은 이것을 경험했습니다. 그는 에덴동산에서 쫓겨난 그 자리에서 하나님을 만나고 있으며 하나님을 경험하고 있습니다. 하나님이 불칼을 넘어 찾아와 주신 것을 아벨은 알았습니다. 그러나 가인의 예배는 철저하게 인간이 연출한 작품이었습니다. 물건을 벌여 놓고 소리 지르고 춤추면서 완전히 자기의 연출로 만들어낸 연극이었습니다. 물론 끝나고 나서 기분은 굉장히 좋았습니다. '내가 예배를 드리고 제사를 지내다니, 이런 엄청난 예배를 드릴 수 있는 나는 정말 굉장한 사람이야!" 하는 대단한 만족이 가인의 마음속에 있었습니다.

그러나 아벨의 이야기를 듣고 가인은 놀랍게도 자기의 예배가 거절되었다는 것을 알았습니다. 가인과 아벨이 구체적으로 어떤 이야기를 주고받았는지는 성경에 나오지 않습니다. 그러나 아벨의 이야기를 들어보니 자신이 드린 예배는 가짜 예배입니다. 아무리 팡파르를 울리고 춤을 추고 흥분해서 거품을 물면서 쓰러졌다 하더라도 아벨이 드린 예배와 자신이 드린 예배는 완전히 다른 것이었습니다. 자신의 예배에는 하나님이 임재하셨다는 아무런 증거가 없습니다. 인간이 연출해낸 철저히 인본주의적인 예배였고, 인간이 시작해서 인간이 끝마친 인간의, 인간에 의한, 인간을 위한 예배였습니다. 감동이 없습니다. 죄사함도 없습니다. 예배드리기 전에 있었던 분노가 그대로 남아 있을 뿐 아니라 오히려 더 정당화되고 강화되어 마구 끓어오릅니다.

이것이 인간의 예배입니다. 예배를 드렸음에도 불구하고 내가 변한 것이 없는 예배가 바로 가인의 예배입니다. 하나님께 "하나님 좋아하시는 예배를 드려 주었으니 이제 되었지 않습니까?" 하려면 차라리 안 드리는 것이 낫습니다. 우리는 예배를 드리면서 변해야 합니다. 기뻐야 합니다. 내 속에 있는 모든 더러운 것들을 다 씻음받아야 합니다.

오늘 이 사건이 우리에게 말씀하는 것이 무엇입니까? 우리가 종교적인 본성에 따라서 자기 나름대로 성의껏 예배드리거나, 내 일이 잘 풀리는 것을 보니 감사해야겠다는 생각이 나서 드리는 예배는 아무 소용이 없다는 것입니다. 참 예배에는 말씀이 있어야 하고, 정말 하나님의 은혜 없이는 살 수 없으며 하나님이 도와주시고 용서해 주시고 허물을 덮어 주셔야 한다는 고백이 있어야 하며, 예수 그리스도의 십자가만 붙잡고 나가는 요소가 있어야 합니다. 예수님의 이름을 부르는 예배에는 성령이 임재하십니다. 그리고 성령을 구하면 예수님의 십자가가 제시됩니다. 그 예배는 성령이 충만하게 이끄시는 예배입니다.

여러분, 참 예배에는 진정한 두려움이 있습니다. 오래 신앙 생활한 사람의 문제는 자신의 예배가 죽은 예배인데도 죽은 예배로 생각하지 않는다는 겁니다. 그런 사람들의 예배에는 변화가 없고, 예배를 드릴 때에도 긴장의 요소가 없습니다. 그냥 놀러 오는 것 같아요. '여기서 변해야 한다. 그렇지 않으면 난 망한다'는 절박함이 없습니다. 오히려 새로 믿은 사람에게는 그런 절박함이 있습니다. 새로 믿은 사람은 '하나님, 전 변해야 합니다. 제가 이 마음을 치료받지 못하면 무슨 일을 저지를지 몰라요. 우리 가정이 깨질지도 모릅니다. 그러니 예배를 통해서 제발 절 바꿔 주세요' 하는 간절함의 요소가 있습니다. 그러나 오래 신앙생활을 해온 사람은 너무나도 오랫동안 변하지 않았기 때문에 예배에 대한 기대가 없습니다. 진지한 두려움이 없어요. 그런 예배는 죽은 예배입니다.

그런 예배가 끝나면 사람들이 무엇을 하는지 압니까? 죄지으러 갑니다. 정욕으로 속이 더 불타오르기 때문에 죄지으러 달려갑니다. 예배드리고 나니까 갈증이 더 생기는 거예요. 예배드리기 전에도 좀 신경질이 났는데 예배드리고 나니까 이 신경질이 분명해졌습니다. 가서 복수하지 않으면 견딜 수가 없습니다. 예배드리면서 '저놈'이 나에게 한 말을 계속 생각합니다. 그리고 예배가 끝나자마자 복수하러 급히 달려갑니다.

저는 예배를 드리면서 새로워지는 경험을 굉장히 많이 합니다. 저는 할 수 있는 한 매 예배 때마다 변하기를 원하고 또 실제로 변한 것을 느낍니다. 예배를 드리고 난 후에는 완전히 변해서 다른 사람이 된 것을 느껴요. 참으로 죄를 회개하는 마음으로 하나님 앞에 나아갈 때, 오로지 주 예수를 붙들고 하나님 앞에 나아갈 때, 모든 두려움과 의심이 깨끗하게 사라지고 말할 수 없는 기쁨과 함께 하나님의 영광의 임재가 느껴집니다. 여러분, 이것을 느껴야 합니다. 이것을 느끼지 못하는 예배는 두렵지만 가인의 제사와 같습니다.

종교적인 본성은 예배드리라고 주신 것이 아닙니다. 그것은 말씀을 받아들일 수 있는 기능일 뿐입니다. 말씀이 없이 종교적인 본성으로 드리는 예배나, 괜히 무언가 간구하고 싶고 기도하고 싶은 충동이 생겨서 기도하고 찬송하는 것은 하나님을 전혀 기쁘시게 하지 못합니다. 오히려 하나님은 "누가 네 맘대로 나오라고 했느냐? 내가 부르지도 않았는데 왜 나오느냐?"고 물으십니다. 하나님의 말씀이 내 마음속에 임하고 내가 그 말씀을 붙들고 나아갈 때, 바로 그때 하나님이 찾아오셔서 나를 바꾸어 놓으시는 것입니다.

하나님의 명령

자신의 예배가 거절당했다는 것을 안 순간 가인의 안색이 변했습니다. 5절에서 7절을 보십시오.

가인과 그 제물은 열납하지 아니하신지라 가인이 심히 분하여 안색이 변하니 여호와께서 가인에게 이르시되 네가 분하여 함은 어찜이며 안

색이 변함은 어찜이뇨 네가 선을 행하면 어찌 낯을 들지 못하겠느냐
선을 행치 아니하면 죄가 문에 엎드리느니라 죄의 소원은 네게 있으나
너는 죄를 다스릴지니라

분노는 내가 다른 사람에게 인격적으로 무시당하거나 거절
당할 때 일어나는 감정입니다. 인간을 가장 비참하게 만드는 것은
바로 이 분노의 감정입니다. 사람은 누구든지 다른 사람에게 정당
하게 평가받고 대우받기를 원합니다. 부모님에게 오랫동안 정당하
게 사랑받지 못하고 자란 자녀들의 마음속에는 없어지지 않는 분노
가 있습니다. 나중에 그 결과가 어떻게 나타납니까? 결혼생활을 해
도 전혀 기쁨이 없습니다. 왜냐하면 이 분노가 마음속에 있는 사랑
의 감정과 기쁨의 감정을 전부 다 소멸해 버렸기 때문입니다.

가인은 하나님께 거절당했을 때 얼굴색이 변했습니다. 그래
서 그때부터 얼굴을 들지 않고 다녔습니다. 부끄러워서 얼굴을 들
고 다니지 않았던 것이 아닙니다. 그것은 하나님에 대한 항의 표시
요 시위였습니다. '내가 하나님 얼굴을 다시 보나 보자!' 하는 마음
으로 얼굴을 내리깔고 다닌 것입니다.

하나님은 가인에게 말씀하셨습니다. 어떻게 말씀하셨는지
는 모르겠습니다. 가인이 아담과 상담하는 가운데 들은 말씀인지,
아니면 하나님이 가인에게 천사를 보내어 하신 말씀인지 모르겠습
니다. 그러나 하나님은 가인에게 분명히 말씀하셨고, 가인이 분노
하는 이유가 타당하지 못하다는 것을 지적하셨습니다. 왜냐하면 가
인은 지금 하나님을 자기 수준으로 끌어내려서 생각하고 있기 때문
입니다. 하나님께서 말씀하시는 것이 무엇입니까? 하나님은 인간
과 다르다는 것입니다. 그런데 가인은 지금 다른 인간을 대하는 방
식으로 하나님을 대하고 있습니다.

우리는 다른 사람이 우리를 정당하게 대우하지 않을 때 항
의할 수 있습니다. 회사에 갔는데 과장이 날 우습게 압니다. 그래

서 그때부터 일주일 동안 고개를 들지 않고 회사에 다닙니다. 일종의 항의지요. 우리 인간들 사이에서는 그렇게 할 수 있습니다. 왜냐하면 인간은 정당하지 못할 때가 많기 때문입니다. 인간은 편견을 가지고 있습니다. 그래서 자기 마음에 드는 사람은 좋아하고 마음에 들지 않는 사람은 미워합니다. 이렇게 남에게 부당하게 취급당한 것은 빨리 잊어버릴수록 좋습니다. 그걸 품고 있어 봐야 나만 손해이고 상대방은 자기가 그렇게 했는지조차도 모르는 경우가 대부분이니까요. 오히려 그 사람이 "내가 언제 그랬어? 이거 생사람 잡네!" 하면서 눈을 부라리기도 합니다.

　그러나 하나님은 그렇지 않으십니다. 하나님은 공평하십니다. 하나님께서 나를 거부하셨을 때에는 그럴 만한 이유가 있는 것입니다. 그러므로 다시 바른 방법으로 하나님께 나아가면 됩니다. 고개를 내리깔고 다닐 이유가 하나도 없습니다. 무엇이 문제인지 찾아서 하나님이 원하시는 방법으로 나아가기만 하면 우리를 만나주십니다.

　우리나라 사람들은 책망하기가 아주 힘듭니다. 왜냐하면 모든 것을 이성으로 받아들이기보다는 감정으로 받아들이기 때문입니다. 무언가 잘못을 지적하면 그 한 가지 잘못에 대한 지적으로 받아들이는 것이 아니라 자기 인격 전체에 대한 무시와 거부로 생각합니다. 그래서 연말에 만나면 "나는 너한테 감정이 많아!"라고 말합니다. 이성적으로 무엇이 옳고 그른 것을 따지는 대신 '그래, 네가 나를 거부했겠다. 너는 어디가 그렇게 잘났는데?' 하는 식으로 처리해서 그렇습니다. 아이들한테도 뭐라고 한마디하면 안색이 변하고 밥을 먹으면서도 고개를 들지 않습니다. 그때 아빠가 말하지요. "네가 선을 행하면 어찌 밥 먹을 때 낯을 들지 못하겠느뇨? 얼굴 들고 밥 먹어라, 이 인간아! 체한다, 체해."

　여러분, 우리 인간의 가장 큰 문제는 분노를 해결할 길이 없다는 것입니다. 누구에게 거절당하면 이 거절당한 감정이 없어지지 않습니다. 분노가 해결이 안 돼요. 이 분노는 둘 중에 하나가 죽어야 없어집니다. 인간의 가장 큰 문제가 무엇입니까? 서로 싸우고 죽이는 것입니다. 전쟁만 없다면 얼마나 살기 좋은 세상이 되겠습니까? 살인과 폭력만 없다면 얼마나 평화로운 세상이 되겠습니까? 우리 학교에도 폭력만 없다면 얼마나 다닐 만하겠습니까? 그런데 선생님이 때리고 선배들이 때리니까 학교에 다니고 싶지가 않은 거예요. 그래서 학교를 무사히 졸업하려면 아이들에게 영어, 수학 과외만 시키면 안 되고 태권도, 합기도, 검도 같은 호신술을 시켜야 합니다. 또 전쟁만 없으면 우리나라도 살 만한 나라입니다. 우리나라뿐 아니라 모든 나라가 다 그렇습니다. 전쟁만 없으면 더 이상 걱정할 게 없어요. 그런데 뭐가 될 만하면 꼭 전쟁이 터집니다. 좀 살 만하면 폭력과 살인이 일어나는 거예요.

인간이 분노를 없애는 유일한 방법이 무엇입니까? 잊어버리는 것입니다. 그것밖에는 다른 방법이 없습니다. 그래서 잠을 자는 게 최고의 수단입니다. 분노를 품은 사람이 잠을 안 자면 분명히 큰일을 냅니다. 그래서 분노를 품고 있는 사람은 강제로 재워 버리든지 기절시켜 버려야 합니다. 또 하나 좋은 방법은 술을 마시는 것입니다. 그리고 좀 고상한 사람은 음악을 듣습니다. 자기 취향에 맞는 것으로 뭐든 듣고 잊어버리는 겁니다.

저는 잠을 주신 하나님께 참 감사합니다. 아마 인간이 잠을 자지 않았더라면 살인이나 전쟁의 횟수가 지금보다 수백 배, 수천 배 증가했을 것입니다. 밤새 잠 안 자고 분노를 생각하기 때문입니다. '저놈이 나에게 이런 말을 했지' 하면서 밤새 이를 갈다가 새벽 미명에 복수하러 쫓아갈 것입니다. 밤마다 복수하고 도망치는 소리로 온 거리가 시끄러웠을 거예요. 그래서 인간은 자야 합니다. 그러나 술이나 음악이나 잠은 모두 진통제에 불과할 뿐 근본적인 문제의 해결이 되지 않습니다. 일시적으로 증세만 누그러뜨리는 것입니다. 그러면 도대체 어떻게 분노를 해결해야 합니까?

하나님께서 계속 가인에게 말씀하시는 것이 무엇입니까? "선을 행하라"는 것입니다. 선을 행하면 낯을 들지 못할 이유가 없고 선을 행하면 분노가 없어진다는 것입니다. 왜 가인이 낯을 숙이고 다닙니까? 너무나도 화가 나서 그 얼굴을 하나님 앞에서 감추기 위해서입니다. 그런 가인에게 하나님은 "선을 행하라"고 말씀하십니다. 여기에서 선을 행한다는 것은 무엇을 의미합니까? 분노가 생길 때마다 가난한 자를 찾아가서 도와주거나 병든 자를 돌보아 주라는 말입니까? 그렇게 하면 분노가 없어질까요? 아닙니다. 오히려 더 신경질이 나요. 가난한 사람을 보면 '왜 이리 못살아?' 하면서 화가 나고 병든 사람을 보면 속에서 더 분노가 일어납니다. 해보면 압니다. 그러나 하나님께서 말씀하시는 선은 그런 인간적인 차원의 동정이 아닙니다. 하나님께서 말씀하시는 선은 하나님의 방법에 맞게 하나님께 다시 나아가는 것, 다시 말해서 바른 예배를 드리는 것입니다.

하나님께서는 이 사건을 통해서 무엇을 보여 주셨습니까? 아벨의 제사에는 말씀의 요소가 있었기 때문에 그의 제사를 받으셨으며, 가인과 아벨 중에서 아벨을 제사장으로 택하셨다는 사실입니다. 가인이 자기 마음을 낮추어서 하나님의 말씀이 임한 동생을 제사장 삼아 그를 통하여 하나님께 나아갔더라면 아무 문제가 없었을 것입니다. 자기 제사가 거부당했을 때 가인은 아벨에게 제물을 가지고 가야 했습니다. 그래서 아벨을 제사장으로 삼아 그 앞에서 겸손하게 "네가 제사장이 되어서 나를 대신해서 제물을 바쳐 달라"고 부탁했으면 가인의 제사에도 하나님이 나타나셨을 것이고, 가인도 변하여 새 사람이 되었을 것입니다.

구약의 제사에는 세 가지 요소가 있습니다. 곧 제물과 제사장과 성전입니다. 그러나 성전 개념은 모세 때부터 나타나는 것이고, 여기에서는 제물과 제사장의 두 개념이 나타나고 있습니다. 여러분, 아벨은 제사장이라는 사실을 기억해야 합니다. 아벨과 야곱은 제사장입니다. 만약 에서가 야곱을 통해서 제사를 드렸다면 에서도 변하여 새 사람이 되었을 것입니다. 하나님은 아무나 자신의 종교적인 본성에 따라서 예배하고 제사하는 것을 인정하지 않으십니다. 하나님이 정한 방법에 따라서, 하나님이 정한 사람을 따라서 나오게 하십니다. 만약 가인이 자신의 제사가 거절당한 것을 알았을 때 아벨을 제사장으로 삼아서 제사를 다시 드렸다면 가인의 분노는 완전히 없어졌을 것입니다. 살인할 이유가 없습니다.

하나님은 가인의 제사를 거부하시고 아벨을 받으심으로써 아무나 자기 방법으로 예배드려서는 안 된다는 것을 분명히 하셨습니다. 하나님께서 택하신 한 라인(line)이 있습니다. 구원을 위해 택하신 계보가 있습니다. 그것이 바로 여인의 후손입니다. 하나님은 그들을 통하여 하나님께 나아오게 하셨습니다.

그러나 가인은 얼마나 뛰어난 사람이었습니까? 본문만 보아서는 충분히 알 수 없지만 가인은 아벨과 비교했을 때 아주 뛰어난 사람이었습니다. 그는 어렸을 때부터 많은 기대 가운데 컸습니다. 하와는 그를 낳고 "하나님으로 말미암아 득남하였다"고 말했습니다. 아벨은 어떻습니까? "이거 왜 나왔을까? 어쩌다 보니 하나 더 나왔네" 하는 식의 덤으로 사는 인생이었어요. 아벨은 태어나면서부터 덤이었지만 가인은 하나님께 받은 아들로 표현되고 있습니다. 그러니 가인이 얼마나 뛰어난 사람입니까?

가인은 교만 때문에 아벨에게 가지 않았습니다. '죽으면 죽었지 어떻게 너 같은 것을 제사장으로 삼아서 예배를 드린다는 거냐? 네가 나보다 아는 게 많냐, 재산이 많냐, 키가 크냐, 똑똑하냐? 도대체 네가 뭔데 너를 제사장으로 삼아서 예배를 드려야 한다는 거냐?' 하는 마음이었을 것입니다.

여러분, 구원은 하나님으로부터 오는 것입니다. 인간에게서 시작되지 않습니다. 만약 인간에게서 구원이 나온다면 교만한 사람들이 천국의 자리를 다 차지해 버릴 것이며 논리적인 철학자들, 돈

많은 부자들, 열정적인 운동가들이 천국을 다 차지할 것입니다. 그러나 구원은 하나님으로부터 시작하는 것이기 때문에 하나님께서는 걸림돌을 만들어 놓으십니다. 그 걸림돌이 무엇입니까? 가인에게는 아벨이 걸림돌이었습니다. 가인은 아벨을 통해서 하나님께 나아간다는 것을 용납할 수가 없었습니다. 예수 그리스도의 십자가는 걸림돌이었습니다. 저주받아 죽은 자를 통해서 하나님께 나아가야 한다는 것은 걸림돌이었습니다. 그래서 십자가는 헬라인에게는 미련한 것이었고 유대인에게는 거리끼는 것이었습니다.

요즘에는 교회가 걸림돌입니다. 기독교의 가르침? 아주 좋습니다. 설교? 너무너무 좋습니다. 그런데 교회는? 너무너무 안 좋아요. 무식한 사람, 가난한 사람이 많아요. 교회가 싫습니다. 그래서 자꾸 테이프 듣고 책 읽는 것으로 만족합니다. 그러나 그렇게 하면 안 됩니다. 그것이 바로 가인이 한 짓입니다. 여러분, 교회를 통해서 구원하시는 것이 하나님의 원칙입니다. 하나님은 이것을 걸림돌로 주셨습니다. 예수님은 가난한 자들을 싫어하지 않으셨습니다. 오히려 그들과 함께 계셨고 그들을 위해서 세례를 받으셨습니다. 오늘날 제대로 된 교회는 사람들에게 걸림돌이 됩니다. 왜냐하면 거기에는 가난한 자들과 여러 가지 어려움을 겪는 사람들이 수두룩하게 많기 때문입니다. "내가 어떻게 그런 데 속하겠어? 나같이 똑똑하고 학벌 좋은 사람이 어떻게 저런 교회를 통해 하나님께 나아가냐구?" 바로 여기에서 딱 걸려 넘어지는 것입니다.

교회는 구질구질할수록 좋습니다. 구질구질한 교회는 걸림돌입니다. 교회를 화려하게 만들고 바닥에 대리석을 깔면 가난한 사람들이 처음에는 신발 벗고 오다가 다음에는 기어서 들어오다가 다음에는 나가 버립니다. 그래서 교회는 구질구질해야 하고, 교인들도 좀 구질구질해야 합니다. 하나님은 반드시 교만을 시험해 보시며, 교만한 자는 그 앞에 나오지 못합니다.

구원이 인간에게서 출발한다면 아벨은 설 자리가 없습니다.

우리는 가인과 아벨의 차이를 금방 느낄 수 있습니다. 두 사람은 너무 달랐습니다. 아벨은 구질구질했어요. 가인은 '내가 저런 인간을 통해 제사를 드리느니 차라리 안 드리고 만다'고 생각했습니다. 하나님은 이렇게 걸림돌을 주십니다. 수많은 사람들이 여기에 걸려 넘어지기 때문에 할 수 있으면 교회를 화려하게 만들어서 체면을 세우려고 하는 것입니다.

인간의 분노를 치료할 수 있는 유일한 길이 무엇입니까? 우리 인간들끼리 서로 죽이지 않고 폭력을 휘두르지 않는 유일한 길이 무엇입니까? 그것은 오직 하나님 앞에서 겸손을 되찾는 것입니다. 성경은 인간이 모두 다 똑같다고 말씀합니다. 잘살든 못살든 많이 배웠든 적게 배웠든 하나님 앞에서 다 똑같은 죄인이라는 것입니다. 특별한 사람은 없습니다. 이 사실을 붙드는 것이 선(善)입니다.

이 사실을 붙들고 나아갈 때 분노의 감정이 일어날 이유가 없습니다. 부모가 자식을 때리려고 하다가도 자기가 하나님 앞에 지은 죄를 생각하면 많이 때리지 못합니다. 만약 내가 잘못한 만큼 하나님께 맞는다면 죽도록 맞아야 할 것이기 때문입니다. 형제나 자매의 허물을 두고 욕을 하려고 하다가도 하나님 앞에서 내가 행한 것을 생각하면 욕하지 못합니다. 나의 허물은 더 엄청나기 때문입니다. 또 자기 자신에 대하여 불만스러워하다가도 하나님께서 나를 받으신 것을 생각하면 불만이 없어지고 오히려 감사하게 됩니다. 이것이 인간의 분노를 없애는 유일한 길이며 선을 행하는 것입니다.

하나님께서는 가인에게 경고하셨습니다. "선을 행하지 않으면 죄가 문에 엎드리느니라." 죄는 마치 맹수처럼 문에서 노리고 있습니다. 지금 마음속에 있는 분노는 죄짓게 할 기회를 찾고 있으며, 그 기회가 주어지기만 하면 덤벼들어서 죄를 짓게 한다는 것입니다. 하나님께서 죄짓지 못하게 붙드시면 사람이 막 죄짓고 싶어 미치겠는데도 죄지을 시간이 없습니다. 사람이 죄를 짓지 않는 것과 죄를 지을 기회가 없어서 못 짓는 것은 다른 것입니다. 이렇게 하나님께서 죄를 짓지 못하도록 붙들고 계시다가 "한번 네 맘대로 해봐라" 하시면 전쟁이 터지고 인간이 짐승으로 돌변합니다. 하나님이 우리 하고 싶은 대로 다 하게 내버려 두시면 우리는 그야말로 끝장입니다.

사람의 모든 죄는 생각에서 나옵니다. 마음이 변하지 않는 이상 문제는 완전히 해결되지 않습니다. 아직 죄를 지을 기회가 없어서 그러고 있는 것이지 기회만 주어지면 죄가 덮쳐들 것입니다. 7절 하반절을 보십시오.

죄의 소원은 네게 있으나 너는 죄를 다스릴지니라

여기에서 '죄의 소원'이라고 하는 것은 죄를 짓고자 하는 욕망을 말합니다. 지금 가인의 마음속에는 죄의 욕망이 있습니다. 그러나 하나님은 이것을 다스릴 책임을 가인에게 주셨습니다. 책임은 그 자신에게 있다고 말씀하십니다. 인간은 자기 속에 있는 죄의 욕망을 다스릴 책임이 있습니다. 그러면 어떻게 그것을 다스릴 수 있습니까?

하나님 앞에 나아가야 합니다. 우리는 하나님 앞에 나아가는 것을 가장 소극적인 방법으로 생각합니다. 자기가 할 수 있는 것을 다 해보고 그래도 안 될 때 비로소 하나님께 나아가야 한다고 생각합니다. 그러나 그렇지 않습니다. 마음을 바꿀 수 있는 분은 하나님밖에 없습니다. 하나님 앞에 나아가는 것이 가장 적극적인 해결 방법이며 유일한 방법입니다. 내 마음을 하나님 앞에서 바꾸는 것, 이것이 집을 바꾸고 가구를 바꾸고 직장을 옮기고 학교를 옮기는 것보다 훨씬 더 중요한 것입니다. 마음속에서 모든 것이 일어납니다. 그러므로 무엇보다 마음을 바꾸어야 합니다.

하나님 앞에 나아가십시오. 기도로 나아가십시오. 하나님 앞에 나아가서 모든 사람이 다 똑같다는 것을 인정하고 내 교만을 버리겠다고 고백하십시오. 그러면 다 달라집니다. 세상이 달라져요. 풀잎 하나, 돌 하나에도 생명이 있는 것 같고 미소가 있는 것 같습니다. 그전에는 "왜 이 집은 이렇게도 춥고 외풍이 심한 거야? 나를 이런 집에 살게 한 남편, 이 배신자를 용서할 수 없다"고 했는데, 마음이 바뀌니까 "역시 집에는 바람이 통해야 해" 하면서 "집은 춥지만 당신의 가슴은 따뜻해요"라는 굉장한 고백을 하게 됩니다.

우리를 지금처럼 비참하게 만든 것은 바로 하나님 앞에서의 교만입니다. 나와 다른 사람들 사이에 차별을 두어서 내가 다른 사람보다 잘났고 똑똑하다고 생각하는 것, 하나님 앞에서 하나의 티끌에 불과한 자신을 잊고 교만하게 행한 것이 이 모든 비참한 결과의 원인인 것입니다. 그러나 겸손을 되찾기만 하면 얼굴을 들지 못할 이유가 없습니다. "하나님, 저는 다른 사람들과 똑같습니다. 전에는 제가 교회 올 때 다른 사람들과 놀아 준다는 마음으로 왔습니다. '이만큼 똑똑한 내가 못난 너희와 놀아 주겠다'는 식으로 생각했습니다" 하고 고백하십시오.

여러분, 이렇게 겸손을 되찾기만 하면 얼굴을 들지 못할 이유가 없습니다. 하늘을 보면 하나님이 웃고 계십니다. 가는 길목 길목에도 "힘내라! 힘내라!" 하는 하나님의 지지문이 붙어 있습니다. 누가 나에게 뭐라고 해도 당당합니다. 겸손만 되찾으면 겁날 게 없어요. 내려갈 만큼 내려갔는데 무엇이 겁이 나겠습니까? 하나님께서 나를 사랑하신다는 것이 분명한데 무엇이 겁이 나겠습니까?

핍박받는 아벨

마지막으로 살펴볼 것은 아벨은 신앙의 박해를 받고 죽었다는 것입니다. 가인은 하나님의 말씀을 듣고서도 어떻게 했습니까?

8절을 보십시오.

> <u>가인이 그 아우 아벨에게 고하니라 그 후 그들이 들에 있을 때에 가인</u>
> <u>이 그 아우 아벨을 쳐죽이니라</u>

여기에서 '가인이 아벨에게 고했다'는 것은 이 문제를 두고 아벨과 상담했다는 뜻이 아닙니다. 아벨을 말로 공격하고 말로 핍박했다는 것입니다. 그러나 가인은 거기에서 그치지 않았습니다. 말로 핍박하고 나서도 성질이 안 찼습니다. 그래서 그는 결국 아벨을 쳐 죽이고 말았습니다.

이것은 단순히 우발적인 사고가 아니었습니다. 이것은 앞으로 인류 역사가 끝날 때까지 계속될 투쟁과 갈등의 두 계보를 보여주는 대표적인 사건이었습니다. 그래서 순교자의 역사는 항상 아벨에게서 시작합니다. 예수님은 유대인들에게 "아벨에서부터 성전 사이에서 죽은 사가랴의 피까지 너희가 갚아야 할 것"이라고 말씀하셨습니다. 아벨은 선지자였습니다. 그는 살아 있는 예배, 성령의 예배, 참 예배를 지키기 위해서 죽은 의인이었습니다.

아벨은 얼마든지 죽지 않을 수 있었습니다. 들에서 가인과 이야기할 때 "날 미워하지 마. 이제는 그런 예배 안 드릴게"했더라면 아벨은 죽지 않았을 것입니다. 그러나 아벨은 어떤 예배가 옳은 예배인지 알고 있었습니다. 그는 죄의 요소가 있고 하나님의 임재가 있으며 말씀을 붙들고 나가는 예배만이 참 예배라는 것을 알았습니다. 그래서 아벨은 가인과 같은 예배를 드릴 수 없다고 하다가 죽은 것입니다.

하나님께서는 여인의 후손과 뱀의 후손이 싸울 것이라고 말씀하셨습니다. 이 세상에는 두 종류의 인간이 있습니다. 하나는 자연인 그대로의 사람입니다. 그들은 이 세상을 차지하고 이 세상에서 주인으로서 모든 것을 누리며 자기중심적으로 사는 가인의 후예입니다. 그러나 똑같은 죄인이면서도 하나님의 은혜로 사는 사람들이 있습니다. 그들은 여인의 후손이고 아벨의 후손입니다. 아벨은 죽었지만 하나님은 셋을 통해서 이 경건한 후손을 허락하셨습니다.

세상은 이들을 미워하고 핍박합니다. 사실은 사람이 그렇게 하는 것이 아닙니다. 사탄이 그렇게 하는 것입니다. 사탄이 가장 싫어하는 것이 하나님의 백성들입니다. 사탄은 하나님의 사람이 존재하는 것을 참지 못합니다. 하나님의 사람들이 이 땅에 발붙이지 못하도록 죽이고 쫓아내며 하나님의 구원 역사가 이루어지지 못하게 막는 것이 사탄의 역사입니다. 그래서 사탄은 사람들의 마음속에 이들을 미워하는 마음을 불어 넣습니다.

사람들은 자기 마음을 통제할 수 있다고 생각하지만 그렇지 않습니다. 죄가 문에 엎드리고 있습니다. 마귀가 사람들을 장악하고 있습니다. 그들로 하여금 하나님의 백성을 향해 말할 수 없는 미움을 품게 합니다. 그래서 좀 신앙적으로 살려고 하기만 하면 벌떼처럼 달려들어서 온갖 시련을 다 줍니다. 내가 말씀으로 살려고 할 때는 언제나 사탄의 역사와 공격이 있습니다. 말씀의 역사가 일어나는 교회에도 언제나 마귀의 공격이 있습니다.

제가 세례와 학습을 주면서 항상 주의를 주는 것이 그 부분입니다. 주의해야 합니다. 사탄이 벌 떼처럼 달려들어서 나를 술집으로 이끌고 갑니다. 학습받고 세례받고 나면 한 두어 달은 교회에 못 나와요. 사탄이 집중적으로 공격하기 때문입니다. 이것은 지금까지 늘 반복되어 온 일입니다. 사탄이 얼마나 교활한지 몰라요. 그래서 제가 미리 '당신이 믿음으로 살려고 하면 사탄이 벌 떼처럼 달려들 것'이라고 주의를 주지만 대부분 주의하지 않습니다. 또 세례와 학습을 받으려고 마음만 먹으면 매주 교회에 올 수 없는 일이 생깁니다. 결혼식, 장례식, 게다가 빨래도 해야 하고 병도 나고 집에도 다녀와야 하고…… 영 올 수가 없습니다. 그러다가 1년이 지나가 버립니다. 막상 학습받고 세례받으려고 하면 너무 많이 빠져서 자격 미달이 되는 거예요. 사탄은 정말 교활합니다. 내가 믿음으로 사업을 하려고 하거나 공부를 하려고 하면 하나도 되는 게 없습니다.

하나님께서는 이런 것을 이상하게 생각하지 말라고 말씀하고 계십니다. 이것은 당연한 것입니다. 믿음으로 사는 자에게 어려움이 오고 핍박이 오는 것은 당연한 것입니다. 신앙 때문에 가정이나 교회, 직장에서 갈등이 일어나는 것은 이상한 일이 아니라 오히려 당연한 일입니다. 우리가 이 세상 사람들에게 아무리 잘해 준다고 하더라도 넘을 수 없는 한계가 있습니다. 이 한계를 넘어서 잘해 주는 사람은 자기 신앙을 팔아먹는 것입니다. 그 한계를 넘어서 같이 "위하여!" 하면서 술 마시고 놀아주는 것은 신앙을 팔아먹는 것입니다. 여러분, 세례받을 때 어떤 약속을 했습니까? 어떤 어려움이나 환란이 오더라도 신앙을 지키겠다고 했지요? 그렇다면 "위하여!"는 누구를 위한 것입니까? 누구를 위해 잔을 들고 노래하는 겁니까? 우리가 이 세상의 비위를 맞추어 주는 데에는 넘을 수 없는 한계가 있습니다. 우리는 소속이 다르기 때문입니다. 그것을 이상하게 생각해서는 안 됩니다. 내가 인격이 부족해서 그런 게 아니에요. 어쩔 수 없는 겁니다. 어쩔 수 없이 갈등과 긴장이 있습니다.

아벨이 믿음의 예배를 포기했더라면 죽거나 고통받을 이유가 없습니다. 오히려 형에게 당당히 곡식을 선물로 받았을 것입니다. 그러나 아벨은 '예배는 살아 있어야 하며 지켜져야 한다'는 믿음 때문에 인류 최초로 순교했습니다. 그는 이 예배의 중요성을 붙든 채 예배 때문에 순교한 사람이었습니다. 그는 하나님의 말씀을 붙들고 드리는 이 예배, 하나님이 임재하시고 성령이 역사하시는 이 예배를 영원히 이룩해야 한다는 이정표를 남기고 순교한 의인이었습니다. 이 아벨의 죽음을 헛되이 하지 않으려면 우리의 예배 속에 아벨이 드린 제사와 같은 살아 있는 예배의 요소, 믿음으로 드리는 요소가 반드시 있어야 합니다.

거짓된 예배로 자기 자신을 만족케 하는 것은 이 세상의 죄

와 분노를 해결하는 데 아무 도움이 되지 않습니다. 오히려 그 거짓
된 예배가 양심을 마비시키고 지식과 마음을 마비시켜서 더 하나님
을 두려워하지 않게 하고 죄짓게 합니다. 가만히 보십시오. 아예 하
나님을 안 믿는 사람은 그래도 좀 하늘을 무서워합니다. 그러나 자
기 나름대로 신앙생활한다고 하는 사람은 훨씬 더 하나님을 두려워
하지 않고 자기 맘대로 죄짓는 것을 봅니다. 거짓된 예배가 그 마음
을 미련하고 어둡게 만들었기 때문입니다.

사랑하는 형제자매 여러분, 오늘 말씀이 우리에게 주는 교
훈이 무엇입니까? 인류 최초에 두 아들이 있었고 이 두 아들 사이
에 죽음과 살인이 있었다는 사실은 무엇을 나타내고 있습니까? 예
배는 살아 있어야 하며 진정한 예배가 되어야 한다는 것입니다. 단
순한 종교심을 가지고 인간이 연출해 낸 연극으로서 예배를 드린다
면 그 예배는 사람들의 마음을 훨씬 더 미련하게 만들 것이며 분노
를 더 강화시킬 것입니다. 그리고 결국 종교는 사람의 현실을 해결
하는 데 아무 도움도 주지 못할 것입니다.

우리가 하나님 앞에서 겸손을 되찾는다면 얼굴을 들지 못할
이유가 없습니다. 하나님의 말씀을 붙들고 그 말씀대로 나아갈 때
두려워할 이유가 없습니다. 그러므로 이 세상을 바꾸는 것보다 더
중요한 것은 오늘 이 시간에 내 마음을 바꾸고 새롭게 하는 것입니
다. 마음이 새롭게 된 사람은 세상을 새롭게 할 수 있습니다. 공부와
사업과 가정을 새롭게 할 수 있습니다. 자기 마음이 변하지 않은 사
람이 어떻게 이 세상을 바꿀 수 있겠습니까? 그것은 불가능한 일입
니다.

오늘 주님이 나의 마음을 새롭게 해주시기를 간구하십시오.
그리고 내 마음이 새로워졌으면 이제 세상을 두려워하지 마십시오.
"선을 행하면 낯을 들지 못할 이유가 없느니라!" 왜 두려워하고 왜
낙심합니까? 내 마음이 변했는데 말입니다. 우리는 세상을 바꿀 수

있습니다.

참된 겸손만이 우리를 살릴 것입니다. 하나님의 말씀을 듣고 온전히 따를 때 어려움과 핍박이 옵니다. 그래도 아벨은 말씀을 저버리지 않았습니다. 그 아벨의 신앙이 바로 우리들의 신앙이 되어야 합니다.

16

가인이 받은
벌

어떤 사람이 한 번 불행에 빠진 후 그 불행에서 헤어나오기도 전에 다른 불행이 연달아 그를 덮칠 때 우리는 그 사람이 '불행의 악순환'에 빠졌다고 말합니다. 이처럼 어떤 거대한 틈 사이에 끼어 있어서 도저히 자기 힘으로 불행의 연속에서 빠져나올 수 없을 때 사람은 절망하며 체념하게 됩니다. 사람이 처한 상황 중에서 이보다 더 불행한 처지는 없을 것입니다. 아주 희미한 가능성이나 약속이라도 있어야 사람은 희망을 가질 수 있습니다. 그러나 아주 작은 희망조차 없을 때, 자기 힘으로 그 불행의 악순환에서 벗어날 수 있는 가능성이 전혀 없을 때, 두려움과 불안에 영원히 쫓겨다녀야 할 때, 사람은 가장 힘든 상황에 처하게 됩니다.

오늘 본문은 아마도 성경 중에서 가장 난해하고 이해하기 어려운 부분일 것입니다. 여기에는 자기 동생을 죽인 살인자 가인을 하나님께서 찾아오셔서 벌 주신 내용이 담겨 있습니다. 우리가 아는 바에 따르면 살인자는 죽어야 합니다. 이것이 율법의 정신이고 하나님의 뜻입니다. 그래서 하나님께서 살인죄를 저지른 가인을 찾아와 "너는 살인죄를 지었으니까 죽어야 한다"고 말씀하시며 가인을 죽이셨다면 오늘 본문은 간단하게 끝났을 것입니다.

그러나 하나님은 가인을 죽이시지 않습니다. 오히려 그를 살게 하시고 그에게 표를 주어서 누구를 만나든지 죽임을 당하지 않게 하십니다. 그 대신 하나님은 가인을 끝없이 쫓기는 도망자로 만들어 놓으십니다. 끝없는 불안과 도피의 악순환, 이것이 살인자 가인에게 주신 하나님의 벌이었습니다.

가인은 어느 곳에서도 적응할 수가 없습니다. 이곳에서도 적응할 수 없고 저곳에서도 적응할 수가 없습니다. 처음 살던 곳에서는 더 이상 농사가 되지 않아서 살 수가 없었습니다. 예전에는 씨만 뿌리면 열매를 거둘 수 있었는데 이제는 아무리 씨를 뿌려도 맺히는 것이 없습니다. 농사를 지으려고 해도 땅이 그를 도와주지 않습니다. 그래서 다른 곳으로 가니 이제는 사람들이 두렵습니다. 결국 가인은 끝없이 방황하고 끝없이 두려워하는 삶을 살게 되었습니다. 끝없는 방황의 연속, 끝없이 쫓기는 삶의 연속, 끝없는 체념. 이것이 바로 하나님께서 살인자 가인에게 주신 벌이었습니다.

그리고 이것이 오늘 본문의 중심 사상입니다. 하나님이 가인을 끝없이 방황하게 하시고 끝없이 체념하게 하시고 한 가닥 소망 없이 다니게 하셨다는 것이 오늘 본문의 중심 사상입니다. 그러나 상세한 부분으로 들어가보면 어려운 점이 한두 가지가 아닙니다. 성경을 해석하기가 아주 난해합니다. 말 자체가 어렵다기보다는 말씀의 내용이 오늘 우리들이 가지고 있는 개념과 너무나 다르기 때문입니다.

먼저 하나님께서는 살인을 한 가인에게 "네 아우 아벨이 어디 있느냐?"고 물으십니다. 그러자 가인은 모른다고 잡아떼면서 "내가 내 아우를 지키는 자입니까?" 하고 대들었습니다. 아주 유명한 말이지만, 좋은 뜻으로 유명한 말이 아닙니다. 이것은 "다 큰 녀석을 내가 어떻게 지킵니까?" 하는 말입니다. 즉 자기는 동생을 지키는 자가 아닌데 지금 동생이 어디서 무엇을 하는지 어떻게 알겠느냐는 뜻입니다. 하나님께서는 다시 따지십니다. "네가 무엇을 하였느냐? 네 아우의 핏소리가 땅에서부터 내게 호소하느니라."

하나님께서는 비로소 가인의 살인을 문책하십니다. 그러면서도 가인이 죽을 것이라고는 말씀하시지 않습니다. 살인했음에도 불구하고 가인을 살려 두십니다. 그 대신 그가 아우의 피를 흘렸고 땅이 아우의 피를 마셨기 때문에 땅이 그를 거부할 것이며 그는 정처 없이 방황하게 될 것이라고 말씀하십니다. 결국 가인은 땅에서 정착하지 못하고 여기저기 유리하는 자가 되리라는 것입니다.

그런데 이야기는 여기에서 그치지 않습니다. 가인은 하나님의 벌이 너무 중하여 견딜 수 없다고 하면서 "제가 다른 곳을 다닐 때 다른 사람이 저를 죽이면 어떻게 합니까?" 하고 하나님께 탄원합니다. 그래서 하나님께서는 가인이 다른 곳에 가도 죽임을 당하지 않도록 그에게 표시를 하나 주셨습니다. 이렇게 해서 가인은 죽임을 당하는 대신 끝없이 방황하면서 삶을 보내게 됩니다.

말 자체는 어렵지 않습니다. 그러나 어떻게 죽은 자의 피가 하나님께 호소했는지, 땅이 어떻게 사람처럼 입을 벌려 피를 마셨는지, 분명히 무대에 등장한 사람은 얼마 되지 않는데 가인이 지금 누구를 만날까 봐 두려워해서 하나님께 보호를 요청하는지, 그리고 하나님께서 가인에게 주신 표시는 대체 무엇인지 하는 여러 가지 것들은 결코 쉽게 풀리지 않는 어려운 문제들입니다.

하나님의 의도

하나님께서 이 이야기를 통해 우리에게 보여 주시고자 하는 것은 무엇입니까? 그것은 분명합니다. 인간에게는 죽음이 끝이 아니라는 것입니다. 우리는 '죽음이 끝'이라는 인생관으로 모든 것을 봅니다. '아벨은 죽었다. 가인은 벌을 받아 죽어야 한다'는 것이 우리의 인생관이지요. 첫째도 죽고 둘째도 죽고 셋째도 죽고…… 그래서 "연못 속에는 아무것도 살지 않게 되었죠" 하는 것이 우리의 인생관입니다. 우리가 하는 모든 이야기의 종점은 죽음입니다. '아벨은 가인에게 맞아 죽었고 가인은 벌 받아서 죽었고 이 땅은 다시 조용하게 되었습니다.' 이것이 우리의 인생관입니다. 그러나 성경의 저자이신 하나님은 죽음이 끝이 아니라는 것을 우리에게 보여 주시려고 이 어려운 개념을 우리에게 설명하고 계십니다.

하나님은 "네 아우의 핏소리가 땅에서 내게 호소하였다"고 말씀하십니다. 아벨은 죽지 않았다는 것입니다. 아벨은 죽었지만 죽지 않았습니다. 계속 하나님 앞에서 이야기하고 있습니다. 아벨은 살아 있습니다. 하나님 앞에서 말하고 있습니다. 가인도 안 죽었습니다. 아니, 가인은 못 죽어요. 죽고 싶어도 죽음이 피해 갑니다. 표까지 하나 받아 가지고 있으니 더더욱 죽음이 오지 않습니다. 그 대신 끝없는 불안의 악순환이 계속됩니다.

하나님께서 무엇을 보여 주고자 하십니까? 의인은 죽지 않는다는 것입니다. 죄인도 영원히 죽지 않는다는 것입니다. 아무도 안 죽습니다. 하나님께서는 이 가인과 아벨의 이야기를 통해서 죽음이 끝이 아니며 결국 죄의 문제는 영원히 남는다는 것을 보여 주고자 하십니다.

하나님은 아담이 에덴에서 추방된 후 살인사건이 일어났다는 역사적인 사건을 단순히 보여 주시는 것이 아닙니다. 하나님은 이 한 사건을 통해서 인간의 영원한 운명을 가르쳐 주고자 하십니다. 인간은 영원히 죽지 않는다는 것, 이것이 이 이야기의 핵심입니다. '아벨은 죽지 않았다. 가인도 죽지 않았다. 죽음은 끝이 아니다. 자살을 통해 무언가 끝을 보려고 하는 사람은 크게 오해한 것이다'는 것입니다. 아벨은 계속 이야기하고 있고 가인은 계속 도망 다니고 있습니다. 가인은 계속 불안합니다. 끝없는 불안이 그를 쫓아다닙니다. 죽음이 그를 피해 갑니다. 오늘 말씀은 죄인의 삶이 죽음으로 끝나지 않는다는 것을 보여 주고 있습니다. "죽으면 그만이지"

하고 흔히 말하지만 죽는다고 해서 그만이 아닙니다. 끝없는 불안, 끝없는 두려움이 기다리고 있습니다.

이렇게 해석할 수 있는 근거가 무엇입니까? 5장에 보면 아담 자손의 족보가 나옵니다. 그런데 그들의 나이를 보면 상상할 수 없을 정도로 많습니다. 평균이 920세에서 930세 정도예요. 900살이라고 하는 것은 영원에 가까운 나이입니다. 창세기에 나오는 나이는 모두 영원에 가깝습니다. 영원히 살 뻔하다가 죽은 거예요. 특히 에녹이라는 사람은 그냥 없어져 버렸습니다. 그는 죽음을 통과하지 않고 바로 다른 세계로 가버렸습니다.

여러분, 창세기에 "누구는 몇 살 살고……" 하는 것이 그냥 적어 놓은 게 아닙니다. 영원에 가까운 나이와 에녹의 실종을 통해 또 다른 영원한 세계가 있음을 보여 주는 것입니다. 그래서 창세기 5장은 부활의 장이며 부활을 내다보는 장입니다.

사람의 생명은 죽음으로 끝나지 않습니다. 의인의 생애는 죽음으로 끝나지 않습니다. 죄인의 생애도 죽음으로 끝나지 않습니다. 그러나 이 둘 사이에는 근본적인 차이가 있습니다. 의인의 피는 자신의 의로움을 하나님 앞에 호소합니다. 의인은 자신의 의로움과 결백함을 주장할 수 있습니다. 그러나 죄인은 아무리 변명하고 핑계를 대더라도 영원한 고민과 불안의 악순환에서 벗어날 수 없습니다. 하나님께서는 이 짧은 이야기를 통해 바로 이와 같은 영원한 생명과 영원한 죽음을 보여 주고 계시는 것입니다.

아벨이 어디 있느냐?

하나님은 가인에게 "네 아우 아벨이 어디 있느냐?"고 물으셨습니다. 이것은 대단히 의미심장한 질문입니다.

지금 아벨은 어디에 있습니까? 아마도 가인은 아벨을 죽인 후 암장해 버렸을 것입니다. 가인이 정직했다면 "어느 나무 밑에 그 시체가 있다"고 대답해야 했을 것입니다. 그러면 그렇게 누워 있는 아벨의 시체가 과연 아벨입니까? 그것은 아벨의 시체이지 아벨은 아닙니다. 그러면 아벨은 어디에 있습니까? 아마 우리는 "아벨은 죽었고 더 이상 이 세상에 존재하지 않는다"고 대답해야 할 것입니다. 아벨은 이 세상에 존재하지 않습니다. 그러나 하나님은 없어진 아벨을 찾고 계십니다. "네 아우 아벨이 어디 있느냐?"고 질문하심으로써 우리로 하여금 아벨이 어디 있는지 생각하게 하십니다.

성경은 "네 아우 아벨의 핏소리가 땅에서부터 내게 호소하느니라"고 말씀합니다. 신약의 개념으로 생각하면 이 말을 이해하기가 조금 어렵습니다. 죽은 의인의 피가 땅에서부터 호소한다는 것은 구약의 개념입니다. 구약 성경을 읽어 보면 부활의 개념이 신약보다 조금 불명확하고 희미하다는 것을 알 수가 있습니다. 의인 욥 같은 경우에도 "한번 음부로 내려가는 자는 다시 올라오지 못한다"고 고백합니다. 물론 욥이 나중에는 부활에 대해 매우 정확한 개념을 가지게 되었지만 시련의 초기에는 희미하게 밖에 몰랐습니다. 그래서 의인도 음부로 내려간다고 말하고 있는 것입니다.

구약에는 의인들이 죽으면 음부에서 자신의 의로움을 호소하면서 대기하고 있는 것처럼 표현하고 있는 곳이 많습니다. 아마 이런 것에서 연옥(煉獄) 사상이 나온 것 같습니다. 그러므로 '아벨의 피가 땅에서 호소한다'는 것은 의인의 부활에 대한 구약적인 개념입니다. 그러나 우리는 그리스도의 부활과 서신서의 가르침을 통해서 의인이 죽어서 음부나 땅속에서 대기하는 것이 아니라 곧바로 천국으로 올라간다는 것을 알게 되었습니다. 그래서 우리는 '아벨의 핏소리가 땅에서 호소한다'는 말을 구원받은 성도를 묘사하는 구약적인 표현으로 보아야 합니다. 다시 말해서 아벨은 죽음으로 끝난 것이 아니라 하나님 앞에서 그의 믿음이 인정받아서 영원한 생명을 누리게 되었다는 것을 암시적으로 보여 주고 있는 것입니다. 아벨은 지상에서는 죽었습니다. 그러나 그의 죽음은 영원한 삶의 새로운 시작이었습니다.

하나님께서 우리에게 "네 아우 아벨이 어디 있느냐?"고 물으시면 무어라고 대답하겠습니까? 가인처럼 모른다고 말하면 안 됩니다. 우리는 "그는 이 지상에는 존재하지 않습니다. 그러나 그에게는 영원한 새로운 삶이 시작되었습니다" 하고 대답해야 합니다. 우리의 문제가 무엇입니까? 이 지상의 것만 가지고 모든 것을 평가하는 것입니다. "아벨은 너무 빨리 죽어 버렸어요. 먹고 싶은 것 먹지 못하고 입고 싶은 것 입지 못하고 굶고 추위에 떨다가 너무 빨리 죽어 버렸어요." 이것은 성경이 이야기하는 사상과 맞지 않습니다. 이 지상의 것만 가지고 이야기하면 아벨은 가장 불쌍한 사람입니다. 그러나 성경은 사람이 얼마나 오래 사느냐가 중요한 것이 아니라 하나님과 얼마나 가까이 있느냐가 중요하다고 말씀합니다.

우리는 죽은 성도를 불쌍하게 생각해서는 안 됩니다. 주님이 우리에게 "네가 사랑하던 ○○가 어디 있느냐?"고 물으실 때 무어라고 대답해야 합니까? "고생만 하다 죽었지요. 한 번도 제대로 먹지 못한 것이 불쌍해 죽겠어요. 지금 어느 공동묘지에 누워 있는데 바닥이 차대요." 이렇게 대답하면 안 됩니다. "그 성도는 살아 있습니다. 저는 그가 하나님 앞에서 살아 있다는 것을 믿습니다. 이 지상의 삶이 끝이 아님을 믿습니다." 만약 이것이 없다면 아벨은 너무 억울합니다. 하나님이 아벨을 살리시지 않으면 안 됩니다. 그렇다면 아벨의 죽음은 너무나 억울하고 그의 믿음은 헛된 것이 되어 버립니다.

아벨은 죽지 않았습니다. "네 아우 아벨이 어디 있느냐?" 이 말 속에는 "너는 아벨을 죽였지만 아벨은 죽지 않았다. 아벨은 살아 있고 나와 더 가까운 상태에서, 더 영광스러운 상태에서 나와 함께 있다"는 의미가 포함되어 있는 것입니다.

내가 아우를 지키는 자입니까?

동생이 보이지 않으면 엄마는 형에게 "네 동생 어디 있니?" 하고 묻습니다. 그러면 형들은 대개 가인처럼 대답하지요. "몰라요. 내가 뭐 동생을 지키는 사람인가요?" 교인들이 빠지면 목사나 다른 교인들은 빠진 사람과 가장 가까운 교인이나 형제에게 묻습니다. "○○가 보이지 않은데 무슨 일이 있습니까?" 그러면 또 대개 가인 과 같은 대답을 합니다. "몰라요. 제가 그 사람을 지키는 사람인가 요? 어디 갔는지 잘 모르겠어요. 이제 그 사람 이야기 자꾸 묻지 마세요. 부담스럽네요."

사실 가인의 대답은 옳습니다. 틀린 말이 아닙니다. 우리는 어느 누구도 다른 사람의 영혼을 책임질 수 없습니다. 모든 사람은 자기의 영혼을 책임져야 합니다. 남이 어디에서 무엇을 하고 있는 지 어떻게 알겠습니까? 그런데 하나님께서는 왜 가인에게 아벨에 대하여 물으십니까? 답답하니까 가인에게라도 물으신 것입니다. 우리가 누구에게 다른 사람의 상태에 대해서 물을 때에는 그 사람 의 영혼을 책임지라고 묻는 것이 아닙니다. 그것은 '그 사람이 지금 어디에 있으며 어떤 형편에 있는지 너는 최소한의 관심을 가지고 있느냐?'는 질문입니다.

하나님께서는 이미 아벨이 죽은 줄 알고 계십니다. 그럼에 도 불구하고 이렇게 답답하게 질문하시는 이유가 무엇입니까? 그 것은 '인간은 인간에게 최소한의 책임을 가지고 있다'는 것을 깨우 치시려는 것입니다. 아무리 밉고 싫은 사람이더라도 인간이 인간을 감싸 주지 않으면 누가 감싸 주겠습니까? 어떤 사람이 어려움에 빠 지거나 죄에 빠졌을 때 설사 그가 멸망할 자라고 하더라도 사람이 사람을 돌보아주고 편들어 주지 않으면 누가 편들어 주겠습니까? 천사가 편들어 주겠습니까, 원숭이가 편들어 주겠습니까? 사람이 사람을 감싸 주어야지요. 그런데도 우리는 "몰라요. 제가 제 아우를 지키는 사람입니까? 제가 그렇게 할 일 없는 사람인 줄 아세요? 전 바빠요" 하는 겁니다.

　우리는 다른 사람의 영혼을 책임질 수 없습니다. 부모가 자식의 영혼을 책임지지 못합니다. 내가 친구의 영혼을 책임지지 못합니다. 그러나 최소한의 관심은 가지고 있어야 합니다. 그가 어떤 상태에 있는지, 요즘 무엇을 하고 있는지, 어떤 어려움에 처해 있는지 그 정도는 알아야 할 것 아닙니까?

　"네 아우가 어디 있느냐? 네 친구가 어디 있느냐?" 하고 물으시는 하나님의 질문은 우리한테 그 사람을 몽땅 책임지라는 말이 아닙니다. "걔는 요즘 아파서 누워 있는데 아픈 것보다는 영적으로 침체되어 있는 것 같습니다. 요새 기도도 잘 안 하는 모양인데 무언가 불만이 있는가 봅니다." 적어도 이 정도의 관심은 가져야 하지 않습니까? 그래도 인간인데, 인간이 인간에 대해 최소한의 책임감과 관심은 가지고 있어야지 '모른다'고 하면 안 된다는 겁니다.

　예수님께서는 열 명의 문둥병자들을 고쳐 주셨는데, 그중에서 돌아온 사람은 사마리아인 한 명뿐이었습니다. 그때 예수님은 대단히 섭섭하게 생각하시면서 "나머지 아홉 명은 어디 있느냐? 전부 낫지 않았느냐?"고 물으셨습니다. 그 말 속에는 "함께 올 수 있는데 무슨 사정이 있어서 너 혼자 왔느냐, 아니면 그들이 오지 않아서 너 혼자 왔느냐? 대체 어떻게 된 거냐? 함께 가자고 말이라도 한번 해봤느냐?" 하는 의미가 들어 있습니다.

　다시 말해서 우리 혼자 살려고 해서는 안 된다는 것입니다. 내 말을 안 듣더라도 말이라도 한번 시켜 봐야 합니다. 아무리 반응이 없어도 이 정도는 해봐야 한다는 거예요. 하나님께서 "네 친구 왜 안 왔어?" 하실 때 "제가 '가볼래?' 하고 물었는데 안 왔어요" 정도의 대답은 할 수 있어야지요. 그런데 "몰라요. 제가 친구를 지키는 사람입니까?" 하고 대답해서야 되겠습니까? 이것은 인간에 대한 최소한의 애정이나 사랑마저도 보이지 않는 대답입니다.

여러분, 말이라도 한번 걸어 보십시오. "교회에 한번 가봅시다. 이 문제에 대해 한번 관심을 가져 봅시다." 그래야 하나님께 할 말이 있지요. 예배드릴 때 차가운 얼음처럼 냉정하게 앉아서 "주여, 오셔서 저만 구원하여 주소서. 저는 아우를 지키는 사람이 아닙니다" 해서는 안 됩니다. 그리스도인은 애정이 있어야 합니다. 정말 애정이 있어야 합니다. '냉정한 그리스도인'이라는 것은 있을 수 없는 말입니다. 그리스도인은 냉정할 수가 없습니다. 어떻게 냉정할 수가 있겠습니까? 하나님의 심장은 태양같이 뜨겁습니다. 그분을 믿는데 냉정하다는 것은 있을 수 없는 일이에요. 그러면 안 됩니다. 말이라도 걸어보고 눈물이라도 흘려보아야 합니다.

영원한 방랑

하나님께서 살인자 가인에서 주신 벌은 이 땅에서 영원히 쫓겨나는 것입니다. 11절을 보십시오.

> 땅이 그 입을 벌려 네 손에서부터 네 아우의 피를 받았은즉 네가 땅에서 저주를 받으리니 네가 밭 갈아도 땅이 다시는 그 효력을 네게 주지 아니할 것이요 너는 땅에서 피하며 유리하는 자가 되리라

성경은 땅을 마치 사람처럼 표현하고 있습니다. 땅에 입이 있어서 피를 마실 수 있는 것처럼, 그리고 땅에 감정이 있어서 좋아하는 사람은 힘써 도와주고 싫어하는 사람은 아무리 열심히 농사를 지어도 도와주지 않음으로써 쫓아내는 것처럼 말하고 있습니다. 그러나 이것은 땅에 인격이 있다거나 땅이 가치 판단을 내릴 수 있다는 의미가 아닙니다. 이것은 하나님께서 그렇게 하시겠다는 말씀입니다. 하나님이 죄인을 이 땅에 정착할 수 없게 만드시겠다는 것입

니다. 땅은 하나님께서 그 뜻을 행하시기 위해 사용하시는 한 수단
입니다. 땅은 하나님의 종 가운데 하나입니다. 하늘이나 바람도 하
나님이 쓰시는 종입니다.

하나님은 죄를 지은 자들에게서 그의 은총을 거두어 가시겠
다고 말씀하고 계십니다. 특히 이것은 이 창세기를 읽고 있는 이스
라엘 백성들에게 아주 무서운 경고가 되는 말씀입니다. 지금 이스
라엘 백성들은 가나안 땅으로 들어가면서 모세로부터 이 창세기 설
교를 듣고 있습니다. 하나님께서 그들에게 말씀하시는 것이 무엇입
니까?

그들은 가나안을 향하여 나아가고 있습니다. 그들의 목표는
땅을 차지하는 것입니다. 그러나 그들에게 사랑이 없을 때, 그들이
비정한 자가 될 때, 그들이 하나님의 말씀을 저버릴 때, 가나안 땅이
분명히 그들을 거부하리라는 것을 하나님은 가인의 이야기를 통해
서 보여 주시는 것입니다. 가인의 경우에는 농사가 되지 않아서 땅
에서 쫓겨날 수밖에 없었습니다. 그러나 이스라엘 백성들의 경우에
농사가 안 되는 것은 경고에 불과했고, 결국 그들은 전쟁 포로가 되
어 그 땅에서 쫓겨나고 말았습니다.

오늘날 사람들은 고향을 잃어버렸습니다. 엄청나게 많은 사
람들이 고향을 버리고 도시로 몰려왔습니다. 이것은 농사가 안 되
서라기보다는 좀더 나은 삶을 위하여 스스로 자기 땅을 버린 것이
지요. 오늘날 현대의 도시인들은 영원히 방황하는 방랑자들입니다.
돈이 많은 사람들은 좀더 나은 투기를 위해 계속 이사를 다닙니다.
재산증식을 위해 너무나 집을 자주 옮기는 탓에 아예 이삿짐을 풀
지도 않고 짐을 항상 상자째 쌓아 놓고 사는 사람도 있습니다. 가난
한 사람들은 그들 나름대로 또 짐을 싸야 합니다. 집세가 오르면 좀
더 높은 곳으로, 좀더 물이 안 나오는 곳으로, 좀더 달이 가까운 동
네로 자꾸자꾸 이사를 해야 합니다. 그래서 나중에는 달이 엄청나
게 가까운 동네, 자세히 보면 토끼가 보일 정도로 가까운 동네에 살

게 됩니다. 돈 있는 사람은 돈 있는 대로 압구정동을 향하여 빙빙 돌면서 도로 하나 건너고 신호등 하나 건너 조금씩 가까이 갑니다. 현대인은 모두 이동하고 있습니다.

그러나 이보다 더 큰 문제는 바로 마음속에 있는 분노의 감정입니다. 마음속에 분노의 감정이 있으면 아무 데도 정착하지 못합니다. 왜냐하면 도대체 만족이 없기 때문입니다. 살 재미가 없습니다. 아무리 수입이 많아도 만족스럽지가 않습니다. 이 일을 해도 만족이 없고 저 일을 해도 만족이 없습니다. 이 직장도 저 직장도 만족이 되지 않습니다. 학과도 마찬가지입니다. 어떤 학과도 자기를 만족시켜 주지 못합니다. 어떤 것도, 어떤 결과도 기쁨이 되지 못합니다. 마음속에 분노가 있기 때문이지요. 분노의 불이 꺼지기 전까지는 절대로 정착하지 못합니다. 그래서 끝없이 방황하는 것입니다. 이 모든 것이 가인의 후예들이 가진 기질입니다.

가인이 두려워한 것은 단지 농사가 안 되는 것만이 아닙니다. 그것은 일종의 심리적인 불안이었습니다. 13절을 보십시오.

> 가인이 여호와께 고하되 내 죄벌이 너무 중하여 견딜 수 없나이다 주께서 오늘 이 지면에서 나를 쫓아내시온즉 내가 주의 낯을 뵈옵지 못하리니 내가 땅에서 피하며 유리하는 자가 될지라 무릇 나를 만나는 자가 나를 죽이겠나이다

성경을 좀 읽어 나가다가 가인의 말만 나오면 머리가 복잡해지면서 이 사람이 지금 도대체 무슨 이야기를 하는지 이해가 되지 않습니다. 가인은 살인자인 자신을 하나님이 살려 주셨음에도 불구하고 '벌이 너무 중하여 견디지 못하겠다'고 불평합니다. 하나님이 매를 때린 것도 아니고 공중에 매달아 놓은 것도 아니고 감옥에 가두어놓은 것도 아닌데 벌이 너무 중하다고 말하는 것입니다. 가인은 자기가 얼마나 무서운 죄를 지었는지 도대체 알지 못하니

다. 어쩌면 그는 살인이 죄가 아니라고 생각하는 것 같기도 합니다.

사람은 자기 자신에게는 너무 관대합니다. 가인은 동생을 죽임으로써 얼마나 하나님의 마음을 아프게 했는지는 생각하지 않고 오히려 하나님이 자기를 힘들게 하는 것만 생각하고서 원망하고 불평합니다. 여러분, 우리가 주님을 만나기 전에 얼마나 많이 불순종하면서 살았습니까? 그런데 신앙생활 좀 하고 나서 어려움이 오니까 "하나님, 정말 저를 너무 힘들게 하십니다. 제 벌이 중하여 견딜 수 없습니다" 하는 겁니다. 우리가 얼마나 오랫동안 하나님을 힘들게 했으며 얼마나 하나님을 근심하게 했는지는 생각지도 않고 "난 믿는다고 하는데 왜 이런 어려움이 생깁니까?" 하고 불평하는 겁니다. 우리는 우리 자신을 객관적으로 살펴볼 필요가 있습니다. 옆에서 조금만 자기 자신을 보고 있으면 "나는 정말 맞아 죽을 놈이야. 하나님, 이 정도는 약과입니다. 이 방랑을 기쁘게 받겠습니다" 할 것입니다. 만약 가인이 정말 무언가를 깨달았다면 이 정도의 말은 했을 것입니다.

여러분, 옆에서 자기 자신을 보십시오. 내가 하나님께 한 짓을 생각하면 잠시 고난받는 것은 아무것도 아닙니다. 이런 시련은 마땅히 와야 하고 내가 저지른 잘못에 비하면 오히려 가볍다고 생각해야 무언가 제대로 돌아가고 있는 것입니다.

가인의 방랑이 찬송이 되지 못하고 불평이 된 이유가 무엇입니까? 죄가 가인을 너무나도 자기중심적인 사람으로 만들어 놓았기 때문에 도대체 자기의 죄가 얼마나 크고 이 벌이 얼마나 가벼운지 깨닫지 못한 탓입니다. 객관적으로 자기 자신을 한번 돌아보면 그의 입에서 이런 말이 나올 수가 없습니다. 오히려 당장 죽을 수밖에 없는 이 죄인을 살려 주신 것 자체가 얼마나 큰 은혜인지 입에서 저절로 노래가 나올 겁니다. "내 벌이 중하여 견딜 수 없습니다. 하나님, 도대체 몇 달 동안이나 어려움을 주실 겁니까?" 도대체 이런 말이 어떻게 입에서 나옵니까?

또한 가인은 하나님의 벌 중에서 가장 두려운 것이 '하나님의 낯을 뵙지 못하는 것'이라고 말하고 있습니다. 가인의 의식 속에는 그 나름대로 '하나님의 낯'이라는 개념이 있었습니다. 이 '하나님의 낯'이 무엇입니까? 저는 멀리 보이는 에덴동산이었으리라고 생각합니다. 가인은 화염검과 그룹이 항상 지키고 있는 에덴동산을 하나님의 얼굴로 생각했습니다. 그래서 기분이 나쁠 때는 그곳을 쳐다보지 않거나 그곳을 향해 눈을 흘기고 입을 삐쭉이며 고개를 숙이면서 하나님께 반항하고, 기쁠 때는 그곳을 바라보며 웃으며 즐거워했을 것입니다. 아마 제사도 그 쪽을 향해서 드렸을 것입니다. 가인에게는 이렇게 그 나름대로 하나님의 얼굴이 있었고 '그래도 나는 하나님의 얼굴을 볼 수 있다'는 것이 그의 낙이었습니다. 그런데 이제 하나님께서 그 낙을 빼앗아가시니 너무 힘들다고 이야기하고 있는 것입니다.

이스라엘 백성들에게 '하나님의 낯'은 무엇입니까? 그것은 성막이었습니다. 그래서 성경에 보면 '여호와의 목전에서 죄를 범하여'라는 말이 수없이 등장하고 있습니다. 이 말은 그들이 성전 앞에서 너무나도 뻔뻔스럽게 죄를 지었다는 뜻입니다.

오늘 우리들에게 '하나님의 낯'은 무엇입니까? 그것은 하나님의 말씀을 듣는 것입니다. 우리가 교회에 모여 설교 말씀을 듣는 것이 '하나님의 낯을 뵙는 것'입니다. 설교를 듣는 것은 단순히 좋은 이야기나 강좌를 듣는 것이 아닙니다. 설교를 듣는 것은 하나님의 보좌 앞에 나아가 하나님을 뵙는 것입니다. 그러므로 설교를 들을 때는 반드시 예배의 형태를 취하는 것이 좋습니다. 우리는 예배를 통해서 하나님께 나아갑니다. 그래서 설교는 하나님의 보좌 앞에서 바로 그분의 얼굴을 뵙는 놀라운 축복인 것입니다.

벌 중에서도 가장 무서운 벌은 하나님의 말씀을 듣지 못하게 내쫓는 것입니다. 그래서 교회에서 말씀을 들을 기회를 박탈하는 것을 '사탄에게 내어 준다'고 표현합니다. 아모스 선지자는 이스라엘 백성이 받을 가장 큰 벌은 다른 기근이 아니라 바로 하나님의 말씀을 듣지 못하는 기근이라고 했습니다. 아모스서에는 여러 가지 기근에 대한 환상이 나오고 있습니다. 불로 온 바다를 불사르는 기근이 표현되기도 합니다. 그러나 아모스는 '진짜 재앙은 너희가 다시는 하나님의 말씀을 들을 수 없도록 말씀을 빼앗아가는 것'이라고 말했습니다. 그리고 아모스의 이 예언 후 700년 동안 선지자가 나타나지 않았습니다.

가장 두려운 것은 하나님의 얼굴을 뵙지 못하도록 그 존전에서 쫓아내시는 것입니다. 교만한 자는 말씀에서 쫓아내 버리십니다. 도저히 앉아서 설교를 듣지 못하게 만드십니다. 이것이 바로 그 존전에서 쫓아내는 것이지요. 오늘 우리 믿는 형제자매들은 말씀을 너무나 가볍게 생각하고 있습니다. 설교를 단순히 은혜를 주는 말씀으로 생각하니까 "오늘 말씀은 은혜로웠다, 아니다" 말을 하는데, 그것은 존전에서 쫓겨난 것입니다. 아무리 못살아도 말씀이 있는 사람은 삽니다. 하나님이 그의 존전에서 지켜 주고 계십니다. 그는 하나님 앞에서 살고 있습니다. 그러나 아무리 잘살아도 말씀이 없고 말씀을 들을 기회가 없으면 하나님의 존전에서 쫓겨난 것입니다.

하나님이 존전에서 쫓아내는 방법이 무엇입니까? 말씀을 들을 수 없을 정도로 바쁘게 만드는 겁니다. 계속 약속이 생깁니다. 주일에 말씀의 존전에 나아가려고 하면 동창회나 결혼식이 생기고, 친구가 "너 이번에 안 오면 의리고 뭐고 끝이다" 협박하고, 건강하던 장모님이 아프고 시누이가 아프고 내가 아프고 회사에서 나오라고 하고…… 그러다가 1년이 지나가 버립니다. 이것은 하나님이 존전에서 몰아내신 것입니다. 사업이 너무너무 잘되고 주일에 외국에서 물건이 들어오고 주일에 물건을 납품해야 하는 일이 자꾸 생긴다면 이미 존전에서 쫓겨난 겁니다. 계속 바쁘게 만드시고 계속 일이 생기게 하시는 이것이 버리는 방법입니다.

가인이 두려워한 것은 에덴동산을 멀리서나마 볼 수 없다는 것, 그나마 가인에게 남아 있는 마지막 위로가 박탈된다는 것이었습니다. 하나님께서 가인에게 주신 벌이 무엇입니까? "너는 에덴동산을 쳐다보지도 말아라. 너는 에덴동산을 쳐다볼 자격도 없다!" 하신 겁니다. 여러분, 이것은 대단히 두려운 일입니다. 이것을 두려워하는 가인의 말에는 일리가 있습니다. 아마 가인의 말 중에서 제일 일리 있는 부분 같아요.

가인은 또 한 가지 불평을 합니다. '나를 만나는 자가 나를 죽일 것'이라고 말하는 것입니다. 이 한 구절 때문에 창세기 전체가 대혼란에 빠져 버립니다. 지금까지 무대 위에 나타난 사람은 몇 명 되지 않습니다. 아담과 하와, 가인과 아벨, 이 4명밖에 없는데 그나마 하나 죽었으니까 이제 3명밖에 없습니다. 여태껏 4명밖에 없었는데 도대체 누가 있었길래 가인이 사람을 만나서 맞아죽을까 봐 두려워하느냐는 것입니다. 이것은 아주 어려운 문제입니다. 사람들은 이것 때문에 창세기의 역사성을 의심하기도 합니다.

어떤 사람은 아담 이외에 다른 인류가 있었을 것이라고 생각합니다. 또 어떤 사람은 아담이 가인과 아벨 외에 다른 자식을 많이 낳았을 것이라고 이야기합니다. 사실 창세기는 엄청나게 많은 부분을 생략하고 있기 때문에 후자로 설명할 수 있는 가능성이 있고 또 그렇게 해석하는 게 가장 타당하리라고 생각합니다.

하나님이 아담 이외에 다른 인류를 만들었다고 하는 설명은 성경의 정신에 맞지 않습니다. 모든 인간은 아담으로부터 나왔습니다. 그러나 아담이 가인 외에 다른 자식을 두었을 것이라는 설명은 얼마든지 가능합니다. 처음에 하나님께서 생육하고 번성하라고 하셨기 때문에 아주 많은 자식들이 태어났을 것입니다. 또 성경은 여자들이 누구누구를 낳았는지에 대해서는 아무 소리도 하지 않습니다. 또 가인이 아벨을 죽였을 때에는 이미 어느 정도 나이가 들었을 것입니다.

그러나 저는 또 다른 생각이 듭니다. 그것은 가인이 천사들을 만날까 봐 두려워했으리라는 것입니다. 구약 시대에는 천사들이 자주 나타났고, 성경은 이 천사들을 '사람'으로 부를 때가 많았습니다. 야곱은 밧단아람에서 돌아오다가 천사의 부대를 길에서 만난 적도 있습니다.

이렇게 생각하는 데에는 이유가 있습니다. 무대 위에 있는 사람은 몇 명 되지도 않는데 갑자기 '사람'이 나온다고 해서 다른 의외의 사람들이 존재한다고 해석하는 것은 조금 무리가 있습니다. 그래서 저는 가인이 천사를 두려워했으리라고 생각하는 것이지요. 에덴동산의 입구에는 항상 무서운 천사들이 있었고, 또 지금 하나님께서 천사를 통해 가인에게 말씀하고 계실 수도 있으니까요.

제가 이렇게 생각하는 또 다른 이유는 하나님께서 가인에게 죽임당하지 않을 표를 주셨다는 사실에서 찾을 수 있습니다. '이 표가 무엇이냐' 하는 문제는 '가인이 만날까 봐 두려워하는 사람이 누구냐' 하는 문제와 맞물려 있는 어려운 문제 중의 하나입니다. 이것은 분명히 살인자의 표였습니다. 그런데 살인자가 어느 곳에 가서 살려면 조용히 숨어서 사는 것이 낫지 '나는 살인자인데 이것은 처벌을 면제받은 표시입니다' 하고 드러내면 오히려 보복당할 가능성이 있습니다. 그래서 이것이 사람에게 보이는 표시라기보다는 천사들이 가인을 죽이지 못하게 하신 표시가 아닌가 생각하는 것입니다. 그러나 단정할 수는 없습니다.

아무튼 하나님께서 가인에게 주신 벌은 죄를 용서받지 못한 상태에서 영원히 쫓겨다니는 것입니다. 하나님은 가인을 용서하지 않으셨습니다. 용서하지 않은 상태에서 살려 주셨습니다. 가인은 이것이 얼마나 큰 고통인지 한평생을 통해 체험해야만 했습니다. 가인은 노리는 자가 없어도 불안합니다. 바람만 불어도 불안합니다. 속에 있는 양심이 쫓기고 있기 때문입니다.

모든 인간은 이런 상태에 있습니다. 죄를 용서받지 못한 상태에서 계속 살아야 하는 것이 우리 인간의 문제입니다. 하나님께서는 죄지은 인간을 창살 없는 감옥에 가두셨습니다. 가인은 실제로 감옥에 갇히지는 않았습니다. 그는 어디든지 돌아다닐 수 있었습니다. 그러나 그의 양심이 감옥에 갇혔기 때문에 어디를 가든지 그곳이 감옥이었고 어디에서도 만족할 수 없었습니다. 가인의 벌은 영원한 종신형이었습니다.

오늘날 모든 인간들은 종신형을 살고 있습니다. 창살 없는 감옥에서 태어나 거기에서 살다가 죽습니다. 영원한 만족이 없습니다. 양심이 억압되어 있기 때문입니다. 양심이 신음하고 있고 고통과 번민 가운데 있기 때문에 무슨 일을 해도 만족이 없습니다. 교도소 안에는 공장이 있습니다. 죄수들은 어떤 일이든지 해야 견디기 때문에 공장에서 일 시켜주는 게 제일 큰 기쁨입니다. 거기서 고무신도 만들고 물건도 만드는 것이 그래도 불안한 세월을 잊게 합니다.

오늘날 사람들이 바로 그렇습니다. 무슨 일이든지 하지 않으면 미칩니다. 창살 없는 감옥에 갇혀 있기 때문에 무엇이든지 해야 해요. 무언가 하지 않고 그냥 내버려 두면 거의 죽을 지경이 됩니다. 학교를 졸업한 다음에 한 3년 동안 실직 상태에 있으면 미치려고 해요. 죄수는 무엇이든지 해야 덜 불안합니다.

요즘은 감옥이 좋아져서 감옥 안에 텔레비전, 냉장고 다 있습니다. 게다가 검정고시도 볼 수 있게 해줍니다. 공장도 있습니다. 그래도 거기는 감옥입니다. 오늘날 이 세상은 감옥이에요. 여러 가지 좋은 물건 갖춰 놓고 좋은 대학교 나왔어도 마치 감옥 안에서 검정고시 치는 것과 같습니다.

요새 보면 부인들이 집에 있는 동창생한테 전화를 걸어서 욕부터 퍼붓습니다. "너는 집구석에 처박혀서 뭐하고 있냐? 썩는 냄새가 전화기를 통해서 여기까지 난다"는 겁니다. 쇼핑을 하든지, 직장생활을 하든지, 아니면 무작정 돌아다녀야 합니다. 집에 그냥 있으면 욕먹습니다. 이 추운 겨울에 집구석에 처박혀 있는 게 얼마나 따뜻하고 좋습니까? 그런데 무언가 하지 않으면 견디질 못하는 것입니다. 무언가 해야 하고 어디엔가 가야 합니다. 다방에서도 한 번 보면 알아요. 이쑤시개나 휴지를 가만히 두질 못합니다. 그런 것을 못하게 하면 견디질 못해요. 또 남이 알아주지 않고 관심을 안 가져주면 그냥 미쳐 버립니다. 왜 그렇습니까? 죄수이기 때문에 그렇습니다.

여러분, 우리는 해방되어야 합니다. 양심이 해방된 자의 특징이 무엇입니까? 삶 자체가 기쁨이며 환희라는 것입니다. 숨 쉬는 것 자체가 기적입니다. 아무 일 하지 않아도, 대학 나오지 않아도, 공장에서 일하지 않아도 살아 있다는 것 자체가 기적입니다. 예수 그리스도의 피로 죄 용서받으면 살아 있는 것 자체가 기적이에요. 오늘 하루가 신기하지 않습니까? 내가 살아 있다는 것 자체가 놀랍지 않습니까? 무엇을 하든지 무슨 상관이 있습니까? 죄 용서받은 사람이 보는 세상은 감옥이 아닙니다. 매일매일 기적이 일어납니다. 저 거대한 태양이 떠오르는 것을 보십시오. 하늘의 수많은 별들을 보십시오. 우리는 기적의 세상에 살고 있습니다.

일을 못해서 조바심 내고, 무엇이든지 하지 않으면 불안해 하는 것은 가인이 뿌려 놓은 죄의 결과입니다. 창살 없는 감옥에서 태어나서 창살 없는 감옥에서 죽는 겁니다. 그러나 아침에 태양이 떠오를 때 "아! 오늘도 살아 있구나! 오늘도 나에게 시간이 주어졌구나! 주님, 감사합니다!" 하며 기도하고, 직장에 들어가면서도 환희에 차서 "비켜라!" 호령하며 들어가는 사람은 해방된 사람입니다.

죄인에게 주시는 하나님의 은혜

하나님께서는 가인의 죄를 용서해 주지 않으셨지만 그가 이 땅에서 생명을 유지할 수 있는 조건을 주셨습니다. 그래서 나중에 가인은 집을 지었고, 그 후손들은 음악을 비롯한 여러 가지 문명의 이기들을 발명했습니다. 그러나 그것은 형벌을 면제받았다는 뜻이 아닙니다. 그저 형벌이 보류된 것뿐이고 그동안 스스로 위로하며 지낼 수 있게 하셨다는 뜻입니다. 즉 감옥에 있는 동안 좀더 편하게 살 수 있도록 기술이 개발되고 음악이 만들어지고 집이 만들어진 것뿐입니다. 그렇다고 해서 그들의 신분 자체가 변한 것은 아닙니다.

하나님께서는 이렇게 가인에게 이 세상에서 살 수 있는 기회를 주시고 죽이지 말라는 표를 주셨습니다. 그렇다면 이 표는 구체적으로 어떤 것이었을까요? 이에 대해 의견이 분분합니다. 어떤 사람은 문둥병일 것이라고 합니다. 문둥병자는 사람들이 죽이려고 하지 않기 때문에 아마 문둥병이 걸린 채 한평생 살았을 것이라는 말인데 이것은 지나친 추측입니다. 어떤 사람은 이마에 문신 같은 표시를 했을 것이라고 말하기도 합니다. 그것도 추측입니다. 또 어떤 사람은 이런 외적인 표시가 아니라 '나는 죽지 않는다'는 내면적인 확신일 것이라고 말하는 사람도 있는데, 그것은 성경을 너무나 소극적으로 해석하는 것입니다.

여러분, 이 표시라고 하는 것을 어렵게 생각하지 마십시오. 이 표시가 구체적으로 어떤 것이었느냐는 중요하지 않습니다. 이것은 하나님의 언약의 표시입니다. 그 표시 자체가 가인을 살려 주는 것이 아닙니다. 그러나 그 표시에는 하나님의 언약이 있었습니다. 마치 생명나무와 선악을 알게 하는 나무 자체가 무슨 힘을 가진 것은 아니지만 거기에 언약이 있어서 그것을 보거나 먹을 때마다 마음속에 하나님을 믿는 믿음이 생기는 것처럼, 이 표는 하나님과 가인 사이에 맺은 언약의 표시였습니다. 그러므로 가인은 계속 쫓겨 다니면서도 그 표시를 볼 때마다 '그래도 하나님은 나에게 은혜를 베풀고 계신다'는 믿음을 가질 수 있는 것입니다. 노아에게 주신 언약의 표시는 무엇입니까? 무지개입니다. 무지개 자체가 비를 오게 하거나 오지 않게 하는 것이 아닙니다. 비만 오면 또 홍수가 임할까 봐 불안해하던 사람들이 구름 사이에 떠오른 무지개를 보면 마음속에 하나님에 대한 믿음과 신뢰가 생기면서 안심하게 되었던 것이지요.

하나님께서는 가인에서 표시를 주심으로써 아무리 죄인이 더라도 사적으로 보복해서는 안 된다는 중요한 원칙을 말씀하십니다. '눈에는 눈, 이에는 이'라는 모세의 말은 사적인 보복을 허용하는 말씀이 아니라 공적인 재판의 기준을 제시하는 말씀입니다. 어떤 사람이 다른 사람의 눈을 상하게 했을 때 재판관은 눈을 상하게 하는 것 이상의 형벌을 주어서는 안 되며, 어떤 사람이 다른 사람의 이빨을 손상시켰을 때 그 이빨을 상하게 하는 것 이상의 형벌을 주어서는 안 된다는 것입니다. 이것을 사적으로 다른 사람의 눈을 뽑아도 되고 이를 뽑아도 된다는 말로 생각한다면 모세의 율법을 완전히 반대로 해석하는 것입니다.

다른 한편, 이 표에는 하나님께서 앞으로도 계속 죄인에게 어떤 표시를 주셔서 그들이 멸망하지 않게 하겠다는 의미가 포함되어 있습니다. 그 표시가 무엇입니까? 바로 어린 양의 피입니다. 아무리 죄인이라 하더라도 어린 양의 피를 바라고 있는 자, 예수 그리스도의 보혈을 의지하고 있는 자는 어느 누구도 죽일 수 없습니다. 어떤 천사도 그를 사망으로 끌고 갈 수 없습니다. 지옥에서 하나님의 보좌 앞까지 걸어가는 그의 걸음을 어느 누구도 막을 수 없습니다. 왜냐하면 하나님이 주신 표시가 있기 때문입니다.

오늘날 현대인은 가인의 후손으로서 살고 있습니다. 그러나 여러 가지 문명의 이기를 누리고 있고 좋은 대학을 나왔더라도, 그것은 감옥 안에 냉장고와 텔레비전 갖다 놓고 검정고시 공부해서 학위를 따는 것과 같습니다. 우리는 해방되어야 합니다. 좋은 학벌이 그를 살리는 것이 아니고, 좋은 집이 그를 살리는 것이 아닙니다. 창살 없는 감옥에 갇혀 있는 양심이 풀려 나와야 합니다. 그렇지 않으면 영원히 방황할 것입니다. 아무 일에도 만족하지 못할 것이고 어디에도 정착하지 못할 것이며 한평생 감사하지 못할 것입니다.

만세 반석이신 그리스도께로 도망치십시오. 그러면 피할 수가 있습니다. 그리스도 안에서는 하나님의 진노가 완전히 해결됩니다. 여러분, 왜 이런 저런 일을 함으로써, 밤낮으로 좇아다님으로써 불안을 잊으려고 합니까? 그리스도의 피를 바르십시오. 그러면 아무 일을 하지 않아도 평안할 것입니다. "내가 살아 있다는 자체가 기적이다. 나는 무엇을 하든지 내게 주어진 삶을 가치 있게 보낼 수 있다"는 말은 어린 양의 피를 양심에 바르고 죄에서 해방된 사람만이 할 수 있는 말입니다. 왜 일을 통해서 자기를 확인하려고 하고 직장이나 학교를 통해서 자기의 가치를 확인하려고 합니까? 그것은 가인의 후손들이 하는 일입니다.

양심이 해방되어야 합니다. 해방된 양심을 가진 사람들은 내가 어느 학교를 나왔든 못 나왔든, 내가 직장생활을 하든 실업자로 있든, 살아 있는 것 자체가 환희이고 생명이 주어진 것 자체가 감사한 일이며 매일매일이 기적의 연속입니다. 사랑하는 형제자매 여러분, 주님을 통해 이 삶을 얻으십시오. 양심이 해방되십시오. 주 예수의 피의 흔적을 몸에 가지십시오. 그러면 영원히 살게 될 것입니다.

17

세 종류의
삶

얼마 전에 한 형제가 직장에서 비록 몇 명 되지는 않지만 믿는 사람들이 모여서 함께 예배드리기로 했다고 말하는 것을 들은 적이 있습니다. 직장에는 정말 다양한 사람들이 모여서 함께 어울려 일을 합니다. 아마 직장에서야말로 동상이몽(同床異夢)이라는 말이 가장 실감날 것입니다. 함께 모여서 일을 하기는 하지만 사는 목적은 모두 다 그렇게 다를 수가 없습니다.

어떤 사람은 사는 목적이 즐기는 데 있습니다. 그래서 일은 둘째로 밀어놓고 퇴근 후 누구와 데이트하며 누구와 술을 마시느냐를 중요하게 생각하는 사람도 있습니다. 그런 사람은 퇴근 30분 전만 되면 책상 위를 청소해놓고 머릿속으로 어떻게 놀 것인지 계획을 세웁니다. 반면에 어떤 사람의 사는 목적은 자기 발전에 있습니다. 그래서 끊임없이 공부하며 길에서도 영어회화 테이프를 듣고 다니고 일을 마치자마자 영어 학원으로 달려갑니다. 또 어떤 사람은 사는 목적이 오로지 돈을 모으는 데 있습니다. 그래서 늘 보는 것이 부동산 정보지나 증권 잡지이고 예외없이 하는 얘기는 누구누구가 어떻게 해서 떼돈을 벌었다는 것입니다. 물론 이도 저도 아닌 사람들도 있습니다. 자기가 맡은 일은 하지 않고 남의 일에 참견만

하면서 항상 말로만 때우는 얌체 같은 사람들도 있습니다.

우리는 이 세상에서 무언가 새로운 것을 배울 때 삶의 지평선이 엄청나게 넓어지는 것을 경험합니다. 운전을 하는 것과 하지 못하는 것 사이에는 굉장한 차이가 있습니다. 운전을 하지 못하는 사람에게 누가 제일 부러운지 물어보십시오. 바로 운전하는 사람입니다. 운전하는 사람은 자기가 원하는 곳으로 날아갈 수 있는 새 같습니다. '이 몸이 새라면'이 아니라 '운전만 할 수 있다면' 밤에도 다니고 지방에도 다니고 동해도 갈 텐데 운전을 못하는 것이 문제지요. 운전을 하면 남에게 업혀다니는 것과는 비교할 수 없을 정도로 삶의 반경이 넓어집니다. 가고 싶은 데 다 갈 수 있고 아무리 늦어도 언제든지 집에 올 수 있습니다. 지하철이 끊어져도 염려할 필요가 없습니다.

또 자기가 영어를 직접 읽을 수 있는 것과 번역된 글을 읽는 것 사이에는 엄청난 차이가 있습니다. 나중에 보면 좋은 책 가운데 상당히 많은 책이 번역되어 있지 않다는 것을 알게 될 것입니다. 그런데 어떻게 남이 일일이 번역해 주기를 기다리겠습니까? 그래서 영어를 자유자재로 읽을 수 있는 사람과 그렇지 못한 사람 사이에는 공부에 분명한 한계가 생기게 됩니다.

컴퓨터는 말할 필요가 없습니다. 자신이 컴퓨터를 다룰 수 있든지 없든지 간에 우리의 생활은 대부분 컴퓨터로 이루어지고 있습니다. 은행 온라인을 보십시오. 옛날에는 자기가 저금한 점포가 아니면 돈을 찾을 수 없었습니다. 그러나 이제는 어디서나 돈을 찾을 수 있고 입금할 수 있습니다. 이렇게 컴퓨터가 있느냐 없느냐는 현대인과 비현대인을 분리시키는 분기점입니다.

얼마나 배울 것이 많은 세상입니까? 그리고 그것을 배우면 삶의 반경이 얼마나 넓어집니까? 또 가고 싶은 곳은 얼마나 많습니까? 우리나라에 살 때는 서울이 넓은 줄 알고 잠실이 제일 넓은 줄 알았는데 외국에 가보면 한국이 좁다는 것과 내가 우물 안 개구리였다는 것을 절실히 깨닫게 되지요.

이렇게 배울 것이 많은 넓은 세상에서 하나님께 예배를 드린다는 것은 시간 낭비로 생각될지 모릅니다. 예배는 더 이상 배울 것이 없는 할 일 없는 노인들이나 드리는 것 같습니다. 매순간 변하고 있고 매순간 삶의 지평선이 엄청나게 넓어지고 있는 이 세상에서 젊은이들이 할 일 없이 예배나 드리고 있다는 것은 너무나도 답답한 노릇입니다. 예배를 드리는 그 시간에 조금이라도 더 새로운 것을 배우고 조금이라도 더 새로운 세계를 경험하는 것이 현명한 일인 것 같습니다. 예배를 '복잡한 세상에서 지친 심령을 약간 위로해 주는 휴게실' 정도로 생각하는 사람들이 점점 많아지고 있습니다.

오늘 본문은 우리에게 세 종류의 사람들이 살았던 삶을 보여 주고 있습니다. 물론 이 세 종류의 사람들은 우리와 시대가 멀리 떨어져 있는 고대 사람들이기 때문에 그들이 어떤 식으로 살았는지 정확하게 재구성하는 것은 불가능합니다. 또 그들은 동시대에 살았던 사람들도 아닙니다. 그럼에도 불구하고 그들은 특징있는 삶을 살았고, 그 삶의 모습은 현대의 우리들이 어떻게 살아야 할 것인가에 대해 아주 중요한 교훈을 줍니다.

첫 번째는 가인이 살았던 삶의 방식입니다. 가인이 살았던 삶의 특징은 끊임없는 방랑입니다. 가인은 한 곳에 정착할 수가 없었습니다. 무엇인가 새로운 시도를 하고 끝없이 새로운 곳을 향하여 떠나지 않으면 견딜 수 없는 충동이 그에게 있었습니다. 그래서 가인은 한평생 방황하고 방랑하다가 삶을 마쳤습니다.

두 번째는 가인의 후손 중 라멕이라는 사람의 삶의 방식입니다. 우리는 라멕을 주목해 볼 필요가 있습니다. 왜냐하면 라멕은 그야말로 이 세상에서 가질 수 있는 것을 다 가졌고 누리고 싶은 것을 다 누린 대표적인 인물이었기 때문입니다. 그는 본인이 탁월했을 뿐만 아니라 자녀들도 전부 탁월해서 인간 문명의 발달에 큰 기여를 했습니다.

세 번째는 셋의 아들 에노스의 삶입니다. 에노스는 가인의 자손이 아니었습니다. 그는 죽은 아벨 대신 하나님께서 아담에게 주신 셋의 아들이었습니다. 에노스의 삶에서는 주목할 만한 것을 아무것도 발견할 수 없습니다. 그는 많은 곳을 돌아다니지도 못했고 자식에게 덕을 볼 일도 별로 없었으며 무엇인가를 발명하거나 개발하지도 못했습니다. 그러나 그에게 특징적인 것이 하나 있었는데 그것은 하나님의 이름을 부르는 삶을 살았다는 것입니다.

가인의 삶

가인이 살았던 삶의 특징은 끝없는 방황입니다. 4장 16절과 17절을 보십시오.

> 가인이 여호와의 앞을 떠나 나가 에덴 동편 놋 땅에 거하였더니 아내와 동침하니 그가 잉태하여 에녹을 낳은지라 가인이 성을 쌓고 그 아들의 이름으로 성을 이름하여 에녹이라 하였더라

우리는 가인의 삶에서 이중적인 모습을 보게 됩니다. 하나는 그가 정처 없이 떠도는 방랑자의 삶을 살았다는 것입니다. 그리고 또 하나는 그런 가운데서도 그가 결혼을 했고 자식을 낳았으며 더욱이 성을 쌓아서 정착하고자 했다는 것입니다.

물론 성경에 생략된 부분이 많기 때문에 가인의 삶이 어떠했는지 구체적으로 알 수는 없습니다. 젊어서는 정처 없이 방황하였지만 늙어서는 정신을 차리고 아내에게 돌아와 성을 쌓고 거기에서 처자식을 먹여 살리면서 같이 살았는지, 아니면 젊어서는 자기 나름대로 정착해 보려고 결혼도 시도하고 성도 쌓아 보았지만 결국 만족하지 못하고 끊임없이 방황하다 죽었는지 알 수 없습니다. 우

리는 다만 가인이 끊임없이 방랑했다는 것과 그 가운데에서도 정착하려고 성을 쌓았다는 두 가지 사실만 확인할 수 있을 뿐입니다.

오늘 가인의 삶에서 중요한 것은 무엇입니까? 그가 하나님을 알았음에도 불구하고 하나님을 떠나서 끝없이 하나님 없는 삶을 살았다는 사실입니다. 16절 말씀을 보십시오.

가인이 여호와의 앞을 떠나 나가

가인의 삶의 특징이 무엇입니까? 그는 처음부터 하나님을 몰랐던 사람이 아닙니다. 처음에는 하나님을 알았습니다. 그의 의식 속에는 '하나님 앞', '하나님의 존전'이라는 개념이 있었습니다. 그런데도 자기 욕심, 자기 죄 때문에 분노를 이기지 못함으로써 하나님의 존전에서 쫓겨나서 하나님 없는 삶을 살았던 것입니다.

물론 가인은 하나님의 택함을 받은 사람은 아니었습니다. 그러나 그에게 하나님의 빛이 전혀 없었던 것은 아닙니다. 그에게는 하나님의 은혜를 맛볼 수 있는 기회가 있었습니다. 가인은 택함 받지는 않았지만 성령이 주시는 기쁨을 체험했고 예배의 소중함을 알았던 사람이었습니다.

가인에게 '하나님 앞'은 하나님께서 그에게 농사를 지으라고 주신 땅이었을 것입니다. 항상 불붙어 있는 에덴동산이 바라다보이는 그곳을 가인은 '하나님 앞'이라고 불렀던 것 같습니다. 거기서 가인은 에덴을 바라볼 수 있었고 여러 번 하나님의 음성을 들을 수 있었습니다. 제사를 하나님께서 받지 않으셨을 때 가인은 화를 냈습니다. 그때 하나님의 음성이 들리면서 "왜 분을 내며 얼굴색을 바꾸느냐?"고 말씀하셨습니다. 아벨을 죽였을 때 "네 동생 아벨이 어디 있느냐?"는 하나님의 음성이 들린 곳도 바로 그곳이었습니다. 에덴을 바라볼 수 있고 하나님의 음성을 들을 수 있는 곳, 그곳이 가인에게는 '하나님 존전'이었습니다. 그러나 가인은 하나님 앞을 떠나서 하나님 없는 삶을 살다가 죽었습니다. 그것이 그가 살았던 삶의 전부였습니다.

이 점에서 가인은 라멕과 달랐습니다. 가인의 후손 라멕에게는 처음부터 하나님이 없었습니다. 그는 처음부터 자기가 하고 싶은 대로 다 했습니다. 라멕은 하나님의 은혜나 성령의 기쁨 같은 것은 아예 모르는 사람이었습니다. 그러나 가인은 하나님의 은혜를 알았던 사람입니다. 성령의 감동을 체험한 적이 있는 사람이었고, 예배의 기쁨을 알았던 사람입니다. 그런 사람이 하나님의 존전을 떠나서 타락하자 어느 곳을 가도 만족할 수가 없었습니다.

하나님을 섬기다가 타락한 사람, 예배의 기쁨을 알고도 타락한 사람은 이 세상 어느 곳에도 정착할 수 없습니다. 한 번이라도 하나님 앞에 있어 본 적이 있는 사람은 거기에 최고의 것이 있다는 것을 알기 때문입니다. 하나님 앞에는 오직 최고의 것만 있습니다.

여러분, 우리가 하나님께 예배드리면서 경험하는 것은 최고의 것입니다. 예배드리면서 드리는 찬양은 최고의 찬양입니다. 하나님이 우리에게 아들을 주신 사랑은 최고의 사랑입니다. 저 같은 죄인을 불러서 설교자를 삼으신 것은 최고의 은혜입니다. 이렇게 하나님께 예배드리면서 경험하는 것은 모두가 최고입니다. 여기에서 나오는 사상은 전부가 최고입니다.

우리 교회 성도들은 거의 대부분이 처음 믿는 분들입니다. 그래서 믿다가 타락하는 것이 어떤 것인지 잘 모릅니다. 그러나 신앙의 경륜이 오래된 집이나 교회에는 믿다가 타락하는 사람들이 많습니다. 그런데 이렇게 믿다가 타락하는 사람들의 특징이 무엇이냐 하면 바로 한평생 방황하는 것입니다. 처음에 교회 다니고 열심을 낼 때는 그게 최고인 줄 몰랐어요. 그러나 세상에 나가서 보니 그런 음악, 그런 즐거움, 그런 사랑이 없습니다. 그래서 예수를 열심히 믿다가 타락한 사람은 남보다 술을 몇 십 배 더 마십니다. 여자 문제도 더 복잡합니다. 또 노름에 빠집니다. 그렇지 않으면 견디질 못해요.

제가 알고 있는 어떤 사람은 예수를 열심히 믿었습니다. 그러나 세상 욕심을 이기지 못해서 신앙을 버렸습니다. 나중에는 결국 그가 노름에 빠져 헤어나오지 못한다는 말을 들었습니다. 그 이유가 무엇입니까? 우리가 내면에서 하나님을 체험하는 것은 결코 작은 일이 아닙니다. 인간이 하나님의 영광을 경험하고 하나님을 찬송하고 하나님의 말씀을 듣는 이것은 이 세상 어디에서도 찾을 수 없는 최고의 경험이며 최고의 가치입니다.

그러나 죄 때문에 이 모든 축복을 잃어버린 사람은 정상적인 생활로 돌아갈 수가 없습니다. 너무 큰 것을 잃어버렸기 때문에 도저히 견디지 못하는 겁니다. 신앙을 버릴 당시에는 그것이 그렇게 큰지 모릅니다. 그러나 일단 잃고 나면 도저히 다른 것으로는 그 허전함을 메울 수가 없습니다. 그래서 다른 극단으로 달려가게 되어 있습니다. 더 미신을 찾든지 술을 찾든지 다른 일에 빠지게 되어 있어요.

어떤 남자가 한 여인을 미치도록 사랑했다가 그 여자를 잃었을 때 어떻게 합니까? 그 여자를 잊기 위하여 계속 술을 마시거나 다른 대용품을 찾지요. 게임을 해도 미친 듯이 합니다. 그러다가 안 되면 아예 부수어 버려요. 아니면 비오는 날 고수부지를 헤매면서 방황합니다. 너무 큰 것을 잃어버렸기 때문에 다른 것으로 대체할 수가 없기 때문입니다.

우리는 성경에서 그런 사람을 얼마든지 찾아 볼 수 있습니다. 대표적인 사람이 이방 선지자 발람입니다. 발람은 드물게 이방인으로서 하나님의 신에 감동받아 예언한 사람입니다. 그는 정말 특별한 사람이었습니다. 그런데 발람은 돈을 좋아했습니다. 그래서 하나님이 가지 말라고 했는데도 모압 왕 발락의 요청을 따라 가서 이스라엘 백성을 저주하려고 했습니다. 그런데 성령이 너무 강하게 역사한 탓에 저주 대신 축복의 말을 했던 사람이 바로 발람입니다. 그러나 그는 자신의 욕심을 버리지 못하고, 결국에는 그 돈을 얻기

위해서 여자들을 통해 이스라엘 백성들을 음행에 빠뜨리는 계략을
전해 줍니다. 일시적으로 성령이 강하게 임하는 바람에 이스라엘
백성을 저주하지는 못했지만, 결국에는 돈 욕심을 버리지 못해서
계략으로 이스라엘 백성을 망하게 했던 것입니다. 모세는 여호수아
를 보내서 이 발람을 죽이게 했습니다. 발람은 이방인으로서 하나
님의 성령을 받고 하나님의 예언을 했습니다. 그리스도가 태어나셨
을 때 동방박사들은 '별이 뜰 것'이라는 예언에 따라 예수께 찾아오
는데, 이 예언을 했던 사람이 바로 발람입니다. 그런데도 그는 이 예
언의 존귀함을 알지 못하고 돈을 사랑했기 때문에 결국 여호수아의
칼에 죽었습니다.

　　이스라엘의 초대 왕 사울도 그런 사람이었습니다. 그는 성
령을 여러 번 체험했습니다. 사울은 도저히 성령을 체험할 것같이
보이지 않는 사람이었는데도 성령을 여러 번 체험했습니다. 그래서
사람들 사이에는 '사울도 선지자 중에 있느냐?'는 속담이 생길 정
도였습니다. 이것은 '사울도 선지자라고 볼 수 있느냐?'는 뜻입니
다. 그러나 그는 하나님의 말씀에 불순종했습니다. 하나님의 말씀
이 그를 떠나자 그에게는 심한 우울증과 신경쇠약 증세가 나타났습
니다. 그는 결국 거의 반미치광이가 되어서 엔돌의 무당을 찾아갔
습니다. 이렇게 최고의 은혜를 한번 맛보고 타락한 사람은 정상적
인 생활을 하지 못하고 다른 극단으로 달려갑니다.

　　가룟 유다를 보십시오. 그는 하나님의 존전에서 말씀을 들
었던 자입니다. 가룟 유다에게 말씀을 가르친 분은 바로 하나님 자
신이었습니다. 그러나 그는 돈 욕심을 버리지 못해서 예수님을 팔
았습니다. 그가 어떻게 되었습니까? 목매어 자살하고 말았습니다.

　　하나님을 알고 경험하는 것은 결코 작은 일이 아닙니다. 솔
로몬의 잔칫상을 보십시오. 거기에는 이 세상에서 흔히 볼 수 없는
최고의 것들이 있습니다. 그와 마찬가지로 우리가 하나님의 말씀을
들을 때 일어나는 모든 것은 최고의 것입니다. 최고의 사랑, 최고의

찬양입니다. 그것을 능가할 것은 아무것도 없습니다. 하나님 앞에 서는 상대적으로 좋은 것이 하나도 없습니다. 모든 것이 절대적으로 좋은 것입니다. 극상품입니다. 그러나 그것을 맛보고서도 돈 욕심과 세상 욕심을 포기하지 못하고 따라간 사람들은 반대편으로 극단적으로 달려갑니다. 우리는 그들이 끊임없이 방황하거나 다른 대용품을 만들어서 살다가 비참하게 죽는 것을 봅니다.

유대인 가운데 기독교로 개종하는 사람들은 참 드뭅니다. 게다가 그중에서도 목사 집안은 아주 귀하고 특별한 집안입니다. 니체는 목사의 아들이었습니다. 그러나 그는 하나님을 버렸고 계속 방황했으며 결국에는 《짜라투스트라는 이렇게 말했다》를 통해 철학적인 절대자를 만들어 냈습니다. 그렇게 하지 않고서는 견딜 수가 없는 것입니다.

또 마르크스를 보십시오. 그는 하나님의 빛을 한번 경험한 자입니다. 그러나 하나님 앞을 떠나자 다른 이론으로는 만족할 수가 없었습니다. 그는 결국 공산주의를 만들었습니다. 공산주의는 이론으로는 최고의 이론입니다. 실제로 되는지 안 되는지는 모르겠지만 적어도 머리로는 최고의 이론이지요. 그는 이렇게 다른 대용품을 만들어 내고야 말았습니다.

우리가 하나님 앞에서 예배드리고 성도들 사이에서 교제하는 것은 내가 그 가치를 깨닫든지 못 깨닫든지 간에 극상품의 가치를 가지고 있습니다. 그러나 내 욕심이나 기질로 하나님 앞을 떠나면 다른 것으로 그 빈 자리를 채울 수가 없습니다. 돈이나 명예 같은 것으로는 채울 수가 없습니다. 그렇기 때문에 다른 극단으로 갈 수밖에 없는 것입니다.

가인은 무슨 일을 했습니까? 자기의 성을 쌓았습니다. 이 당시에 자기 성을 쌓았다는 것은 엄청난 일입니다. 하나님을 잃고 끊임없이 방황하다가 결국 마지막으로 가인이 붙든 것이 무엇입니까? 자기의 성을 쌓고 거기에서 군림하고 거기에서 큰소리치다가 죽는 것입니다.

하나님을 한번 알고 타락한 사람은 끝없이 방황하든지 아니면 자기 성을 쌓고 죽습니다. 그래서 하나님의 존전을 한번 떠났다가 다시 돌아온다는 것은 기적 중의 기적입니다. 옛날에 신앙생활 하다가 타락해서 방황하던 사람이 돌아왔다면 도저히 있을 수 없는 일이 일어난 것입니다. 축복 중의 축복이요 은혜 중의 은혜입니다. 그래서 탕자가 돌아올 때나 동전을 잃었다가 되찾을 때 하늘에서는 큰 잔치를 벌입니다. 이것은 놀라운 기적이기 때문입니다. 한번 기독교인이 되었다가 실망하고 떠난 사람은 다시 돌아오기가 어렵습니다. 그런데 돌아왔다는 것은 정말 축복이지요. 자기의 성을 쌓지 않고 자기의 세계에 갇히지 않고 하나님께 다시 돌아왔다는 것은 정말 엄청난 축복입니다.

가인의 성은 자기가 절대적으로 군림하는 영역이었습니다. 돌로 벽을 쌓아놓고 아무도 들어오지 못하게 한 채 자기만 절대적으로 군림하는 영역, 그것이 바로 가인의 성이었습니다.

우리는 어릴 때 자주 공상에 빠지곤 합니다. 공상에 빠질 때 어디로 갑니까? 자기 혼자만의 세계로 갑니다. 거기에서는 내가 왕이고 신하이고 공주이고 왕자입니다. 그곳은 나 혼자 사는 나의 세계입니다. 어린 왕자처럼 혼자 별 하나를 차지하고 앉아서 내 맘대로 살 수 있는 곳이 공상의 세계입니다. 《어린 왕자》를 쓴 생텍쥐페리는 가인과 비슷한 것 같습니다. 《어린 왕자》에 나오는 사람들을 보면 전부 별을 하나씩 차지하고서 어느 누구의 간섭도 받지 않으면서 살거든요. 그리고 생텍쥐페리 자신은 야간비행을 하다가 어디에선가 추락해서 죽었다고 하지 않습니까? 하나님을 떠난 인간은 결국 자기의 세계를 구축하게 되고 그것으로 만족하지 못해서 하염없이 가다가 죽고 맙니다.

산을 좋아하는 사람이 있었습니다. 그는 눈 덮인 남미의 산맥을 가로지르다 죽는 것이 소망이라고 했습니다. 거기에서 눈을 밟으며 가다가 죽는 것이 꿈이라는 것입니다. 그런데 진짜 그렇게 죽었습니다. 퇴직금 타서 남미의 어느 산을 등반하다가 실종되었는데 눈 위에 죽어 있는 것이 발견되었습니다. 끝없는 외로움입니다. 가도 가도 끝이 없는 길, 외로움과 갈망, 끝없는 그리움, 이것이 가인의 삶이었습니다. 끝없이 방황하다가 결국 자기 세계에 갇혀서 최후를 마치는 삶, 이것이 바로 하나님의 존전을 떠난 가인의 삶입니다.

라멕의 삶

라멕은 가인의 5대손입니다. 가인과 라멕 사이에 나오는 이름들은 그렇게 주목할 만한 가치를 지닌 것 같지는 않습니다. 그런데도 여기에 인용된 것은 라멕이 가상적인 인물이 아니고 실제로 존재했던 역사적 인물임을 보여 주기 위해서인 것 같습니다. 라멕은 사실로 믿어지지 않을 만큼 탁월한 업적을 남긴 인물이기 때문입니다.

라멕은 이 세상에서 해볼 수 있는 것은 다 해보았고 성취하고 싶은 것은 다 성취해 본 사람이었습니다. 첫째로 라멕은 아내가 둘이었습니다. 19절을 보십시오.

라멕이 두 아내를 취하였으니 하나의 이름은 아다요 하나의 이름은 씰라며

한 남자가 한 여자와 결혼하여 부부가 되는 것은 하나님이 정하신 법칙입니다. 이 당시는 창조된 지도 얼마 안 되고 에덴동산을 떠난 지도 얼마 안 된 때였기 때문에 감히 아내를 두 명 거느리려고 했던 사람이 없었습니다.

그런데 라멕이 얼마나 용감했는지 "뭐, 남자가 한 여자에게 매일 필요가 있나? 능력이 있으면 몇 명이라도 거느릴 수 있는 거지" 하면서 두 명의 아내를 취했습니다. 성경의 기록으로 보면 라멕은 아내를 두 명 취한 최초의 남자입니다. 물론 그 뒤에도 많은 사람이 그렇게 했지만 그것은 중요하지가 않습니다. 누가 맨 처음 이 짓을 했느냐가 중요한 것이지요.

그러나 또 우리가 주목해야 할 것은 라멕의 자식들이 모두 탁월했다는 것입니다. 아다는 야발과 유발이라는 두 아들을 낳았는데 야발은 장막에 거하면서 육축 치는 자의 조상이 되었습니다. 물론 아벨도 양 치는 자였지만 그 양은 몇 마리 되지 않았습니다. 그러나 야발은 장막에 거하면서 전문적으로 목축업을 해서 크게 성공한 사람입니다. 기업으로서의 목축으로 성공한 사람이 바로 야발입니다. 그와 이름이 비슷한 동생 유발은 어떤 사람입니까? 그에게는 음악의 재능이 있었습니다. 21절을 보십시오.

그 아우의 이름은 유발이니 그는 수금과 퉁소를 잡는 모든 자의 조상이 되었으며

유발을 우습게 알면 안 됩니다. 그는 그냥 심심해서 버드나무 가지를 꺾어 피리를 만들어 분 사람이 아닙니다. 유발은 음악의 전문가였습니다. 그의 음악은 많은 사람의 인정을 받았고 그에게 음악을 배우러 오는 사람들도 많았습니다. 유발은 아마도 많은 음악을 작곡한 것 같습니다. 그리고 악기를 만들어 보급하기도 한 것 같습니다.

또 씰라에게는 두발가인이라는 아들이 있었는데 그는 대장장이로서 동철로 각양 기계를 만드는 자였습니다. 여기에서 우리는 놀라운 사실을 발견하게 됩니다. 우리는 대개 오랫동안 석기 문명 시대가 있었고 다음에 청동기 문명이 왔으며 그 후에 철기 문명 시

대가 있었다고 생각합니다. 그러나 성경의 증거에 의하면 두발가인인 때 철기 문명이 시작되었음을 알 수 있습니다.

라멕은 자식 농사에서 성공한 사람입니다. 큰 아들은 유명한 목축업자요 부자입니다. 작은 아들은 음악의 대가입니다. 또 막내는 유명한 공학도요 기술자입니다. 이들은 자신의 이윤 추구나 즐거움을 위하여 이런 일을 하기도 했겠지만 동시에 인류 문명의 발달에 큰 기여를 한 것이 사실입니다. 게다가 두발가인의 누이 나아마는 그 이름이 성경에 기록되어 있습니다. 나아마가 무엇을 한 여자인지는 모르지만 이 당시에 아주 유명한 여자였으리라는 것을 짐작할 수 있습니다. 미모가 뛰어났을지도 모르지요.

이런 의미에서 라멕은 이 세상에서 대성공을 거둔 사람입니다. 일단 결혼에서 성공한 사람은 인생의 반은 성공한 것이나 마찬가지입니다. 자기가 정말 사랑하는 사람과 결혼했다면 인생의 반은 이미 접고 들어가는 것이지요. 나중에 실패하는 사람들을 보면 부부싸움하다가 망하는 사람들이 대부분입니다. 결혼에 성공하면 인생의 반을 성공했다고 하는데 라멕은 두 번이나 성공했으니까 탁월하게 성공한 사람입니다. 게다가 그의 자식들은 보통 자식들이 아니었습니다. 하나하나가 전부 탁월했어요. 자식이 셋 있는데 하나는 하버드 나와서 국제 변호사 하고 있고 하나는 예일 나와서 의사 하고 있고 하나는 다른 명문대학 공대 나온 기술자인 집이 있다면 사람들은 입에 침을 튀기면서 "저 집은 정말 복받은 집이야" 할 것입니다. 그런데 딸까지 너무 예쁜 겁니다. 라멕은 누구라도 부러워할 사람이었습니다.

재벌을 보십시오. 재벌은 우리가 생각하는 것보다 훨씬 돈이 많습니다. 아들들은 비싼 사립학교에 유학 가서 공부합니다. 딸들은 또 얼마나 신랑감을 고르고 골라서 결혼합니까? 우리는 이런 사람들을 성공한 사람이라고 부릅니다. 그리고 사실 할 수만 있다면 그렇게 해보고 싶어 합니다. 어떤 사람은 가인처럼 끝없이 방황하다가 그냥 눈 위에 쓰러져서 죽고 싶어 하는가 하면, 또 어떤 사람은 여기에서 하고 싶은 것 다 해보고 자식들한테도 회사 하나씩 척척 주고 싶어 합니다.

　　라멕 집안 사람들은 다른 사람들이 수백 년에 걸쳐서 할 일을 한 세대에 끝낸 아주 탁월한 집안입니다. 그러나 이것이 전부라면 얼마나 좋겠습니까? 오늘 본문은 라멕이 자기 아내에게 남긴 고백을 기록하고 있습니다. 23절과 24절을 보십시오.

> 라멕이 아내들에게 이르되 아다와 씰라여 내 소리를 들으라 라멕의 아내들이여 내 말을 들으라 나의 창상을 인하여 내가 사람을 죽였고 나의 상함을 인하여 소년을 죽였도다 가인을 위하여는 벌이 칠배일진대 라멕을 위하여는 벌이 칠십 칠배이리로다 하였더라

겉으로는 그렇게 성공했지만 실제로는 라멕 역시 살인자였습니다. 라멕은 자기가 가진 그 모든 성공으로도 죄의식을 해결할 수가 없었습니다. 그는 자기의 죄가 가인의 죄보다 훨씬 무겁다는 것을 알았습니다. 이것이 무슨 말입니까? 그는 가인처럼 한 사람만 죽인 것이 아니었습니다. 라멕은 자기 욕심에 장애가 된다고 생각하는 자들은 모두 다 죽이고 성공한 것입니다. 그래서 가인을 죽이는 자에게 벌이 7배라면 자기를 죽이는 자에게는 벌이 77배가 되어야 한다고 말했습니다. 자기가 그만큼 더 중대한 죄인이라는 것이지요. 그는 자신이 특별한 보살핌을 받아야 할 중죄인임을 알고 있었습니다.

　　얼마 전에 한 중요한 죄인이 교도소에 들어갈 때 경찰이 호송차를 타고 그 사람을 삥 둘러서 경호했습니다. 그 이유가 무엇입니까? 그는 그만큼 중요한 죄수이기 때문입니다. 어느 누구도 개인적으로 보복해서는 안 되며 국민 전체 앞에서 판결을 받아야 하는 중요한 죄인이기 때문에 지키는 것입니다.

하나님께서 가인을 특별히 보호하신 이유가 무엇입니까? 그는 아주 중요한 죄인이었기 때문에 하나님의 심판대에 설 때까지 누가 사적인 보복을 하지 못하게 하기 위해서입니다. 가인이 사적인 보복을 받고 '이제 내 죄를 다 갚았다'는 오해를 하지 못하도록 하나님은 누구든지 가인을 건드리면 7배나 벌주겠다고 하시면서 가인을 지키셨습니다. 가인은 이 세상에서 처음으로 살인을 저지른 아주 중요한 죄인이기 때문입니다. 그러나 라멕이 등장하면 가인도 경쟁이 되지 못합니다. 그는 닥치는 대로 사람을 죽인 무서운 죄인인 것입니다. 문명의 발달에 기여했다고 해서 하나님이 라멕을 용서하실 리가 없습니다.

문명의 이기라고 하는 것은 하나님이 만드신 원리를 찾아서 응용하는 것입니다. 실제로 사람이 개발한 것은 하나도 없습니다. 탱크 밑에서 도는 무한궤도가 어디에서 나온 겁니까? 뱀이 비늘을 움직이는 원리에서 나온 것이 아닙니까? 사진기라든지 레이더 같은 모든 발명품들도 하나님이 만들어 놓으신 원리를 응용한 것입니다. 인간들은 모든 발명품에 대해 하나님께 로열티를 지불해야 합니다. 해 아래 새것이 어디 있습니까? 다 하나님이 만든 것을 응용해서 적용한 것이지요. 세상의 부귀란 부귀를 다 누려 본 사람은 아마 솔로몬일 것입니다. 그가 무엇이라고 말했습니까? "해 아래에는 새 것이 없다. 모든 것이 헛되고 헛되니 바람을 잡으려는 것과 같다"는 것입니다. 솔로몬은 멋진 사랑을 해보았습니다. 그러나 그것은 헛된 것이었습니다. 그는 공부를 많이 했고 자연을 깊이 연구했습니다. 그러나 새로운 것은 아무것도 없었습니다. 세상의 많은 경험을 찾아서 방황하기도 했습니다. 그러나 그는 '이 모든 것은 하나님이 만든 세계의 아주 작은 부분을 발견해서 응용한 것에 불과하며 결국 여호와를 경외하는 것이 지식의 근본'이라는 것을 깨닫게 되었습니다.

라멕이 거둔 성공의 배경에는 분노가 있었습니다. 그는 자기 자신을 극도의 분노에 빠뜨렸고, 그 분노에서 분출하는 힘으로써 보통 사람이 해낼 수 없는 엄청난 일을 해냈습니다. 그는 자식을 몰아쳐서 분노로 양을 치게 하고 분노로 피리를 불게 하며 분노로 쇠를 녹이게 해서 거기에서 창의적인 것을 끌어냈습니다. 그러나 그 결과가 무엇입니까? 그들은 너무 많은 사람들에게 상처를 주었고 너무 많은 사람들의 피를 흘렸습니다. 라멕이 이렇게 성공하기까지 그 발 밑에 짓밟힌 사람들이 너무나도 많았습니다. 그리하여 라멕은 사소한 죄인은 길을 비켜야 할 정도로 엄청난 죄인의 모습으로 하나님의 심판대 앞에 나아가게 되었습니다.

사람들은 분노 없이 성공할 수 없습니다. 성공하려면 닦달을 해야 합니다. 자식들을 마냥 사랑하면 성적이 떨어집니다. 때리고 못 살게 굴고 악으로 공부시켜야 합니다. 그러나 그런 사람이 성공하고 나면 어떻게 됩니까? 많은 사람을 죽입니다. 분노로 성공한 사람은 모든 사람들을 이용할 줄만 알지 어느 누구도 제대로 사랑하지 못합니다.

라멕의 삶은 겉으로 보기에는 성공적이었습니다. 그러나 그는 분노로 살아왔으며 모든 사람들을 이용하고 짓밟았습니다. 결국 그는 하나님 앞에 무서운 죄인으로 나타나게 되었고 누구보다 라멕 자신이 그것을 잘 알고 있었습니다.

에노스의 삶

이제 우리는 또 다른 한 사람의 삶을 보게 됩니다. 그것은 가인의 후손이 아닌 사람의 삶입니다. 25절과 26절을 보십시오.

아담이 다시 아내와 동침하매 그가 아들을 낳아 그 이름을 셋이라 하였으니 이는 하나님이 내게 가인의 죽인 아벨 대신에 다른 씨를 주셨

다 함이며, 셋도 아들을 낳고 그 이름을 에노스라 하였으며 그때에 사람들이 비로소 여호와의 이름을 불렀더라

인간이 범죄했을 때 하나님께서는 여자의 후손이 뱀의 머리를 깰 것이라고 말씀하셨습니다. 처음 아이를 낳았을 때 아담과 하와는 아마도 가인이 그 여자의 후손이 아닐까 생각한 것 같습니다. 그래서 '여호와로 말미암아 아들을 낳았다'는 뜻으로 아이의 이름을 '가인'이라고 지은 것입니다. 그러나 그는 약속된 여인의 후손이 아니었습니다. 그는 살인죄를 지었습니다.

그에게는 아벨이라는 동생이 있었습니다. 이 동생은 가인보다는 못했지만 열심히 믿음으로 하나님께 제사를 드렸습니다. 그러나 아벨은 가인의 손에 죽었고 가인은 하나님 앞에서 쫓겨남으로써 하나님 존전에 있는 자식이 한 명도 남지 않게 되었습니다. 이제 여자의 후손으로 뱀의 머리를 깨리라는 약속은 깨질 수밖에 없었습니다.

그러나 하나님께서는 아담에게 또 다른 아들을 주셔서 이 약속을 이루셨습니다. 그가 바로 셋입니다. 셋이라는 이름의 뜻이 무엇인지는 모르겠습니다. 왜냐하면 이 이름들을 꼭 히브리어로 볼 수는 없기 때문입니다. 아담이 셋을 낳았을 때 "하나님이 다른 씨를 주셨다"고 말한 것을 보면, 아마도 셋이라는 이름에는 '씨'라는 뜻이 있는 것 같습니다. 그렇다면 셋은 대단한 믿음의 이름입니다.

하나님은 우리에 대해 일하실 때 계획을 세워서 하십니다. 어떤 일을 할 때 계획을 세우고 하는 것과 계획 없이 하는 것에는 차이가 있습니다. 계획을 세우고 일을 할 때에는 어려움이 와도 끝까지 버텨냅니다. 그러나 계획 없이 즉흥적으로 일을 할 때에는 어려움과 장애가 오면 금방 포기해 버립니다. 하나님께서는 계획을 가지고 우리를 구원하시기 때문에 어떤 어려움이 와도 그 계획을 반드시 성취하십니다. 그러므로 아벨은 죽임을 당했고 가인은 하나

님 앞에서 쫓겨났지만, 하나님은 셋을 주심으로써 여자의 후손을 통해서 구원을 이루겠다는 계획이 중단되지 않게 하셨습니다.

에노스는 셋의 아들입니다. 성경은 '사람들이 이때부터 비로소 여호와의 이름을 부르기 시작했다'고 말씀하고 있습니다. 여기에서 '하나님의 이름을 불렀다'는 것은 공식적으로 하나님께 예배드리는 생활을 시작했다는 뜻입니다. 오늘날 신학자들은 교회의 시작이 에노스의 예배에서 시작한다고 보고 있습니다. 교회의 근원을 거슬러 올라가면 에덴동산도 하나님의 나라이고 교회이지만, 타락 이후에 나타난 최초의 교회는 이 에노스의 예배에서 찾아야 한다는 것이지요.

아벨의 죽음은 믿음의 제사에 큰 충격을 주었습니다. 피를 흘리며 죄를 고백하는 이 제사가 가인의 분노를 일으킴으로써 그의 손에 아벨이 죽자 사람들은 감히 피의 제사, 믿음의 제사를 드릴 생각을 하지 못했습니다. 가인이 언제 또 나타날지 모르는 데다가 그의 후손들이 계속 이어지고 있었기 때문에 어느 누구도 감히 이 믿음의 제사를 다시 시작할 생각을 못한 것입니다. 그런데 에노스 시대에 믿음으로 드리는 신앙고백의 제사, 피의 제사, 아벨의 제사가 다시 시작되었습니다.

여러분, 라멕의 삶과 에노스의 삶을 비교해 보십시오. 라멕의 삶은 얼마나 화려합니까? 그는 그야말로 하고 싶은 것을 다 해본 사람입니다. 사랑하고 싶으면 실컷 사랑했습니다. 그는 사랑하는 여자를 두 명이나 아내로 거느릴 정도로 행복한 사람이었습니다. 게다가 자식들의 업적은 눈부실 정도였습니다. 그러나 에노스가 한 것은 무엇입니까? 오직 하나님의 이름을 부르며 아벨이 완성하지 못한 믿음의 제사를 다시 시작하는 것뿐이었습니다. 얼마나 시대에 뒤떨어진 답답한 삶입니까? 누구는 목축업을 해서 떼돈을 벌고 있는데, 또 누구는 음악을 만들어서 사람들이 기뻐하고 춤추고 잔치를 벌이게 하는데, 또 누구는 계속 무엇을 두들겨서 칼도 만들고 곡

팽이도 만들고 대포도 만들고 컴퓨터도 만드는데, 계속 여호와의 이름이나 부른다니 얼마나 썰렁한 일입니까?

결국 나중에 에노스의 자손들은 가인의 후예들이 누리는 풍성하고도 멋진 삶을 알게 되었습니다. 그래서 그들도 하나님의 존전을 떠나서 같이 목축업을 하고, 같이 노래 부르고, 멋진 여자들과 결혼하고, 같이 복수의 칼을 갈면서 살다가 모두 홍수로 멸망하고 말았습니다. 분명히 에노스도 라멕의 이름과 그가 거둔 성공을 알았을 것입니다. 그의 자식들이 얼마나 큰 성공을 거두었는지, 그의 딸이 얼마나 아름다운지 알았을 것입니다. 그러나 그는 하나님의 존전을 떠나지 않았으며 하나님의 이름 부르는 일을 중단하지 않았습니다.

그 이유가 무엇입니까? 그는 다음과 같은 사실을 알고 있었습니다. 첫째로 그는 가장 무서운 심판은 항상 하늘로부터 임한다는 것을 알았습니다. 하나님은 반드시 죄인들을 심판하십니다. 그럼에도 불구하고 재앙이 임하지 않는 이유가 무엇입니까? 왜 가인이 죽지 않았습니까? 아벨의 피의 호소가 있었기 때문입니다. 아벨의 피의 호소는 '나의 억울함을 갚아 달라'는 것이 아닙니다. 아벨의 피의 호소는 '가인을 죽이지 말아 달라'는 것입니다. '가인을 지켜 달라'는 것입니다. '내가 피를 흘렸으니 가인은 살려 주십시오' 하는 것입니다. 아벨의 피의 호소는 하나님의 심판을 부르는 소리가 아니라 하나님의 긍휼을 호소하는 소리였습니다. 그 소리가 하나님께 들렸기 때문에 가인이 산 것입니다.

에노스와 그의 믿음의 식구들은 이 세상에 라멕 같은 사람이 있음에도 불구하고 하나님의 심판이 임하지 않게 하려면 누군가가 피의 제사를 드려서 그 죄를 덮어야 한다는 것, 하나님의 진노가 임하지 않도록 막아야 한다는 것을 알았습니다. 그래서 에노스는 하나님이 가인의 후손을 멸망시키지 않고 셋의 후손도 멸망시키지 않도록 계속 피의 제사를 드림으로써 하나님의 진노가 이 땅에 임하지 않게 한 것입니다.

오늘 이 땅에 무서운 죄가 범람하고 있음에도 불구하고 하나님의 진노가 지연되고 있는 이유가 무엇입니까? 누군가가 피의 제사를 드리고 있기 때문입니다. "하나님, 이 예배를 받으시고 이 죄를 용서하여 주소서. 기다려 주소서. 최후의 심판까지 참아 주소서" 하는 사람들이 있기 때문에 이 세상을 보고 계시고 지켜 주고 계신 것입니다.

여러분, 사람들이 다 세상 재미를 찾아 달려 나가면 하나님의 진노의 심판이 바로 임할 것입니다. 오늘 우리가 다른 사람들처럼 먹고 마시고 놀고 떼돈 버는 일에 빠지면 곧바로 심판이 옵니다. 그러므로 누군가가 남아서 하나님의 진노가 임하지 않도록 피의 제사로 기도해야 합니다. 이러한 믿음의 예배가 하나님의 진노를 막아 가인도 살게 하고 셋도 살게 하는 것입니다. 결국 셋의 자손들이 하나님께 예배드리기를 그만두고 가인의 자손과 같아졌을 때 노아 홍수가 일어나지 않았습니까?

여러분, 예배가 진노를 막습니다. 누군가 예배를 드려야 합니다. 전쟁이 일어나려고 할 때 그 전쟁 앞에 막아 서서 하나님의 긍휼을 호소하는 기도가 있어야 합니다. 홍수가 일어나려고 할 때 그 홍수 앞에 막아 서서 "하나님의 진노를 거두소서. 이스라엘은 이 재앙을 감당할 수 없습니다" 하는 기도가 있어야 합니다. 이스라엘 백성들이 금송아지를 경배하며 범죄했을 때 모세가 자신의 목숨을 걸고 기도한 것처럼 누군가 목숨을 걸고 기도하는 사람이 있어야 합니다. 예배가 우리를 살리고 가인의 자손도 살립니다. 예배가 싫어서 전부 돈 버는 데 좇아가고 즐기는 데 좇아가고 새로운 학문과 기술을 배우는 데 좇아간다면 홍수가 이 모든 것을 엎어버릴 것입니다. 전쟁이 이 모든 것을 엎어버릴 것입니다.

여러분, 예배를 드리는 것이 우리도 살고 이 세상 사람들도 살리는 길이며 피의 제사를 믿지 않는 식구들을 살리는 길입니다.

내가 여기 와서 예배드리는 것이 오늘 하나님을 미워하고 핍박하고 교회 다니는 사람들에게 빈정거리는 이들을 살리는 방법입니다. "에이! 나도 이제부터 교회 안 간다" 하면서 같이 욕하고 같이 텔레비전 보면 같이 망할 것입니다. 예배가 우리를 살립니다. 아벨의 피가 가인을 살렸듯이 에노스가 드린 피의 제사가 라멕의 아들들을 살린 것을 기억하십시오.

둘째로 이들은 가장 존귀한 것은 모두 하나님 앞에 있다는 것을 알았습니다. 우리의 욕심은 이 세상에 모든 귀한 것이 다 있다는 생각을 자꾸 하게 만듭니다. 그러나 이 세상에 새로운 것은 아무것도 없습니다. 앞으로 과학이 무한히 발전한다고 해도 그것은 전부 하나님이 만들어 놓은 것을 로열티 없이 사용하는 것에 지나지 않습니다.

여러분, 참된 자유가 무엇입니까? 마음껏 하나님을 섬길 수 있는 것이 자유입니다. 노예는 하나님 앞에 설 수 없습니다. 죄인은 왕 앞에 설 수 없습니다. 왕의 식탁에서 왕이 주는 것을 먹는다는 것 자체가 자유이고 진짜 존귀한 자라는 증거입니다.

라멕의 성공은 무엇입니까? 멸망을 앞둔 죄인이 교도소 안에서 일시적으로 위안받고 기뻐하는 것에 불과합니다. 라멕은 그것을 알았습니다. 사실은 자기가 얼마나 무서운 죄인인지 알았습니다. 그래서 "나 함부로 죽이면 안 돼. 내가 얼마나 중요한 죄수인데……" 한 것입니다.

예전에 본 영화에 독일군이 포로들을 가스실에서 죽이기 전에 그 앞에서 음악을 연주하는 장면이 있었습니다. 가스실에 사람을 넣어 죽이면서 겉으로는 음악회를 열어서 아름답게 보이려고 위장한 것이지요. 음악은 우리를 위로합니다. 기술은 우리를 편하게 해주고 삶의 반경을 엄청나게 넓혀 줍니다. 그러나 그것은 하나님의 심판을 면제해 주지 못합니다. 어디를 가나 하나님의 심판이 있습니다. 아무리 즐거워도 하나님의 심판은 면할 수 없습니다. 풍요한 삶이나 아름다운 음악이 인간의 본질을 바꾸지 못합니다.

　　그렇다면 이제 우리는 어떻게 살아야 합니까? 우리는 라멕의 아들들이 세운 공을 솔직하게 인정해야 합니다. 그들은 남들이 먹을 때 먹지 않고 남들이 잘 때 자지 않고 여러 가지 많은 것을 만들어 내서 우리가 편안히 살 수 있게 해주었습니다. 그 공은 인정해야 합니다. 문명의 이기를 이용하는 것 자체는 죄가 아닙니다. 이 세상을 보면 하나님을 모르는 사람들의 노력이 인류 발전에 큰 기여가 되었음을 알 수 있습니다. 학문과 과학의 발전을 위해서 노력한 사람들이 많고, 우리는 그런 사람들을 존경할 수 있습니다.

　　그러나 그것이 나를 새롭게 한다고 생각한다면, 컴퓨터를 배우고 운전을 배우고 많은 곳을 여행하는 것 자체가 나를 바꿀 수 있다고 생각한다면 그것은 굉장히 미련한 생각입니다. 우리를 살리는 것은 아벨에게서 중단된 믿음의 제사, 피의 제사밖에 없습니다. 우리는 참으로 겸손한 마음으로 세상 사람들을 대해야 합니다. 그들은 많은 노력을 했고 우리는 그 일부를 빌려 쓰고 있으니까요. 그러나 그것이 사람을 바꾸지는 못합니다. 그들의 마음속 깊은 곳에는 여전히 가인의 분노와 죄의식이 있습니다.

　　오직 에노스를 통하여 하나님의 사랑이 라멕에게 흘러가야 합니다. 하나님은 그것을 원하셨습니다. 그러나 에노스의 가족이 하나님 앞에 예배드리는 왕의 성찬을 포기하고 가인의 집안처럼 되었을 때 인류는 다같이 망하고 말았습니다. 교회가 교회다운 것이 세상을 돕는 최선의 길입니다. 그리스도인이 그리스도인답게 사는 것이 이 세상 사람들을 돕는 최선의 길입니다.

　　모든 최선의 것이 하나님 앞에 있습니다. 왕의 진미는 이 세상 어느 곳에서도 맛볼 수 없는 최상의 것입니다. 우리가 이렇게 최상의 것을 맛보고 있다면 차선의 것은 다른 사람에게 양보할 수 있어야 합니다. 여러분, 세상에서 조금씩 양보하십시오. 하나님의 말씀이 그렇게 귀한 것이라면 남보다 승진이 좀 늦어지고 남들보다 좀 적게 벌고 좀 덜 인정받는다 해도 그것을 기쁨으로 감수해야 합니다. 말씀도 가지고 다른 것도 다 가지려 든다면 라멕보다 더 무서운 욕심쟁이가 될 것입니다.

유대인들이 멸망한 이유가 거기에 있습니다. 돈과 하나님을 같이 붙들려고 한 것입니다. 하나님의 말씀이 역사하고 성령의 사역이 그리스도를 통하여 나타났을 때 돈을 과감하게 버리고 말씀과 성령을 붙들었더라면 그들은 지금 하나님 나라의 주역이 되었을 것입니다. 그러나 유대인들은 성령의 역사가 일어날 때 오히려 성령의 일을 마귀의 일이라고 하면서 돈을 붙들었습니다. 결국 그들은 어두운 데 쫓겨나서 슬피 이를 갈며 울게 되었습니다.

세상 사람들은 집이 생기고 사회에서 인정받는 것으로 기뻐합니다. 그런 것마저 없으면 무슨 재미로 살겠습니까? 그러나 하나님의 백성은 하나님을 더 잘 알고 하나님께서 나와 함께 하시는 것에서 기쁨을 찾아야 합니다. 하나님의 백성이 세상도 가지고 하나님 나라도 가지고, 하나님 말씀도 가지고 떼돈도 벌려고 한다면 그는 최고의 죄인입니다. 라멕도 깜짝 놀라면서 "나는 여자만 두 명 거느렸는데 당신은 어떻게 세상과 하나님 나라를 동시에 가지려 합니까? 놀랍습니다" 할 것입니다.

여러분, 성령의 역사가 내 마음속에 일어날 때 이것을 붙드십시오. 하나님의 말씀이 내 마음속에 감동을 불러일으킬 때 세상적으로 손해 보는 것을 전혀 아까워하지 마십시오. 그러면 하나님께서 전부 다 채워 주십니다. 포기하고 포기해도 하나님이 필요한 것을 다 주시며 그리스도 안에서 지극히 존귀한 자로 만들어 주실 것입니다. 그것이 세상도 살리고 나도 살리고 에노스도 살리고 라멕도 살리는 일입니다.

여러분, 예배는 할 일 없는 늙은이들의 소일거리가 아닙니다. 예배는 하나님의 진노를 막아서 이 세상을 살리는 일이며, 왕의 성찬에 참여하여 그 모든 진귀한 것을 맛보는 하나님의 축복입니다. 성령의 역사가 일어나고 내 마음에 말씀이 임할 때 세상에 속한 욕심을 버리십시오. 오직 내 안에서 그리스도만 존귀히 되게 하십시오. 그러면 나를 통하여 하나님께서 이 세상에 긍휼을 베푸실 것입니다.

18

아담의
후손들

오늘날 현대 의학의 발달은 노인들의 수명을 연장해 놓았습니다. 옛날에는 육십이 넘으면 노인이라고 했고 칠십이 넘으면 대단히 장수한 편에 속했습니다. 그런데 지금은 환갑 잔치를 하기가 부끄러울 정도로 노인들의 수명이 길어졌고 노인 문제가 새로운 사회 문제로 대두될 정도로 노인의 수가 많아지게 되었습니다. 누군가가 육십에 돌아가셨다고 하면 사람들이 "한창 때에 정말 안됐다"고 하면서 안타까워할 정도입니다.

그런데 우리 사회의 노인 문제는 수명은 연장되었는데 할 일은 없다는 데 있습니다. 세상이 너무나도 빨리 변해서 옛날에 배운 지식으로는 할 일이 없습니다. 아이들을 봐주기에는 아이들이 너무 똑똑해져 버렸습니다. 아이들이 묻는 것들은 자기 시대에 듣도 보도 못한 것들입니다. 아직도 세탁기를 사용할 수 없는 노인들이 많은데 세탁기는 자꾸 새로운 것이 나오고 있습니다. 그렇다고 해서 돈이 많은 것도 아니고 자식들이 용돈을 많이 주는 것도 아닙니다.

그래서 어떤 노인들은 "할 일이 없이 이렇게 오래 사는 것은 복이 아니라 오히려 고통"이라고 말씀하시기도 합니다. 어떤 노인들은 집에서 잠시도 가만히 계시지 않습니다. 자식들의 집에서 밥이라도 얻어먹기 위해 끊임없이 일거리를 찾아서 합니다. 가만히 있으면 건강도 나빠지고 결국은 집에서도 도태되기 때문입니다. 그래야 젊은 사람들이 괄시하지 않는다는 것이지요.

오늘 본문은 아담의 후손들의 계보를 보여 주고 있습니다. 그런데 본문을 읽으면서 놀라게 되는 것은 이들의 평균 수명이 상상을 불허할 정도로 길다는 것입니다. 여기에 등장하는 사람들의 평균 수명은 900세입니다. 한 사람이 900세나 산다고 하는 것은 현대에 사는 우리들이 받아들이기 어려운 사실일 뿐 아니라 모세의 글을 받은 이스라엘 백성들도 마찬가지로 받아들이기 어려운 이야기였습니다. 그런데 이스라엘 백성들의 놀라운 점은 설사 성경의 기록이 자기들의 머리로 도저히 받아들일 수 없는 내용이라 하더라도 부정하거나 삭제하지 않고 기록으로 남겨 두었다는 사실입니다.

성경의 역사성을 가장 믿기 어렵게 만드는 부분이 바로 여기에 등장하는 사람들의 엄청난 나이입니다. 한 200세나 300세 정도 살았다고 하면 혹시 믿을 수 있을지도 모르겠습니다. 그러나 여기에 나오는 사람들은 도저히 상상할 수 없는 나이를 살다가 죽었습니다. 평균이 900세입니다. 그러니까 한번 태어나면 아예 죽을 생각을 하지 않은 것이지요.

문제는 노아 홍수에 있다고 생각합니다. 성경 기록을 통하여 볼 때 인간의 수명이 급격히 줄어든 것은 노아 홍수 이후부터입니다. 여기에서 노아 홍수 이전과 이후에 자연의 격심한 변화가 있었다는 것을 알 수 있습니다. 성경에는 노아 홍수 때 하늘에 있던 엄청난 양의 물이 땅에 쏟아졌다고 기록되어 있습니다. 아마 노아 홍수 이전에는 하늘에 지금보다 훨씬 많은 수분이 있어서 마치 두터운 이불이 덮고 있는 것처럼 더위나 추위가 심하지 않도록 막아 주고, 몸에 해로운 자외선 같은 것도 차단해서 인간이 오래오래 건강하게 살 수 있었던 것 같습니다. 그러나 이보다 더 중요한 것은 하나님의 능력입니다. 하나님께서 원하신다면 누구든지 얼마든지 오래오래 살게 하실 수 있습니다.

오늘 우리들에게 중요한 것은 '여기에 나타나는 엄청난 수명이 사실이냐 아니냐' 하는 것보다는 '이 기록을 통하여 하나님께서 오늘 우리들에게 말씀하시는 것이 무엇이냐' 하는 것입니다.

하나님의 형상과 인간의 형상

오늘 말씀에서 우리는 아주 흥미로운 표현을 보게 됩니다. 5장 1절에서 3절을 보십시오.

> 아담 자손의 계보가 이러하니라 하나님이 사람을 창조하실 때에 하나님의 형상대로 지으시되 남자와 여자를 창조하셨고 그들이 창조되던 날에 하나님이 그들에게 복을 주시고 그들의 이름을 사람이라 일컬으셨더라 아담이 일백 삼십세에 자기 모양 곧 자기 형상과 같은 아들을 낳아 이름을 셋이라 하였고

하나님께서는 하나님의 형상대로 사람을 만드셨습니다. 그런데 오늘 본문은 그 사람은 하나님의 형상이 아닌 자기 형상대로 아들을 낳았다고 말씀하고 있습니다. 그렇다면 하나님의 형상과 사람의 형상 사이에는 어떤 차이가 있습니까?

이 사이에는 엄청난 차이가 있습니다. 원래 '형상'이라는 말은 '누군가를 원본으로 삼아 찍어 냈다'는 뜻을 가지고 있습니다. 그래서 하나님의 형상대로 지음받은 사람들은 하나님을 대표하는 자리에 서 있었습니다. 그러나 타락 이후에 태어난 사람들은 더 이상 하나님을 대표하거나 나타낼 수 없었습니다. 인간은 인간 그 자체일 뿐, 더 이상 하나님의 형상이 아니었습니다. 하나님을 닮은 부

분은 모두 죽어 버린 채 하나님과는 전혀 다른 제멋대로의 모습으로 태어나게 되었습니다. 인간은 더 이상 하나님의 형상이 아닙니다. 오직 인간의 형상일 뿐입니다.

아담이 아들을 낳았을 때 이 아들은 타락하기 전의 영광스러운 하나님의 형상이 아니었습니다. 범죄하고 난 후 아담의 기질과 성품을 닮은 모습이었습니다. 이것이 무슨 말입니까? 에덴동산에서 아담의 행동은 아담 개인의 행동이 아니었습니다. 그의 모든 삶과 행동은 인간 전체를 대표했습니다. 그래서 아담이 범죄했을 때 아담의 후손들도 아담 안에서 함께 그 범죄에 동참한 것이 되었고, 후손들이 태어날 때 더 이상 영광스러운 하나님의 형상으로 태어나지 못하고 범죄한 아담과 똑같은 모습으로 태어난 것입니다.

이것이 보여 주는 사실은 무엇입니까? 인간의 출생만으로는 스스로를 구원할 수 없다는 것입니다. 아담이 범죄했을 때 인간 전체가 범죄했습니다. 아담이 하나님의 뜻을 거역했을 때 모든 인간은 아담과 함께 하나님을 거역한 것입니다. 왜 그렇습니까? 아담 이후의 모든 후손들은 아담이 범죄한 이후의 기질을 가지고 태어나기 때문입니다. 우리가 죄를 짓지 않을 때는 하나님의 은혜가 특별하게 붙들어 줄 때입니다. 그렇게 붙들어 주시지 않으면 우리는 항상 하나님을 거역하고 죄를 짓게 되어 있습니다. 하나님의 은혜가 떠난 그의 후손들은 죄 가운데서 잉태되고 죄 가운데서 출생할 뿐입니다.

그러면 여기에 나타나는 하나님의 형상과 사람의 형상은 아무 관계가 없습니까? 이 둘은 전혀 상관이 없는 것입니까? 그렇지 않습니다. 인간의 형상은 파괴된 하나님의 형상입니다. 원래 바탕은 하나님의 형상입니다. 그러나 중요한 부분이 고장나서 전혀 제 역할을 하지 못하는 하나님의 형상입니다.

그러면 어떤 부분이 고장이 났습니까? 무엇보다 하나님의 뜻을 바로 깨닫고 거기에 순종할 수 있는 능력이 없어졌습니다. 로

마서 8장 7절 말씀대로입니다.

> 육신의 생각은 하나님과 원수가 되나니 이는 하나님의 법에 굴복치 아니할 뿐 아니라 할 수도 없음이라

사람의 형상이 지닌 가장 큰 결함은 바로 하나님의 법에 굴복할 수 없다는 것입니다. 우리는 매사에 하나님의 뜻을 거스르는 일밖에 하지 못합니다. 가장 중요한 것이 바로 이것입니다. 만약 우리 인간이 자발적으로 하나님의 뜻을 알고 그 뜻에 순종하기만 한다면 아무리 외모가 초라하고 보잘것없다 하더라도 그는 하나님의 형상입니다. 그러나 아담 이후에 태어난 그의 아들들은 모두 기질적으로 하나님께 순종할 수 없는 자들이었습니다. 가인 같은 자식이 태어난 것은 이상한 일이 아니었습니다. 모두가 그랬습니다. 하나님께 반항하고 불순종하는 자들이 아담의 후손이었습니다.

그런데 여기에 기록된 10명은 기억할 가치가 있는 사람들입니다. 이들은 아담의 후손들이지만 하나님의 특별한 은혜로 자기 속에 있는 무서운 죄성을 누르고 하나님께 순종한 사람들입니다. 이 10명이 1,500년이라는 기간을 연결하고 있습니다.

아담 이후의 인간들은 모두 다 똑같은 본성을 가지고 태어났습니다. 하나님께 대하여 반항적이었고 죄를 짓는 데 모두 선수들이었습니다. 아담은 한번 일을 저질러 놓고는 자기 자신도 감당하지 못하고 있습니다. 도저히 수습이 불가능했습니다. 큰아들이 작은아들을 죽이는데도 할 수 있는 것이 아무것도 없었습니다. 아담은 자기가 죄를 짓고 난 후에 계속적으로 나타나는 이 죄의 발전을 억제할 수가 없었습니다. 마치 누군가가 산에서 산불을 놓고 나서는 그 불을 진화하지 못해서 큰 산불로 번지는 것과 같습니다. 아담이 한번 건드려 놓은 죄는 마치 벌집을 쑤셔 놓은 것처럼 걷잡을 수 없이 번져 나갔습니다. 그 이후에 태어나는 모든 아이들은 가인

과 같은 자들이었습니다.

그런데 아주 드물게 말씀으로 변화되는 자들이 있었습니다. 그들이 누구입니까? 바로 여기에 등장하는 10명의 후손들입니다. 아담은 930세를 살았습니다. 이 나이는 노아가 태어나기 전까지의 기간에 해당됩니다. 아담은 노아가 태어나기 전까지 살면서 무언가를 했습니다. 그가 900세나 살면서 한 일이 무엇이겠습니까? 농사를 지었겠습니까? 세탁기를 돌렸겠습니까? 아담은 계속 살면서 후손들을 가르쳤습니다. 최초에 하나님이 어떻게 세상을 창조하셨으며 죄가 어떻게 이 세상에 들어오게 되었는지, 그리고 하나님께서 그들에게 주신 약속이 무엇인지 직접 가르친 것입니다.

아담의 생애는 전기의 아담과 후기의 아담으로 나눌 수 있습니다. 전기의 아담은 인류의 대표로서의 아담입니다. 그러나 에덴에서 쫓겨난 아담은 더 이상 인류의 대표가 아닙니다. 그러나 그는 나머지 생애를 복음전도자로 보냈습니다. 그러므로 전기의 아담보다는 후기의 아담이 더 보람 있는 삶을 살았다고 말할 수 있습니다.

아담과 비슷한 사람이 전 미국 대통령 카터입니다. 대통령으로서 그의 업적은 대단하다고 말할 수 없습니다. 그러나 그는 대통령직에서 물러난 후 평화의 전도사로서 전 세계에서 중요한 역할을 많이 해내고 있습니다. 또 리처드 닉슨 같은 사람도 예로 들 수 있을 것입니다. 닉슨은 '워터게이트 스캔들'로 재임 기간을 마치지 못하고 물러난 대통령입니다. 그러나 그는 이후에 미국의 외교 문제 등에 그 나름대로 많이 헌신했고, 사람들은 그것을 높이 평가하고 있습니다.

저는 아담의 후기 생애가 이와 비슷했으리라고 확신합니다. 그는 초기에 인류의 대표로서 도저히 회복할 수 없는 실수를 저질렀습니다. 그것이 바로 '선악과 스캔들'인데, 아담은 이 한 번의 범죄로 인류 전체를 죽음과 멸망의 도가니 안으로 몰아넣고 말았습니다. 그러나 인류의 대표직을 상실한 후 그는 죽을 때까지 하나님의 말씀을 전하는 설교자가 된 것입니다. 그러므로 여기에 나오는 10명의 이름들은 아담이 목회했던 교회의 장로들의 이름입니다. 무려 1,000년에 걸쳐서 아담이 가르쳐 온 말씀의 자녀들이 어두운 세상을 밝히고 있었습니다.

물론 아담은 자기가 저지른 죗값을 갚을 수 없었습니다. 그러나 그렇다고 해서 죽을 때까지 방황하거나 낙심에 빠져 있지 않았습니다. 그는 실패하기는 했지만 하나님의 말씀을 붙들었습니다. 여인의 후손을 통하여 뱀의 머리를 깨뜨려서 그들을 구원하리라는 하나님의 약속을 붙들었습니다. 그래서 가인이 아벨을 죽이고 난 후 새 아들을 주셨을 때 이름을 셋이라고 지었습니다. 셋은 '씨', 곧 약속의 후손이라는 뜻입니다.

구약의 부활장

우리는 고린도전서 15장을 신약의 부활장이라고 부릅니다. 왜냐하면 여기에서는 그리스도의 부활과 그 의미, 그리고 앞으로 성도들이 어떻게 부활할지에 대해 자세히 말씀하고 있기 때문입니다. 그런 의미에서 우리는 창세기 5장을 구약의 부활장이라고 불러야 할 것입니다. 왜냐하면 이 장은 믿음으로 산 성도들이 거의 영원에 가깝게 살고 있는 것을 보여 주기 때문입니다.

아담은 930세를 살다가 죽었습니다. 아담의 아들 셋은 912세를 살다가 죽었습니다. 그 아들 에노스는 905세를 살다가 죽었고 그 아들 게난은 910세를 살다가 죽었습니다. 그 아들 마할랄렐은 수명이 좀 짧아서 895세를 살았습니다. 말이 900세이지 900세는 거의 영원에 가까운 삶입니다. 아마 이들에게는 정말 놀라울 정도로 노화가 더디게 이루어졌을 것입니다. 자식들도 100세가 넘어서 낳는 것이 예사였습니다. 아담은 셋을 130세에 낳았고 셋은 에노스를 105세에 낳았습니다.

물론 여기에 기록된 아들들이 첫 아들은 아닙니다. 100세 정도이면 그 사이에 자식을 수십 명은 낳았을 것입니다. 특히 하나님께서 생육하고 번성하라고 하셨기 때문에 한 사람당 수십 명씩 자식을 낳았을 것입니다. 그러나 여기에 기록된 아들들은 모두 영적으로 중요한 아들들입니다. 믿음의 자식들은 대개 100세가 넘어서 난 아들들입니다.

이것은 믿음의 자식을 낳는다는 것이 얼마나 어려운 일인지 보여 줍니다. 구원은 당대에 끝나는 일이 아닙니다. 우리 시대 이후에도 계속 이루어지는 것이 구원입니다. 그러므로 제대로 만들어진 믿음의 아들이 있느냐가 중요한 것이지 단순히 사람 수가 많다고 의미있는 것이 아닙니다. 이 10명의 장로들이 한 일이 무엇입니까? 긴 세월을 통하여 믿음의 아들을 하나 낳는 것입니다. 그리고 나머지 전 삶을 통하여 이들을 양육하는 것입니다. 그것이 전부입니다.

여기에 나타나는 믿음의 장로들은 생명나무 실과를 먹지 않았습니다. 그러나 그들은 이 세상에서 거의 영원에 가까운 기간을 살았습니다. 물론 그 당시에는 흔한 일이었을지도 모르겠습니다. 그러나 성경의 기록이 사실이라면 '하나님께서 도대체 어떻게 하셨는지는 모르겠지만, 어쨌든 거의 영원에 가깝게 살 수 있는 길이 있구나' 하는 것을 알 수 있습니다.

그러나 이들의 삶은 하나의 가능성에 불과한 것이었으며 진짜 영생은 아니었습니다. 왜냐하면 이들은 다 죽었기 때문입니다. 진짜 영생의 길을 보여 주고 있는 사람은 아담의 7대손인 에녹입니다. 에녹은 없어졌습니다. 당시 사람들이 보는 앞에서 영광스럽게 실종되어 버렸습니다. 에녹은 하나님께서 데려가셨기 때문에 더 이상 이 세상에 살지 않았습니다. 그 당시 사람들은 모두 이것을 알았습니다.

이 일은 무엇을 보여 줍니까? 이 일은 믿음의 장로들이 그토록 오랫동안 죽지 않고 기다렸던 것이 무엇인지 그 실체를 보여 줍니다. 우리 인간이 살고 있는 이 세상 말고 또 다른 세상이 있다는 것입니다. 마치 커튼으로 가려진 것처럼 우리에게는 보이지 않는 또 다른 세계가 있습니다. 그 세계야말로 참으로 하나님께서 우리 인간들에게 주고자 하시는 나라입니다. 눈에 보이는 이 세계는 단지 우리의 믿음을 시험해 보는 연단의 장소에 불과합니다. 이 세계와 저 세계 사이에는 아주 얇은 커튼이 드리워 있습니다. 그 커튼의 이름은 죽음입니다. 우리는 죽음을 통과해야 저 세계로 갈 수 있습니다.

그러나 죽으면 다시 돌아오지 못하기 때문에 사람들은 저 세계에 대한 말을 많이 들으면서도 잘 믿으려고 하지 않습니다. 그저 이 세상에서 죽으면 끝나는 것으로 생각합니다. 그러나 에녹은 죽음을 통과하지 않고 바로 그 나라로 건너감으로써 그 나라의 실재를 보여 준 대표적인 사람입니다. 에녹의 '영광스러운 실종'은 눈에 보이는 이 세상 외에 다른 세상이 있다는 산 증거였습니다.

이 10명의 장로들이 긴 생애를 통하여 증거한 것이 무엇입니까? 바로 이 세상 밖에 영원한 나라가 있다는 것입니다. 그들은 유난히도 긴 생애를 살면서 하나님께서 허락하시면 인간이 상상할 수 없을 정도로 오래 살 수 있다는 것을 실제로 보여 주었습니다. 그뿐만 아니라 에녹은 죽음을 통과하지 않고 바로 저 나라로 옮겨짐으로써 그 나라의 실재성을 증명했습니다. 에녹은 분명히 죽지 않았습니다. 그러면 어딘가에는 있어야 할 것 아닙니까? 그러나 그는 아무 곳에도 없었습니다. 가능성은 오직 하나밖에 없습니다. 그는 산 채로 다른 나라로 옮겨진 것입니다. 그것은 영광의 실종이었습니다.

오늘 우리의 어려움이 어디에 있습니까? 저 나라가 실제로 존재한다는 것을 믿지 못하는 것입니다. 지금 여기의 삶이 끝이라고 생각하니까 여기에서 모든 것을 가져야 하고 모든 것을 누려야 합니다. 그래서 남보다 1, 2년 앞서 가면 그렇게 좋아하고 남보다 1, 2년 늦으면 또 그렇게 실망합니다.

　여러분, 에녹이 보여 준 것이 무엇입니까? 우리나라 옆에 일본이라는 나라가 있듯이 우리가 살고 있는 이 세계 위에 영원한 또 하나의 나라가 있다는 것입니다. 에녹은 마치 옆에 있는 나라로 이사 가듯이 영원의 세계로 들어갔습니다.

　지금 우리가 살고 있는 이 세계는 예비군 훈련장과 같습니다. 훈련이 끝나면 모두 다 이곳을 떠나야 합니다. 진짜 영원한 집은 따로 있습니다. 우리는 죽고 난 후의 삶을 잘 이해하지 못합니다. 영혼만 가지고 무엇을 하겠느냐는 식으로 생각합니다. 그러나 그곳은 영혼만 가지고 사는 곳이 아닙니다. 구체적으로 생활하는 곳입니다. 그곳은 여기와는 비할 수도 없이 아름답고 영광스러운 곳입니다. 그곳에는 참으로 나의 소유가 있고 생활이 있습니다. 그 나라를 한번이라도 맛본 사람은 이 세상에서 아무것도 가지려고 하지 않을 것입니다. 이 세상에서 아무리 좋은 것이라 하더라도 그 나라에서는 아무 쓸모없는 것이기 때문입니다.

　예를 들어 지금 북한과 남한은 경제에서는 비교가 되지 않습니다. 북한의 생활수준은 우리나라 60년대 정도일 것이라고 생각하면 될 것입니다. 북한에 가보니까 거기 사람들이 아주 좋아하는 티브이나 냉장고 같은 것이 있다고 합시다. 남한 사람들이 그것을 탐내겠습니까? 그것은 우리나라에 오면 모두 고물밖에 되지 않습니다. 그와 마찬가지입니다. 한번이라도 저 세상을 맛본 사람은 이 세상에서는 일절 아무것도 가지려고 하지 않을 것입니다. 그냥 여기에서는 하루 세끼 밥만 먹고 살고, 모든 것은 저기 가서 누리려고 할 것입니다.

　우리는 지금 이곳에서 모든 것을 다 가지려고 합니다. 쓸데없는 짓입니다. 이곳에서 아무리 좋은 것도 그곳에서는 아무 소용이 없습니다. 이곳에서 아무리 아름다웠던 관계도 그곳에서는 아무것도 아닙니다. 심지어 부부 관계까지도 그곳에서는 진부한 사랑에 불과할 것입니다. 이곳의 학문도 그곳에서는 완전한 무식입니다. 이곳의 부귀도 그곳에서는 배설물이 될 것입니다. 그리고 그 상태는 영원히 지속될 것입니다.

영생의 길

죽음을 통과하지 않고 바로 영원한 세계로 옮겨진 에녹의 삶은 어떤 것이었습니까? 그의 삶은 아주 단순했습니다. 21절에서 24절을 보십시오.

에녹은 육십 오세에 므두셀라를 낳았고 므두셀라를 낳은 후 삼백년을 하나님과 동행하며 자녀를 낳았으며 그가 삼백 육십 오세를 향수하였더라 에녹이 하나님과 동행하더니 하나님이 그를 데려가시므로 세상에 있지 아니하였더라

에녹의 삶은 지극히 평범한 삶이었습니다. 그는 무슨 특별한 업적을 남기지 못했습니다. 가인처럼 좋은 성을 쌓은 것도 아니고 라멕의 아들들처럼 기술이나 음악의 대가도 아니었습니다. 그의 삶은 오직 하나, 하나님과 동행하는 삶이었습니다. 우리는 여기에서 모세가 '믿음은 하나님과 동행하는 것'이라고 힘주어 표현하고 있는 것에 주의를 기울여야 합니다.

믿음은 하나님과 함께 생활하는 것입니다. 에녹의 믿음 생활은 므두셀라를 낳고 본격적으로 시작되었습니다. 이 아들의 출생이 에녹에게 어떤 확신을 주었는지 모르겠지만 이 아들을 낳고 난 후 에녹의 삶의 목표가 변했습니다. 그의 목표는 자기가 원하는 어떤 인생의 목표를 성취하는 것도 아니었고 자식을 훌륭하게 키워

서 유명해지는 것도 아니었습니다. 돈을 많이 벌어서 여러 가지 선한 사업을 하는 것도 아니었습니다. 그의 목표는 오직 이제부터 매 순간 하나님과 동행하는 것이었습니다. 이렇게 하나님과 함께 사는 것이 에녹의 삶의 목표였고, 하나님께서는 이 에녹을 너무나도 사랑하신 나머지 죽음을 통하지 않고 곧바로 하나님 계신 곳으로 이끌어 가셨습니다.

우리는 여기에서 몇 가지를 나누어 생각해 볼 수 있습니다. 첫째로 믿음은 어떤 교리를 머리로 배우고 이해해서 받아들이는 것이 아닙니다. 듣고 이해하는 것이 신앙에서 아주 큰 부분을 차지하는 것은 사실입니다. 믿음은 들음에서 납니다. 듣지 않고는 믿음이 생길 수가 없습니다. 그러나 듣고 이해하는 것은 믿음을 위하여 필요한 요소이지 믿음 자체는 아닙니다. 믿음은 하나님을 따라가는 것입니다. 지금까지 생각하고 살아온 길을 버리고 말씀이 이야기하는 새로운 길을 따라가는 것입니다.

오늘날 많이 듣고 많이 배우면 믿음이 좋아질 것이라고 생각하는 사람들이 많습니다. 그러나 믿음은 그렇게 공부를 많이 하는 것이 아닙니다. 믿음은 결단하는 것이며 따라가는 것입니다. 그러므로 삶의 결단이 없는 믿음은 믿음이 아닙니다.

믿음은 무조건 새로운 사람을 따라가는 것과 같습니다. 모압 여인 룻은 시어머니 나오미를 무조건 따라갔습니다. 그가 하나님의 사람이라는 것을 알았기 때문입니다. 엘리사는 엘리야를 무조건 따라갔습니다. 그가 하나님의 사람이라는 것을 알았기 때문입니다. 아브라함은 하나님의 말씀을 듣고서 고향을 포기하고 전혀 알지 못하는 가나안 땅으로 갔습니다. 제자들은 예수님을 보고서 배와 그물을 버리고 무조건 예수님을 따랐습니다. 믿음은 이렇게 따라가는 것입니다. 지금까지 나에게 익숙하던 가치관이나 생활 방식을 버리고 하나님의 말씀이 이끄는 새로운 생활로 바꾸는 것입니다.

그러나 그것만이 아닙니다. 사람들은 저마다 삶의 목표를 가지고 있습니다. 예를 들어서 공부하는 사람은 언제까지 논문을 어떻게 쓰고 학위를 어떻게 받겠다는 목표가 있을 것입니다. 사업하는 사람은 기업을 어디까지 확장하고 이윤은 어느 정도 확보한다는 목표가 있을 것입니다. 그런 목표를 성취하는 사람들을 우리는 성공하는 사람이라고 부릅니다. 그러나 믿음은 그런 목표를 성취하는 것과 아무 상관이 없습니다.

하나님과 함께 동행하는 사람이 어떻게 그런 목표를 달성할 수 있겠습니까? 그의 목표는 자신의 모든 삶을 통하여 하나님을 나타내는 것입니다. 자신의 표정을 통해 하나님을 나타내고, 자신의 삶을 통해 하나님을 나타내며, 자신의 모든 것을 통해 하나님이 어떤 분이신지 나타내는 것이 삶의 목표입니다.

처음에 신앙을 가졌을 때 가장 어려운 점은 바로 인생의 목표가 없어진다는 것입니다. 지금까지는 나의 삶을 의미있게 하는 어떤 목표가 있었습니다. 그러나 하나님과 동행하면 그런 목표가 없어집니다. 하나님과 함께 사는 그 자체가 목표이기 때문입니다. 그래서 하루하루가 중요합니다. '내가 어떤 일을 해냈느냐'가 중요한 것이 아니고 '나의 하루하루의 삶을 통하여 하나님의 모습을 얼마나 나타냈느냐'가 중요합니다.

모세가 특히 에녹의 삶을 통하여 배운 것은 바로 '진정한 믿음이 무엇이냐' 하는 것이었습니다. 모세와 이스라엘 백성들은 지금 광야를 방황하고 있습니다. 물론 그들에게 먼 목표는 있습니다. 그것은 언젠가는 약속의 땅 가나안 땅에 들어간다는 것입니다. 그러나 광야에서 하루하루의 목표는 무엇입니까? 땅을 차지하는 것도 아니고 이윤을 추구하는 것도 아닙니다. 하나님과 함께 한 걸음 한 걸음 걷는 것입니다.

우리의 걸음을 하나님께 맞출 때 어떤 일이 나타납니까? 내가 죽습니다. 나의 목표나 야망이 살아 있는 동안에는 절대로 하나님과 동행할 수 없습니다. 나라고 하는 것이 완전히 없어져야 합니다. 나의 자존심, 나의 목표, 나의 필요 같은 것이 있는 한 나는 하나님과 동행할 수 없습니다. 나는 무조건 하나님의 것이 되어야 합니다. 쉬운 말로 표현하면 하나님께 미쳐야 합니다. 하나님의 말씀에 미치고, 하나님의 사랑에 미치고, 하나님의 거룩한 성품에 나의 모든 것을 완전히 빼앗기지 않았다면 무엇 때문에 나의 모든 것을 포기하고 하나님을 따라가겠습니까?

나의 걸음을 하나님께 맞출 때 하나님은 나를 통하여 온전히 자신을 표현하십니다. 나를 통하여 하나님의 살아 계심이 나타납니다. 하나님의 능력이 온전히 이루어집니다. 그럴 때 하나님께서 얼마나 나를 사랑하시는지 모릅니다. 하나님과 함께 걸을 때는 걷는 것 같지가 않습니다. 왜냐하면 하나님께서 너무나도 나를 사랑하셔서 그의 성령을 퍼부어 주시기 때문입니다. 피곤하지 않습니다. 능력과 힘이 메마르지 않습니다. 내 속에서 한없는 영감과 능력이 솟아납니다.

사도 바울이 "내가 약할 그때에 곧 강함이니라"고 한 말이 무슨 뜻인지 아십니까? 나는 연약합니다. 그러나 스스로 강해지기 위해 세상에 구걸하지 않았습니다. 오히려 연약한 그 상태에서 온전히 주님께 자신을 의탁했습니다. 그랬더니 자기가 강할 때보다 더 큰 능력이 나타나더라는 것입니다. 이 비결을 아는 사람은 스스로 강해지거나 온전해지려고 하지 않습니다.

물론 에녹에게 욕심이 없었던 것이 아닙니다. 그러나 그는 므두셀라를 낳고 난 후 어떤 일을 계기로 모든 욕심을 버리고 온전히 하나님을 존귀케 하는 삶을 살았습니다. 하나님께서는 에녹을 너무 사랑하셔서 죽음을 통과시키지 않고 바로 영광의 나라로 옮기심으로써 그를 존귀하게 하셨습니다. 존귀해지는 길은 다른 데 있지 않습니다. 오직 하나님을 지극히 높이는 생활을 하는 것입니다. 나의 하루하루의 삶을 통하여 하나님을 나타내는 것입니다.

마지막으로 우리는 이 믿음의 장로들의 삶이 하나님의 약속을 붙들고 온전히 하나님만 소망하는 삶이었음에도 불구하고 너무나도 지치고 힘든 삶이었음을 알 수 있습니다. 28절과 29절을 보십시오.

> 라멕은 일백 팔십 이세에 아들을 낳고 이름을 노아라 하여 가로되 여호와께서 땅을 저주하시므로 수고로이 일하는 우리를 이 아들이 안위하리라 하였더라

우리는 이 사람들의 생활이 대단히 힘들고 어려웠다는 것을 알 수 있습니다. 어떤 사람들은 이들이 적절한 농기구를 개발하지 못해서 농사짓기 힘들어했다는 의미로 이해하기도 합니다. 그렇다면 노아가 이들을 위하여 어떤 농기구를 만들기라도 해야 한다는 말이 됩니다. 어떤 유대인 학자는 실제로 이런 식으로 이해하기도 했습니다. 그래서 라멕의 말은 '죄악이 너무나도 이 세상에 가득해서 믿음을 가지고는 도저히 살 수 없을 정도로 세상이 악해졌다'는 의미로 보아야 합니다. 라멕은 이미 하나님의 심판을 내다보고 있었습니다. 그러나 하나님께서 노아를 통하여 죄의 횡포를 멸하시고 다시 의로운 세상을 세우실 것을 소망한 것입니다.

이때 믿음의 장로들이 소망한 것이 무엇입니까? 자기의 아들들 가운데 약속된 믿음의 용사가 나와서 사탄의 머리를 깨는 것입니다. 그들은 '나는 부족하지만 내 아들은 할 수 있을 것'이라는 믿음을 가지고 살았습니다. 오늘 우리는 서로의 모습 속에서 주님을 발견해야 합니다. '나는 부족하고 연약하여 할 수 없지만 당신은 주님의 온전한 형상을 가지고 있으니 사탄의 머리를 깨서 이 죄악의 횡포를 잠재우고 의의 나라를 세워주시오' 하는 것이 우리의 바람이요 소망이 되어야 합니다.

오늘 본문이 우리에게 말씀하고 있는 것이 무엇입니까? 이 세상의 삶은 그것으로 완전히 끝나지 않는다는 것입니다. 과거 어느 일정 기간에 사람들은 이 세상에서 900세가 넘도록 산 적이 있었습니다. 우리에게는 믿어지지 않는 장수(長壽)이지만, 하나님은 이것을 통하여 그가 원하시면 얼마든지 죽지 않고 오래 살 수 있다는 것과 우리 인간들에게는 영원히 죽지 않는 삶이 있다는 것을 알려 주십니다.

그런데 이들은 결코 영광스러운 상태에서 오래 산 것이 아니었습니다. 하나님께서는 아담을 자신의 형상에 따라 영광스럽게 만드셨지만, 아담이 낳은 아들은 원래 하나님이 만드신 그 모습이 아니라 타락 이후 변해 버린 지금의 모습을 닮은 아들이었습니다. 인간은 변질된 모습으로 태어납니다. 그리고 인간 스스로는 자신을 구원할 수 없습니다.

오늘 본문에 나타나는 믿음의 사람들의 긴 족보는 어두운 세상에서 믿음으로 이 세상을 밝혔던 교회의 역사를 보여줍니다. 특히 아담은 범죄하고 난 후 오히려 더 믿음을 가지고 말씀으로 식구들을 붙들어준 것으로 생각됩니다. 그러나 가장 빛나는 일은 역시 에녹의 '영광스러운 실종'입니다. 그는 죽지 않고 없어져 버렸습니다. 이 세상 어디에도 에녹은 없습니다. 결국 그는 다른 어느 곳에 존재할 수밖에 없다는 결론이 나옵니다. 그런 의미에서 오늘 이 본문은 구약의 부활장이라고 말할 수 있습니다. 믿음은 혼자서 자기 안에 있는 종교적인 열정을 가지고 아무 하나님이나 부르는 것이 아닙니다. 믿음은 하나님과 동행하는 것이며 하나님의 말씀을 붙드는 것입니다.

이 당시 사람들은 오래 살기는 했지만 결코 영광스러운 상태에서 살지 못했습니다. 날이 갈수록 이 세상에 죄가 더욱 가득 차고 있었기 때문입니다. 오늘날 우리들은 할 수 있는 한 이 세상에서 건강하게 오래 살려고 합니다. 그러나 할 일 없이 오래 사는 것은 결코 축복이 아닙니다. 진정한 의미에서 오래 살고 싶으십니까? 하나님의 말씀을 붙드십시오. 하나님과 겸손하게 동행하십시오. 하나님은 그런 사람을 사랑하셔서 오래 살게 하십니다.

19

홍수
이전의 상황

날로 심각해져 가는 강과 바다의 오염을 보면서, 또 더 이상 쌓을 곳이 없을 정도로 엄청나게 불어난 쓰레기나 처치할 장소가 없는 핵폐기물 문제 등을 보면서 사람들이 우려하고 있는 것이 있습니다. 그것은 이제 이러한 문제가 개인적인 차원에 그치지 않는다는 것입니다. 즉 우리 인류에게 남아 있는 문제는 내가 밥을 먹느냐 못 먹느냐, 내가 더 좋은 집에서 사느냐 못 사느냐의 문제가 아닙니다. 만일 상황이 이런 식으로 계속 악화된다면 인류 전체가 함께 파멸하고 말리라는 우려가 우리에게 있습니다. 강이나 바다가 이런 식으로 계속 오염되고 공기가 이런 식으로 계속 혼탁해진다면 사람이 얼마나 더 버틸 수 있겠습니까? 이제 남은 것은 언젠가는 인류 전체가 오염된 쓰레기더미 지구 위에서 함께 망하고 말리라는 예상입니다.

사실 인류는 함께 멸망했던 역사를 가지고 있습니다. 엄청난 하나의 재앙 때문에 거의 대부분의 인류가 함께 죽었습니다. 우리는 그렇게 함께 망한 역사를 가지고 있는 사람들입니다. 지금 이 세상을 가득히 메우고 있는 인류는 바로 그 무서운 재앙에서 살아남은 몇몇 사람의 후손입니다.

그동안 인류는 이 무서운 인류 멸망의 역사를 잊어버리고 지냈습니다. 왜냐하면 과거 어느 때 인류가 모두 죽었다는 사실보다는 지금 현재 내가 살아 있다는 사실이 더 중요했기 때문입니다. 그러나 이제 우리는 수천 년 전에 인류가 함께 멸망했던 그 역사를 다시 들추어 낼 필요가 있습니다. 바로 지금 인류가 처해 있는 상황이 바로 그때의 상황과 같기 때문입니다. 이제는 한 개인이 더 잘사느냐 못사느냐가 문제가 아니라 인류가 앞으로 공멸하느냐 공생하느냐가 문제인 것입니다.

성경은 수천 년 전에 있었던 한 무서운 홍수 재앙의 원인이 단순한 지구 환경의 이상변동에 있었던 것이 아니라고 말씀하고 있습니다. 다시 말해서 그것은 자연 재해가 아니었습니다. 이 재앙의 원인은 절대자에 대한 인간의 교만과 죄에 있었습니다. 그리고 이 홍수는 단순한 자연 현상으로는 일어날 수 없는, 전 지구적이고 전 세계적인 심판이었습니다.

창세기를 살펴보면 오늘 본문부터 완전히 새로운 국면으로 접어들고 있다는 것을 알 수 있습니다. 지금까지 창세기가 다룬 내용은 하나님의 창조와 인간의 죄입니다. 또한 우리는 지금껏 인간의 죄에 대하여 하나님께서 끊임없이 긍휼을 베푸시고 오래 참으시는 것을 보았습니다. 하나님은 범죄한 아담과 하와를 내쫓으시면서도 장래의 구원을 약속해 주시고 그 구원의 증표로 가죽옷을 만들어 입히셨습니다. 그들을 쫓아내셨지만 완전히 알몸으로 쫓아내지 않으셨습니다. 그리고 가인에게도 표를 주셔서 살게 하셨습니다. 살인자 라멕도 가인처럼 살게 하셨습니다. 그러나 이제 하나님은 더 이상 인간에 대해서 참지 않으십니다. 이제 하나님께서는 인류 전체를 심판하려 하십니다. 하나님의 무서운 진노가, 죄에 대한 아주 격렬한 감정이 여기에서부터 표현되고 있습니다.

노아 홍수의 성경적인 의미는 다음의 세 가지로 요약할 수 있습니다. 첫째로 노아 홍수는 인간의 죄에 대한 하나님의 보편적인 심판이라는 것입니다. 보편적인 심판은 한 사람 한 사람의 잘잘못을 따지는 것이 아니라 인류 전체를 판단하시고 심판하시는 하나님의 행위를 가리키는 것입니다. 사람만이 아닙니다. 하나님께서는 짐승들과 공중의 새까지 심판하는 보편적 심판을 행하셨습니다.

특히 이 심판은 평소에 내리던 비가 좀더 내려서 강물에 많은 사람들이 떠내려가 죽은 그런 사고가 아닙니다. 하늘의 문이 열려서 하늘에 있는 물이 다 쏟아졌습니다. 그리고 땅도 창을 열어서 땅 밑에 있는 지하수가 모두 솟구쳐 올랐습니다. 이것은 무슨 뜻입니까? 하늘에 있는 물이 쏟아지고 땅속에 있는 물이 치솟아 올랐다는 것이 무슨 뜻입니까?

원래 땅은 물 위에 세워졌습니다. 물이 땅보다 더 많습니다. 산이 솟지 않고 그냥 평지가 되면 물이 전 지구를 덮게 되어 있습니다. 그러나 하나님께서는 물을 마치 병 속에 가두어 놓듯이 바다에 가두어 놓음으로써 물이 땅 위에 범람하지 못하도록 자연법칙을 세우셨고 땅과 바다의 경계를 정해 주셨습니다. 그래서 바다는 절대 땅으로 올라올 수 없었습니다.

그러나 홍수 때 하나님께서는 이 모든 창조질서를 무너뜨리셨습니다. 하늘과 땅을 덮고 있는 물이 다 쏟아졌고 바다가 땅 위로 올라와서 완전히 땅 전체가 물에 잠기는, 하나님의 창조질서가 완전히 파괴되는 대변혁이 일어났습니다. 이 모든 것이 인간의 교만과 죄에 대한 하나님의 진노라는 것을 노아 홍수는 보여 주고 있습니다.

둘째로 하나님께서는 이 무서운 진노의 심판 가운데 한 가정을 구원하셔서 하나님의 자비와 은혜를 체험하게 하셨습니다. 이것은 완전히 하나님의 주권적인 선택의 결과입니다. 하나님은 모든 인간을 다 멸망시키지 않으셨습니다. 다 멸망해 버리면 하나님의 인자하심과 신실하심을 누가 깨닫겠습니까? 그래서 하나님께서는 멸망당할 수밖에 없는 그 와중에서도 한 가정을 구원하셔서 구원의 기쁨을 맛보게 하시고, 하나님의 인자하심과 신실하심을 경험하며,

온전한 찬양을 하나님께 돌리게 하셨습니다.

하나님께서는 한 개인을 구원하신 것이 아니라 한 가정을 구원하심으로 구원의 기본적인 단위가 개인이 아니라 가정임을 보여 주셨습니다. 하나님께서 죄에서 불러내실 때에는 개인적으로 불러내십니다. 그러나 구원의 단위는 가정입니다. 그리고 공동체로 구원을 이루십니다. 구원은 개인적인 사건이 아니라 공동체적인 사건이고 반드시 교회를 통하여 이루어 나가신다는 것을 하나님께서는 이 노아 홍수를 통하여 보여 주셨습니다.

셋째로 하나님께서는 인류를 구원하시되 인간만 구원하신 것이 아니라 공중의 새와 땅의 육축과 짐승들을 함께 구원하심으로써 하나님의 구원이 단순한 영혼 구원만이 아니라 모든 피조물과 자연이 함께 하는 우주적인 사건이라는 것을 보여 주셨습니다. 하나님께서는 다시는 물로 인간을 심판하시지 않겠다는 약속을 공중에 있는 무지개에 두심으로써 이 구원은 하늘과 땅이 함께 동참하는 우주적인 구원임을 보여 주셨습니다.

이 노아 홍수는 단순히 과거에 일어났던 한 불행한 사건이 아니라 앞으로 있을 마지막 심판의 모형이라는 점에서 우리에게 중요한 의미가 있습니다. 예수님께서도 인류의 마지막 심판이 바로 이 노아 홍수 때와 같을 것이라고 말씀하셨습니다.

우리는 이 노아 홍수 사건을 통하여 마지막 심판이 임할 때, 개인의 죄를 다루는 것이 아니라 인류 전체를 쓸어버릴 그때, 지구를 붙들고 있는 하나님의 자연 법칙이 완전히 파괴될 그때, 땅속에 있는 불이 올라와서 온 인류를 태울 그때의 상황이 어떠할지 짐작할 수 있습니다.

오늘 말씀은 노아 홍수가 일어나기 이전의 상황을 다음 몇 가지로 소개하고 있습니다.

택한 백성들이 타락하다

노아 홍수가 일어나게 된 결정적인 원인은 놀랍게도 하나님이 택한 백성들의 타락에 있었습니다. 다시 말해서 교회의 부패가 바로 보편적인 심판을 불러온 것입니다. 1절과 2절을 보십시오.

> 사람이 땅 위에 번성하기 시작할 때에 그들에게서 딸들이 나니 하나님의 아들들이 사람의 딸들의 아름다움을 보고 자기들의 좋아하는 모든 자로 아내를 삼는지라

여기에서 가장 문제가 되는 것은 본문에 나오는 '하나님의 아들들'과 '사람의 딸들'이 과연 누구냐 하는 것입니다. 과거에 많은 사람들은 '하나님의 아들들'을 천사로 해석했습니다. 천사들이 인간의 딸들과 결혼을 했는데 이것이 하나님의 진노를 가져왔다는 것입니다. 사실 성경은 여러 곳에서 천사들을 '하나님의 아들'이라고 부르기도 합니다. 그러나 여기에 나오는 '하나님의 아들'을 천사로 보는 견해는 성경 전체의 정신을 알지 못하고 제멋대로 성경을 해석한 결과입니다. 신이나 신의 아들들이 인간의 딸들과 결혼한다는 생각은 전적으로 그리스 신화에서 나온 개념입니다. 그리스 신화에 나오는 신들은 인간과 똑같습니다. 사람을 미워하기도 하고 질투하기도 하며 남의 아내를 납치하기도 하는 아주 못된 신들이 올림푸스 산에 다 몰려 있습니다. 그러므로 '하나님의 아들들'을 천사로 해석하는 것은 전적으로 비성경적인 해석입니다.

지금까지 모세가 창세기에서 말하고 있는 것이 무엇입니까? 아담이 범죄한 이후로 모든 인류가 그의 죄된 본성을 가지고 태어났다는 것입니다. 아담에게서 태어나는 자는 모두 가인이었습니다. 그러나 똑같이 죄의 본성을 가지고 태어났음에도 불구하고 하나님의 은혜가 그 죄된 본성을 눌러서 하나님의 뜻대로 사는 자들

이 있었습니다. 그래서 하나님께서는 두 종류의 인간이 있을 것이라고 말씀하십니다. 하나는 뱀의 후손이요 다른 하나는 여인의 후손입니다.

하나님께서는 뱀의 후손과 여인의 후손이 영원히 원수가 되리라고 말씀하셨습니다. 뱀의 후손은 살모사나 방울뱀이나 구렁이가 아닙니다. 여기에서 뱀의 후손은 인간은 인간인데 사탄의 기질을 가지고 그 기질의 지배를 받으며 사는 자를 말합니다. 반면에 여인의 후손은 같은 죄성을 가지고 태어났지만 하나님의 은혜와 사랑으로 자기의 죄된 본성을 억누르고 하나님의 뜻대로 사는 자를 말합니다. 아무리 이 세상이 타락했어도 그중에 하나님의 말씀을 붙들고 예수 그리스도를 기다리고 있는 사람이 아주 적은 수라도 있는 동안에는 세상에 소망이 있습니다. 모든 인간의 죄에 대한 해답은 예수 그리스도 안에 있기 때문입니다.

그런데 어떤 일이 일어났습니까? 이 경건한 후손들이 그만 가인의 후손들이 누리고 있는 아름다운 삶을 본 것입니다. 가인의 후손은 이 세상에서 하나님 없이 사는 사람들입니다. 그들은 악기를 개발해서 노래를 했고 철이나 동으로 날카로운 기계를 만들었습니다. 여자들은 마음껏 멋을 부렸습니다. 성경적인 입장에서 아름다운 여성은 건강한 여성입니다. 그러니까 힘든 일을 해도 지치지 않는 여성이 아름다운 여성입니다. 그러나 가인의 후손들에게 아름답다는 것은 건강한 것이 아니라 관능적인 것입니다. 살을 빼고 좀 비치는 옷을 입으면 얼마든지 미인으로 둔갑할 수 있는 것이 그들의 아름다움이었습니다.

경건한 후손이 발견한 것이 무엇입니까? 가인의 후손들이 이 세상에서 너무나도 재미있게 산다는 겁니다. 하나님 없이 사는데도 그렇게 재미있을 수가 없어요. 그들은 전부 악기를 만들어서 음악을 연주하고 있고 만들 수 있는 모든 것을 다 만들어서 누리고 있었습니다. 특히 여자들을 보니 왜 그리 날씬한지 모릅니다. 또 옷은 왜 그리 얇은 옷을 입고 다닙니까? 완전히 혼이 나가 버립니다. 그런데 우리네 여자들은 기도만 하고 애만 낳는 겁니다. 그것도 열 명, 스무 명씩 낳으니까 배는 쭈글쭈글하고 살이 쪄서 몸매가 엉망입니다. 그런 여자들만 보다가 애도 낳지 않고 맨날 몸에 우유 바르고 향수 발라서 피부가 매끈매끈한 여자들을 보니까 생각이 달라지는 것입니다.

경건한 후손들이 매일 하는 일이 무엇이었습니까? 허구한 날 아벨의 피 제사만 드리는 것입니다. 그런데 그렇게 살다가 세상을 보니 세상에는 별의별 것이 다 있는 거예요. 배울 것도 많고 할 일도 많고 개척해야 할 것도 많습니다. 너무 할 일이 많아서 죽기도 아깝고 잠자기도 아까울 정도예요. 그런데 자기네들은 무엇을 하고 있습니까? 세상 재미를 다 외면하고 오로지 하나님께 피 제사만 드리고 있는 것입니다. 짐승을 잡고 피 흘려서 회개하고 죄짓고 또 회개하고 죄짓고 또 회개하고……. 그저 매일 하는 것이 죄 용서해 달라는 것입니다. 그런데 몸을 가진 사람이 죄를 안 지을 수 있습니까? 그러니까 또 회개해야지요. 도대체 죄 때문에 할 수 있는 것이 아무것도 없습니다. 이렇게 해도 죄고 저렇게 해도 죄고 숨 쉬는 것도 죄고 생각하는 것도 죄입니다.

그러다가 가인의 여자들이 지닌 관능적인 아름다움을 본 것입니다. "우와! 여자가 우째 저럴 수가 있을꼬? 천사인갑네! 우리 여자들하고는 종류가 다르네. 키도 크고 날씬하고 옷도 얇고……." 그들은 가인의 여자들의 육체적인 아름다움을 보고서는 경건한 여자들이 가지고 있는 성경적인 아름다움을 버렸습니다.

여기에서 우리가 충격을 받는 부분은 하나님께서 이 경건한 후손들을 '하나님의 아들들'이라고 부르신다는 사실입니다. 이것은 이들이 천사라는 뜻이 아닙니다. 이들은 다른 사람들과 똑같은 죄성을 가진 사람들입니다. 그럼에도 불구하고 하나님께서는 이들을 하나님의 아들로 받아 주셨습니다.

구원받는다는 것은 바로 하나님의 아들이 되는 것입니다. 아들이 가지는 특권이 무엇입니까? 아버지가 가지고 있는 모든 재산이나 지위를 물려받는 것입니다. 고아원에 있던 사람이 귀족의 양자로 입양되면 그 귀족의 모든 지위와 재산을 물려받게 됩니다. 하나님은 왜 우리를 구원하십니까? 하나님이 가지고 계신 모든 특권과 능력과 신성과 영광을 우리에게 물려주시기 위해서입니다.

아이들이 집 뜰에서 노는 것을 보면 다 똑같은 것 같습니다. 그러나 나중에 그 집 안에 들어가는 아이는 오직 그 집 애뿐입니다. 옆집 애가 따라 들어오면 "너는 왜 들어오니? 너희 집에 가야지" 합니다. 이 세상에서 지내는 것은 이렇게 서로 섞여서 뜰에서 노는 것과 같습니다. 누가 이 집 아이이고 누가 옆집 아이인지 구분이 되지 않습니다. 그러나 나중에 아버지 집에 들어갈 수 있는 사람은 아들로 택함받은 사람밖에 없습니다.

창세기부터 계시록까지 연결되고 있는 성경의 사상이 무엇입니까? 하나님의 택함을 입은 경건한 자들은 모두 하나님의 상속자라는 것입니다. 사람의 딸들은 아무리 아름다워도 하나님의 것을 얻을 수 없습니다. 하나님께서는 하늘에 있는 모든 부귀와 영화와 존귀한 것을 우리에게 주시려고 우리를 택하셨습니다. 그런데 하나님의 택함을 받은 자들이 어떻게 생각했습니까? 하나님의 이 약속이 현실적인 재미보다 못하다는 것입니다. 영원한 하나님의 아들로서 특권을 누리는 것이 세상의 아름다운 여자들과 결혼해서 아들딸 낳고 재미있게 사는 것보다 못하다는 거예요.

경건한 사람은 어떻게 해야 합니까? 오직 말씀에 따라 자제해야 합니다. 이들에게 가장 중요한 것은 하나님 앞을 떠나지 않는 것입니다. 하나님 앞에서 참된 신앙을 지키는 것이 바로 생명입니다. 하나님께서 참된 생명을 지키면서 다닐 수 있는 직장을 주시면 직장생활을 합니다. 그러나 신앙을 버리면서까지 직장에 다니지는 않습니다. 결혼할 수 있는 짝을 주시면 결혼합니다. 그러나 결혼 때문에 신앙의 길에서 돌아서지는 않습니다. 하나님께서 공부할 수 있게 하시면 공부합니다. 그러나 신앙을 버리고 공부를 붙잡지는 않습니다. 왜냐하면 그것은 영원한 하나님의 아들의 특권을 놓치는 것이기 때문입니다.

경건한 사람은 하나님을 떠나서는 아무것도 하지 않습니다. 그러니 그 문이 얼마나 좁겠습니까? 세상에서는 자기 생각대로 맘껏 일을 골라서 밤낮 그것만 좇아다녀도 될까말까 한데, 그저 '주시면 받는 거고 안 주시면 안 받는다' 하면서 하나님만 바라보고 있자니 성에 차지가 않습니다. 삐삐며 핸드폰을 들고 계속 뛰어다니면서 경쟁률 체크해 가며 좇아다녀도 대학에 합격할까말까 한데 "주여, 들어가게 해주시면 들어가고 아니면 아니고" 해가지고서야 뭐가 되겠습니까? 여러 사람들과 연락하고 밤낮 선을 보아도 결혼할까말까 한데 "주여, 사람을 주시면 만나고 안 주시면 안 만나고 ······." 그러니 정말 되는 일이 없습니다. 직장도 여기 찔러 봤다 저기 찔러 봤다 해야 하는데 "직장을 주시면 다니고 안 주시면 안 다니고" 하니까 영 되는 일이 없어요. 들어갈 수 있는 문이 너무나 좁아집니다.

그래서 하나님의 아들들이 어떻게 했습니까? 그들은 하나님이 주시는 행복으로 만족하지 못했습니다. 그들은 하나님이 주시는 것 이상으로 행복하기를 원했고 하나님이 주시는 것 이상으로 풍성하게 살기를 원했습니다. 그 결과가 무엇입니까? 에서처럼 하나님의 장자의 특권을 잃어버린 것입니다. 에서는 근본적으로 하나님의 장자가 될 수 없었습니다. 그는 사냥꾼이었기 때문에 방랑하는 기질이 있었습니다. 방랑하지 않으면 견딜 수가 없었기 때문에 한자리에 있지 못했습니다. 그는 자기의 기질을 하나님의 축복보다 더 중요하게 생각했기 때문에 머물러 있을 수가 없었습니다.

노아 당시에 살던 경건한 후손들은 아름다운 여인들과 결혼해서 행복하게 사는 것이 하나님이 주시는 복보다 더 중요하다고 생각했습니다. 재미없는 피 제사를 매일 드리는 것보다 이 세상에 뛰어들어서 같이 음악을 연주해가며 재미있게 어울려 사는 것이 훨씬 더 복되다는 결론을 내린 것입니다. 그래서 그들은 그 딸들과 결혼했고 결혼한 이후로는 더 이상 아벨의 제사를 드리지 않았습니다. 이처럼 피의 제사를 포기하자 그들의 마음은 완전히 해방되었습니다. 양심에 남아 있었던 마지막 죄의식을 스스로 버렸을 때 그들은 모든 것을 다 가질 수 있었습니다.

여러분이 이 세상에서 성공하는 데 가장 큰 걸림돌이 무엇인지 아십니까? 그것은 신앙양심입니다. 신앙양심을 가지고는 장사해서 성공하기 어렵습니다. 장사해서 성공하려면 제일 먼저 신앙양심을 떼버려야 해요. 피도 눈물도 없이 돈을 벌어야 돈이 모이지 신앙양심을 지키면서 장사하면 남는 것이 없습니다. 이들이 마지막 죄의식을 포기하자 너무너무 자유로웠습니다. 겁없이 세상의 모든 것을 다 누릴 수 있었습니다.

그러나 이들이 알지 못했던 것이 무엇입니까? 그들은 자신들이 여태껏 드리고 있었던 아벨의 피 제사가 이 세상을 향한 하나님의 진노를 막고 있었다는 사실을 알지 못했습니다. 전방에 있는 군인들이 그리워하는 게 뭡니까? 다방에서 다리 꼬고 앉아서 담배 피우면서 여학생들과 이야기하고 마음대로 영화 보는 겁니다. 그래서 군인들이 결정을 했다고 합시다. "야, 이제부터 나라 지키지 말자. 우리도 압구정동에 가서 마시고 놀자." 그러면 전쟁이 일어납니다.

그와 똑같습니다. 누군가 죄를 가지고 하나님 앞에 나아가서 예배를 드리는 동안 하나님께서는 이 세상의 죄에 대해 눈을 감으시고 죄를 덮어 주셨습니다. 왜냐하면 그들은 하나님의 아들들이요 왕 같은 제사장이었기 때문입니다. 아벨의 피의 호소가 가인을 살린 것처럼 누군가가 하나님 앞에서 신령과 진정으로 예배를 드리고 있었기 때문에 이 세상에 임할 무서운 재앙이 중단되고 있었던 것입니다.

세상에서 가장 무서운 것은 하나님의 진노의 심판입니다. 홍수나 전쟁보다 더 무섭습니다. 그런데 지금까지는 하나님 앞에서 그 진노의 심판을 막는 아벨의 피 제사가 계속되어 왔습니다. 그러나 피 제사를 드리던 하나님의 아들들이 세상 여자들의 육체적인 아름다움을 보게 되고 세상이 너무너무 재미있는 것을 알게 되었을 때 그들은 이 예배를 버렸습니다. 그리고 그때부터 하나님의 진노의 심판을 막을 수 있는 것이 없어져 버렸습니다.

왜 이 세상에 무서운 홍수 심판이 임했습니까? 하나님의 진노를 막을 수 있는 진정한 예배가 없어졌기 때문입니다. 경건한 자들이 세속적인 여인들과 결혼한 이후 더 이상 예배를 드리지 않게 되자 그로부터 얼마 되지 않아 이 무서운 심판이 임했습니다. 우리가 드리는 예배는 나 자신을 살릴 뿐만 아니라 하나님을 모르는 세상 사람들도 살리는 최후의 보루입니다. 우리가 우리의 죄를 고백하고 하나님의 은혜를 간구할 때, 세상 사람들의 죄를 하나님이 긍휼히 여겨주시기를 간구할 때 하나님께서는 진노를 멈추시는 것입니다.

오늘날 우리 믿는 사람들은 예배를 점점 더 소홀하게 생각하고 있습니다. 예배를 드리느니 다른 것을 더 배우겠다고 생각합니다. 친구도 더 만나야겠고 멋진 아가씨와 데이트도 더 해야겠다고 생각합니다. 그것이 바로 노아 시대에 일어났던 현상입니다. '예배는 남들에게 드리라고 하고 나는 돈 벌러 가고 좀더 즐기러 가자' 하는 바로 그 태도가 하나님으로부터 오는 진노를 막지 못하는 것입니다.

사람이 교만해지면 더 이상 죄에 대하여 들으려고 하지 않습니다. '왜 우리는 늘 소극적으로 죄만 이야기하는가? 좀더 적극적이고 좀더 현실적이며 좀더 긍정적으로 생각해야 하지 않겠는가? 왜 우리는 죄의 수준에만 머물러 있는가?' 하고 생각합니다. 바로 그때 인류의 위기가 오는 것입니다. 누군가 자기 자신의 죄와 가족들의 죄와 이웃의 죄를 가지고 하나님께 나아가는 사람이 있어야 합니다.

그러나 노아 시대에는 세속주의가 보편화되어서 어느 누구도 하나님께 예배를 드리려고 하지 않았습니다. 예배는 시간낭비이기 때문에 예배드릴 시간이 있으면 친구라도 하나 더 만나고 단어라도 하나 더 외우겠다는 것이 경건한 후손들의 생각이었습니다. 그들은 모두 자신의 쾌락을 추구했습니다. 예배를 드리느니 텔레비전 보고 비디오 보겠다는 거예요.

하나님의 아들이 되기보다는 이 세상의 아들이 되고자 했을 때 한 두 사람만 망한 것이 아니라 인류가 몽땅 망했습니다. 하나님의 아들들이 드리는 진정한 예배는 이 세상의 심판을 막는 보루였는데, 그것을 지키기 싫어하고 희생하기 싫어하며 죄 문제에 대해 정직해지기 싫어했을 때 모든 인류가 망해 버렸습니다.

철저한 무정부사회

이 당시 세상을 지배했던 사상은 영웅주의였습니다. 영웅만이 인정을 받았고 영웅만이 추앙받았습니다. 4절을 보십시오.

당시에 땅에 네피림이 있었고 그 후에도 하나님의 아들들이 사람의 딸들을 취하여 자식을 낳았으니 그들이 용사라 고대에 유명한 사람이었더라

여기에 나오는 '네피림'은 '거인'이라는 뜻입니다. 왜 이 단어가 거인을 뜻하게 되었는지는 분명치 않습니다. 칼뱅에 따르면 '네피림'은 '나팔'이라는 단어에서 나온 말로서 원래는 '넘어지다'

는 뜻을 가지고 있습니다. 그 거인들이 '넘어지다'는 이름을 가지게 된 이유에 대해 칼뱅은 세 가지 가능성을 이야기하고 있습니다. 하나는 이들이 너무 무서웠기 때문에 사람들이 이들을 볼 때 '안색이 죽었다'는 것입니다. '안색이 죽었다'는 말은 '넘어지다'는 말과 같은 말입니다. 또 다른 하나는 이 사람들이 너무 무서워서 다른 사람들이 보기만 해도 쓰러졌기 때문에 이 이름이 붙여졌을 가능성이 있습니다. 그러나 가장 유력한 해석은 이들이 실제로 많은 사람들을 쓰러뜨렸기 때문에 네피림이란 이름을 얻었다는 것입니다. 다시 말해서 이 사람들은 수많은 사람들을 죽이고서 '사람을 쳐죽이는 자', '쓰러뜨리는 자'라는 명칭을 얻게 된 것입니다.

〈터미네이터〉라는 영화가 있지요? 사람의 씨를 몽땅 말린다는 뜻에서 터미네이터라고 부른 것인데, 네피림이 바로 이 터미네이터와 같습니다. 보는 사람마다 모조리 쓰러뜨리고 죽여버리는 사람들이 네피림이고 영웅입니다. 다시 말해서 네피림이라는 명칭을 얻으려면 수많은 사람을 죽여야만 했습니다.

그런데 이 시대에 어떻게 수많은 사람을 죽일 수 있습니까? 적어도 노아 홍수 전까지는 국가가 생긴 흔적이 없습니다. 따라서 이들은 국가 간의 전쟁에서 승리한 영웅이 아닐 것입니다. 미국 개척시대에 총잡이들이 많은 사람들을 죽이고 영웅이 된 것처럼 이때에는 힘센 사람들이 경기를 벌여서 사람들을 쳐죽이고 네피림이 되거나, 사람을 많이 죽이기로 소문난 사람을 찾아가 겨루어 이겨서 영웅이 되었을 것입니다.

이 살인은 전부 사적인 살인이었습니다. 술집에서 누군가 째려보는 사람이 있으면 결투해서 때려 죽이고 별 하나 달고, '더 강한 자가 있다더라' 하면 도시락 싸 가지고 찾아가서 한판 붙어 쳐죽이고 별 하나 달고……. 이런 것이 네피림의 생애였습니다. 얼마나 멋있습니까? 술집에서 위스키 한 잔 척 마시고 째려보고 있다가 얼른 돌아서서 총 뽑는 것, 생각만 해도 멋있지요. 네피림이 그런 사람들이었습니다. 〈정무문〉 같은 영화를 보면 강호에 자기보다 더 강한 자가 있는 것을 못 견딥니다. 둘 중에 하나는 죽어야지요. 그래서 결투하기 전에 말합니다. "네가 죽으면 양지 바른 곳에 묻어 주마." "나는 네 뼈를 갈아주겠다." "좋아, 해보자." 이런 사람들이 네피림이에요.

그런데 놀라운 사실은 이런 일에 하나님의 아들들도 가세했다는 것입니다. "예배나 드리고 기도나 해서는 안 된다. 우리도 터미네이터가 되자." 그래서 하나님의 아들과 세상의 딸들 사이에서 나온 자식들 중에서도 네피림이 있었고, 이들은 고대에 아주 유명한 자들이 되었습니다. 그러나 그들은 전쟁의 용사가 아니라 유명한 살인광이고 깡패 두목이었습니다.

모세는 홍수 심판이 있기 전에 얼마나 이 땅이 피로 물들여졌으며 사람들이 얼마나 사소한 이유로 다른 사람을 죽이고 별을 달았는지, 또 이러한 일들이 얼마나 만연해 있었는지 말씀하고 있습니다. 하나님께서는 참고 또 참으셨습니다. 그러나 인간은 하나님의 오래 참으심과 인자하심을 마음껏 남용해서 완전히 무정부상태로 살고 있었습니다. 법이나 질서는 찾아볼 수가 없었습니다. 총을 빨리 뽑는 자만이 살 수 있는 것처럼 주먹이 강한 자만이 살아남을 수 있는 철저한 무정부사회였습니다.

그뿐만 아니라 여기에는 이러한 죄를 견제할 수 있는 세력이 전혀 없었습니다. 경건한 자들은 폭력을 사용하지 않고 하나님의 은혜와 기도로 문제를 해결하려고 하지 않았습니다. 오히려 그들도 전부 총잡이와 칼잡이로 나서서 똑같이 폭력을 쓰며 살았고, 세상보다 더 악하게 복수하면서 살았습니다.

우리는 노아 홍수 이전의 사회가 단순히 하나님께 드리는 예배를 버리고 성적으로 타락하기만 한 사회가 아니라 엄청난 살인과 폭력이 만연되어 있던 사회라는 사실을 알 수 있습니다. 이 사회 안에서는 진리가 살아 있는 세력을 찾아볼 수 없었습니다. 진리를 확실히 붙들고 "이것은 옳지 못하며 정당하지 못하다"고 명확히 말함으로써 죄를 견제하고 죄에 반대 의견을 표시하는 진리의 세력이 전혀 없었습니다.

하나님의 한탄

이제 성경에는 이렇게 죄에 빠져 있는 사람들을 보고 하나님이 한탄하시는 장면이 나오고 있습니다. 3절과 5절, 6절입니다.

> 여호와께서 가라사대 나의 신이 영원히 사람과 함께 하지 아니하리니 이는 그들이 육체가 됨이라 여호와께서 사람의 죄악이 세상에 관영함과 그 마음의 생각의 모든 계획이 항상 악할 뿐임을 보시고 땅 위에 사람 지으셨음을 한탄하사 마음에 근심하시고

우리는 여기에서 성경의 다른 어느 곳에서도 찾아볼 수 없을 정도로 극심한 하나님의 거부감과 분노를 볼 수 있습니다. 여기에는 인간의 죄와 교만에 대한 하나님의 거부감과 분노가 여과없이 표현되고 있습니다.

하나님께서는 지금까지 침묵하셨습니다. 혹시라도 인간들이 스스로 자신의 잘못을 깨닫고 하나님께로 돌아올까 싶어서 살인자 가인에게 표를 주셔서 살려 주셨고 라멕 같은 자도 살려 주셨습니다. 그러나 그들은 이러한 하나님의 인자하심과 오래 참으심을 철저하게 악용해서 이 세상을 상상할 수 없는 범죄의 소굴로 만들었습니다. 이제 하나님께서는 도저히 인간들과 함께 할 수 없다는 결론을 내리십니다.

지금까지 하나님께서 원하신 것이 무엇입니까? 비록 인간들이 죄를 지었지만 그들과 함께 계시면서 신령한 교제를 나누는

것이었습니다. 그러나 이제 하나님은 그것이 도저히 불가능하다는 결론을 내리고 계십니다. 하나님은 그들이 육체이며, 생각이나 계획이 항상 악하다는 것을 다시 확인하셨습니다.

우리는 다른 사람이 겉으로 드러내서 말하지 않으면 무슨 생각을 하는지 잘 알 수가 없습니다. 또 어떤 사람이 죄를 지었어도 실제로 보지 못하면 그가 얼마나 악한지 모릅니다. 그러나 하나님은 그렇지 않으십니다. 하나님은 우리의 생각을 바로 보십니다. 아무리 은밀한 곳에서 죄를 지어도 다 아십니다. 이 하나님이 노아 시대의 사람들을 보셨을 때 그들의 생각이 너무나 악하며 은밀히 저지른 죄가 너무나 많다는 것을 아셨습니다.

만약 다른 사람의 생각을 있는 그대로 읽을 수 있다면 어떤 현상이 일어나겠습니까? 아마 구역질이 나서 다시는 서로 쳐다보려고 하지 않을 것입니다. "에잇! 이 더러운 놈아! 다시는 너랑 같이 교회 안 나온다" 하고 욕할 거예요. 겉으로는 천사같이 미소 짓고 있지만 속으로는 '어떻게 하면 이 사람을 잡아먹을까' 하고 노리고 있는 것이 보인다면 어떻게 교제할 수 있겠습니까? 입으로는 "○○ 씨, 사랑합니다" 하는데 속으로는 '어떻게 하면 여관에 데리고 가서 내 욕심을 채울까' 하는 것이 보인다면 어떻게 구역질이 안 날 수 있겠습니까?

우리는 서로의 마음을 읽을 수 없기 때문에 '같이 못 산다'고 하면서도 같이 삽니다. 그러나 하나님은 사람의 마음을 전부 읽고 계십니다. 좋은 표정 짓고 거룩한 척 하며 교양 있는 척하지만 컴컴한 곳에서는 못된 짓을 하고 시치미 떼는 사람과 하나님은 도저히 교제할 수 없다고 하십니다. 하나님께서 보시니 썩은 시궁창 물이 올라오듯이 속에서 끊임없이 악한 생각이 올라오는데 겉으로는 웃고 있는 것입니다. 하나님은 이들과 교제할 수 없다고 말씀하십니다. 3절을 보십시오.

여호와께서 가라사대 나의 신이 영원히 사람과 함께 하지 아니하리니
이는 그들이 육체가 됨이라

  '사람이 육체가 된다'는 말이 무슨 뜻일까요? 우선 이것은
'인간은 육체 때문에 어쩔 수 없이 정욕적인 삶을 살 수밖에 없다'
는 뜻입니다. 주님이 무엇이라고 말씀하셨습니까? "마음에는 원이
로되 육신이 약하도다!" 주님의 말씀대로 우리가 마음으로는 수없
이 다짐하고 또 다짐하지만 몸이 있기 때문에 다짐대로 안 됩니다.
어떤 사람들은 거울을 보면서 "나는 절제하는 생활을 해야 해. 이제
많이 먹지 말아야지" 합니다. 그러나 밥을 보면 일단 정신없이 먹고
나서 "너무 많이 먹어버렸네. 할 수 없다. 내일부터 해야지" 하는 겁
니다. 막상 먹을 때에는 완전히 이성을 잃어버리기 때문에 결심대
로 안 돼요. 또 학생들은 공부할 때 자지 않으려고 애를 씁니다. 그
런데 눈을 딱 떠보면 아침이에요. 또 어떤 사람들은 마음속에 있는
성적인 욕망을 억제하려고 노력하는데 잘 안 됩니다. 한번 음란한
생각이 나기 시작하면 걷잡을 수가 없어요. 이것이 우리 인간의 한
계입니다. 몸을 가지고 있는 이상 어쩔 수가 없습니다. 안 먹을 수
없고 안 잘 수 없고 좋은 옷 입고 싶지 않을 수 없고 성욕이 안 생길
수 없습니다. 육체의 욕구가 끊임없이 우리를 지배합니다.

  그런데 하나님의 신이 무슨 일을 하십니까? 우리의 육체적
인 욕망을 억제해서 이 몸을 바르게 사용하게 하십니다. 우리의 몸
은 썩을 몸입니다. 그렇기 때문에 몸을 신주단지같이 모셔 놓는 사
람이 제일 어리석은 사람이에요. 좋은 카메라를 집에 썩혀 두면 무
슨 소용이 있습니까? 좋은 카메라는 쓰라고 있는 것입니다. 마찬가
지로 우리 몸은 쓰라고 있는 것입니다. 하나님이 원하시는 뜻을 위
하여 몸을 쳐 복종시키는 것, 아픈 사람을 찾아가서 돌보아주고 입
으로는 찬송하라고 몸을 주신 것입니다. 이렇게 우리의 육체적인
욕망을 조절해서 하나님의 뜻대로 살게 하시는 것이 바로 성령의

일입니다.

그러나 이제 하나님의 신이 더 이상 그들과 함께 있지 않겠다고 하십니다. 성령의 뜻에 복종하고자 하는 이들이 없기 때문입니다. 사람들은 철저하게 타락한 본성에 따라 움직였기 때문에 하나님이 아무리 말씀하셔도 듣지 않았고 아무도 하나님의 말씀에 따라 자신의 삶을 바꾸려고 하지 않았습니다. 성령이 말씀으로 우리의 삶을 바꾸려고 하시는데도 바꾸는 사람이 아무도 없는 거예요. 그냥 자기가 하고 싶은 대로 끝까지 다 해버립니다.

하나님께서는 단순히 이들이 육체의 욕망을 느꼈기 때문에 심판하겠다고 하시는 것이 아닙니다. 인간에게는 한계가 있어요. 그러나 성령께서 역사하시고 말씀하심에도 불구하고 끝까지 불순종할 때 하나님은 성령을 거두어 가십니다. 그리고 '너 하고 싶은 대로 다 하라'고 하십니다.

홍수가 일어난 이유는 두 가지로 볼 수 있습니다. 하나는 어느 누구도 하나님 앞에서 인간의 죄를 가려줄 피의 제사를 드리려고 하지 않았다는 것입니다. 즐겁고 배울 것 많은 세상에서 예쁜 여자와 결혼하여 행복하게 살기 위해 피의 제사를 버린 겁니다. 물론 예배를 아예 버리지는 않았지만 그 예배는 형식적인 예배이고 날라리 예배이고 자기를 자랑하려고 드리는 예배였습니다. 그뿐만 아니라 말씀으로 변화하는 사람이 없었습니다. 하나님의 신은 아담 때부터 노아 시대에 이르기까지 역사하셨습니다. 그러나 하나님이 성령으로 말씀하심에도 불구하고 스스로 삶을 바꾸려고 하는 자들이 아무도 없었습니다.

여러분, 말씀을 듣고도 변화되지 않는다는 것이 왜 무섭습니까? 말씀을 듣고도 변화되지 않는 사람은 도무지 변할 길이 없기 때문에 무섭습니다. 그런 사람은 죽은 자가 살아나도 안 바뀝니다. 하나님께서 우리를 바꾸는 가장 강력한 수단이 설교예요. 그런데 말씀을 들어도 안 바뀌는 사람은 어떤 기적이 일어나도, 홍해가 갈라져도 안 바뀝니다. 절대 안 바뀝니다. 고칠 수가 없어요.

'나의 신이 영원히 사람과 함께하지 않는다'고 해서 하나님이 앞으로 영원히 구원 계획을 포기하셨다는 말로 들어서는 안 됩니다. 이것은 이 세대 사람들을 철저하게 버리셔서 그들에게서 성령의 역사를 거두시겠다는 말씀입니다. 곧 이들에게는 다시는 회개하거나 뉘우칠 기회가 없다는 것입니다. 사람들은 자기들이 하는 짓이 옳다는 확신만 더 가지게 됩니다. 이것이 가장 무서운 것입니다. 죄를 짓고 있으면서도 자기가 하는 짓이 옳고 정당하다고 확신하는 것이 무서운 거예요. 이것이 바로 하나님이 그 사람을 버리셨다는 증거입니다.

우리는 육체를 가지고 살고 있습니다. 우리의 육체에서는 선한 것이 나올 수가 없습니다. 우리는 입으로 먹는 음식 덕분에 사는 것이 아닙니다. 날마다 하나님의 신이 우리를 감동시키셔서 우리의 잘못을 깨우치시고 하나님의 뜻을 밝혀주심으로 사는 것이지요. 그리하여 내가 내 머리나 힘을 믿지 않고 주님을 믿으며 하루하루 사는 것이 진짜 사는 것입니다.

우리나라 교회는 하나님의 신이 교회에서 점점 떠나고 계시다는 사실을 두려워해야 합니다. 예배에 감동이 없습니다. 사람들은 최소한의 의무를 행하기 위해서 교회에 옵니다. 하나님의 신이 교회에 임하시지 않습니다. 설교에서 하나님의 음성을 들을 수가 없고 찬양은 단순한 음악에 그치고 맙니다. 또한 죄인이 회개하고 돌아오는 일이 너무나도 적습니다. 이러한 현상들이 말해 주는 것이 무엇입니까? 교회가 점점 더 예수 그리스도의 십자가를 믿지 않고 자신을 믿고 있으며, 자기의 믿어온 연수와 자기의 종교적인 열정과 사회적인 신분을 의지하고 있다는 것입니다. 그래서 교회에서 하나님의 신을 몰아내고 있다는 것입니다. 예수 믿는다고 하면서도 우리는 얼마나 교만하고 더러운 마음으로 교회에 나와서 뻐기고 앉아 있습니까? 그리스도인들이 하나님의 신을 떠나게 하고 있습니다. 그리스도인들이 참된 성령의 역사를 교회에서 몰아내고 있습니다.

여러분, 자기 자신을 의지해서는 안 됩니다. 예수 그리스도의 십자가 이외에는 아무것도 자랑하지 말아야 합니다. 자신을 하나님 앞에서 철저히 낮추십시오. 이것만이 우리가 살 수 있는 유일한 길입니다.

하나님께서는 사람의 연수를 120년으로 정하셨습니다. 지금부터 홍수 멸망까지 남은 시간이 120년이라는 것입니다. 120년만 지나면 모든 것이 끝납니다. 하나님의 시계는 계속 진행되고 있습니다. 그러나 사람들은 그 계획을 모르고 있습니다. 하나님은 인간의 연수를 정하시는 분이십니다. 그리고 그 정하신 기간이 차면 모든 역사는 중단됩니다. 그러나 하나님의 신이 떠나시니 120년이 지나도록 아무도 회개하고 돌아오지 않았습니다.

하나님께서는 사람을 멸망시킬 때 육축과 짐승, 공중의 새들도 모두 멸망시키셨습니다. 사람이 없으면 육축은 하나님께 필요 없는 존재이기 때문입니다. 하나님은 그만큼 사람을 사랑하셨습니다. 그만큼 사람을 소중히 여기셨습니다. 그럼에도 불구하고 사람이 하나님 앞에 겸손하지 않고 하나님께 영광 돌리지 않고 자기 길로 갔을 때 하나님은 더 이상 짐승과 육축과 모든 것을 보기를 원치 않으셨습니다. 누군가가 이 하나님의 계획을 알았더라면 얼마나 좋았을까요? 120년이 마지막이라는 것을 알았더라면 얼마나 좋았을까요? 세상은 자기 잘난 맛에 살고 있었지만 멸망의 시간은 점점 다가오고 있었습니다. 예수님은 세상 마지막 때가 노아의 때와 같을 것이라고 말씀하셨습니다.

> 홍수 전에 노아가 방주에 들어가던 날까지 사람들이 먹고 마시고 장가들고 시집가고 있으면서 홍수가 나서 저희를 다 멸하기까지 깨닫지 못하였으니 인자의 임함도 이와 같으리라(마 24:38, 39).

예수님의 이 말씀은 노아 홍수의 긴박성과 또 그 당시 사람들이 얼마나 자신의 본질적인 문제를 도외시한 채 먹고 마시는 쾌락에만 빠져 있었는지를 보여줍니다. 이 말씀을 보면 '장가들고 시집가고'라는 것이 아주 강조되어 있습니다. 왜 그럴까요? 사람들은 장가들고 시집가는 데 모든 것을 걸기 때문입니다. 모든 돈을 결혼에 다 씁니다. 예쁜 웨딩 드레스 입고 비싼 목걸이 하고 비싼 음식 먹고, 그다음에는 어떻게 살지 생각하지 않습니다. 신혼여행 가면 사진을 수백 장씩 찍습니다. 그다음부터 먹을 것이 없더라도 상관이 없어요.

그러나 결혼식은 정말 겸손히 해야 합니다. 여러분에게 부탁드리고 싶은 것은 결혼 한 번 하고 그다음엔 죽을 것처럼 덤벼들지 말라는 겁니다. 결혼하고 나서도 할 일이 많습니다. 밥도 해야 하고 빨래도 해야 하고 세금도 내야 하고 아파트 관리비도 내야지요. 그런데 사람들은 결혼 한 번 하고 그다음엔 죽을 것처럼 달려드는 것 같아요. 겸손한 결혼 보기가 참 어렵습니다. 옛날에는 결혼식이 얼마나 겸손했는지 모릅니다. 하객들도 겸손했어요. 그래서 신부가 아무리 곰보라도 한 사람이 "신부 이쁘지?" 하면 "하모 하모! 천사가 따로 없다" 하고 맞장구쳤습니다. 그런데 요새는 결혼식에 와서 갈비탕 내놓으라고 하고 예식장 후지다고 타박하고 오케스트라 없다고 타박합니다. 여러분, 결혼은 정말 겸손하게 하십시오. 신랑 신부는 꾸미지 않아도 멋집니다.

노아 시대 사람들은 먹고 마시고 장가들고 시집갔습니다. 여기에 빨간 줄을 치십시오. 전에는 이 말씀이 왜 중요한지 몰랐어요. 그런데 집회 때문에 부산에 가려고 주일 저녁에 공항에 가니까 신랑 신부들과 친구들이 모여서 헹가래를 치고 꽃을 뒤로 던졌다 앞으로 던졌다 하는데, 제가 그걸 보고 '야, 이거 인류의 종말이 왔구나' 했습니다.

대학 다닐 때 굉장히 친했던 단짝 친구가 제게 한 말이 있습니다. "나는 밥만 먹고 살 수 있다면 한평생 그 문제만 추구하며 살겠다." 그래서 제가 '이 친구 굉장히 똑똑한데' 하고 생각한 적이 있습니다. 그런데 이 말씀을 보니까 그 친구 말이 틀렸어요. '밥 먹고 산다면'이 아니에요. 밥 먹는 것도 다 때려 치우고 무엇보다 먼저 '왜 사는가'를 추구해야 합니다. 사람은 먹고 마시고 즐기는 존재가 아닙니다. 사람은 그보다 훨씬 고상하게 만들어졌습니다.

노아 홍수는 최종적으로 임할 하나님의 보편적인 심판의 모형입니다. 언제 이런 일이 일어납니까? 하나님의 백성들이 더 이상 피의 제사를 드리기 싫어할 때입니다. 마음이 교만해져서 예수 그리스도의 피를 붙들고 나와서 예배드리기를 싫어할 때, 예배가 나의 자랑이 되고 하나의 무대처럼 될 때, '예배는 짧게, 골프 시간은 길게'가 될 때, 바로 그때가 보편적인 심판이 임할 때입니다.

택한 백성이 있어야 할 곳이 어딥니까? 바로 교회입니다. 우리는 이곳, 이 자리를 지켜야 합니다. 집에서 식구들이 "교회 가지 말고 공부나 해" 할 때에도 내가 교회에 가야 엄마 아빠가 산다는 것을 기억하십시오. 우리는 아벨의 피 제사를 드리러 가야 합니다. 더 이상 말씀으로 변화되는 사람들이 없고 자기의 힘만 믿고 살며 네피림들이 추앙받을 때, 〈터미네이터〉 같은 영화가 인기리에 상영될 때 무서운 종말이 오고 있다는 징조를 읽으십시오.

여러분, 실력을 말씀보다 더 우대하는 사회는 네피림이 설치는 사회가 될 것입니다. 우리는 절대로 영웅을 숭배해서는 안 됩니다. 인간은 다 형제와 자매입니다. 영웅이 만들어지면 다른 사람은 다 바보가 되어야 해요. 우리는 형제와 자매이지 절대로 영웅을 숭배하는 자들이 아닙니다.

믿는 자가 참된 제사장의 역할을 감당하는 것이 자신과 주위 사람들을 살리는 길입니다. 하나님께서는 지금 세대에 대해서도 이미 기간을 정해 놓으셨습니다. 점점 더 활개를 치고 있는 전쟁 영웅들, 그리고 오염된 강이나 바다는 그 기간이 끝나가고 있음을 알려주는 모래시계가 아닌가 생각합니다.

여러분, 우리 육체를 쳐서 성령께 복종시킵시다. 이 몸을 진주처럼 여기지 마십시오. 막 쓰십시오. 아픈 사람 있으면 가서 빨래도 해주고 설거지도 해주세요. 사우나에 가서 올리브유 바르다가 지옥에 가면 더 오래 탑니다. 이 몸은 쓰라고 주신 겁니다. 오직 성령을 의지하십시오. 이것만이 우리가 살아남을 수 있는 유일한 길입니다.

20

노아의
언약

셰익스피어의 〈로미오와 줄리엣〉은 서로 적대적인 두 가문의 한계를 뛰어넘은 남녀의 비극적인 사랑을 그리고 있습니다. 지금은 세상이 많이 변해서 젊은 남녀가 가문이나 가정의 반대를 무릅쓰고 자신의 의사에 따라 결혼하는 경우가 아주 많습니다. 그러나 프랑스 혁명이 일어나기 전까지는 개인의 존재가 전혀 의미를 가지지 못했습니다.

의미가 있는 것은 언제나 집단이었기 때문에 한 개인으로서 '누구'라고 하는 개념이 없었습니다. 예를 들어 '어느 가문에 속한 아무개의 몇째 아들 ○○'라고 하면 사람들이 알아들었지만 '나'라는 개념은 사람들의 머릿속에 존재하지 않았습니다. 개인의 행복은 의미가 없었고 그보다는 가문의 명예가 중요했어요. 그래서 어느 한 가문이 망하면 그 안에 속해 있는 자는 주인이든 종이든 가축이든 다 멸망당해야 했고, 우리 가문과 저 가문 사이에 싸움이 일어나면 이유 없이 칼을 뽑아야만 했습니다. 가문이 살아야 자기가 살 수 있었기 때문입니다. 각 가문에는 고유의 문장이 있었고, 사람들은 가문을 위하여 살고 가문을 위해 죽었습니다. 따라서 감히 가문의 뜻을 거스르고 서로 사랑했던 로미오와 줄리엣은 엄청난 사람들입니다. 지금 현대적인 시각으로 보면 이해가 되지만 작품이 쓰여진 당시에는 얼마나 충격적이었을지 짐작할 수 있습니다.

그러나 성경은 결코 〈로미오와 줄리엣〉 식의 사고방식으로 읽어서는 안 됩니다. 성경이 구원과 심판을 말할 때에는 철저하게 집단적인 개념을 사용하기 때문입니다. 여기에는 한 개인이 구원받는다는 개념이 없으며 모든 것이 집단적인 개념입니다. 내가 속한 집단이 구원을 받으면 전부 구원을 받는 것이고 내가 속한 집단이 멸망하면 전부 다 멸망하는 것입니다. 오늘날 우리가 보기에는 참으로 이해하기 어려운 개념입니다.

우리는 본문 말씀을 통하여 상반된 두 부류의 사람과 생물들을 보게 됩니다. 한 부류는 이 세상에 속했기 때문에 홍수로 전부 망한 사람들과 짐승들입니다. 그리고 다른 한 부류는 노아에게 속했기 때문에 구원받은 사람들과 짐승들입니다. 우리는 노아 방주 안에 있는 짐승들과 밖에 있는 짐승들 사이에 그렇게 큰 차이가 있다고 생각하지 않습니다. 다 그 짐승이 그 짐승 같지요. 그러나 한 무리의 짐승들은 노아의 방주 안에 들어와 있었고 노아의 언약 속에 포함되어 있었기 때문에 구원을 받았고, 다른 짐승들과 사람들은 그 언약에 포함되지 못했기 때문에 전부 멸망당했습니다.

당대의 의인 노아

오늘 본문 말씀에서 성경은 노아를 당대의 의인으로 평가하고 있습니다. 6장 8절과 9절을 보십시오.

> 그러나 노아는 여호와께 은혜를 입었더라 노아의 사적은 이러하니라 노아는 의인이요 당세에 완전한 자라 그가 하나님과 함께 동행하였으며

성경은 노아에게 엄청나게 긍정적인 평가를 내리고 있습니다. 그는 '의인이요 당세에 완전한 자'라고 합니다. 다시 말해서 아무런 도덕적인 흠이 없는 사람이었다는 뜻입니다. 그러나 이 평가를 보고 노아를 전혀 죄성이 없는 사람으로 생각하거나 한 번도 실수한 적이 없는 천사 같은 사람으로 생각해서는 안 됩니다. 사실 그는 우리와 똑같은 죄성을 가진 자였습니다. 그는 홍수가 끝난 후에 포도를 심어서 거기에서 난 포도로 술을 만들어 마셨습니다. 그리고 술에 취해서 벌거벗고 잠을 잤고 자기를 흉본 아들을 저주했습니다. 이런 것을 볼 때 노아는 한 번도 죄의 충동을 느껴보지 못한 완전한 의인이었다고 할 수 없습니다. 그렇다면 노아를 '의인이요 당세에 완전한 자'라고 표현한 성경의 평가는 무엇을 뜻하는 것일까요?

여기에는 적어도 세 가지 의미가 있습니다. 첫째로 노아가 당시 사람들의 무서운 죄에 빠지지 않고 성경이 '강포'라고 말하고 있는 그 시대의 무서운 폭력에 빠지지 않았던 것은 하나님의 은혜 때문이라는 사실입니다. 8절에 보면 "그러나 노아는 하나님께 은혜를 입었더라"고 말씀하고 있습니다. 하나님의 은혜가 무엇입니까? 나는 다른 사람들처럼 죄짓고 싶고 폭력을 휘두르고 싶은데 하나님께서 그렇게 하지 못하도록 간섭하시는 것이 은혜입니다.

하나님은 어떤 사람들은 마음껏 죄짓도록 내버려 두시고 죄에 대해서 감각이 없게 하십니다. 그래서 그런 사람들은 죄를 즐기는 생활을 합니다. 거기에 반하여 어떤 사람들은 죄지으려고 하면 하나님이 사사건건 간섭하셔서 죄를 짓지 못하게 하시거나 죄를 짓고 난 후에도 엄청난 양심의 고통이나 육체의 고통을 주심으로써 죄짓지 못하게 하십니다. 이것이 하나님의 은혜입니다. 하나님은 그가 은혜를 베푸시는 자들에게는 죄가 무엇인지 알게 하시고, 죄를 지으면 부끄러워서 견디지 못하게 하시며, 지은 죄를 해결받지 못하고는 잠시도 견딜 수 없는 감정을 주십니다.

노아가 하나님 앞에 의로운 자였다는 것은 노아가 한 번도 죄의 충동을 느끼지 않은 천사 같은 성품을 가진 사람이라는 뜻이 아닙니다. 노아도 죄짓고 싶었어요. 성질나면 주먹질하고 싶었습니다. 그러나 그럴 때마다 하나님께서 간섭하셔서 그것이 얼마나 수치스럽고 부끄러운 일인지 깨닫게 하심으로써 다른 사람과 똑같이 죄짓는 생활을 하지 못하게 하신 것입니다.

그뿐만 아니라 노아의 삶에는 죄를 해결할 수 있는 길이 있었습니다. 노아도 죄를 지었습니다. 그러나 노아는 지은 죄를 용서받을 수 있는 길이 있었습니다. 그것이 무엇입니까? 아벨의 피 제사입니다. 아벨의 제사는 죄를 용서받을 수 있는 제사였기 때문에 중요했습니다.

사람이 죄를 지으면 죄가 그를 가만히 내버려 두지 않습니다. 찰거머리처럼 달라붙은 채 그 사람을 따라 다니면서 자신감을 잃게 하든지 더 뻔뻔스럽게 만들어 버립니다. 죄는 사람을 결코 순수한 상태로 내버려 두지 않습니다. 죄는 사람의 양심을 갉아먹습니다. 죄를 짓고 나면 자신감을 잃고 완전히 의욕을 상실하든지, 아예 양심의 가책도 느끼지 못할 정도로 얼굴이 두꺼워지든지 둘 중에 하나가 됩니다.

그러나 아벨의 피 제사에는 사람의 양심을 죄로부터 자유롭게 하는 능력이 있었습니다. 오늘 우리가 신령과 진정으로 드리는 예배는 왜 중요합니까? 우리 양심을 하나님 앞에서 아무 두려움 없이 완전히 해방하기 때문에 중요한 것입니다. 예배는 하나님을 "아바 아버지"라고 부르면서 기도하게 합니다. 양심이 해방된 자는 아무것도 두려워하지 않습니다. 사람을 두려워하지 않습니다. 미래를 두려워하지 않습니다. 왜냐하면 자신의 모든 죄가 하나님 앞에서 씻겼다는 것을 확신하기 때문입니다. 하나님께서는 신령과 진정으로 예배드리는 자를 '의인이요 당세에 완전한 자'라고 부르십니다. 왜냐하면 그의 죄가 용서되었기 때문입니다. 노아의 삶에는 진정한 예배가 있었습니다. 그는 예배로 인하여 죄씻음을 받았습니다.

또한 노아는 하나님과 동행하는 사람이었습니다. 하나님과 동행하는 사람이라는 것은 자신의 부족함을 아는 사람이라는 뜻입니다. 자신감이 있는 사람은 하나님과 동행하려고 하지 않습니다. 오히려 하나님을 귀찮아합니다. 왜냐하면 자기 나름대로 생각이 있거든요. 그래서 하나님과 동행하려고 하지 않습니다. 하나님께는 "여기 가만히 계십시오" 해놓고 자기 맘대로 좇아다니면서 자기 계획대로 살려고 합니다.

그러나 노아는 자기 힘으로는 도저히 이 세상에서 죄짓지 않고 살 수 없음을 알았습니다. 그는 자기 힘으로 아무것도 하려고 하지 않았습니다. 무슨 일만 생기면 하나님을 불렀습니다. "하나님, 오셔서 이 일에 함께해 주십시오. 저 혼자의 힘으로는 도저히 감당할 수가 없습니다." 사람과의 관계에 어려움이 생겨도 하나님을 불렀습니다. 어떤 일을 할 때 어려움이 생겨도 하나님을 불렀습니다. "제 힘으로는 도저히 감당할 수가 없습니다. 하나님이 오셔서 이 일을 해결해 주십시오." 그는 항상 하나님과 동행하는 사람이었습니다.

노아의 믿음은 겉으로 볼 때는 표시가 나지 않았습니다. 그러나 그가 참으로 하나님과 동행하는 사람이었다는 사실은 그가 하나님의 심판의 말씀을 듣고 그 말씀에 온전히 순종했다는 것에서 드러나고 있습니다. 그는 남은 삶을 전부 이 심판을 대비하는 데 사용했습니다. 13절과 14절을 보십시오.

> 하나님이 노아에게 이르시되 모든 혈육 있는 자의 강포가 땅에 가득하므로 그 끝날이 내 앞에 이르렀으니 내가 그들을 땅과 함께 멸하리라 너는 잣나무로 너를 위하여 방주를 짓되 그 안에 간들을 막고 역청으로 그 안팎에 칠하라

노아의 믿음은 이 세상에 대한 하나님의 심판을 믿고 그 심

판을 준비하는 것을 통해 나타났습니다. 그래서 히브리서 11장 7절에서는 노아의 믿음에 대하여 이렇게 말씀하고 있습니다.

> 믿음으로 노아는 아직 보지 못하는 일에 경고하심을 받아 경외함으로 방주를 예비하여 그 집을 구원하였으니 이로 말미암아 세상을 정죄하고 믿음을 좇는 의의 후사가 되었느니라

그냥 보기에는 전혀 심판의 기미가 없었습니다. 홍수로 사람들이 멸망한다는 것은 당시로서는 상상할 수도 없는 일이었습니다. 그러나 그의 모든 삶은 오직 이 한 번의 심판을 준비하는 일에 바쳐졌습니다. 다른 사람들은 먹고 마시고 즐기고 주먹질하는 일에 삶을 사용하였습니다. 모든 곳이 강포와 폭력으로 가득 찬 세상이었습니다. 다른 사람들은 다 먹고 마시고 즐기며 하고 싶은 대로 다 하면서 삽니다. 그러나 그런 가운데에서도 노아는 심판의 말씀을 듣고 이 심판에 대비하는 배 한 척을 만드는 일에 모든 정력과 시간을 다 사용했습니다. 히브리서는 결국 이것 때문에 노아가 자신과 가족들과 많은 짐승들의 생명을 구원하는 믿음의 후사가 되었다고 말씀하고 있습니다.

홍수의 의미

홍수 심판에서 특이한 점은 폭력을 휘두른 사람만이 아니라 모든 육축과 들짐승과 곤충과 공중의 새까지 다 멸망했다는 사실입니다. 7절을 보십시오.

> 가라사대 나의 창조한 사람을 내가 지면에서 쓸어 버리되 사람으로부터 육축과 기는 것과 공중의 새까지 그리하리니 이는 내가 그것을 지

었음을 한탄함이니라 하시니라

쉽게 납득이 되지 않는 말입니다. 하나님 앞에서 죄를 지은 것은 사람들입니다. 수많은 짐승들이 인간의 죄와 무슨 상관이 있습니까? 물론 짐승들 중에도 못된 짐승이 있습니다. 그러나 모든 짐승들이 다 못된 것은 아닙니다. 비열한 짐승이나 다른 짐승들에게 해를 끼치는 짐승, 또는 바퀴벌레처럼 깨끗하지 못한 곤충들도 있지요. 그러나 고추잠자리 같은 곤충이 무슨 죄가 있으며 사향노루 같은 짐승이 무슨 죄가 있습니까? 그런데도 하나님께서는 이 모든 짐승과 새와 곤충들까지 다 홍수로 멸망시키십니다. 왜 그렇게 하십니까? 하나님의 무자비함을 보여 주시려는 것입니까? 그렇지 않습니다. 하나님께서는 구원과 심판의 언약성을 보여 주고자 하시는 것입니다.

여러분, 이 홍수는 그저 노아 시대에 한정된 일이 아닙니다. 하나님께서 아담에게 말씀하신 그 심판이 이제 성취된 것입니다. 하나님께서 아담에게 말씀하셨을 때 그것은 아담 개인에게 하신 말씀이 아니었습니다. 하나님께서는 모든 피조물의 대표인 아담과 생사의 언약을 세우신 것입니다. 그것은 곧 하나님의 말씀에 순종하면 영원히 살고 불순종하면 영원히 멸망한다는 언약이었습니다.

아담은 모든 인류와 피조물을 대표하는 위치에 있기 때문에 아담의 언약 속에는 짐승과 새와 다른 모든 것들이 포함되어 있습니다. 학교에서 자기는 잘못하지 않았는데도 다른 아이들 때문에 단체로 벌을 받는 경우가 있습니다. 그러면 "나는 잘못한 것이 하나도 없는데 선생님이 나한테까지 벌을 준다"고 입이 나팔처럼 나와 가지고 엄마한테 막 불평을 하지요. 그러면 엄마는 또 분기가 탱천해서 "왜 우리 애까지 벌을 주냐"고 화를 냅니다. 구약을 잘 몰라서 그래요.

전쟁이 한번 일어나면 국가의 대통령이 선전포고를 하지 않습니까? 그러면 그 나라 국민은 자기가 전쟁에 찬성하든지 반대하든지 상관없이 전쟁에 개입하지 않을 수가 없습니다. 나라의 대표가 전쟁을 선포했기 때문입니다. 생각해 보십시오. 사람들끼리 전쟁을 하는데 개나 짐승들이 무슨 잘못이 있습니까? 그런데도 전쟁이 나면 소나 개나 짐승들이 모두 죽습니다. 아군이 먹지 않으면 적군이 먹을 테니까 끌고 갈 수 없으면 아예 다 죽이지요. 또 우물이라는 우물에는 전부 약을 풀어 놓습니다. 산에도 나무 한 그루 남지 않습니다. 전부 불에 타든지 벌목되지요. 애들은 무슨 죄가 있습니까? 그러나 전쟁이 일어나면 수많은 고아들이 생깁니다. 고대 때 싸움에 지면 여자들과 아이들은 노예로 팔리게 되어 있었습니다.

아담이 하나님의 말씀을 거역했을 때 아담은 하나님께 선전포고를 한 것과 같습니다. 죄는 하나님과 싸우는 것입니다. 내가 남의 물건을 빼앗으면 그 행동을 통해 하나님께 선전포고하는 것입니다. 내가 남의 여자를 갈취하면 그 행동을 통해 하나님을 공격하는 것입니다. '남의 것을 빼앗지 말라'고 하신 분이 하나님이시기 때문입니다.

하나님께서는 인간의 이 선전포고를 보고서도 수천 년을 참으셨습니다. 아벨의 피 제사가 있었기 때문입니다. "가인을 살려 주십시오. 나는 죽었지만 가인까지 죽으면 어떻게 합니까?" 하고 아벨이 피로 호소했기 때문에 가인이 살았습니다. 또 가인의 후손들이 수많은 죄를 지었지만 아벨의 제사가 있었기 때문에 하나님께서 그들을 용서하셨습니다. 그러나 이제는 셋의 후손들이 예배를 드리려고 하지 않습니다. 예배드리는 시간보다는 텔레비전 보면서 노는 시간이 더 좋거든요. 예배드리는 것보다는 세속적인 재미가 더 좋거든요. 그래서 아무도 하나님께 제사를 드리지 않았습니다. 세속주의가 왜 무섭습니까? 세속주의는 하나님을 두려워하지 않기 때문에 무서운 것입니다.

모든 재앙은 하늘에서 내려옵니다. 가장 두려운 일은 하나님이 인간을 더 이상 불쌍히 여기시지 않는 것입니다. 가인의 후손을 살린 것은 경건한 후손들의 예배였습니다. 이 예배는 경건한 자손들만 살린 것이 아니라 죄지은 자손까지 살렸습니다. 그러나 이제는 사람들이 전부 먹고 마시고 즐기는 데 빠져서 하나님을 두려워하지 않습니다. 성질나면 그냥 때립니다. 모두 먹고 마시고 시집가고 장가가는 것에 열중해 있습니다. 이제는 하나님의 재앙을 연기할 이유가 없어졌습니다.

그들에게 임했던 심판은 아담에게 '정녕 죽으리라'고 하셨던 그 심판의 말씀이 성취된 것에 불과합니다. 사람만 죽은 것이 아니라 짐승과 새들까지 모두 죽은 것은 그들이 원하든 원치 않든 다 아담의 언약 안에 포함되어 있었고 아담 가문에 속해 있었기 때문입니다. 아담에게 속한 모든 것은 멸망할 수밖에 없었습니다.

그러나 노아에게 속한 것들은 모두 구원을 받았습니다. 노아뿐 아니라 노아의 아들과 며느리, 배 안에 있던 모든 짐승과 새와 곤충들이 다 구원을 받았습니다. 왜냐하면 하나님께서 노아와 언약을 맺으셨기 때문입니다. 그들은 원래 아담의 언약에 속해 있었지만 하나님이 노아와 다시 맺으신 새 언약 속에 들어와 있었기 때문에 멸망당하지 않은 것입니다.

하나님께서는 이것을 통해 한 가지 중요한 사실을 우리에게 가르쳐 주고자 하십니다. 하나님께서는 인간이 스스로 구원할 수 없다는 것을 알고 계셨습니다. 그래서 하나님의 구원과 심판은 인간 개인의 힘으로 되는 것이 아니라 '내가 어디에 속해 있느냐'에 따라 결정된다는 것을 보여 주기 위해서 모든 짐승과 새들과 곤충에게까지 "너희는 아담에게 속했으니 아담과 함께 죽으라"고 하신 것입니다. 자연에 속해 있는 것들은 전부 아담의 언약에 속해 있습니다. 그러므로 구원을 받으려면 어떤 인간이나 짐승이나 새나 곤충도 새 언약 속에 들어와야 하는 것입니다.

하나님께서는 노아와 새롭게 언약을 맺으십니다. 18절을 보십시오.

> 그러나 너와는 내가 내 언약을 세우리니 너는 네 아들들과 네 아내와
> 네 자부들과 함께 그 방주로 들어가고

　노아의 아들들과 자부들과 배 안에 있던 많은 짐승들이 멸망당하지 않은 이유는 무엇입니까? 그들은 아담의 언약이 아닌 새로운 언약 안에 포함되어 있었기 때문입니다. 방주 안에 있는 코끼리와 밖에 있는 코끼리가 다를 게 뭐가 있습니까? 방주 안에 있는 하마와 밖에 있는 하마가 본질적으로 다를 게 뭐가 있습니까? 다 비슷하게 먹고 싸고 놀지요. 그러나 하나는 언약 속에 포함되어 있기 때문에 살고 다른 하나는 포함되어 있지 않기 때문에 죽는다는 것을 교훈적으로 보여 주기 위해서 하나님은 새 언약을 맺지 않은 것들을 모두 죽게 하십니다. 그리고 새 언약에 포함되어 있는 사람들은 그 가족과 하는 일과 비전과 희망까지 모두 살아난다는 것을 간접적으로 보여 주십니다.
　하나님께서 보여 주시려는 것은 무자비한 심판이 아닙니다. 하나님은 사람이 살고 죽는 문제가 '얼마나 많은 선행을 행했으며 얼마나 많이 인정받으며 살았느냐'에 달린 것이 아니라 오직 '그 사람이 어디에 포함되어 있느냐'에 달려 있다는 것을 보여 주고자 하십니다. 자연 상태 그대로 있는 사람과 생물들은 자신들이 인정하든지 인정하지 않든지 간에 모두 아담의 언약 안에 있으며 저주 안에 있다는 것을 하나님은 노아 홍수를 통해서 실제로 보여 주셨습니다. 자연상태로 있는 자는 망할 수밖에 없습니다.
　그러므로 우리에게는 새로운 관계가 필요합니다. 다시 말해서 새로운 대표가 인류를 대표해서 하나님과 새로운 언약을 맺어야 하는 것입니다. 이 새로운 언약에 포함되어 있지 않은 자는 몇 십 년이든 몇 천 년이든 결국 언젠가는 멸망할 수밖에 없다는 것을 하

나님은 보여 주십니다. 로마서 5장 14절을 보십시오.

> 그러나 아담으로부터 모세까지 아담의 범죄와 같은 죄를 짓지 아니한 자들 위에도 사망이 왕노릇하였나니 아담은 오실 자의 표상이라

하나님은 아담을 하나의 표상으로 제시하셨습니다. 아담과 함께 모든 육축과 짐승이 함께 몰살당한 것은 앞으로 그리스도가 이루실 완전한 구원을 역설적으로 보여 주기 위한 멸망이었습니다. 로마서 5장 15절을 보십시오.

> 그러나 이 은사는 그 범죄와 같지 아니하니 곧 한 사람의 범죄를 인하여 많은 사람이 죽었은즉 더욱 하나님의 은혜와 또는 한 사람 예수 그리스도의 은혜로 말미암은 선물이 많은 사람에게 넘쳤으리라

노아 홍수 때 수많은 짐승과 육축이 죽은 것은 앞으로 오실 예수 그리스도 안에 있는 구원이 얼마나 풍성하며 놀라운 것인지 보여 주기 위한 예표라는 것입니다. 자연 상태에 있는 생물과 사람은 전부 죽습니다. 그러나 그리스도 안에 있는 사람, 그리스도 안에 있는 비전, 그리스도 안에서 꾸는 꿈들은 모두 살아납니다.

모든 인류는 두 가문으로 나누어져 있습니다. 하나는 자연적인 출생으로 태어난 가문입니다. 여기에는 아직도 아담의 언약 안에 들어 있는 사람과 짐승이 있습니다. 자연적으로 태어난 것은 개든지 타조든지 전부 아담의 소속입니다. 노아 시대에 살던 개들이 아담을 알았습니까? 아담을 몰라도 아담 안에 있었기 때문에 같이 죽은 겁니다. 그처럼 자연 상태로 있는 사람은 원하든 원하지 않든 아담에게 포함되어 있기 때문에 멸망합니다.

그러므로 중요한 것은 '이 세상에서 어떤 지위를 가지고 어떻게 사느냐'가 아니라 '어디에 포함되어 있느냐'입니다. 나는 그리

스도게 속해 있습니까? 아니면 아담에게 속해 있습니까? 하나님께서 죄 없는 짐승들까지 홍수로 쓸어버리신 것은 '너희가 새로운 언약에 속하지 않으면 원하든 원하지 않든 너희는 아담 속에 있는 것이며 망할 수밖에 없다'는 것을 보여 주시기 위함이라는 것을 잊지 마십시오.

그러나 말씀을 듣고 새로운 언약을 맺은 자들, 그리스도 안에 있는 자들은 단순히 그리스도 안에 있다는 그 사실 때문에 엄청난 축복과 풍성한 삶을 얻습니다. 그것은 아담의 죄가 저질러 놓은 모든 것을 갚고도 남을 풍성한 삶입니다. 죄가 역사하면 역사할수록 하나님의 은혜가 더욱 강하게 역사합니다. 그리스도 안에 있기 위해서 잃은 것이 있으면 그 잃은 것의 몇천 배, 몇만 배를 갚아 주십니다. 그리스도 때문에 잃어버린 것, 죄에서 멀어지기 위해 포기했던 것을 다 갚아 주십니다. 우리가 그리스도 안에 있다는 오직 한 가지 이유 때문입니다.

노아의 방주

하나님께서는 노아에게 아주 큰 네모난 배를 준비하게 하셨습니다. '방주'는 '네모난 배'를 가리키는 말입니다. 고대 애굽 시대에 곡물 수송용으로 네모난 배를 사용했다는 기록이 있습니다. 그러나 노아의 네모난 배에는 뚜껑이 있었고 내부가 3층으로 되어 있었으며 칸막이가 있다는 것이 특징이었습니다. 15절과 16절을 보십시오.

> 그 방주의 제도는 이러하니, 장이 삼백 규빗, 광이 오십 규빗, 고가 삼십 규빗이며 거기 창을 내되 위에서부터 한 규빗에 내고 그 문은 옆으로 내고 상 중 하 삼층으로 할지니라

길이가 300규빗이라고 했는데, 이것은 우리 단위로 150미터 정도입니다. 해군에는 'LST'라고 하는 대형수송선이 있는데, 노아 방주가 그 정도 크기인 것 같습니다. 3층으로 나뉘어 있는 구조는 할 수 있는 한 많은 생물과 물건들을 싣는 데, 또 배의 균형을 잡는 데 도움이 되었을 것입니다. 또 칸막이는 배가 흔들릴 때 짐승들이 한 곳으로 쏠리지 않도록 막는 역할을 했을 것입니다.

노아 방주는 대단히 튼튼하게 지어진 배였지만 몇 가지 문제가 있었습니다. 우선 이 배는 한번 들어가면 밖을 내다볼 수가 없었습니다. 창문이 맨 꼭대기에 있었기 때문에 밖을 내다보기보다는 공기를 순환시키는 정도의 역할밖에 하지 못했습니다. 또 이 배에는 노도 없고 엔진도 없고 아무것도 없었습니다. 그냥 물에 띄워 놓는 것이 전부인 배입니다. 만일 이 배가 망망대해로 흘러가 버리면 어떻게 합니까? 그 안에 있는 양식은 한계가 있는데 계속 흘러가서 먼 바다까지 가버리면 어떻게 합니까? 또 이렇게 밖을 내다볼 수 없는 상황에서 언제까지 기다려야 합니까?

방주에 탄 노아의 식구들과 짐승들의 처지는 광야를 방황하고 있는 이스라엘 백성들의 처지와 너무나도 비슷했습니다. 광야에 있는 이스라엘 백성들은 모두 애굽에서 구원받았습니다. 그들은 네모난 배를 타고 있는 것은 아니지만 네모난 상자를 따라가고 있었습니다. 그것은 하나님의 율법이 들어 있는 법궤였습니다. 혹시 하늘에서 하루라도 만나가 내리지 않으면 굶어 죽을 것이고 샘물을 놓치기라도 하면 목말라 죽을 것입니다. 도대체 언제쯤이면 이 여행이 끝날는지 아무도 모릅니다. 노아의 식구들도 그랬습니다. 그들이 1년 동안이나 밖을 내다보지 못했다는 것을 기억하십시오. 그들이 1년 내내 한 일은 방주 안에 있는 짐승들을 돌보면서 싸운 것입니다.

애들이 방학을 하면 엄마들이 정신을 못 차립니다. 애들이 밖에 나가지 않고 집에서 계속 사고를 치는데, 애가 하나도 아니고 둘 정도 되는 엄마는 개학하는 날을 손꼽아 기다릴 수밖에 없지요. 그래서 마침내 개학해서 아이가 학교에 가면 "해방이다!" 하면서 도시락 싸주면서 얼른 보냅니다.

오늘 우리들의 신앙생활도 그와 비슷합니다. 우리는 그리스도 안에서 구원받았다는 사실을 압니다. 그러나 미래를 예측할 수가 없습니다. 창문은 저 높은 곳에 딱 하나 있는데, 그것으로는 밖을 내다볼 수가 없습니다. 그것은 오직 기도로 숨만 쉴 수 있는 창문일 뿐입니다. 배 안에 쌀은 점점 떨어져 가고 마음은 초조해지기 시작하는데 도대체 이 배가 어디로 가는지 알 수가 없어요.

그러나 이 배를 운전하시는 이는 하나님이라는 것을 기억하십시오. 이 배는 하나님이 운전하시기 때문에 엔진이 필요 없습니다. 또한 하나님께서 운전사이시기 때문에 우리가 굳이 밖을 내다볼 필요가 없습니다. 밖을 내다봐야 보이는 것이라고는 떠다니는 시체들뿐입니다. 살아 있는 것은 이 배 안에 다 있습니다. 이 배는 작은 우주였어요. 그 안에는 앞으로 심을 곡물, 번식할 짐승, 곤충, 새들이 다 있었습니다. 굳이 밖을 내다볼 필요가 없었습니다. 밖에는 죽은 것들밖에 없었어요.

우리가 힘들어 하는 것이 그것입니다. 분명히 구원은 받았는데 앞으로 어떻게 될는지, 나의 일이 잘 풀릴지 그렇지 않을지를 모르는 겁니다. 그러나 여러분, 하나님의 구원을 받은 이상 다음 것을 두려워할 필요가 없습니다. 하나님은 나의 운전사가 되어 주십니다. 하나님이 조종하시기 때문에 내가 따로 엔진을 만들 필요가 없습니다. 하나님도 엔진이 있고 나도 엔진이 있으면 그것은 간첩선입니다. 간첩선에는 엔진이 세 개 있어요. 얼마나 빨리 달리는지 모릅니다. 그러나 우리에게는 하나님의 엔진이 있기 때문에 새로 엔진을 만들지 않아도 됩니다. 하나님이 조종해서 나가십니다.

우리의 교회는 작은 우주입니다. 교회 안에서 형제와 자매를 돌보며 나에게 주어진 작은 봉사를 하는 것은 우주적인 구원의 준비입니다. 모든 것이 공동체 안에 다 있습니다. 내가 그리스도 안에 있다면 미래를 더 이상 염려하지 마십시오. 이것은 이미 노아가 겪었던 일입니다. 노아는 홍수로부터는 구원받았지만 대책이 없었습니다. 양식은 막 줄어드는데 코끼리나 소들은 계속 밥 달라고 보채니 참 밉습니다. 그래도 두려워할 필요가 없었습니다. 하나님께서 운전사가 되어주시고 하나님께서 모든 필요를 알고 계셨기 때문입니다.

노아의 언약

하나님께서는 노아와 언약을 세우셨습니다. 18절부터 20절 말씀입니다.

> 그러나 너와는 내가 내 언약을 세우리니 너는 네 아들들과 네 아내와 네 자부들과 함께 그 방주로 들어가고 혈육 있는 모든 생물을 너는 각기 암수 한 쌍씩 방주로 이끌어들여 너와 함께 생명을 보존케 하되 새가 그 종류대로, 육축이 그 종류대로, 땅에 기는 모든 것이 그 종류대로 각기 둘씩 네게로 나아오리니 그 생명을 보존케 하라

우선 무엇보다 중요한 것은 하나님께서 노아와 언약을 맺으셨다는 사실입니다. 집 주인이 그냥 집을 쓰라고 하면 우리는 불안합니다. 언제 나가라고 할지 어떻게 압니까? 그러나 계약을 하면 그 계약 기간 동안은 주인도 함부로 나가라고 할 수 없습니다. 계약을 세우면 주인이라도 계약을 지켜야 합니다.

하나님께서는 노아와 계약을 세우실 필요가 전혀 없으십니다. 그런데도 노아와 계약을 세우심으로써 하나님 자신을 제한하셨습니다. "이 방주 안에 들어가라. 그러면 내가 너희의 모든 삶을 책

임지겠다." 하나님은 노아와 언약을 맺으신 이상 반드시 노아와 그 배에 탄 자들의 생명을 지켜주셔야 합니다. 만약 하나님께서 그 언약을 지키지 못하신다면 하나님은 능력이 없으신 것이 됩니다. 그러므로 하나님이 하나님 되시기 위해서는 반드시 언약을 지키셔야 합니다.

그래서 언약을 맺은 후 노아는 배 안에서 굶어죽을 걱정을 하지 않습니다. 어느 날 배가 어딘가에 부딪치는 듯한 큰 소리가 갑자기 들리기도 하고 자꾸 이상한 쪽으로 흘러가는 것 같아도 노아는 걱정하지 않습니다. 하나님과 언약을 세웠기 때문입니다. 하나님은 그들이 이 방주 안에 들어 있는 이상 노아뿐 아니라 그 가족과 모든 짐승들의 생명을 지켜 주시기로 스스로의 능력을 제한하셨습니다.

하나님께서 온 우주에서 가장 큰 관심을 가지고 지켜 보시는 곳은 바로 이 배 안입니다. 왜냐하면 이 안에 하나님의 약속이 있고 하나님의 능력이 있기 때문입니다. 하나님께서 오늘 우리들에게 주신 언약이 무엇입니까? 그것은 우리가 전적으로 하나님의 말씀만 붙들기만 하면 하나님께서 노아와 언약을 맺으셨던 것처럼 우리의 모든 삶을 책임지시겠다는 것입니다. 이것이 바로 예수 믿는 것입니다. 말씀을 붙들기만 하면 하나님이 나의 생명과 장래와 모든 풍성한 삶을 책임지시게 되어 있습니다.

왜 먹을 것을 염려하면 안 됩니까? 우리에게 하나님의 언약이 있기 때문입니다. 우리는 말씀만 붙들면 먹게 되어 있습니다. 왜 누구와 결혼해서 어떻게 살지 염려하면 안 됩니까? 우리에게 하나님의 언약이 있기 때문입니다. 말씀만 붙들면 하나님이 나의 모든 삶을 책임지시게 되어 있습니다. 내가 말씀을 붙드는데도 불구하고 하나님이 나를 굶게 하시고 비참한 삶을 살게 하시고 사람들로부터 손가락질 당하게 한다면 하나님이 계약을 위반하신 겁니다. 내가 하나님의 말씀을 붙들었는데도 굶어 죽었다면 바로 심판대로 찾아가서 "하나님, 그러실 수가 있어요? 이건 계약 위반인데요" 하고 따질 수 있습니다. 그러므로 하나님과 언약을 맺은 사람이 굶게 되면 하나님이 더 급해서 천사들에게 막 지시하십니다. "빨리 빨리 움직여라. 쟤가 죽으면 계약 위반이다." 천국이 굉장히 바쁘게 움직입니다. 천사들은 이리 뛰고 저리 뛰면서 온갖 곳에 전화를 해서라도 그 사람을 살려 내야 해요. 얼마나 멋있는 일입니까?

하나님의 말씀을 붙들기만 하면 하나님이 나의 살고 죽는 것과 풍성한 삶과 그밖에 모든 것을 다 책임지시게 되어 있습니다. 하나님께서 인도하시는 삶은 내가 생각하는 최선의 삶보다 더 아름다운 것입니다. 나로서는 상상하지도 못할 삶을 하나님이 책임져 주십니다. 왜냐하면 이것은 언약이기 때문입니다. 하나님은 자신이 세우신 언약에 제한당하시게 되어 있습니다.

그러나 우리는 하나님께서 노아와 세우신 언약을 보면서 이 언약의 몇 가지 한계를 깨닫게 됩니다. 우선 이 언약의 대상이 대단히 제한된 최소한의 범위에 국한됩니다. 노아와 함께 구원받은 사람은 그의 식구 여덟 사람뿐이었습니다. 그리고 생물들도 각기 한 쌍씩밖에 구원받지 못했습니다. 인간들은 스스로 구원받기 싫어했기 때문에 죽었고, 짐승들은 방주에 다 들어올 여유가 없었기 때문에 죽었습니다.

이렇게 노아의 방주는 너무나도 제한된 구원만 이루었습니다. 〈쉰들러 리스트〉를 보면 돈을 주고 살 수 있는 만큼의 사람만 구할 수 있습니다. 그래서 그 리스트에 몇 명이 기록되느냐 하는 것은 돈의 액수에 제한됩니다. 노아의 리스트에는 방주의 공간이 허용하는 만큼만 이름을 올릴 수 있었습니다. 방주는 제한된 공간이니까 모든 생물들을 다 구원할 수는 없습니다. 그래서 노아의 리스트에는 모든 생물의 대표격으로 각각 한 쌍씩만 이름이 올랐습니다. 노아의 리스트에 포함되어 있는 인원은 최소한의 인원입니다. 그래서 우리는 노아의 언약을 '보존의 언약'이라고 부릅니다. 다시 말해서 노아의 구원은 엄청난 죄의 흐름을 주춤하게 만들고 약속하신 그리스도가 오실 때까지 인간이 존재할 수 있게 하는 보존의 언약이지 완전한 구원이 아닙니다.

또 홍수에서 구원받은 자들이 바로 영생으로 들어간 것도 아닙니다. 그들은 배에서 나와서 다시 농사지으며 살아야 했으며 그들에게서 계속해서 죄인들이 태어났습니다. 그리스도가 오실 때까지 창조질서는 유지되어야 하며 인간의 폭력과 부패에도 불구하고 하나님의 구원계획은 이루어져야 했기 때문에 하나님께서 보존의 언약을 세우신 것입니다. 그러므로 노아의 구원은 앞으로 있을 우주적인 회복의 예표에 불과합니다.

노아가 가정의 단위로 구원받았듯이 앞으로의 구원도 개인적이 아니라 가정 단위로, 공동체 단위로 이루어질 것입니다. 가정은 구원을 이루는 아주 중요한 단위입니다. 하나님께서는 가족 단위로 구원을 이루셨듯이 우리의 구원도 교회 단위로, 공동체적으로 이루어 나가실 것을 보여 주십니다. 그리고 노아 시대에 모든 가축이나 짐승들이 함께 구원을 받은 것처럼 앞으로 우리가 받을 구원도 모든 생물들이 함께 하는 우주적인 구원이 될 것입니다.

노아의 리스트에 실린 생물은 극소수에 불과했지만 그리스도의 리스트에는 땅끝까지 이르러 수많은 방언을 사용하는 종족들이 다 포함될 것입니다. 또한 그리스도의 구원은 또다시 농사지으며 생활해야 하는 구원이 아닙니다. 그의 구원은 영원한 생명으로 나타날 것입니다. 그리스도의 리스트는 노아의 리스트와는 비교가 되지 않을 정도로 방대한 규모가 될 것입니다. 구원받기 원하는데도 구원받지 못하는 사람은 한 명도 없을 것입니다. 스스로 구원받기를 거부하는 사람들만 멸망당할 뿐, 구원받기를 원하기만 하면 누구든지 그리스도의 리스트에 포함될 것입니다.

우리가 노아 홍수를 통하여 반드시 생각해야 할 것은 죄에 대한 무감각보다 무서운 것이 없다는 사실입니다. 노아는 하나님의 진노의 심판을 믿었고 그 심판을 대비하는 데 자기 삶을 다 사용했습니다. 그는 진노의 심판을 믿었기 때문에 다른 사람들처럼 폭력에 빠지거나 무절제한 삶을 살지 않았습니다. 혹시 하나님의 심판이 없다고 생각해서 하루하루를 믿지 않는 사람과 똑같이 먹고 마시고 즐기면서 살고 있다면 여러분은 대단히 위험한 위치에 있는 것입니다. 우리는 노아처럼 미래에 있을 하나님의 진노를 우리의 현실로 끌어와야 합니다.

노아는 심판이 있을 것을 믿었습니다. 그래서 이 심판에 대비하여 자신의 남은 삶을 완전히 바꾸었습니다. 예수 그리스도를 만날 그 순간을 대비하여 여러분의 남은 삶을 근본적으로 뜯어고치고 근본적으로 개혁하지 않는다면 여러분은 그리스도의 언약에 포함된 사람이라고 말할 수 없습니다. 다른 사람들처럼 집 넓히고 돈버는 재미로 산다면 여러분은 위험한 자리에 있는 것입니다.

죄짓는 것을 두려워하십시오. 그리고 남은 삶을 온전히 하나님을 기쁘게 하는 데 사용하십시오. 먹고 마시는 것에 빠지거나 사람들이 두려워서 양심에 거스르는 짓을 하는 것은 스스로의 영적 상태를 위험하게 만드는 일입니다. 하나님께 돌아왔기 때문에 생활이 어려워지고 삶이 불안정해지는 것을 두려워하지 마십시오. 하나님께서 나의 운전사가 되어 주십니다. 나는 엔진이 없어도 하나님의 배는 갈 것입니다.

하나님과 동행하는 사람이 되십시오. 내 마음대로 살지 마십시오. 나의 모든 삶에 하나님이 찾아오시며 개입하시게 하십시오. 아벨의 피의 제사, 신령과 진리의 제사를 중단해서는 안 됩니다. 이 예배는 세상에 임할 진노를 막을 것이며 이 땅에 평화를 가져올 것입니다.

21

방주 속에
난 길

교도소는 높은 담으로 둘러싸여 있어서 밖에서는 사람이 한 명도 보이지 않습니다. 그러나 육중한 철문을 열고 들어가 보면 그 안은 완전히 별개의 세계라는 것을 알 수 있습니다. 사람들은 그 안에서 새로운 생활을 하고 있습니다. 아침에 일어나서 기상하고 체조하고 밥 먹고 여러 가지 주어진 일을 합니다. 아마 교도소에서는 점호받는 일이 가장 중요한 일 중 하나일 것입니다.

그런 의미에서 보면 제가 지난주에 참석했던 수련회도 이 세상과 분리된 별개의 세계요 새로운 삶의 방식이었습니다. 우선 수련회 장소가 서울에서는 가기 힘든 아주 외딴 곳으로서, 휴전선 바로 밑이기 때문에 길을 잘못 들어서면 북한으로 넘어갈지도 모를 만한 곳입니다. 밖에서 보면 개울을 건너 꼬불꼬불 올라가는 산 중턱에 아주 작은 벽돌 건물 하나가 보입니다. 그런데 막상 그 안에 들어가 보면 생각보다 상당히 넓고 시설도 잘 갖추어져 있습니다. 그리고 사람들도 많습니다. 밖에서 보면 아무도 안 보여요. 그러나 안에 들어가보면 전혀 별개의 생활이 이루어지고 있습니다. 모두들 자기 나름대로 굉장히 바쁘게 살고 있습니다. 식사도 하고 청소도 하고 잠도 자고 서로 만나서 이야기도 하고 휴식도 취합니다.

그중에서 그들에게 가장 중요한 시간은 예배드리는 시간이었습니다. 하루 동안에도 예배를 통해서 엄청난 일들이 일어나곤 했습니다. 그것은 사람이 하나님과 만나는 데서 생기는 기쁨과 충격이었습니다. 아마 거기 있는 사람 아무나 붙잡고 "당신의 생애에서 어느 시간이 가장 복되고 기다려지는 시간입니까?" 하고 묻는다면 한 사람도 예외없이 이구동성으로 "예배드리는 시간"이라고 대답했을 것입니다. 저는 그곳에서 천국 생활이 어떠할지 조금이나마 짐작할 수 있었습니다. 예배 때마다 엄청난 기쁨이 있었습니다. 한 사람 한 사람이 죄에 억눌리고 상처받은 옛 모습을 떨쳐버리고 자신의 존귀한 모습을 되찾는 것과 '이제는 누가 뭐라고 하더라도 이 존귀한 모습을 빼앗기지 않겠다'고 결단하는 것을 수없이 볼 수 있었습니다.

건물의 겉모습만 보면 그 안에 사람이 있는지 없는지 알 수가 없습니다. 분명히 사람들이 그리로 많이 들어갔는데 보이는 사람은 한 명도 없습니다. 그러나 그 안에 들어가보면 전혀 새로운 세계가 이루어지고 있습니다. 그리고 그 안에 있는 사람들은 저마다 '이 세계의 가장 큰 기쁨은 예배이며, 하나님께 예배드리는 시간이 우리에게는 가장 복된 시간'이라고 이야기할 것입니다. 그리고 누군가 그렇게 영원히 살겠느냐고 물으면 아마 전부 다 기꺼이 그렇게 하겠다고 대답했을 것입니다.

우리는 오늘 본문에서 몇몇 사람들과 짐승들이 노아의 배 안으로 들어가는 장면을 보게 됩니다. 하나님께서는 노아에게 "너와 네 온 집은 방주로 들어가라"고 말씀하십니다. 많지도 않고 적지도 않은 인원이 마치 수련회장에 들어가는 학생들처럼 일렬, 또는 이열 종대로 서서 노아의 배 안으로 들어가고 있습니다. 밖에 모여 있을 때는 꽤 많은 것 같았는데 다 들어가고 나니 밖에서는 아무도 보이지 않을 뿐 아니라 그 배 안에서 무슨 일이 일어나고 있는지도 알 수 없습니다. 그러나 그 안에서는 새로운 생활이 시작되고 있었습니다. 그들은 아침에는 깨고 밤에는 잤습니다. 가장 중요한 일은 역시 먹고 치우는 일이었을 것입니다. 그 안에서는 농사도 지을 수 없었고 다른 특별한 일을 할 수도 없었습니다. 운동장도 없었습니다. 그러나 그들은 그저 무료하게 홍수가 끝나기만을 기다린 것이 아닙니다. 그들에게는 하나님께 예배드리는 엄청난 기쁨이 있었습니다.

하나님께서는 노아가 배 안에 들어가기 전에 예배할 준비를 하게 하셨습니다. 그들은 그 안에서 하나님께 예배드리는 기쁨과 축복을 날마다 누릴 수 있었습니다. 밖에서는 무서운 홍수가 나서 코로 호흡하는 모든 사람들과 짐승들과 다른 모든 새들과 곤충들이 다 멸망하는 가운데서도 배 안에서 드리는 예배의 기쁨, 구원의 하나님을 찬양하는 기쁨은 결코 중단되지 않았습니다. 이처럼 그들이 하나님께 나아가는 것을 홍수가 막을 수가 없었습니다.

노아의 배는 단순한 배가 아니었습니다. 그것은 새로운 삶의 시작이었습니다. 밖에 있는 모든 사람들이나 생물들은 죽어갔지만 배 안에서는 기쁨이 끊이지 않는 새로운 삶이 시작되고 있었습니다.

코로 호흡하는 생물들의 멸망

오늘 본문은 코로 호흡하는 모든 것들의 멸망에 대해 말씀하고 있습니다. 하나님이 노아 홍수로 멸망시킨 대상은 코로 호흡하는 모든 사람과 새와 짐승이었습니다. 7장 22절을 보십시오.

<u>육지에 있어 코로 생물의 기식을 호흡하는 것은 다 죽었더라</u>

제가 이상하게 생각하는 것은 바로 이 부분입니다. 분명히

하나님께서는 공중의 새와 땅의 짐승과 물 속에 있는 물고기 등 모든 생물들을 다스리는 책임을 사람에게 주셨습니다. 그런데 이번 홍수에서 물고기 만큼은 심판의 대상에서 제외되었습니다. 이상하지 않습니까? 왜 하나님께서는 코로 호흡하는 것들만 망하게 하셨을까요?

이것은 저의 오랜 의문이었습니다. 그런데 이제는 그 이유를 알 수 있을 것 같습니다. 무엇보다 하나님께서는 물 속에서 아가미로 사는 것들이 육지나 땅 위에서 코로 숨 쉬는 것들보다 열등하다고 판정하신 것 같습니다. 일단 물속에서 아가미로 사는 것들은 삶의 범위가 분명히 제한되어 있습니다. 육지로 나올 수가 없어요. 이것들은 오직 물속에서만 살아야 합니다. 물 밖으로 나오는 순간 물고기들은 죽습니다. 삶의 범위가 처음부터 분명히 제한되어 있는 것입니다.

그러나 코로 호흡하는 것들은 그렇지 않았습니다. 마음껏 공기를 마시면서 높은 산에도 올라갈 수 있었고, 새들은 끝없이 올라가서 하늘에 있는 수많은 것들을 볼 수 있었습니다.

하나님께서는 원래 코로 호흡하는 생물들을 아가미로 호흡하는 생물들보다 더 존귀하게 만드셨습니다. 그래서 이번 홍수에서는 삶의 범위가 원래부터 한정되어 있는 물고기들에게는 은혜를 베푸시고 자신의 존귀함을 남용하고 한없이 높아지려고 하는, 코로 호흡하는 생물들은 전부 멸망시키기로 작정하신 것입니다.

사람은 코로 호흡할 뿐 아니라 마음껏 상상의 나래를 펼 수 있는 가장 존귀한 존재들입니다. 하나님께서는 말할 수 없는 존귀와 명예를 우리 사람들에게 주셨습니다. 그러나 사람들은 그것으로 만족하지 못합니다. 산양이 올라가는 곳보다 더 높은 곳에 올라가야 직성이 풀립니다. 독수리가 올라갈 수 있는 꼭대기 위에 올라가야만 직성이 풀립니다.

이것이 무슨 말입니까? 사람은 자기 자신이 절대적인 존재가 되기 전까지는 절대로 만족하지 않는다는 것입니다. 어느 누구도 따라올 수 없는 독보적인 존재가 되어야 만족을 합니다. 거의 대부분의 사람들은 평범한 삶으로 만족하지 못합니다. 이것은 바로 자기 자신이 또 다른 신이 되는 것을 의미합니다. 물론 입으로는 "신이 되려고 하는 것은 아니다"고 말할 것입니다. 그러나 코로 호흡하는 것으로 만족하지 못하고 엄청난 상상의 나래를 펼치고자 하며 자기가 가진 재능은 모조리 발휘해야 하고 남들보다 조금이라도 뒤떨어지면 못 견디는, 자신의 한계를 저 끝까지 넓혀야 직성이 풀리는 것은 하나님 앞에서 신이 되려고 하는 것이나 마찬가지입니다.

노아의 방주는 그냥 네모난 배가 아닙니다. 마치 피난처처럼 홍수가 끝날 때까지 잠깐 대기하는 장소가 아니었습니다. 어느 곳에 놀러 갔다가 큰 비를 만나면 어떻게 합니까? 비를 피할 수 있는 동굴이나 대피소 같은 곳에 피하여 몸을 웅크린 채 비가 그치기를 기다릴 것입니다. 그것은 대피소의 생활입니다. 또 공습 경보가 울리면 어떻게 합니까? 빨리 대피소로 들어가서 훈련이 끝나기를 기다릴 것입니다. 그러나 방주는 단순한 대피소가 아니었습니다. 홍수가 끝나기만을 초조하게 기다리면서 '물이 얼마나 올라왔을까? 사람들이 얼마나 죽었을까?' 하면서 노아도 왔다갔다하고 원숭이도 왔다갔다하고 새들도 불안해하는 그런 대피소가 아니었습니다. 방주의 삶은 완전히 새로운 삶의 시작이었습니다. 그들은 노아의 배 안에 들어감으로써 과거의 생활을 완전히 잊어버리고 전적으로 새로운 생활을 시작했습니다.

우리는 사람들이 물로 망하는 장면을 성경에서 두 번 찾아볼 수 있습니다. 하나는 이 노아 홍수이고, 다른 하나는 출애굽 때 바로의 부하들이 홍해에 빠져 죽은 것입니다. 사도 바울은 이에 대해 아주 탁월한 주석을 하고 있습니다.

형제들아, 너희가 알지 못하기를 내가 원치 아니하노니 우리 조상들이

다 구름 아래 있고 바다 가운데로 지나며 모세에게 속하여 다 구름과
바다에서 세례를 받고 다 같은 신령한 식물을 먹으며 다 같은 신령한
음료를 마셨으니 이는 저희를 따르는 신령한 반석으로부터 마셨으매
그 반석은 곧 그리스도시라(고전 10:1-4).

이스라엘 백성들이 출애굽할 때 홍해를 건넌 것은 단순히
원수를 따돌리려는 작전이 아니었습니다. 사도 바울은 '이것은 이
스라엘 백성들이 모세와 함께 구름과 바닷속에서 세례를 받은 것'
이라고 말합니다. 세례가 무엇입니까? 세례는 과거에 나를 다스렸
던 죄의 지배가 끝나고 이제 하나님을 섬기는 새로운 삶이 시작되
는 것입니다. 정욕에 지배당하고 욕심대로 살며 죄로 숨을 쉬었던
옛 사람을 완전히 장사 지내고 새 사람으로 태어나서 하나님을 섬
기며 하나님을 향해 나아가는 것이 세례의 의미입니다.

이전까지 이스라엘 백성들이 살았던 삶은 어떤 것이었습니
까? 그들은 죄와 함께 살아왔으며, 죄짓는 데서 삶의 힘을 얻었고,
정욕을 채우는 데서 삶의 의욕을 얻었습니다. 정욕을 채울 수 없으
면 삶에 힘도 없고 의미도 없는 것이지요. 욕심이 생기지 않으면 죽
는 거예요. 그들은 무언가 끊임없이 갈망하고 추구하면서 살아왔습
니다. 그들의 마음은 늘 불만으로 가득 차 있습니다. 욕망에는 끝이
없기 때문에 감사가 없이 늘 불만이고 불평입니다.

하나님이 우리를 코로 호흡할 수 있게 해주셨으니 얼마나
자유롭습니까? 우리는 어느 곳에나 다 갈 수 있고, 엄청난 상상의
나래를 펼 수 있습니다. 우리는 땅에 오기 위해 혀를 잘라야 하는
비운의 인어 공주가 아니에요. 그런데 사람들은 그 정도로 만족을
못합니다. 욕망은 채워질수록 더 커집니다.

산에 올라갈 때 제일 약오르는 것은 나보다 다리 힘이 좋은
친구들이 벌써 올라가서 앉아 있는 것입니다. 그런데 거기까지 헉
헉거리며 올라가면 자기는 더 위로 올라가 버립니다. "내가 올라갈

때까지 좀 있어라" 사정하고 간신히 올라가면 그 친구는 또 저만큼 올라가 버립니다. 욕망이 꼭 그렇습니다. "하나님, 고등학교만 들어가면 온몸으로 영광을 돌리겠나이다." 그런데 고등학교 올라가니까 대학문은 더 높은 거예요. "주여, 대학에만 붙여 주십시오!" 대학 들어가니까 유학이 또 있어요. 올라가면 올라갈수록 욕망은 더 커집니다. 욕망이 없으면 살 의미가 없어요. 그러나 우리는 그렇게 하는 것을 죄라고 생각하지 않습니다. 그것은 너무나도 당연한 것이고, 유명한 사람들은 다 그렇게 산 사람들이며, 다른 사람들도 다 그렇게 살고 있기 때문입니다.

세례는 바로 그러한 옛 사람을 완전히 장사 지내는 것입니다. "호흡이 있는 자마다 다 하나님을 찬양하자. 우리가 코로 호흡한다고 해서 끝없이 올라가려고 하지 말고 호흡하는 것들을 다 불러내서 함께 하나님을 찬양하자. 우리 서로 사랑하자. 구원의 하나님을 경배하자" 하는 것, 하나님과 동행하는 새로운 삶이 시작되는 것이 세례입니다.

이스라엘 백성들은 홍해를 건넘으로써 애굽의 옛 생활과 완전히 단절되었습니다. 이제는 하나님이 주시는 신령한 음식과 반석에서 나오는 신령한 음료를 마시면서 오로지 하나님의 말씀을 듣고 하나님을 만나는 새로운 삶이 시작된 것입니다. 이스라엘 백성들이 시내 산에서 율법을 받을 때 그냥 율법만 받은 것이 아닙니다. 하나님이 시내 산에 임재하셨을 때 그들의 온 영혼이 뜨거워졌고 옛날에 가졌던 죄스러운 생각들이 전부 없어졌습니다. 그들은 말할 수 없는 기쁨 가운데 하나님 앞에서 자신의 모습을 되찾았던 것입니다. 모세는 40일 동안 먹지도 않고 마시지도 않고 천사 같은 모습으로 하나님과 교제했습니다.

노아와 그 가족과 짐승들은 이 방주 안으로 들어감으로써 이 세상의 죄악과 완전히 끊어지게 되었습니다. 노아와 그 일행들이 방주에 함께 들어가서 물 위에 떠오른 것은 일종의 세례였습니다. 그들은 엄청난 홍수의 세례를 받은 것입니다. 그 배에 탄 채 물에 휩싸임으로써 세상의 죄에 대하여 죽고 하나님께 대하여 사는 새로운 삶이 시작되었습니다. 이처럼 방주는 단순한 피난처가 아니었습니다. 새로운 삶이 그 안에서 시작되고 있었습니다.

여러분, 사람은 아무것도 아닙니다. 말하는 것을 보면 똑똑한 것 같지만 코로 숨만 쉬지 못하면 전부 다 죽습니다. 다시 말해서 사람은 아무리 뛰어나고 상상력이 출중해도 죽음의 한계를 벗어날 수 없습니다. 죽음이 오면 모든 것이 끝나고 맙니다. 아무리 뛰어난 연구를 하다가도 죽음이 오면 그 연구는 중단됩니다. 아무리 사랑한다 하더라도 죽음이 오면 그만입니다. 사업을 한창 벌이다가도 죽음이 오면 아무 소용이 없습니다. 죽음이 오면 모든 것이 끝입니다. 사람은 코로 숨 쉬게 되어 있기 때문에 죽음이 오면 모든 것이 끝장입니다.

그러나 죽음을 통과할 수 있는 길이 있습니다. 아무리 홍수가 와도 살 수 있는 길이 있고 홍해가 가로막고 있어도 뚫고 갈 수 있는 생명의 길이 있습니다. 죽음이 와도 죽음을 뚫고 영원히 살 수 있는 새로운 길이 있습니다. 그것이 무엇입니까? 그리스도와 함께 세례를 받는 것입니다. 세례를 받는다는 것은 이 세상의 죄에 대해 철저히 죽는 것을 의미합니다. 나는 더 이상 신이 아닙니다. 나는 하나님의 백성으로서 하나님께 영광을 돌리는 온전한 도구로 나의 삶을 사용해야 합니다. 나의 욕망을 추구하고 내 가족들의 기대를 충족시켜주는 옛 사람은 완전히 죽었습니다. 이제부터 내가 사는 삶은 코로 호흡하는 동안 하나님을 높여드리고 하나님을 기쁘게 해드리는 삶입니다.

사람들은 그리스도인들의 삶을 이해하지 못하며 그리스도인들이 도대체 무슨 재미로 사는지 알지 못합니다. 그리스도인들의 삶은 철저하게 구별된 삶이기 때문입니다. 그리스도인의 삶은 밖에서는 절대로 보이지 않습니다. 사람들은 노아의 가족들과 짐승들이 배 안으로 들어가는 것은 보았지만 그 안에서 어떤 일이 일어나는지는 알지 못했습니다. 들어가는 입구는 보이는데 안은 보이지 않습니다. 철저하게 구별된 삶이기 때문입니다. 우리는 자기 욕심을 버려야 이 길로 들어설 수가 있습니다. 내 자존심, 내 명예, 사람들이 내게 걸고 있는 기대를 버릴 때 이 영원한 삶이 시작되는 것입니다.

여러분, 영원히 살고 싶지 않습니까? 죽음의 한계를 뚫고 영원히 이 기쁨의 삶을 살고 싶지 않습니까? 그렇게 하려면 옛날의 죄스럽던 나의 모습을 땅에 완전히 묻어야 합니다. 이것이 살아나면 안 돼요. 내 자존심, 내 생각, 내 야망이 살아나면 안 돼요. 완전히 장사 지내 버려야 합니다. 예수님의 십자가를 붙들고 새로 태어나야 합니다. 코로 숨 쉬게 하신 것이 얼마나 감사한 일인데 왜 그 코로 죄를 짓습니까? 예수를 믿으면서 동시에 세상에서도 유명해질수는 없습니다. 예수를 믿으면서 동시에 내가 하고 싶은 대로 다 할수는 없습니다. 십자가로 들어가는 길은 이 세상의 욕망에 철저히죽는 삶입니다. 죽어야 이 길로 들어갈 수 있어요. '나'를 완전히 버려야 이 길을 걸을 수 있습니다.

이 길은 죽음이 와도 끝나지 않습니다. 죽음을 뚫고 끝없이 연결되어 있는 길이기 때문입니다. 이 길은 노아의 배와 같습니다. 아무리 홍수가 쏟아져도 이 배 안에 탄 사람이나 짐승들은 아무 상관이 없었습니다. 또 이 길은 홍해를 건넌 이스라엘 백성들과 같습니다. 홍해는 그들의 행진을 막지 못했습니다. 새로운 세례를 받은 사람들은 홍해와 상관없이 하나님을 찬양하는 삶의 행진을 계속할 것이며 죽음을 뚫는 기쁨의 예배, 기쁨의 생활을 계속해 나갈 것입니다.

새로운 삶의 특징

노아와 그의 일행은 방주 안에 들어감으로써 새로운 삶을 시작했습니다. 담장을 둘러친 곳에는 그곳만의 특별한 삶의 방식이 있습니다. 저희 집 주위에는 담으로 둘러친 여자 중학교가 있습니다. 그 학교에는 그곳 나름대로의 삶의 방식이 있습니다. 주된 생활은 공부하는 것입니다. 가끔 학생들이 운동장에 나와서 체육을 하기도 하지만 거의 대부분의 시간에는 교실에서 공부를 합니다. 교도소도 마찬가지입니다. 밖에서는 잘 안 보이지만 교도소 안에는 그들 나름대로의 생활방식이 있습니다. 가장 중요한 일은 역시 갇혀 있는 것입니다. 그래서 점호 시간이 가장 중요한 시간입니다.

노아 일행은 밖에서는 볼 수 없는 배 안으로 들어갔습니다. 그 배 안에서 가장 중요한 일이 무엇이었을 것 같습니까? 그것은 예배였습니다. 방주 안에 들어가기 전에 하나님께서는 노아에게 이렇게 명령하셨습니다.

> 너는 모든 정결한 짐승은 암수 일곱씩, 부정한 것은 암수 둘씩을 네게로 취하며 공중의 새도 암수 일곱씩을 취하여 그 씨를 온 지면에 유전케 하라(7:2, 3).

하나님께서는 종을 보존할 수 있는 암수 한 쌍씩을 노아와 함께 살 수 있는 기본 인원으로 정하셨습니다. 그래서 짐승과 새들은 각각 암수 한 쌍씩밖에는 노아의 방주 안에 들어갈 수 없었습니다. 그러나 예외로서 예배에 사용할 수 있는 거룩한 짐승들이나 새는 일곱 쌍씩 들어가게 하셨습니다. 무엇을 위해서입니까? 하나님께 드리는 예배를 위해서였습니다.

노아의 방주 안에는 짐승과 새와 곤충들이 모두 함께 하나님께 예배드리는 시간이 있었습니다. 아니, 한 걸음 더 나아가서 이 방주 생활의 중심이 바로 예배였습니다. 이 예배가 그들에게는 가장 기쁘고 복된 시간이었습니다. 예배 때마다 짐승이 죽었고 짐승이 죽을 때마다 마음에 아픔이 있었습니다. 그러나 그들은 짐승을 태울 때마다 하나님을 만날 희망을 가졌고 하나님께서는 예배를 드릴 때마다 그들을 찾아와 주셨습니다.

하나님을 만난다는 것은 엄청난 기쁨입니다. 저는 예배를 '하나님과 함께 하는 기쁨의 시간'이라고 부르고 싶습니다. 현재 우리들이 드리는 예배는 너무나도 형식적입니다. 저는 예배가 다섯 시간이나 여섯 시간, 아니면 열두 시간 정도 계속되면 좋을 것 같습니다. 말씀을 듣고 난 후에는 찬양하고, 배고프면 밥 먹고 또 찬양하고 기도하고 예배드리는 그것이 원래 예배의 모습입니다. 예배는 엄청난 기쁨입니다.

처음에 하나님께 나아갈 때는 우리 마음에 두려움과 죄책감이 있습니다. 그러나 예수 그리스도의 십자가 보혈로 나의 모든 죄가 용서되었으며, 나의 모든 무거운 짐이 다 해결되었고, 하나님께서 나를 존귀하게 회복시켰다는 확신이 찾아올 때 찬양을 드리지 않을 수가 없습니다. 그럴 때 앉아서 찬양한다는 것은 불가능합니다. 서서 뛰면서 찬양하게 되지요. 앉아서 기도한다는 것도 불가능합니다. 무릎 꿇고 기도합니다. 그리고 군데군데 모여서 계속 찬양하고 기도하고 예배드립니다. 이것이 진짜 예배지요.

노아의 제사는 단순히 짐승을 잡아서 드리는 의식적인 제사가 아니었습니다. 거기에는 하나님의 임재하심이 있었습니다. 마치 에덴동산에 하나님께서 방문하시는 때가 있었던 것처럼 노아의 배 안에도 하나님께서 찾아오시는 시간이 있었습니다. 그때가 언제입니까? 바로 하나님께 예배드리는 시간입니다.

하나님께서 찾아오실 때 우리는 잃어버렸던 존귀한 모습을 되찾습니다. 사람들에게 구박당하고 먹고사는 일에 찌들 대로 찌든 우리에게 하나님이 찾아오시면 완전한 영광의 모습이 회복되며 왕의 모습이 회복됩니다. 사람들은 영광 가운데 있는 자신의 모습을 발견하고 이토록 나를 사랑하시는 하나님을 찬양하기에 온 힘을 다합니다. 그 기쁨을 찬양으로 표현하지 않으면 견디지 못합니다. '이런 생활이 영원히 계속된다면 얼마나 좋을까' 싶을 정도로 영광스럽고 아름다운 시간이 바로 예배의 시간인 것입니다.

그리스도인의 삶에서 가장 중요한 것은 예배입니다. 가장 중요한 기쁨이 바로 예배에서 나옵니다. 그리스도인들은 예배에서 하나님과 만나면서 기쁨을 얻지 못하면 절대로 기뻐할 수가 없습니다. 물론 밥도 먹고 빨래도 하고 학교생활도 하고 직장생활도 합니다. 그러나 가장 큰 기쁨은 하나님을 만나서 하나님이 나의 무거운 짐을 벗겨주시고 나의 죄를 용서하시며 나의 일그러진 형상을 회복시키시는 이 예배에 있습니다. 하나님을 만나는 영광과 말할 수 없는 감동과 기쁨이 예배에서 오는 것입니다. 노아의 배에 탄 사람들과 짐승들은 하늘의 엄청난 영광과 축복을 그 안에서 누리고 있었습니다.

하나님은 예배 시간에 우리를 찾아오셔서 우리의 상한 마음을 고쳐주시고 우리 안에 죄로 일그러진 부분과 먹고사는 일에 시달린 모든 부분을 다 치료하십니다. 하나님의 존귀한 아들의 모습으로 회복시켜 주시며, 어느 누구도 건드릴 수 없는 영광의 모습을 주시고, 말할 수 없는 하나님의 기쁨을 내 속에 주십니다.

우리는 이 세상에서 돈 버는 것으로 기뻐하고 어떤 일을 성취하는 것으로 기뻐합니다. 그러나 제일 큰 기쁨은 하나님께 있습니다. 하나님은 기쁨과 영광과 존귀 그 자체입니다. 하나님을 만나지 않고 다른 것으로 기뻐하는 것은 가장 중요한 것을 놓치는 것입니다. 우리가 예배에서 새로워지지 않는다면, 예배에서 이 세상의 모든 어려움과 답답함을 극복하지 못하고 말할 수 없는 기쁨을 누리지 못한다면 우리의 신앙은 실패하고 있는 것입니다.

제가 질문하고 싶은 것은 바로 이것입니다. 여러분은 정말 예배에서 이러한 기쁨을 누리고 있습니까? 나의 삶에서 가장 중요하고 복된 시간이 바로 하나님과 만나는 시간입니까? 만약 예배에 이처럼 감동과 충격이 없으며 예배 시간이 가장 복스럽고 귀중한 시간이 되지 못한다면, 예배에서 그동안 잃어버렸던 나의 자신감과 원래의 모습들을 되찾지 못하고 있다면 나의 신앙을 심각하게 점검해 보아야 합니다. 우리들의 예배도 심각하게 점검해 보아야 합니다. 우리가 아예 이 새로운 길에 들어서지 못한 것인지, 아니면 이 길에 들어서기는 했지만 가장 중요한 것을 놓치고 있는 것은 아닌지 확인해 보아야 합니다.

이 세상에서 아무리 고생했다 하더라도, 아무리 장사에 찌들고 공부에 찌들고 고부간의 갈등에 시달렸다 하더라도 하나님과 만나면 그 모든 것이 끝나게 되어 있습니다. 마구 뛰면서 하나님께 찬양하게 되어 있으며, 사람이 만들어낸 학벌의 차이와 빈부의 차이와 그 밖의 모든 차별이 다 깨지게 되어 있습니다. 이 세상이 주는 어떠한 기쁨과 존귀함도 예배 때 하나님과의 만남에서 오는 기쁨과 존귀함에는 비교할 수 없습니다.

여러분, 우리는 그것을 되찾아야 합니다. 홍수로부터 구원받는 것도 기쁘지만 하나님을 만나는 것은 더더욱 기쁜 것입니다. 죽은 예배로 만족하지 마십시오. 내 속에 있는 불만과 불평은 다른 곳에서 오지 않습니다. 하나님을 진정으로 만나지 못했기 때문에 생기는 것이지요. 욕심은 우리에게서 하나님을 만나는 기쁨을 빼앗아 갔습니다. 우리의 정욕과 탐욕은 이 놀라운 기쁨을 전부 없애 버렸습니다. 그러나 하나님께서는 노아로 하여금 예배를 준비하게 하시고 방주 안에서 하나님과 엄청난 교제를 나누게 하셨습니다.

아마 방주 안의 생활은 바쁘고 불편했을 것입니다. 노아의 식구들은 짐승들에게 먹이도 주어야 했고 배설물도 치워야 했습니다. 이 모든 일들은 여덟 명이 하기에는 엄청난 양이었을 것입니다. 또 시끄럽기는 얼마나 시끄러웠겠습니까?

그러나 모두가 기다리고 있는 시간이 있었습니다. 그것은 바로 하나님과 만나는 시간이었습니다. 예배 때가 되면 짐승들도 다 알고 기다립니다. 짐승들끼리도 "야, 이제 우리 그만 떠들자. 굉장한 시간이 오고 있다"고 합니다. 노아는 아들들과 함께 거룩한 짐승을 잡아서 하나님께 드립니다. 노아는 그러면서 식구들 앞에서 간단한 설교를 했을 것입니다. 그때 하나님께서 그들 가운데 임재하셨습니다. 좁은 배 안에서의 생활이나 고된 하루가 아무 문제가 되지 못했습니다. 너무너무 기뻤습니다. 하나님께서 나를 사랑하신다는 확신이 충만했습니다. 그들은 하나님을 찬양하지 않을 수 없었고 이 찬양에는 짐승들도 다 함께 참여했습니다. 호흡이 있는 자들은 모두 하나님을 찬양했습니다.

예배드릴 때 아이들 때문에 어렵다고 하지만 이건 아이들이 문제가 아닙니다. 짐승들하고 같이 예배드리기는 더 어려워요. 짐승들이 아이들보다 더 떠듭니다. 그런데도 그들은 전부 하나님을 기뻐하고 찬양했습니다. 제가 생각하기에는 짐승들도 기뻐서 눈물을 흘렸을 것 같아요. 말들도 기뻐하고 소들도 기뻐하고 멧돼지도 "저의 찬양을 받으소서!" 했을 것입니다. 말할 수 없는 영광스러운 시간이었을 것입니다.

그곳이 바로 에덴동산이었습니다. 아담이 죄를 지음으로써 잃어버린 에덴동산이 이 작은 배 안에서 회복되고 있었습니다. 에덴동산 때도 짐승들이 짝을 지어 몰려와서 하나님을 노래하고 찬양했습니다. 그러나 거기에는 피 흘리는 제사가 없었습니다. 아직 그 나라에 죄가 들어오지 않았기 때문입니다. 이 노아의 방주 안에도 짐승들이 모였습니다. 그러나 여기에는 피 흘리는 제사가 있었습니다. 왜냐하면 그들이 모두 죄에 빠졌고 하나님 앞에 범죄한 죄인들이었기 때문입니다. 그러나 기쁨과 감격은 더 컸습니다. 인간의 무서운 죄악을 다 경험한 후에 하나님의 인자하심과 자비하심을 더 크게 깨닫게 되었기 때문입니다. 방주의 예배는 에덴의 예배를 뛰어넘는 감격과 눈물이 있는 예배였습니다.

이것이 바로 오늘 우리 믿는 자들의 삶의 특징이 되어야 합니다. 우리의 가장 큰 기쁨은 하나님을 만나는 것이 되어야 합니다. 하나님을 만나면 모든 염려와 걱정이 끝나게 되어 있습니다. 우리는 그리스도의 피로 예배를 드립니다. 우리는 노아같이 정결한 짐승을 잡아서 예배드리는 것이 아니고 예수 그리스도의 피를 믿고 나아오는 것입니다. 우리는 2천 년 전에 흘린 그 피를 믿어야 합니다. 내 정신이나 생각 속에 예수 그리스도의 피가 있어야 합니다. 그냥 멍청하게 앉아 있거나 시간이 나는 대로 졸면서 예배를 드려서는 절대 안 됩니다. 우리는 예수 그리스도의 피를 전적으로 의지하면서 "멸망할 수밖에 없는 이 죄인이 그리스도의 피를 온전히 의지하며 나왔습니다" 해야 합니다.

내 속에 헛된 생각이 들어오면 안 돼요. 오직 예수의 피를 의지하고 나오십시오. 내 자랑이나 공로도 다 버려야 합니다. '내가 무슨 학교를 다니고 돈을 얼마를 벌었는데' 하는 생각은 전부 다 버려야 해요. 사업에 실패했다, 성공했다 하는 것도 다 버려야 해요. 오직 예수 그리스도의 피를 의지해서 나올 때 하나님이 만나주시고, 성령으로 찾아오셔서 내 속을 완전히 뒤집어엎으시며, 상처로 무거웠던 내 마음을 새 마음으로 바꾸어 놓으십니다. 바로 이것이 그리스도인들의 삶의 비결입니다.

아직도 세상에서 무언가 얻을 것이 있다고 생각하며 방황하고 있습니까? 그런 사람은 하나님 안에 어떤 존귀한 것이 있는지 모르는 사람이며 미련한 사람입니다. 사도 바울은 그 모든 것이 배설물과 같다고 하였습니다. 그것은 진정한 기쁨이 되지 못합니다. 그런 것에 매달리는 것은 자신을 속이는 것입니다. 가장 존귀한 것은 하나님께 다 있습니다. 왕의 진수성찬이 다 그 앞에 있습니다. 그러므로 예배의 기쁨을 아는 자들은 죽지 않습니다. 노아의 방주 밖에서는 수많은 사람들이 홍수로 죽었지만 예배의 기쁨을 아는 자들은 아무도 죽지 않았고, 그들의 예배는 중단되지 않았습니다.

하나님을 만나는 것이 여러분의 삶에서 어떤 위치를 차지하고 있습니까? 하나님을 만날 때마다 내가 완전히 변하여 새로워지며 나의 존귀함이 회복되는 것을 모르는 사람은 멸망할 짐승과 같습니다. 어떤 사람이 예배에서 무엇을 누리며 어떻게 회복되는가를 보면 바로 그의 신앙을 알 수 있습니다.

이 시간, 하나님이 성령으로 우리에게 오셔서 우리의 상한 마음과 우리의 탐욕이 할퀴어 놓은 상처를 치료하시고 우리의 참된 존귀함을 회복시켜 주시며 자신감과 기쁨을 회복시켜 주시기를 축원합니다. 여러분, 되찾으십시오. 일어서십시오. 머물러 있지 마십시오. 코로 호흡하는 자마다 모두 하나님께 나와야 합니다.

거룩한 것과 부정한 것

하나님께서는 오늘 본문에서 예배용 짐승과 그렇지 않은 짐승을 각각 거룩한 짐승과 부정한 짐승으로 구별하고 계십니다. 2절과 3절을 보십시오.

> 너는 모든 정결한 짐승은 암수 일곱씩, 부정한 것은 암수 둘씩을 네게로 취하며 공중의 새도 암수 일곱씩을 취하여 그 씨를 온 지면에 유전케 하라

노아 시대에도 모세 시대처럼 정결한 동물과 부정한 동물의 구별이 있었을까요? 모세의 율법, 특히 레위기에 보면 정결한 짐승과 부정한 짐승의 구별이 상세하게 나타나고 있는데, 주로 '먹을 수 있는 짐승이냐 아니냐'로 구별되었습니다. 그러나 먹을 수 있다고 해서 다 제사로 드릴 수 있는 것은 아니었습니다. 하나님께 제사드

릴 수 있는 짐승들은 따로 구별되어 있었습니다.

저는 여기에 나타나는 정결한 동물과 부정한 동물의 구분이 모세가 이야기했던 것처럼 식용의 개념에 근거한 것은 아니라고 봅니다. 저는 이 본문에 나오는 구별은 그런 넓은 의미의 구별이 아니라 좁은 의미의 구별, 즉 '하나님께 드릴 수 있느냐 없느냐'에 한정되는 것이라고 생각합니다. 따라서 노아에게 정결한 동물은 모세 때처럼 '먹을 수 있는 모든 동물'이 아니라 '제사로 드릴 수 있는 동물'을 의미했습니다.

하나님께서 왜 이런 구분을 하셨습니까? 그저 이스라엘 백성의 건강을 위해서 먹을 수 있는 것과 없는 것을 구분하신 것입니까? 먹을 수 없는 것을 먹으면 콜레스테롤 치수가 높아져서 당뇨병이나 고혈압으로 언젠가는 죽게 될 것이기 때문에 먹지 말라고 하신 것입니까? 그렇지 않습니다. 짐승들은 자기가 어떤 존재인지 모르지만, 사람은 어떤 것을 먹을 수 있고 어떤 것을 먹을 수 없는지 알고 있습니다. 죽어서 사람들의 음식이 될 수 있는 짐승이 있는가 하면 죽어도 먹을 수 없어서 버려야 하는 짐승도 있습니다. 하나님은 그 먹을 수 있는 것 중에서도 예배로 드릴 수 있는 것과 없는 것을 분명히 구분하셨습니다.

짐승들이 다 같아 보여도 그중에는 홍수로 물에 빠져 죽을 것이 있는가 하면 노아 방주에 타서 구원받을 것이 있고, 그중에서도 특히 하나님께 예배로 사용될 짐승이 구별되어 있었습니다. 이것은 우리도 마찬가지입니다. 겉으로는 다 똑같아 보여요. 차이가 있다면 피부색이나 그 사람의 사회적인 신분, 키, 롱다리나 숏다리의 차이입니다. 그래서 사람들은 그저 똑똑하고 일 잘하면 중요하게 생각하고 그렇지 않은 사람은 하찮게 여깁니다. 그러나 하나님께서는 거룩한 사람과 거룩하지 못한 사람을 정확하게 구분하고 계십니다. 하나님은 바로 이것을 깨닫게 하기 위해 짐승을 구분해서 보여 주셨습니다.

우리가 보기에 굉장히 존귀한 사람이 있다고 합시다. 그러나 성경은 하나님을 모르는 자는 멸망할 짐승과 같다고 말씀합니다. 스스로 아무리 잘났다고 생각해도 하나님은 '멸망용 짐승'으로 구분하신다는 것입니다. 사람은 잘 몰라요. 그러나 하나님은 사람을 정확하게 구분하고 계십니다. 멸망용인지 구원용인지 다 구분해 놓고 계십니다.

우리의 삶에도 거룩한 것이 있고 거룩하지 않은 것이 있습니다. 그것은 눈에 보이는 구별이 아닙니다. 하나님이 주신 마음으로 하는 것은 우리의 삶에서 거룩한 것입니다. 그러나 하나님이 주시지 않은 마음으로, 자기 욕심으로 하는 것은 모두 다 추잡하고 더러운 것입니다.

노아의 방주는 끝이 아니었습니다. 그들은 방주에서 나와서 또 이 세상의 죄성과 싸우며 살아야 했습니다. 그때 그들이 기억해야 할 것이 있었습니다. 곧 모든 것이 유익한 것은 아니라는 사실입니다. 다 거룩한 것이 아니며 다 예배드릴 수 있는 것이 아닙니다. 그들은 거룩한 것과 거룩하지 않은 것을 구분해야 했습니다.

사도 바울이 말한 것이 바로 이것입니다. 모든 것이 가하지만 모든 것이 유익한 것은 아닙니다. 이 세상에서 내가 마음만 먹으면 할 수 있는 것들이 많습니다. 그러나 그것이 다 하나님 앞에서 선한 것은 아닙니다. 정욕으로 그 일을 하면 죄가 됩니다. 그 일은 나를 하나님에게서 멀어지게 하며 마음속에 있는 총명을 더 어둡게 할 것입니다. 정욕으로 어떤 일을 하면 생각이 어두워집니다. 한번 욕심으로 살면 총기가 갑자기 어두워져요. 그러므로 우리 마음속에는 거룩한 경계선이 있어야 합니다.

유대인들에게 먹을 수 있는 것과 먹을 수 없는 것이 있었던 것처럼 우리에게는 생각할 수 있는 것과 생각해서는 안 되는 것이 있습니다. 돈 안 든다고 마음대로 생각하면 완전히 총기가 어두워져 버립니다. 또 볼 것이 있고 보면 안 될 것이 있습니다. 법에 저촉

되지 않는다고 해서 보면 안 될 것을 보면 가장 중요한 예배의 기쁨이 사라집니다. 하나님께 예배드리는 불꽃이 한번 식으면 다시 불태우기가 얼마나 어려운지 몰라요. 기쁨이 한번 없어져 버리면 다시 생기기가 너무나 어렵습니다. 돈도 받아야 할 것이 있고 받지 말아야 할 것이 있습니다. 직업도 가질 것이 있고 갖지 말아야 할 것이 있습니다. 우리가 욕심 때문에 거룩한 것을 버리고 부정한 것을 택하면 내 속에 불타오르고 있는 예배의 기쁨과 하나님의 존전에 나아갈 수 있는 특권이 죽어버립니다. 그러면 모든 것을 다 잃는 것이나 다름없습니다.

여러분, 이 기쁨의 불씨를 꺼뜨려서는 안 됩니다. 주의하십시오. 마음을 지키십시오. 내 마음에 부정한 것이 들어오지 못하게 해야 합니다. 내 마음속에 욕심이 자리 잡지 못하게 해야 합니다. 다른 것은 다 잃었더라도 하나님께 예배하는 기쁨을 찾은 사람은 죽음을 뚫고 나아갈 것입니다. 홍수가 쏟아져도, 홍해의 물결이 덮쳐도 나아갈 것입니다. 이것이 유일한 생명의 길이기 때문입니다.

우리에게 예배의 기쁨이 회복되게 하십시다. 하나님이 우리에게 찾아오셔서 내 마음에 있는 아픔과 서러움과 답답함을 전부 다 씻어주시고 나의 존귀함을 회복시켜 주실 때 우리는 뛰면서 하나님을 마음껏 찬양해야 합니다. 연예인 찾는 사람들도 "오빠!" 하면서 뛰는데 우리가 못 뛸 게 뭐가 있습니까?

진짜 능력과 눈물로 드리는 기도를 회복합시다. 그렇지 않으면 그리스도인의 삶은 안 믿는 사람들의 삶보다 더 비참해집니다. 이 세상에서도 당하고 하나님 앞에서도 능력받지 못한 채 가장 불쌍한 사람이 되어 버립니다. 예배하는 기쁨과 하나님을 만나는 존귀함이 계속되게 하십시오. 이것이 우리에게 있을 때 죽음도 우리의 기쁨을 막지 못할 것입니다.

22

대홍수

지대가 낮은 곳에 사는 사람들은 여름에 홍수를 걱정합니다. 단지 비가 많이 온다고 해서 홍수가 나는 것이 아닙니다. 물만 잘 빠지면 비가 많이 와도 홍수가 나지 않습니다. 그러나 물이 빠지는 속도보다 비가 더 많이 오면 홍수가 나게 되어 있습니다. 저지대에 살고 있던 친구가 있었는데, 하루는 그 친구가 잠을 자는 동안에 방 안에 물이 들어왔습니다. 그 물은 밖에서 들어온 것이 아니고 하수구를 통해서 역류한 물이었습니다. 친구의 집은 하수구 시설이 제대로 되어 있지 않아서 비가 많이 오면 물이 집 안으로 다 들어오는 지역에 있었던 것입니다.

우리는 오늘 본문에서 인류 역사상 가장 비참한 사건을 보게 됩니다. 우리 세대에 가장 불행한 사건으로 기억되는 일은 아마 타이타닉 호의 침몰일 것입니다. 그렇게 잘 만들었다고 자부하던 초호화 여객선이 북극 부근을 지나면서 큰 빙산과 부딪쳐서 침몰했습니다. 그런데 배에는 사람들을 구출할 수 있는 구명정이 없었습니다. 배가 워낙 확실하게 만들어졌다고 믿었기 때문에 구명정을 충분하게 준비하지 않은 것입니다. 그래서 여자와 어린아이들만 겨우 구명정에 옮겨 타고 나머지 사람들은 식구들의 눈앞에서 배와 함께 물 속으로 가라앉고 말았습니다.

그러나 그보다 더 비참한 멸망의 순간이 있었습니다. 그것은 바로 오늘 본문이 증거하고 있는 노아 홍수의 멸망입니다. 홍수를 대비해서 미리 배를 만들었던 노아의 여덟 식구와 그 배에 탄 동식물들 외에는 모두 비참하게 물 속으로 가라앉고 말았습니다. 이 비극은 인류 역사상 그 이전에도 없었고 그 이후에도 없었던 가장 비참한 멸망이었습니다.

노아의 순종

성경은 노아가 모든 것을 하나님의 말씀에 순종해서 실천했다고 계속해서 말씀하고 있습니다. 7장 5절을 보십시오.

노아가 여호와께서 자기에게 명하신 대로 다 준행하였더라

우리는 하나님의 말씀을 끝까지 순종하기가 얼마나 어려운지 경험을 통하여 잘 알고 있습니다. 처음에는 하나님의 말씀을 붙들고 가지요. 그런데 조금 지나다 보면 마음속에 의심이 생기기 시작하고, '혹시 지금 내가 실수하고 있는 것이 아닐까' 하는 생각이 들기 시작합니다. 왜냐하면 하나님의 말씀대로 따라가는 것은 이 세상이 흘러가는 방향과 정반대로 가는 것이기 때문입니다.

하나님께서는 노아에게 배를 만들라고 하셨습니다. 노아가 지시받은 이 배는 하나님의 말씀대로 홍수가 나지 않으면 아무 데도 못 쓸 물건입니다. 일단 크기가 너무 큽니다. 또 3층으로 되어 있기 때문에 별 쓸모가 없어요. 엔진이 있는 것도 아니고 노가 있는 것도 아닙니다. 홍수가 나지 않는다면 이 배는 아무 데도 쓸 데가 없습니다. 게다가 이 배를 만드는 것은 1, 2년에 끝날 일이 아닙니

다. 제가 생각하기에는 120년이 꼬박 걸렸을 것 같습니다. 그러니까 홍수가 나지 않는다면 노아는 무려 120년 동안 쓸데없는 시간만 낭비한 셈이 됩니다.

이것은 우리도 마찬가지입니다. 처음에는 하나님의 말씀이 좋기만 합니다. 하나님의 말씀을 들으면 본질적인 이야기를 들을 수 있거든요. 내가 누구며 어떻게 살아야 하는지, 또 이 세상은 어떻게 될 것인지에 대해 결정적인 이야기를 들을 수 있습니다. 그러나 조금 지내다 보면 내가 가고 있는 방향이 다른 사람들이 가는 방향과 전혀 다르다는 것을 깨닫게 됩니다. 나는 하나님이 시키시는 일에 완전히 매여 있어서 다른 것은 전혀 할 수가 없습니다. 친구들은 사람도 사귀고 공부도 하고 여러 가지 미래를 위한 투자도 하는데 나는 말씀대로만 가다보니까 되는 게 없어요.

어떤 학생은 수련회만 다니다가 겨울 방학이 다 가버렸습니다. 그렇게 방학이 끝나갈 때 의심이 막 밀려오기 시작합니다. '나는 누구일까? 이런 식으로 방학을 보내도 되는 걸까?' 그런데 누가 지나가면서 한 마디 합니다. "수련회를 너무 많이 다니는 것 아니야?" 그러면 그때부터 마음이 불안해지기 시작하면서 무언가 잘못하고 있는 것 같은 생각에 겁이 덜컥 나는 것입니다.

노아가 그 긴 기간 동안 의심이나 갈등 한번 없이 하나님의 뜻에 복종해서 배를 만들지는 않았을 것입니다. 노아도 몇 번이나 망치를 집어 던지면서 '에이! 나도 가치 있는 일을 해보자'고 생각했을 것입니다. 톱질하다가도 '내가 지금 이 짓을 계속 해야 하나, 말아야 하나' 생각했을 것입니다. 그때마다 하나님께서 노아를 설득하고 감화하셔서 계속 그 길을 가게 하신 것입니다. 이것은 하나님의 은혜입니다.

하나님의 은혜 없이는 신앙생활을 계속할 수가 없습니다. 우리가 세상으로 나가려고 할 때마다 하나님의 은혜가 우리를 잡아당기고 붙잡지 않으면 처음에 조금 신앙생활하다가 다 세상으로 나가 버립니다. 실컷 배 만들어서 장사도 못하고 창고로도 못 쓰면 120년 동안 헛고생하는 것이 아닙니까?

노아가 세상으로 가지 않은 또 하나의 이유는 이 세상의 총체적인 죄성에 있습니다. 노아는 이 세상을 유심히 보면서 그 안에 정말 소망이 없음을 알았습니다. 사람들이 추켜세우는 영웅은 살인자들이었습니다. 살인자를 추켜세우는 이 세상에는 소망이 없었습니다. 하나님이 참으로 살아 계시다면 살인과 강포로 가득 찬 이 세상을 온전히 내버려두실 리가 없습니다. 하나님의 은혜가 붙드는 가운데 노아는 마음속으로 이 세상의 죄성을 보았습니다. 그래서 결국 노아는 수없이 세상으로 가고 싶었지만 세상으로 가지 못하고 끝까지 배를 만들어서 그 배 안으로 들어가 버렸습니다.

우리도 노아처럼 배 안으로 들어가 버려야 합니다. 그런데 배만 만들고 안 들어가는 사람이 있어요. 배 주위만 왔다갔다하면서 안 들어가려고 합니다. 그런데 오늘 말씀에 무엇이라고 나와 있습니까? 6절과 7절을 보십시오.

> 홍수가 땅에 있을 때에 노아가 육백세라 노아가 아들들과 아내와 자부들과 함께 홍수를 피하여 방주에 들어갔고

이것이 중요합니다. 결국 노아와 그의 가족들은 방주 안으로 들어갔습니다. 이렇게 끝까지 순종하기가 얼마나 어려운지 몰라요. 실컷 잘 나가다가 옆길로 빠지는 사람이 많습니다. 신앙생활 잘하다가도 "나는 이런 일만 하고 죽기에는 너무 아까운 사람이야. 나에게 더 적합한 다른 일을 찾아보아야 해" 하면서 옆길로 빠지는 것이지요. 그래서 끝까지 순종하지 못합니다. 그러나 노아는 엔진도 없고 노도 없는 3층 짜리 배, 상업용으로도 쓸 수 없고 공업용으로도 쓸 수 없는 배를 만들고 그 안으로 들어갔어요. 그는 끝까지 순종했고 자기 자신을 쳐서 100퍼센트 하나님께 복종했습니다. 이것

이 노아의 믿음입니다.

비가 오지도 않는데 홍수가 난다고 배를 만들어서 그 안에 들어가다니 얼마나 웃기는 사람입니까? 당시 사람들은 홍수라는 것을 경험해본 적이 없었습니다. 비가 올 조짐도 없었어요. 그런데도 식구들을 다 대동해서 큰 배를 만들어 그 안에 들어간 이 노인의 행동은 미쳤다고밖에는 설명할 수 없습니다. '햇볕은 쨍쨍, 모래알은 반짝'하는 맑은 날에 홍수가 날 것이라고 하면서 배 안으로 들어가는 것이 술도 마시지 않은 맨 정신으로 할 수 있는 행동입니까?

그런데도 노아가 이렇게 할 수 있었던 이유는 무엇입니까? 그도 이성이 있고 분별력이 있는 사람인데 이렇게 남들이 하지 않는 짓을 했던 이유가 무엇입니까? 그는 눈에 보이는 현실보다는 하나님의 말씀을 더 믿었습니다. 이 세상을 보면 홍수가 날 것 같지가 않아요. 그런데 하나님의 말씀은 홍수가 날 것이라고 합니다. 그러면 홍수가 나는 거예요. 그는 눈에 보이는 현실을 믿지 않고 말씀을 믿었기 때문에 홍수가 전혀 날 것 같지 않은 상황에서도 배 안으로 들어간 것입니다. 얼마나 귀중한 믿음인지 모릅니다.

노아가 배에 들어간 후에도 7일 동안 비가 오지 않았습니다. 이 7일은 정말 견디기 힘든 기간이었을 것입니다. 아마 7일이 7개월이나 7년처럼 느껴졌을 것입니다. 밖에 있는 사람들이 마음껏 하나님을 조롱할 때 노아는 '그냥 나가버릴까' 하는 생각도 했을 것입니다. 사람들은 배에 가까이 와서 배를 두들겨대며 하나님과 그 종 노아를 비웃기도 했을 겁니다. 완전히 고삐가 풀린 7일이지요. 사람들은 이성을 잃고 하나님을 조롱하며 노아를 비웃었습니다.

이 기간은 하나님께서 침묵하시는 기간입니다. 인간이 그 본성을 다 드러낼 수 있는 기회를 주시는 시간입니다. 마치 뉴욕 시가 정전되었을 때 사람들이 한순간에 난폭해져서 가게를 부수고 물건을 훔치며 여자들을 폭행하고 살인을 저질렀던 것처럼 이 7일은 인간이 할 수 있는 모든 방법을 동원해서 자신들의 짐승 같은 본성

473

을 보여준 기간이었을 것입니다.

정결한 짐승과 부정한 짐승

짐승들을 배에 태우는 것은 결코 쉬운 일이 아니었습니다. 우선 이 모든 짐승들을 잡아들이기가 결코 쉽지 않았습니다. 어떻게 코끼리나 코뿔소 같은 것을 암수로 함께 잡아올 수 있겠습니까? 숫놈 한 마리와 암놈 한 마리를 정확하게 구분해서 잡아 온다는 것은 보통 일이 아닙니다. 또 세 마리가 오려고 하면 한 놈은 따돌리고 딱 두 마리만 데려와야 하는데 어떻게 그렇게 하겠습니까? 그리고 사자나 표범같이 사나운 짐승들을 무슨 재주로 잡아 와서 배에 태울 수 있겠습니까? 욥기에도 나오듯이 누가 악어를 잡을 수 있겠습니까?

설사 잡아 왔다고 합시다. 성별을 다 검사해서 두 마리씩 잡아왔어요. 그런데 어떻게 야생동물과 가축을 한 배에 태울 수 있습니까? 하루만 있으면 야생동물들이 "이게 웬 천국이지?" 하면서 가축들을 다 잡아먹어 버릴 텐데요. 한 마리만 있어도 무서운 비단뱀을 두 마리나 배에 태울 수 있겠습니까? 악어 한 마리만 배에 타도 온 배가 공포에 빠질 텐데 무슨 수로 이런 야생동물들을 다 함께 배에 태울 수 있겠습니까?

여기에서 중요한 사실은 이 일이 전혀 힘들지 않았다는 것입니다. 짐승들은 스스로 다 알아서 배를 찾아왔습니다.

> 정결한 짐승과 부정한 짐승과 새와 땅에 기는 모든 것이 하나님이 노아에게 명하신 대로 암수 둘씩 노아에게 나아와 방주로 들어갔더니 (7:8, 9).

짐승들은 마치 자진해서 입대하는 청년들처럼 두 마리씩 제 발로 찾아왔어요. 노아는 짐승들을 잡으려고 쫓아다닐 필요가 없었습니다. 자기들이 다 알아서 왔고, 다 알아서 배 안에 들어갔어요. 어떤 짐승은 "난 무거우니까 균형을 잡아야 해" 하면서 1층으로 가고 코끼리 같은 짐승은 "내가 왼쪽에 있으면 배가 기울어지니까 중앙에 있어야지" 하면서 알아서 가는 거예요. 얼마나 놀라운 표적입니까?

사람은 짐승에게 명령할 수 없습니다. 아주 오래 훈련을 시켜야 겨우 사람의 말을 알아듣는데 그것도 맨입으로는 안 됩니다. 먹이를 가지고 상벌 훈련을 시켜서 사람의 말을 알아듣게 하는 것이지요. 그러나 하나님은 짐승들에게 바로 말씀하실 수 있습니다. 그리고 짐승들은 정확하게 그 말씀에 순종하여 움직입니다. 철새들이 움직이는 것을 보십시오. 얼마나 정확한지 모릅니다. 하나님께서 그렇게 움직이도록 명령하셨기 때문입니다. 하나님은 곤충들에게도 명령하실 수 있습니다. 애굽의 바로를 공격했던 곤충들을 보십시오. 곤충들은 전부 하나님의 말씀대로 움직입니다. 또 하나님은 하늘과 땅에도 명령하실 수 있습니다. 그러면 하늘과 땅이 귀라도 있는 것처럼 알아듣고 그대로 순종합니다.

우리는 사람들이 하는 말은 알아듣습니다. 그래서 가라고 하면 가고 서라고 하면 섭니다. 하지만 우리가 돼지한테 가라고 하면 안 가요. 먹이가 있는 쪽으로 가지요. 그러나 하나님은 돼지에게 말씀하실 수 있습니다. 하나님이 말씀하시면 짐승도 움직이고 곤충도 움직이고 땅과 바다도 움직입니다.

그러나 하나님은 사람들에게만큼은 곤충이나 땅에게 명령하듯이 명령하지 않으십니다. 사람은 스스로 하나님의 뜻을 분별해서 자발적으로 순종하게 하십니다. 이것을 보면 사람이 하나님 앞에서 얼마나 특별한 존재인지 알 수 있습니다. 다른 것에게는 그저 명령만 하시지만 사람들에게는 스스로 깨달을 수 있고 스스로 행동에 옮길 수 있는 특권을 주셨습니다. 이처럼 하나님은 우리에게 강제로 요구하시지 않습니다.

그러므로 우리들이 살면서 할 일 중에서 가장 중요한 것은 하나님의 뜻을 스스로 분별해 내는 것입니다. 하나님이 그렇게 하도록 만드셨습니다. 그러므로 하나님의 뜻이 무엇이며 어떻게 하는 것이 하나님을 기쁘시게 하는 일인지 스스로 고민하고 분별해서 그대로 움직이는 것이 사람이 해야 할 가장 중요한 일입니다.

노아를 한번 생각해 보십시오. 배를 만드는 것도 힘들었는데 짐승들까지 잡으러 다녀야 했다면 얼마나 더 힘들었겠습니까? 그러나 노아는 전혀 힘들지 않았습니다. 왜냐하면 짐승들이 하나님의 말씀에 따라서 움직였기 때문입니다. 이것은 중요한 표적이었습니다. 짐승들이 제 발로 걸어온 것은 하나님이 이 일에 함께 하신다는 것과, 이 일이 바로 하나님의 일이라는 사실을 노아에게 확신시켜준 아주 중요한 사건이었습니다.

사실 이 모든 일을 하신 분은 하나님이셨습니다. 배를 만드신 분도 하나님이십니다. 노아는 단지 거기에 사용된 일꾼에 불과했습니다. 모든 것은 하나님이 다 하셨습니다. 하나님은 가만히 계시고 내가 모든 것을 다 해야 한다고 생각하지 마십시오. 오히려 하나님이 모든 것을 다 하시고 나는 그저 일꾼으로, 도구로 사용될 뿐입니다.

또 다른 놀라운 사실은 배 안에서 야생동물과 가축들이 서로 싸우거나 잡아먹는 일이 전혀 없었다는 사실입니다. 하나님께서 야생동물들을 노아의 배 안에 태우시면서 그들의 야생적인 기질들을 일시적으로 중지시키신 것이 분명합니다. 노아의 배 안에 탄 야생동물들은 전혀 야생동물이 아니었습니다. 그들은 모두 가축이었습니다. 어린 양이 사자와 뛰놀고 독사굴에 어린이가 손을 넣는다는 말씀처럼 이들 중에 어느 것도 야생동물처럼 굴지 않았습니다. 사자가 개를 핥아주면서 어울려 놉니다. 맹수들은 양보다 더 순하고 개보다 더 말을 잘 듣습니다.

　　요즘은 이상하게 아이들이 야생의 습성을 가지고 있는 것 같습니다. 방주에 들어와서도 죽어라고 말을 듣지 않아요. 가끔 예배 시간에 괴성이 들리면 '이 아이들이 혹시 야생동물이 아닐까' 하는 의심이 들 때가 있어요. 어떤 애들은 옆에 있는 애를 이빨로 사정없이 물어뜯기도 합니다. 야생의 습성을 교회에까지 가지고 오는 거지요. 아이들은 방주에 탄 야생동물들한테 배워야 합니다. 노아의 방주 안에서는 어떤 동물들도 서로 싸우거나 물어 죽이지 않았습니다. 예배시간에는 아주 조용히 있었고 찬송을 부를 때는 같이 따라 불렀습니다. 야생동물들이 그렇게 조용했던 이유가 무엇입니까? 이 배에 하나님이 같이 타고 계심을 알았기 때문입니다.

　　아이큐가 낮고 교양이 없는 야생동물들도 배 안에 하나님이 계신다는 것은 알았습니다. 그래서 자기들끼리 절제한 것 같아요. "주님이 계신데 우리가 물어뜯고 할퀴면 죄짓는 거야. 그건 밖에서 죄짓는 것보다 몇 배나 더 큰 죄야. 우리를 멸망에서 구해주신 것만 해도 얼마나 기쁜 일인데 하나님이 계신 배 안에서 악한 습관을 버리지 못하고 옛날 생활로 돌아가면 어떻게 하겠니? 우리 모두 절제하자."

　　그 배 안에는 여자들이 네 명 타고 있었는데 그중에 한 사람은 할머니였습니다. 이 여자들이 먹이를 주러 가다가 독사나 표범을 만나면 얼마나 놀라겠습니까? 그런데 독사나 표범이 모두 가축처럼 변한 거예요. 전혀 사납지가 않습니다. 노아는 이것을 통해서 하나님이 그들과 함께하시는 것을 알 수 있었고 하나님의 은혜를 체험할 수 있었습니다.

　　우리도 이것을 통해 하나님이 나와 함께 하심을 알 수 있습니다. 나에게 하나님의 은혜가 임하면 야생의 습성이 없어집니다. 은혜를 받은 사람의 특징은 사납지가 않다는 것입니다. 전에는 굉장히 사나웠는데 이제는 사납지가 않아요. 눈을 보면 알 수 있습니다. 은혜를 못 받은 사람의 눈은 늑대와 같습니다. 눈이 얼마나 사나운지 푸른빛이 번쩍번쩍 나면서 살기가 돕니다. 그러나 은혜를 받으면 눈이 바뀝니다. 눈이 어린 양처럼 겸손해지고 그렇게 순해질 수가 없어요.

노아의 방주는 우리에게 출애굽기를 생각하게 합니다. 하나님께서는 레위기를 통해서 이스라엘 백성들에게 정결한 짐승과 부정한 짐승을 가르쳐 주셨습니다. 이것은 바로 사람 안에 이런 차이가 있다는 것을 가르쳐 주기 위한 구분입니다. 하나님은 그의 백성은 야생동물이 아니라는 것과 부정한 짐승처럼 본성대로 살아서는 안 된다는 것을 가르쳐 주셨습니다.

부정한 사람은 어떻습니까? 그 안에 하나님의 성품이 없습니다. 야생동물처럼 사납고 포악합니다. 하나님께서는 이 짐승들을 통해 이스라엘 백성들은 결코 그리해서는 안 된다는 것을 가르쳐 주셨습니다. 그러나 하나님이 궁극적으로 보여 주시려는 것은 야생동물들도 구원받을 수 있다는 것입니다. 사도행전에는 로마 군인 고넬료가 성령으로 세례를 받고 하나님의 교회에 들어오는 이야기가 나옵니다. 이 일은 야생의 습성을 가진 이방인들도 성령으로 변화되어 하나님의 백성이 될 수 있음을 보여 주었으며, 그 이후로는 정결한 짐승과 부정한 짐승의 구별이 없어졌습니다.

여러분, 우리들은 사실 야생동물이었는데 하나님의 은혜로 이 배 안에 들어오게 된 사람들입니다. 과거에 우리 속에는 사나운 야생의 습성이 있었습니다. 어떤 사람은 여우같이 썩은 것을 좋아합니다. 어떤 사람은 사자나 늑대처럼 사나워서 아무것도 아닌 일에 소리를 지릅니다. 또 어떤 사람은 돼지처럼 지저분한 습성을 가지고 있습니다. 어떤 사람은 올빼미처럼 야행성이어서 밤 12시에 커피 두어 잔 마시고 밤 새워 음악 듣고 돌아다니고 편지 쓰다가 해 뜨면 잡니다.

그런데 성령이 임하시면 어떻게 됩니까? 예전에는 덩치도 크고 성질도 사납던 사람이 이제는 아이들의 좋은 친구가 되어서 그 큰 덩치로 아이들과 손잡고 놉니다. 사자와 어린 양이 함께 뛰노는 것이지요. 또 옛날에는 "너는 혀가 독사 같다" 할 정도로 천재적으로 남의 약점을 잡아서 기분 나쁜 말만 골라서 몰아붙이던 사람에게 성령이 임하니까 독이 빠져 버립니다. 이제는 '독사굴'에 손을 넣어도 괜찮아요. 이것이 천국의 모습입니다.

이처럼 노아의 방주 안에서는 에덴동산의 모습이 회복되었습니다. 짐승에게 있던 야생의 습성, 죄의 습성이 없어지니 서로가 참 아름답게 지낼 수가 있었습니다.

대홍수

드디어 홍수가 터졌습니다. 11절과 12절을 보십시오.

> 노아 육백세 되던 해 이월, 곧 그 달 십칠일이라 그 날에 큰 깊음의 샘들이 터지며 하늘의 창들이 열려 사십 주야를 비가 땅에 쏟아졌더라

이 말씀을 보면 이해가 안 되는 부분이 있습니다. 모세의 표현은 우리가 살고 있는 땅 위에도 엄청난 물이 있고 땅 밑에도 엄청난 물이 저장되어 있는데, 그 물이 위에서 터지고 밑에서 치솟아 올라 홍수가 났다는 이야기처럼 들립니다. 그러나 지금 모세가 이야기하려는 것은 땅 밑에 홍수를 일으킬 만한 큰 지하수가 있다는 것이 아닙니다. 또 하늘 위에 엄청난 물이 따로 저장되어 있다는 것도 아닙니다. 모세가 이야기하려는 것은 지금 온 세상이 천지가 창조되던 바로 그때로 되돌아가고 있다는 것입니다.

처음에 지구는 물로 가득 차 있었습니다. 그런데 하나님께서 말씀하시니 그 물이 하늘 위의 물과 하늘 아래의 물로 나뉘어졌

습니다. 그리고 또 말씀하시니 땅이 솟기도 하고 꺼지기도 해서 땅이 드러났습니다. '그날에 깊음의 샘들이 터졌다'는 것은 지하수가 터졌다는 말이 아닙니다. 땅이 꺼지고 갈라지면서 바닷물이 육지로 침범해 들어온 것입니다. 비가 오더라도 물만 잘 빠지면 홍수가 나지 않습니다. 그런데 땅이 아예 꺼진 거예요. 땅이 꺼지면서 40일간 쏟아진 엄청난 비가 그대로 땅을 뒤덮은 것입니다.

이것이 무슨 말입니까? 노아 홍수는 단순한 홍수가 아니었습니다. 그것은 창조질서가 중단된 것이었습니다. 하나님께서 하늘 위에 있는 구름을 받치고 있었는데 말씀을 잠시 거두시니 하늘에 있는 물이란 물은 전부 땅으로 쏟아져 내렸습니다. 또 하나님께서 말씀으로 땅을 솟아오르게 해서 육지가 드러나게 하셨는데 말씀을 거두시니 육지가 도로 내려가 버렸습니다. 그래서 물이 땅 위로 올라왔습니다.

우리는 하늘이나 땅이 아주 견고하다고 생각하는데 결코 그렇지 않습니다. 하늘은 푸른 종이나 마찬가지이고 땅도 마분지와 다를 바 없습니다. 우리가 살고 있는 이 땅이나 하늘은 절대로 견고하지 않습니다. 지금 말씀으로 붙들고 계시니까 하늘에 구름이 떠 있는 것입니다. 그리고 말씀으로 붙들고 계시니까 물이 땅 위로 올라오지 못하는 것입니다. 말씀만 거두면 위에 있는 물은 다 쏟아지게 되어 있고 솟아 있던 육지도 다 내려앉게 되어 있습니다.

날씨가 아주 좋지 않은 날에 비행기를 타고 지방에 내려간 적이 있습니다. 그런데 하늘 위에서 보니까 정말 물이 많더라구요. 엄청난 수분을 공기가 안고 있었습니다. 왜 하늘이 그렇게 많은 수분을 가지고 있습니까? 하나님께서 그렇게 하라고 말씀하셨기 때문입니다. 물은 대류를 해야 하기 때문에 하나님은 하늘에 많은 물을 저장해 놓으셨습니다. 하늘에 있는 물을 떠받치고 있는 게 뭡니까? 공기의 중력입니까? 아닙니다. 말씀이 물을 떠받들고 있습니다.

그런데 하나님께서 말씀을 거두시니 공중에 있는 물이 모두 다 땅에 쏟아졌습니다. 그 물이 다 쏟아지는데 걸린 시간이 40일이었습니다. 마치 하늘에 구멍이 뚫린 것 같이 높이 솟아 있던 땅은 밑으로 내려앉았습니다. 그리고 평지는 갈라져서 바닷물이 밀고 들어왔습니다. 20절이 바로 그 말씀입니다.

<u>물이 불어서 십 오 규빗이 오르매 산들이 덮인지라</u>

15규빗이라고 해봐야 7미터 정도밖에 되지 않습니다. 그런데 물이 7미터 정도 더 차오른다고 해서 어떻게 산들이 다 덮일 수 있겠습니까? 그것은 아주 무서운 지각 변동이 있었다는 것을 의미합니다. 말씀 한 마디에 산이 한순간에 내려앉았고 평지는 갈라져서 꺼졌습니다. 이렇게 해서 온 세상이 다시 물 속으로 가라앉고 말았던 것입니다. 이에 대하여 베드로 사도는 이렇게 말씀하고 있습니다.

> 이는 하늘이 옛적부터 있는 것과 땅이 물에서 나와 물로 성립한 것도 하나님의 말씀으로 된 것을 저희가 부러 잊으려 함이로다 이로 말미암아 그때 세상은 물의 넘침으로 멸망하였으되 이제 하늘과 땅은 그 동일한 말씀으로 불사르기 위하여 간수하신 바 되어, 경건치 아니한 사람들의 심판과 멸망의 날까지 보존하여 두신 것이니라(벧후 3:5-7).

세상을 붙들고 있는 것은 자연법칙이 아닙니다. 하나님의 말씀입니다. 하나님의 말씀이 붙들고 있기 때문에 산이 있고 땅이 있으며 하늘에 구름이 있는 것입니다. 그러므로 하나님이 말씀을 거두시면 하늘에 물 한 방울도 있을 수 없습니다. 산을 받치고 있는 힘도 사라집니다.

여러분, 땅 밑에 불이 있고 하늘에도 불이 있습니다. 땅 밑에는 화산이 있고 하늘에는 번개가 있습니다. 그런데도 하늘에 불이 안 붙습니다. 번개가 칠 때 불이 붙어야 하는데 불이 안 붙어요. 땅에도 불이 안 붙습니다. 왜 그렇습니까? 하나님의 말씀이 붙들고 있기 때문입니다. 베드로 사도는 하나님이 언젠가 말씀을 거두시면 하늘이 종이처럼 탈 것이며 이 땅도 마분지처럼 불붙으리라고 말씀합니다.

그런데 사람들은 얼마나 어리석은지 이 모든 것을 자연법칙이 붙들고 있다고 생각합니다. 그래서 자연법칙을 하나님처럼 여겨서 당연히 육지가 있어야 하고 당연히 구름이 있어야 하는 것처럼 생각하기 때문에 하나님을 섬기지 않고 자기 욕심을 따라가는 것입니다. 그러나 하나님이 말씀을 거두시면 산은 존재하지 않습니다. 구름도 존재하지 않습니다. 완전히 물로 뒤덮여 버립니다. 그런데도 말씀을 믿지 않고 사람들을 믿으며 그들이 사는 방식대로 살겠습니까?

유일한 구원의 길

이 엄청난 천재지변 가운데서도 노아의 배는 물 위로 떠올랐습니다. 온 세상이 물로 뒤덮였는데 오직 배 한 척만 물 위에 떠 있었습니다. 하늘과 땅 사이에 보이는 것은 아무것도 없습니다. 하늘에는 구름 한 점 보이지 않습니다. 땅이라고는 전혀 찾아볼 수가 없습니다. 아무것도 보이지 않습니다. 오직 물과 하늘뿐입니다. 그런데 그 사이에 나무로 된 배 한 척이 떠 있었습니다. 그리고 그 배 안에 있던 것들은 모두 살아 있었습니다. 얼마나 놀랍습니까? 이것은 하나님이 만드신 구원이었습니다.

사람들은 홍수에 전혀 대비하지 못했습니다. 배 비슷한 것을 잡고 떠오른 사람도 한 명 없었습니다. 땅은 150일간 물에 덮여 있었습니다. 이것은 거의 반 년이 다 되는 기간이었습니다. 그런데 이 반 년 동안 살아남을 수 있었던 사람은 아무도 없었습니다. 사람의 지혜로 하나님의 심판을 피할 수 없었습니다. 하나님의 말씀을 붙들고 사람들의 조롱을 당하면서도 말씀에 끝까지 순종한 노아만이 살았습니다. 노아가 옳았습니다.

노아와 그 일행들이 배 안으로 들어갔을 때 배 문을 닫으신 분은 하나님이셨습니다. 16절을 보십시오.

들어간 것들은 모든 것의 암수라 하나님이 그에게 명하신 대로 들어가매 여호와께서 그를 닫아 넣으시니라

문을 닫으신 분은 하나님이셨습니다. 이 말은 구원이 철저하게 하나님께 달려 있으며, 사람은 스스로를 구원할 수 없다는 것을 보여 주고 있습니다. 한번 문이 닫히면 아무리 문을 두들겨도 소용이 없습니다. 하나님은 노아가 문을 열어 놓고 물에 떠내려 가는 사람들을 구하게 하지 않으셨습니다. 만약에 노아가 떠내려가는 사람들을 구하려고 "코끼리야, 너 좀 나가야겠다. 너 하나 나가면 사람 열 명은 살린다. 코뿔소랑 사자도 나가 줘. 돼지야, 너 하나 빠지면 열 명은 먹여 살린다"하고 다 내보냈다면 배는 죄인들로 가득차게 되었을 것입니다.

그러나 하나님은 그렇게 하지 않으셨습니다. 한번 구원받은 코뿔소나 악어는 절대로 배 밖으로 내보내지 않으셨습니다. 사람이라면 그렇게 하지 못합니다. 문만 열려 있다면 제가 노아라도 짐승들을 밀어내고 사람을 건질 겁니다. 그렇지 않겠습니까? 그러나 하나님은 그렇게 하지 못하도록 문을 꽉 닫아 놓고 한번 문이 닫히고 난 후에는 어느 누구도 손대지 못하게 하심으로써 노아의 언약 안에 들어왔던 생물들을 다 살리셨습니다.

예수님은 열 처녀 비유를 통하여 한번 문이 닫히고 나면 어느 누구도 구원받을 수 없음을 보여 주셨습니다. 신랑을 기다리는

열 명의 처녀가 있었습니다. 이들은 신부의 친구들로서 잔치를 기다리고 있습니다. 왜냐하면 잔치에 들어가야 기쁨에 동참할 수 있고 맛있는 음식을 먹을 수 있기 때문입니다. 그런데 신랑이 안 오는 거예요. 지혜로운 처녀들은 신랑이 밤에 올 수도 있다고 생각해서 기름을 준비해 두었습니다. 그러나 미련한 처녀들은 "무슨 신랑이 밤에 오겠어? 환한 대낮에 오겠지" 하고 기름을 준비해 두지 않았습니다. 그런데 신랑이 밤에 왔습니다. 기름을 준비한 처녀들은 잔칫집에 들어갔지만 미련한 처녀들은 기름을 구하러 가야 했습니다. 그리고 그 사이에 잔칫집 문은 닫히고 말았습니다. 미련한 처녀들은 문을 두들겼지만 신랑은 문을 열어 주지 않았습니다.

이것은 구원의 기회에 관한 말씀입니다. 구원의 기회는 한 번 닫히면 절대로 다시 열리지 않습니다. 그러므로 복음이 활동하고 있을 때 구원의 기회를 잡아야 합니다. 어두운 밤이 오면 말씀을 듣고 싶어도 전해 주는 사람이 없어서 구원을 받을 수 없습니다. 그런데 사람들은 구원받는 것을 우선순위에서 제일 마지막 자리에 둡니다. 구원의 문은 마냥 열려 있을 것같이 보이기 때문입니다. 목사님이 금방 죽을 것 같지도 않고 교회가 금방 없어질 것 같지도 않아요. 그래서 사람들은 되도록 구원을 맨 마지막 자리에 밀어 둔 채 돈 벌고 출세하는 일을 우선적으로 생각합니다. 그러나 여러분, 복음이 내 귀에 들리고 있을 때 붙들어야 합니다. 문은 한번 닫히면 절대로 열리지 않습니다. 하나님이 문을 한번 닫아 버리시면 누가 무슨 짓을 해도 열 수가 없어요.

지금 이 세상에서도 구원의 문이 닫히는 경우가 있을까요? 이 세상에서도 구원의 문은 얼마든지 닫힐 수 있습니다. 어떤 사람이 하나님의 큰 은혜를 체험하고 난 후에도 계속 자기 욕심을 포기하지 않고 정욕을 위하여 달려갈 때 그는 구원으로부터 굉장히 멀어지는 것입니다. 문이 거의 닫히는 것과 같습니다. 히브리서 기자는 은혜를 체험하고 나서 타락한 사람은 돌이킬 수 없다고 말씀하고 있습니다.

　그러므로 여러분, 우리는 하나님의 은혜를 굉장히 조심스럽게 생각해야 하며 은혜를 사모해야 합니다. 예수님께서는 살아 있는 유대인들에게 "구원의 기회는 너희에게서 떠났다"고 말씀하시면서 "소돔과 고모라의 심판이 너희의 심판보다 견디기 쉬울 것"이라고 말씀하셨습니다. 구원의 문이 닫히고 있었던 것입니다. 그 문은 한번 닫히면 아무도 열지 못합니다.

　구원의 길은 오직 하나님의 말씀뿐입니다. 말씀을 통해서 증거된 예수 그리스도를 믿는 것, 그리하여 나에게 임하신 성령의 인도하심을 따라서 사는 것만이 유일한 구원의 길입니다. 세상 사람들이 볼 때 아무리 미친 짓처럼 보이고 쓸모없는 배 하나 만드는 일처럼 보이더라도 성령의 인도하심을 따라서 사는 이것만이 유일한 구원의 길입니다. 하늘과 물 사이에 오직 노아의 방주만 있었던 것처럼 지금 하늘과 지옥불 사이에는 오직 그리스도의 십자가만이 있습니다.

　베드로 사도는 이 세상 전체가 불로 탈 것이라고 말씀하고 있습니다. 하나님은 다시 물로 심판하시지 않습니다. 지금은 물에 견딜 수 있는 잠수함 같은 것도 있고 커다란 순양함이나 항공모함도 있기 때문에 홍수가 나도 일 년은 넘게 버틸 수 있을 것입니다. 그러나 이제는 물이 아니고 불입니다. 불은 물보다 더 두려운 것입니다. 인간의 머리로 하나님의 진노의 불을 피할 수 있는 방법은 없습니다. 모든 것이 종이처럼 타버릴 것입니다.

　오직 남는 것은 불로 연단한 믿음뿐입니다. 성령의 사람은 사드락, 메삭, 아벳느고가 풀무불 속에서도 타지 않았던 것처럼 머리털 하나 상하지 않고 불에서 건짐을 받을 것이라고 하나님은 약속하셨습니다. 그러므로 온 세상이 불탈 때 성령의 인도하심을 따라서 산 이 겸손한 사람들은 절대로 타지 않을 것입니다. 머리털 하나, 실오라기 하나 타지 않고 온전하게 구원받을 것입니다.

노아가 끝까지 순종했던 것처럼 끝까지 순종한다는 것은 굉장히 어려운 일입니다. 처음에는 호기심도 있고 재미도 있기 때문에 신앙생활을 잘합니다. 그러나 끝까지 순종하는 사람은 많지 않습니다. 우리는 이 세상의 총체적인 죄성을 보아야 합니다. 이 세상에서 얻을 수 있는 것은 아무것도 없습니다. 이 세상으로는 노아의 홍수를 감당할 수가 없습니다.

여러분, 끝까지 순종하십시오. 청년 때는 잘 믿을 수 있습니다. 그러나 결혼해서 아기 키우면서 잘 믿기는 어렵습니다. 청년들은 '왜 결혼한 사람들은 힘을 못 낼까' 의아해하지만 결혼해서 애 낳아보면 왜 어려운지 압니다. 남의 이야기가 아니에요. 아이가 크면 다 입시에 매이게 되고, 늙으면 늙은 대로 또 걱정이 많아지게 됩니다. 그러므로 말씀을 붙든 채 세상의 가치관에 혼동되지 않고 끝까지 가는 사람은 많지 않습니다.

또한 하나님은 정결한 짐승과 부정한 짐승을 다 구원하셨습니다. 부정한 짐승도 배 안에서는 아주 온순한 양처럼 되었습니다. 우리 안에 있는 야생적인 기질들은 성령을 소멸시킵니다. 이 기질들이 없어져야 해요. 아이들도 너무 기질대로 행동하게 하지 마세요. 아이들도 다 압니다. 다 알면서 어른들을 조종하고 있는 거예요. "너 그렇게 하면 안돼. 이건 야생동물이 하는 짓이야. 네가 사자냐, 멧돼지냐? 성령으로 변화돼!" 애들이 맨날 소리 지르고 자기 뜻대로 안 된다고 드러누울 때 내버려 두면 안 돼요. 이 방주 안에서는 더더욱 안 됩니다. 애들도 다 알아들어요. 애들에게도 성령이 있습니다. 그런데 그것을 거역하는 것은 죄짓는 겁니다. 아이들에게 말해 주십시오. "넌 물건을 훔치지는 않았지만 성령을 소멸하는 죄를 짓고 있는 거야. 성경에 뭐라고 써 있니? 분노를 내지 말라고 했잖아. 너 왜 성경대로 안 사는 거야?"

여러분, 야생동물처럼 살아서는 안 됩니다. 아무리 성질이

나도 독사처럼 말하지 말고, 눈에 힘 주고 노려보지 마세요. 눈에 힘 주는 게 얼마나 힘든지 모릅니다. 눈을 예쁘게 동그랗게 뜨든지 그게 싫으면 아예 감고 계세요. 눈을 독사같이 뜨고 혀를 낼름거리고 그러지 마세요. 할퀴고 덤벼들면 방주 안에 있을 수가 없습니다.

노아 홍수는 창조질서가 중단된 사건이었습니다. 단순한 홍수가 아닙니다. 완전히 창조 전으로 돌아간 거예요. 하늘이 왜 물을 가지고 있습니까? 하나님이 가지고 있으라고 하시니 가지고 있었던 것이었는데 그걸 다 쏟은 겁니다. 산이 왜 산입니까? 하나님이 산으로 만드셨으니까 산입니다. 그래서 시편에 '산은 오르고 골짜기는 깊어졌다'고 했는데 그것이 전부 평평해져 버린 겁니다. 이 지구는 마분지와 같고 색종이와 같다고 생각하십시오. 이 땅은 아주 불안정합니다.

하나님의 유일한 구원 방법이 무엇이었습니까? 노아의 방주였습니다. 오늘날 우리가 영원히 살 수 있는 유일한 길은 무엇입니까? 말씀과 성령으로 사는 것입니다. 그러므로 매순간 성령의 인도하심을 따라서 사는 것이 중요합니다. 습관적으로 믿지 마십시오. 매순간 성령의 인도하심을 따라 사십시오. 그러면 온 세상이 불탄다 해도 우리는 타지 않을 것입니다.

23

돌아온
방주

우리는 가끔 비행기가 불시착했다는 소식을 뉴스에서 듣습니다. 비행기는 대단히 편리한 교통수단입니다. 그러나 비행기의 문제는 반드시 땅으로 다시 내려와야 한다는 것입니다. 물론 거의 대부분의 경우에는 무사히 땅에 착륙합니다. 그러나 아주 드물게 제대로 착륙하지 못하는 경우가 있습니다. 바퀴가 잘 펴지지 않거나 엔진에 이상이 생겨서 비정상적인 방법으로 착륙하는 것이 바로 불시착하는 것인데, 이때에는 비행기 안에 있는 사람들의 생명이 대단히 위태로워집니다.

　노아와 그의 일행은 홍수에서 살아남았습니다. 그러나 그들은 다시 땅으로 되돌아와야만 했습니다. 그들은 홍수에서 구원받음으로써 에녹처럼 영원한 나라로 옮겨간 것이 아닙니다. 그저 목숨만 건졌을 뿐입니다. 그들은 다시 정상적인 삶으로 돌아와야 했습니다. 그러나 노아와 그 일행이 다시 이 땅으로 돌아오는 과정은 결코 쉬운 것이 아니었습니다. 왜냐하면 지구는 물로 가득 차 있었고 모든 것이 다 파괴된 상태였기 때문입니다. 과연 이 땅에서 사람이나 짐승이 살 수 있을지 아무도 장담할 수 없었습니다.

　이 점에서 노아의 방주는 구원의 전체적인 측면을 보여 주지 못하고 있습니다. 하나님께서 우리에게 주고자 하시는 구원은 궁극적으로 부활한 몸을 가지고 하나님 앞에서 사는 것입니다. 다시는 죄가 없고 부패와 질병이 없고 유혹이나 갈등이 없는 곳에서 하나님과 영원히 기뻐하며 교제하는 것이 구원의 목적입니다. 그러나 노아의 방주는 그런 생활로 바로 연결되지 못했습니다. 노아와 그의 식구들은 방주를 탐으로써 영원한 나라로 옮겨진 것이 아니라 홍수를 피해 다시 이 세상으로 돌아와야만 했습니다.

그러한 점에서 노아의 방주는 구원의 아주 작은 한 측면인 '중생'(重生)과 유사성을 가지고 있습니다. 중생이라는 말은 성경에 나오지 않지만 '거듭난다', '하나님으로부터 난다'는 표현은 찾아볼 수 있습니다. 중생이 무엇입니까? 중생은 우리 신앙의 대단히 신비로운 부분입니다. 중생은 눈에 보이는 것이 아닙니다. 그래서 이해하기가 더 어렵습니다.

중생은 주로 '관계'의 측면에서 이루어집니다. 즉 말씀을 듣고 우리 안에 아주 중요한 지각이 생기게 될 때 세상에 대하여는 죽고 하나님께 대하여는 사는 새로운 관계가 시작되는 것을 중생이라고 합니다. '세상에 대하여 죽는다'는 것은 세상을 완전히 떠난다는 말이 아니라 세상이 우리를 지배하지 못한다는 말입니다. '하나님께 대하여 산다'는 것은 우리가 당장 하나님 앞으로 옮겨진다는 말이 아니라, 하나님의 말씀을 듣고 그의 뜻에 순종하면서 그가 주시는 능력으로 새롭게 사는 생활이 시작되었다는 말입니다. 쉽게 말해서 세상의 말을 듣지 않고 하나님의 말을 듣는 사람이 되는 것입니다. 이것은 너무나도 중요한 변화의 시작일 뿐 아니라 전인격적인 변화의 시작이기 때문에 '중생'이라고 부릅니다.

예수님께서는 거듭나지 않은 사람은 하나님 나라를 볼 수도 없다고 하셨습니다. 그러나 중생했다고 해서 그 영혼이 바로 하늘로 올리워지는 것은 아닙니다. 그는 이 세상에서 그대로 살아야 합니다. 이 세상에서 직장에 다녀야 하고 결혼해서 자식을 키우면서 살아야 합니다. 그렇다고 해서 아무런 변화가 없었다는 뜻은 아닙니다. 그 사이에 아주 중요한 변화, 마치 노아의 방주를 탄 것과 같은 변화가 있었습니다.

그는 이 세상의 죄에서 분리되어 지극히 높으신 하나님 앞으로 신분이 옮겨졌습니다. 그 영혼이 그토록 기쁠 수가 없습니다. 지금까지는 돈 벌려고 뛰어다니고 공부한다고 좇아다녔지만 나 자신을 찾지 못했습니다. 그런데 세상과 맺었던 관계가 끊어지고 하나님과 새로운 관계가 열리니까 그렇게 기쁠 수가 없습니다. 나 자신의 소중함이 느껴지기 시작합니다. 내 마음이 독수리처럼 하늘 저 높은 곳으로 올라가고 또 올라가는 것 같습니다.

그러나 그렇다고 해서 지금 바로 천국으로 옮겨지는 것은 아닙니다. 그는 다시 이 죄 많고 문제 많은 세상에서 살아야 합니다. 다시 이 세상에 착륙을 해야 하는 것입니다. 그러나 그 일은 결코 쉽지 않습니다. 모든 것이 너무 변해 버렸기 때문입니다. 노아의 경우를 보십시오. 그는 홍수를 피해서 방주에 탔습니다. 그러나 이 세상으로 돌아오기가 쉽지 않았습니다. 남은 것은 물로 가득 차 있는 세상입니다. 이렇게 물바다가 된 세상에서 어떻게 살겠습니까? 우리 속담에 '가뭄 뒤에는 남는 것이 있지만 홍수 뒤에는 남는 것이 없다'는 말이 있지요. 이 세상은 완전히 폐허가 되어 버렸습니다. 사람이 다시 살 수 있을지조차 분명하지가 않습니다. 또 언제 어떻게 홍수가 터질지도 모르는 일입니다.

중생한 사람들도 마찬가지 상황을 겪습니다. 우리는 중생함으로써 하나님이 주시는 은혜의 소중함을 알았고 가치관이 변했습니다. 전에는 뼈가 부서져라 돈 벌러 좇아다닐 이유가 있었지만, 하나님의 은혜를 깨닫고 보니 그것들이 조금도 나에게 중요하지 않습니다. 그런데 그런 것들을 깨닫고 나서 세상에 오려고 하니까 할 일이 마땅치가 않은 거예요.

그뿐만 아니라 거듭나는 순간은 잠깐이지만 준비 과정은 깁니다. 아기가 태어나는 것은 시간이 얼마 걸리지 않지만 임신 기간은 긴 것이나 마찬가지예요. 사람이 변하는 것은 한순간이지만 변하기까지 많은 준비 과정이 있습니다. 그런데 준비하는 과정에서 이미 나이를 너무 먹어 버린 것입니다. 은혜받고 나서 취직하려고 하니까 연령 제한에 걸려서 대학졸업장과 자격증이 쓸모가 없습니다. 그렇지 않아도 이 세상은 내 마음에 들지 않습니다. 나에게는 오직 은혜가 중요합니다. 그런데 그나마 옛날에 내가 가지고 있던 자격증이나 생활방식 중에서 써먹을 수 있는 것이 하나도 없는 것입니다. 나도 변했고 세상도 변했습니다. 그러니까 불시착하기 쉽습니다. 세상으로 다시 돌아오는 과정에서 동체 착륙을 하는 것이지요. 바퀴가 펴지지 않아서 배를 깔고 착륙을 해야 하니 얼마나 심각한 일입니까?

우리에게는 두려움도 생깁니다. '은혜받은 것은 좋지만 영원히 이 세상에 적응하지 못하고 도태되는 것은 아닐까? 영원히 불시착하는 것은 아닐까? 이 세상과 충돌해서 완전히 쓸모없는 인간이 되는 것은 아닐까?' 하는 불안이 거듭난 사람들의 마음에 찾아옵니다. 노아가 세상으로 다시 돌아온 과정도 이 과정과 비슷했습니다. 그러나 하나님은 노아와 공동작전을 펼치셨고, 방주는 무사히 세상으로 돌아왔습니다.

하나님이 하신 일

하나님께서는 노아를 에녹처럼 바로 하늘로 데리고 가실 수 있었습니다. 그러나 그렇게 하시지 않았습니다. 왜 그렇습니까? 아직 여자의 후손이 오지 않았기 때문입니다. 창세기 3장에 말씀하신 것처럼 사람이 온전히 구원받기 위해서는 여자의 후손이 와야 합니다. 여자의 후손이 와서 독사에게 물릴 것이고 온몸에 독이 퍼져 죽은 것처럼 보일 것입니다. 그러나 그가 다시 살아나서 독사의 머리를 깨고 우리들이 성령을 받을 때에야 비로소 온전한 구원이 이루어질 수 있습니다. 이 이유 때문에 하나님께서는 노아를 곧장 영광의 삶, 부활의 삶으로 인도하지 않으신 것입니다. 하나님이 원하시고 약속하신 구원이 무엇입니까? 우리가 하나님의 말씀에 순종하면 영원히 산다는 것입니다.

그러므로 구원받은 사람들에게 가장 중요한 것은 하나님의 은혜를 받은 후에 곧장 천국으로 가는 것이 아닙니다. '며칠 후 요단 강 건너가 만나리' 하면서 곧장 죽는 것이 아닙니다. 하루를 살든지 이틀을 살든지 이 세상에서 몸을 가지고 하나님의 말씀에 순종하며 살아야 합니다. 말씀에 순종해서 살 때 구원하시겠다고 하나님이 처음부터 말씀하셨기 때문입니다.

사람은 자연상태로는 하나님의 뜻에 순종할 수 없습니다. 그리스도가 오셔서 우리 죄를 대신하여 죽으셔야 하며, 그가 성령을 주셔야 합니다. 그리하여 우리가 성령의 능력으로 살며 말씀대로 살 때 하나님께서 우리를 영원한 생명으로 이끄시는 것입니다. 그러므로 우리에게 중요한 것은 여기에서 얼마나 성공했느냐, 얼마나 높은 자리에 올라갔느냐 하는 것이 아닙니다. 단 하루를 살아도 하나님이 기뻐하시는 뜻대로, 성령의 능력으로 사는 것이 중요합니다. 그래야 하나님의 약속이 온전히 이루어지는 것입니다.

노아를 위하여 하나님께서 무엇을 하셨습니까? 무엇보다 먼저 하나님께서는 노아의 일행이 있다는 사실을 기억하셨습니다. 8장 1절을 보십시오.

하나님이 노아와 그와 함께 방주에 있는 모든 들짐승과 육축을 권념하사

여기에서 '권념하셨다'는 것은 '기억하셨다'는 말입니다. 하

나님께서 노아와 그 일행을 잊으실 리가 있겠습니까? 하나님은 결코 자기 백성들을 잊지 않으십니다. 그러나 우리 편에서 보면 하나님께서 마치 우리들을 잊으신 것처럼 느껴질 때가 종종 있습니다. 언제 그렇습니까? 어려움은 계속되는데 아무런 변화가 없을 때 그렇습니다. 그럴 때 우리는 '혹시 하나님이 나를 잊으신 것이 아닐까' 하는 두려움에 빠지게 됩니다. 우리는 무슨 변화가 없으면 견디지 못하는 체질을 가진 것 같아요. 변화가 없으면 미칩니다. 항상 무엇이 변해야 살아 있다는 느낌이 들지요. 그런데 어려움이 계속되는 상황에서 하루 이틀, 한 달 두 달 아무 변화없이 우리를 방치해 두실 때 '하나님께서 우리들을 완전히 잊으셨구나' 하는 불신앙과 두려움이 마음속에 생기는 것입니다.

이 '권념하셨다'는 표현은 출애굽기에도 나옵니다. 출애굽기 2장에 보면 이스라엘 백성들이 애굽에서 노예생활을 하면서 탄식하며 부르짖습니다. 그때 하나님께서 그들을 권념하셨습니다. 여기에 쓰인 표현과 똑같은 표현입니다.

그렇다면 여기에서 말하는 '권념하셨다', 혹은 '기억하셨다'는 말은 무슨 뜻일까요? 이 말은 지금까지는 하나님께서 노아와 그의 일행, 또는 이스라엘 자손들의 고난을 잊고 계셨다는 뜻이 아닙니다. 하나님은 다 알고 계셨습니다. 그런데 문제는 노아와 그의 일행, 또는 이스라엘 백성들의 인내가 거의 바닥났다는 데 있습니다. 지금까지 참을 수 있을 만큼 참았습니다. 그런데 이제는 도저히 더 참을 수가 없어요. 무엇 때문에 참기 힘들었는지 모르겠습니다. 어쩌면 방주 안의 곡식이나 물이 떨어져 갔는지도 모릅니다. 새끼들이 늘어나는 바람에 배가 포화상태가 되어서 코끼리 위에 개가 자고 개 위에 고양이가 겹쳐 자야 하는 상황을 도저히 견딜 수 없었는지도 모르겠습니다. 좌우간 이제는 도저히 배 안에 있을 수 없는 한계상황에 도달했습니다.

그때 하나님께서는 노아와 그 일행들의 마음속에 찾아오셔서 "두려워하지 말며 절망하지 말아라. 내가 너희들을 기억하고 있다. 내가 곧 너희들을 도와주겠다" 하시며 확신을 심어주신 것입니다. 하나님이 그렇게 하시는 것을 성경은 '권념하사'라는 말로 표현하고 있습니다.

변한 것은 아무것도 없습니다. 어려움은 지속되고 있습니다. 병은 낫지 않고 쌀은 떨어져가고 상황은 점점 어려워져서 '이젠 도저히 못참겠다' 할 때 하나님께서 '성질내지 마라. 내가 다 안다. 내가 곧 역사하마'고 확신을 주십니다. 이것이 곧 권념하시는 것입니다.

하나님은 언제 일하십니까? 우리의 인내가 바닥을 드러내고도 조금 더 지났을 때입니다. 왜 그런지는 모르겠습니다. 하나님이 일하시는 방법이 본래 그런 것 같아요. 우리의 인내가 완전히 바닥나고도 조금 더 지나야 꼭 무슨 일을 시작하십니다. 그래서 우리의 인내가 바닥난 후부터 하나님이 일을 시작하시기 전까지 그 사이가 위기입니다. 굉장히 큰 위기에요. 나는 참을 만큼 참았습니다. 그런데 하나님은 가만히 계시는 겁니다. 시간이 가면 갈수록 초조해지기 시작합니다. "내가 구원받으려고 배 안에 탔는데 이제 배 안에서 죽는구나. 하나님, 저는 지금 한계점에 다 왔습니다. 여기서 조금 더 지나면 어떻게 될지 몰라요. 제발 저를 도와주십시오!" 이런 기도가 나오고 나서도 조금 더 있어야 하나님이 일하시기 시작합니다.

그때는 우리의 영혼에 가장 위험한 때입니다. 그때 말씀이 집중적으로 찾아와야 합니다. 내 인내가 끝난 후부터 하나님이 일하시기 전의 그 사이야말로 하나님이 말씀으로 우리를 찾아오셔서 우리를 붙들어주고 우리를 권념하시는 시기입니다. 신앙의 뿌리가 마구 흔들릴 때 하나님께서 말씀을 통해 '내가 곧 일한다'는 확신을 주시는 시간, 바로 그때가 우리를 기억하시는 순간입니다. 그때 그 확신을 붙들어야 합니다. 여러분, 하나님은 신실하십니다. 하나님의 신실하심을 붙드십시오.

나의 인내가 바닥났을 때가 가장 중요합니다. 그때 잘못하면 지금까지 기다려온 것이 모두 물거품이 됩니다. 그때 말씀으로 돌아오십시오. 그때 믿음으로 이기십시오. 내가 한계에 도달한 그때부터 하나님이 일하시기 전까지는 오직 믿음으로 살아야 합니다. 눈에 보이는 것으로 살려고 하면 죽습니다. 도저히 참지를 못해요. 속에서 분노가 끓어올라서 견디지를 못합니다. 내 인내가 끝났을 때부터 하나님이 역사하기 전까지의 이 기간은 오직 말씀과 믿음으로 사는 시기입니다. 말씀으로 버텨야 합니다. 그러면 하나님은 반드시 찾아오십니다. 나의 형편이 참을 수 없는 한계에까지 왔다면 하나님의 시간이 거의 다 되었다고 생각하십시오.

두 번째로 하나님께서는 땅 위에 바람을 보내셔서 물이 줄어들게 하셨습니다. 1절부터 3절 말씀입니다.

하나님이 노아와 그와 함께 방주에 있는 모든 들짐승과 육축을 권념하사 바람으로 땅 위에 불게 하시매 물이 감하였고, 깊음의 샘과 하늘의 창이 막히고 하늘에서 비가 그치매 물이 땅에서 물러가고 점점 물러가서 일백 오십일 후에 감하고

이 말씀을 해석할 때 상당한 주의를 기울일 필요가 있습니다. 우선 '깊음의 샘이 막히고 하늘의 창이 닫혔다'는 것은 실제로 땅이나 하늘에 어떤 구멍이 있었는데 막혔다는 말이 아닙니다. 우리가 지난번에 살펴본 바와 같이 노아 홍수는 단순한 홍수가 아닙니다. 노아 홍수를 그저 홍수로만 생각하는 사람은 지난주에 교회에 안 나온 사람입니다. 지난주에 교회 온 사람은 절대로 '홍수'라고 말하지 않습니다. '창조질서의 중단'이라고 하지요. 하늘에 담겨 있던 물이 다 쏟아졌어요. 그리고 솟아 있었던 땅이 다시 내려앉았습니다. 이것은 창조질서의 중단입니다. 하나님이 창조하신 것이 일시적으로 중단된 것입니다.

그러므로 여기에서 '하늘의 창이 닫혔다'는 것은 하늘이 다시 물을 담기 시작했다는 뜻입니다. 하늘이 다시 수증기를 빨아올려서 구름을 만들기 시작했습니다. 또 '깊음의 샘이 닫혔다'는 말은 꺼져 있던 땅이 다시 융기하기 시작해서 육지가 서서히 드러나고 있음을 보여줍니다. 홍수는 창조질서의 중단이었습니다. 단순한 홍수가 아니었습니다. 그러나 이제 하나님께서 그들을 기억하심으로써 창조질서가 회복되고 있습니다. 물은 증발하고 바닷물은 물러가기 시작합니다.

여기에 등장하는 것이 '하나님의 바람'입니다. 하나님은 바람을 보내서 땅에 있는 물이 줄어들게 하셨습니다. 이 바람은 이스라엘 백성들이 홍해를 건널 때에도 하나님이 사용하셨습니다. 출애굽기 14장 21절을 보십시오.

모세가 바다 위로 손을 내어민대 여호와께서 큰 동풍으로 밤새도록 바닷물을 물러가게 하시니 물이 갈라져 바다가 마른 땅이 된지라

모세와 그 일행들이 홍해를 건너갈 때 아주 강한 바람이 불었을 것입니다. 노아가 배 안에 타고 있을 때에도 방주 밖에서 부는 바람 소리가 쌩쌩 들렸을 것입니다. 그러나 한번 생각해 보십시오. 바람이 분다고 바다가 마릅니까? 바람이 분다고 바다가 벽처럼 세워집니까? 곰은 기어다니다가 조련사가 채찍을 휘두르면 딱 섭니다. 그러나 바람이 분다고 바다가 섭니까? 그런데도 홍해는 곰처럼 발을 들고 섰고, 벽처럼 세워졌습니다.

이 바람은 보통 바람이 아닙니다. 하나님의 말씀의 능력이 나타난 것을 이렇게 표현한 것입니다. 주님께서 바람과 바다를 잔잔케 하셨던 것처럼 하나님이 말씀하시면 바다가 순종합니다. 하나님이 바다에게 "일어서!" 하시면 바다가 일어섭니다. 남편이 나갈 시간이 다 되었는데 와이셔츠가 완전히 안 말랐을 때 아내가 드라

이기로 셔츠를 말릴 때가 있습니다. 급할 때는 와이셔츠뿐만 아니라 속옷도 드라이기로 말립니다. 그렇다고 해서 하나님이 "야, 이거 급하다. 방주 안에 있는 사람 다 죽겠구나" 하면서 드라이기로 지구를 막 말린 것처럼 생각하면 성경이 굉장히 우스워집니다.

이것은 말씀의 능력입니다. 말씀의 능력이 일어나니까 바닷물이 빨리 물러난 겁니다. 3절을 보면 '물이 땅에서 물러가고 점점 물러가서'라고 말씀하고 있지요? 이것은 히브리어로 아주 강조하는 표현입니다. 바닷물이 마치 100미터 달리기 선수처럼 급히 물러간 겁니다. 물이 빨리 빠지니까 바람도 불었겠지요. 그러나 이런 역사를 일으킨 것은 바람이 아니라 말씀입니다. 바람은 말씀의 결과로 나타난 현상이지요. 홍해가 벽처럼 설 때에도 물이 갑자기 서니까 바람이 불었을 겁니다. 그러나 바람이 불어서 물을 세운 것은 아닙니다. 물을 세운 것은 하나님의 말씀의 능력입니다. 하나님이 말씀하시니 바닷물이 마치 재주 부리는 곰처럼 벌떡 일어서고, 하나님께서 말씀하시니 땅이 솟으면서 바닷물이 달리기하듯이 땅에서부터 물러난 것을 성경은 '바람으로 말렸다'고 표현한 것입니다.

우리가 거듭난 다음에 세상에 다시 적응하려고 하면 쉽게 적응되는 일이 없습니다. 세상의 일을 보면 가치 있는 것이 없기 때문에 아무 일도 하지 않고 그냥 매일 찬송 부르면서 살고 싶어요. 나도 세상이 싫고 세상도 나를 싫어합니다. 그러면 이제부터 나는 어떻게 먹고살아야 합니까?

그때 말씀이 역사하기 시작합니다. 바람이 불기 시작합니다. 배 안에 있는 사람과 짐승들이 거의 한계점에 도달했을 때 하나님께서는 바다에게 빨리 물러가라고 명령하셨습니다. 그랬더니 바닷물이 바람 소리를 내면서 빠져나갔고 기적적으로 창조질서가 회복되었습니다.

거듭난 사람이 이 세상에서 자기 힘으로 할 수 있는 것은 아무것도 없습니다. 그러나 세상에 적응하지 못한다고 해서 자기를 비하하거나 한탄하지 마십시오. 하나님께서 간섭하실 것입니다. 말씀으로 바람을 일으키실 것입니다. 그렇게 하지 않으면 우리는 견딜 수가 없습니다. 우리 힘으로는 이 세상의 삶을 감당할 수가 없습니다. 나도 변했고 세상도 변했습니다. 나도 세상이 싫은데 세상도 나를 싫어해요. 그런데 주님은 이런 세상에 우리를 꼭 보내십니다. 어떻게 해야 합니까?

말씀의 능력이 나의 삶에 나타나야 합니다. 나의 가정에서, 나의 직장에서, 내가 하려고 하는 일에서 하나님의 바람이 불어야 합니다. 그렇지 않으면 우리는 불시착하게 될 것입니다. 배 깔고 착륙해야 합니다. 배로 착륙하면 얼마나 아픈지 압니까? 제가 5미터 위에서 다이빙을 하다가 배 치기를 했는데 얼마나 놀라고 아팠는지 도저히 물 위로 못 올라가겠더라구요. 구경하던 사람들도 다 제가 못 올라오는 줄 알았대요. 물속에서 "아야, 아야" 하다가 한참 후에야 올라갔습니다. 불시착이 얼마나 아픈지 몰라요. 신앙생활 안 하면 불시착도 없습니다. 그러나 진짜 거듭난 사람은 이 세상에 적응할 때 배 치기를 하게 됩니다. 그렇기 때문에 말씀이 역사하셔야 해요. 하나님이 초자연적으로 간섭하셔야 제대로 착륙할 수가 있습니다.

그 후에 어떻게 되었습니까? 4절과 5절을 보십시오.

> 칠월, 곧 그 달 십칠일에 방주가 아라랏 산에 머물렀으며 물이 점점 감하여 시월, 곧 그 달 일일에 산들의 봉우리가 보였더라

노아가 600세 되던 해 2월 17일에 홍수가 터졌고 배가 다시 땅에 닿은 시기는 7월 17일이니까 홍수의 기간은 약 180일 정도 됩니다. 물론 방주가 아라랏 산에 도달했다고 해서 노아가 그 산이 아라랏 산이라는 것을 알았다는 말은 아닙니다. 나중에 후손들이 보니까 그 산이 아라랏 산이더라는 뜻이지요. 그 후에도 산봉우리가

보일 때까지는 두 달 반이 더 지나야 했습니다. 이것도 배 안에서 산봉우리가 보였다는 뜻이 아니라 객관적인 모세의 입장에서 성령의 영감으로 볼 때 산봉우리들이 드러나기까지 두 달 반이 더 걸렸다는 뜻입니다.

하나님께서는 단 한순간에 노아와 그 일행을 원위치시키실 수 있습니다. 그럼에도 불구하고 하나님은 서서히 이들을 땅에 착륙시키셨습니다. 노아는 산봉우리가 보인 후에도 40일이 지나서야 방주의 창을 열고 까마귀와 비둘기를 내보냈습니다. 그렇게 하신 이유가 무엇입니까? 우리가 하나님의 백성으로서 다시 이 세상에 착륙하는 데는 상당한 주의와 시간이 필요하다는 것을 보여 주시기 위해서입니다.

만약 하나님께서 우리들을 토해내듯이 갑자기 다시 이 세상에 내보내시면 어떻게 되겠습니까? 홍수가 끝나고 바로 문이 열렸다면 모두 밖으로 뛰어나가 제 목숨을 부지하기에 바빴을 것이고, 무엇을 입고 먹을까 염려하느라고 하나님이 주신 은혜를 다 잊어버렸을 것입니다. 그리하여 완전히 홍수 이전의 삶으로 돌아가고 말았을 것입니다.

우리가 믿음을 가진 후에 다시 세상으로 복귀할 때 나타나는 현상이 무엇입니까? 무척이나 서두른다는 것입니다. 그동안 신앙의 연단을 받느라고 너무 많은 것을 잃어버렸기 때문에 '이제는 다른 친구들이나 친척들에 비하여 조금도 모자라는 것이 없어야 한다'고 생각하고 막 서두르기 시작합니다. 그러나 서두르면 불시착합니다. 우리는 제때 세상에 적응하지 못해서 직장도 빨리 구하지 못하고 결혼도 못하는 것을 신앙의 불시착으로 생각하기 쉽습니다. 그러나 그렇지 않습니다. 신앙의 불시착은 세상에 착륙하는 일에 너무 서두른 나머지 신앙을 잃어버리는 것입니다. 군대에 있을 때 은혜를 많이 받은 사람이 취직하고 나서는 새 직장에 적응하느라고 성경도 읽지 않고 교회도 오지 않고 매일 동료들하고 "위하여!" 하면서 술 마시고 밤에는 고스톱을 칩니다. 세상적으로 보면 그 사람은 잘 적응한 것입니다. 그러나 하나님은 "저거 또 배 치기 했구만" 하십니다. 이것이 불시착이지요. 이 세상에 완전히 적응하지 못하거나 그동안 잃은 것을 다 채우지 못하는 것은 결코 불시착이 아닙니다. 오히려 착륙을 잘하고 있는 것입니다. 세상적으로 아무것도 가지지 못한 사람은 착륙이 좀 늦어진 것이지 불시착한 것이 아닙니다.

하나님께서는 우리가 이 세상에 다시 복귀하는 과정에서 하나님을 붙든 그 믿음을 잃지 않도록 천천히 우리의 삶을 인도해 나가십니다. 그래서 가장 중요한 것을 담보로 삼아서 내 마음이 세상으로 달려가지 못하게 하십니다. 그 담보는 결혼일 수도 있고 공부일 수도 있고 직장일 수도 있습니다. 사도 바울의 경우에는 몸에 있는 어떤 병이 담보였습니다. 하나님은 끝까지 그것을 담보로 잡고 계셨고 사도 바울은 건강을 회복하지 못했습니다. 그러나 성경은 어느 곳에서도 사도 바울이 불시착했다고 말하지 않습니다.

참으로 중생한 사람은 불시착하지 않습니다. 하나님께서 속도를 조절하시기 때문입니다. 하나님은 무사히 착륙한 후에도 무언가 중요한 부분을 부족하게 하심으로써 하나님 앞에서 되찾은 은혜를 빼앗기지 않도록 늘 기도하게 하시고 자기 힘으로 살지 못하게 하십니다.

노아가 한 일

노아는 이 세상에 복귀하는 과정에서 무엇을 했습니까? 가장 중요한 것은 기다리는 일이었습니다. 노아는 철저하게 기다렸습니다. 우리 같으면 돌멩이에 실을 매달아서 매일매일 물의 깊이를 재어보았을 것입니다. 그러나 노아는 그렇게 하지 않았습니다. 조용히 기다렸습니다.

그 배 안에서 얼마나 긴장이 고조되었겠습니까? 집안에서 아이들을 돌보는 사람은 천재입니다. 애들은 밖에 안 나가면 견디질 못해요. 조금만 날씨가 따뜻해지면 나가자고 웁니다. 애들을 하루 종일 방에 있게 하려면 보통 방법이 필요한 게 아닙니다. 그런데 이 배 안에는 어린아이보다 훨씬 못한 짐승들이 가득 타고 있습니다. 특히 야생동물들은 갇혀 지내지 못합니다. 성령의 역사로 일시적으로 야성적인 습성을 잊어버리기는 했지만 순간순간 이 야성이 돌아와서 밖으로 나가려고 할 때마다 노아는 그들과 싸워 가면서 오래 기다려야 했습니다.

가족들도 원망합니다. 개들도 짖어 댑니다. 그러나 노아는 하나님보다 결코 앞서지 않았습니다. 이것이 노아의 믿음입니다. 어느날 덜컥 배가 땅에 닿는 소리가 났어요. 그래도 문을 열고 나가지 않고 무려 두 달 반이나 기다린 겁니다. 왜 그랬습니까? 자기들이 살고 죽는 것이 철저히 하나님의 손에 달려 있다는 것을 인정했기 때문입니다.

과거의 노아는 홍수에 빠져 죽었습니다. 이제 살아 있는 것은 새로운 노아, 믿음의 노아입니다. 이제 그는 하나님의 명령 없이는 아무것도 하지 않습니다. 배가 땅에 닿든 개가 짖어 대든 하나님의 말씀 없이는 아무것도 하지 않는 것이 새로운 노아의 모습이었습니다.

두 달이 지나도 하나님은 아무 말씀도 하시지 않습니다. 노아는 자기 삶을 하나님께 완전히 맡겼습니다. 이제 하나님께서 시키시는 일은 무엇이든지 할 준비가 되어 있습니다. 그런데 하나님은 아무 말씀도 하지 않으시는 것입니다. 그렇게 40일을 또 기다렸습니다. 그래도 아무 말씀이 없습니다. 그래서 노아가 어떻게 했습니까? 그는 곧바로 문을 열고 나오지 않았습니다. 새들을 이용해서 바깥 사정이 어떤지, 하나님이 왜 말씀하지 않으시는지 확인하고자 했습니다.

분명히 밖으로 나가야 할 때가 된 것 같은데 하나님이 아무 말씀도 하시지 않은 이유가 무엇입니까? 이제 하나님께서는 노아에게 지각을 사용하게 하십니다. 새로운 삶을 사는 데에는 지각이 아주 중요하다는 것을 보여 주시는 것입니다. 구원받은 백성은 하나님의 구체적인 말씀이 없어도 우리에게 주신 분별력으로 살아야합니다. 그래서 하나님께서는 노아의 지각을 사용하게 하시려고 직접 말씀하지 않으셨습니다.

우리는 돈으로 세상을 이기지 않습니다. 지혜로 이깁니다. 믿음이 좋고 신실한 형제들이 실제적인 문제에서는 늘 실패하는 이유가 무엇입니까? 바로 이 지혜가 모자라기 때문입니다. 하나님께서 노아에게 바로 말씀하시지 않고 침묵하면서 기다리신 이유가 여기에 있습니다.

그러나 노아는 하나님이 침묵하시는 이유를 알 수 없었습니다. 분명히 배는 땅에 닿았는데 하나님은 가만히 계십니다. 그러나 그는 곧바로 행동을 개시하는 대신 자신의 건전한 판단력을 사용해서 하나님의 뜻을 분별하기로 했습니다. 노아는 맨 먼저 까마귀를 내보냈습니다. 왜 하필 까마귀를 내보냈는지는 잘 모르겠습니다. 까마귀가 밖에 나가겠다고 시끄럽게 깍깍거렸기 때문에 "그렇게 나가고 싶으면 너부터 나가 봐라" 해서 내보냈는지, 아니면 "까마귀는 생활력이 강하니까 밖의 형편이 어려워도 살 수 있을거야. 까마귀야, 행복해야 해" 하면서 내보냈는지 모르겠습니다. 여하튼 노아는 까마귀를 내보냈습니다. 그러나 까마귀는 도움이 되지 못했습니다. 까마귀는 방주에서 나가자마자 다시 야생동물로 돌아가 버리고 말았기 때문입니다. 우리는 지난주에 짐승들이 이 방주 안에서 하나님이 주신 능력으로 야성을 억제하면서 가축처럼 아주 온순하게 지낸 것을 살펴 보았습니다. 그러나 까마귀는 물이 아직 많이 있었는데도 안 돌아왔어요. 야성이 회복되었기 때문입니다.

이번에는 비둘기를 내보냈습니다. 비둘기는 물이 많아 접촉할 데가 없어서 다시 돌아왔습니다. 노아는 배가 땅에 닿기는 했지만 아직 하나님의 때가 되지 않았다는 것을 알았습니다. 하나님은 아무 말씀도 하지 않으셨습니다. 그러나 노아는 자기의 지각을 통해서 아직 하나님의 때가 멀었다고 판단했습니다. 그래서 다시 7일을 기다렸다가 비둘기를 내보냈더니 저녁에 새로 난 감람나무 잎사귀를 하나 물고 돌아 왔습니다. 노아는 이제 때가 되었다는 확신을 가지고 배 문을 열고 모든 짐승들과 함께 다시 육지를 밟게 되었습니다. 배에 들어간 지 11개월이 지난 때였습니다.

여기에서 생각해야 할 것이 있습니다. 배에 들어가는 일은 전적으로 하나님께서 주관하셨습니다. 하나님이 짐승들을 모두 불러 모으셨습니다. 배의 문을 닫으신 분도 하나님이십니다. 그러나 나올 때는 하나님이 말씀하시지 않습니다. 노아로 하여금 판단하게 하시고 분별하게 하십니다. 그 이유가 무엇입니까? 우리가 하나님의 백성이 되는 과정은 전적으로 하나님의 능력으로 이루어지지만, 거듭난 사람이 이 세상에서 살 때에는 지각과 감정과 기질 등, 모든 것을 사용할 수 있음을 보여 주시기 위해서입니다.

하나님의 백성이 되는 과정은 사람의 힘으로 되지 않습니다. 똑같은 형제라도, 설사 쌍둥이라도 한 명은 말씀에 관심을 갖는가 하면 한 명은 아예 관심도 없습니다. 이것은 사람의 힘으로 어찌할 수 없는 일입니다. 자기 자식이라도 마음대로 되지 않습니다. 아무리 교회 가자고 해도 안 돼요. 기도할 뿐이지요. 이렇게 하나님의 백성이 되는 것은 하나님의 능력으로만 이루어집니다.

그러나 일단 거듭나고 난 후에는 그 사람의 지각이나 자세가 굉장히 중요합니다. 이제는 내가 모든 것을 분별해서 하나님의 뜻대로 살아야 합니다. 우리가 중생했다고 해서 하나님께서 모든 것을 거저 해주시는 법은 없습니다. 하나님은 우리를 안아서 옮기시지 않습니다. 꼭 걷게 해서 옮기십니다. 그래서 이 일에 지혜가 필요한 것입니다.

하나님께서 우리에게 연단을 주시는 이유가 바로 여기에 있습니다. 지혜가 없으면 이 세상을 이기지 못해요. 우리의 지혜가 가장 빨리 자라고 풍성해지는 때가 언제입니까? 고생할 때입니다. 연단 가운데 하나님의 뜻을 생각할 때 지혜가 열매 맺기 시작합니다. 편안하게 사는 사람은 지혜가 없어요. 성품은 참 좋은데 지혜가 없어요. 그러나 어려움 가운데 하나님의 뜻을 분별하고 하나님의 뜻을 매일 묻는 사람은 지혜가 있습니다. 이단의 특징이 무엇입니까? 무조건 하나님께 맡기라고 하면서 건전한 판단을 내리지 못하게 만드는 것입니다. "하나님 앞에서 뿅 가십시오. 그러면 다 됩니다." 이것은 이단들이 하는 짓이에요. 뿅 가긴 왜 뿅 갑니까? 끝까지 정신을 차려야지요.

우리의 성화에서 기질은 중요한 역할을 합니다. 기질은 우리의 구원에는 영향을 주지 않습니다. 누구든지 예수의 이름을 부르기만 하면 구원을 얻을 수 있습니다. 그러나 신앙생활할 때는 기질이 중요합니다. 기질이 치료되지 않은 사람은 결코 풍성한 삶을 살지 못해요. 예수 믿는다고 하면서도 앉은뱅이 신세를 벗어나지 못합니다. 남을 원망하고 화내고 자기를 학대합니다. 그렇다고 구원받지 못한 것은 아닙니다.

그래서 구원받은 성도들은 예배드리고 기도할 때마다 자신의 병든 부분을 하나님 앞에 자꾸 내놓아야 합니다. 내놓지 않고 가만히 있으면 치료되지를 않아요. 빛 가운데로 가지고 와야 합니다. 병적인 부분과 편집증이 있는 부분과 특히 이성을 잃게 되는 부분들을 자꾸 내놓아야 합니다. 그러면 풍성해집니다. 내 삶을 열매 맺지 못하게 만드는 것들을 부끄러워하지 말고 예배드릴 때 다 내놓으십시오. 자존심을 세우지 마십시오. 하나님 앞에 내놓고 고백한 것마다 치료되고 회복되고 풍성해집니다. 그러나 가만히 앉아 있으면 앉은뱅이 신세를 벗어나지 못합니다.

노아가 살아야 하는 세상

홍수에서 구원받은 노아가 살아야 했던 세상은 어떤 세상입니까?

첫째로 그 세상은 아무것도 없는 세상이었습니다. 홍수 때문에 모든 것이 다 없어져 버렸습니다. 문명도 기술도 모두 물속에 가라앉아 버렸습니다. 아무것도 없는 데서 새로운 것을 창조해내야 하는 삶이 노아의 삶이었습니다.

이것은 바로 오늘 우리들의 삶이기도 합니다. 구원받고 나서 이 세상에서 무언가를 하려고 보면 되어 있는 게 아무것도 없어요. 세상 사람들과는 기본적으로 사고방식이 안 맞습니다. 황폐한 황무지입니다. 그래서 창조를 해야 합니다. 하나씩 할 일도 만들어 내고 가정도 만들어 내고 질서도 만들어 내고 모든 것을 새로 만들어 내야 합니다.

루터의 설교를 읽어 보면 그가 모든 것을 창조하는 것을 볼 수 있습니다. 천 년 동안 얼마나 어두웠던지 모든 것이 황폐해졌습니다. 기도도, 예배도, 헌금도, 그리스도인들의 삶도 미신으로 황폐해졌습니다. 그래서 그의 설교를 보면 모든 것을 하나하나 점검하면서 다시 시작하고 있는 것을 알 수 있습니다. 루터만이 아닙니다. 우리 모두 새로 시작해야 합니다.

그러나 노아는 서두르지 않았습니다. 그는 이미 하나님과 모든 것을 함께해 본 경험이 있기 때문입니다. 몇십 년 동안 시행착오를 거듭한 일이라도 하나님과 함께하면 짧은 시간 안에 해낼 수 있다는 것을 노아는 알았습니다. 그래서 그는 서두르지 않았습니다. 그는 자신이 서두르는 것보다 조금 기다리는 것이 더 빠르다는 것을 알았습니다.

주님과 동행하지 않는 사람의 특징이 무엇입니까? 모든 일을 열심히 한다는 것입니다. 이 사람 저 사람 만나고 이 일 저 일 다

하고 여기저기 다 돌아다닙니다. 그런데 남는 것이 없습니다. 언제나 원점에 머물러 있어요. 그러나 노아는 이제 더 이상 시행착오를 할 시간이 없다는 것을 알았습니다. 이제는 방황할 시간이 없습니다. 그래서 몇 번씩 하나님의 뜻을 확인해 보는 것입니다. 좀 늦는 것은 상관이 없습니다. 항상 서두르는 것이 문제이고 하나님의 뜻에서 벗어나는 것이 문제입니다. 하나님의 뜻이기만 하다면 늦어도 상관이 없어요. 그래서 노아는 천천히 하나님의 뜻을 확인하면서 이 세상으로 다시 착륙해 오고 있습니다.

둘째로 이 세상은 나의 지각을 사용해야 하는 세상입니다. 하나님께서는 우리의 삶에 간섭하시고 우리의 삶을 인도하십니다. 그러나 기계적으로 하시지 않습니다. 요즘 많이 유행하는 성경공부 중에 기계적으로 외우게 하는 것이 있습니다. 그러나 외우면 안 돼요. 사람은 전도할 때도 자신의 지각을 이용해야 합니다. 달달달 외워서 상대방이 듣든지 안 듣든지 무조건 설명하는 것은 좋지 않습니다. 같이 이야기를 해야지요. 형편과 처지에 맞게 이야기하는 것이 좋습니다. 달달달 외워서 기계적으로 사람을 다루는 것은 하나님의 방법이 아닙니다.

우리는 말씀을 표준으로 삼아 스스로 생각하는 훈련을 해야 합니다. 그러면 어려운 시련 가운데 깨달은 지혜가 중요하다는 것과 가난했고 힘들었던 경험이 오히려 축복이었다는 것이 명백하게 보입니다. 하나님은 나의 어려움을 통해 분별의 지혜를 주셔서 그것으로 다 이기게 하십니다. 우리는 칼로 싸우지 않습니다. 지혜로 싸웁니다.

눈앞에 나타난 것을 액면 그대로 믿는 것은 바보나 하는 짓입니다. 사람들이 하는 말을 모두 다 믿으면 안 돼요. 요한일서에서 하는 말이 뭡니까? 모든 것을 시험해 보라는 것입니다. 하나님의 은사도 모두 시험해 보고 받아들여야 합니다. 사탄의 것을 하나님의 선물로 가장하는 경우가 있기 때문입니다. 그리고 하나님이 주신

은사라고 해도 적절하지 않을 때가 있습니다. 그러므로 우리는 눈 앞에 드러나 있는 모든 것을 시험해 보기 위해서 비둘기도 날려 보고 까마귀도 날려 봐야 합니다.

선이 들어오는 대로 다 보는 처녀는 미련한 처녀입니다. 선이 100번 들어오면 그중에서 두세 번 보는 처녀가 지혜로운 처녀입니다. 선 보는 것이 얼마나 스트레스 쌓이는 일인지 몰라요. 가만히 앉아서 뭐합니까? 주스나 먹고 인사하고 가는 겁니다. 그렇게 하지 마세요. 소개한 사람이 비둘기인지 까마귀인지 구별하십시오. 나에게 정보를 준 사람이 믿을 수 있는 사람인지, 장점과 단점을 함께 이야기하는 사람인지 분별해야 합니다. 까마귀는 별 도움이 안 돼요. 야성의 본성을 가지고 있기 때문에 제멋대로입니다. 맘대로 이야기하고 책임도 지지 않고 날아가 버려요. 믿으면 안 됩니다. 외국에서 한국의 추천서는 전부 까마귀 추천서로 여깁니다. 왜냐하면 칭찬만 적혀 있어서 믿을 수가 없거든요. 정직한 정보를 얻기 전까지는 행동하면 안 됩니다. 부모님이 닦달한다고 해서 나가지 말고 정보를 달라고 하세요.

노아가 까마귀를 내보내고 비둘기를 내보낸 것은 불신앙이 아닙니다. 아주 잘한 것입니다. 우리가 하나님이 아닌 이상 모든 답을 다 알 수 없습니다. 그러나 조금만 시험해보면 이것이 하나님의 뜻인지 아니면 자신의 충동인지 확인해 볼 수 있습니다. 그러므로 여러분, 시험하십시오.

셋째로 노아의 방주 안에서는 성령의 일시적인 영향으로 야생동물의 야성이 없어졌지만 방주에서 나온 까마귀는 다시 야성으로 돌아가고 말았습니다. 다시 말해서 노아의 홍수는 죄를 완전히 없애는 심판은 아니었습니다. 홍수는 인간의 죄가 너무나도 강포해서 하나님이 물로 그 죄의 불을 일시적으로 끄신 것입니다. 인간의 마음속에 있는 죄성은 그대로 남아 있었습니다. 그래서 노아는 여전히 죄와 싸워야 했습니다.

이 죄성은 노아 안에도 있었습니다. 노아는 홍수가 끝난 지 얼마 안 되었을 때 포도주를 많이 마시는 바람에 벌거벗고 추태를 부리는 실수를 저지르고 맙니다. 이것이 노아에게 얼마나 깊은 상처가 되었는지 모릅니다. 죄성은 바로 노아 안에도 남아 있었습니다. 노아는 자기 자신의 죄성과 싸우면서 살아야 하는 세상을 맞이했습니다.

우리 안에 있는 죄성은 우리에게 깊은 상처를 남깁니다. 남들이 말로 공격하는 것보다 내 안에서 걷잡을 수 없이 치솟아 오르는 분노와 정욕이 더 깊은 상처를 남깁니다. 여러분, 오늘 예배를 드리면서 하나님 앞에 그것을 고백하십시오. 그러면 내 속에 있는 마음의 상처와 오늘까지 성장하면서 받았던 이 모든 상처를 치유하시는 여호와 라파의 하나님, 치료하시는 하나님을 만나게 될 것입니다. 하나님은 우리를 완전히 회복시키시며 온전한 기쁨을 주십니다.

구원받은 우리 안에도 죄성이 있음을 잊지 마십시오. 조금만 방심하면 이 죄성이 고개를 쳐들고 우리를 넘어지게 할 것입니다. 그렇기 때문에 우리는 항상 우리 자신을 훈련해 나가야 합니다. 우리의 감정이 새로워져야 합니다. 우리는 머리로만 믿는 것이 아닙니다. 기쁨이 온전하게 회복되는 것, 기쁠 때 기뻐하고 슬플 때 눈물 흘릴 수 있는 것이 감정이 회복되는 것입니다. 찬송할 때 우리의 감정이 함께 찬송해야 합니다. 또한 우리는 우리의 삶을 훈련해야 하며 하나님께 기도하고 하나님의 말씀을 듣는 훈련을 해야 합니다. 그렇게 하지 않으면 우리의 삶은 길들지 않은 망아지같이 됩니다. 머리로는 알지만 선한 일을 하나도 하지 못해요. 선한 일이 있으면 해야 하고 악한 일이 있으면 하지 말아야 합니다. 이것이 하나님이 우리에게 원하시는 뜻입니다.

고난이 우리 모두를 겸손하게 만들기를 원합니다. 교만한 사람의 특징이 무엇입니까? 입으로 다 때운다는 것입니다. 손끝 하나 까딱하지 않고 입으로 다 때웁니다. 그러나 훈련받은 자들, 고난을 통해서 겸손을 되찾은 사람들은 입으로 때우지 않습니다. 몸으로 움직입니다. 그리고 그 움직임에 감정이 살아 있습니다. 기도할 때 그의 지·정·의가 함께 기도하고, 찬송할 때 그 가슴이 뜨거워집니다. 내 안의 모든 것이 합하여 일을 합니다. 예배가 회복됩니다.

여러분의 감정이 살아나도록 기도하십시오. 몸이 움직이게 하십시오. 옳으면 하십시오. 가야 하면 가고, 서야 하면 서십시오. 이것이 하나님께서 오늘 우리에게 원하시는 뜻입니다. 하나님이 원하시는 것은 우리가 중생하고 하나님의 은혜를 체험하자마자 곧바로 하늘로 옮겨지는 것이 아닙니다. 하루를 살든 이틀을 살든 전심으로 하나님의 뜻을 분별하고 그 뜻을 이루어 드리기를 하나님은 원하십니다.

24

방주에서
나오다

간경화로 오래 고생하시던 분이 있었습니다. 이분은 자주 병세가 심해져서 그때마다 응급실 신세를 져야만 했습니다. 그런데 이분의 병은 완전히 나을 수 있는 병이 아니었습니다. 조금 나아진 듯 하다가도 병세가 악화되면 다시 입원해야 하는 병이었습니다. 한번은 이분이 병원에 입원하고 어느 정도 지났을 때 병원 측에서 건강이 상당히 호전되었으니 퇴원하라고 말했습니다. 그런데 환자와 가족은 퇴원하지 않겠다고 주장했습니다. 퇴원해도 언제 또 건강이 악화되어 병원으로 달려올지 모르기 때문입니다. 그래서 병원에 장기적으로 입원해 있기를 원했습니다. 일단 병원에 있으면 무슨 급한 일이 생겨도 금방 응급처치를 받을 수 있고 약도 있으며 언제든지 의사와 간호사들의 도움을 받을 수 있었기 때문입니다. 한번 퇴원하면 다시 병실을 잡기가 아주 힘들었습니다. 그래서 건강이 좋아졌는데도 퇴원하지 않겠다고 버티는 바람에 무슨 특별한 조치를 할 것이 없으니 퇴원하라는 병원 측과 실랑이를 벌인 적이 있었습니다.

오늘 본문을 보면 홍수가 다 끝난 후에도 노아가 배에서 나오지 않고 있는 것을 볼 수 있습니다. 이것은 하나님의 말씀에 헌신했기 때문에 말씀 없이는 아무것도 하지 않으려는 그의 믿음 때문이라고 생각할 수 있습니다. 그러나 본문을 좀더 읽어 보면 그것이 이유의 전부는 아니었음을 알 수 있습니다.

홍수가 끝나고 노아가 방주에서 나왔을 때 제일 먼저 한 일은 하나님께 제사를 드리는 것이었습니다. 이것이 단서입니다. 일 년 가까이 배 안에 갇혀 있다가 나오면 얼마나 할 일이 많겠습니까? 당장 먹고살 것도 필요하고 잘 집도 있어야 하며 가축들의 축사도 지어야 할 것입니다. 그러나 그는 그 어느 것도 하지 않았습니다. 오직 하나님 앞에 제사드리는 일부터 했습니다. 이렇게 노아는 방주에서 나오지 않으려고 했고, 나오자마자 제사 지내는 일부터 했습니다.

성경은 하나님께서 노아의 제사를 받으셨으며, 이 제사를 받으시면서 특히 인간의 죄의 본성에 대하여 깊이 불쌍히 여기는 마음을 가지셨다고 말씀하고 있습니다. 8장 21절 중간에 보면 하나님께서 이런 말씀을 하십니다.

내가 다시는 사람을 인하여 땅을 저주하지 아니하리니 이는 사람의 마음의 계획하는 바가 어려서부터 악함이라

무슨 말입니까? 홍수로 거의 대부분의 사람들과 생물들이 죽었지만 그럼에도 불구하고 아직 인간의 죄 문제는 전혀 해결되지 않았다는 말씀입니다. 우리 생각으로는 홍수가 끝난 후 하나님께서 "참으로 엄청난 희생이었다. 이제 겨우 죄를 해결할 수 있게 되었다"고 말씀하실 것 같은데, 하나님은 오히려 "인간의 죄는 아직 전혀 해결되지 않았다"고 말씀하고 계십니다.

봄이 오면 집에서 한 번씩 대청소를 하면서 겨울 내내 묵은 찌꺼기와 더러운 것들을 모두 청소합니다. 그러나 근본적으로 잘못된 부분들은 대청소를 한다고 해서 해결되지 않습니다. 처음 집을 만들 때부터 벽이 비뚤어지게 세워진 것이나 들보 자체가 잘못 놓

인 것은 아무리 대청소를 하고 바닥 청소를 철저하게 한다고 해도 해결될 문제가 아닙니다.

인간의 죄 문제가 바로 이런 것이었습니다. 홍수는 마치 급성 전염병처럼 퍼지는 죄의 불을 일시적으로 끄기는 했습니다. 그러나 불씨는 잡지 못했습니다. 인간의 마음속에는 죄성이 그대로 남아 있었습니다. 이것을 하나님이 알고 계셨고 노아도 알고 있었습니다.

노아는 '내가 굳이 이 배 밖으로 나갈 필요가 있는가' 하고 생각한 것 같습니다. 자기 자신이나 자식들의 본성 안에 있는 죄성을 홍수가 씻어 내지 못했다는 것을 알고 있었기 때문입니다. 그는 제2의 홍수, 제3의 홍수가 있으리라는 것을 알았습니다. 마치 병이 완치되지 못한 환자가 퇴원해봐야 얼마 있지 않아 다시 응급실로 실려 오리라는 것을 알고 아예 퇴원하지 않으려고 하는 것과 같습니다. '과연 우리가 이 배에서 나갈 필요가 있을까? 나와 우리 자식들의 죄가 완전히 해결되지 못했는데……. 죄의 본성을 그대로 가진 채 밖에 나가봐야 또 죄를 지을 테고 죄를 지으면 하나님이 또 홍수로 심판하실 텐데 굳이 들락날락할 필요가 있을까? 그냥 배에서 계속 살지.' 이렇게 생각했을지도 모릅니다. 그러나 하나님께서는 노아를 배에서 나오게 하시고 그 배를 버리게 하셨습니다. 하나님은 인간의 죄에 대하여 깊이 생각하셨으며 대책을 세우고 계셨기 때문입니다.

한번 은혜를 받은 성도들은 이 세상에 다시 나가고 싶어 하지 않습니다. 세상에 나가 살면 어쩔 수 없이 거짓말을 하거나 마음에 없는 소리를 해야 하고 다른 사람에게 나쁜 마음을 먹지 않을 수가 없기 때문입니다. 주일에 말씀을 들으면 그렇게 기쁠 수가 없는데 직장에 출근하다 보면 그 기쁨이 수요일을 넘기지 못합니다. 어떤 때는 주일 저녁부터 집안에서 혈기가 폭발하기도 합니다. 그래서 '누가 수요예배를 시작했는지 모르겠지만 기가 막히게 시작했구나' 생각하지요. 그렇게 다시 금요일 예배까지 버티고 주일까지 버티는 겁니다. 그래서 매일 주일이면 좋겠다고 생각하면서 부흥회라는 부흥회는 다 좋다니고 이 산 저 산 다 찾아다니는 사람이 있습니다. 도저히 그냥 견딜 수가 없기 때문이지요. 정말 이 더러운 직장생활 그만두고 목사나 하면 좋겠다는 생각이 들기도 합니다. 그러면 하루 종일 성경책 읽고 기도하고 장로님, 집사님들만 상대할 수 있지 않겠습니까?

그러나 우리가 기억해야 할 것은 그래도 배에서 나와야 한다는 사실입니다. 우리는 이 죄 많은 세상에 돌아가서 살아야 합니다. 다시 응급실에 실려 와서 링거를 맞는 한이 있더라도 세상으로 나가야 합니다. 이것이 하나님의 명령입니다.

믿음으로 사는 삶

우리는 노아가 배에서 나오는 것을 보면서 특이한 사실 두 가지를 발견하게 됩니다.

하나는 그가 하나님의 명령이 떨어지기 전에 절대로 배에서 나오려고 하지 않았다는 점입니다. 다른 하나는 그는 배에서 나오자마자 다른 일을 다 제쳐두고 먼저 하나님께 제사부터 드렸다는 점입니다.

한번 생각해 보십시오. 그들은 이미 일 년 가까이 좁은 배 안에 갇혀서 산 사람들입니다. 얼마나 밖으로 뛰쳐나오고 싶었겠습니까? 또 밖으로 나왔을 때 얼마나 할 일이 많았겠습니까? 그러나 노아는 하나님의 말씀이 있기 전에는 배 밖으로 절대로 나오지 않았고, 또 밖으로 나와서도 다른 일은 아무것도 하지 않고 하나님께 번제 드리는 일부터 했습니다. 15절에서 17절을 보십시오.

> 하나님이 노아에게 말씀하여 가라사대 너는 네 아내와 네 아들들과
> 네 자부들로 더불어 방주에서 나오고, 너와 함께 한 혈육 있는 생물
> 곧 새와 육축과 땅에 기는 모든 것을 다 이끌어 내라 이것들이 땅에서
> 생육하고 땅에서 번성하리라 하시매

노아는 자기 마음대로 배 밖으로 나오지 않았습니다. 하나
님이 말씀하신 후에야 비로소 밖으로 나왔습니다. 이 사실에서 우
리가 생각해야 할 것이 있습니다.

무엇보다 먼저 생각할 것은 노아에게는 하나님과 동행하는
것이 아주 중요했다는 것입니다. 노아는 객관적인 여러 정황을 통
하여 홍수가 끝났다는 사실을 이미 알고 있었으며, 까마귀와 비둘
기를 통해서 이제는 배에서 나가도 된다는 것을 확인했습니다. 그
럼에도 불구하고 그는 자기 마음대로 배에서 나오지 않고 하나님의
말씀을 기다렸습니다. 이것을 보고 어떤 사람들은 노아가 지나치게
소극적인 자세를 취하고 있는 것이 아닌가 생각하기도 합니다. 그
러나 노아의 삶은 하나님과 동행하는 삶이었습니다.

하나님과 동행하는 삶이 무엇입니까? 그것은 자신의 판단
이나 계획대로 살지 않고 하나님의 말씀의 인도에 따라 사는 것을
말합니다. 노아에게 하나님은 구체적으로 살아 계시는 분이었습니
다. 노아에게 하나님은 단순한 정신적인 지주 정도에 그치는 분이
아니었습니다. 하나님은 노아에게 실제적인 분이셨습니다. 그렇기
때문에 노아는 하나님의 말씀 없이는 아무것도 하려 들지 않은 것
입니다.

다윗이 시편에서 고백한 것이 무엇입니까? "주의 말씀은 내
발에 등이요 내 길에 빛이니이다." 다윗은 캄캄한 들판을 여행해야
할 일이 많았습니다. 또 원수에게 쫓겨서 언제 죽을지 모르는 위기
도 많이 있었습니다. 캄캄한 밤길을 걸을 때 제일 필요한 것이 무엇
입니까? 바로 등불이지요. 한번 발을 잘못 디디면 천 길 낭떠러지로

떨어지고 마니까요. 그래서 현명한 사람은 결코 등불 없이 밤길을 가지 않습니다. 그리고 결코 등불보다 앞서 가지 않습니다.

우리는 내일 일을 알 수 없습니다. 물론 우리는 큰 일이 없기를 바라지만 그것은 어디까지나 우리의 소망일 뿐이고, 실제로 이 세상은 예측할 수 없는 일들로 가득 차 있습니다. 지금 하고 있는 일이나 계획하고 있는 일이 앞으로 어떤 결과로 나타날지 장담할 수 있는 사람은 아무도 없습니다. 그래서 거의 대부분의 사람들은 어떻게 합니까? 우선 현재 자신의 처지에서 가능한 모든 방법을 생각해 봅니다. '내가 지금 이런 형편에 있고 나는 이런 사람이니까 여기서 내가 할 수 있는 가능성은 어떤 것이 있는가' 생각하고 그 가능성을 열 가지든 백 가지든 전부 나열해 봅니다. 그리고 그중에서 가장 최선이라고 생각하는 방법을 선택합니다. 그 최선의 길은 가장 쉬운 길이며 남이 알아주는 길인 동시에 가장 출세할 수 있는 길입니다.

그러나 믿음의 사람은 그런 식으로 생각하지 않습니다. 무엇보다 하나님의 길은 인생의 길과 다르다는 것을 인정합니다. 그리고 하나님이 지금 나에게 원하시는 뜻이 무엇인지 생각하려고 애를 씁니다. 그러나 우리가 어떻게 하나님의 뜻을 알 수 있습니까? 성경은 하나님을 기다리는 자에게 하나님께서 반드시 자신의 뜻을 보여 주신다고 약속하고 있습니다. 잠언에서 뭐라고 말씀하고 있습니까? "너는 범사에 그를 인정하라. 그리하면 네 길을 지도하시리라."

오늘 우리의 문제는 하나님을 실제적인 분으로, 살아 있는 분으로 인정하지 못하는 것입니다. 그러나 하나님은 매사에 그를 인정하면 자신의 뜻을 우리에게 보여 주시겠다고 말씀하고 계십니다. 물론 처음에는 모든 것이 모호하고 사면에 안개가 낀 것 같습니다. 도대체 하나님이 나에게 원하시는 것이 무엇인지, 왜 나에게 이런 일이 닥쳤는지, 왜 우리 집에 이런 일이 터졌는지 알 수가 없습니다. 그러나 성급하게 뛰쳐나가지 않고 조용히 하나님의 뜻을 기다렸습니다. 그런데도 조금도 밝아지지 않습니다. 계속 어둡고 모호합니다. 그러다가 갑자기 말씀이 이해되기 시작하면서 '하나님이 원하시는 것이 이것이었구나' 깨닫게 되는 순간이 옵니다. 그때 어두운 안개는 걷히고 우리는 확신과 기쁨 가운데 나아가게 되는 것입니다.

이것이 오늘 우리들에게도 하나님께서 말씀하시는 방법입니다. 중요한 것은 하나님을 범사에 실제적인 분으로 인정하는 것입니다. 내 생각이 수백 가지, 수만 가지 있어도 하나님의 생각은 내 생각과 다르며 하나님이 원하시는 뜻과 거룩한 계획이 있다는 것을 먼저 인정하라는 것입니다. 그럴 때 도저히 이해되지 않던 것이 어느 한순간 이해되면서 '하나님이 나에게 바라신 것이 바로 이것이었구나' 하고 깨닫게 됩니다. 이것이 바로 하나님께서 오늘 우리에게 말씀하시는 방법인 것입니다. 그래서 성경은 어떤 일을 의심하면서 하는 것이 옳지 않으며, 둘로 나뉜 마음으로 사는 것이 합당치 않다고 말씀합니다.

오늘도 하나님은 우리에게 범사에 그를 인정하라고 말씀하십니다. 어려움이 올 때, 풀리지 않는 난관에 봉착했을 때 하나님을 인정하십시오. 하나님은 그때 우리에게 자신의 뜻을 보여 주실 것입니다. 이것이 바로 하나님과 동행하는 삶입니다.

노아가 제사를 드리다

우리는 노아가 배에서 나오기를 더디 했던 두 번째 이유가 그가 인간의 죄성에 대하여 가졌던 근본적인 통찰력에 있었다는 것을 생각해볼 필요가 있습니다. 20절을 보십시오.

노아가 여호와를 위하여 단을 쌓고, 모든 정결한 짐승 중에서와 모든

정결한 새 중에서 취하여 번제로 단에 드렸더니

　　노아가 배에서 나오자마자 이 번제의 제사부터 드린 이유가 무엇입니까? 그것은 홍수 후에도 여전히 남아 있는 자신들의 죄성에 대한 고백입니다. 단순한 감사의 제사가 아니라 짐승을 잡아서 드리는 제사, 피의 제사를 드린 것은 인간이 가지고 있는 죄성을 하나님께 고백하고 하나님의 은혜를 간구하는 것입니다.

　　왜 노아는 제사부터 드렸습니까? 이 땅이 하나님의 거룩한 땅이라는 것을 알았기 때문입니다. 이 땅은 주인 없는 빈 땅이 아니었습니다. 이 땅의 주인은 하나님이십니다. 하나님은 당신의 땅에 죄인들을 용납하지 않으십니다. 그래서 노아는 하나님의 이 땅에 다시 발을 디디면서 하나님의 용서와 은혜를 간구하는 제사를 드리고 있습니다.

　　하나님을 모르는 사람의 눈에 이 세상은 어떻게 보입니까? 이 세상은 주인이 없는 들판입니다. 그냥 마음대로 말뚝 박고 철망 치면 내 땅이 될 수 있는 것 같습니다. 대학교에서 좋은 전공을 택해 그 분야의 권위자가 되기만 하면 무한히 나의 영토라고 주장할 수 있을 것 같습니다.

　　노아의 입장에서 생각해 보십시오. 사람들이 다 죽어 버렸습니다. 이 넓은 세상에 살아 있는 사람이라고는 자기들밖에 없습니다. 그러니 여기에 온통 노아의 이름이 새겨진 말뚝을 박아 놓기만 하면 전부 그의 땅이 될 것입니다. 그러나 노아는 그렇게 하지 않았습니다. 이 땅은 하나님의 거룩한 땅이며 하나님의 소유라는 것을 알았기 때문입니다. 그는 하나님의 긍휼 없이 이 땅 밟기를 원하지 않았습니다. 하나님의 용서와 은혜 없이 단 하루도 살기를 원치 않았습니다.

　　하나님께서는 노아의 제사를 받으시고 인간의 죄의 본성에 대하여 깊이 동정하는 마음을 가지십니다. 21절을 보십시오.

여호와께서 그 향기를 흠향하시고 그 중심에 이르시되 내가 다시는 사람으로 인하여 땅을 저주하지 아니하리니 이는 사람의 마음의 계획하는 바가 어려서부터 악함이라 내가 전에 행한 것같이 모든 생물을 멸하지 아니하리니

하나님이 생각하고 계십니다. 인간의 죄성에 대해서 깊이 불쌍히 여기는 말씀을 하고 계십니다. 만약 우리가 배에서 나왔다면 무엇부터 하겠습니까? '어떻게 하면 나의 소유를 확보할 것인가, 어떻게 하면 나의 집을 지을 것인가, 어떻게 하면 가축의 축사를 마련할 것인가'하는 문제부터 생각할 것입니다.

그러나 노아와 하나님께서 깊이 염려하고 있는 것은 그런 것이 아니라 인간의 깊은 죄성이었습니다. "사람의 마음의 계획하는 바가 어려서부터 악함이라." 노아와 하나님은 본질적으로 타락해 있는 인간의 본성을 함께 염려하고 있습니다. 노아는 자신이 홍수에서 구원은 받았지만 죄로부터 완전히 자유로운 자는 아니라는 것을 알았습니다. 자기 자식들이나 아내도 마찬가지였습니다. '인간은 또 죄를 짓게 될 테고, 그러면 또 심판이 올 것이고 또 배를 만들어야 할 텐데 굳이 배에서 나가야 하는가'고 노아는 생각합니다. 그래서 하나님의 은혜를 구하는 제사를 드립니다. 하나님께서는 그 제사를 받으시면서 인간을 깊이 불쌍히 여기고 계십니다.

인간의 죄성은 부분적으로만 잘못된 것이 아닙니다. 이것은 근본적으로 잘못된 것으로서 홍수로 해결할 수 없는 것이었습니다. 홍수는 일시적으로 급한 불을 끄는 정도에 불과할 뿐, 무서운 죄의 불씨는 남은 여덟 명 안에도 살아 있었습니다. 아직 죄는 완전히 치료되지 못했습니다. 그런데 어떻게 감히 배 밖으로 나가 이 세상에서 살 수 있겠습니까? 사람들은 다시 죄를 지을 것이고 다시 배 안에 들어오게 될 것입니다. 그런데도 나가야 합니까? 아예 방주 안에서 사는 것이 더 낫지 않을까요?

우리는 날마다 거울을 보면서 자신의 얼굴을 봅니다. 그러나 거울로 볼 수 없는 또 다른 자신의 모습이 있습니다. 더 중요한 것은 거울로 볼 수 없는 자신의 모습입니다. 거울로 보는 얼굴은 아름다울 수 있어도 그 안에 있는 속사람은 엄청나게 추할 수 있습니다. 겉으로 보이는 모습은 상처 없이 깨끗하지만 속에 있는 사람은 심한 상처를 입어 피를 흘리고 있을 수 있습니다. 겉사람은 두 눈이 있어도 속사람은 소경일 수 있습니다. 겉사람은 두 다리를 가지고 서서 걸어다니지만 속사람은 몇십 년 된 앉은뱅이일 수 있습니다. 겉사람은 깨끗한 피부를 가지고 있지만 속사람은 문둥병에 걸려 거의 감각을 느끼지 못할 수도 있습니다. 예수님은 세례 요한의 제자에게 이렇게 말씀하셨습니다.

> 예수께서 대답하여 가라사대 너희가 가서 듣고 보는 것을 요한에게 고하되 소경이 보며 앉은뱅이가 걸으며 문둥이가 깨끗함을 받으며 귀머거리가 들으며 죽은 자가 살아나며 가난한 자에게 복음이 전파된다 하라(마 11:4, 5).

예수님이 오신 목적은 이 세상의 모든 소경이나 앉은뱅이나 문둥병자들을 치료하기 위해서가 아닙니다. 그러면 병원이나 의사가 전혀 필요치 않을 것입니다. 이것은 우리의 속사람을 두고 하신 말씀입니다. 인간들은 눈에 보이는 치료가 없으면 속에서 이루어지는 치료를 전혀 믿으려 하지 않습니다. 그래서 예수님께서는 중풍병자의 죄를 먼저 치료하시고 그의 중풍병을 나중에 치료해 주셨습니다.

주님은 우리의 속사람을 치료하려고 오셨습니다. 아무것도 보지 못하는 소경이 하나님의 진리를 보고 기뻐하며 소망을 가지게 하기 위하여 오셨습니다. 도무지 일어설 수 없는 불구자가 하나님 앞에서 뛰며 찬송하게 하려고 오셨습니다. 문둥병으로 온몸이 엉망이 된 사람을 깨끗하게 치료하려고 오셨습니다.

만약 우리가 속사람을 볼 수만 있다면 우리 입에서는 다른 기도가 절대로 나오지 않을 것입니다. 내가 만약 내 속사람을 볼 수만 있다면 깊은 절망의 탄식이 절로 흘러나올 것입니다. '이것이 과연 나란 말인가! 이렇게 추하게 병들고 말라 비틀어져 죽어 있는 것이 내 모습이란 말인가!' 너무 기가 막혀서 눈물도 나오지 않을 것입니다. 어디 하나 치명적이지 않은 부분이 없고 어느 것 하나 쉽게 나을 수 있는 병이 없는 우리 속사람의 모습을 보기만 한다면 우리의 말은 완전히 달라질 것입니다. 온몸에는 문둥병이 퍼져서 아무 감각이 없습니다. 눈은 보이지 않아서 시궁창에서 뒹굴며 시행착오를 거듭하고 있습니다.

이러한 속사람의 모습을 제대로 보는 사람은 다른 것은 아무것도 생각하지 않고 오직 예수님만 찾을 것입니다. "예수님, 저는 제 속사람을 보고 너무 충격을 받았습니다. 저는 다른 것을 원치 않습니다. 오직 저의 이 깊은 병을 치료해 주십시오! 저의 문둥병을 낫게 해주시고, 제 눈을 열어서 진리를 보게 해주십시오!" 우리가 주님 앞에 나와서도 생각이 복잡하고 요구사항이 많은 것은 우리의 속사람이 얼마나 더럽고 추하며 무서운 병으로 고통받고 있는지 모르기 때문입니다.

저는 얼마 전에 마음에 깊은 상처를 받았습니다. 그것은 다른 사람이 준 상처가 아니라 내 속에 있는 죄가 준 상처였습니다. 죄스러운 욕망이 한번 출렁했는데 마음에 아주 깊은 상처가 생겨버렸어요. 피가 뚝뚝 흘러내렸고 너무나 고통스러웠습니다. 저는 깊은 상처로 인해 피 흘리고 있는 제 자신을 보았습니다. 그래서 주일에 주님 앞에 나아가 저의 상처를 보여 드리면서 치료해 달라고 간구했습니다. 주님은 치료하셨습니다. 아주 깊은 상처였는데도 전혀 흉터 없이 깨끗하게 치료해 주셨습니다. 마음에 다시 성령이 충만해졌고 기쁨이 넘쳤습니다. 그래서 월요일 아침에 하나님께 나아가서 나를 치료하신 하나님, 여호와 라파의 하나님을 찬양했습니다. 얼마나 기쁜지 눈물이 솟구쳤습니다.

우리에게 또 다른 모습이 있다는 것을 알아야 합니다. 예수님은 사람의 생명이 소유의 넉넉한 데 있지 않다고 말씀하셨습니다. 돈이 많고 직책이 높다고 해서 건강한 것이 아닙니다. 그 속사람은 죄의 사슬에 완전히 매인 노예일 수도 있습니다. 만약 우리 그리스도인이 이 속사람의 모습을 볼 줄 모른다면 그는 이 세상을 완전히 거꾸로 살게 될 것입니다. 가장 비참한 사람을 가장 행복한 사람으로, 가장 건강한 사람을 가장 불쌍한 사람으로 생각하게 될 것입니다.

하나님의 은혜는 다른 것이 아닙니다. 자기 안에 있는 진정한 모습을 보고 하나님 앞에 나아와 치료받는 것이 하나님의 은혜입니다. 우리가 자신의 모습을 보면 충격받지 않을 수 없을 것입니다. 온몸에 더러운 죄의 습관이 퍼져서 피부란 피부는 다 갈라져 썩어 문드러져 있습니다. 이제는 감각도 없습니다. 슬픈 것도, 기쁜 것도 없습니다. 그저 매일 마음속에 분노만 있습니다. 이것은 무서운 문둥병입니다. 신앙생활을 하고 있지만 냉소주의에 빠져 있다면 그것보다 더 무서운 병이 없습니다.

하나님의 뜻을 보지 못하는 소경도 있습니다. 그는 시행착오를 거듭합니다. 그는 죽을 때까지 실패하고 후회할 일만 할 것입니다. 왜냐하면 앞을 보지 못하기 때문입니다. 남들의 눈에는 보이지만 자기의 눈에는 안 보이는 겁니다. 그래서 죽을 일만 골라서 합니다. 미국의 유명한 물리학자가 쓴 글을 본 적이 있는데 그는 태어날 때부터 소경이었습니다. 그래서 성질난다고 자전거를 타고 막 달렸습니다. 그 결과 앞니가 다 부러지고 말았습니다. 앞이 보이지 않았기 때문입니다.

어떤 사람은 앉은뱅이입니다. 그는 자기 스스로 할 수 있는 일이 아무것도 없습니다. 늘 의존적이어서 의존하지 말아야 할 것까지 의존합니다. 자기는 아무것도 하지 않으면서 앉아서 원망과 불평만 합니다. 그 이유가 무엇입니까? 다리를 쓰지 못하기 때문입니다.

사람들은 자기의 진짜 속사람을 보지 못했기 때문에 아무 문제가 없는 줄 압니다. 그러나 우리 주님이 나타나심으로써 문제가 완전히 달라졌습니다. 모든 사람이 병들었을 때는 자기가 병든 줄 몰랐습니다. 그것이 정상인 것 같았습니다. 그러나 정상적인 사람이 한 명 나타나자 문제가 심각해졌습니다. 그리스도와 같지 않은 것은 전부 불구입니다. 우리는 그리스도를 비정상으로 생각하지만 그분이 표준입니다. 그리스도와 같지 않은 생각과 감정과 마음은 전부 불구이며 무섭게 병든 것입니다. 그가 나타나자 사람들은 '내가 병들었어도 보통 병든 것이 아니구나. 저 사람이 귀신들린 것이 아니라 내가 귀신들린 것이었구나' 하는 것을 깨닫기 시작했습니다.

오늘 우리에게 중요한 것은 병든 속사람을 치료받는 것입니다. 그것이 없는 행복은 행복이 아닙니다. 그것이 없는 종교적인 열심은 비참한 자기 구원의 노력에 불과합니다. 그런 사람은 비단 가운을 입고 있는 중환자와 같습니다.

전에 우리 교회에 어떤 자매가 왔습니다. 저는 자매의 마음속에 굉장한 분노가 있다는 것을 알게 되었습니다. 말 한 마디 한 마디 속에 항상 날카로운 비수가 들어 있었기 때문입니다. 무엇이 자매의 마음속에 그렇게 깊은 상처를 주었는지는 알 수 없었지만, 여하튼 굉장히 깊은 상처를 안고 왔다는 것을 알았습니다. 그런데 얼마 지나지 않아서 이 자매는 놀라운 기쁨과 사랑 가운데 살게 되었습니다. 기쁨이 충만하고 다른 사람을 그렇게 많이 사랑할 수가 없어요. 본인은 병이 치료되었는지도 모르고 있습니다. 그래서 저는 '저 자매가 눈부시게 변한 자기 모습을 봐야 하는데' 하고 생각합니다. 아마 그 자매는 뚱뚱해진 자기의 허리를 보면서 다이어트를 해야 한다고 생각할지 모릅니다. 그러나 다이어트 안 해도 돼요.

속사람이 변했습니다. 사람들은 겉사람만 보면서 "전보다 몇 킬로 그램이 더 쪘으니까 살을 빼야 해"라고 합니다. 그러나 살 빼는 것보다 엄청난 변화가 생겼습니다. 상처가 없어졌습니다. 하나님 앞에서 온전히 기뻐하게 되었습니다. 이것이 기적이지요. 이것이 성령의 능력입니다.

예수님의 첫 설교가 그것이었습니다.

> 주의 성령이 내게 임하셨으니 이는 가난한 자에게 복음을 전하게 하시려고 내게 기름을 부으시고 나를 보내사 포로된 자에게 자유를, 눈먼 자에게 다시 보게 함을 전파하며 눌린 자를 자유케 하고 주의 은혜의 해를 전파하게 하려 하심이라(눅 4:18, 19).

가난한 자의 마음속에 만족을 주고, 보지 못하는 자를 보게 하며, 앉은뱅이를 일어서게 하고, 문둥병자를 온전하게 하는 이것이 바로 주님이 오신 목적이라는 것입니다.

인간의 죄성이 얼마나 무서운지 거의 대부분의 사람들이 목숨을 잃은 홍수 심판으로도 완전히 해결되지 못했습니다. 노아는 인간들에게 방주가 영원히 필요하리라고 생각했을지도 모릅니다. 그러나 하나님은 말씀하셨습니다. "두려워하지 말고 방주에서 나와 이 세상에서 살아라. 내가 다시는 이런 식으로 땅을 저주하지 않겠다."

하나님의 생각을 바꾼 제사

하나님께서 우리의 죄에 대하여 언제나 진노하고 계신다는 것은 우리 인간들에게 가장 두려운 사실입니다. 하나님은 거룩한 본성상 죄와는 절대로 하나가 될 수 없는 분이십니다. 하나님은 죄만 보면 분노가 불붙는 분이십니다. 하나님은 소멸하는 불이십니다. 하나님은 사랑이지만 또한 불입니다. 그런데 어떻게 우리 인간들이 하나님 앞에서 타 죽지 않고 살 수 있습니까? 우리가 살 수 있는 것은 하나님의 진노를 사랑으로 바꾸는 어떤 일이 있었기 때문입니다. 20절에서 22절을 보십시오.

> 노아가 여호와를 위하여 단을 쌓고 모든 정결한 짐승 중에서와 모든 정결한 새 중에서 취하여 번제로 단에 드렸더니, 여호와께서 그 향기를 흠향하시고 그 중심에 이르시되 내가 다시는 사람으로 인하여 땅을 저주하지 아니하리니 이는 사람의 마음의 계획하는 바가 어려서부터 악함이라 내가 전에 행한 것같이 모든 생물을 멸하지 아니하리니 땅이 있을 동안에는 심음과 거둠과 추위와 더위와 여름과 겨울과 낮과 밤이 쉬지 아니하리라

노아 홍수는 죄 문제를 완전히 해결하지 못했습니다. 그런데 하나님 앞에서 홍수보다 더 큰 위력을 발휘한 것이 있었습니다. 그것은 바로 노아가 드린 제사였습니다. 유대인들의 제사에는 여러 가지가 있는데, 그중에 가장 중요한 것이 속죄제와 화목제였습니다. 속죄제는 자기가 지은 죄를 누가 대신 감당해 주는 것입니다. 내가 죽어야 하는데 나 대신 다른 짐승이 죽어 주는 것이 속죄제입니다. 그러나 속죄제의 기초가 되는 제사가 있습니다. 그것은 화목제입니다.

이 제사는 구체적인 하나하나의 죄에 대한 제사가 아니라 하나님과 우리의 근본적인 관계를 바꾸는 제사입니다. 내가 아무리 죄를 뉘우치고 회개한다 하더라도 하나님께서 우리를 용서하시는 마음을 가지지 않는다면 그 회개와 뉘우침은 아무 의미가 없을 것입니다. 열쇠는 하나님께 있습니다. 하나님이 우리에게 진노 대신 용서와 사랑의 마음을 가지셔야 속죄가 가능한 것입니다. 그렇게

하나님의 마음을 바꾸는 것이 화목제입니다.

짐승들을 죽여서 불에 태울 때 고기 타는 냄새가 나는데 하나님께서는 그 냄새를 맡으시고 우리 인간의 죄에 대한 생각을 바꾸십니다. 사실 하나님께서 고기 타는 냄새를 좋아하실 리가 없습니다. 하나님께서 참으로 원하신 제사는 바로 사랑하는 아들의 순종이었습니다. 아들의 말없는 순종이 사람에 대한 하나님의 생각을 근본적으로 바꿔 진노를 용서로, 심판을 구원으로 바꾸게 한 것입니다. 아들이 십자가에서 죽으신 것은 가장 아름답고 향기로운 제사였습니다.

오늘 현대 기독교인들의 신앙 속에는 '하나님과의 화해'라는 개념이 완전히 빠져 있습니다. 하나님을 오로지 사랑의 하나님으로 바꾸어 놓았기 때문입니다. 다시 말해서 성경에 수없이 나오는 하나님의 죄에 대한 무서운 진노와 심판을 멋대로 다 빼버렸기 때문입니다. 하나님은 우리가 요구하는 것을 들어주시는 온순한 후견인이 되어 버렸습니다.

만약 오늘 현대인들이 가지고 있는 신앙이 옳다면, 하나님이 그저 사랑의 하나님일 뿐이라면, 예수 그리스도의 십자가는 완전한 실수입니다. 그렇게 진노하시지도 않는 하나님을 위해 십자가 위에서 죽는다는 것은 완전히 정신이 나간 행위든지 아니면 지나친 열정일 것입니다. 그리스도께서 십자가 위에서 죽으신 것은 하나님의 진노를 아셨기 때문입니다. 모든 죄인들을 향해 끓어오르는 하나님의 진노의 감정과 참을 수 없는 분노를 아셨고, 진노하시는 하나님의 손에 잡혀 있는 죄인들의 모습을 보셨기 때문에 십자가에 매달려 죽으신 것입니다. 그들의 머리 위에는 언제 쏟아질지 모르는 하나님의 심판이 대기하고 있었습니다. 그러나 아들의 향기가 하나님의 진노를 바꾸어 놓았습니다.

조나단 에드워즈가 진노하시는 하나님의 손안에 잡혀 있는 죄인들에 대해서 설교할 때 교인들이 막 거꾸러졌습니다. "여러분들은 안 죽을 것 같습니까? 구원받는 사람은 아주 소수이고, 거의 대부분의 사람들은 자기가 알든 모르든 지옥으로 가고 있습니다. 여러분들은 진노하시는 하나님의 손에 잡혀 있는 죄인들입니다." 그때 뒤에서 사회 보던 목사님이 거꾸러지면서 "에드워드 씨! 하나님은 사랑의 하나님이 아닙니까?" 하고 소리질렀습니다. 물론 하나님은 사랑의 하나님입니다. 그러나 진노하시는 하나님을 모르는 사람은 사랑의 하나님을 말할 자격이 없습니다. 진노가 사랑으로 바뀌지 않은 단순한 사랑의 하나님은 인간이 만들어 낸 엉뚱한 하나님입니다.

하나님은 인간의 죄에 진노하십니다. 티끌만 한 죄인들도 하나님은 절대로 용서하지 않으십니다. 하나님은 진노하시는 하나님입니다. 죄를 절대로 참지 않으십니다. 그러나 아들의 향기가 아버지의 진노를 바꾸었습니다. 하나님께서 아들의 향기를 맡으시고 인간의 죄를 깊이 동정하시며 그것을 전적으로 자신의 책임으로 돌리셨습니다. 그리고 우리에게 사랑과 은혜의 모습으로 나타나셨습니다.

오늘 본문을 보면 하나님의 마음이 변하고 있는 것을 읽을 수 있습니다. 하나님은 여전히 진노하고 계십니다. 그러나 이 향기를 맡으시면서 하나님의 생각이 변하고 있습니다. 하나님은 인간의 죄를 이해하고 계십니다. 하나님 안에서 동정하는 마음이 일어나고 있습니다.

예수 그리스도의 피로 인하여 하나님과의 화해하지 못한 사람은 여전히 하나님의 진노 아래 있습니다. 이 세상에 살면서 하나님의 진노를 피하는 것보다 더 중요한 것이 없습니다. 오늘 마귀는 기독교 신앙을 단순한 윤리의 신앙으로 만들어 놓았습니다. 이것보다 더 놀라운 거짓말이 없습니다. 기독교가 전하는 것은 이 세상 전체에 대한 하나님의 진노입니다. 죄를 참지 못하시는 하나님의 분노입니다. 하나님께서는 죄인들에 대한 심판을 항상 준비하고 계십니다.

중요한 것은 그리스도의 향기 안으로 피하는 것입니다. 그리스도 안에는 하나님의 진노가 없습니다. 하나님의 은혜와 진리가 충만합니다. 물론 그리스도 안에 있다고 해서 모든 것이 저절로 되는 것은 아닙니다. 그러나 그때 생기는 어려움은 하나님께서 선한 손길로 우리를 만들어 가실 때 생기는 어려움이지 진노의 불이 아닙니다.

우리는 아직 완전히 변화된 사람이 아닙니다. 그러나 우리는 하나님의 은혜 안에 들어와 있습니다. 우리 속에는 죄성이 살아 있습니다. 그래서 우리는 할 수 있으면 이 세상과 관계를 맺지 않고 그리스도인들끼리 집 짓고 살고, 할 수 있으면 기독교 직장에서 직장생활했으면 좋겠다고 생각할 때가 있습니다. 그러나 하나님께서는 불완전한 우리들로 하여금 이 세상에서 살게 하십니다. 때로는 거짓말도 해야 하고 때로는 싸우기도 해야 하며 때로는 마음에 없는 소리도 해야 하는 세상에서 살게 하십니다.

하나님께서 아직도 이 세상을 사랑하시기 때문입니다. 이 세상에서 믿는 자들을 완전히 철수시키시는 때는 바로 하나님이 이 세상에 불과 유황의 진노를 퍼부으실 때입니다. 하나님께서는 어떻게 해서든지 우리를 통하여 이 세상 사람들이 자신의 무서운 죄성을 보기를 바라십니다. 아무런 잘못도 하지 않는 그리스도인들을 향해 이를 갈면서 욕하는 자신들의 병든 모습을 보기를 원하십니다.

변화된 우리의 모습은 이 세상 사람들에 대한 거울입니다. 이 세상 사람들은 변화된 우리의 모습을 보고 자신의 모습을 보게 될 것입니다. 그리스도가 우리의 거울이시듯 변화된 우리의 모습은 세상 사람들의 거울이 될 것입니다. 비록 완전한 거울은 아니지만, 옆이 좀 깨지기도 했고 흠도 묻어 있지만, 그래도 그들은 우리를 통해서 자신의 죄성을 보고 그리스도의 향기 안으로 돌아오게 될 것입니다.

그러므로 우리는 이 세상에 살면서 악에 빠지지 않도록 노력해야 합니다. 그들과 다르게 살아야 합니다. 만약 똑같이 산다면 이 거울은 거울이 아닙니다. 여러분, 우리의 힘으로는 실패할 수밖에 없다는 것을 알고 주님이 내 안에서 일하도록 하십시다. 우리 힘으로는 이 세상을 감당할 수가 없습니다. 우리는 성령으로 충만해져야 하며 주님의 말씀으로 주님과 동행해야 합니다. 그렇지 않으면 우리 자신도 넘어지게 됩니다. 이 세상에서 어려움 당하는 것을 이상하게 생각하지 마십시오. 그것은 당연한 것입니다. 그러나 주님이 말씀하셨습니다. "너희가 이 세상에서 환란을 당하나 담대하라. 내가 세상을 이기었노라!"

여러분, 이 세상을 불쌍히 여기십시오. 이 땅을 주인 없는 땅으로 생각해서 가질 만큼 다 가질 뿐 아니라 더 많이 가지려고 하는 사람들을 불쌍히 여기십시오. 그들 위에는 하나님의 진노의 심판이 있습니다. 우리가 이 세상을 따라가지 않고 말씀을 따라서 행할 때, 이 세상을 불쌍히 여기고 이 세상을 향하여 안타까운 마음을 가질 때 하나님은 우리를 향기로운 제물로 받으셔서 이 세상에 계속 은혜를 부어 주실 것입니다.

우리가 이 세상 사람들을 불쌍히 여기고 동정해야 할 이유가 어디에 있습니까? 아직도 우리 안에 죄성이 남아 있기 때문입니다. 우리도 다 같은 자들이었습니다. 그러나 어느 한순간 말씀이 왔을 때 우리 자신의 모습을 보고 예수 그리스도의 십자가를 붙들었을 뿐입니다. 우리 안에 있는 죄성을 보면 이 세상 사람들이나 우리나 근본적으로 다를 바가 없습니다. 우리가 죄인들을 불쌍히 여기지 않으면 누가 불쌍히 여기겠습니까? 우리가 이 세상의 타락한 자들을 위하여 기도하지 않는다면 누가 그들을 위해서 기도하겠습니까?

우리가 이 세상에서 버텨 내는 것 자체가 기적입니다. 우리가 살아 있는 것 자체가 이 세상에 대한 축복입니다. 내가 가난하고 병들었다 하더라도 내가 아직 죽지 않고 살아 있는 이것은 이 세상에 대한 하나님의 축복입니다.

우리 한 사람 한 사람이 내가 있는 가정과 사회에서 얼마나 존귀한 사람들인지 생각하십시오. 기회가 있든지 없든지 다른 사람들을 축복하십시오. 그들 안에 있는 파괴된 형상에 관심을 가지십시오. 사람들이 그것을 볼 수 있게 해달라고 기도하십시오.

25

문제가 있는 출발

우리는 어떤 일이 처음부터 문제를 안은 채 시작되는 것을 볼 때가 많습니다. 예를 들어서 어떤 두 젊은이가 성격이나 신앙이나 다른 여건들이 전혀 맞지 않음에도 불구하고 결혼하지 않을 수 없는 형편이어서 결혼한다고 합시다. 이 부부는 처음부터 문제를 안고 출발하는 것입니다. 물론 부모는 이 결혼을 위하여 집이나 가구나 가전 제품들을 장만할 것입니다. 또 결혼 당일에는 많은 사람들이 찾아와서 이들을 축복할 것입니다. 그러나 무언가 문제를 가지고 출발하는 깊은 사정을 아는 사람들의 마음속에는 걱정이 태산 같을 것입니다. 그들은 "그래, 문제는 있지만 열심히 살아봐. 인생이 다 그런거지" 하는 마음으로, 그들이 아무쪼록 잘살기만을 바랄 것입니다.

결혼뿐 아니라 직업도 그렇습니다. 처음부터 문제가 있는 줄 알면서도 어쩔 수 없이 동업해야 하는 경우가 있습니다. 그럴 때 문제가 터지는 것은 시간 문제입니다. 이렇게 문제를 안은 채 동업을 시작하는 사정을 아는 사람들은 개업식에 찾아와서 이렇게 인사할 것입니다. "그래, 이 동업이 문제가 많은 줄은 알아. 저 사람 성격이 어디 보통 성격이야? 언젠가는 문제가 터질 거야. 하지만 최대한 참으면서 어떻게든 한번 해봐."

한 가지 예를 더 들어 봅시다. 아직 병이 완치되지 않은 환자를 의사가 퇴원시키면서 뭐라고 이야기합니까? "축하합니다. 이제 밖에 나가서 열심히 생활하십시오. 특히 제가 일러드린 말에 항상 주의하셔야 합니다. 무슨 큰 일이 생기지 않기를 바라지만 재발하지 않는다고 장담하지는 못합니다. 좌우간 조심하면서 잘 살아보십시오."

무서운 홍수가 다 지나가고 이제 노아와 그의 식구들은 새로운 땅에서 살게 되었습니다. 하나님께서는 이 새로운 땅에서 새로운 삶을 시작하는 노아와 그의 아들들을 축복하고 계십니다. 그러나 그 축복의 내용을 자세히 보면 평범한 축복이 아니라는 것을 알 수 있습니다. 그 한 마디 한 마디 속에는 무언가 깊은 사정을 아는 분만이 할 수 있는 내용이 담겨 있습니다.

하나님께서는 노아와 그의 아들들에게 이 새로운 세상에서 생육하고 번성하라고 축복하십니다. 그러나 그 다음 말씀들을 살펴보면 하나님께서 완전히 기쁜 마음으로 축복하시는 것은 아님을 알 수 있습니다. 이들은 많은 문제를 안고 새로운 삶을 시작하고 있습니다. 하나님께서는 축복 반, 염려 반의 심정으로 이들을 세상에 내보내십니다.

하나님의 축복에는 세 가지 내용이 담겨 있습니다. 이 세 가지의 축복은 세 가지의 문제점이기도 합니다. 우선 첫째로 하나님께서는 노아와 그 가족들에게 생육하고 번성하라고 말씀하시면서 야생동물에게 사람을 두려워하는 마음을 주셔서 사람들을 해치지 못하게 하시겠다고 말씀하십니다. 이것이 무슨 말입니까? 야생동물의 사나운 본성은 그대로 둔다는 것입니다. 맹수는 단지 먼저 사람을 공격하지 않을 뿐입니다.

우리는 사나운 맹수들이 노아의 배 안에서 다른 짐승들이나 사람들과 아주 평화롭게 공존한 사실을 살펴본 바 있습니다. 그러나 그것은 어디까지나 일시적인 현상에 불과했습니다. 맹수들은 배에서 나오자마자 다시 사나운 짐승으로 돌아가고 말았습니다. 하나님께서는 이 맹수의 야성을 없애겠다고 말씀하시지 않습니다. 그 대신 나쁜 성질은 그대로 가지고 있되 단지 먼저 공격하지는 않도록 두려운 마음을 주겠다고 말씀하십니다. 이것은 위험은 있다는 말입니다. 맹수가 먼저 공격은 하지 않겠지만 길을 잘못 든다든지 맹수를 잘못 만나면 죽는다는 것이지요. 이것은 축복 반, 염려 반의 말씀입니다.

둘째로 하나님께서는 노아와 그 자손들에게 육식을 허용하셨습니다. 처음에 창조하셨을 때에는 육식을 허용하지 않으셨습니다. 육식을 할 필요가 없었기 때문입니다. 한번 농사지으면 백 배, 천 배의 결실이 맺혔기 때문에 사냥을 할 필요가 없었습니다. 그러나 인간이 죄를 짓고 난 후에는 땅이 그 힘을 현저하게 잃기 시작했습니다. 그러니까 굶는 사람이 생기게 된 것입니다. 사람이 굶으면 어떻게 됩니까? 눈에 보이는 것이 없습니다. 그때부터는 살기 위해서 닥치는 대로 잡아먹는 것입니다.

하나님께서 육식을 허용하신 것은 전에는 못 먹던 맛있는 고기를 먹으라는 뜻이 아닙니다. 홍수가 지나간 후에도 여전히 땅은 힘을 회복하지 못할 것이고 따라서 농사가 잘 안 될 것이기 때문에 육식이라도 해서 살라는 것입니다. 이것 역시 축복 반, 염려 반의 말씀입니다.

셋째로 하나님께서는 다른 사람의 피를 흘려서는 안 된다고 말씀하셨습니다. 그리고 만약 다른 사람의 피를 흘리는 사람이 있으면 반드시 그 사람을 죽이라고 말씀하고 계십니다. 즉 이 새로운 세상은 사람들이 다시는 서로 미워하거나 싸움을 해서 피 흘리는 일이 없는 평화로운 세상이 아니라는 것입니다. 사람들은 서로 미워하고 죽이고 전쟁을 일으킬 것입니다. 그러나 하나님은 피 흘린 자에게서 꼭 피를 찾으라고 말씀하고 있습니다. 왜냐하면 사람은 하나님의 형상대로 지음받았기 때문입니다. 홍수 전에는 사람을 죽인 자도 살려 주셨습니다. 그래서 동생을 죽인 가인도 살 수 있었습니다. 그러나 이제는 살인자는 찾아서 처벌해도 좋다고 말씀하십니다. 곧 살인자를 죽여도 좋다고 허락하신 것입니다. 물론 이것은 개인적인 보복을 허용하신 것이 아니라 법적으로 그런 자를 처형해도 좋다는 허락입니다.

하나님께서는 노아와 그 가족들을 아무 문제가 없는 완벽한 세상에서 살게 하신 것이 아닙니다. 선제공격을 하지 않을 뿐이지 맹수는 그대로 존재합니다. 농사가 제대로 되지 않아서 굶어 죽는 사람이 있을 것이며 살기 위해서 육식을 해야 하는 현상이 일어날 것입니다. 또 심지어는 사람이 사람을 죽이는 일도 있으리라고 말씀하고 있습니다. 문제가 있는 출발이지요. 이들은 처음부터 문제를 안고 삶을 시작하고 있습니다. 이것은 우리들의 문제이기도 합니다. 이 세상을 사는 데 아무 문제도 없는 사람은 없습니다. 문제 없는 사람이 있다면 오히려 이상한 것입니다. 하나님은 문제가 있는 가운데에서 우리를 살게 하십니다.

그렇다면 처음부터 문제를 안고 시작하는 노아를 축복하시는 하나님의 심정은 어떤 것이겠습니까? 그것을 통해 우리에게 말씀하고자 하는 것이 무엇입니까?

맹수가 너희를 두려워하리라

하나님께서 맹수에게 사람을 두려워하는 마음을 주셔서 해치지 못하게 하셨다는 이야기는 너무 원시적인 말로 들립니다. 왜냐하면 지금 사람들에게 맹수는 전혀 위협이 되지 못하기 때문입니다. 맹수들은 모두 동물원에서 사람들의 보호를 받고 있습니다. 그렇게 된 이유가 어디에 있습니까? 바로 총의 위력 때문입니다. 총이

나오기 전까지는 사자나 코뿔소 같은 맹수를 잡는 데 어려움이 많았습니다. 새총이나 막대기로 잡을 수 있겠습니까? 그래서 욥기에 보면 "누가 악어를 잡겠느냐"고 했습니다. 그러나 지금은 악어가 사람을 피해 다니고, 사람들은 악어를 사육하고 있습니다.

만약에 맹수들이 미쳐서 사람들을 공격한다면 우리가 살아남을 수 있겠습니까? 우리는 맹수의 공격을 안 받아 봐서 잘 모릅니다. 그러나 시베리아나 알래스카에서 얼음 대륙을 횡단하는 사람들의 옛날이야기를 들어 보면, 밤에 불을 피워 놓고 있으면 온 천지가 두 개 씩 불빛으로 꽉 찬다고 합니다. 이리떼나 들개들의 눈이 빛나는 것이지요. 그 이리들이 덤벼들면 사람은 살아남지 못합니다.

출애굽 때 바로 이런 사건이 있었습니다. 이때 하나님은 맹수까지 풀지도 않았습니다. 그저 개구리 해병대를 보냈을 뿐인데도 애굽은 완전히 항복했습니다. 또 하나님이 파리들로 사람들을 공격하게 했을 때 애굽 사람들은 견디지 못했습니다. 애굽의 정규군대가 파리를 이기지 못했어요.

하나님께서는 모든 짐승들이나 새나 미물들에게 하나님의 허락 없이는 사람들을 공격하지 말라는 명령을 내리셨습니다. 9장 1절과 2절을 보십시오.

하나님이 노아와 그 아들들에게 복을 주시며 그들에게 이르시되 생육하고 번성하여 땅에 충만하라 땅의 모든 짐승과 공중의 새와 땅에 기는 모든 것과 바다의 모든 고기가 너희를 두려워하며 너희를 무서워하리니 이들은 너희 손에 붙이웠음이라

하나님께서는 맹수나 사나운 새들의 야성을 제거하지 않으셨습니다. 그냥 사나운 맹수로 내버려 두셨습니다. 단지 그들이 사람을 공격하지 못하게 막으셨을 뿐입니다.

제가 어렸을 때 우리 동네에 정말 성질 나쁜 개가 한 마리 있

었어요. 이 개는 우리를 보고 침을 흘리고 짖으면서 달려들려고 하는데 주인이 항상 끈을 잡고 있어서 달려들지 못했습니다. 맹수들은 항상 사람을 공격하고 싶어 합니다. 그러나 정상적인 때에는 하나님께서 눈에 보이지 않는 끈으로 모든 맹수들의 목을 잡아매서 함부로 사람들을 해치지 못하게 하십니다. 하지만 사람이 부주의해서 맹수가 있는 곳으로 가거나 깊은 숲속에서 맹수와 맞닥뜨렸을 때에는 살 도리가 없습니다. 그리고 인간들이 너무 죄를 많이 지어서 하나님이 맹수들을 잡고 계시는 끈을 놓으실 때에는 엄청난 비극이 일어날 수 있습니다.

하나님께서는 우리 인간 속에 있는 본질적인 죄성을 아셨습니다. 우리는 어렸을 때부터 악한 자들입니다. 우리의 뼛속까지 악한 본성이 스며들어 있습니다. 그러나 하나님께서는 다시는 이 악한 본성 때문에 홍수로 이 세상을 멸망시키지는 않기로 작정하셨습니다. 하나님께서 이렇게 홍수로 인간을 멸하시지 않으려면 순간순간 인간의 죄성을 차단해야 합니다. 그렇게 차단하는 것 중에 하나가 맹수들입니다. 인간이 범죄할 때마다 맹수가 공격하고 자연이 사람을 덮치게 함으로써 인간의 죄가 더 자라지 못하도록 막으시겠다는 뜻이 이 말씀 속에 들어 있는 것입니다.

숲속에서 웅크리고 있는 이 맹수들은 인간의 죄가 어느 수준으로 올라가면 언제든지 공격할 수 있는 적입니다. 단지 먼저 공격하지 않을 뿐입니다. 하나님께서는 항상 맹수들을 붙들고 계시며 개구리와 파리와 모기를 붙들고 계십니다. 그러나 이 붙들고 계신 손을 놓으시면 맹수는 언제든지 인간의 적이 될 수 있습니다. 숲속에 있는 맹수들은 미친개처럼 덤벼들 것이고 파리와 모기와 바퀴벌레가 인간들을 덮칠 것입니다. 하나님이 허용하시면 모기도 몇 분 안에 몇십 만 마리로 불어납니다. 메뚜기도 불어납니다. 그러나 하나님이 억제하고 계시기 때문에 사람들이 살 수 있는 것입니다.

또한 하나님께서는 자연을 붙들고 계십니다. 8장 22절에 보면 "땅이 있을 동안에는 심음과 거둠과 추위와 더위와 여름과 겨울과 낮과 밤이 쉬지 아니하리라"고 말씀하십니다. 하나님께서는 이렇게 자연을 붙들고 계십니다. 그렇다고 해서 이 세상에 한 번도 기근이나 홍수가 없으리라는 뜻이 아닙니다. 인간들을 완전히 멸망시킬 홍수나 지진은 없겠지만 언제 터질지 모르는 위험성과 불확실성이 우리들이 살고 있는 이 세상에 항상 내재되어 있습니다.

이 세상이 편안할 수 있는 이유가 무엇입니까? 하나님의 손이 이 세상을 붙들고 계시기 때문입니다. 하나님의 손이 맹수들의 입을 막고 있고, 수많은 개구리들이 강에서 올라오지 못하게 막고 있으며, 파리나 벌떼들에게 일정한 곳에서만 서식하라고 명령하셨기 때문에 우리가 편안한 삶을 사는 것입니다. 만약 하나님께서 이 붙들고 계신 손을 잠시라도 놓으시면 모든 것이 무질서와 혼돈으로 변하고 말 것입니다.

하나님께서는 이 세상에 하나님의 신을 지속적으로 보내셔서 모든 것을 붙들어 놓습니다. 자연이 미치지 않고 정상적으로 흘러가도록 하나님의 성령이 매순간 붙들고 계신 것입니다. 만약 하나님께서 1분 1초라도 하나님의 신을 우리에게서 거두신다면 바로 그 순간에 이 세상은 지옥으로 변하고 말 것입니다. 소는 밭을 갈다가 갑자기 돌아서서 주인을 받아 버리고, 돼지들은 전부 울타리에서 뛰쳐나올 것입니다. 닭들은 아이들을 쪼아대고, 개구리들은 육지로 다 기어올라올 것입니다. 자연이 미치면 사람들은 살 수 없습니다.

우리나라의 선조들은 자연의 이상변동에 대단히 민감했습니다. 그래서 개나리가 겨울에 피거나 쥐들이 집단이주를 하면 굉장히 두려워 했습니다. 또 이상한 새가 나타나서 깍깍거리면서 며칠을 울어 대는 것을 불길한 징조로 생각했습니다. 그리고 이러한 짐작은 많은 경우에 들어맞았습니다. 그 이유가 무엇입니까? 우리 선조들은 성경은 잘 몰랐습니다. 그러나 자연이 어느 한구석에서 터지기 시작하면 그때부터는 걷잡을 수 없는 붕괴가 온다는 것을 알았던 것입니다. 성경적으로 표현하자면 하나님이 이 땅에서 하나님의 신을 거두고 계심을 자연의 작은 변동을 통해서 알았던 것입니다. 하나님께서 성령을 거두시니 겨울에 개나리가 피고 목련이 핍니다.

사람들은 잘 느끼지 못하지만 하나님께서 이 세상에서 신을 거두실 때는 짐승들이나 미물들이 먼저 그것을 깨닫고 견딜 수 없는 고통과 불안으로 미쳐 날뜁니다. 쥐들은 성령에 민감한 것 같습니다. 하나님이 신을 거두려 하시면 쥐들이 전부 떠나거든요. 이런 현상은 이상한 것이 아닙니다. 미물들도 하나님의 신으로 미치지 않고 지내고 있기 때문입니다.

사람들이 죄성을 가지고 있으며 말할 수 없이 교만함에도 불구하고 세상이 그런대로 유지되고 있는 것은 하나님께서 붙들고 계시기 때문입니다. 하나님께서 말할 수 없는 긍휼로 하나님의 신을 이 땅에 보내서 자연과 질서를 붙들고 계시기 때문입니다. 영국이 망한 것은 '이신론' 때문입니다. 이신론은 옥스퍼드의 천재들이 생각해낸 것으로서, 하나님께서 이 세상을 창조하기는 하셨지만 간섭하지는 않고 저절로 굴러가게 만들었다는 이론입니다. 마치 시계공이 시계를 만들고서 테이프를 감아 놓으면 저절로 가는 것처럼 이 세상도 저절로 굴러간다는 이 이신론이 영국을 망쳐 놓았습니다.

그러나 하나님은 멀리 서서 구경하는 분이 아니십니다. 하나님이 쉴 새 없이 우리의 삶에 간섭하시고 붙들어 주시고 하나님의 성신을 보내서 모든 일반은총을 통하여 자연이 미치지 않도록 붙들고 계시기 때문에 우리는 하루라도 살 수 있는 것입니다. 암은 누구에게나 생길 수 있는 병입니다. 그런데 우리 안에 암을 억제하는 어떤 힘이 있어서 암이 생기지 않는 것입니다. 하나님께서 그 억제하는 힘을 제거하시면 누구든지 암에 걸릴 수 있습니다.

하나님께서 노아에게 약속하신 것이 무엇입니까? 이 세상에 계속 하나님의 신을 보내셔서 기본적인 질서를 지켜 주시겠다는 것입니다. 그러나 완전히 고쳐 주시겠다고 약속하지는 않으셨습니다. 맹수가 덤벼들지 않는 수준에서, 자연이 미치지 않고 정상적으로 돌아가는 수준에서, 어느 정도의 건강이 보장되는 수준에서 하나님의 신을 보내어 이 세상을 붙들어 주겠다고 하신 것이지요. 그러나 만약 자신이 주의를 하지 않아서 맹수가 있는 곳에 간다든지, 혹은 무리하게 몸을 사용해서 병에 걸린다든지, 아니면 정도 이상으로 교만한 마음을 먹을 때에는 지체없이 자연의 응징을 받게 될 것입니다.

하나님께서는 인간의 죄성을 홍수로 다스리지 않겠다고 약속하셨습니다. 인간은 본질적으로 악하기 때문에 자진해서 죄를 억제한다는 것은 기대할 수 없습니다. 그러므로 죄를 지을 때마다 홍수로 다스린다면 결국 아무도 살아남지 못하리라는 것을 하나님은 아셨던 것입니다. 홍수로 다스린다면 제2의 홍수, 제3의 홍수가 계속 일어나서 결국 어떤 인간도 살 수 없다는 것을 하나님은 아셨습니다. 그래서 하나님께서는 하나님의 신을 이 땅에 보내서 자연의 질서를 지켜 주시다가 죄가 어느 정도 이상이 될 때마다 하나님의 신을 거두심으로써 짐승들이 공격을 하게도 하고 홍수가 나게도 하고 기근이 나게도 해서 사람들이 겸손을 되찾게 하며 죄가 갈 데까지 가지 않게 하겠다고 말씀하시는 것입니다.

사람이 언제 멸망합니까? 두려움이 없을 때 멸망합니다. 지금까지 하나님께서는 인간들에게 두려운 것을 주지 않으셨습니다. 사랑으로 계속 기다리셨습니다. 노아 홍수 이전에는 가인이나 라멕 같은 살인자도 살려 주시면서 사랑으로 기다리셨습니다. 그러나 인간은 어떻게 했습니까? 갈 데까지 가버렸습니다. 악해질 만큼 악해졌고 더 이상 수습할 수 없을 정도로 마음껏 죄를 지었습니다. 그래서 하나님께서는 이제는 순간순간 징계하심으로써 인간이 극단적인 죄악까지는 가지 않도록 붙들어 주시겠다고 약속하시는 것입니다.

숲 속에서 웅크리고 있는 맹수는 완전히 변화된 맹수가 아닙니다. 단지 하나님께서 인간들을 공격하지 못하게 막고 계실 뿐입니다. 하수구에 있는 수많은 모기들도 하나님께서 막고 계십니다. 그러나 인간이 교만해지면 하수구의 모기가 급증할 것이며 공격할 것입니다. 그때는 바로 하나님께서 그 신을 우리에게서 거두고 계신 때인 줄 아십시오. 사람들이 인정사정도 없고 눈물도 없이 서로 짐승처럼 대하는 것은 하나님께서 성령을 거두고 계시기 때문입니다.

결국 성경이 우리에게 말씀하시는 것은 무엇입니까? 성령의 능력 없이 인간은 이 세상에서 한순간도 살 수 없다는 사실입니다. 우리가 밥 먹고 직장생활 하고 숨 쉬는 것은 하나님의 신이 이 자연을 붙들고 계시기 때문이며, 수많은 미물들과 맹수들을 지켜주고 계시기 때문입니다. 그러나 이것은 성령의 본질적인 사역이 아닙니다. 성령이 하시는 가장 중요한 사역은 우리 마음에 오셔서 우리의 속사람을 변화시키는 것입니다. 하나님께서는 노아에게 이것까지는 약속하시지 않으셨습니다. 왜냐하면 이것은 그리스도께서 우리에게 주실 부분이기 때문입니다.

육식의 허용

하나님께서 노아에게 두 번째로 축복하신 내용은 육식의 허용입니다. 3절을 보십시오.

무릇 산 동물은 너희의 식물이 될지라 채소같이 내가 이것을 다 너희에게 주노라

아마 육식을 좋아하시는 분은 하나님의 이 명령이 너무나도

당연하며 오히려 늦은 감이 있다고 생각할지 모르겠습니다. 저도 육식을 좋아하는 사람 중 하나입니다. 그러나 최초의 사람들은 살아 있는 짐승을 잡아먹는다는 것을 이해하지 못했습니다. 왜냐하면 살아서 움직이는 것은 모두 사람들의 친구였지 식량이 아니었기 때문입니다.

아이들에게 가장 충격적인 사건은 어제까지 같이 놀던 개나 닭이 밥상에 오르는 것입니다. 아버지나 어머니는 개다리를 뜯으면서 "왜 싫으냐? 이거 굉장히 고단백질이야" 하지요. 하지만 애들은 어제까지 같이 뛰어놀던 닭이 해체되어서 양념이 돼가지고 밥상에 올라와 있는 것을 견디지 못합니다. 왜냐하면 아이들에게는 개나 닭이 먹는 대상이 아니라 친구이기 때문입니다. 애들은 살아서 움직이는 것을 친구로 생각하지 양식으로 생각하지 않습니다. 그래서 키우던 개가 팔려가는 날이면 아침부터 저녁까지 웁니다. 개가 어른들에게는 영양의 보고가 될지 모르지만 애들에게는 친구입니다. 친구가 팔려가는데 어떻게 안 울 수가 있습니까?

최초의 사람들은 살아 있는 짐승을 잡아먹는다는 것을 몰랐습니다. 그때는 땅이 엄청난 위력을 발휘해서 한번 농사를 지으면 백 배, 천 배의 결실을 맺었습니다. 그러니 굳이 살아 있는 것을 잡아먹을 필요가 어디 있습니까? 그러나 사람들이 죄를 짓고 난 후에는 농사가 잘 되지 않았습니다. 땅이 힘을 잃어버렸기 때문입니다. 아무리 열심히 농사를 지어도 식구들이 겨우 먹을 정도밖에는 열매가 맺히지 않았고, 그나마 흉년이 들면 굶어 죽는 사람도 생기기 시작했습니다.

그때 사람들이 무엇을 보았습니까? 맹수가 다른 짐승들을 잡아먹는 것을 본 것입니다. 그때 섬광처럼 머릿속에 떠오르는 생각이 '저렇게 해서도 살 수 있구나. 다른 짐승을 잡아서 먹을 수도 있구나' 하는 것입니다. 그래서 한번 잡아먹어 보니까 별로 맛이 없어요. 그런데 구워서 먹으니까 맛이 기가 막힙니다. 거기에 소금을 치고 참기름을 치니까 더 괜찮습니다. 사람들은 이미 홍수 전에 육식을 했습니다.

그렇다면 하나님께서 노아에게 육식을 허용하신 것에는 어떤 의미가 있습니까? 이것은 축복이라고 보기 어렵습니다. 이것은 양보조항으로 보아야 합니다. 즉 앞으로도 식량 문제는 해결되지 않는다는 것입니다. 홍수는 끝나고 새로운 천지가 열렸지만 땅은 그 힘을 회복하지 못할 것이며 최소한의 생존에 필요한 만큼의 열매밖에 맺지 못할 것입니다. 그러니까 육식이라도 해서 먹고살라는 의미인 것입니다.

그러나 하나님께서는 절대로 피까지 먹어서는 안 된다고 말씀하셨습니다. 육식을 하는 것은 생존을 위한 어쩔 수 없는 양보조항이기 때문에 생명의 존엄성까지 파괴하면서 육식을 즐겨서는 안 된다는 것입니다. 다시 말해서 육식은 죄의 결과로 생긴 기근이나 가난 때문에 허용하신 것이지, 사람들이 당연히 동물들을 다 잡아먹을 권한이 있다거나 몸보신을 위해 무엇이라도 먹어도 된다는 뜻은 아닌 것입니다.

옛날 우리나라의 형편을 한번 생각해 보십시오. 먹을 것도 흔치 않았는데 고기가 어디 있습니까? 고기 먹을 기회는 굉장히 드물었어요. 어떤 때는 국에 된장이 덜 풀어진 것을 고기덩어리인 줄 알고 힘을 다해서 집었다가 실망한 추억들이 많지 않습니까? 그러다가 동네에 잔치가 있어서 돼지라도 한 마리 잡으면 그때야말로 영양보충할 수 있는 유일한 기회지요. 그것을 죄라고 할 수는 없습니다.

그러나 피는 마시지 말아야 합니다. 영양보충은 해도 좋지만 육식을 즐기고 그것을 취미 삼아서는 안 된다는 것입니다. 우리는 '돼지야. 우리가 너를 잡아먹는 것은 즐거움 때문이 아니란다. 살려고 하다 보니 어쩔 수 없구나. 좌우간 우리를 위하여 죽어 주어서 정말 고맙다' 하는 심정으로 먹어야 합니다. 그런 의미에서 우리

나라의 보신탕은 가난한 서민의 유일한 영양보충이었습니다. 이것을 외국인들이 이해할 수가 없지요. 가난한 서민들의 사정을 그들이 어떻게 이해하겠습니까?

하나님께서 왜 최초의 사람들과 짐승들에게 채식만 허용하셨습니까? 이것은 먹는 문제에서 공격적이 되어서는 안 된다는 것입니다. 먹는 것은 하나님께서 주신 것을 서로 나누어 가지는 교제가 되어야지 공격이 되면 안 됩니다. 그래서 사람과 짐승들이 서로 공격하지 못하도록 전부 채식을 하게 하신 것입니다. 먹는 것보다 더 중요한 것이 교제였습니다. 아이들을 보십시오. 아이들은 먹는 것도 잊어버리고 하루 종일 친구들이나 개와 더불어 놉니다. 어른들은 개를 보면 복날을 떠올리지만 아이들은 먹는 것도 잊어버리고 하루 종일 놀아요. 왜냐하면 먹는 것보다 교제가 더 재미있기 때문입니다.

한번 생각해 봅시다. 만약 우리가 먹지 않아도 살 수 있다면 어떤 일이 일어날까요? 먹지 않아도 살 수 있다면 우리의 생활은 엄청나게 풍성해질 것입니다. 우리는 거의 대부분의 에너지와 정력을 먹는 문제에 쓰고 있습니다. 이것이 옳은 일일까요? 우리는 먹지 않으면 무엇보다 사람을 만날 일이 없고 교제할 일이 없습니다. 거의 대부분의 교제가 먹으면서 이루어지니까요. 그러나 만약 먹지 않고 아름다운 교제를 나눌 수 있다면 그 교제가 얼마나 풍성하겠습니까?

오늘 현대인들에게 가장 문제가 되는 몸의 일부분은 바로 혀라고 생각합니다. 이 혀가 얼마나 예민해졌는지 생선회의 신선도에서 육류의 질긴 정도, 그리고 탕의 매운 정도까지 아주 정확하게 평가를 해냅니다. 그래서 우리 몸에서 가장 요물스러운 부분이 이 혀라고 이야기할 수 있습니다. 누군가가 대접한 음식을 혀로 맛보았는데 별로 시원치 않을 때 인격 전체가 불쾌해지는 것은 이 혀가 얼마나 요물인지를 보여 주는 증거입니다. 하나님의 심판대 앞에서 제일 엄한 벌을 받아야 할 부분이 바로 이 혀일 것입니다. 이 혀로 온갖 좋은 것을 다 누리고 이 혀로 온갖 못된 말을 다 하니까요. 불집게로 이 혀부터 뽑힐지도 모릅니다.

하나님께서 육식을 허용하신 것은 양보조항이라는 것을 기억하십시오. 기근 때문에 도저히 농사가 안 되니까 굶어 죽지 않도록 가축이라도 잡아먹으며 살라는 뜻이지, 이 혀로 온갖 맛 좋은 것을 다 구별하여 이 식당 저 식당 돌아다니면서 혀를 최대한으로 예민하게 만들어서 혀로 사는 인생을 누리라는 뜻이 아닙니다.

주님은 말씀하셨습니다. "목숨을 위하여 무엇을 먹을까, 몸을 위하여 무엇을 입을까 염려하지 말라." 공중의 새는 농사도 짓지 않고 곡식 창고도 없지만 굶어 죽는 법 없이 아름다운 목소리로 하나님을 노래하고 있습니다. 우리에게 중요한 것은 '채식이냐, 육식이냐'가 아니라 어떻게 하면 이 먹는 문제를 극복하고 본연의 자세를 되찾느냐 하는 것입니다.

여러분, 제가 실직하면 공중의 새를 보라고 그랬지요? 이것은 주님의 명령입니다. 옷이 떨어져갈 때는 버스를 타고 나가서 들에 핀 백합화를 보십시오. 양식과 옷 입는 것을 걱정하지 말고 단 하루를 살아도 하나님 앞에 아름답게 사는 것이 우리에게 주어진 숙제입니다. 하나님께서 우리의 먹을 것을 먼저 염려하십니다. 그러므로 한순간을 살아도 기쁨으로 사십시오. 넉넉하게 사십시오. 이것이 주님이 우리에게 주신 특권입니다.

살인자를 처벌하라

하나님께서는 홍수 후에 인간들 사이에는 여전히 살인이 있을 것인데, 살인한 자는 반드시 찾아서 처벌하라고 말씀하셨습니다. 5절과 6절을 보십시오.

> 내가 반드시 너희 피 곧 너희 생명의 피를 찾으리니 짐승이면 그 짐승
> 에게서, 사람이나 사람의 형제면 그에게서 그의 생명을 찾으리라 무릇
> 사람의 피를 흘리면 사람이 그 피를 흘릴 것이니 이는 하나님이 자기
> 형상대로 사람을 지으셨음이니라

하나님께서는 무서운 말씀을 하십니다. 홍수 심판 후에도 인간들은 여전히 미워하고 죽이리라는 것입니다. 그 대신에 살인자는 반드시 찾아서 처벌하라고 하십니다. 이것은 개인적인 보복이 허용된다는 뜻이 아닙니다. 합법적인 절차를 통하여 처벌하라는 것입니다. 성경신학자들은 바로 이 명령에서부터 정부가 생겼다고 생각합니다. 정권이 생기게 된 것은 단순히 사회계약 때문이 아닙니다.

사람들의 마음속에는 해결되지 않은 분노가 있습니다. 그래서 만약 자연 상태로 그대로 내버려 둔다면 서로가 보복하고 공격해서 이 세상은 피투성이가 되고 말 것입니다. 그래서 하나님께서 개인적인 보복을 하지 못하게 하고 피 흘린 자를 합법적으로 처벌하게 하기 위해서 이 사회에 정부를 세우게 하시고 공권력을 허용하신 것입니다. 그래서 성경은 모든 권력이 하나님으로부터 왔다고 말씀하고 있습니다. 그것은 정권을 잡은 자가 하는 일이 모두 옳다는 뜻이 아니라, 정부를 세워서 사람들의 악한 본성을 억제하고 개인이 개인에게 사적으로 보복하지 못하도록 한 것이 하나님의 뜻이라는 의미입니다.

그래서 우리는 정부에 대하여 지나치게 환상적인 생각을 가지면 안 됩니다. 예를 들어서 어떤 사람이 대권을 잡으면 갑자기 이상적인 사회가 오리라고 기대하는 것은 환상입니다. 또 중소기업청이 생겼다고 해서 중소기업이 많은 혜택을 받을 것이라는 생각도 환상입니다. 정부는 사람을 행복하게 해줄 능력이 없습니다. 단지 사람들 속에 있는 악한 본성을 제어해서 강한 자가 개인적인 야욕으로 약한 자를 괴롭히지 못하도록 저지하는 것이 정부의 기능입니

다. 어떤 정권도 사람을 행복하게 만들어준 적이 없습니다. 행복은 하늘에서 오는 것이지 정권이 만들어주는 것이 아닙니다.

하나님께서는 사회적인 제도를 통해 우리 안에 있는 죄성을 통제하심으로써 이 세상이 스스로 멸망하는 것을 막으셨습니다. 정부가 없으면 그야말로 무정부상태에 빠져서 사람의 악을 저지할 수 없는 수준에 이르게 되고, 그러면 또 홍수가 와야 합니다. 그렇기 때문에 정권을 잡은 손에 칼을 주셔서 악이 어느 수준을 넘지 못하도록 막고 계시는 것입니다. 그러나 마귀는 이 하나님의 일반은총을 악용하여 하나님을 대적하며 더 많은 죄를 짓는 수단으로 정권을 전락시켰습니다. 그때의 정부는 하나님의 사자가 아니라 요한계시록에 나오는 짐승입니다.

배에서 나온 노아는 두려움에 가득 차 있었습니다. 모든 것이 불확실하고 또 앞으로 어떤 일이 닥칠지 예상할 수 없는 세상에서 살아야 했기 때문입니다. 노아는 우리 인간의 죄가 완전히 해결되지 않았다는 것을 알았습니다. 홍수로 거의 대부분의 사람이 멸망했음에도 불구하고 죄의 문제는 전혀 해결되지 않았습니다. 하나님께서는 이 죄의 문제를 안고 새로운 삶을 시작하는 노아에게 다시는 홍수로 멸망시키지 않을 테니 배에서 나오라고 말씀하십니다. "그 배를 버려라. 그 배는 다시는 필요치 않을 것이다. 인간은 또 죄를 짓겠지만 다시는 홍수로 인간을 멸망시키지 않겠다"고 약속하고 계십니다.

하나님께서는 인간의 죄성에 어떤 장치를 하셨습니다. 그것은 완전한 해결 방식은 아니었습니다. 그것은 임시방편과 응급처치에 불과했습니다. 위험한 것은 세 가지였습니다. 첫째는 자연이 질서를 지켜 줄 것인가, 둘째는 사람이 사람을 지켜 줄 것인가, 셋째는 양식이 모자라면 어떻게 할 것인가 하는 것입니다. 이에 대하여 하나님께서는 자연을 지켜 주겠다고 약속하셨습니다. 완전한 것은 아니지만 사람이 충분히 주의하기만 하면 맹수에게 당하는 일은 없으리라고 하셨습니다. 또 인간의 마음에 대하여는 사회의 공권력을 통해 서로 피 흘리지 못하게 하겠다고 약속하셨습니다. 그리고 양식이 떨어지면 살아 있는 짐승을 잡아서 생명을 유지하라고 말씀하셨습니다. 우리가 알다시피 하나님의 이 축복은 완전한 문제의 해결이 아니었습니다. 문제를 뻔히 보시면서도 임시방편으로 막으시고, 그들이 살 수 있도록 축복하신 것이지요.

그러면 참된 문제의 해결은 어디에 있습니까? 예수께서 오셔서 그 십자가의 피로 우리의 죄를 용서해 주셔야 합니다. 노도같이 쏟아지는 홍수로는 하나님의 진노를 끄지 못했습니다. 그러나 예수 그리스도께서 십자가에서 흘리신 피 한 방울이 하나님의 진노를 완전히 막았습니다. 그 전의 것은 임시방편이자 응급처치로서 완전한 해결 방법이 아니었습니다.

하나님께서 주시고자 하는 것은 건강한 몸이 아닙니다. 지식이나 명예가 아닙니다. 하나님이 원하시는 것은 성령을 주셔서 우리를 다른 사람으로 만드는 것입니다. 한꺼번에 제일 많은 사람이 죽었을 때가 언제인지 아십니까? 바로 노아 홍수 때입니다. 지옥에 가보면 아마 홍수 동창회라는 것이 있을 것입니다. 2차대전 동창회, 한국전쟁 동창회도 있지만 노아 홍수 동창회가 지옥에서 가장 막강한 파워를 행사하고 있을 것입니다. 그러나 그 죽음으로도 하나님의 용서를 끌어낼 수 없었습니다. 오직 예수 그리스도의 보배로운 피가 우리를 하나님 앞에서 완전히 용서받게 했으며, 하나님 앞에서 부끄러울 것이 하나도 없도록 완전히 치료했습니다.

하나님의 용서를 받는다는 것은 예수의 피가 나의 모든 죄를 용서했다는 것을 단순히 인정하는 것이 아닙니다. 내가 그 용서를 여기서 누려야 합니다. 하나님의 용서를 누리는 사람은 자기 모습이 있는 그대로 받아들여집니다. 키가 작은 것, 늙은 것, 학력이 짧은 것, 전공이 맘에 들지 않는 것, 우리 집이 가난한 것, 우리 부모의 모습, 전부 다 받아들여집니다. 다 용납이 되고 기쁩니다. 전에는 아버지가 미워서 지나갈 때마다 일부러 아버지 구두를 밟고 다녔습니다. 그런데 진짜 용서를 경험한 사람은 아버지를 끌어안습니다. "사랑해요, 아버지"라는 말이 입에서 나와요. 이유는 모르지만 사랑합니다. 또 전에는 뚱뚱한 몸을 보고 "이게 사람인지 뭔지 모르겠다"고 하면서 학대하고 괴롭혔는데 이제는 자기가 소중하다는 것을 깨닫습니다. "뚱뚱해도 좋아. 풍성하잖아!" 이것이 진정으로 용서받은 자의 자세입니다.

하나님의 해결 방법이 무엇입니까? 우리를 완전히 용서하시고, 존귀한 성령을 우리 안에 퍼부어서 우리를 새 사람 되게 하는 것입니다. 성령이 속에 있는 사람은 아무것도 두려워하지 않습니다. 온 세상이 불타도 성령의 사람은 타지 않습니다. 사드락, 메삭, 아벳느고처럼 머리털 하나, 옷 하나 탄 냄새 없이 안전하게 보존될 것입니다. 우리집 위에 있는 기왓장 전부가 마귀라 하더라도, 모든 마귀가 밤새도록 소리 지르면서 공격한다 하더라도 안전합니다. 왜냐하면 성령께서 나를 지켜주시기 때문입니다.

하나님의 백성은 굶어도 살아요. 모세가 40일 주야를 아무것도 먹지도, 마시지도 않고 산 것은 '하나님의 백성은 양식으로 사는 것이 아니고 하나님이 주시는 기쁨으로, 말씀으로 산다'는 것을 우리에게 보여 주는 것입니다. 모세가 40일 주야를 먹지도 않고 마시지도 않고 하나님과 교제한 것은 우리가 천사보다 탁월하다는 것을 보여 주는 거예요. 우리는 안 죽습니다. 우리는 침체되어서 힘이 없는 것이지 굶어서 힘이 없는 것이 아닙니다. 자기가 스스로 '나는 굶었다. 그래서 힘이 없다. 그러므로 쓰러져야 되겠구나' 하고 쓰러지면 몰라도 절대 안 쓰러집니다.

결혼하는 날에 밥을 많이 먹는 신부는 문제가 있습니다. 신부는 그날 아무것도 안 먹어도 기뻐요. 그런데 어떤 한 형제가 와서 그러더라구요. "목사님, 그런 말 하지 마십시오. 제 아내는 결혼식할 때 40분 늦었습니다." "왜요?" "비빔밥 먹느라구요." 자기는 안 먹으면 쓰러진다는 거예요. 물론 그런 신부도 있습니다. 그러나 일반적으로 결혼식 날에는 아무것도 안 먹어도 배고프지가 않아요. 너무 기쁘기 때문이지요. 우리 그리스도인들도 그렇습니다. 성령이 내 속에 계시면 굶었는지 안 굶었는지 잘 모릅니다. 막 날아가고 싶습니다. 절대로 타 죽지 않습니다. 유황불이 쏟아져도, 지옥 한가운데서도 안 타 죽습니다. 성령이 함께 하시기 때문입니다.

여러분, 이 세상은 성령이 주시는 일반은총으로 삽니다. 그 일반은총을 조금이라도 거둔다면 이 세상은 완전히 혼돈과 지옥으로 변할 것이며, 사람들은 미쳐 날뛰는 짐승과 곤충의 공격을 보게 될 것입니다. 온 우주와 자연을 붙들고 계신 성령이 우리 속에 퍼부어져서 하나님의 영광을 누리게 하고, 하나님이 주시는 능력과 은혜로 살게 하고, 우리로 하여금 참된 하나님의 축복이 무엇인지 깨닫게 하는 그것이 바로 하나님이 주시는 진정한 축복입니다.

우리의 미래는 불확실합니다. 우리는 먹는 문제에 매일 수 있습니다. 또 정부의 높은 자리에 올라가서 한번 큰소리치고 싶은 생각이 들 때도 있습니다. 그러나 우리는 우리 안에 전능하신 하나님의 거룩한 영이 계심을 알아야 합니다. 여러분, 이분이 역사하시도록 기회를 드리십시오. 내 속에 있는 성령이 얼마나 강한 분이며 전능하신 분이신지 드러내실 기회를 드리십시오. 한번 경험해 보십시오. 우리는 이 성령이 얼마나 대단한 분인지 모르고 있기 때문에 배를 채우려고 하고 이 세상의 권력을 잡으려 하고 다른 것을 의지하려고 하는 것입니다. 성령이 내 속에 계시면 아무것도 두려워할 것이 없습니다. 전능하신 하나님이 우리를 영원히 복되게 살게 하실 것입니다. 이 세상이 아무리 악하고 죄악스러워도, 아무리 질병이 날뛰고 사고가 많다고 하더라도 성령이 우리를 지켜 주실 것입니다.

26

무지개
언약

20세기에 들어선 지 얼마 안 되었을 때 영국의 어느 천문기상대가 '지구가 어느 혜성과 충돌하여 인류가 멸망하게 될 것 같다'는 발표를 한 적이 있었습니다. 그 발표가 나온 후 영국 사회가 어떻게 되었는지 아십니까? 완전한 혼란 그 자체였습니다. 여자들은 매일 울부짖으면서 지냈으며 남자들은 날마다 폭음하면서 지구 멸망의 날을 기다렸습니다. 그러나 혜성이 지구를 비켜가는 바람에 그 발표는 하나의 해프닝으로 끝나고 말았습니다. 혜성과 지구가 충돌하기는 했는데 그 핵과 충돌한 것이 아니라 가스층으로 되어 있는 꼬리와 충돌했기 때문에 지구에 아무런 영향도 주지 못한 것입니다.

내일이나 한두 달 후에 정말 지구의 종말이 온다면 여러분은 무슨 일을 하겠습니까? 아마 우리는 아무것도 하지 못할 것입니다. 울고 불고 하면서 미친 사람들처럼 돌아다니거나, 냉장고에 있는 것을 다 꺼내 먹고 마시면서 하루하루를 보낼 것입니다. 도대체 무슨 일을 하겠습니까? 공부를 하겠습니까? 장사를 하겠습니까? 물론 어떤 철학자는 "내일 지구의 종말이 온다 해도 나는 한 그루의 사과나무를 심겠다"고 큰소리를 쳤지만 진짜 사과나무를 심는 사람은 아무도 없을 것입니다.

홍수는 끝났습니다. 그러나 홍수에서 살아남은 노아와 그의 가족들이 깨달은 것이 하나 있었는데, 그것은 이 세상이 결코 안전한 구조로 되어 있지 않다는 것입니다. 노아 홍수는 단지 비가 많이 내렸기 때문에 생긴 단순한 홍수가 아니었습니다. 이것은 창조질서의 파괴였고 자연질서의 중단이었습니다.

홍수 때 하늘이 완전히 미쳐 버렸습니다. 사람들은 하늘이 마구 울부짖으면서 물이란 물을 다 쏟아내는 모습을 보았으며 땅이 아래로 한없이 꺼지는 것을 보았습니다. 또 바다는 육지 위로 기어 올라왔습니다. 모든 것이 미쳤습니다. 노아는 우리가 살고 있는 이 세상은 안전한 구조로 되어 있지 않으며 언제든지 미칠 수 있다는 것을 깨달았습니다. 자연법칙은 절대적인 것이 아니며 하나님의 명령에 따라서 얼마든지 비정상적으로 될 수 있다는 것을 깨달은 것입니다.

우리가 하루하루 염려 없이 가정생활과 직장생활을 하는 이유는 내일도 오늘과 같으리라는 믿음이 있기 때문입니다. 만약 그 믿음이 없다면, 당장 내일 지구에 종말이 온다면 우리는 아무 일도 하지 못하고 미쳐서 발작하며 시간을 보낼 것입니다.

홍수는 끝났지만 자연의 분노는 아직 다 식지 않았다는 것을 노아는 알고 있었습니다. 하늘은 아직도 우르릉거리면서 인간에 대한 분노를 나타내고 있으며 땅은 여전히 흔들리고 있습니다. 바다는 일단 물러났지만 언제라도 육지를 덮칠 듯한 기세를 보이고 있습니다.

그때 하나님께서는 노아에게 약속을 하나 하셨습니다. 그것은 아주 중요한 약속이었습니다. 노아에게만이 아니라 이 세상에 있는 모든 생물들과 다가올 세대의 모든 사람들에게도 중요한 약속이었습니다.

그 약속은 앞으로 어떤 일이 있어도 자연질서가 파괴되는 일은 없으리라는 것입니다. 하나님은 하늘이 미쳐서 물을 전부 토해내

고 땅이 꺼지며 바다가 육지를 덮쳐서 모든 것을 삼켜버리는 창조질
서의 파괴는 다시 일어나지 않으리라는 약속을 노아와 이 세상에 살
고 있는 모든 생물들과 오늘 우리들에게까지 약속하셨습니다.

이 말은 앞으로 이 세상에 지진이나 홍수나 한발이나 전쟁
이나 질병이 단 한 번도 일어나지 않으리라는 뜻이 아닙니다. 오히
려 부분적으로는 그런 재앙들이 수없이 일어날 것입니다. 그러나
다시는 자연질서가 중단되어서 인류가 이처럼 몰살하는 일은 없을
것입니다. 이 자연질서는 언제까지 지속됩니까? 하나님이 이 세상
을 심판하시는 마지막 순간까지입니다. 그때까지 이 세상은 질서를
지켜줄 것이며 창조질서는 계속 보존될 것입니다.

이것이 바로 하나님의 무지개 언약입니다. 하나님께서는 무
지개를 걸고 이 약속을 하시면서, 아무리 인간들이 반역하고 죄를
지으며 악한 일을 한다 하더라도 이 인류의 역사를 최종적으로 마
무리하는 그 순간까지 창조질서를 지켜주실 것이며, 다시는 노아
홍수와 같이 창조질서가 파괴되어 인류가 몰살하는 일은 일어나지
않으리라고 말씀하셨습니다.

하나님의 언약

우리는 어떤 경우에 언약을 세웁니까? 사람의 마음이 변덕
스러워서 말만으로는 믿을 수 없을 때 언약을 세웁니다. 그렇지 않
으면 관계가 불안정하기 때문에 우리는 아무것도 할 수 없습니다.
그러나 언약을 세우면 서로가 그 언약에 매이기 때문에 관계가 안
정될 수 있습니다. 예를 들어서 누가 기분이 굉장히 좋은 상태에서
집을 빌려주면서 자기 집에 와서 살라고 하길래 이사를 했습니다.
그런데 그다음 날 나가라고 합니다. 자기 마음이 변했다는 겁니다.
매사가 이런 식이라면 우리는 불안정해서 살 수가 없을 것입니다.

그래서 언약을 맺어서 입주자가 언제부터 언제까지 살 것인지, 또 집세는 언제 얼마를 낼 것인지 정합니다. 그리고 그 언약으로도 확신이 서지 않으니까 보증금을 겁니다. 그러면 서로가 편안하게 지낼 수 있지요.

결혼도 언약입니다. 처음에는 매일 좇아다니면서 창문 밑에서 노래를 불러댑니다. 그래서 결혼을 했는데 마음이 변해서 따로 살자고 하면 어떻게 합니까? 그래서 결혼식은 결혼의 언약입니다. 자기가 알고 있는 사람들을 다 불러 놓고, 검은 머리가 파뿌리가 될 때까지 영원히 사랑하겠다고 약속합니다. 이렇게 언약을 세웠기 때문에 좀 싫증이 나고 아내가 뚱뚱해져도 변함없이 사랑해야 하는 것입니다. 이 세상에서 절대로 믿을 수 없는 것이 사람의 마음입니다. 이 마음은 하루에 열두 번도 더 변합니다. 그래서 언약을 세웁니다. 그러면 이 언약에 서로가 매이기 때문에 안심하고 살 수가 있습니다.

하나님께서는 홍수가 끝난 후 노아를 대표 삼아 모든 피조물들과 언약을 세우십니다. 9장 8절에서 11절을 보십시오.

하나님이 노아와 그와 함께 한 아들들에게 일러 가라사대 내가 내 언약을 너희와 너희 후손과 너희와 함께 한 모든 생물, 곧 너희와 함께 한 새와 육축과 땅의 모든 생물에게 세우리니 방주에서 나온 모든 것 곧 땅의 모든 짐승에게니라 내가 너희와 언약을 세우리니 다시는 모든 생물을 홍수로 멸하지 아니할 것이라 땅을 침몰할 홍수가 다시 있지 아니하리라

우리는 눈에 보이는 이 세계가 당장 멸망하리라고 생각하지 않습니다. 왜냐하면 늘 일정했기 때문입니다. 그러나 노아는 보았습니다. 자연질서가 깨지면서 지구가 한순간에 도화지 구겨지듯이 구겨지고 바닷물이 밀려들며 하늘이 미치는 것을 보았습니다. 노아

홍수는 절대로 단순한 홍수가 아닙니다. 노아 홍수를 그냥 물이 범람해서 생긴 홍수로 생각하면 성경에서 노아 홍수에 대해 증언하고 있는 이 몇 장을 전혀 이해하지 못합니다.

노아 홍수는 자연질서의 파괴였고 창조질서의 중단이었습니다. 하늘이 하늘이 아니었고, 땅이 땅이 아니었고, 바다가 바다가 아니었습니다. 창조질서가 아예 없어져 버렸습니다. 모든 것이 구겨지고 엉망이 되어버렸습니다. 노아는 이 사실을 누구보다도 잘 알고 있었습니다. 노아는 언제든지, 당장 내일이라도 지구의 종말이 올 수 있다는 것을 알고 있는 사람입니다. 그런데 그때 하나님께서 '이 세상 끝날까지 다시는 이러한 창조질서의 붕괴가 오지 않을 것'이라고 약속하신 것입니다.

홍수만이 아닙니다. 인류를 몰살시킬 수 있는 것은 그밖에도 아주 많습니다. 예를 들어서 그 천문기상대의 발표처럼 어떤 혜성이 나타나서 지구와 충돌하면 어떻게 되겠습니까? 혜성은 지구보다 수만 배나 더 단단합니다. 지구와 혜성이 부딪치면 지구는 산산조각나고 맙니다. 또 태양이 너무 뜨거워지면 지구는 다 타버립니다. 원자탄이 터져서 멸망할 수도 있습니다. 그러나 하나님께서는 하나님이 계획하신 마지막 순간까지 그런 일이 없으리라고 하셨습니다. 홍수뿐 아니라 혜성과의 충돌이나 원자탄이나 에볼라 바이러스 같은 것이 퍼져서 인류 전체가 몰살하는 이런 일이 없으리라고 약속하고 계신 것입니다. 하나님께서는 이것을 언약의 형태로 말씀하셨습니다.

왜 하나님께서 언약을 하실까요? 하나님의 마음이 변덕스럽기 때문에 자신도 믿을 수가 없어서 언약을 맺으시는 것입니까? 오늘 본문을 보면 마치 그런 것처럼 생각됩니다. 구름이 땅을 덮을 때 무지개가 구름 속에 나타나면 하나님께서 그것을 보시고 "아차! 내가 약속을 했지. 이제 비를 그만 내려야 되겠구나" 하시는 것 같습니다. 이런 표현법을 신인동형론적 표현이라고 합니다. 마치 유치원에 다니는 아기나 그보다 더 어린 아기들에게 엄마가 아기말을 하는 것과 같습니다. 아이하고 엄마에게는 둘만 통하는 방언이 있어요. 옷도 '옷'이라고 하지 않고 '꼬까'라고 합니다. 저는 그게 뭔지 몰랐는데 알고 보니 옷이었어요. 나중에 엄마들과 이야기를 해 보니까 한국말을 아주 잘 하시더라구요. 그런데도 아기하고 이야기할 때는 '꼬까' 같은 말을 하면서 아이의 수준에 맞추어서 이야기합니다.

하나님은 언약을 잊지 않으십니다. 무지개 같은 것이 없어도 하나님은 얼마든지 말씀하신 것을 지키십니다. 그런데 하나님께서는 우리 수준에 맞추기 위해 언약을 맺으신 것입니다. 우리는 우리가 변덕스러우니까 하나님도 변덕스럽다고 생각합니다. 또 내가 하나님을 미워하니까 하나님도 나를 미워하는 줄 압니다. 그래서 하나님이 우리 수준으로 내려와서 말씀하십니다. "그래, 너네 미워. 그래, 나도 변덕스러워. 그러니까 이제는 너희를 안 미워한다고 약속할게." 이렇게 하나님께서는 사람들이 편안하게 생활할 수 있도록 언약을 맺으시는 것입니다.

왜 하나님은 이런 언약을 세워서 우리를 불안하지 않게 하십니까? 하나님은 우리가 어떤 두려움이나 어쩔 수 없는 상황에 빠졌기 때문에 하나님께 돌아오는 것을 원하지 않으십니다. 하나님이 원하시는 것은 우리가 정상적인 상태에서 하나님이 어떤 분이신지 깨달으며 자기 자신이 어떤 상태에 있는지 깨닫고 하나님을 경배하는 자리로 돌아오는 것입니다.

노아 홍수가 일어난 이유가 무엇입니까? 노아 홍수가 일어나기 전 상황을 알지 못하면 하나님의 처사가 너무 지나치다고 생각하기 쉽습니다. 사실 하나님은 노아 홍수 이전 사람들에게 거의 무제한의 자유를 허락하셨습니다. 하나님께서는 살인자 가인과 라멕을 죽이지 않으셨습니다. 정부의 간섭이나 경찰의 단속 같은 것도 없었습니다. 적어도 노아 홍수 이전에는 국가나 공권력이 존재한 흔적을 찾을 수 없습니다. 거의 무제한의 자유가 주어졌습니다. 그러나 그 결과가 무엇입니까? 철저한 타락이고 배반이었습니다. 사람들은 더 이상 회복될 수 없을 정도로 부패했습니다. 하나님께서는 사람들에게 주실 것을 다 주셨습니다. 충분한 시간을 주셨고 철저한 자유를 주셨습니다. 그러나 나타난 결과는 완전한 부패였습니다. 그래서 그들은 멸망당했습니다.

하나님은 홍수 이후에 무제한의 자유를 주지 않으십니다. 하나님께서는 부분적으로 몇 가지를 수정하셨습니다. 우선 사람들의 수명이 현저하게 단축됩니다. 그리고 살인자는 살려두지 않겠다고 말씀하십니다. 정부를 세워서 법적인 재판에 회부해서 죽게 하겠다고 말씀하십니다. 때때로 전쟁이나 기근을 통하여 사람들을 심판하기도 하실 것입니다. 그럼에도 불구하고 하나님께서는 여전히 사람들에게 은총을 내리시며 그들을 축복하셔서 편안한 상태에서 세상 끝날까지 살 수 있도록 보장해 주시겠다고 약속하십니다.

이것이 무엇입니까? 하나님의 일반은총입니다. 일반은총은 하나님께서 인간과 피조물들에게 베푸시는 사랑입니다. 하나님은 의로운 자와 악한 자 모두에게 비를 내리시며 햇빛을 비추어 주십니다. 악한 자들 중에서도 건강한 사람들이 많지 않습니까? 하나님은 악한 사람이라고 해서 전부 병들게 하고 머리를 나쁘게 만들거나, 의로운 자라고 해서 전부 건강을 주시며 일등만 하게 하지 않습니다. 설사 하나님을 모르는 자라고 하더라도 부지런히 열심히 일하면 돈을 벌게 하시지요.

여러분, 우리는 얼마나 놀라운 하나님의 은혜로 살고 있는지 모릅니다. 한 해라도 비가 오지 않으면 어떻게 됩니까? 수많은 사람들과 생물들이 죽을 수밖에 없습니다. 또 기온이 너무 올라가도 우리는 죽습니다. 우리 몸을 한번 생각해 보십시오. 우리 몸에는 수없는 병균이 침투해 있습니다. 그러나 항체가 있어서 잘 막아줍니다. 또 우리에게는 상식이 있습니다. 이 건전한 상식만 가지고도 우리는 아름답고 균형잡힌 삶을 살 수 있습니다.

'정상'이라는 것이 얼마나 귀한 일인지 모릅니다. 아기가 태어나면 무엇이라고 이야기합니까? "아이는 정상이야!" 그러면 모두들 "그래? 정상이야?" 하면서 축복합니다. 애가 뿔 하나 달고 나오면 이건 예삿일이 아닙니다. 정상적으로 태어나서 정상적으로 성장하여 정상적인 사고를 가지고 사는 것, 정상적인 건강을 가지고 있는 것, 정상적인 가정을 이루는 것, 이것이 얼마나 귀한 축복입니까? 정상적으로 직장 생활을 하는 것, 자연질서가 정상적으로 돌아가는 것이 얼마나 귀한 하나님의 축복입니까? 그런데 이것이 언제부터 확보되었습니까? 바로 오늘 본문에 나오는 이 무지개 언약을 맺은 때부터입니다.

하나님의 이 언약은 우리 한 사람 한 사람에 대한 하나님의 사랑의 표현입니다. 우리가 여전히 하나님을 모르고 하나님을 모독하는 말을 하면서 살더라도 하나님은 햇빛을 내리시고 비를 내리시며 우리를 정상적으로 살게 하심으로써 우리를 얼마나 사랑하시며 존귀하게 생각하시는지 보여 주십니다.

하나님의 일반은총은 참으로 우리의 삶을 풍성하게 만들고 있습니다. 만약 예수만 믿고 살라고 한다면 우리는 하나님의 구원을 폭좁게 생각할 것입니다. 그러나 하나님은 구원의 진리와 함께 많은 것을 우리에게 주셨습니다. 다양한 생활과 성장과정, 상식, 여러 가지 지식 등 많은 것을 주셔서 우리의 구원을 풍성하게 하셨습니다. 성경공부도 좋지만 한번씩 이 아름다운 자연을 바라보십시오. 칭의나 성화에 관해 공부하는 것도 좋지만 한번 밖에 나가서 들판을 바라보십시오. 얼마나 숲이 아름답습니까? 우리가 누릴 수 있는 것은 이런 단순한 몇 가지 진리가 아닙니다. 하나님께서는 이 진리에 추가해서 얼마나 많은 것을 주셨습니까? 성경공부만 한다면 우리가 아는 것은 너무나 좁아질 것입니다. 우리에게 얼마나 많은 상식을 주셨습니까? 얼마나 많은 사람을 만나게 하셨습니까? 이 모든 것이 하나님께서 주신 일반은총입니다. 설악산 같은 큰 산에 가 보십시오. 사람이 많이 들어가도 다 어디 갔는지 모를 정도로 산은 넉넉하고 풍성합니다. 이것은 우리 모두가 누릴 수 있는, 하나님이 주신 해택입니다.

하나님께서는 아브라함에게 믿음의 자손을 약속하실 때 하늘의 별을 헤아리게 하셨습니다. 아브라함에게는 자식이 없는 것이 가장 큰 어려움이었습니다. 하나님께서 자식을 주시겠다고 약속은 하셨는데 안 주시는 거예요. 그래서 믿음이 흔들리려고 합니다. 그때 하나님께서는 "계속 기도해. 40일 기도, 100일 기도 계속해" 하시지 않고 "밤에 나가서 별을 헤아려 보라"고 하셨습니다. 아브라함은 별을 헤아리려고 나갔습니다. "오늘은 기필코 다 헤아리고 말겠다. 지난번에는 오백 몇 개까지 했는데 오늘은 다 세어야지. 한 개 두 개 세 개……." 그러나 불가능했어요. 별이 너무너무 많았습니다. 아브라함은 별들을 헤아리면서 저 수많은 별을 만드신 하나님은 없는 자도 만드시며 죽은 자도 살리시는 분이며 하나님께는 능치 못할 일이 없다는 것을 다시 믿게 되었습니다.

우리가 믿는다고는 하지만 일반은총이 없으면 믿음이 흔들릴 때가 많습니다. 주님의 말씀을 진리로 믿지만 결혼이 늦어질 때 믿음이 좀 흔들려요. 나는 분명히 하나님의 능력을 믿지만 건강이 회복되지 않을 때 믿음이 흔들립니다. 믿기는 하지만 직장이 몇 년 동안 생기지 않을 때 우리는 흔들립니다. 우리는 아브라함과 같은 어려움에 빠집니다. 그때마다 하나님께서 우리에게 뭐라고 하십니까? "걱정하지 마라. 나는 죽은 자를 살리고 없는 자를 만든다. 저 별은 없던 것이지만 내가 만들었다. 한 번 헤아려 봐라." "못 헤아리겠는데요." "내가 그런 하나님이다." 하나님은 어제나 오늘이나 동일하십니다. 하나님은 모든 사람들을 저 별처럼 사랑하십니다. 그런데 나를 사랑하시지 않겠습니까?

하나님의 일반은총은 우리 모두에 대한 하나님의 애정의 표현입니다. 하나님께서는 무지개로 이 언약을 표시하셨습니다. 이 무지개는 죄인들을 향한 하나님의 미소입니다. 하나님은 오늘도 변함없이 우리를 사랑하고 계십니다.

하나님께서는 모든 사람들이 하나님을 바로 알고 바로 섬기는 삶으로 돌아오기를 원하십니다. 그러나 멸망이라는 위기 상황에 몰아넣어서 구원이 뭔지, 멸망이 뭔지도 모르는 상태에서 하나님을 믿겠다고 고백하게 하기보다는, 정상적인 상태에서 하나님을 생각하고 하나님의 진리를 깨달으며 하나님을 높이는 생활로 돌아오기를 바라십니다.

그래서 가장 중요한 것이 말씀을 깨닫는 것입니다. 사람들은 홍수가 몇 번 와도 깨닫지 못합니다. 노아 홍수 때 거의 대부분의 사람들은 자기들이 왜 죽는지도 모르고 죽었을 것입니다. 오늘날 사람들이 그렇습니다. 사람들은 하나님이 없다고 합니다. 하나님의 은혜를 받으면서도 하나님을 모르며 하나님께 감사하지 않습니다. 깨닫는 것이 없기 때문에 하나님이 사랑하고 계심에도 불구하고 사랑받는지 모르는 것입니다. 그들은 하나님이 은혜를 주고 계심에도 불구하고 하나님의 은혜가 무엇인지 모릅니다. 말해 주는 사람이 없기 때문입니다. 말해 주어야 합니다. 말씀을 듣고 깨닫는 것이 없으면 믿음이 생기지 않습니다. 말씀을 듣지 못하면 노아 홍수 같은 홍수가 몇 번 생겨도 사람들은 깨닫지 못할 것입니다.

무지개

하나님께서는 노아와 맺은 이 언약을 구름 위에 높이 걸려 있는 무지개로 표시하셨습니다. 12절에서 15절을 보십시오.

하나님이 가라사대 내가 나와 너희와 및 너희와 함께 하는 모든 생물

사이에 영세까지 세우는 언약의 증거는 이것이라 내가 내 무지개를 구
름 속에 두었나니 이것이 나의 세상과의 언약의 증거니라 내가 구름으
로 땅을 덮을 때에 무지개가 구름 속에 나타나면 내가 나와 너희와 및
혈기 있는 모든 생물 사이의 내 언약을 기억하리니 다시는 물이 모든
혈기 있는 자를 멸하는 홍수가 되지 아니할지라

하나님께서 무지개를 언약의 표지로 세우신 것에 대하여 몇
가지 견해가 있습니다. 어떤 사람은 홍수 전에는 아예 무지개라는
현상 자체가 없었는데 이 언약을 하면서 하나님께서 처음으로 무지
개를 만드심으로써 언약을 보장하셨다고 생각합니다. 이에 반하여
또 다른 한 입장은 홍수 이전에도 무지개 현상은 있었는데 하나님
께서 이 무지개에 새로운 의미를 부여하심으로써 언약의 표지로 삼
았다고 생각하는 것입니다.

우리가 다 아는 바와 마찬가지로 무지개라고 하는 것은 태
양이 얇은 수분층을 통과할 때 햇빛이 굴절되면서 일어나는 현상입
니다. 빛이 파장의 길이에 따라 나뉘어지면서 빨주노초파남보의 아
주 아름다운 색깔이 나타납니다. 저는 무지개가 홍수 이전에도 있
었다고 생각합니다. 달라진 것은 하나님께서 이 무지개에 특별한
의미를 두셨다는 것입니다. 무지개에 하나님이 언약을 부여하심으
로써 사람들은 무지개가 뜰 때마다 '이 세상 마지막 순간까지 이런
자연질서의 파괴는 일어나지 않겠구나. 우리의 삶은 보장되겠구나'
하고 안심하게 되었습니다.

하나님께서는 여러 가지를 통해서 언약의 표지를 세우셨습
니다. 선악을 알게 하는 나무는 그냥 평범한 나무였는데 하나님께
서 그 나무에 의미를 부여하셨습니다. 그 나무를 따먹는다고 해서
더 악해지거나 선해지는 것이 아니라 그 나무를 통해서 언약을 보
증하신 것입니다. 그래서 그 나무를 볼 때마나 죄가 무엇인지 알게
하시고 하나님은 창조자이며 우리들은 피조물이라는 사실을 상기

시키신 것입니다. 할례는 아브라함의 자손들만 행하던 특별한 의식이 아닙니다. 많은 부족들에게 할례가 있었고 지금도 할례를 행하는 부족들이 있습니다. 단지 하나님의 소유된 표시의 의미를 여기에 부여하신 것일 뿐입니다. 또 우리가 성찬식에서 행하는 잔의 언약은 이미 유월절에 포함되어 있던 의식이었습니다. 유대인들은 유월절에 몇 차례 포도주를 돌립니다. 예수님께서는 그중에 하나를 거룩한 새 언약의 표지로 정하셨습니다.

그러므로 무지개가 홍수 이전에 있었느냐, 아니면 노아의 언약 후에 새롭게 만들어졌느냐 하는 것은 그다지 중요한 문제가 아닙니다. 중요한 것은 하나님께서 이 무지개를 통하여 자연질서를 계속 보존하실 것과 사람이나 다른 생물들에게 필요한 모든 은총을 지속적으로 내려주실 것을 약속하셨다는 것입니다.

사람과 생물들에게 필요한 것은 단지 홍수가 나지 않는 것만이 아닙니다. 우리들에게는 정상적인 삶이 필요합니다. 정상적인 삶을 산다는 것은 쉬운 일이 아닙니다. 사람들은 자꾸 특별해지고 싶어 하는데 정상적이 되려면 얼마나 많은 것이 있어야 하는지 모릅니다. 정상적으로 생각하는 것, 정상적으로 자라는 것, 정상적으로 몸이 반응하는 것은 쉬운 일이 아닙니다. 마치 일곱 가지 색이 모여서 평범한 하나의 흰색이 되는 것처럼 '정상'이라는 말 속에는 눈에 보이지 않는 수많은 하나님의 은혜가 합쳐져 있습니다.

그런데 하나님께서는 왜 이 언약을 저 높은 곳에 있는 무지개로 세우셨을까요? 하나님이 과일나무로 언약을 삼으니까 사람들이 그 과일을 따 먹어 버렸습니다. 돌판으로 언약을 세웠더니 모세가 집어 던져서 돌판이 깨어지고 말았습니다. 만 년까지는 못가도 오천 년이나 육천 년 정도는 가라고 돌에 언약을 새겼는데 집어 던지니까 돌도 깨져 버립니다. 그런데 이때 하나님께서는 아예 사람이 올라올 수 없는 하늘의 무지개 위에 이 언약을 세워 놓으시고, 어느 누구도 세상을 멸망시킬 수 없음을 보증하셨습니다.

미국과 소련은 이 지구를 몇 번은 멸망시킬 만한 핵무기를 가지고 있습니다. 그래서 미국 대통령이나 러시아 대통령이 어디를 갈 때에는 핵무기 스위치가 들어 있는 가방을 들고 다닌다는 말이 있습니다. 그 스위치를 누르면 그냥 끝나버립니다. 러시아가 누르려고 할 때 미국도 눌러 버리면 다 끝납니다. 그러나 하나님은 절대 그렇게 못하게 하십니다. 그렇게 하려면 먼저 무지개부터 없애야 합니다. 흰 페인트 들고 올라가서 무지개를 지워야 해요. 그래야 인류의 종말이 올 것입니다. 정신 나간 사람이 핵무기 통제소에 들어가서 "같이 죽자" 하면서 스위치를 눌러버리기만 해도 인류는 억울하게 멸망할 것 같은데, 절대로 그런 일은 일어나지 않는다는 거예요. 왜냐하면 하늘에 무지개가 있기 때문입니다. 아무리 이상기온 현상이 생기고 혜성이 나타나서 지구를 향하여 돌진한다 해도, 또 아무리 대기오염이 심각해진다 해도 무지개가 걸려 있는 이상 마지막 순간까지는 정상적인 삶이 보장됩니다.

한때는 부인들이 아기를 낳으려고 하지 않았어요. 지금 대기가 오염되고 강도 오염되어서 물도 사 먹는 이 세상에 우리 아이가 태어난다면 얼마나 비참하게 살겠느냐며 이 비참한 일은 우리 대에 끝내야 한다는 것입니다. 그러나 여러분, 그런 걱정하지 말고 아기 낳으세요. 무지개를 지우든지 아기를 낳든지 하세요. 에볼라 바이러스, 핵무기, 오염 문제가 제기되고 오존층이 파괴되어 극지방에 있는 산토끼나 쥐의 눈이 멀고 애들도 밖에서 선글라스 끼고 논다고 해도 완전한 멸망은 오지 않습니다.

그러면 저 무지개는 어떤 의미를 가지고 있습니까? 비가 온 후에 하늘에 펼쳐지는 무지개는 우리에게 무엇을 이야기해 주고 있습니까? 하나님이 너무나도 건망증이 심해서 혹시라도 실수로 비를 심하게 내릴까 봐 걸어 놓은 것입니까? "아차 비가 너무 많이 왔군. 강수량을 조절해야겠구나" 하시려고 무지개를 걸어 놓은 것입니까? 아닙니다. 이것은 하나님께서 유치원 학생의 수준으로 내려와서 우리가 알아들을 수 있도록 설명하고 있는 것입니다.

저 무지개는 우리들의 믿음을 위한 것입니다. 말씀이 없이는 무지개를 보아도 깨닫는 것이 없습니다. 말씀 없이 무지개를 보면 쌍무지개 뜨는 언덕이나 파랑새가 있는 이상향 같은 것 말고는 생각나는 게 없어요. 그러나 말씀을 가지고 있는 사람은 이 지상에 무서운 심판이 있었다는 것과 하나님께서 저 무지개를 통하여 우리 모든 인간의 생명과 안전을 보장하고 있다는 것을 생각합니다. 이렇게 말씀을 아는 자들이 말씀을 모르는 자들을 위로하고 하나님의 축복의 말씀을 전할 수 있도록, '아직도 하나님이 우리를 사랑하고 계시며, 이 세상 마지막 날까지 폭탄이나 바이러스나 핵실험이나 혜성과의 충돌이나 이상기온 같은 것으로 멸망하는 일이 없게 지켜 주신다. 그리스도가 구름을 타고 오시는 이 일 외에는 인류의 마지막은 절대 없다'는 것을 깨닫게 하기 위해 걸려 있는 것입니다.

어떤 이상현상 앞에서 믿지 않는 사람들이 '인류의 종말이 온 것이 아닌가' 불안해할 때 우리는 무지개를 이야기하면서 설명해줄 수 있어야 합니다. 그런 식으로는 종말이 오지 않습니다. "콜레라가 퍼지고 있대. 페스트가 퍼지고 있대. 우리 다 죽는 거 아닐까? 인류의 마지막이 아닐까?" 인류의 마지막은 그렇게 오지 않습니다. 인류의 마지막이 되려면 반드시 그리스도께서 구름을 타고 오셔야 합니다. "지금 김정일이 성질이 나빠져서 핵무기를 어떻게 하려고 한대. 종말이 오는 것은 아닐까?" 아닙니다. 그런 식으로는 종말이 오지 않습니다. 아무도 그 무기를 건드리지 못할 것입니다. 오직 그리스도가 오심으로써 이 세상은 마지막을 맞이할 것입니다.

여러분, 그런 두려움을 버리고 하나님의 말씀으로 돌아오십시오. 그래서 믿지 않는 사람들, 하나님을 모르기 때문에 두려워 떨고 있는 사람들을 위로하십시오. 그것을 위해 무지개는 우리에게 나타나고 있는 것입니다. 상상의 나래를 펴서 동화의 세계로 들어가라고 무지개가 있는 것이 아닙니다. 두려워 떠는 자들, 운명적인 생각에 사로잡혀서 두려워하고 있는 자들, 죽음 앞에서 떨고 있는 자들을 위로하라고 무지개는 또 떠오르고 있는 것입니다.

사도 바울이 로마로 압송될 때 타고 있던 배가 조난을 당했습니다. 그래서 사람들은 2주 동안이나 먹지도 못하고 마시지도 못했습니다. 그들 가운데 죽음의 그림자가 드리워졌고 모두 두려움에 떨고 있었습니다. 그때 주님이 바울에게 무엇이라고 말씀하셨습니까? 이 배에 있는 사람 중 아무도 죽지 않는다는 것입니다. 오직 배만 버리게 될 것이라고 말씀하셨습니다. 그래서 바울은 두려워 떨고 있는 사람들 가운데 서서 말했습니다. "주님이 나에게 말씀하셨습니다. 여러분 중에서 한 명도 죽지 않을 것입니다. 이 배는 건지려고 하지 마십시오. 그러나 지금부터는 닥치는 대로 잡수세요. 아무도 죽지 않을 테니까요." 그랬더니 한 사람도 죽지 않고 전부 다 살아났습니다.

여러분, 우리는 믿지 않는 사람들과 직장생활 하고 믿지 않는 사람들과 가정생활을 합니다. 믿지 않는 남편이 와서 "여보, 회사가 지금 굉장히 어려운데 어떻게 하지?" 어렵기는 하겠지만 망하지는 않을 겁니다. 우리는 망하지 않습니다. 하나님이 지켜 주십니다. 집안에 어려움이 생겼을 때 이 무지개는 우리로 하여금 믿지 않는 식구들을 위로해 줄 수 있는 표지가 될 것입니다.

집은 아무것도 아닙니다. 때로는 직장을 잃을 수도 있습니다. 때로는 건강을 잃을지도 모릅니다. 여러분, 버릴 것은 버리십시오. 그러나 우리는 그 정도로 쉽게 죽지 않습니다. 주님은 우리의 마음을 지켜 주실 것이며 우리의 영혼을 더욱 풍성하게 해주실 것입니다.

사람들은 2000년이 되면 인류가 멸망할 것이라고 합니다. 노스트라다무스가 그렇게 예언했다는 것입니다. 그러나 하늘에 떠 있는 무지개는 노스트라다무스를 비웃고 있습니다. 이런 잘못된 미신과 두려움을 몰아내는 것이 하나님의 일반은총입니다. 하늘의 무지개는 우리의 믿음을 불러일으켜서 믿음이 약한 자들, 믿음이 없는 친구들과 이웃들을 위로하고 격려하게 하려고 떠 있는 것입니다.

우리가 두려워하는 것이 무엇입니까? 우리는 내일 일을 두려워합니다. '지금까지는 어떻게 견뎌왔지만 앞으로 상황이 더 악화된다면 도저히 견디지 못할 것'이라는 두려움을 우리는 안고 있습니다. 그러나 여러분, 무지개를 보십시오. 하나님은 언약에 충실하신 분입니다. 마지막 순간까지 우리의 모든 것을 지켜주실 것입니다. 이 세상이 미친 듯이 하나님께 반항하고 악이 들끓어도, 하나님은 이 무지개를 보시고 인간의 죄를 참으시며 끝까지 창조질서를 보전해 주실 것입니다.

말씀과 자연법칙

오늘 우리가 살 수 있는 것은 자연법칙 때문입니다. 자연이 미치지 않고 정상적으로 움직이기 때문에 하루하루 살 수 있는 것입니다. 비가 내리지 않으면 어떻게 됩니까? 땅이 그대로 있지 않고 자꾸 아래로 꺼지면 어떻게 됩니까? 봄 여름 가을 겨울이 거꾸로 돌아가면 어떻게 됩니까? 아무도 살지 못할 것입니다. 그러나 자연은 늘 일정하게 질서를 지켜 주고 있습니다. 그래서 사람들은 자연질서를 거의 절대적인 것으로 생각합니다. 심지어 자연질서를 신으로 생각하는 사람들도 있습니다.

과학이 무엇입니까? 자연법칙이 일정하다는 전제 아래 그 규칙을 발견해 내는 것이 과학입니다. 만일 자연법칙이 일정하지 않다면 과학은 존재할 수 없고 문명도 존재할 수 없습니다. 그런데 노아가 발견한 것이 무엇입니까? 자연법칙은 아무것도 아니며 전적으로 하나님의 말씀에 종속된다는 사실입니다. 그는 그토록 튼튼한 줄 알았던 지구가 찌그러들면서 바닷물이 넘쳐오고 하늘이 미쳐서 날뛰는 것을 보았습니다. 그런데 하나님께서는 이 자연법칙을 노아와 약속한 몇 가지 언약의 말씀에 붙들어 맴으로써 다시 안정 시켜 놓으셨습니다. 다시 말해서 이 모든 질서를 붙들고 있는 것은 어디까지나 하나님의 말씀입니다. 자연법칙 자체가 무슨 힘을 가지고 있거나 능력을 가지고 있거나 전지전능하기 때문에 돌아가는 것이 아니라는 것을 성경은 말씀하고 있습니다.

하나님께서 만약 이 언약을 맺지 않으셨다면 자연은 또다시 미쳐서 날뛰었을 것입니다. 홍수를 피해서 배 밖으로 나왔을 때 노아는 그것을 보았습니다. 아직도 진노하고 있고 아직도 씩씩거리고 있고 아직도 분이 풀리지 않은 하늘과 땅과 바다의 모습을 보았습니다. 그리고 하나님께서 이 언약을 세우실 때 하늘이 잠자듯이 고요를 되찾고 바다가 일정한 한계 밖으로 밀려나가는 것을 보았습니다. 산이 솟고 골짜기가 꺼지는 것을 노아는 보았습니다. 하나님께서는 노아와 맺은 이 몇 가지 말씀에 자연법칙을 매어 두심으로써, 하나님이 말씀으로 온 세상을 붙들고 계시며 우리를 살리는 것은 자연법칙이 아니라 하나님의 말씀이라는 것을 보여 주십니다. 우리의 마음속에 감동을 주고 깨우침을 주고 있는 이 말씀이 지금도 온 우주를 정상적으로 돌아가게 하고 있으며, 사람의 생체리듬이 정상적으로 반응하게 하고 있다고 성경은 증거하고 있습니다.

비가 갠 후 하늘에 걸쳐 있는 무지개는 우리를 향한 하나님의 미소입니다. 그러나 미소보다 더 중요한 것이 무엇입니까? 직접 사랑한다고 말하는 것입니다. 어떤 남자가 아주 멋진 아가씨를 만났어요. 이 아가씨는 그 남자를 만날 때마다 조용히 미소 짓고 있습니다. 그 미소가 얼마나 좋습니까? 그런데 그 처녀가 직접 와서 "사랑합니다" 하고 말한다면 그 남자는 세상을 다 가진 것 같을 것입니다. 미소가 중요합니까, 말이 중요합니까? 말이 더 중요합니다. 미소는 혹시 실수일 수도 있어요. 옆에 있는 사람 보고 웃는데 나를 보고 웃는 걸로 생각할 수도 있고, 가소로워서 웃는데 사랑해서 웃는 걸로 생각할 수도 있습니다. 그러나 직접 사랑한다고 말한다면 그보다 더 분명하고 확실한 게 없지요.

무지개는 우리를 향한 하나님의 미소입니다. 그러나 십자가는 우리를 사랑한다는 하나님의 확증입니다. 이 모든 세상이 정상적으로 돌아가는 것보다 더 중요한 것은 하나님께서 아들을 십자가에 못 박혀 죽게 하심으로 우리에 대한 사랑을 확증하신 것입니다. 하나님은 정말 우리를 사랑하십니다. 우리를 축복하시기를 원합니다. 지금까지 우리가 어떤 식으로 살아왔고 어떤 형편에 있든지 간에 하나님의 은총으로 변화되어 말할 수 없는 영광과 축복을 누리기를 원하고 계십니다.

하나님은 노아의 언약이 일시적인 것임을 분명히 하셨습니다. 노아 언약은 이 세상 끝날까지만 유효할 것이며 그 후에는 아무 힘을 발휘하지 못할 것입니다. 하늘은 종이 조각처럼 말릴 것이며 땅은 도화지처럼 구겨져서 없어질 것입니다.

그러나 그리스도의 언약은 그렇지 않습니다. 그리스도께서는 단지 이 세상에서 멸망하지 않을 뿐 아니라 영원히 죽지 않으며, 영원히 목마르지 않으며, 영원히 풍성한 삶을 살게 되리라고 약속하셨습니다. 그리고 하나님께서는 성령으로 이것을 보증하셨습니다. 그래서 예수님의 십자가를 진정으로 믿는 사람 안에는 하나님의 성령이 임하십니다. 그 성령이 우리를 영원히 살리실 것이며, 축복하실 것이며, 모든 위기와 어려움에서 우리를 지켜주실 것입니다. 성령은 하나님 없는 삶을 싫어하십니다. 내가 정말 하나님 없는 삶이 싫다면, 정말 죄가 싫고 옛날에 하나님 없이 방황하던 삶이 싫다면 분명히 내 속에 성령이 임하신 것입니다. 체험이 있든지 없든지 간에, 기도를 오래 했든지 짧게 했든지 간에 내 속에는 분명히 하나님의 성령이 계십니다.

예수를 믿는 것은 기차를 옮겨 타는 것과 같습니다. 두 철도 위를 기차가 달리고 있습니다. 처음에는 비슷한 길을 달리는 것 같지만 결국은 나뉘어지는 것처럼 내가 예수 믿는 것은 세상적인 열차를 벗어나서 새로운 열차에 옮겨타는 것입니다. 그래서 믿음은 새로운 삶의 방식으로 이 세상을 살아가는 것입니다.

어떤 때는 당장 망할 것 같습니다. 먹을 것이 없을 것 같고, 나야말로 이 세상에서 가장 비참한 사람인 것 같습니다. 그러나 그때 내 마음속에 성령의 무지개가 떠오릅니다. 이 세상의 무지개는 비가 그쳐야 떠오르지만 성령의 무지개는 어려움이 올 때마다 항상 나에게 떠오릅니다. "너는 절대로 죽지 않으며 망하지 않을 것이다. 너는 존귀한 사람이다" 말씀하시며, "내일 일을 염려하지 말라"고 말씀하십니다. 성령은 지혜의 신이요, 이 세상의 모든 것을 이길 수 있는 전능하신 하나님이시기 때문입니다.

마음속에 성령이 있는 사람은 절대로 망하지 않습니다. 홍수가 나도 빠져 죽지 않으며 이 세상이 불타도 타 죽지 않을 것입니다. 왜냐하면 성령이 그와 함께하시기 때문입니다. 어려움이 오면 올수록 그는 살아날 것입니다. 하늘에 있는 무지개보다 더 영원한 무지개가 예수를 믿는 사람들의 마음속에 항상 걸려 있다는 것을 기억하십시오.

두려워하지 마십시오. 비를 두려워하지 말고 내일을 두려워하지 마십시오. 믿지 않는 자에게도 마지막 날까지 이 자연법칙이 보장되어 있고 정상적인 삶이 보장되어 있는데, 하물며 성령의 사람에게 내일이 보장되지 않겠습니까? 성령의 사람에게 갑자기 비참한 죽음이 닥치며 멸망이 오겠습니까? 내일은 우리에게 새로운 장이 될 것입니다. 우리에게는 새로운 역사가 펼쳐질 것입니다. 우리는 절대로 망하지 않습니다. 두려워하지 마십시오.

27

노아의
실수와 저주

부모라고 해서 다 완전한 삶을 살 수는 없습니다. 때로는 자식들 앞에서 실수를 하기도 하고, 자식들 앞에서 다른 사람들에게 거짓말을 할 때도 있습니다. 그럴 때마다 자식들한테는 두 가지 반응이 나타납니다. 어떤 자식은 아버지의 실수를 마음속 깊이 생각합니다. 아버지의 약한 점과 부끄러운 부분을 가슴 깊이 새겨서 자신은 절대로 그런 실수를 하지 않겠다고 다짐하며, 실제로 아버지의 약한 모습과는 전혀 다른 사람으로 성장해가는 것을 볼 수 있습니다. 그런데 다른 아들은 그런 아버지를 미워하고 증오하면서도 자기가 가장 미워하는 바로 그 모습을 닮아가는 자식도 있습니다. 그래서 우리 속담에 '욕하면서 닮아간다'는 말이 있습니다.

며느리도 마찬가지입니다. 지독한 시어머니 밑에서 훈련받은 사람이 나중에 자기 며느리에게는 친정 어머니 이상으로 잘해주는 경우가 있습니다. 자기가 엄한 시어머니 밑에서 당해보니까 다시는 이런 나쁜 시어머니가 있으면 안 된다는 것을 깨달았기 때문입니다. 그러나 시어머니를 욕하면서도 자기는 더 지독하게 며느리를 구박하고 못살게 구는 사람도 있습니다.

아들이 아버지의 실수를 보고 미워하는 이유가 무엇입니

까? 또 욕하면서도 그대로 닮아가는 이유가 무엇입니까? 그것은 자기 안에 그 모습이 있기 때문입니다. 사람은 자기 안에 있는 좋지 못한 모습을 다른 사람이 가지고 있으면 그 사람 자체를 아주 싫어하고 미워합니다. 그러면서도 자기 안에 있는 기질은 바꾸지 않습니다. 그러나 자기의 나쁜 기질이 다른 사람 안에 있는 것을 보고 그것을 철저하게 반성하고 고쳐서 다시는 그런 삶을 살지 않는 사람도 있습니다.

오늘 본문 말씀은 의로운 사람 노아가 실수한 사건을 다루고 있습니다. 그것도 보통 실수가 아니라 엄청난 실수였습니다. 홍수가 끝난 후 노아는 농사를 지어서 수확한 포도로 포도주를 담갔습니다. 그런데 그 포도주를 얼마나 마셨는지 그만 취해서 알몸으로 자기 장막 안에 쓰러져 잠이 들었습니다. 그 추한 꼴을 함이라는 아들이 보았습니다. 함은 아버지의 이 모습을 보고 다른 두 형제에게 가서 아버지를 비난했습니다. 그런데 다른 두 아들 셈과 야벳은 함처럼 행동하지 않았습니다. 그들은 아버지의 부끄러운 모습을 보지 않기 위해서 옷을 양어깨에 걸치고 뒷걸음질쳐서 아버지의 벌거벗은 알몸 위에 옷을 덮은 다음 조용히 물러갔습니다.

나중에 술이 깬 노아는 무슨 일이 일어났는지 알게 되었습니다. 그런데 문제는 거기서 그친 것이 아닙니다. 노아는 이 일로 인하여 함의 아들 가나안을 저주했습니다. 가나안은 이 사건과 아무 상관이 없습니다. 그러나 노아는 함의 아들 가나안을 저주하며 모든 사람의 종들의 종이 될 것이라고 말했습니다. 그리고 셈과 야벳을 축복하면서 가나안은 이들의 종이 될 것이라고 몇 번씩이나 말하고 있습니다.

어떤 사람들은 노아의 세 아들로부터 백인종, 황인종, 흑인종이 나왔는데 흑인종이 바로 함의 후손이라고 이야기하기도 했습니다. 흑인들은 저주를 받아 종들의 종이 되어야 하니까 이들이 노예로 팔려가는 것은 하나님의 뜻이라는 것이지요. 창세기의 이 한 구절을 잘못 해석하는 바람에 얼마나 많은 흑인 형제들이 억울하게 무시당하고 착취당했는지 모릅니다. 그러나 함의 아들이 저주를 받았다고 해서 흑인들이 무시당해도 되고 가난해도 되며 업신여김을 받아도 된다는 생각은 완전히 잘못된 성경해석입니다. 또 실제로 함의 자손이 흑인이라는 증거도 없습니다.

오늘 우리는 본문을 통하여 다음 몇 가지를 살펴볼 수 있습니다. 하나는 심리적인 부분입니다. 함은 아버지의 그런 부끄러운 추태를 싫어했습니다. 그런데도 함과 그의 자손들에게는 아버지에게 부끄럽게 여겼던 바로 그 부분이 유난히도 두드러지게 나타납니다. 특히 가나안은 성(性)에 대해 굉장히 민감하고 타락한 모습을 보여 주는데, 우리는 이 점을 살펴볼 필요가 있습니다. 그리고 다른 하나는 노아의 축복과 저주가 단순히 감정적인 보복에 그치는 것이 아니라는 사실입니다. 하나님께서는 노아의 이 말을 통해 앞으로 인류를 어떻게 구원하실 것인지에 대한 대략적인 계획을 밝히고 계십니다.

노아의 실수

9장 20절과 21절을 보십시오.

노아가 농업을 시작하여 포도나무를 심었더니 포도주를 마시고 취하여 그 장막 안에서 벌거벗은지라

어떤 사람들은 노아가 포도주를 전혀 마셔 본 적이 없었기 때문에 이 술이 얼마나 지독한지 모르고 자꾸 마시다가 실수했다고 해석합니다. 이것은 노아를 너무 순진한 사람으로 생각하는 것입니다. 만약 이것이 사실이라면 노아는 인류 최초로 포도주를 담근 사

람인 동시에 인류 최초로 포도주에 취해서 추태를 부린 사람이 됩니다. 그러나 대부분의 사람들은 그렇게 생각하지 않습니다. 포도주는 홍수 전에도 있었습니다. 노아는 최초로 포도주를 담근 것이 아니고 홍수 전에 있었던 포도주 맛이 생각나서 담근 것 같습니다. 노아가 포도주를 담근 이유가 어디에 있을까요? 아마도 포도주가 필요했기 때문일 것입니다. 포도주가 사람에게 얼마나 큰 즐거움을 줍니까? 처음에 노아는 좋은 일이 있을 때 자식들과 함께 마시려고 포도주를 담갔을 것입니다. 그런데 문제는 왜 혼자서 포도주를 이토록 많이 마셨으며, 급기야는 취해서 옷을 홀딱 벗고 벌거벗은 채로 쓰러져 자고 있었느냐 하는 것입니다.

이유는 하나밖에 없습니다. 그것은 바로 노아의 방심입니다. 홍수 전 노아의 삶은 어떠했습니까? 어떻게 하든지 하나님 앞에서 바로 살려고 몸부림쳤습니다. 자기 눈앞에 하나님의 무서운 심판이 놓여 있다는 것을 알았기 때문입니다. 홍수 직후에는 어떠했겠습니까? 이전과 마찬가지로 긴장의 연속이었습니다. 왜냐하면 또다시 홍수가 날지 모르기 때문입니다. 그래서 노아는 하나님 앞에서 거룩하게 살려고 노력했습니다.

그러나 이제는 상황이 많이 달라졌습니다. 하나님께서는 다시는 홍수로 사람들을 멸망시키지 않겠다고 약속하셨고, 그 약속대로 비가 올 때마다 무지개가 하늘에 나타났습니다. 이제는 농사도 어느 정도 잘 되고 자식들의 일도 모두 잘 되는 것 같습니다. 이제는 더 이상 긴장 하지 않아도 될 것 같습니다. 노아의 삶에는 이제 문제될 것이 하나도 없습니다. 그때 노아의 마음속에 "이제는 포도주쯤이야……" 하는 생각이 들었던 것입니다. '그동안 나는 얼마나 성령 충만하게 살아왔는가? 그리고 최근에 나의 영적인 상태가 얼마나 좋았던가? 이 정도 포도주쯤이야 얼마든지 감당할 수 있어'라고 생각하고 혼자서 포도주를 마시기 시작했을 것입니다.

그 결과가 무엇입니까? 비참한 실패였습니다. 마치 노아의 마음속에 홍수가 다시 터진 것 같았습니다. 한번 포도주를 입에 대기 시작하자 그동안 포도주에 굶주려 있었던 노아의 육체가 한없이 포도주를 불러들였습니다. 처음에는 한 잔만 마시고 얼마든지 그만둘 수 있으리라고 생각했는데 한잔 두잔 들어가기 시작하니까 포도주가 포도주를 부르기 시작합니다. 노아는 포도주만 마시는 데서 그치지 않고 처음에는 생각조차 못했던 선까지 가고 말았습니다. 노아가 왜 알몸이 되었겠습니까? 단지 포도주를 마시니까 열이 나서 옷을 벗다 보니 알몸이 된 것은 아닐 것입니다. 그에게는 어떤 성적 충동이 있었던 것입니다.

노아는 방심했습니다. 이제 홍수는 끝났고 무지개는 계속 떠오르고 있습니다. 노아의 삶에는 문제될 것이 아무것도 없습니다. 하나님의 진노는 끝났고 자연도 질서를 회복하고 있습니다. 그리고 자신은 늘 은혜 충만하게 살고 있습니다. 그러나 노아가 잠시 잊고 있었던 것은 아직도 자기 안에 죄성이 남아 있다는 사실입니다. 그는 사탄이 아직도 여전히 활동하고 있다는 사실을 잊어버리고 있었습니다.

이것은 두 가지 현상으로 나타났습니다. 우선 노아 안에 있는 죄성은 술을 절제하지 못하는 것으로 나타났고, 결국 자신이 의도하지 않았던 선까지 가고 말았습니다. 처음에는 옷을 벗겠다고 생각하지 않았습니다. 그냥 술맛만 보고 뚜껑을 덮으려고 했는데 그 선에서 그치지 않고 어떤 성적인 범죄까지 가버리고 말았습니다. 사탄은 아들의 입을 통하여 노아를 여지없이 정죄했습니다. 이제는 후회해도 소용이 없습니다. 이미 엎질러진 물이었습니다.

이것은 비단 노아만의 문제가 아닙니다. 우리 모두의 문제이기도 합니다. 한 형제를 예로 들어봅시다. 그 형제는 아주 성령 충만하게 지냈습니다. 매일매일 찬송이고 은혜였으며 모든 것이 평안하고 좋았습니다. 그래서 마음속에 이런 생각이 들었습니다. '최근에 나의 영적인 상태가 얼마나 좋은지 모르겠어. 정말 거룩하게 지냈단 말이야. 오늘 저녁에는 약간 야한 티브이 프로를 보면서 좀 쉬자. 나는 이 정도는 충분히 이길 수 있어!' 그러나 그날 그 형제는 너무나도 비참한 실패를 맛보게 되었습니다. 왜냐하면 전혀 절제가 되지 않았기 때문입니다. 이 프로, 저 프로 왔다갔다하다가 끝없는 정욕이 끓어올라서 마음속으로 여러 번 죄를 짓고 아주 비참한 상태에서 잠들게 된 것입니다. 만약 그런 모습을 그의 가족이나 부인이 본다면 얼마나 우습고 경멸스럽겠습니까? 이 사람은 불과 몇 시간 전만 해도 천국에 다 간 사람 같았습니다. 그냥 입만 벌리면 할렐루야입니다. 그러나 잠시 후에는 가장 비참한 사람이 되어서 신음 소리를 내게 되었습니다.

노아의 경우가 바로 그런 것이었습니다. 노아는 자기도 모르는 사이에 자신을 신뢰하고 있었습니다. 그래서 포도주 정도야 얼마든지 통제할 수 있고 절제하면서 마실 수 있다고 믿었습니다. 그러나 그 결과는 아주 비참한 실패였습니다. 더 무서운 실패는 노아가 그 존귀한 형상을 일시적으로 잃어버리고 말았다는 사실입니다. 지금까지 노아는 얼마나 존귀한 사람이었습니까? 하나님께서 노아의 의로움을 인정해 주셨습니다. 그는 당대의 의인이었습니다. 그러나 그는 약간의 포도주 때문에 술에 취해서 벌거벗고 쓰러졌습니다. 그것은 의인의 모습이 아니라 창녀의 모습이었습니다. 육체의 정욕이 한순간에 이 거룩한 의인을 창녀의 자리로 집어던지고 말았던 것입니다.

우리 안에 있는 육체가 우리에게서 빼앗아가는 것은 다름아닌 하나님의 존귀한 형상입니다. 내 안의 존귀한 모습이 파괴되며 가장 가까운 사람으로부터 경멸과 비난이 들어옵니다. 남자의 경우 대개 아내로부터 경멸에 찬 공격을 받게 됩니다. 여자들은 술 취한 남자들을 믿지 않습니다. 술을 마시고 헛소리를 지껄여 대는 남자들을 여자들은 다 싫어하고 경멸합니다. 그런데 자기 남편이, 게다가 아주 은혜 충만하던 집사가 그렇게 하는 것을 볼 때 부인의 입에서 바로 튀어나오는 말이 무엇입니까? "당신도 교회 집사요?" 여기까지 나와도 심각한데 거기에서 한 걸음 더 나아가면 아주 비참해지지요. "목사님한테 일러버릴거야." 물론 처음에는 이렇게까지 될 줄은 몰랐습니다. 얼마든지 통제하고 절제할 수 있을 줄 알았는데 육체에 한번 정욕의 불이 붙으니까 걷잡을 수가 없습니다. 그래서 전혀 자기가 생각하지 않았던 방향으로 가고 마는 것입니다.

노아는 자기가 전혀 의도하지 않았던 자리까지 가고 말았고 그 존귀한 형상을 일시적으로나마 바닥에 내동댕이치는 비참한 자리로 떨어지고 말았습니다. 마음속에는 후회가 가득합니다. 자식들은 욕하고 정죄합니다. 홍수는 다시 터졌습니다. 그러나 이것은 물의 홍수가 아니라 정욕의 홍수였습니다.

오늘 우리가 깨달아야 할 것이 무엇입니까? 신앙생활에는 휴식이나 방학이라는 것이 있을 수 없다는 것입니다. 가끔 보면 교인들이 자기 혼자 방학을 선포합니다. 그러나 방심하면 반드시 본문과 같은 결과가 나오게 되어 있습니다. 우리의 신앙은 늘 전쟁 상태입니다. 그러므로 깨어서 자기 마음을 지켜야 하고, 내 마음이 지금 어디서 어디로 움직이고 있는지 예의 주시해야 합니다. 그렇지 않으면 한순간에 집중포격을 맞아서 폐허가 되고 맙니다.

오늘 우리는 우리의 마음 상태가 얼마나 중요한지 잘 모릅니다. 건강이 좋지 못하면 고민하지요. 집안의 경제 사정이 좋지 못하면 밤에 잠도 못 자면서 걱정을 합니다. 또 학생들은 시험을 망치면 밤새 고민합니다. 그러나 자신의 마음이 어떤 상태에 있는지에 대해서는 그렇게 깊이 생각하지 않습니다.

우리에게 가장 중요한 것은 지금 내 마음이 어떤 상태에 있는가 하는 것입니다. 왜냐하면 하나님이 주시는 모든 축복을 받는 것이 바로 이 마음이기 때문입니다. 마음이 병들면 하나님과 교통할 수 없고 하나님이 주시는 축복이나 위로도 전혀 받을 수 없습니다. 마음이 교만하면 하나님으로부터 오는 모든 선한 것을 받을 수 없게 됩니다. 그래서 성경은 거의 대부분이 우리 마음을 살피게 하고 이 마음 상태를 건강하게 치료받게 하는 데 목적을 두고 있습니다.

여러분, 오늘 우리들의 마음은 어떤 상태에 있습니까? 하나님이 내 마음에 임하실 수 있습니까? 그렇다면 그는 참으로 다행스러운 사람입니다. 내 육체는 병들고 주머니에 돈은 없지만 내 마음이 건강하다면, 하나님이 임하시기에 부족함이 없다면 그 사람은 모든 축복을 다 받을 수 있습니다. 그러나 몸이 건강하고 경제적으로는 부유하지만 마음이 병들어 있다면, 그 사람은 진정한 축복을 하나도 받을 수 없습니다. 우리 안에 있는 약간의 교만이나 음욕이나 허탄한 생각들이 우리 안에서 하나님의 영광을 몰아내고 있습니다. 어떤 사람은 항상 마음속에서 생선 썩은 냄새가 납니다. 썩어서 큼큼한 냄새가 나는데도 자신은 그것을 느끼지 못하고 있습니다.

생각은 굉장히 무서운 것입니다. 여러분, 지금 설교를 들으면서 무엇을 생각하고 있습니까? 예수님께서는 유대인들의 마음 상태를 보시고 회칠한 무덤 같다고 말씀하셨습니다. 겉은 흰색으로 칠해서 아름답지만 속은 온갖 더럽고 썩은 것으로 가득 차 있다는 것입니다.

그런데 오늘 우리들에게 하나님의 은혜가 임하면 어떻게 됩니까? 내 마음이 치료됩니다. 내 마음이 치료되면 하나님이 주시는 모든 축복을 다 받을 수 있습니다. 죄를 이길 수 있는 힘이 생깁니다. 생각을 지키는 것은 보통 어려운 일이 아닙니다. 생각을 지키는 그것이 능력입니다. 자기의 생각과 마음을 지킬 수 있는 사람은 이 세상에 지키지 못할 것이 없습니다. 그러나 한순간이라도 하나님을 바라보지 않는다면 우리는 노아처럼 순간적인 실패를 하게 됩니다. 우리는 혹시 시궁창에서 살고 있지 않습니까? 온몸에서 썩은 냄새가 나고 경건의 능력은 다 잃어버렸으면서도, 수입이 꼬박꼬박 들어오고 있고 생활에 다른 문제가 없으니까 평안하다고 생각한다면 그것은 대단히 위험한 생각입니다.

여러분, 마음을 지켜야 합니다. 내 마음이 정결하고 건강하면 하나님으로부터 오는 모든 축복을 다 받을 수 있습니다. 혹시 이번 주간에 노아처럼 자기 자신을 믿었다가 실패한 경험이 있습니까? 그렇다면 이 시간 조용히 주님 앞에 나아가서 나의 모든 추한 부분을 고백하십시오. 깨끗게 해달라고 주님께 매달리십시오. "나에게 건강이 회복되고 경제력이 회복되는 것보다도 이 썩은 마음을 회복시켜 주십시오" 하고 기도하십시오. 심령이 썩었음에도 불구하고 눈에 보이는 것만 믿고 썩은 부분을 고침받지 않는 자는 함처럼 노예 중의 노예로 살게 될 것입니다.

아들들의 반응

노아의 부끄러운 모습을 본 아들들의 반응은 각기 달랐습니다. 그중에 가장 나쁜 반응을 보인 아들이 함이었습니다. 22절을 보십시오.

> 가나안의 아비 함이 그 아비의 하체를 보고 밖으로 나가서 두 형제에게 고하매

함의 반응은 대단히 예민하고 민감한 것이었습니다. '그 아비의 하체를 보고 밖으로 나가서 두 형제에게 고했다'는 말에는 아주 좋지 않은 의미가 들어 있습니다. 일단 '그 아비의 하체를 보았다'고 할 때 '보았다'는 것은 그냥 우연히 보았다는 뜻이 아닙니다. 우리가 무언가를 볼 때 아무 의미없이 보는 경우도 있지만 어떤 생각이나 의도를 가지고 무언가를 상상하면서 주시해서 볼 때도 있습니다. 영어에서도 이 두 가지 경우를 구별해서 그냥 보는 것과 의도를 가지고 보는 경우에 각각 다른 동사를 씁니다. 여기에서 함이

'아비의 하체를 보았다'는 것은 어떻게 하다 보니까 아버지가 벌거 벗고 누워 있는 것이 우연히 눈에 띄어서 '에그머니나, 아버지가 왜 이러시나! 육백 살이 넘은 나이에……' 하면서 덮어주고 나온 것이 아닙니다. 그는 자세히 보았습니다. 무언가를 생각하면서, 의도를 가지고 보았습니다.

예수님께서 무엇이라고 말씀하셨습니까? "여자를 보고 음 욕을 품는 자마다 마음에 이미 간음하였느니라." 길을 가다가 우연 히 여자를 보는 것이 전부 다 간음이라는 뜻이 아닙니다. 여기에서 '본다'는 것은 어떤 성적인 연상을 하면서 보는 것입니다. '저 여자 가 저렇게 옷은 입었지만 안은 어떻게 생겼을까? 내복은 몇 개나 입었을까?' 이런 것을 생각하는 것이 바로 '보는' 것이지요. 이처럼 '보고 음욕을 품는다'는 것은 무언가 흉칙한 연상을 하면서 본다는 것입니다.

함은 우연히 아버지의 벗은 모습을 보았을 때 금방 밖으로 나가지 않았습니다. 그는 좋지 않은 생각을 가지고 의도적으로 아 버지의 벗은 몸을 유심히 보았고, 밖에 나가서는 아버지를 실컷 욕 한 것입니다. 안에서는 유심히 보고 밖에 나가서는 막 욕하는 것이 함의 모습이었습니다. 좀더 심하게 표현하자면 함의 의도 속에는 동성애적인 요소가 있었습니다. '밖으로 나가서 두 형제에게 고했 다'는 것도 실제로는 자기는 전혀 그런 의사가 없었던 것처럼 막 아 버지를 욕하면서 몰아붙였다는 것입니다.

사실 사람이 한순간도 전혀 나쁜 생각을 하지 않는다는 것 은 불가능합니다. 그러나 중요한 것은 그런 나쁜 생각이 들어온 후 에 어떤 태도를 취하느냐 하는 것입니다. 어떤 사람은 자기 안에 그 런 생각이 있었다는 사실 자체를 대단히 부끄러워합니다. 자기가 아버지에 대해서, 또는 다른 자매에 대해서 그런 생각을 할 수 있다 는 것을 부끄러워하면서 하나님 앞에 나아가 "하나님, 제 속에 이런 나쁜 마음이 있습니다. 절 용서해 주시고 깨끗하게 해주세요" 하고 기도합니다. 그러나 어떤 사람은 '도둑이 제 발 저리다'고 모든 비난을 다른 사람에게 돌리면서 자기는 전혀 그런 생각을 할 수 없는 천사 같은 사람인 양 말하는 경우도 있습니다.

함이 아버지를 그렇게 심하게 비난한 이유가 무엇입니까? 바로 자기 안에 그런 추한 모습이 있기 때문입니다. 자기 안에 있는 모습이 바로 아버지의 술 취하고 벌거벗은 그 모습인데, 자기 안의 모습과 똑같은 모습을 보니까 그것을 미워하고 경멸하며 증오하게 되었던 것입니다.

사람은 자기 기질 중에서 가장 싫어하는 기질이 다른 사람 속에 있을 때 그 사람을 싫어합니다. 그래서 어떤 아버지들은 아들 중에서 자기를 가장 빼닮은 아들을 제일 싫어합니다. 왜냐하면 자기 안에 있는 간사함이 아들의 안에도 있고 자기가 집착하는 것에 아들도 집착하기 때문입니다. 그러니까 자기 안에 있는 것을 막 미워하는 거예요. 이유 없이 그렇게 미워합니다. 사실은 이유가 있지요. 자기가 가장 싫어하는 기질을 그대로 닮았다는 이유 말입니다. 아들도 마찬가지입니다. 아들도 아버지를 막 미워합니다. 입만 벌리면 아버지를 욕합니다. 왜 그렇습니까? 사실은 자기의 기질이 아버지의 것을 그대로 물려받은 것이라는 사실을 알기 때문입니다.

자기 안에 있는 것을 솔직하게 인정하면 그 사람을 미워해야 할 이유가 없습니다. 오히려 친구가 됩니다. 그러나 자기 안에 있는 그 부분을 계속 숨겨 놓고 "우리 아버지는 나빠", "쟤는 왜 그런지 모르겠어. 쟤는 돌연변이야" 하고 상대방을 비방하면서, 자기 안에 있는 숨겨져 있는 기질을 적당한 때가 왔을 때 활용하려고 하면 그것은 고침을 받을 수 없습니다. 괜히 멀쩡한 사람 미워하고 비난하는 것밖에 되지 않습니다.

셈과 야벳은 어떻게 했습니까? 그들은 아버지의 실수는 인정했지만 아버지를 여전히 존경했습니다. 그래서 그들은 아버지의 벗은 모습을 보지 않기 위하여 뒷걸음질 쳐서 들어가 어깨에 걸친 옷을 덮어 드림으로써 조금이라도 아버지 때문에 스스로 시험들 기회를 가지지 않았습니다. 그들은 아버지의 추한 모습은 기억하지 않기로 했습니다. 아버지는 여전히 존경스러운 하나님의 종이요 선지자로서 자기들의 마음속에 새겨지기를 원했습니다.

오늘날 사람들은 기회만 있으면 정당한 권위로부터 벗어나려고 합니다. 그런데 언제 그런 기회를 틈타게 됩니까? 바로 권위를 가진 사람이 실수할 때입니다. 함은 아버지의 실수를 하나님을 믿지 않아도 되는 기회로 삼았습니다. 어떤 사람은 목사님이 행정적으로 실수하는 것을 보고 예수를 믿지 않아도 되는 기회로 삼는 경우가 많습니다. 그것은 그 실수한 사람보다 더 많이 나가는 것입니다. 그 사람은 옷만 벗었지만 자기는 하나님까지 다 벗어던진 결과가 됩니다.

노아의 실수는 자기 아들 함과 그 후손들에게 하나님을 떠날 핑계를 주었습니다. 그러나 이것은 사실 노아의 실수와는 아무 상관이 없습니다. 함은 그전부터 하나님을 떠날 생각을 가지고 있었습니다. 그런데 기회가 없다가 노아가 결정적인 실수를 하자 그것을 빌미 삼아서 아버지를 비난한 것입니다. "이런 사람을 선지자로 세운 하나님을 우리가 어떻게 믿겠어? 술 마시고 옷을 벗고 자기 자신도 절제하지 못하는 이런 선지자를 세운 하나님은 문제가 많아." 함과 그 자손들은 그 기회를 틈타서 하나님을 떠났던 것입니다.

우리는 한 가지 실수로 그 사람 전체를 평가하지 않도록 조심해야 합니다. 전체적으로 평가하실 수 있는 분은 하나님 한 분뿐이기 때문입니다. 단 한 가지 실수로 그 사람 전체를 평가한다는 것은 내가 하나님의 위치에 앉는 것이며, 만약 그것을 가지고 하나님을 버릴 기회로 삼는다면 그는 실수한 사람보다 더 악한 위치에 있게 되는 것입니다.

셈과 야벳은 이 한 번의 실수로 아버지를 완전히 거부하지 않기로 했습니다. 오히려 아버지의 허물을 덮고 여전히 아버지를 존경하기로 했습니다. 그 결과 노아의 실수는 그들에게 영향을 미치지 못했고 하나님의 은혜가 계속 그들 뒤에 남아 있게 되었습니다. 그 대신 함과 그 아들들은 아버지의 실수를 하나님을 떠날 수 있는 기회로 삼았고 그 결과 아버지와 하나님을 다 잃어버리는 결과를 맞게 되었습니다.

오늘날 많은 사람들이 교회의 온전치 못한 모습을 보면서 그것을 하나님을 믿지 않아도 되는 이유로 삼고 있습니다. 그러나 그것은 스스로 무덤을 파는 것입니다. 오늘날 교회가 온전치 못한 것은 하나님과 아무 상관이 없습니다. 그것은 그들 자신의 문제입니다. 그러므로 교회가 온전치 못하면 온전한 교회를 찾든지 아니면 그런 교회를 세우든지 해야 합니다. 왜냐하면 하나님은 노아의 실수로 비난받을 이유가 전혀 없기 때문입니다. 바른 교회를 찾고 세우는 것이 얼마나 어려운 일인지 아십니까?

과거에 우리 믿음의 선배들은 바로 이 한 가지를 위하여 자기 재산과 목숨을 다 버렸습니다. 그러나 오늘날 사람들은 그런 노력을 하지 않습니다. 그 대신 "교회가 문제가 많으니까 나는 믿지 않겠어"라고 말합니다. 이런 사람은 마치 좋은 진주가 없기 때문에 진주 찾는 것을 포기하는 진주 장수와 같습니다. 좋은 진주가 없어도 찾아 나서야지요. 사실 노아는 좋은 진주였습니다. 그에게는 복음이 있었습니다. 그러나 함의 교만이 노아의 실수를 틈타서 노아의 인격과 그의 말씀 전체를 거부하고 자기 길로 가게 했던 것입니다.

노아의 예언

하나님께서는 노아를 여전히 선지자로 세우셨습니다. 24절과 25절을 보십시오.

노아가 술이 깨어 그 작은 아들이 자기에게 행한 일을 알고, 이에 가
로되 가나안은 저주를 받아 그 형제의 종들의 종이 되기를 원하노라

　　우리는 이 부분을 해석할 때 상당히 주의해야 합니다. 우선
오늘 본문을 보면 노아가 술이 깬 후 함이 한 짓을 보고 너무나도
화가 나서 함을 저주한 것처럼 보입니다. 그래서 설교자의 사생활
이 얼마나 중요한지 모릅니다. 설교자와 설교를 듣는 사람의 신뢰
관계가 굉장히 중요합니다. 듣는 사람이 설교자와 개인적인 관계가
좋지 못하면 온전한 설교를 들으면서도 마치 설교자가 감정이 있어
서 설교로 자기를 공격하는 것처럼 오해하게 됩니다.

　　사실 노아가 함과 가나안에 대해 말한 것은 순전한 예언이
고 설교입니다. 술 마시고 실수한 것과는 별개의 문제입니다. 그러
나 그가 술을 마시고 실수한 후에, 또 함이 아버지를 비난한 후에
이 설교를 했기 때문에 그 설교의 권위가 상실됨으로써 후대에 대
부분의 사람들이 노아가 화가 나서 보복적인 설교를 했다고 오해하
고 있는 것입니다.

　　노아는 함을 저주하지 않았습니다. 그 대신 함의 막내아들
가나안을 저주했습니다. 이것은 예언이고 설교입니다. 예언이 무
엇입니까? "너희가 뉘우치지 않고 계속 이런 식으로 나가면 앞으로
틀림없이 이러저러하게 될 테니까 지금부터 너희 삶을 고쳐라" 하
는 경고요 훈계입니다. 노아는 물론 함이 한 짓이 아름답지 않다는
것을 알았습니다. 함이 아버지를 비난한 것은 잘한 일이 아닙니다.
그러나 노아가 더 우려했던 것은 함의 막내아들 가나안에게서 나타
나고 있는 이상한 성적 기질이었습니다. '성 유난히 밝힘증'이라고
나 할까요? 가나안이 어려서부터 성에 지나칠 정도로 관심과 호기
심이 많고 나이가 들면서 호기심이 더 커져서 절제는커녕 오히려
탐닉하는 성향이 있는 것을 노아는 염려했습니다.

　　노아의 이 예언은 그대로 실현되었습니다. 지금 이 창세기

말씀을 읽고 있는 모세와 이스라엘 백성들이 애굽을 떠나서 어디로 가고 있습니까? 바로 함의 막내아들 가나안의 후손들이 살고 있는 땅을 향하여 가고 있습니다. 지금 겉으로 보기에 이스라엘 자손들은 노예나 다를 바가 없습니다. 그들은 지금까지 노예로 살아왔으며, 이제 막 해방되기는 했지만 말하는 것이나 행동하는 것이나 입고 있는 옷이나 사고방식은 노예와 별로 다를 것이 없었습니다. 가나안 주민들과는 비교할 바가 아닙니다.

그러나 차이가 있었습니다. 가나안 사람들은 성적으로 지극히 부패한 생활을 하고 있었습니다. 그러나 이스라엘 백성들은 노예였고 집 하나 없이 가난했지만 성적으로 그렇게 부패하지는 않았습니다. 가나안 사람들은 힘이 있고 잘살고 여러 가지 발달된 문명을 가지고 있었지만 유달리도 성적으로 부패하고 썩은 생활을 하고 있었습니다. 겉으로 보기에는 가나안 주민들이 훨씬 안정되었고 부자였고 행복했습니다. 그러나 하나님 앞에서 이들은 멸망당할 수밖에 없는 죄인들이었습니다.

노아가 가나안을 저주한 것이 바로 이 때문이었습니다. 그의 아들들은 바로 이 성적인 부분에서 지나치게 탐닉하며 문란한 모습을 보였습니다. 노아는 그들이 이 부분을 고치지 않고 그대로 나가게 된다면 가장 비참한 마지막을 맞이할 수밖에 없음을 미리 경고하는 것이지, 함이 아버지를 비난했기 때문에 저주한 것이 아닙니다.

이 세상에는 많은 죄가 있습니다. 남의 물건을 훔치는 것도 죄고 남에게 신체적인 손상을 끼치는 것도 죄입니다. 그러나 그 모든 죄들 중에서 사람을 가장 비참하게 만들고 노예 중의 노예로 만드는 것이 있다면 그것은 바로 성적인 범죄입니다. 우리는 우리가 살고 있는 이 사회가 성적으로 가나안적인 요소를 지나치게 많이 가지고 있음을 인정해야 합니다. 아이들도 성을 유달리 밝혀요. 가나안에게서 나타났던 '성 유난히 밝힘증'이 나타나고 있습니다. 공부도 잘하고 컴퓨터도 잘 두드립니다. 그러나 아이치고는 지나치게 성에 호기심이 많고 탐닉합니다. 이러한 성향이 제한되지 않는다면 결국 그 아이는 커서 노예 중의 노예가 되고 말 것입니다.

우리가 살고 있는 이 사회는 성적으로 무서울 정도로 부패한 성향을 가지고 있습니다. 우리의 이 가나안적인 성향을 경계하지 않는다면, 이 부분이 치료되지 않는다면 우리는 하나님 앞에서 존귀한 사람이 될 수 없습니다. 우리는 '종들의 종'이 될 것입니다. 이것은 히브리적인 표현으로서 가장 비참한 처지에 떨어지게 된다는 의미입니다. 우리 안에 성적으로 바르지 못한 성향이나 습관이 있다면, 함의 막내아들 가나안의 요소가 우리 안에 있다면 그것을 바로 고백하고 도움을 받아야 합니다. 자기의 부족한 부분을 내놓고 이것이 치료될 수 있도록 하나님과 상담하고 하나님을 개인적으로 만나는 사람은 존귀한 모습을 회복할 것이며 종들의 종이 되지 않을 것입니다. 그러나 겉으로는 이 세상의 도덕적인 부패를 비난하면서 속으로는 여전히 음란한 생각과 생활이 존재하고 있는 사람은 아주 비참한 종말을 맞이하게 될 것입니다.

노아에게도 문제가 있습니다. 노아가 이 중요한 설교를 하필이면 크게 실수한 후에 함으로써 마치 감정적인 보복처럼 보이게 만든 것은 노아 자신에게도 불행이고 함의 아들들에게도 불행입니다.

한편 노아는 셈을 축복하고 있습니다. 26절을 보십시오.

또 가로되 셈의 하나님 여호와를 찬송하리로다 가나안은 셈의 종이 되고

사람에게 가장 존귀한 일이 무엇이겠습니까? 하나님을 부를 때 그 사람의 이름을 넣어서 '누구의 하나님'이라고 부르는 일일 것입니다. 그것은 그가 하나님을 소유하고 있다는 뜻이며 하나님이 그 사람을 통해서 모든 일을 하신다는 뜻입니다. 노아는 셈을 어

떻게 축복하고 있습니까? "셈의 하나님 여호와를 찬송하리로다"라고 축복하고 있습니다. 이것은 셈이 그만큼 존귀한 자이며 그의 후손도 그렇게 된다는 뜻입니다. 그 근거가 어디에 있습니까? 단지 셈이 아버지를 존경해서 그의 벌거벗은 모습을 보지 않았기 때문입니까? 아닙니다. 이것은 순전히 하나님의 은혜입니다. 하나님께서 그렇게 작정하셨습니다. 셈의 후손을 통해 여인의 후손을 보내시며, 이 후손을 통해서 영혼을 살리는 일을 하겠다고 하나님이 작정하셨기 때문입니다. 하나님께서는 셈의 후손 중에서도 아브라함을 택하셨고 그 아들 중에서 이삭을 택해서 이 일을 하셨습니다.

이 세상에서 부자가 되고 높은 자리에 올라가는 것보다 더 큰 축복은 바로 이 셈의 하나님을 '나의 주, 나의 하나님'이라고 부르는 것입니다. 하나님이 다른 사람의 하나님이 아니라 바로 나의 하나님이 되시며 나를 통해서 구원의 역사를 이루고 계신다는 확신이 있다면 그보다 더 큰 축복이 없습니다. 저는 우리 교인들 중에 그런 믿음을 가진 사람이 있다는 것에 굉장히 감사하고 있습니다. 저에게는 그 믿음이 있습니다. 하나님이 다른 사람의 하나님이 아닌 우리의 하나님이시며, 우리를 통해 역사하고 계시고, 우리를 통해 세상을 변화시키고 계시다는 확신이 있습니다. 그것보다 더 존귀한 것이 어디에 있습니까? 우리는 하나님의 택함을 받고 하나님의 부름을 받았으며 하나님의 말씀의 역사가 우리 안에 나타나고 있는 것을 가장 존귀하게 생각해야 합니다. 만약 그것이 존귀한 줄 모른다면 촛대는 다른 곳으로 옮겨질 것입니다. 우리 앞에 불붙고 있는 이 촛대가 만족스럽지 못해서 또 다른 것을 찾는다면, 다른 것이 더 있어야 만족할 수 있다면 촛대는 옮겨질 것입니다. 이 촛대에 불이 붙는 일은 몇천 년 만에 일어난 것입니다. 그런데도 이것이 소중하고 존귀한 줄 모르고 내 입에 고기가 들어와야 만족한다면 그 사람은 노예가 되어야 마땅합니다.

또 노아는 야벳을 축복했습니다. 27절을 보십시오.

하나님이 야벳을 창대케 하사 셈의 장막에 거하게 하시고 가나안은
그의 종이 되게 하시기를 원하노라

여기서 '야벳을 창대케 하셨다'는 말을 직역하면 야벳의 지
경을 넓히신다는 뜻입니다. 아마도 이 세상에서 가장 넓은 지역으
로 퍼진 사람들이 바로 야벳의 후손일 것입니다. 그러나 이들이 하
나님의 구원계획 때문에 존귀해지는 것은 아닙니다. 지식이나 학문
에서는 많은 발전이 있을 것입니다. 그러나 하나님의 작정은 그들
에게 없습니다. 때가 올 때까지 하나님의 은혜는 그들에게 없을 것
입니다. 그들은 하나님이 정하신 때까지 이방인으로 남아 있을 것
입니다.

그러나 그들은 다시 셈의 장막에 와서 셈의 은혜를 나누게
될 것이라고 말씀하고 있습니다. 다시 말해서 야벳의 자손들은 하
나님께서 작정하신 때까지 이 세상에서 하나님을 모르고 살다가 하
나님이 작정하신 시간이 이르렀을 때 믿음으로 돌아와 셈의 장막에
서 흘러나오는 은혜의 말씀을 통해 다시 하나님의 자손이 되리라는
말씀입니다. 야벳에 대한 예언이 본격적으로 이루어지게 된 것은
신약교회 때부터입니다. 지금은 야벳 족속들이 더 많이 셈의 장막
안에 들어와 있습니다.

가나안은 멸망당하기 위하여 태어난 짐승과 같습니다. 그들
은 자기 정욕대로 살다가 멸망할 것입니다. 다른 한편, 일시적으로
는 하나님의 구원 밖에 있지만 때가 이르면 셈의 장막에 들어올 자
가 많다고 말씀합니다. 우리는 혈통으로는 야벳의 후손이 아니지만
영적으로는 야벳의 후손입니다. 우리는 하나님의 말씀을 몰랐고 하
나님의 교회 밖에 있다가 셈의 장막에 들어와서 하나님의 백성이
되었으며 하나님은 우리의 하나님이 되셨습니다. 얼마나 존귀하며
놀라운 축복입니까?

그러나 오늘날 수많은 사람들은 가나안 사람으로 살고 있습

니다. 그들의 자유와 방종을 따라가지 마십시오. 오히려 그것을 두려워하십시오. 만약 그것을 용납한다면 우리는 노예 중의 노예가 될 것입니다. 우리 안에 있는 가나안적인 기질을 고백하고 하나님이 우리 장막에 거하시도록, 하나님이 우리의 이름으로 불리워지시도록 간구하십시오.

오늘 말씀이 우리에게 증거하고 있는 것이 무엇입니까? 영적 자만은 대단히 위험하다는 것입니다. 여러분 중에 혹시 자기 마음대로 신앙적으로 방학이나 휴학을 하고 있는 분이 계십니까? 정신을 차려야 합니다. 내 안에 정욕이 있고 사탄이 건재하는 한 영적인 방학은 존재할 수 없습니다. 물 홍수보다 더 무서운 것이 정욕의 홍수입니다. 노아는 물 홍수로부터는 지킴을 받았지만 정욕의 홍수를 감당하지 못해서 실패했습니다.

마음을 지키는 사람이 존귀한 사람입니다. 머릿속에 떠오른다고 해서 아무 거나 생각나는 대로 다 생각하고, 하고 싶은 말은 어떤 것이든지 마음대로 다 쏟아내고, 들리는 말은 누가 하는 말이든지 다 받아들이는 사람은 존귀한 자가 아닙니다. 이 시간에도 내 마음을 지켜서 내 마음으로 하나님을 기쁘게 하고 하나님께 영광을 돌리며 내 마음을 하나님께 드리는 사람이 참으로 존귀한 사람입니다. 몸만 와 있다고 해서 예배드리는 것이 아닙니다. 내 마음을 드려야 합니다. 마음으로 하나님을 기쁘시게 해야 합니다. 거기에 열정과 뜨거움이 있어야 하고 간절함이 있어야 합니다.

사람의 말은 그 사람의 영적인 상태를 보여줍니다. 내가 요즘 이야기하고 있는 주제가 무엇입니까? 그 말 속에 하나님의 영광이 들어 있습니까? 하나님의 거룩하심이 들어 있습니까? 그렇지 않고 아주 더럽고 추한 이야기가 내 입에서 흘러나오고 있다면 내 마음은 이미 점령당한 것입니다. 오늘 정결해지십시오. 정결해지지 않고 돌아가면 안 됩니다. 내 입에서 원망과 더러운 불평의 말이 나오고 있다면 이미 내 마음속에 사탄이 역사하고 있는 것입니다. 하나님의 은혜가 막혀 있는 것입니다.

함은 자기 안에 있는 성적인 죄성을 보고 그것을 아버지의 탓으로 돌렸습니다. 노아는 유달리 가나안에게 그런 성향이 많다는 것을 염려했지만 함은 그것을 전부 아버지의 탓으로 돌렸습니다. 여러분, 혹시 이유 없이 아버지를 미워하고 있지 않습니까? 이유 없이 자녀나 친구를 미워하고 있지 않습니까? 내가 싫어하는 기질이 그 안에 똑같이 있기 때문에, 나와 너무나도 닮았기 때문에 미워하고 있다면 그것은 잘못된 것입니다. 하나님 앞에 고백해야 합니다. 그러면 미워할 필요가 없습니다. 다른 사람의 실수를 내가 타락할 수 있는 기회로 삼는 것은 그 사람보다 몇 배나 더 악한 죄를 짓는 것입니다.

우리에게는 바른 진리를 찾아야 할 책임이 있습니다. 이 세상이 다 타락했다 하더라도 나는 진리를 찾을 책임이 있습니다. 그것을 찾아야 합니다. 그리고 바른 신앙을 가져야 합니다. 이것이 우리에게 주신 하나님의 명령입니다. '남들도 다 대충대충 살고 생활의 문제에 빠져 있고 영적으로 잠들어 있으니까 나도 잠들어도 되겠지' 하는 생각보다 더 어리석은 것이 없습니다. 남이 지옥 갈 때 그 등에 업혀서 지옥에 가겠습니까? 하고 싶은 대로 다 하고 사는 것이 좋은 것이 아닙니다. 오히려 내 마음대로 못 사는 것이 축복입니다. 내가 정욕대로 살려고 할 때 하나님께서 모든 것을 막으시는 것, 그것이 복된 것입니다.

하나님이 나의 하나님인 것을 인하여 기뻐하십시오. 하나님이 우리의 하나님으로 영광받으시는 것에 대해서 찬송하십시오. 그리고 우리에게 주어진 이 촛대가 꺼지지 않도록, 영원히 빛을 밝히도록 생명을 쏟고 피를 쏟고 젊음을 쏟아서 이 진리의 촛불을 밝혀야 할 것입니다. 그리하여 다른 많은 야벳 사람들이 셈의 장막에 들어와서 이 귀한 은혜의 선물을 가질 수 있도록 이 장막을 지킵시다.

28

바벨탑
사건

며칠 전 월드컵 축구 예선전에서 우리나라가 일본을 2대 1로 이겼습니다. 이 경기를 티브이로 보기 위해 거의 대부분의 국민들이 밤잠을 설쳤습니다. 조사한 바에 의하면 이날 시청률이 70퍼센트를 넘어섰다고 합니다. 그다음 날 사람들의 주된 화제는 이 축구경기에 대한 것이었습니다. 이상한 것은 우리나라의 국내 프로축구는 이 정도의 인기나 관심을 끌지 못한다는 것입니다. 그러나 국제 경기만 열리면 사람들은 흥분하기 시작합니다. 그 이유가 어디에 있습니까? 그것은 국민적인 자존심 때문입니다. '적어도 축구만큼은 너희 나라에 질 수 없다'는 자존심 때문입니다. 비단 우리나라 사람들만 그런 것이 아니고 모든 나라 사람들이 다 그렇습니다. 모든 민족이 다 축구경기에 열광합니다. 그것은 그 민족들 나름대로 다른 민족보다 뛰어난 민족으로 인정받고 싶은 마음을 가지고 있기 때문입니다.

한 사람 한 사람의 마음속에는 끝없이 자신의 능력을 확대하고 싶은 욕망이 있습니다. 인간의 한계가 어디인지는 모르겠지만 그 끝을 넘어서 끝없이 자기의 능력을 발휘해 보고 싶어 합니다. 한 사람 한 사람이 그런 욕망을 가지고 있다면 사회는 사회 나름대로 또 욕망을 가지고 있습니다. 그것은 그 사회에 속한 모든 사람들의 능력을 통합하여 위대한 사회를 건설해 보겠다는 것입니다. 어느 민족이나 어느 나라도 해본 적이 없는 위대한 업적을 남기고 싶은 욕망을 사회는 그 나름대로 가지고 있습니다.

우리는 이것을 조금도 이상하게 생각하지 않습니다. 개인이 자기의 능력을 최대한으로 발휘해보는 것이 왜 잘못이며, 국가가 구성원들의 힘을 통합해서 대단한 일을 성취하는 것이 왜 잘못입니까? 그러나 하나님께서는 사람들의 이런 시도를 대단히 위험한 게임으로 보십니다. 너무나도 위험해서 도저히 그냥 앉아서 볼 수 없는 일로 보십니다.

오늘 본문을 보면 사람들이 노아 홍수가 끝난 후 조금씩 동쪽으로 이동하다가 드디어 시날 평지라는 곳에 도달하는 장면이 나옵니다. 사람들은 거기서 어느 누구도 해본 일이 없는 위대한 일을 하기로 결정합니다. 그것은 벽돌로 성을 만들고 아주 높은 탑을 세우는 일이었습니다. 물론 지금 우리의 시각으로 볼 때에는 충분히 있을 만한 일입니다. 그러나 하나님께서는 인간들의 이 시도를 대단히 위험하게 보시고 직접 나서서 이 일을 방해하십니다.

하나님은 아주 고도의 방법으로 이들의 시도를 좌절시키셨습니다. 그것은 그들이 사용하는 언어를 혼잡하게 만드는 것입니다. 언어가 혼잡해지자 사람들은 더 이상 이 작업을 해나갈 수가 없었습니다. 서로 하는 말을 알아들을 수 없고 서로간에 통하는 것이 없었기 때문에 그들은 작업을 중단했고, 말이 통하는 소수의 무리들끼리 흩어지게 되었습니다.

오늘 우리들이 본문을 통해서 살펴보려고 하는 것은 사람들이 무슨 의도로 이 높은 성과 탑을 세우려고 했으며, 하나님께서는 왜 이들의 시도를 그토록 위험하게 보셨는가 하는 점입니다.

인간의 기술과 교만

우리는 이때까지 사람이 어느 한 곳에 정착하지 못하고 계속 유랑 생활을 하고 있었던 것을 볼 수 있습니다. 11장 2절을 보십시오.

<u>이에 그들이 동방으로 옮기다가 시날 평지를 만나 거기 거하고</u>

사람들은 노아의 방주가 멈추어 선 아라랏 산에서부터 조금씩 동쪽으로 옮겨간 것 같습니다. 그들이 왜 거기에 정착하지 못했는지는 잘 알 수 없지만 아마 그곳에 있는 장소들이 정착하기에는 여건이 썩 좋지 않았던 것 같습니다. 계속 산지였거나 아니면 사막 같은 곳이 이어져서 물을 구할 수 없었는지도 모릅니다. 여하튼 그들은 조금씩 동쪽으로 이동하며 계속 유랑했습니다.

산이나 들판 같은 곳에 야유회를 가보면 여러 사람이 함께 식사하고 뛰놀기에 적합한 장소가 나타날 때까지 계속해서 안으로 들어가게 됩니다. 뒤에 가는 사람이 어디까지 가냐고 물으면 "밥 먹을 수 있는 곳까지 가야 하니까 조금만 더 가보자"고 하면서 계속 안으로 들어가지요. 아마 이때의 상황이 그랬던 것 같습니다. 그렇게 조금씩 들어가면서 마음놓고 정착할 수 있는 곳을 찾다가 마침내 시날 평지에 도달했을 때 '바로 여기가 정착할 곳'이라고 판단 내린 것 같습니다.

그들은 시날 평지에 도달했을 때 인간으로서는 참으로 위대한 발견이라고 할 수 있는 한 가지 기술을 개발해내게 되었습니다. 그것은 정말 놀라운 발명이었습니다. 무엇입니까? 바로 벽돌로 집을 짓는 기술이었습니다.

이때까지 사람들에게 가장 어려운 일은 바로 집 짓는 일이었습니다. 돌로 집을 지으면 튼튼하고 좋기는 하지만 돌은 운반하기도 어렵고 또 단단해서 모양을 다듬기가 어려웠습니다. 그뿐만 아니라 무거워서 높이 쌓아올릴 수가 없었습니다. 그런데 그들은 이 시날 평지에서 점토를 구우면 돌같이 단단해진다는 아주 놀라운 사실을 알게 되었습니다. 3절을 보십시오.

서로 말하되 자, 벽돌을 만들어 견고히 굽자 하고 이에 벽돌로 돌을 대신하며 역청으로 진흙을 대신하고

시날 평지에는 벽돌을 구울 수 있는 점토가 무한히 많이 있었습니다. 그리고 만든 벽돌을 견고하게 연결할 수 있는 역청이 많았습니다. 시날 평지가 어디입니까? 지금 석유가 나오는 곳이 아닙니까? 거기에는 아스팔트 구덩이 같은 것이 많았습니다. 벽돌이 유리한 점은 얼마든지 원하는 모양을 만들 수 있다는 것입니다. 그들은 일단 구워내기만 하면 돌처럼 단단해지고, 역청으로 연결만 시키면 적어도 이론적으로는 무한히 높은 건물을 만들 수 있는, 일대 혁명적인 발명을 여기에서 하게 된 것입니다.

벽돌의 발견이라고 해야 할지 발명이라고 해야 할지 잘 모르겠지만 이것은 건축 문화에서 기적과 같은 일이었습니다. 지금까지 사람들은 집을 만들 수가 없었습니다. 그래서 그들은 계속 유랑하는 생활을 했습니다. 그러나 이제 집을 지을 수 있는 획기적인 기술을 개발해내게 된 것입니다.

그런데 사람들은 그 기술로 많은 사람들이 살 수 있는 집을 지으려하지 않았습니다. 그들은 이 기술을 가지고 엉뚱한 일을 생각해 냈습니다. 이것이 문제입니다. 4절을 보십시오.

또 말하되 자, 성과 대를 쌓아 대 꼭대기를 하늘에 닿게 하여 우리의 이름을 내고 온 지면에 흩어짐을 면하자 하였더니

그들은 이 놀라운 기술을 개발하고 나서 어떤 특별한 성과 높은 탑을 세우기로 결정하고 탑꼭대기를 하늘까지 닿게 하자고 했습니다. 물론 이것은 과장된 표현이라고 생각합니다. 반드시 꼭대기가 하늘까지 닿게 만들겠다는 뜻은 아니었을 것입니다. 그러나 그 정도로 높은 탑을 세워서 인간의 지혜의 위대함과 기술의 위대함을 선포하고 높이자는 의도로 탑을 쌓으려 한 것입니다.

흙으로 벽돌을 구워서 사람들이 살 수 있는 집을 짓는 것은 잘못이 아닙니다. 그것은 하나님께서도 기뻐하시는 일이며 원하시는 일입니다. 하나님께서는 우리가 매일 하나님을 두려워하며 금욕적인 삶을 살면서 겉옷 하나만 걸친 채 떠돌이 생활 하기를 원치 않으십니다. 우리는 얼마든지 집을 지을 수도 있고 내 생활을 편리하게 만들 수도 있습니다.

그러나 사람들이 원하는 것은 그것이 아닙니다. 어떤 작은 가능성을 발견하면 그 가능성을 가지고 인간이 생각해서는 안 되는 그 이상의 것까지 생각하고 추구합니다. "우리는 벽돌을 만드는 기술을 개발해냈다. 이런 식으로 계속 나간다면 못할 일이 없을거야. 이 벽돌로 탑을 하늘까지 닿게 높이 만들자. 그리고 우리 흩어지지 말자. 이 벽돌이야말로 우리가 원하던 가장 놀라운 인간의 기술이고 인간 지혜의 절정이다. 우리 이 벽돌로 하늘까지 올라갈 수 있는 탑을 쌓자." 그것이 인간의 생각이었습니다.

지금까지 사람들은 집이 없었습니다. 그래서 비가 오면 아마도 동굴 같은 데로 피하든지 나무나 짚 같은 것으로 얼기설기 지붕을 만들어서 비를 피했을 것입니다. 그동안에는 마음이 가난했습니다. 감히 하나님을 거부하거나 하나님께 도전하려고 생각하지 못했습니다. 그러나 그들이 벽돌 하나를 만들기 시작했을 때 생각한 것이 무엇인가 하면 이 벽돌로 하나님을 몰아내자는 것입니다. "벽돌로 완벽한 탑을 쌓아서 하나님이 간섭하지 못하게 하자. 벽돌을 던지거나 쌓아서 하나님을 몰아내자." 벽돌 한 장으로 사람들은 이러한 엄청난 생각을 하게 되었습니다.

학생들이 학교를 다니는 동안에는 좋든 싫든 선생님의 말씀을 듣지 않을 수 없습니다. 선생님의 말씀을 듣지 않으면 졸업을 못하니까요. 그러나 일단 졸업하면 어떻게 합니까? 물론 다 그런 것은 아니지만 어떤 못된 학생들은 길에서 선생님을 만나도 인사를 안합니다. 당신하고 나하고 별 볼 일 없다는 거지요. 졸업하고 5분만 지나도 빤히 쳐다보면서 인사도 안 해요. 이제 당신에게 부탁할 것도 없고 아쉬운 소리 할 것도 없다는 것입니다. 혹시 시험에 떨어지면 다시 원서 쓰러갈 때 한번 더 고개 숙일 일은 남아 있지요. 사람이 그러면 안 됩니다. 무슨 일이 일어날지 어떻게 압니까?

시날 평지에서 발명해낸 이 벽돌은 가히 혁명적인 것입니다. 그런데 이 벽돌 한 장이 사람의 마음을 싹 바꿔 놓았어요. 이제는 눈에 보이는 것이 없습니다. "벽돌만 가지고 있으면 우리는 어디에서나 집을 지을 수 있다. 하나님은 없어도 돼. 우리, 벽돌로 하나님을 몰아내자. 굉장히 높은 탑을 쌓아 보자."

여기서 쌓으려는 성은 사람이 사는 성이 아니라 일종의 신전 같은 것입니다. 무슨 신전입니까? 인간 기술의 승리를 찬양하는 신전이었습니다. 사람이 살려고 성을 쌓는 게 아닙니다. 인간의 기술을 찬양하는 성과 탑을 쌓는 것입니다. 그 탑의 이름은 '인간 기술의 승리, 탑돌이'나 '벽돌 예찬'쯤이 되겠지요.

벽돌을 만들어서 많은 사람들에게 집을 만들어주고 거기서 정착하게 하는 것은 죄가 아닙니다. 또 탑을 쌓더라도 우리나라 신라 때 했던 것처럼 첨성대 같은 것을 만들어서 별을 관측하고 혜성을 관찰하는 것은 죄가 아닙니다. 그러나 이 벽돌 한 장은 사람의 마음을 한없이 교만하게 만들어서 하나님을 몰아내려는 마음을 불러일으켰습니다. 다시 말해서 바벨탑은 벽돌을 통해서 하나님을 그들의 삶에서 몰아내려는 인본주의의 큰 시도였습니다.

사람은 아주 까다로운 존재입니다. 사람보다 더 다루기 힘든 존재가 없습니다. 아무런 가능성이 없을 때는 그렇게 겸손할 수가 없어요. 노예처럼 비굴해집니다. 그러나 가능성이 조금이라도 보이면 그때부터는 확 바뀝니다. 눈에 보이는 게 없어지는 겁니다. 이것이 바로 바벨탑의 정신입니다.

어려울 때, 먹고살 것이 없을 때에는 정말 겸손합니다. 그러나 취업통지서가 날아오면 그 종이 한 장이 얼마나 사람을 담대하게 만드는지 종이를 막 펄럭이면서 하나님을 몰아내려는 생각이 하늘 꼭대기까지 올라갑니다. 취업통지서 한 장에 생각은 벌써 자가용, 집, 애 시집가고 장가가는 혼수까지 막 뻗쳐나가서 나중에 자기가 죽었을 때 무덤을 몇 평으로 할 것인가에까지 가 있습니다. 아직 월급은 한 번도 받지 못했는데 생각은 벌써 하늘 끝까지 가 있는 것입니다. 참 무섭습니다. 사람들 속에는 자기의 위대함을 찬양하고 싶은 끊임없는 욕구가 있습니다. 그래서 바늘구멍만한 기회만 생기면 생각에 생각이 발전해서 벽돌 한 장으로도 갈 데까지 다 가는 겁니다. "온 지면에서 우리 이름을 내고 온 지면에 흩어짐을 면하자!" 이들은 벽돌의 기술을 믿고 자신들의 삶에서 하나님의 존재를 부인하며 하나님을 몰아내고 있습니다.

문제는 어디에 있습니까? 하나님께서 우리 한 사람 한 사람을 너무나도 뛰어나게 만드신 데 있습니다. 지금 여건이 안 맞아서 그렇지 우리 안에 있는 능력은 거의 무한대라고 보아도 좋습니다. 공부 좀 못한다고 청소년들을 무시하지 마세요. 여건이 안 맞아서 그렇습니다. 물을 만나기만 하면 천재가 따로 있는 게 아닙니다. 누구든지 천재가 될 수 있어요. 지금 재벌회장들이 처음부터 머리가 좋고 천재적이어서 재벌이 된 것이 아닙니다. 물을 잘 만난 거지요. 본인은 그렇게 말하지 않겠지만 때를 잘 만난 겁니다. 우리 한 사람 한 사람 속에 있는 능력은 거의 무한대에 가깝습니다. 형편이 안 되니까 죽어지내는 것이지요. 그러나 마음속으로는 최고가 되고 싶어요. 하나님의 자리까지 올라가고 싶어요. 꼭대기까지 올라가고 싶습니다. 그러다가 기회가 생기면 그 교만한 생각이 막 나오기 시작합니다. 능력이 계발되면 계발될수록 사람들은 어떻게 합니까? 여건이 적합하면 적합할수록 하나님을 몰아내고 인간을 찬양합니다. 하나님이 앉은 그 자리에 자기들이 올라가려고 합니다. 이것이 죄입니다.

오늘 우리들이 살고 있는 도시의 삶을 생각해 보십시오. 우리는 여기에서 하나님을 전혀 느낄 수가 없습니다. 모든 것이 다 인간이 만든 것이기 때문입니다. 여기에서 하나님이 만든 것이 어디 있습니까? 도시에서 땅을 밟은 적이 있습니까? 땅은 사람이 만든 벽돌로 도배를 해버리고 하늘도 연기나 이산화탄소 같은 것으로 도배를 해버렸어요. 하나님을 느낄 수가 없습니다. 밤에 도시를 한번 걸어다녀 보십시오. 수은등이 거리를 환하게 밝히고 있습니다. 하나님을 느낄 수가 없어요. 우리가 살고 있는 이곳이 바로 바벨탑 안입니다. 인간이 개발하고 인간의 지혜로 도배를 해놓은 이곳이 바로 바벨탑입니다.

오늘 우리가 이 사회에서 하나님을 믿기가 그토록 어려운 이유는 무엇입니까? 바벨탑 안에서 하나님을 믿으려고 하기 때문입니다. 이곳에는 하나님의 위대함을 느낄 만한 것이 없습니다. 전부 인간의 힘이고 돈의 힘이고 물질의 힘입니다. 하나님의 위대함을 도대체 어디에서 볼 수 있습니까? 하나님께 기도하면 응답이 안 되는데 돈으로 이야기하면 바로 그다음 날로 일이 성사됩니다. 그래서 사람들은 돈이 위대하다고 생각하지요. 우리는 참으로 바벨탑 안에서 살고 있습니다.

모든 것이 인간 기술의 승리입니다. 아이들도 시골로 놀러 가지 않습니다. 시골에는 볼 게 없거든요. 전부 롯데월드 어드벤처로 갑니다. 거기서 놀이기구들이 도는 것을 보면 애들이 입을 다물지 못해요. 촌에서 온 애들은 거기 한번 보고 63빌딩 보면 끝나는 거예요. 하늘과 땅과 들꽃을 누가 봅니까? 하나님의 은혜가 들어올 수 있는 여지가 없어요.

이곳이 바벨탑입니다. 우리는 바벨탑 안에 갇혀 있습니다. 하나님은 전혀 보이지 않고 기술의 위대함과 돈의 위대함과 학벌의 위대함으로 도배가 되어 있는 곳이 바로 우리가 살고 있는 이곳입니다. 바벨탑을 쌓는 사람들은 벽돌로 하나님을 발라버리려고 했습니다. 오늘날 사람들은 기술로, 돈으로, 인간의 문명으로 하나님을 발라서 보이지 않게 만들려 하고 있습니다. 하나님이 보이지 않습니다. 오직 눈에 보이는 것은 인간의 위대함과 돈의 위대함 뿐입니다. 그러나 사람은 하나님을 완전히 바를 수가 없습니다. 전부 다 도배하기에 하나님은 너무나 크신 분이십니다.

하나님의 방문

사람들의 이 교만에 대하여 하나님께서는 어떤 반응을 보이고 계십니까? 하나님께서는 이들의 공사 현장에 친히 강림하셨습니다. 5절을 보십시오.

여호와께서 인생들의 쌓는 성과 대를 보시려고 강림하셨더라

하나님께서는 이들이 하고 있는 일을 대단히 위험한 장난으로 보셨습니다. 우리는 하나님께서 그들이 쌓는 성을 보기 위하여 강림하셨다고 해서 직접 이런 식으로 오시지 않으면 사정을 알 수 없는 것처럼 생각해서는 안 됩니다. 이런 식으로 표현할 때는 특별한 의미가 있기 때문입니다. 창세기 18장 20절과 21절을 보면 이와 비슷한 표현이 나옵니다.

여호와께서 또 가라사대 소돔과 고모라에 대한 부르짖음이 크고 그

> 죄악이 심히 중하니 내가 이제 내려가서 그 모든 행한 것이 과연 내게
> 들린 부르짖음과 같은지 그렇지 않은지 내가 보고 알려 하노라

하나님이 하늘 위에서는 소돔과 고모라의 패괴함을 알지 못하십니까? 그렇지 않습니다. 하나님은 다 알고 계십니다. 그럼에도 불구하고 특별하게 소돔과 고모라를 방문하시는 이유가 무엇입니까? 하나님의 방문은 바로 그들의 죽음을 의미합니다. 하나님께서 직접 알아보겠다고 하실 때 그것은 그들이 이미 끝장났다는 뜻입니다.

하나님께서는 두 가지 방법으로 방문하십니다. 하나는 믿는 자에 대한 방문입니다. 하나님께서 믿는 자를 방문하시면 아주 강한 성령의 역사가 나타납니다. 평소에는 무지가 사람들의 눈을 가리고 있어서 마치 수건을 덮고 있는 것처럼 자기가 어떻게 생겼는지도 모르고 지금 어떤 식으로 살고 있는지도 모릅니다. 그러나 하나님께서 찾아오시면 이 무지의 수건이 벗겨져서 자기 모습을 있는 그대로 보게 됩니다. "이것이 나란 말인가! 이런 죄로 더럽혀져 있는 것이 정말 나란 말인가!" 평소에는 발견할 수 없었던 자기의 죄성을 심각하게 느끼게 되며 이전에는 경험하지 못했던 엄청난 애통함이 북받칩니다. 너무나 괴로워서 애통하며 뒹굴지 않을 수가 없어요. 그리고 나서는 하나님의 은혜와 기쁨을 다시 체험하게 됩니다. 그래서 하나님을 만나는 예배는 한번 죽었다가 살아나는 것과 같습니다. 사람이 완전히 변합니다. 이것이 하나님께서 믿는 자들을 방문하시는 방법입니다.

그러나 죄인들에게 나타나실 때에는 심판으로 방문하십니다. 하나님께서 소돔과 고모라에 나타나셨을 때 그들은 유황불로 멸망하고 말았습니다. 하나님께서 애굽 사람들을 찾아오시자 바로 그날 저녁에 모든 장자가 죽는 재앙이 일어났습니다. 하나님께서 앗수르 군대를 찾아오셨을 때 하루 저녁에 185,000명이 죽었습니

다. 하나님께서는 불과 염병으로 찾아오십니다.

그런데 바벨탑에 하나님이 찾아오신 것입니다. 그러나 아무도 죽지 않았어요. 이것이 놀라운 일입니다. 하나님이 방문하셨는데도 아무도 죽지 않았습니다. 그 대신 어떤 일이 일어나고 있습니까? 하나님께서 이 문제를 두고 의논하고 계십니다. 6절을 보십시오.

> 여호와께서 가라사대 이 무리가 한 족속이요 언어도 하나이므로 이같이 시작하였으니 이후로는 그 경영하는 일을 금지할 수 없으리로다

하나님은 심판하는 대신에 의논하고 계십니다. 이 일을 어떻게 하면 좋은가에 대해 하나님 안에서 의논이 있었습니다. 인간의 행위는 하나님에 대한 무서운 반역이었습니다. 다시 노아 홍수가 일어날 수밖에 없는 그런 죄였습니다. 그러나 하나님께서는 인간들이 한꺼번에 멸망당하는 것을 참으로 원치 않으셨습니다.

하나님께서 노아에게 약속하신 것이 무엇입니까? 무지개 언약의 내용이 무엇입니까? 인류 마지막 날까지는 어떤 일이 있어도 홍수나 어떤 것으로도 한꺼번에 멸망시키지 않으시겠다는 것입니다. 물론 홍수로 멸망시키지 않겠다고 했지만 그 언약의 내용 속에는 전염병이나 전쟁이나 화산폭발이나 그 밖의 어떤 것으로도 인류를 한꺼번에 멸망시키는 일은 하지 않겠다는 뜻이 담겨 있습니다. 그래서 하나님은 "이들은 다시 멸망을 자초하고 있는데 어떻게 하면 좋은가?"고 의논하고 계십니다.

여기에서 '그 경영하는 일을 금지할 수 없을 것'이라는 말은 인간들이 승리한다는 뜻이 아닙니다. 이대로 조금만 더 방치해 두면 무지개 언약에도 불구하고 망할 수밖에 없는 수준까지 가리라는 뜻입니다. 결국 하나님께서는 그들을 멸망시키는 대신에 그들의 언어를 혼잡하게 하심으로써 이 공사를 계속하지 못하게 하셨습니다.

만일 이 탑이 완공되었다면 인간은 다시 한번 재앙을 면할 수 없었을 것입니다.

그러나 하나님께서 강림하셨을 때 아무 일도 없었던 것은 아닙니다. 아마 공사를 하는 데 어떤 극도의 두려움과 혼란이 마음에 찾아왔을 것입니다. '우리가 하고 있는 이 일은 하나님을 대적하는 것이다. 만일 이런 식으로 계속한다면 하나님은 반드시 우리를 심판하실 것이다' 하는 두려움이 임했을 것입니다.

참으로 놀라운 것이 바로 이것입니다. 하나님께서 죽을 수밖에 없는 죄인들에게 회개의 기회를 주신 것입니다. 하나님께서 의논하시면 죽은 자들도 살아날 수 있습니다. 삼위 하나님께서 나의 반역과 죄악을 두고 의논하셨음을 기억하십시오. 그래서 우리가 살아 있는 것입니다. 우리 마음속에 하나님에 대한 두려움이 유달리 크게 임했다면 그것은 하나님께서 나를 방문하신 것이고 나를 찾아오신 것입니다.

사람들은 언어를 잃어버렸습니다. 그러나 자기 자신을 끝없이 높이려는 시도는 중단되었고 그들은 다시 살게 되었습니다.

하나님은 이 세상에서 멀리 동떨어져 계신 분이 아니십니다. 인간은 벽돌로 하나님을 도배할 수 없습니다. 하나님은 교만의 현장에 찾아오십니다. 인류가 아무리 자기들이 개발한 여러 가지 것들로 완전히 하나님을 땜질한다 하더라도 하나님의 은혜의 빛이 파고 들어오는 것은 막을 수가 없습니다.

언어가 혼잡해지다

사람을 나누는 것은 언어입니다. 피부색이나 혈통이 다른 것도 문제지만 일단 언어가 다르면 사람은 나뉘게 되어 있습니다. 우리나라에서 아무리 좋은 대학을 나왔다 하더라도 영어를 전혀 할 줄 모르는 사람이 영어를 사용하는 나라에 가면 어린아이나 마찬가지입니다. 의사표현을 전혀 할 수 없으니까요.

하나님께서는 모든 인간들이 한꺼번에 멸망할까 봐 염려하셨습니다. 상하기 쉬운 음식을 한꺼번에 보관하면 금방 썩어버립니다. 그러나 따로 따로 포장해두면 상하는 것도 있고 상하지 않는 것도 있어서 일부라도 건질 수가 있습니다.

바벨탑 사건이 있기 전까지 사람들은 모두 하나의 언어를 사용하였습니다. 11장 1절을 보십시오.

온 땅의 구음이 하나이요 언어가 하나이었더라

말이 하나니까 생각과 문화와 모든 것이 하나였습니다. 그래서 한쪽에서 어떤 새로운 사고나 생활방식이 생기면 전혀 여과되지 않은 채 전체에 급속도로 퍼졌습니다. 모두가 멸망당해야 할 상황에서 하나님은 한없는 은혜를 베푸셔서 그들을 언어로 분리시키심으로써 조금씩 조금씩 썩게 하시고 전체는 남도록 하셨습니다. 7절을 보십시오.

자, 우리가 내려가서 거기서 그들의 언어를 혼잡케 하여 그들로 서로 알아듣지 못하게 하자

언어가 혼잡해지자 공사를 성공적으로 마칠 수가 없었습니다. 의사소통도 잘 되지 않았지만 언어가 달라지니 무엇보다 '우리'라는 개념이 없어지고 말았습니다. 서로 다른 사람끼리 이런 탑을 쌓을 이유가 없습니다. '우리'라는 개념은 언어가 통하는 사람들 사이에 있는 것입니다.

우리가 일본 사람들을 기를 쓰고 이기려고 하는 이유가 무엇입니까? 그들과 우리의 언어가 다르기 때문입니다. 언어가 다르

면 '우리'가 아닙니다. 한 사람은 영어를 쓰고 한 사람은 불어를 쓰면 '우리'가 아닙니다. 언어는 아주 무서운 힘을 가지고 있습니다. 만약에 개나 돼지와 말이 통한다면 우리는 개나 돼지도 '우리'라고 부를지 모릅니다.

언어가 달라지니 이제는 이 위대한 탑을 쌓을 필요가 없어졌습니다. 그래서 사람들은 "저들과 굳이 하나될 필요는 없어. 저 사람들과 우리는 다르니까" 하면서 전부 고개를 돌리고 등을 돌려 흩어지게 되었습니다.

그렇다면 그 뒤에 '우리'라는 개념이 완전히 없어졌습니까? 아닙니다. 여전히 '우리'가 있습니다. 그러나 그것은 인류 전체를 나타내는 '우리'가 아니고 작은 '우리'입니다. 흑인들은 '우리 흑인'이고, 유대인들은 '우리 유대인'이며, 한국 사람들은 '우리 한국인'입니다. 물론 민족주의도 죄요 교만입니다. 그러나 이렇게 따로따로 노니까 한꺼번에 완전히 멸망하지는 않습니다.

요즘 우리나라는 세계화를 추진하고 있습니다. 그중에 가장 중요한 것이 외국어 학습입니다. 그래서 모두들 외국어 학습에 굉장한 열의를 보이고 있습니다. 만약 외국어의 장애가 없었더라면 인류는 엄청나게 가까워졌을 것이고 또 탑을 세웠을 것입니다. 그러나 지금 우리는 땀을 흘리면서 외국어를 배워야 합니다. 하지만 아무리 영어를 배워도 그 묘한 뉘앙스는 알 수가 없습니다. 어떤 사람은 아무리 그 나라에서 오래 살아도 그 사람들 생각은 도무지 모르겠다고도 합니다. 이것이 하나님의 지혜입니다.

하나님께서 우리들에게 원하시는 것이 무엇입니까? 온 인류가 기술로 하나 되는 것이 아닙니다. 온 인류가 축구로 하나 되는 것이 아닙니다. 오직 그리스도 안에서 겸손으로 하나 되기를 원하십니다. 정치적으로나 기술적으로 하나가 되는 것은 또 다른 바벨탑을 세우는 것입니다. 위대한 정치가 한 사람이 세계를 통일하는 것도 바벨탑입니다.

온 세계가 그리스도의 의로운 죽음을 보고 자신들의 죄를 깨달으며 하나님 앞에 모두 겸손해지는 것이 참으로 하나 되는 것입니다. 하나님께서는 이 동일한 겸손으로 인류가 하나 되기를 원하고 계십니다. 그래서 오순절에 성령이 강림하셨을 때 일시적으로 사람들의 언어가 일치되는 기적이 나타났습니다. 주님이 하늘로 올리우신 것을 본 후에 제자들이 모여서 기도하고 예배드릴 때 성령이 그들에게 임하셨습니다. 놀라울 정도로 큰 기쁨과 억제할 수 없는 어떤 힘이 그들에게 있는 것을 보고 사람들은 그들이 술에 취했다고 조롱했습니다. 그러나 그들이 "우리는 새 술에 취한 것이 아니고 예언서에서 예언한 그 성령이 우리에게 임하신 것이다. 너희들은 예수를 죽였지만 하나님은 약속대로 예수를 부활시키셨다"고 증거했을 때 그 모든 증거를 듣고 있는 사람들 가운데 언어가 일치되는 놀라운 기적이 일어났습니다. 제자들의 설교를 듣는 사람들은 바대인과 메대인과 엘람인과 메소포타미아인과 가바도기아와 본도, 브루기아, 리비아, 애굽 등 여러 곳에서 온 사람들로서 서로 언어가 통하지 않았습니다. 그런데 일시적으로 언어의 장벽이 허물어져서 각자 자신의 언어로 예수 그리스도의 죽으심과 부활에 대한 설교를 똑똑히 들을 수 있었던 것입니다.

이것이 의미하는 바가 무엇입니까? 하나님은 여전히 이 세상의 주인이시며 우리 모든 인류가 하나님 앞에 겸손히 무릎 꿇고 참된 믿음으로 하나 되기를 원하고 계시다는 것입니다. 이것이 바로 우리를 향한 하나님의 뜻입니다. 우리 민족을 중심으로 자존심을 내세우는 것, 그래서 일본 사람이나 중국 사람들과 경쟁해서 이기는 것은 의미가 없습니다. 온 세상의 주인이신 하나님 앞에서 모든 교만을 버리고 같은 신앙으로 하나 되는 것, 이것이야말로 인류에 대한 하나님의 뜻인 것입니다.

그때야말로 인류는 다시 하나 될 것입니다. 인류를 하나 되게 하는 것이 무엇입니까? 예수 그리스도의 영입니다. 예수 그리스도의 영이 임하시면 우리는 겸손해집니다. 이 겸손이 모든 인류를 하나 되게 할 것이며 언어의 장벽을 허물고 막힌 담을 헐어서 우리를 하나로 만들 것입니다.

오늘 우리는 서로를 미워하는 세상에 살고 있습니다. 우리의 적은 멀리 있는 것이 아닙니다. 가까이 살고 있는 우리의 이웃들이 적이 되었습니다. 세를 든 사람과 집주인이 적이 되었습니다. 누가 빈 공간에 주차를 하느냐가 운전대를 잡은 사람들 사이에 전쟁이 되었습니다. 경쟁이 아닙니다. 전쟁입니다. '저놈'을 몰아내지 않으면 내가 주차할 공간이 없어집니다. 그래서 처음에는 쓰레기통을 갖다 놓고 '주차금지'를 세워놓다가 나중에는 총 들고 지킬 정도로 주차문제가 심각한 전쟁이 되고 말았습니다. 그뿐만 아니라 이 땅에는 너무나도 많은 질병들이 있습니다. 병들과의 전쟁입니다. 거대한 종합병원들이 경쟁하듯이 세워지고 그런 병원들은 세워지자마자 수많은 환자들로 꽉 차버립니다.

이혼과 낙태 같은 수많은 비극들이 의미하는 바가 무엇입니까? 벽돌로는 살 수 없다는 것입니다. 사람들은 벽돌은 개발해냈지만 이 벽돌로는 사람들의 마음속에서 엄청나게 터져 나오는 이기심과 증오심과 그 밖의 모든 문제를 해결할 수 없습니다. 하나님의 은혜가 없다면 우리는 벽돌로 지은 좋은 집 안에서 병들고 미워하고 시기하고 주차문제로 서로 칼질을 하면서 살게 될 것입니다.

이 세상이 그나마 사람이 살 수 있는 곳이 되려면 하나님의 성령이 임하셔서 사람의 마음을 겸손하게 바꾸시는 길 밖에 없습니다. 교회에 성령의 충만한 부으심이 있을 때, 우리 믿는 사람들에게 충만한 성령의 역사가 있어서 우리의 모든 교만을 꺾고 우리를 낮출 때에야 그나마 이 세상은 조금이라도 견딜 만한 곳이 될 것입니다.

오늘 우리들은 이 세상에 살면서 인간의 이기심과 죄성의 피해를 많이 보고 있습니다. 어떤 형제들은 직장을 구할 수가 없다고 호소합니다. 어떤 자매들은 아무리 노력해도 결혼이 안 된다고 호소합니다. 또 많은 형제와 자매들은 집세가 올랐는데 갈 데가 없다고 이야기하고 있습니다. 그리고 우리 자신들도 수많은 질병으로 고통을 겪고 있습니다.

이 모든 것들이 나타내는 바가 무엇입니까? 사람들은 벽돌은 개발해내고 컴퓨터 기술과 놀라운 자동차 문명과 비행기는 개발해냈지만 사람은 그것으로 행복해질 수 없다는 것입니다. 인간의 모든 문제는 하나님이 찾아오셔서 우리를 위로해 주시고 우리를 겸손하게 낮추실 때에야 비로소 해결될 수 있습니다.

여러분, 문제를 해결할 수 있는 길은 복음밖에 없습니다. 결혼하게 해달라고 기도하지 말고 이 복음으로 성령이 임해서 사람들의 마음이 변하게 해달라고 기도하십시오. 집세를 깎아달라고 기도하지 말고 성령이 임해서 집을 이용하여 돈을 벌겠다는 사람들의 생각이 없어지게 해달라고 기도하십시오. 주차공간이 없을 때 "주여, 저 공간은 주의 것이므로 곧 제 것입니다. 제가 나가서 빨간 십자가를 그려 놓고 오겠습니다" 하고 기도할 것이 아니라 성령이 임해서 사람들의 마음속에 서로 경쟁하려는 악한 마음이 없어지도록 기도하십시오. 우리가 좀더 실업상태에 머물러 있는 한이 있어도, 우리가 좀더 경제적인 궁핍을 겪는 한이 있어도 성령은 오셔야 합니다. 그렇지 않으면 이 세상은 바벨탑 안에서 서로 물고 뜯는 비극으로 끝나게 될 것입니다.

오늘 우리에게 임한 이 모든 고통들은 무엇을 의미하고 있습니까? 그것은 더 기도해 달라는 세상 사람들의 요청입니다. 요나의 배 안에 타고 있던 사람들이 요나에게 "너의 하나님께 기도해서 이 풍랑을 잔잔하게 해달라"고 부탁했던 것처럼 오늘 이 세상 사람들이 우리에게 부탁하고 있습니다. "너희 하나님께 기도해서 더 성령이 임하심으로써 우리가 견딜 수 있게 해달라"고 부탁하고 있습니다.

오늘날 사람들은 새로운 바벨탑을 만들어 놓았습니다. 그것은 곧 컴퓨터 통신과 위성통신입니다. 하나님께서 혼잡케 해놓은 이 언어를 통일시켜서, 이제는 컴퓨터로 전 세계가 서로 통신할 수 있게 만들었으며 위성으로 인간을 다시 통합해 놓았습니다. 그러나 컴퓨터 통신과 인공위성은 우리를 행복하게 해주지 못할 것입니다. 이러한 것들은 오히려 더 많은 문제들을 만들어낼 것입니다. 미국에서 일어난 문제를 한국에 있는 우리가 금방 알 수는 있습니다. 그러나 컴퓨터나 위성통신은 사랑의 결핍으로 일어나는 이 수많은 죄들을 해결하지 못합니다.

오늘날 우리가 살고 있는 이 사회가 바벨탑이라는 것을 기억하십시오. 사람들은 이 세상을 인간이 만들어놓은 벽돌로 도배해 놓음으로써 하나님을 몰아내고 인간의 위대함을 찬양하고 있습니다. 그러나 하나님은 비웃고 계십니다. 하나님의 도움 없이 우리는 한순간도 살 수 없습니다. 오늘 우리의 신앙생활이 그토록 어려운 것은 우리가 이 바벨탑 안에서 살고 있기 때문입니다. 그러나 하나님은 이 바벨탑 안에도 찾아오셔서 그가 살아 계신 것을 우리에게 보여 주실 것입니다.

인간은 성령의 능력이 아니면 하나가 될 수 없습니다. 교회가 이토록 분열되어 있는 것은 교리 때문이라기보다는 교만 때문입니다. 겸손하기만 하면 금방 우리가 하나라는 사실을 발견할 수 있을 것입니다. 그 눈만 보아도 우리는 나누어질 수 없는 하나입니다. 부부 사이가 왜 쪼개집니까? 성격이 맞지 않고 학벌이 차이 나고 혼수가 적어서 쪼개집니까? 아닙니다. 교만 때문입니다. 부부가 겸손하기만 하면 쪼개질 이유가 없습니다. 부모와 자식 사이가 왜 나누어집니까? 교만 때문입니다. 겸손하기만 하면 쪼개질 리가 없어요.

오늘 성령이 우리에게 임하실 때, 성령이 우리의 교만한 마음을 낮추셔서 우리가 겸손의 영으로 충만해질 때 우리는 하나 될 것이며 그나마 이 세상은 견딜 만한 세상이 될 것입니다. 교회에서 은혜가 흘러나가야 세상이 살 수 있습니다.

오늘 우리 주님께 간구하십시다. 오늘 주님께서 성령의 거룩한 영을 부어 주셔서 우리의 마음을 겸손하게 만드시며 끊임없이 우리를 주장하고 싶은 교만을 낮추시도록 기도하십시다. 그리하여 우리가 주어진 것에 만족하며 어떻게든 다른 사람을 이해하고 사랑하고자 할 때, 그때 이 세상은 분명히 변화됩니다.

뿌리를 찾아서

어렸을 때 외국으로 입양되었던 어린이들이 이제 성인이 되어서 부모를 찾아 고국을 방문하고 있습니다. 어쩌면 자신을 일부러 버렸을지도 모르는 부모를 그토록 애타게 찾는 이유가 무엇일까요? 그것은 사람이 자신의 뿌리를 알지 못하면 참으로 의미 있는 삶을 살 수가 없기 때문입니다. 우리 한 사람 한 사람은 이 세상에 내던져졌기 때문에 사는 것이 아니라 바로 오늘, 이 시대, 이 땅에 살아야 할 이유가 있기 때문에 사는 것입니다.

우리 모든 인간의 뿌리는 바로 창세기 1-3장에 있습니다. 거기에는 사람이 어떻게 존재하게 되었으며 또 어떻게 살아야 하는지, 그리고 왜 우리가 현재 이 지경까지 이르게 되었는지가 모두 기록되어 있습니다. 이 설교집은 바로 이 창세기 1-3장에 대해 강해 설교한 내용을 모은 것입니다. 녹음된 설교를 글로 풀어 썼기 때문에 좀더 생생한 현장감을 느낄 수 있으리라 생각합니다.

성경이 우리에게 거듭 말씀하고 있는 바가 무엇입니까? 그것은 다른 피조물들과 달리 우리 인간은 하나님의 형상대로 지음 받았기 때문에 대단히 존귀하게 만들어졌다는 것입니다. 그러나 죄가 우리 안에 있는 하나님의 형상을 파괴했기 때문에 우리에게는 죽음과 비참함이 임하게 되었습니다. 성경은 우리가 예수 그리스도를 통하여 하나님과 바른 관계를 회복하지 않는 이상 절대로 존귀해질 수 없다고 말씀하고 있습니다.

이 부족한 설교집이 자신의 '뿌리'를 되찾기 위하여 애쓰는

여러분들에게 작은 도움이 되기를 바랍니다. 그리고 이 설교집이
여러 성도에게 읽힐 수 있도록 해산의 수고를 하신 홍성사의 여러
분들께도 감사를 드립니다.

1997년 5월
둔촌동 목회실에서

김의탁

무지개 언약을 기억하며

　요즘 사람들은 '단 하나밖에 없는 지구'가 중병에 들어 있다고 걱정합니다. 사실 우리가 살고 있는 이 지구는 점점 죽어가고 있고, 인류를 죽일 수 있는 가공할 무기들은 계속 만들어지고 있습니다. 이런 식으로 계속 나간다면 언젠가는 모든 인류가 한꺼번에 '공멸'할 때가 올 것입니다.

　성경의 기록에 따르면 인류는 한 번 공멸해 본 경험이 있습니다. 이 세상에 대홍수가 일어나서 한 가정을 제외하고는 모두 비극적으로 멸망한 적이 있습니다. 이렇게 한 가정을 제외한 모든 인간을 비극적으로 멸망시킨 것은 환경오염이나 자원의 고갈이 아니라 인류의 통제되지 않은 교만과 죄였습니다.

　사실 노아 홍수는 단순한 홍수가 아닙니다. 이것은 하나님의 창조질서의 완전한 붕괴였습니다. 사람들은 하늘이나 땅이나 바다가 안전하다고 생각했습니다. 그러나 하나님께서 한번 은혜를 거두시니 자연질서는 한낱 휴지조각에 불과했습니다. 안전하다고 생각했던 땅이 꺼지고 바다가 육지로 밀려 들어와서 온 세상이 물에 잠겨 버렸습니다.

　사람들은 이 세상의 자연법칙만큼은 영원하리라고 생각합니다. 그러나 그 자연법칙은 노아 홍수 때 완전히 통제불능의 상태에 빠졌으며, 모든 인류와 코로 호흡하는 생물들은 다 멸종했습니다.

　홍수 후 하나님께서 세우신 무지개 언약은 이 세상 마지막 때까지 이 세상의 자연법칙을 붙들어 주신다는 하나님의 약속입니다. 이것은 한 번도 홍수가 나지 않거나 지진이 일어나지 않는다는 뜻이 아니라, 적어도 앞으로는 이러한 재앙으로 세상을 망하게 하지 않겠다는 뜻입니다. 이 세상은 전쟁이나 핵무기나 환경오염이나 혜성과의 충돌 등으로 멸망하지 않을 것이며, 오직 약속하신 그리스도가 오실 때까지 보존될 것입니다. 인류 역사는 그리스도가 오심으로 끝을 맞이하게 될 것입니다.

저는 창세기를 설교하면서 할 수 있는 한 그때의 상황 안으로 들어가려고 애를 썼으며, 성경 저자의 의도를 알아내서 그것을 오늘날 이 시대에 적실하게 살려 내는 것을 설교자의 임무로 생각했습니다. 이 부족한 설교집이 이 불안한 상황에서 하루하루 두렵게 살아가고 있는 분들에게 믿음과 위로를 줄 수 있기 바랍니다. 우리에게 중요한 것은 눈에 보이는 불안한 상황이 아니라 너무나도 분명한 하나님의 말씀입니다. 하나님의 말씀을 붙드는 사람은 세상이 몇 번 뒤집혀도 결코 멸망하지 않습니다.

이 창세기의 말씀을 함께 나눌 수 있었던 제자들교회의 소중한 지체들에게 감사를 드립니다. 나를 조용히 지켜주며 모든 어려움을 함께 나눈 아내에게도 감사를 드립니다. 그리고 이 말씀을 모든 성도들과 함께 나눌 수 있도록 해산의 수고를 아끼지 않은 홍성사 편집부 여러분들에게 깊은 감사를 드립니다.

1997년 8월
둔촌동 목회실에서

김의택